法令名索引

主な民法改正の歴史

1896（明治29）年	民法（第一編総則・第二編物権・第三編債権）（法89号）公布
1898（明治31）年	民法（第四編親族・第五編相続）（法９号）公布
	民法（全編）施行
1947（昭和22）年	民法第四編親族・第五編相続の全面改正（法222号）公布 ➡1948（昭和23）年施行
2004（平成16）年	現代語化と保証制度見直しの民法改正（法147号）公布 ➡2005（平成17）年施行
2017（平成29）年	民法（債権関係）の改正（法44号）公布 ➡2020（令和２）年施行
2018（平成30）年	民法の成年年齢を18歳に引き下げる改正（法59号）公布 ➡2022（令和４）年施行
	民法（相続法）の改正（法72号）公布 ➡配偶者居住権関係は2020（令和２）年施行、その他は2019年施行
2021（令和３）年	民法（所有者不明土地関係）の改正（法24号）公布 ➡2023（令和５）年施行

※本書では、民法について以下のように表記している。

▶「民法」または「民」という表記は、現行民法（現在施行されている民法）を表す。

▶「旧民法」または「旧民」という表記は、現行民法に改正される前の民法を表す。

▶現行民法と改正前の民法を対比して説明するときは、現行民法を「新民法」または「新民」と表記する。

ビジネス法規便覧

Business Laws and Regulations Guide

総目次

憲法・公法編

民法編

商法編

民事訴訟法編

刑法編

社会法編

産業法編

税法編

憲法・公法編

◉日本国憲法

〔昭和二一年一一月三日公布
昭和二二年五月三日施行〕

日本国民は、正当に選挙された国会における代表者を通じて行動し、われらとわれらの子孫のために、諸国民との協和による成果と、わが国全土にわたつて自由のもたらす恵沢を確保し、政府の行為によつて再び戦争の惨禍が起ることのないやうにすることを決意し、ここに主権が国民に存することを宣言し、この憲法を確定する。そもそも国政は、国民の厳粛な信託によるものであつて、その権威は国民に由来し、その権力は国民の代表者がこれを行使し、その福利は国民がこれを享受する。これは人類普遍の原理であり、この憲法は、かかる原理に基くものである。われらは、これに反する一切の憲法、法令及び詔勅を排除する。

日本国民は、恒久の平和を念願し、人間相互の関係を支配する崇高な理想を深く自覚するのであつて、平和を愛する諸国民の公正と信義に信頼して、われらの安全と生存を保持しようと決意した。われらは、平和を維持し、専制と隷従、圧迫と偏狭を地上から永遠に除去しようと努めてゐる国際社会において、名誉ある地位を占めたいと思ふ。われらは、全世界の国民が、ひとしく恐怖と欠乏から免かれ、平和のうちに生存する権利を有することを確認する。

われらは、いづれの国家も、自国のことのみに専念して他国を無視してはならないのであつて、政治道徳の法則は、普遍的なものであり、この法則に従ふことは、自国の主権を維持し、他国と対等関係に立たうとする各国の責務であると信ずる。

日本国民は、国家の名誉にかけ、全力をあげてこの崇高な理想と目的を達成することを誓ふ。

第一章　天　皇

第一条〔**天皇の地位・国民主権**〕天皇は、日本国の象徴であり日本国民統合の象徴であつて、この地位は、主権の存する日本国民の総意に基く。

第二条〔**皇位の継承**〕皇位は、世襲のものであつて、国会の議決した皇室典範の定めるところにより、これを継承する。

第三条〔**天皇の国事行為と内閣の助言・承認及び責任**〕天皇の国事に関するすべての行為には、内閣の助言と承認を必要とし、内閣が、その責任を負ふ。

第四条〔**天皇の権能の限界と権能行使の委任**〕天皇は、この憲法の定める国事に関する行為のみを行ひ、国政に関する権能を有しない。

②　天皇は、法律の定めるところにより、その国事に関する行為を委任することができる。

第五条〔**摂政**〕皇室典範の定めるところにより摂政を置くときは、摂政は、天皇の名でその国事に関する行為を行ふ。この場合には、前条第一項の規定を準用する。

第六条〔**天皇の任命権**〕天皇は、国会の指名に基いて、内閣総理大臣を任命する。

②　天皇は、内閣の指名に基いて、最高裁判所の長たる裁判官を任命する。

第七条〔天皇の国事行為〕 天皇は、内閣の助言と承認により、国民のために、左の国事に関する行為を行ふ。
一　憲法改正、法律、政令及び条約を公布すること。
二　国会を召集すること。
三　衆議院を解散すること。
四　国会議員の総選挙の施行を公示すること。
五　国務大臣及び法律の定めるその他の官吏の任免並びに全権委任状及び大使及び公使の信任状を認証すること。
六　大赦、特赦、減刑、刑の執行の免除及び復権を認証すること。
七　栄典を授与すること。
八　批准書及び法律の定めるその他の外交文書を認証すること。
九　外国の大使及び公使を接受すること。
十　儀式を行ふこと。

第八条〔皇室の財産授受〕 皇室に財産を譲り渡し、又は皇室が、財産を譲り受け、若しくは賜与することは、国会の議決に基かなければならない。

第二章　戦争の放棄

第九条〔戦争の放棄と戦力及び交戦権の否認〕 日本国民は、正義と秩序を基調とする国際平和を誠実に希求し、国権の発動たる戦争と、武力による威嚇又は武力の行使は、国際紛争を解決する手段としては、永久にこれを放棄する。
②　前項の目的を達するため、陸海空軍その他の戦力は、これを保持しない。国の交戦権は、これを認めない。

第三章　国民の権利及び義務

第一〇条〔国民の要件〕 日本国民たる要件は、法律でこれを定める。

第一一条〔基本的人権の享有〕 国民は、すべての基本的人権の享有を妨げられない。この憲法が国民に保障する基本的人権は、侵すことのできない永久の権利として、現在及び将来の国民に与へられる。

第一二条〔自由・権利の保持の責任と濫用の禁止〕 この憲法が国民に保障する自由及び権利は、国民の不断の努力によつて、これを保持しなければならない。又、国民は、これを濫用してはならないのであつて、常に公共の福祉のためにこれを利用する責任を負ふ。

第一三条〔個人の尊重〕 すべて国民は、個人として尊重される。生命、自由及び幸福追求に対する国民の権利については、公共の福祉に反しない限り、立法その他の国政の上で、最大の尊重を必要とする。

第一四条〔法の下の平等・貴族制度の否認・栄典の授与〕 すべて国民は、法の下に平等であつて、人種、信条、性別、社会的身分又は門地により、政治的、経済的又は社会的関係において、差別されない。
②　華族その他の貴族の制度は、これを認めない。
③　栄誉、勲章その他の栄典の授与は、いかなる特権も伴はない。栄典の授与は、現にこれを有し、又は将来これを受ける者の一代に限り、その効力を有する。

第一五条〔公務員の選定罷免権・公務員の本質・普通選挙及び秘密投票の保障〕 公務員を選定し、及びこれを罷免することは、国民固有の権利である。
②　すべて公務員は、全体の奉仕者であつて、一部の奉仕者ではない。
③　公務員の選挙については、成年者による普通選挙を保障する。
④　すべて選挙における投票の秘密は、これを侵してはならない。選挙人は、その選択に関し公的にも私的にも責任を問はれない。

第一六条〔請願権〕 何人も、損害の救済、公務員の罷免、法律、命令又は規則の制定、廃止又は改正その他の事項に関し、平穏に請願する権利を有し、何人も、かかる請願をしたためにいかなる差別待遇も受けない。

第一七条〔国及び公共団体の賠償責任〕 何人も、公務員の不法行為により、損害を受けたときは、法律の定めるところにより、国又は公共団体に、その賠償を求めることができる。

第一八条〔奴隷的拘束及び苦役からの自由〕 何人も、いかなる奴隷的拘束も受けない。又、犯罪に因る処罰の場合を除いては、その意に反する苦役に服させられない。

第一九条〔思想及び良心の自由〕 思想及び良心の自由は、これを侵してはならない。

判例　三菱樹脂事件
憲法十四条、十九条の規定は、専ら国または公共団体と個人との関係を規律するものであり、私人相互の関係を直接規律するものではない（最大判昭和四八・一二・一二）。

第二〇条〔信教の自由〕 信教の自由は、何人に対してもこれを保障する。いかなる宗教団体も、国から特権を受け、又は政治上の権力を行使してはならない。

② 何人も、宗教上の行為、祝典、儀式又は行事に参加することを強制されない。

③ 国及びその機関は、宗教教育その他いかなる宗教的活動もしてはならない。

判例1 津地鎮祭事件

市が挙行した地鎮祭は、宗教とかかわり合いを持つが、その目的は専ら世俗的なものと認められ、…憲法の禁止する宗教的活動にあたらない（最大判昭和五二・七・一三）。

判例2 愛媛玉串料訴訟

県が玉串料を公金から支出して奉納したことは、一般人がこれを儀礼的にすぎないものと評価しているとは考え難く、…県が特定の宗教団体との間にのみ意識的に特別のかかわり合いを持つことを否定することができないのであり、…一般人に対しては、県が当該特定の宗教団体を特別に支援しており…特定の宗教への関心を呼び起こすものといわざるを得ないから、憲法二十条三項の禁止する宗教活動にあたる（最大判平成九・四・二）。

判例3 牧会活動

牧会活動は、礼拝の自由の一内容をなし外面的活動であるが、その制約は信仰の自由を事実上侵害するおそれがあるから、その制限は最大限に慎重な配慮を要する。牧会活動が、目的及び手段において相当な範囲内である限り、正当な業務行為として罪とはならない（神戸簡判昭和五〇・二・二〇）。

第二一条〔集会・結社・表現の自由、通信の秘密〕 集会、結社及び言論、出版その他一切の表現の自由は、これを保障する。

② 検閲は、これをしてはならない。通信の秘密は、これを侵してはならない。

判例 第一次教科書訴訟

教科書検定は、一般図書として発行されることを何ら妨げるものではなく、発表禁止目的や発表前の審査などの特質がないから、検閲にあたらない。また、教科書検定は、普通教育における、中立・公正、一定程度の水準の維持という要請にこたえるものであり、制約は合理的で必要やむを得ない限度のものである（最判平成五・三・一六）。

第二二条〔居住・移転・職業選択の自由、外国移住及び国籍離脱の自由〕 何人も、公共の福祉に反しない限り、居住、移転及び職業選択の自由を有する。

② 何人も、外国に移住し、又は国籍を離脱する自由を侵されない。

判例 薬事法距離制限違憲訴訟

薬事法に基づく薬局等の適正配置規制は、不良医薬品の供給等による国民の生命・健康に対する危険を防止するための警察的措置であるが…公共の利益のために必要かつ合理的な規制ということはできず、本条一項に違反する（最大判昭和五〇・四・三〇）。

第二三条〔学問の自由〕 学問の自由は、これを保障する。

第二四条〔家族生活における個人の尊厳と両性の平等〕 婚姻は、両性の合意のみに基いて成立し、夫婦が同等の権利を有することを基本として、相互の協力により、維持されなければならない。

② 配偶者の選択、財産権、相続、住居の選定、離婚並びに婚姻及び家族に関するその他の事項に関しては、法律は、個人の尊厳と両性の本質的平等に立脚して、制定されなければならない。

第二五条〔生存権・国の社会保障義務〕 すべて国民は、健康で文化的な最低限度の生活を営む権利を有する。

② 国は、すべての生活部面について、社会福祉、社会保障及び公衆衛生の向上及び増進に努めなければならない。

判例1 朝日訴訟

生活保護受給権は、一身専属の権利であり、相続の対象とはなりえない。なお、本条の規定は、国の責務として宣言したにとどまり、直接個々の国民に対して具体的権利を賦与したものではない。何が「健康で文化的な最低限度の生活」であるかの判断は、厚生大臣の裁量権に任されている（最大判昭和四二・五・二四）。

判例2 堀木訴訟

「健康で文化的な最低限度の生活」は、極めて抽象的・相対的な概念であり、…具体的な立法措置の選択決定は、立法府の広い裁量権にゆだねられており、それが著しく合理性を欠き明らかに裁量の逸脱・濫用となるような場合を除き、裁判所の審理判断の対象とはならない。したがって、障害福祉年金との併給を禁止する児童扶養手当法の規定は、憲法に違反しない（最大判昭和五七・七・七）。

第二六条〔教育を受ける権利・義務教育〕 すべて国民は、法律の定めるところにより、その能力に応じて、ひとしく教育を受ける権利を有する。

② すべて国民は、法律の定めるところにより、その保護する子女に普通教育を受けさせる義務を負ふ。義務教育は、これを無償とする。

判例 教科書費国庫負担請求事件

義務教育の無償は、授業料を徴収しないことを意味し、教科書、学用品その他教育に必要な一切の費用まで無償としなければならないことを定めたものではない（最大判昭和三九・二・二六）。

第二七条〔勤労の権利と義務・勤労条件の基準・児童酷使の禁止〕 すべて国民は、勤労の権利を有し、義務を負ふ。

② 賃金、就業時間、休息その他の勤労条件に関する基準は、法律でこれを定める。

③ 児童は、これを酷使してはならない。

第二八条〔勤労者の団結権・団体交渉権〕 勤労者の団結する権利及び団体交渉その他の団体行動をする権利は、これを保障する。

判例1 全逓東京中郵事件

公務員又はそれに準じる者に対しても労働基本権の保障は及び、ただ当該権利が私企業労働者と異なる制約を内包しているにとどまる…争議行為が労働組合第一条一項の目的を達成するためのものであり、かつ単なる罷免、怠業という不作為が存するにとどまり、暴力の行為その他の不当性を伴わない場合には、民事制裁のみで足り、刑事制裁の対象とはならない（最大判昭和四一・一〇・二五）。

㊟ 次の全農林警職法事件判決で実質判例変更

判例2 全農林警職法事件

公務員の地位の特殊性と職務の公共性を強調して国民全体の共同利益への影響を重視し、公務員の勤務条件は国会の制定した法律・予算によって定められるから、政府に対する争議行為は的外れであること、公務員の争議行為には私企業の場合とは異なり市場抑制力がないこと、公務員には制度上整備された代替措置が講じられていることなどから、国家公務員法が公務員の争議行為を一律に禁止することは本条に反するものではない（最大判昭和四八・四・二五）。

第二九条〔財産権〕 財産権は、これを侵してはならない。

② 財産権の内容は、公共の福祉に適合するやうに、法律でこれを定める。

③ 私有財産は、正当な補償の下に、これを公共のために用ひることができる。

第三〇条〔納税の義務〕 国民は、法律の定めるところにより、納税の義務を負ふ。

第三一条〔法定手続の保障〕 何人も、法律の定める手続によらなければ、その生命若しくは自由を奪はれ、又はその他の刑罰を科せられない。

第三二条〔裁判を受ける権利〕 何人も、裁判所において裁判を受ける権利を奪はれない。

第三三条〔逮捕に対する保障〕 何人も、現行犯として逮捕される場合を除いては、権限を有する司法官憲が発し、且つ理由となつてゐる犯罪を明示する令状によらなければ、逮捕されない。

第三四条〔抑留及び拘禁に対する保障〕 何人も、理由を直ちに告げられ、且つ、直ちに弁護人に依頼する権利を与へられなければ、抑留又は拘禁されない。又、何人も、正当な理由がなければ、拘禁されず、要求があれば、その理由は、直ちに本人及びその弁護人の出席する公開の法廷で示されなければならない。

第三五条〔住居の不可侵〕 何人も、その住居、書類及び所持品について、侵入、捜索及び押収を受けることのない権利は、第三十三条の場合を除いては、正当な理由に基いて発せられ、且つ捜索する場所及び押収する物を明示する令状がなければ、侵されない。

② 捜索又は押収は、権限を有する司法官憲が発する各別の令状により、これを行ふ。

第三六条〔拷問及び残虐な刑罰の禁止〕 公務員による拷問及び残虐な刑罰は、絶対にこれを禁ずる。

第三七条〔刑事被告人の権利〕 すべて刑事事件においては、被告人は、公平な裁判所の迅速な公開裁判を受ける権利を有する。

② 刑事被告人は、すべての証人に対して審問する機会を充分に与へられ、又、公費で自己のために強制的手続により証人を求める権利を有する。

③ 刑事被告人は、いかなる場合にも、資格を有する弁護人を依頼することができる。被告人が自らこれを依頼することができないときは、国でこれを附する。

第三八条〔自己に不利益な供述と自白の証拠能力〕 何人も、自己に不利益な供述を強要されない。

② 強制、拷問若しくは脅迫による自白又は

不当に長く抑留若しくは拘禁された後の自白は、これを証拠とすることができない。

③　何人も、自己に不利益な唯一の証拠が本人の自白である場合には、有罪とされ、又は刑罰を科せられない。

第三九条〔**遡及処罰の禁止・一事不再理**〕何人も、実行の時に適法であつた行為又は既に無罪とされた行為については、刑事上の責任を問はれない。又、同一の犯罪について、重ねて刑事上の責任を問はれない。

第四〇条〔**刑事補償**〕何人も、抑留又は拘禁された後、無罪の裁判を受けたときは、法律の定めるところにより、国にその補償を求めることができる。

第四章　国　会

第四一条〔**国会の地位・立法権**〕国会は、国権の最高機関であつて、国の唯一の立法機関である。

第四二条〔**両院制**〕国会は、衆議院及び参議院の両議院でこれを構成する。

第四三条〔**両議院の組織**〕両議院は、全国民を代表する選挙された議員でこれを組織する。

②　両議院の議員の定数は、法律でこれを定める。

第四四条〔**議員及び選挙人の資格**〕両議院の議員及びその選挙人の資格は、法律でこれを定める。但し、人種、信条、性別、社会的身分、門地、教育、財産又は収入によつて差別してはならない。

第四五条〔**衆議院議員の任期**〕衆議院議員の任期は、四年とする。但し、衆議院解散の場合には、その期間満了前に終了する。

第四六条〔**参議院議員の任期**〕参議院議員の任期は、六年とし、三年ごとに議員の半数を改選する。

第四七条〔**選挙に関する事項の定**〕選挙区、投票の方法その他両議院の議員の選挙に関する事項は、法律でこれを定める。

第四八条〔**両議院議員兼職の禁止**〕何人も、同時に両議院の議員たることはできない。

第四九条〔**議員の歳費**〕両議院の議員は、法律の定めるところにより、国庫から相当額の歳費を受ける。

第五〇条〔**議員の不逮捕特権**〕両議院の議員は、法律の定める場合を除いては、国会の会期中逮捕されず、会期前に逮捕された議員は、その議院の要求があれば、会期中これを釈放しなければならない。

第五一条〔**議員の発言・表決の無責任**〕両議院の議員は、議院で行つた演説、討論又は表決について、院外で責任を問はれない。

第五二条〔**常会**〕国会の常会は、毎年一回これを召集する。

第五三条〔**臨時会**〕内閣は、国会の臨時会の召集を決定することができる。いづれかの議院の総議員の四分の一以上の要求があれば、内閣は、その召集を決定しなければならない。

第五四条〔**衆議院の解散と総選挙・特別会・緊急集会**〕衆議院が解散されたときは、解散の日から四十日以内に、衆議院議員の総選挙を行ひ、その選挙の日から三十日以内に、国会を召集しなければならない。

②　衆議院が解散されたときは、参議院は、同時に閉会となる。但し、内閣は、国に緊急の必要があるときは、参議院の緊急集会を求めることができる。

③　前項但書の緊急集会において採られた措置は、臨時のものであつて、次の国会開会の後十日以内に、衆議院の同意がない場合には、その効力を失ふ。

第五五条〔**議員の資格争訟**〕両議院は、各〻その議員の資格に関する争訟を裁判する。但し、議員の議席を失はせるには、出席議員の三分の二以上の多数による議決を必要とする。

第五六条〔**議事の定足数・表決**〕両議院は、各〻その総議員の三分の一以上の出席がなければ、議事を開き議決することができない。

②　両議院の議事は、この憲法に特別の定のある場合を除いては、出席議員の過半数でこれを決し、可否同数のときは、議長の決するところによる。

第五七条〔**会議の公開と秘密会・会議録・表決の記載**〕両議院の会議は、公開とする。但し、出席議員の三分の二以上の多数で議決したときは、秘密会を開くことができる。

②　両議院は、各〻その会議の記録を保存し、秘密会の記録の中で特に秘密を要すると認められるもの以外は、これを公表し、且つ一般に頒布しなければならない。

③　出席議員の五分の一以上の要求があれば、各議員の表決は、これを会議録に記載しなければならない。

第五八条〔**役員の選任・議院規則・懲罰**〕両議院は、各〻その議長その他の役員を選任する。

② 両議院は、各〻その会議その他の手続及び内部の規律に関する規則を定め、又、院内の秩序をみだした議員を懲罰することができる。但し、議員を除名するには、出席議員の三分の二以上の多数による議決を必要とする。

第五九条〔法律案の議決・衆議院の優越〕 法律案は、この憲法に特別の定のある場合を除いては、両議院で可決したとき法律となる。

② 衆議院で可決し、参議院でこれと異なつた議決をした法律案は、衆議院で出席議員の三分の二以上の多数で再び可決したときは、法律となる。

③ 前項の規定は、法律の定めるところにより、衆議院が、両議院の協議会を開くことを求めることを妨げない。

④ 参議院が、衆議院の可決した法律案を受け取つた後、国会休会中の期間を除いて六十日以内に、議決しないときは、衆議院は、参議院がその法律案を否決したものとみなすことができる。

第六〇条〔衆議院の予算先議・衆議院の優越〕 予算は、さきに衆議院に提出しなければならない。

② 予算について、参議院で衆議院と異なつた議決をした場合に、法律の定めるところにより、両議院の協議会を開いても意見が一致しないとき、又は参議院が、衆議院の可決した予算を受け取つた後、国会休会中の期間を除いて三十日以内に、議決しないときは、衆議院の議決を国会の議決とする。

第六一条〔条約の承認・衆議院の優越〕 条約の締結に必要な国会の承認については、前条第二項の規定を準用する。

第六二条〔議院の国政調査権〕 両議院は、各〻国政に関する調査を行ひ、これに関して、証人の出頭及び証言並びに記録の提出を要求することができる。

第六三条〔国務大臣の議院出席の権利と義務〕 内閣総理大臣その他の国務大臣は、両議院の一に議席を有すると有しないとにかかはらず、何時でも議案について発言するため議院に出席することができる。又、答弁又は説明のため出席を求められたときは、出席しなければならない。

第六四条〔弾劾裁判所〕 国会は、罷免の訴追を受けた裁判官を裁判するため、両議院の議員で組織する弾劾裁判所を設ける。

② 弾劾に関する事項は、法律でこれを定める。

第五章　内　閣

第六五条〔行政権〕 行政権は、内閣に属する。

第六六条〔内閣の組織・国会に対する連帯責任〕 内閣は、法律の定めるところにより、その首長たる内閣総理大臣及びその他の国務大臣でこれを組織する。

② 内閣総理大臣その他の国務大臣は、文民でなければならない。

③ 内閣は、行政権の行使について、国会に対し連帯して責任を負ふ。

第六七条〔内閣総理大臣の指名・衆議院の優越〕 内閣総理大臣は、国会議員の中から国会の議決で、これを指名する。この指名は、他のすべての案件に先だつて、これを行ふ。

② 衆議院と参議院とが異なつた指名の議決をした場合に、法律の定めるところにより、両議院の協議会を開いても意見が一致しないとき、又は衆議院が指名の議決をした後、国会休会中の期間を除いて十日以内に、参議院が、指名の議決をしないときは、衆議院の議決を国会の議決とする。

第六八条〔国務大臣の任命・罷免〕 内閣総理大臣は、国務大臣を任命する。但し、その過半数は、国会議員の中から選ばれなければならない。

② 内閣総理大臣は、任意に国務大臣を罷免することができる。

第六九条〔衆議院の内閣不信任と解散又は総辞職〕 内閣は、衆議院で不信任の決議案を可決し、又は信任の決議案を否決したときは、十日以内に衆議院が解散されない限り、総辞職をしなければならない。

第七〇条〔内閣総理大臣の欠缺・新国会の召集と内閣の総辞職〕 内閣総理大臣が欠けたとき、又は衆議院議員総選挙の後に初めて国会の召集があつたときは、内閣は、総辞職をしなければならない。

第七一条〔総辞職後の内閣〕 前二条の場合には、内閣は、あらたに内閣総理大臣が任命されるまで引き続きその職務を行ふ。

第七二条〔内閣総理大臣の職務権限〕 内閣総理大臣は、内閣を代表して議案を国会に提出し、一般国務及び外交関係について国会に報告し、並びに行政各部を指揮監督する。

第七三条〔内閣の職務権限〕 内閣は、他の一般行政事務の外、左の事務を行ふ。

一　法律を誠実に執行し、国務を総理すること。

二　外交関係を処理すること。

三　条約を締結すること。但し、事前に、時宜によつては事後に、国会の承認を経ることを必要とする。

四　法律の定める基準に従ひ、官吏に関する事務を掌理すること。

五　予算を作成して国会に提出すること。

六　この憲法及び法律の規定を実施するために、政令を制定すること。但し、政令には、特にその法律の委任がある場合を除いては、罰則を設けることができない。

七　大赦、特赦、減刑、刑の執行の免除及び復権を決定すること。

第七四条〔法律・政令の署名〕法律及び政令には、すべて主任の国務大臣が署名し、内閣総理大臣が連署することを必要とする。

第七五条〔国務大臣の訴追〕国務大臣は、その在任中、内閣総理大臣の同意がなければ、訴追されない。但し、これがため、訴追の権利は、害されない。

第六章　司　法

第七六条〔司法権と裁判所・特別裁判所の禁止・裁判官の独立〕すべて司法権は、最高裁判所及び法律の定めるところにより設置する下級裁判所に属する。

②　特別裁判所は、これを設置することができない。行政機関は、終審として裁判を行ふことができない。

③　すべて裁判官は、その良心に従ひ独立してその職権を行ひ、この憲法及び法律にのみ拘束される。

第七七条〔最高裁判所の規則制定権〕最高裁判所は、訴訟に関する手続、弁護士、裁判所の内部規律及び司法事務処理に関する事項について、規則を定める権限を有する。

②　検察官は、最高裁判所の定める規則に従はなければならない。

③　最高裁判所は、下級裁判所に関する規則を定める権限を、下級裁判所に委任することができる。

第七八条〔裁判官の身分の保障〕裁判官は、裁判により、心身の故障のために職務を執ることができないと決定された場合を除いては、公の弾劾によらなければ罷免されない。裁判官の懲戒処分は、行政機関がこれを行ふことはできない。

第七九条〔最高裁判所の裁判官・国民審査・定年・報酬〕最高裁判所は、その長たる裁判官及び法律の定める員数のその他の裁判官でこれを構成し、その長たる裁判官以外の裁判官は、内閣でこれを任命する。

②　最高裁判所の裁判官の任命は、その任命後初めて行はれる衆議院議員総選挙の際国民の審査に付し、その後十年を経過した後初めて行はれる衆議院議員総選挙の際更に審査に付し、その後も同様とする。

③　前項の場合において、投票者の多数が裁判官の罷免を可とするときは、その裁判官は、罷免される。

④　審査に関する事項は、法律でこれを定める。

⑤　最高裁判所の裁判官は、法律の定める年齢に達した時に退官する。

⑥　最高裁判所の裁判官は、すべて定期に相当額の報酬を受ける。この報酬は、在任中、これを減額することができない。

第八〇条〔下級裁判所の裁判官・任期・定年・報酬〕下級裁判所の裁判官は、最高裁判所の指名した者の名簿によつて、内閣でこれを任命する。その裁判官は、任期を十年とし、再任されることができる。但し、法律の定める年齢に達した時には退官する。

②　下級裁判所の裁判官は、すべて定期に相当額の報酬を受ける。この報酬は、在任中、これを減額することができない。

第八一条〔最高裁判所の法令審査権〕最高裁判所は、一切の法律、命令、規則又は処分が憲法に適合するかしないかを決定する権限を有する終審裁判所である。

第八二条〔裁判の公開〕裁判の対審及び判決は、公開法廷でこれを行ふ。

②　裁判所が、裁判官の全員一致で、公の秩序又は善良の風俗を害する虞があると決した場合には、対審は、公開しないでこれを行ふことができる。但し、政治犯罪、出版に関する犯罪又はこの憲法第三章〔国民の権利及び義務〕で保障する国民の権利が問題となつてゐる事件の対審は、常にこれを公開しなければならない。

第七章　財　政

第八三条〔財政処理の要件〕国の財政を処理する権限は、国会の議決に基いて、これを行使しなければならない。

第八四条〔**課税の要件**〕あらたに租税を課し、又は現行の租税を変更するには、法律又は法律の定める条件によることを必要とする。

第八五条〔**国費支出及び債務負担**〕国費を支出し、又は国が債務を負担するには、国会の議決に基くことを必要とする。

第八六条〔**予算**〕内閣は、毎会計年度の予算を作成し、国会に提出して、その審議を受け議決を経なければならない。

第八七条〔**予備費**〕予見し難い予算の不足に充てるため、国会の議決に基いて予備費を設け、内閣の責任でこれを支出することができる。

② すべて予備費の支出については、内閣は、事後に国会の承諾を得なければならない。

第八八条〔**皇室財産・皇室費用**〕すべて皇室財産は、国に属する。すべて皇室の費用は、予算に計上して国会の議決を経なければならない。

第八九条〔**公の財産の用途制限**〕公金その他の公の財産は、宗教上の組織若しくは団体の使用、便益若しくは維持のため、又は公の支配に属しない慈善、教育若しくは博愛の事業に対し、これを支出し、又はその利用に供してはならない。

第九〇条〔**決算検査・会計検査院**〕国の収入支出の決算は、すべて毎年会計検査院がこれを検査し、内閣は、次の年度に、その検査報告とともに、これを国会に提出しなければならない。

② 会計検査院の組織及び権限は、法律でこれを定める。

第九一条〔**財政状況の報告**〕内閣は、国会及び国民に対し、定期に、少くとも毎年一回、国の財政状況について報告しなければならない。

第八章　地方自治

第九二条〔**地方自治の基本原則**〕地方公共団体の組織及び運営に関する事項は、地方自治の本旨に基いて、法律でこれを定める。

第九三条〔**地方公共団体の機関・直接選挙**〕地方公共団体には、法律の定めるところにより、その議事機関として議会を設置する。

② 地方公共団体の長、その議会の議員及び法律の定めるその他の吏員は、その地方公共団体の住民が、直接これを選挙する。

第九四条〔**地方公共団体の権能**〕地方公共団体は、その財産を管理し、事務を処理し、及び行政を執行する権能を有し、法律の範囲内で条例を制定することができる。

第九五条〔**特別法の住民投票**〕一の地方公共団体のみに適用される特別法は、法律の定めるところにより、その地方公共団体の住民の投票においてその過半数の同意を得なければ、国会は、これを制定することができない。

第九章　改正

第九六条〔**憲法改正の手続、その公布**〕この憲法の改正は、各議院の総議員の三分の二以上の賛成で、国会が、これを発議し、国民に提案してその承認を経なければならない。この承認には、特別の国民投票又は国会の定める選挙の際行はれる投票において、その過半数の賛成を必要とする。

② 憲法改正について前項の承認を経たときは、天皇は、国民の名で、この憲法と一体を成すものとして、直ちにこれを公布する。

第十章　最高法規

第九七条〔**基本的人権の本質**〕この憲法が日本国民に保障する基本的人権は、人類の多年にわたる自由獲得の努力の成果であつて、これらの権利は、過去幾多の試錬に堪へ、現在及び将来の国民に対し、侵すことのできない永久の権利として信託されたものである。

第九八条〔**憲法の最高法規性と条約及び国際法規の遵守**〕この憲法は、国の最高法規であつて、その条規に反する法律、命令、詔勅及び国務に関するその他の行為の全部又は一部は、その効力を有しない。

② 日本国が締結した条約及び確立された国際法規は、これを誠実に遵守することを必要とする。

第九九条〔**憲法尊重擁護の義務**〕天皇又は摂政及び国務大臣、国会議員、裁判官その他の公務員は、この憲法を尊重し擁護する義務を負ふ。

第十一章　補則

第一〇〇条〔**憲法施行期日と準備手続**〕この憲法は、公布の日から起算して六箇月を経過した日から、これを施行する。

② この憲法を施行するために必要な法律の制定、参議院議員の選挙及び国会召集の手続並びにこの憲法を施行するために必要な準備手

続は、前項の期日よりも前に、これを行ふことができる。

第一〇一条〔**経過規定—参議院未成立の間の国会**〕この憲法施行の際、参議院がまだ成立してゐないときは、その成立するまでの間、衆議院は、国会としての権限を行ふ。

第一〇二条〔**第一期参議院議員の任期**〕この憲法による第一期の参議院議員のうち、その半数の者の任期は、これを三年とする。その議員は、法律の定めるところにより、これを定める。

第一〇三条〔**公務員の地位に関する経過規定**〕この憲法施行の際現に在職する国務大臣、衆議院議員及び裁判官並びにその他の公務員で、その地位に相応する地位がこの憲法で認められてゐる者は、法律で特別の定をした場合を除いては、この憲法施行のため、当然にはその地位を失ふことはない。但し、この憲法によつて、後任者が選挙又は任命されたときは、当然その地位を失ふ。

○個人情報の保護に関する法律〔抄〕

〔平成一五・五・三〇 法律五七〕

最終改正 令和五・六法四七

第一章 総則

第一条〔**目的**〕この法律は、デジタル社会の進展に伴い個人情報の利用が著しく拡大していることに鑑み、個人情報の適正な取扱いに関し、基本理念及び政府による基本方針の作成その他の個人情報の保護に関する施策の基本となる事項を定め、国及び地方公共団体の責務等を明らかにし、個人情報を取り扱う事業者及び行政機関等についてこれらの特性に応じて遵守すべき義務等を定めるとともに、個人情報保護委員会を設置することにより、行政機関等の事務及び事業の適正かつ円滑な運営を図り、並びに個人情報の適正かつ効果的な活用が新たな産業の創出並びに活力ある経済社会及び豊かな国民生活の実現に資するものであることその他の個人情報の有用性に配慮しつつ、個人の権利利益を保護することを目的とする。

第二条〔**定義**〕この法律において「個人情報」とは、生存する個人に関する情報であって、次の各号のいずれかに該当するものをいう。

一 当該情報に含まれる氏名、生年月日その他の記述等（文書、図画若しくは電磁的記録（電磁的方式（電子的方式、磁気的方式その他人の知覚によっては認識することができない方式をいう。次項第二号において同じ。）で作られる記録をいう。以下同じ。）に記載され、若しくは記録され、又は音声、動作その他の方法を用いて表された一切の事項（個人識別符号を除く。）をいう。以下同じ。）により特定の個人を識別することができるもの（他の情報と容易に照合することができ、それにより特定の個人を識別することができることとなるものを含む。）

二 個人識別符号が含まれるもの〔2項以下略〕

第四章 個人情報取扱事業者等の義務等

第一節 総則

第一六条〔**定義**〕この章及び第八章において「個人情報データベース等」とは、個人情報を含む情報の集合物であって、次に掲げるもの（利用方法からみて個人の権利利益を害するおそれが少ないものとして政令で定めるものを除く。）をいう。

一 特定の個人情報を電子計算機を用いて検索することができるように体系的に構成したもの〔二号略〕

2 この章及び第六章から第八章までにおいて

「個人情報取扱事業者」とは、個人情報データベース等を事業の用に供している者をいう。ただし、次に掲げる者を除く。

一　国の機関

二　地方公共団体

三　独立行政法人等

四　地方独立行政法人

3　この章において「個人データ」とは、個人情報データベース等を構成する個人情報をいう。

4　この章において「保有個人データ」とは、個人情報取扱事業者が、開示、内容の訂正、追加又は削除、利用の停止、消去及び第三者への提供の停止を行うことのできる権限を有する個人データであって、その存否が明らかになることにより公益その他の利益が害されるものとして政令で定めるもの以外のものをいう。［5項以下略］

第二節　個人情報取扱事業者及び個人関連情報取扱事業者の義務

第一七条（**利用目的の特定**）　個人情報取扱事業者は、個人情報を取り扱うに当たっては、その利用の目的（以下「利用目的」という。）をできる限り特定しなければならない。

2　個人情報取扱事業者は、利用目的を変更する場合には、変更前の利用目的と関連性を有すると合理的に認められる範囲を超えて行ってはならない。

第一八条（**利用目的による制限**）　個人情報取扱事業者は、あらかじめ本人の同意を得ないで、前条の規定により特定された利用目的の達成に必要な範囲を超えて、個人情報を取り扱ってはならない。

2　個人情報取扱事業者は、合併その他の事由により他の個人情報取扱事業者から事業を承継することに伴って個人情報を取得した場合は、あらかじめ本人の同意を得ないで、承継前における当該個人情報の利用目的の達成に必要な範囲を超えて、当該個人情報を取り扱ってはならない。

3　前二項の規定は、次に掲げる場合については、適用しない。

一　法令（条例を含む。以下この章において同じ。）に基づく場合

二　人の生命、身体又は財産の保護のために必要がある場合であって、本人の同意を得ることが困難であるとき。

三　公衆衛生の向上又は児童の健全な育成の推進のために特に必要がある場合であって、本人の同意を得ることが困難であるとき。

四　国の機関若しくは地方公共団体又はその委託を受けた者が法令の定める事務を遂行することに対して協力する必要がある場合であって、本人の同意を得ることにより当該事務の遂行に支障を及ぼすおそれがあるとき。

五　当該個人情報取扱事業者が学術研究機関等である場合であって、当該個人情報を学術研究の用に供する目的（以下この章において「学術研究目的」という。）で取り扱う必要があるとき（当該個人情報を取り扱う目的の一部が学術研究目的である場合を含み、個人の権利利益を不当に侵害するおそれがある場合を除く。）。

六　学術研究機関等に個人データを提供する場合であって、当該学術研究機関等が当該個人データを学術研究目的で取り扱う必要があるとき（当該個人データを取り扱う目的の一部が学術研究目的である場合を含み、個人の権利利益を不当に侵害するおそれがある場合を除く。）。

第一九条（**不適正な利用の禁止**）　個人情報取扱事業者は、違法又は不当な行為を助長し、又は誘発するおそれがある方法により個人情報を利用してはならない。

第二〇条（**適正な取得**）　個人情報取扱事業者は、偽りその他不正の手段により個人情報を取得してはならない。

2　個人情報取扱事業者は、次に掲げる場合を除くほか、あらかじめ本人の同意を得ないで、要配慮個人情報を取得してはならない。

一　法令に基づく場合

二　人の生命、身体又は財産の保護のために必要がある場合であって、本人の同意を得ることが困難であるとき。

三　公衆衛生の向上又は児童の健全な育成の推進のために特に必要がある場合であって、本人の同意を得ることが困難であるとき。

四　国の機関若しくは地方公共団体又はその委託を受けた者が法令の定める事務を遂行することに対して協力する必要がある場合であって、本人の同意を得ることにより当

該事務の遂行に支障を及ぼすおそれがあるとき。

五　当該個人情報取扱事業者が学術研究機関等である場合であって、当該要配慮個人情報を学術研究目的で取り扱う必要があるとき（当該要配慮個人情報を取り扱う目的の一部が学術研究目的である場合を含み、個人の権利利益を不当に侵害するおそれがある場合を除く。）。

六　学術研究機関等から当該要配慮個人情報を取得する場合であって、当該要配慮個人情報を学術研究目的で取得する必要があるとき（当該要配慮個人情報を取得する目的の一部が学術研究目的である場合を含み、個人の権利利益を不当に侵害するおそれがある場合を除く。）（当該個人情報取扱事業者と当該学術研究機関等が共同して学術研究を行う場合に限る。）。

七　当該要配慮個人情報が、本人、国の機関、地方公共団体、学術研究機関等、第五十七条第一項各号に掲げる者その他個人情報保護委員会規則で定める者により公開されている場合

八　その他前各号に掲げる場合に準ずるものとして政令で定める場合

第二十一条（取得に際しての利用目的の通知等） 個人情報取扱事業者は、個人情報を取得した場合は、あらかじめその利用目的を公表している場合を除き、速やかに、その利用目的を、本人に通知し、又は公表しなければならない。

2　個人情報取扱事業者は、前項の規定にかかわらず、本人との間で契約を締結することに伴って契約書その他の書面（電磁的記録を含む。以下この項において同じ。）に記載された当該本人の個人情報を取得する場合その他本人から直接書面に記載された当該本人の個人情報を取得する場合は、あらかじめ、本人に対し、その利用目的を明示しなければならない。ただし、人の生命、身体又は財産の保護のために緊急に必要がある場合は、この限りでない。

3　個人情報取扱事業者は、利用目的を変更した場合は、変更された利用目的について、本人に通知し、又は公表しなければならない。

4　前三項の規定は、次に掲げる場合については、適用しない。

一　利用目的を本人に通知し、又は公表することにより本人又は第三者の生命、身体、財産その他の権利利益を害するおそれがある場合

二　利用目的を本人に通知し、又は公表することにより当該個人情報取扱事業者の権利又は正当な利益を害するおそれがある場合

三　国の機関又は地方公共団体が法令の定める事務を遂行することに対して協力する必要がある場合であって、利用目的を本人に通知し、又は公表することにより当該事務の遂行に支障を及ぼすおそれがあるとき。

四　取得の状況からみて利用目的が明らかであると認められる場合

第二十二条（データ内容の正確性の確保等） 個人情報取扱事業者は、利用目的の達成に必要な範囲内において、個人データを正確かつ最新の内容に保つとともに、利用する必要がなくなったときは、当該個人データを遅滞なく消去するよう努めなければならない。

第二十三条（安全管理措置） 個人情報取扱事業者は、その取り扱う個人データの漏えい、滅失又は毀損の防止その他の個人データの安全管理のために必要かつ適切な措置を講じなければならない。

第二十四条（従業者の監督） 個人情報取扱事業者は、その従業者に個人データを取り扱わせるに当たっては、当該個人データの安全管理が図られるよう、当該従業者に対する必要かつ適切な監督を行わなければならない。

第二十五条（委託先の監督） 個人情報取扱事業者は、個人データの取扱いの全部又は一部を委託する場合は、その取扱いを委託された個人データの安全管理が図られるよう、委託を受けた者に対する必要かつ適切な監督を行わなければならない。

第二十六条（漏えい等の報告等） 個人情報取扱事業者は、その取り扱う個人データの漏えい、滅失、毀損その他の個人データの安全の確保に係る事態であって個人の権利利益を害するおそれが大きいものとして個人情報保護委員会規則で定めるものが生じたときは、個人情報保護委員会規則で定めるところにより、当該事態が生じた旨を個人情報保護委員会に報告しなければならない。ただし、当該個人情報取扱事業者が、他の個人情報取扱事業者又は行政機関等から当該個人データの取扱いの全部又は一部の委託を受けた場合であって、個人情報保護委員会規則で定めるところにより、当該事態が生じた旨を当該他の個人情報

取扱事業者又は行政機関等に通知したときは、この限りでない。

2　前項に規定する場合には、個人情報取扱事業者（同項ただし書の規定による通知をした者を除く。）は、本人に対し、個人情報保護委員会規則で定めるところにより、当該事態が生じた旨を通知しなければならない。ただし、本人への通知が困難な場合であって、本人の権利利益を保護するため必要なこれに代わるべき措置をとるときは、この限りでない。

第二七条（第三者提供の制限）個人情報取扱事業者は、次に掲げる場合を除くほか、あらかじめ本人の同意を得ないで、個人データを第三者に提供してはならない。

一　法令に基づく場合

二　人の生命、身体又は財産の保護のために必要がある場合であって、本人の同意を得ることが困難であるとき。

三　公衆衛生の向上又は児童の健全な育成の推進のために特に必要がある場合であって、本人の同意を得ることが困難であるとき。

四　国の機関若しくは地方公共団体又はその委託を受けた者が法令の定める事務を遂行することに対して協力する必要がある場合であって、本人の同意を得ることにより当該事務の遂行に支障を及ぼすおそれがあるとき。

五　当該個人情報取扱事業者が学術研究機関等である場合であって、当該個人データの提供が学術研究の成果の公表又は教授のためやむを得ないとき（個人の権利利益を不当に侵害するおそれがある場合を除く。）。

六　当該個人情報取扱事業者が学術研究機関等である場合であって、当該個人データを学術研究目的で提供する必要があるとき（当該個人データを提供する目的の一部が学術研究目的である場合を含み、個人の権利利益を不当に侵害するおそれがある場合を除く。）（当該個人情報取扱事業者と当該第三者が共同して学術研究を行う場合に限る。）。

七　当該第三者が学術研究機関等である場合であって、当該第三者が当該個人データを学術研究目的で取り扱う必要があるとき（当該個人データを取り扱う目的の一部が学術研究目的である場合を含み、個人の権利利益を不当に侵害するおそれがある場合を除く。）。

2　個人情報取扱事業者は、第三者に提供される個人データについて、本人の求めに応じて当該本人が識別される個人データの第三者への提供を停止することとしている場合であって、次に掲げる事項について、個人情報保護委員会規則で定めるところにより、あらかじめ、本人に通知し、又は本人が容易に知り得る状態に置くとともに、個人情報保護委員会に届け出たときは、前項の規定にかかわらず、当該個人データを第三者に提供することができる。ただし、第三者に提供される個人データが要配慮個人情報又は第二十条第一項の規定に違反して取得されたもの若しくは他の個人情報取扱事業者からこの項本文の規定により提供されたもの（その全部又は一部を複製し、又は加工したものを含む。）である場合は、この限りでない。

一　第三者への提供を行う個人情報取扱事業者の氏名又は名称及び住所並びに法人にあっては、その代表者（法人でない団体で代表者又は管理人の定めのあるものにあっては、その代表者又は管理人。以下この条、第三十条第一項第一号及び第三十二条第一項第一号において同じ。）の氏名

二　第三者への提供を利用目的とすること。

三　第三者に提供される個人データの項目

四　第三者に提供される個人データの取得の方法

五　第三者への提供の方法

六　本人の求めに応じて当該本人が識別される個人データの第三者への提供を停止すること。

七　本人の求めを受け付ける方法

八　その他個人の権利利益を保護するために必要なものとして個人情報保護委員会規則で定める事項

3　個人情報取扱事業者は、前項第一号に掲げる事項に変更があったとき又は同項の規定による個人データの提供をやめたときは遅滞なく、同項第三号から第五号まで、第七号又は第八号に掲げる事項を変更しようとするときはあらかじめ、その旨について、個人情報保護委員会規則で定めるところにより、本人に通知し、又は本人が容易に知り得る状態に置くとともに、個人情報保護委員会に届け出なければならない。

4　個人情報保護委員会は、第二項の規定による届出があったときは、個人情報保護委員会規則で定めるところにより、当該届出に係る事項を公表しなければならない。前項の規定

による届出があったときも、同様とする。

5　次に掲げる場合において、当該個人データの提供を受ける者は、前各項の規定の適用については、第三者に該当しないものとする。

一　個人情報取扱事業者が利用目的の達成に必要な範囲内において個人データの取扱いの全部又は一部を委託することに伴って当該個人データが提供される場合

二　合併その他の事由による事業の承継に伴って個人データが提供される場合

三　特定の者との間で共同して利用される個人データが当該特定の者に提供される場合であって、その旨並びに共同して利用される個人データの項目、共同して利用する者の範囲、利用する者の利用目的並びに当該個人データの管理について責任を有する者の氏名又は名称及び住所並びに法人にあっては、その代表者の氏名について、あらかじめ、本人に通知し、又は本人が容易に知り得る状態に置いているとき。

6　個人情報取扱事業者は、前項第三号に規定する個人データの管理について責任を有する者の氏名、名称若しくは住所又は法人にあっては、その代表者の氏名に変更があったときは遅滞なく、同号に規定する利用する者の利用目的又は当該責任を有する者を変更しようとするときはあらかじめ、その旨について、本人に通知し、又は本人が容易に知り得る状態に置かなければならない。

第二八条（**外国にある第三者への提供の制限**）個人情報取扱事業者は、外国（本邦の域外にある国又は地域をいう。以下この条及び第三十一条第一項第二号において同じ。）（個人の権利利益を保護する上で我が国と同等の水準にあると認められる個人情報の保護に関する制度を有している外国として個人情報保護委員会規則で定めるものを除く。以下この条及び同号において同じ。）にある第三者（個人データの取扱いについてこの節の規定により個人情報取扱事業者が講ずべきこととされている措置に相当する措置（第三項において「相当措置」という。）を継続的に講ずるために必要なものとして個人情報保護委員会規則で定める基準に適合する体制を整備している者を除く。以下この項及び次項並びに同号において同じ。）に個人データを提供する場合には、前条第一項各号に掲げる場合を除くほか、あらかじめ外国にある第三者への提供を認める旨の本人の同意を得なければならない。この場合においては、同条の規定は、適用しない。

2　個人情報取扱事業者は、前項の規定により本人の同意を得ようとする場合には、個人情報保護委員会規則で定めるところにより、あらかじめ、当該外国における個人情報の保護に関する制度、当該第三者が講ずる個人情報の保護のための措置その他当該本人に参考となるべき情報を当該本人に提供しなければならない。

3　個人情報取扱事業者は、個人データを外国にある第三者（第一項に規定する体制を整備している者に限る。）に提供した場合には、個人情報保護委員会規則で定めるところにより、当該第三者による相当措置の継続的な実施を確保するために必要な措置を講ずるとともに、本人の求めに応じて当該必要な措置に関する情報を当該本人に提供しなければならない。

第二九条（**第三者提供に係る記録の作成等**）個人情報取扱事業者は、個人データを第三者（第十六条第二項各号に掲げる者を除く。以下この条及び次条（第三十一条第三項において読み替えて準用する場合を含む。）において同じ。）に提供したときは、個人情報保護委員会規則で定めるところにより、当該個人データを提供した年月日、当該第三者の氏名又は名称その他の個人情報保護委員会規則で定める事項に関する記録を作成しなければならない。ただし、当該個人データの提供が第二十七条第一項各号又は第五項各号のいずれか（前条第一項の規定による個人データの提供にあっては、第二十七条第一項各号のいずれか）に該当する場合は、この限りでない。

2　個人情報取扱事業者は、前項の記録を、当該記録を作成した日から個人情報保護委員会規則で定める期間保存しなければならない。

第三〇条（**第三者提供を受ける際の確認等**）個人情報取扱事業者は、第三者から個人データの提供を受けるに際しては、個人情報保護委員会規則で定めるところにより、次に掲げる事項の確認を行わなければならない。ただし、当該個人データの提供が第二十七条第一項各号又は第五項各号のいずれかに該当する場合は、この限りでない。

一　当該第三者の氏名又は名称及び住所並びに法人にあっては、その代表者の氏名

二　当該第三者による当該個人データの取得の経緯

2　前項の第三者は、個人情報取扱事業者が同

項の規定による確認を行う場合において、当該個人情報取扱事業者に対して、当該確認に係る事項を偽ってはならない。

3　個人情報取扱事業者は、第一項の規定による確認を行ったときは、個人情報保護委員会規則で定めるところにより、当該個人データの提供を受けた年月日、当該確認に係る事項その他の個人情報保護委員会規則で定める事項に関する記録を作成しなければならない。

4　個人情報取扱事業者は、前項の記録を、当該記録を作成した日から個人情報保護委員会規則で定める期間保存しなければならない。

第三十一条（個人関連情報の第三者提供の制限等）　個人関連情報取扱事業者は、第三者が個人関連情報（個人関連情報データベース等を構成するものに限る。以下この章及び第六章において同じ。）を個人データとして取得することが想定されるときは、第二十七条第一項各号に掲げる場合を除くほか、次に掲げる事項について、あらかじめ個人情報保護委員会規則で定めるところにより確認することをしないで、当該個人関連情報を当該第三者に提供してはならない。

一　当該第三者が個人関連情報取扱事業者から個人関連情報の提供を受けて本人が識別される個人データとして取得することを認める旨の当該本人の同意が得られていること。

二　外国にある第三者への提供にあっては、前号の本人の同意を得ようとする場合において、個人情報保護委員会規則で定めるところにより、あらかじめ、当該外国における個人情報の保護に関する制度、当該第三者が講ずる個人情報の保護のための措置その他当該本人に参考となるべき情報が当該本人に提供されていること。［2項以下略］

第三十二条（保有個人データに関する事項の公表等）　個人情報取扱事業者は、保有個人データに関し、次に掲げる事項について、本人の知り得る状態（本人の求めに応じて遅滞なく回答する場合を含む。）に置かなければならない。

一　当該個人情報取扱事業者の氏名又は名称及び住所並びに法人にあっては、その代表者の氏名

二　全ての保有個人データの利用目的（第二十一条第四項第一号から第三号までに該当する場合を除く。）

三　次項の規定による求め又は次条第一項（同条第五項において準用する場合を含む。）、第三十四条第一項若しくは第三十五条第一項、第三項若しくは第五項の規定による請求に応じる手続（第三十八条第二項の規定により手数料の額を定めたときは、その手数料の額を含む。）

四　前三号に掲げるもののほか、保有個人データの適正な取扱いの確保に関し必要な事項として政令で定めるもの

2　個人情報取扱事業者は、本人から、当該本人が識別される保有個人データの利用目的の通知を求められたときは、本人に対し、遅滞なく、これを通知しなければならない。ただし、次の各号のいずれかに該当する場合は、この限りでない。

一　前項の規定により当該本人が識別される保有個人データの利用目的が明らかな場合

二　第二十一条第四項第一号から第三号までに該当する場合

3　個人情報取扱事業者は、前項の規定に基づき求められた保有個人データの利用目的を通知しない旨の決定をしたときは、本人に対し、遅滞なく、その旨を通知しなければならない。

第三十三条（開示）　本人は、個人情報取扱事業者に対し、当該本人が識別される保有個人データの電磁的記録の提供による方法その他の個人情報保護委員会規則で定める方法による開示を請求することができる。

2　個人情報取扱事業者は、前項の規定による請求を受けたときは、本人に対し、同項の規定により当該本人が請求した方法（当該方法による開示に多額の費用を要する場合その他の当該方法による開示が困難である場合にあっては、書面の交付による方法）により、遅滞なく、当該保有個人データを開示しなければならない。ただし、開示することにより次の各号のいずれかに該当する場合は、その全部又は一部を開示しないことができる。

一　本人又は第三者の生命、身体、財産その他の権利利益を害するおそれがある場合

二　当該個人情報取扱事業者の業務の適正な実施に著しい支障を及ぼすおそれがある場合

三　他の法令に違反することとなる場合

3　個人情報取扱事業者は、第一項の規定による請求に係る保有個人データの全部若しくは一部について開示しない旨の決定をしたとき、当該保有個人データが存在しないとき、又は同項の規定により本人が請求した方法による開示が困難であるときは、本人に対し、遅滞なく、その旨を通知しなければならない。

4　他の法令の規定により、本人に対し第二項本文に規定する方法に相当する方法により当該本人が識別される保有個人データの全部又は一部を開示することとされている場合には、当該全部又は一部の保有個人データについては、第一項及び第二項の規定は、適用しない。

5　第一項から第三項までの規定は、当該本人が識別される個人データに係る第二十九条第一項及び第三十条第三項の記録（その存否が明らかになることにより公益その他の利益が害されるものとして政令で定めるものを除く。第三十七条第二項において「第三者提供記録」という。）について準用する。

第三四条（**訂正等**）本人は、個人情報取扱事業者に対し、当該本人が識別される保有個人データの内容が事実でないときは、当該保有個人データの内容の訂正、追加又は削除（以下この条において「訂正等」という。）を請求することができる。

2　個人情報取扱事業者は、前項の規定による請求を受けた場合には、その内容の訂正等に関して他の法令の規定により特別の手続が定められている場合を除き、利用目的の達成に必要な範囲内において、遅滞なく必要な調査を行い、その結果に基づき、当該保有個人データの内容の訂正等を行わなければならない。

3　個人情報取扱事業者は、第一項の規定による請求に係る保有個人データの内容の全部若しくは一部について訂正等を行ったとき、又は訂正等を行わない旨の決定をしたときは、本人に対し、遅滞なく、その旨（訂正等を行ったときは、その内容を含む。）を通知しなければならない。

第三五条（**利用停止等**）本人は、個人情報取扱事業者に対し、当該本人が識別される保有個人データが第十八条若しくは第十九条の規定に違反して取り扱われているとき、又は第二十条の規定に違反して取得されたものであるときは、当該保有個人データの利用の停止又は消去（以下この条において「利用停止等」という。）を請求することができる。

2　個人情報取扱事業者は、前項の規定による請求を受けた場合であって、その請求に理由があることが判明したときは、違反を是正するために必要な限度で、遅滞なく、当該保有個人データの利用停止等を行わなければならない。ただし、当該保有個人データの利用停止等に多額の費用を要する場合その他の利用停止等を行うことが困難な場合であって、本人の権利利益を保護するため必要なこれに代わるべき措置をとるときは、この限りでない。

3　本人は、個人情報取扱事業者に対し、当該本人が識別される保有個人データが第二十七条第一項又は第二十八条の規定に違反して第三者に提供されているときは、当該保有個人データの第三者への提供の停止を請求することができる。

4　個人情報取扱事業者は、前項の規定による請求を受けた場合であって、その請求に理由があることが判明したときは、遅滞なく、当該保有個人データの第三者への提供を停止しなければならない。ただし、当該保有個人データの第三者への提供の停止に多額の費用を要する場合その他の第三者への提供を停止することが困難な場合であって、本人の権利利益を保護するため必要なこれに代わるべき措置をとるときは、この限りでない。

5　本人は、個人情報取扱事業者に対し、当該本人が識別される保有個人データを当該個人情報取扱事業者が利用する必要がなくなった場合、当該本人が識別される保有個人データに係る第二十六条第一項本文に規定する事態が生じた場合その他当該本人が識別される保有個人データの取扱いにより当該本人の権利又は正当な利益が害されるおそれがある場合には、当該保有個人データの利用停止等又は第三者への提供の停止を請求することができる。

6　個人情報取扱事業者は、前項の規定による請求を受けた場合であって、その請求に理由があることが判明したときは、本人の権利利益の侵害を防止するために必要な限度で、遅滞なく、当該保有個人データの利用停止等又は第三者への提供の停止を行わなければならない。ただし、当該保有個人データの利用停止等又は第三者への提供の停止に多額の費用を要する場合その他の利用停止等又は第三者への提供の停止を行うことが困難な場合であって、本人の権利利益を保護するため必要なこれに代わるべき措置をとるときは、この限りでない。

7　個人情報取扱事業者は、第一項若しくは第五項の規定による請求に係る保有個人データの全部若しくは一部について利用停止等を行ったとき若しくは利用停止等を行わない旨の決定をしたとき、又は第三項若しくは第五項の規定による請求に係る保有個人データの全部若しくは一部について第三者への提供を停止したとき若しくは第三者への提供を停止しない旨の決定をしたときは、本人に対し、遅滞なく、その旨を通知しなければならない。

第三六条（理由の説明） 個人情報取扱事業者は、第三十二条第三項、第三十三条第三項（同条第五項において準用する場合を含む。）、第三十四条第三項又は前条第七項の規定により、本人から求められ、又は請求された措置の全部又は一部について、その措置をとらない旨を通知する場合又はその措置と異なる措置をとる旨を通知する場合には、本人に対し、その理由を説明するよう努めなければならない。

第三七条（開示等の請求等に応じる手続） 個人情報取扱事業者は、第三十二条第二項の規定による求め又は第三十三条第一項（同条第五項において準用する場合を含む。次条第一項及び第三十九条において同じ。）、第三十四条第一項若しくは第三十五条第一項、第三項若しくは第五項の規定による請求（以下この条及び第五十四条第一項において「開示等の請求等」という。）に関し、政令で定めるところにより、その求め又は請求を受け付ける方法を定めることができる。この場合において、本人は、当該方法に従って、開示等の請求等を行わなければならない。

2　個人情報取扱事業者は、本人に対し、開示等の請求等に関し、その対象となる保有個人データ又は第三者提供記録を特定するに足りる事項の提示を求めることができる。この場合において、個人情報取扱事業者は、本人が容易かつ的確に開示等の請求等をすることができるよう、当該保有個人データ又は当該第三者提供記録の特定に資する情報の提供その他本人の利便を考慮した適切な措置をとらなければならない。

3　開示等の請求等は、政令で定めるところにより、代理人によってすることができる。

4　個人情報取扱事業者は、前三項の規定に基づき開示等の請求等に応じる手続を定めるに当たっては、本人に過重な負担を課するものとならないよう配慮しなければならない。

第三八条（手数料） 個人情報取扱事業者は、第三十二条第二項の規定による利用目的の通知を求められたとき又は第三十三条第一項の規定による開示の請求を受けたときは、当該措置の実施に関し、手数料を徴収することができる。

2　個人情報取扱事業者は、前項の規定により手数料を徴収する場合は、実費を勘案して合理的であると認められる範囲内において、その手数料の額を定めなければならない。

第三九条（事前の請求） 本人は、第三十三条第一項、第三十四条第一項又は第三十五条第一項、第三項若しくは第五項の規定による請求に係る訴えを提起しようとするときは、その訴えの被告となるべき者に対し、あらかじめ、当該請求を行い、かつ、その到達した日から二週間を経過した後でなければ、その訴えを提起することができない。ただし、当該訴えの被告となるべき者がその請求を拒んだときは、この限りでない。

2　前項の請求は、その請求が通常到達すべきであった時に、到達したものとみなす。

3　前二項の規定は、第三十三条第一項、第三十四条第一項又は第三十五条第一項若しくは第五項の規定による請求に係る仮処分命令の申立てについて準用する。

第四〇条（個人情報取扱事業者による苦情の処理） 個人情報取扱事業者は、個人情報の取扱いに関する苦情の適切かつ迅速な処理に努めなければならない。

2　個人情報取扱事業者は、前項の目的を達成するために必要な体制の整備に努めなければならない。

第五章　行政機関等の義務等

第四節　開示、訂正及び利用停止

第一款　開示

第七六条（開示請求権） 何人も、この法律の定めるところにより、行政機関の長等に対し、当該行政機関の長等の属する行政機関等の保有する自己を本人とする保有個人情報の開示を請求することができる。

2　未成年者若しくは成年被後見人の法定代理人又は本人の委任による代理人（以下この節において「代理人」と総称する。）は、本人に代わって前項の規定による開示の請求（以下この節及び第百二十七条において「開示請求」という。）をすることができる。

第二款　訂正

第九〇条（訂正請求権） 何人も、自己を本人とする保有個人情報（次に掲げるものに限る。第九十八条第一項において同じ。）の内容が事実でないと思料するときは、この法律の定めるところにより、当該保有個人情報を保有する行政機関の長等に対し、当該保有個人情報の訂正（追加又は削除を含む。以下この節において同じ。）を請求することができる。ただし、当該保有個人情報の訂正に関して他の法令の規定により特別の手続が定められているときは、この限りでない。

一 開示決定に基づき開示を受けた保有個人情報

二 開示決定に係る保有個人情報であって、第八十八条第一項の他の法令の規定により開示を受けたもの

2 代理人は、本人に代わって前項の規定による訂正の請求（以下この節及び第百二十七条において「訂正請求」という。）をすることができる。

3 訂正請求は、保有個人情報の開示を受けた日から九十日以内にしなければならない。

第三款 利用停止

第九八条（**利用停止請求権**）何人も、自己を本人とする保有個人情報が次の各号のいずれかに該当すると思料するときは、この法律の定めるところにより、当該保有個人情報を保有する行政機関の長等に対し、当該各号に定める措置を請求することができる。ただし、当該保有個人情報の利用の停止、消去又は提供の停止（以下この節において「利用停止」という。）に関して他の法令の規定により特別の手続が定められているときは、この限りでない。

一 第六十一条第二項の規定に違反して保有されているとき、第六十三条の規定に違反して取り扱われているとき、第六十四条の規定に違反して取得されたものであるとき、又は第六十九条第一項及び第二項の規定に違反して利用されているとき 当該保有個人情報の利用の停止又は消去

二 第六十九条第一項及び第二項又は第七十一条第一項の規定に違反して提供されているとき 当該保有個人情報の提供の停止

2 代理人は、本人に代わって前項の規定による利用停止の請求（以下この節及び第百二十七条において「利用停止請求」という。）をすることができる。

3 利用停止請求は、保有個人情報の開示を受けた日から九十日以内にしなければならない。

附 則〔平成二七年九月九日法律第六五号抄〕

第一一条（**事業者等が講ずべき措置の適切かつ有効な実施を図るための指針の策定に当たっての配慮**）個人情報保護委員会は、新個人情報保護法第八条に規定する事業者等が講ずべき措置の適切かつ有効な実施を図るための指針を策定するに当たっては、この法律の施行により旧個人情報保護法第二条第三項第五号に掲げる者が新たに個人情報取扱事業者となることに鑑み、特に小規模の事業者の事業活動が円滑に行われるよう配慮するものとする。

○裁判所法〔抄〕

〔昭和二二・四・一六 法律五九〕

最終改正 令和五・六法五三

第一編 総則

第一条（**この法律の趣旨**）日本国憲法に定める最高裁判所及び下級裁判所については、この法律の定めるところによる。

第二条（**下級裁判所**）下級裁判所は、高等裁判所、地方裁判所、家庭裁判所及び簡易裁判所とする。

② 下級裁判所の設立、廃止及び管轄区域は、別に法律でこれを定める。

第四条（**上級審の裁判の拘束力**）上級審の裁判所の裁判における判断は、その事件について下級審の裁判所を拘束する。

第三編 下級裁判所

第二章 地方裁判所

第二四条（**裁判権**）地方裁判所は、次の事項について裁判権を有する。

一 第三十三条第一項第一号の請求以外の請求に係る訴訟（第三十一条の三第一項第二号の人事訴訟を除く。）及び第三十三条第一項第一号の請求に係る訴訟のうち不動産に関する訴訟の第一審 〔二号以下略〕

第四章 簡易裁判所

第三三条（**裁判権**）簡易裁判所は、次の事項について第一審の裁判権を有する。

一 訴訟の目的の価額が百四十万円を超えない請求（行政事件訴訟に係る請求を除く。）

〔二号以下略〕

○知的財産高等裁判所設置法〔抄〕

〔平成一六・六・一八
法律一一九〕

最終改正　令和二・四法二二

第一条（**趣旨**）この法律は、我が国の経済社会における知的財産の活用の進展に伴い、知的財産の保護に関し司法の果たすべき役割がより重要となることにかんがみ、知的財産に関する事件についての裁判の一層の充実及び迅速化を図るため、知的財産に関する事件を専門的に取り扱う知的財産高等裁判所の設置のために必要な事項を定めるものとする。

第二条（**知的財産高等裁判所の設置**）東京高等裁判所の管轄に属する事件のうち、次に掲げる知的財産に関する事件を取り扱わせるため、裁判所法（昭和二十二年法律第五十九号）第二十二条第一項の規定にかかわらず、特別の支部として、東京高等裁判所に知的財産高等裁判所を設ける。

一　特許権、実用新案権、意匠権、商標権、回路配置利用権、著作者の権利、出版権、著作隣接権若しくは育成者権に関する訴え又は不正競争による営業上の利益の侵害に係る訴えについて地方裁判所が第一審としてした終局判決に対する控訴に係る訴訟事件であってその審理に専門的な知見を要するもの

二　特許法第百七十八条第一項の訴え、実用新案法第四十七条第一項の訴え、意匠法第五十九条第一項の訴え又は商標法第六十三条第一項の訴えに係る訴訟事件

三　前二号に掲げるもののほか、主要な争点の審理に知的財産に関する専門的な知見を要する事件

四　第一号若しくは第二号に掲げる訴訟事件又は前号に掲げる事件で訴訟事件であるものと口頭弁論を併合して審理されるべき訴訟事件

○国家賠償法〔抄〕

〔昭和二二・一〇・二七
法律一二五〕

第一条〔**公権力の行使に基づく損害の賠償責任、求償権**〕国又は公共団体の公権力の行使に当る公務員が、その職務を行うについて、故意又は過失によつて違法に他人に損害を加えたときは、国又は公共団体が、これを賠償する責に任ずる。

②　前項の場合において、公務員に故意又は重大な過失があつたときは、国又は公共団体は、その公務員に対して求償権を有する。

第二条〔**公の営造物の設置管理の瑕疵に基づく損害の賠償責任、求償権**〕道路、河川その他の公の営造物の設置又は管理に瑕疵があつたために他人に損害を生じたときは、国又は公共団体は、これを賠償する責に任ずる。

②　前項の場合において、他に損害の原因について責に任ずべき者があるときは、国又は公共団体は、これに対して求償権を有する。

○質屋営業法〔抄〕

〔昭和二五・五・八 法律一五八〕

最終改正　令和五・六法六三

第一条（**定義**）この法律において「質屋営業」とは、物品を質に取り、流質期限までに当該質物で担保される債権の弁済を受けないときは、当該質物をもつてその弁済に充てる約款を附して、金銭を貸し付ける営業をいう。

2　この法律において「質屋」とは、質屋営業を営む者で第二条第一項の規定による許可を受けたものをいう。

第一八条（**流質物の取得及び処分**）質屋は、流質期限を経過した時において、その質物の所有権を取得する。ただし、質屋は、当該流質物を処分するまでは、質置主が元金及び流質期限までの利子並びに流質期限経過の時に質契約を更新したとすれば支払うことを要する利子に相当する金額を支払つたときは、これを返還するように努めるものとする。

2　質屋は、古物営業法（昭和二十四年法律第百八号）第十四条第三項の規定にかかわらず、同法第二条第二項第二号の古物市場において、流質物の売却をすることができる。

○宅地建物取引業法〔抄〕

〔昭和二七・六・一〇 法律一七六〕

最終改正　令和四・六法六八

第一章　総則

第一条（**目的**）この法律は、宅地建物取引業を営む者について免許制度を実施し、その事業に対し必要な規制を行うことにより、その業務の適正な運営と宅地及び建物の取引の公正とを確保するとともに、宅地建物取引業の健全な発達を促進し、もつて購入者等の利益の保護と宅地及び建物の流通の円滑化とを図ることを目的とする。

第五章　業務

第一節　通則

第四〇条（**担保責任についての特約の制限**）宅地建物取引業者は、自ら売主となる宅地又は建物の売買契約において、その目的物が種類又は品質に関して契約の内容に適合しない場合におけるその不適合を担保すべき責任に関し、民法（明治二十九年法律第八十九号）第五百六十六条に規定する期間についてその目的物の引渡しの日から二年以上となる特約をする場合を除き、同条に規定するものより買主に不利となる特約をしてはならない。

2　前項の規定に反する特約は、無効とする。

○大気汚染防止法〔抄〕

〔昭和四三・六・一〇 法律九七〕

最終改正　令和四・六法六八

第一章　総則

第一条（**目的**）この法律は、工場及び事業場における事業活動並びに建築物等の解体等に伴うばい煙、揮発性有機化合物及び粉じんの排出等を規制し、水銀に関する水俣条約（以下「条約」という。）の的確かつ円滑な実施を確保するため工場及び事業場における事業活動に伴う水銀等の排出を規制し、有害大気汚染物質対策の実施を推進し、並びに自動車排出ガスに係る許容限度を定めること等により、大気の汚染に関し、国民の健康を保護するとともに生活環境を保全し、並びに大気の汚染に関して人の健康に係る被害が生じた場合における事業者の損害賠償の責任について定めることにより、被害者の保護を図ることを目的とする。

第四章の二　損害賠償

第二五条（**無過失責任**）工場又は事業場における事業活動に伴う健康被害物質（ばい煙、特定物質又は粉じんで、生活環境のみに係る被害を生ずるおそれがある物質として政令で定めるもの以外のものをいう。以下この章において同じ。）の大気中への排出（飛散を含む。以下この章において同じ。）により、人の生命又は身体を害したときは、当該排出に係る事業者は、これによつて生じた損害を賠償する責めに任ずる。

2 一の物質が新たに健康被害物質となつた場合には、前項の規定は、その物質が健康被害物質となつた日以後の当該物質の排出による損害について適用する。

○水質汚濁防止法〔抄〕

〔昭和四五・一二・二五 法律一三八〕

最終改正 令和四・六法六八

第一章 総則

第一条（**目的**）この法律は、工場及び事業場から公共用水域に排出される水の排出及び地下に浸透する水の浸透を規制するとともに、生活排水対策の実施を推進すること等によつて、公共用水域及び地下水の水質の汚濁（水質以外の水の状態が悪化することを含む。以下同じ。）の防止を図り、もつて国民の健康を保護するとともに生活環境を保全し、並びに工場及び事業場から排出される汚水及び廃液に関して人の健康に係る被害が生じた場合における事業者の損害賠償の責任について定めることにより、被害者の保護を図ることを目的とする。

第四章 損害賠償

第一九条（**無過失責任**）工場又は事業場における事業活動に伴う有害物質の汚水又は廃液に含まれた状態での排出又は地下への浸透により、人の生命又は身体を害したときは、当該排出又は地下への浸透に係る事業者は、これによつて生じた損害を賠償する責めに任ずる。

2 一の物質が新たに有害物質となつた場合には、前項の規定は、その物質が有害物質となつた日以後の当該物質の汚水又は廃液に含まれた状態での排出又は地下への浸透による損害について適用する。

○文化財保護法〔抄〕

〔昭和二五・五・三〇 法律二一四〕

最終改正 令和四・六法六八

第一章 総則

第一条（**この法律の目的**）この法律は、文化財を保存し、且つ、その活用を図り、もつて国民の文化的向上に資するとともに、世界文化の進歩に貢献することを目的とする。

第六章 埋蔵文化財

第一〇四条（**国庫帰属及び報償金**）第百条第一項に規定する文化財又は第百二条第二項に規定する文化財（国の機関又は独立行政法人国立文化財機構が埋蔵文化財の調査のための土地の発掘により発見したものに限る。）で、その所有者が判明しないものの所有権は、国庫に帰属する。この場合においては、文化庁長官は、当該文化財の発見された土地の所有者にその旨を通知し、かつ、その価格の二分の一に相当する額の報償金を支給する。

2 前項の場合には、第四十一条第二項から第四項までの規定を準用する。

民法編

※本編では、民法について以下のように表記している。

▶「民法」または「民」という表記は、現行民法（現在施行されている民法）を表す。

▶「旧民法」または「旧民」という表記は、現行民法に改正される前の民法を表す。

▶現行民法と改正前の民法を対比して説明するときは、現行民法を「新民法」または「新民」と表記する。

⦿民法

〔明治二九・四・二七 法律八九〕

最終改正 令和四・一二法一〇二

〈注〉令和五年六月一四日法律第五三号の改正は、施行までに期間がありますので、改正を加えてありません。

第一編　総則

第一章　通則

第一条（基本原則） 私権は、公共の福祉に適合しなければならない。

2　権利の行使及び義務の履行は、信義に従い誠実に行わなければならない。

3　権利の濫用は、これを許さない。

判例　他人の侵害行為に対する妨害排除請求権が権利濫用となる場合には、その請求は認められず（大判昭一〇・一〇・五民集一四・一九六五［宇奈月温泉事件］）、権利行使が、社会観念上被害者が認容すべきものと一般的に認められる程度を超え、他人に損害を与えたときは、不法行為となる（大判大八・三・三民録二五・三五六［信玄公旗掛松事件］）。権利の濫用がはなはだしいときは、権利が剥奪されることもある（民八三四条以下〔親権の喪失〕）。

第二条（解釈の基準） この法律は、個人の尊厳と両性の本質的平等を旨として、解釈しなければならない。

第二章　人

第一節　権利能力

第三条　私権の享有は、出生に始まる。

2　外国人は、法令又は条約の規定により禁止される場合を除き、私権を享有する。

事例　Aが生まれる少し前に父が死亡してしまった場合、Aは父の遺産を相続できないのだろうか。

解説　胎児は、原則として権利能力を有しないが、例外として①不法行為による損害賠償請求権（民七二一条）、②相続（民八八六条）、③遺贈（民九六五条）については、すでに生まれたものとみなされる。したがって、Aは父の遺産を相続することができる。なお、胎児の損害賠償請求権について、その親族が胎児のために加害者と行った和解は、胎児を拘束しないとされている（大判昭七・一〇・六民集一一・二〇二三［阪神電鉄事件］）。

第二節　意思能力

第三条の二　法律行為の当事者が意思表示をした時に意思能力を有しなかったときは、その法律行為は、無効とする。

第三節　行為能力

第四条（成年） 年齢十八歳をもって、成年とする。

第五条（未成年者の法律行為） 未成年者が法律行為をするには、その法定代理人の同意を得なければならない。ただし、単に権利を得、又は義務を免れる法律行為については、この限りでない。

2　前項の規定に反する法律行為は、取り消すことができる。

3　第一項の規定にかかわらず、法定代理人が目的を定めて処分を許した財産は、その目的の範囲内において、未成年者が自由に処分することができる。目的を定めないで処分を許した財産を処分するときも、同様とする。

第六条（未成年者の営業の許可） 一種又は数種の営業を許された未成年者は、その営業に関しては、成年者と同一の行為能力を有する。

2　前項の場合において、未成年者がその営業に堪えることができない事由があるときは、その法定代理人は、第四編（親族）の規定に従い、その許可を取り消し、又はこれを制限することができる。

事例1　未成年者Aは、父に資金面等の援助を得て生花店を開くことを考え、父に相談をして開業した。後日、Aは資金繰りに困り、父に相談をせずに仕入代金を高利の金融業者Bから借り入れた。Aがそのことを父に伝えたところ、父は承知せず、契約取り消しをBに申し入れたが、取り消しできるか。

解説　未成年者でも、両親などの法定代理人から許された営業の範囲内であれば、成年者と同等の行為能力がある。Aは父から生花営業をすることの許可を得ており、その営業の範囲内であれば、成年者と同等の行為能力がある。したがって、A・B間の契約は有効であり、父は取り消すことができない。

事例2　事例1で、父が「営業に堪えることができない」として営業の許可を取り消した場合は、さかのぼって営業の許可はなかったことになり、A・B間の契約も無効になるのだろうか。

解説　本条二項の「取消し」は「撤回」という意味で、将来に向かってのみその効力を生じるので、すでになされた未成年者の取引行為には影響せず、A・B間の契約は有効である。

第七条（後見開始の審判） 精神上の障害により事理を弁識する能力を欠く常況にある者につ

いては、家庭裁判所は、本人、配偶者、四親等内の親族、未成年後見人、未成年後見監督人、保佐人、保佐監督人、補助人、補助監督人又は検察官の請求により、後見開始の審判をすることができる。

第八条（**成年被後見人及び成年後見人**）後見開始の審判を受けた者は、成年被後見人とし、これに成年後見人を付する。

第九条（**成年被後見人の法律行為**）成年被後見人の法律行為は、取り消すことができる。ただし、日用品の購入その他日常生活に関する行為については、この限りでない。

第一〇条（**後見開始の審判の取消し**）第七条に規定する原因が消滅したときは、家庭裁判所は、本人、配偶者、四親等内の親族、後見人（未成年後見人及び成年後見人をいう。以下同じ。）、後見監督人（未成年後見監督人及び成年後見監督人をいう。以下同じ。）又は検察官の請求により、後見開始の審判を取り消さなければならない。

第一一条（**保佐開始の審判**）精神上の障害により事理を弁識する能力が著しく不十分である者については、家庭裁判所は、本人、配偶者、四親等内の親族、後見人、後見監督人、補助人、補助監督人又は検察官の請求により、保佐開始の審判をすることができる。ただし、第七条に規定する原因がある者については、この限りでない。

第一二条（**被保佐人及び保佐人**）保佐開始の審判を受けた者は、被保佐人とし、これに保佐人を付する。

第一三条（**保佐人の同意を要する行為等**）被保佐人が次に掲げる行為をするには、その保佐人の同意を得なければならない。ただし、第九条ただし書に規定する行為については、この限りでない。

一　元本を領収し、又は利用すること。
二　借財又は保証をすること。
三　不動産その他重要な財産に関する権利の得喪（とくそう）を目的とする行為をすること。
四　訴訟行為をすること。
五　贈与、和解又は仲裁合意（仲裁法（平成十五年法律第百三十八号）第二条第一項に規定する仲裁合意をいう。）をすること。
六　相続の承認若しくは放棄又は遺産の分割をすること。
七　贈与の申込みを拒絶し、遺贈を放棄し、負担付贈与の申込みを承諾し、又は負担付遺贈を承認すること。
八　新築、改築、増築又は大修繕をすること。
九　第六百二条に定める期間を超える賃貸借をすること。
十　前各号に掲げる行為を制限行為能力者（未成年者、成年被後見人、被保佐人及び第十七条第一項の審判を受けた被補助人をいう。以下同じ。）の法定代理人としてすること。

2　家庭裁判所は、第十一条本文に規定する者又は保佐人若しくは保佐監督人の請求により、被保佐人が前項各号に掲げる行為以外の行為をする場合であってもその保佐人の同意を得なければならない旨の審判をすることができる。ただし、第九条ただし書に規定する行為については、この限りでない。

3　保佐人の同意を得なければならない行為について、保佐人が被保佐人の利益を害するおそれがないにもかかわらず同意をしないときは、家庭裁判所は、被保佐人の請求により、保佐人の同意に代わる許可を与えることができる。

4　保佐人の同意を得なければならない行為であって、その同意又はこれに代わる許可を得ないでしたものは、取り消すことができる。

第一四条（**保佐開始の審判等の取消し**）第十一条本文に規定する原因が消滅したときは、家庭裁判所は、本人、配偶者、四親等内の親族、未成年後見人、未成年後見監督人、保佐人、保佐監督人又は検察官の請求により、保佐開始の審判を取り消さなければならない。

2　家庭裁判所は、前項に規定する者の請求により、前条第二項の審判の全部又は一部を取り消すことができる。

第一五条（**補助開始の審判**）精神上の障害により事理を弁識する能力が不十分である者については、家庭裁判所は、本人、配偶者、四親等内の親族、後見人、後見監督人、保佐人、保佐監督人又は検察官の請求により、補助開始の審判をすることができる。ただし、第七条又は第十一条本文に規定する原因がある者については、この限りでない。

2　本人以外の者の請求により補助開始の審判をするには、本人の同意がなければならない。

3　補助開始の審判は、第十七条第一項の審判又は第八百七十六条の九第一項の審判とともにしなければならない。

第一六条（**被補助人及び補助人**）補助開始の審

判を受けた者は、被補助人とし、これに補助人を付する。

第一七条（**補助人の同意を要する旨の審判等**）家庭裁判所は、第十五条第一項本文に規定する者又は補助人若しくは補助監督人の請求により、被補助人が特定の法律行為をするにはその補助人の同意を得なければならない旨の審判をすることができる。ただし、その審判によりその同意を得なければならないものとすることができる行為は、第十三条第一項に規定する行為の一部に限る。

2　本人以外の者の請求により前項の審判をするには、本人の同意がなければならない。

3　補助人の同意を得なければならない行為について、補助人が被補助人の利益を害するおそれがないにもかかわらず同意をしないときは、家庭裁判所は、被補助人の請求により、補助人の同意に代わる許可を与えることができる。

4　補助人の同意を得なければならない行為であって、その同意又はこれに代わる許可を得ないでしたものは、取り消すことができる。

第一八条（**補助開始の審判等の取消し**）第十五条第一項本文に規定する原因が消滅したときは、家庭裁判所は、本人、配偶者、四親等内の親族、未成年後見人、未成年後見監督人、補助人、補助監督人又は検察官の請求により、補助開始の審判を取り消さなければならない。

2　家庭裁判所は、前項に規定する者の請求により、前条第一項の審判の全部又は一部を取り消すことができる。

3　前条第一項の審判及び第八百七十六条の九第一項の審判をすべて取り消す場合には、家庭裁判所は、補助開始の審判を取り消さなければならない。

第一九条（**審判相互の関係**）後見開始の審判をする場合において、本人が被保佐人又は被補助人であるときは、家庭裁判所は、その本人に係る保佐開始又は補助開始の審判を取り消さなければならない。

2　前項の規定は、保佐開始の審判をする場合において本人が成年被後見人若しくは被補助人であるとき、又は補助開始の審判をする場合において本人が成年被後見人若しくは被保佐人であるときについて準用する。

第二〇条（**制限行為能力者の相手方の催告権**）制限行為能力者の相手方は、その制限行為能力者が行為能力者（行為能力の制限を受けない者をいう。以下同じ。）となった後、その者に対し、一箇月以上の期間を定めて、その期間内にその取り消すことができる行為を追認するかどうかを確答すべき旨の催告をすることができる。この場合において、その者がその期間内に確答を発しないときは、その行為を追認したものとみなす。

2　制限行為能力者の相手方が、制限行為能力者が行為能力者とならない間に、その法定代理人、保佐人又は補助人に対し、その権限内の行為について前項に規定する催告をした場合において、これらの者が同項の期間内に確答を発しないときも、同項後段と同様とする。

3　特別の方式を要する行為については、前二項の期間内にその方式を具備した旨の通知を発しないときは、その行為を取り消したものとみなす。

4　制限行為能力者の相手方は、被保佐人又は第十七条第一項の審判を受けた被補助人に対しては、第一項の期間内にその保佐人又は補助人の追認を得るべき旨の催告をすることができる。この場合において、その被保佐人又は被補助人がその期間内にその追認を得た旨の通知を発しないときは、その行為を取り消したものとみなす。

第二一条（**制限行為能力者の詐術**）制限行為能力者が行為能力者であることを信じさせるため詐術(さじゅつ)を用いたときは、その行為を取り消すことができない。

判例　制限行為能力者であることを黙秘しただけでは詐術にあたらないが、行為能力者と誤信させる目的をもって、他の言動とあいまって相手方に行為能力者と誤信させ、または誤信を深めたときは、詐術にあたる（最判昭四四・二・一三民集二三・二・二九一）。

第四節　住所

第二二条（**住所**）各人の生活の本拠をその者の住所とする。

第二三条（**居所**）住所が知れない場合には、居所を住所とみなす。

2　日本に住所を有しない者は、その者が日本人又は外国人のいずれであるかを問わず、日本における居所をその者の住所とみなす。ただし、準拠法を定める法律に従いその者の住所地法によるべき場合は、この限りでない。

判例　未成年者の住所は、特別の事情がない限り、親権者の住所地である（大決昭二一・五・四民集六・二一九）。ただし、学生寮に居住している学生については、寮の所在地が生活の本拠地になる。

第二四条（仮住所） ある行為について仮住所を選定したときは、その行為に関しては、その仮住所を住所とみなす。

第五節　不在者の財産の管理及び失踪の宣告

第二五条（不在者の財産の管理） 従来の住所又は居所を去った者（以下「不在者」という。）がその財産の管理人（以下この節において単に「管理人」という。）を置かなかったときは、家庭裁判所は、利害関係人又は検察官の請求により、その財産の管理について必要な処分を命ずることができる。本人の不在中に管理人の権限が消滅したときも、同様とする。

2　前項の規定による命令後、本人が管理人を置いたときは、家庭裁判所は、その管理人、利害関係人又は検察官の請求により、その命令を取り消さなければならない。

第二六条（管理人の改任） 不在者が管理人を置いた場合において、その不在者の生死が明らかでないときは、家庭裁判所は、利害関係人又は検察官の請求により、管理人を改任することができる。

第二七条（管理人の職務） 前二条の規定により家庭裁判所が選任した管理人は、その管理すべき財産の目録を作成しなければならない。この場合において、その費用は、不在者の財産の中から支弁する。

2　不在者の生死が明らかでない場合において、利害関係人又は検察官の請求があるときは、家庭裁判所は、不在者が置いた管理人にも、前項の目録の作成を命ずることができる。

3　前二項に定めるもののほか、家庭裁判所は、管理人に対し、不在者の財産の保存に必要と認める処分を命ずることができる。

第二八条（管理人の権限） 管理人は、第百三条に規定する権限を超える行為を必要とするときは、家庭裁判所の許可を得て、その行為をすることができる。不在者の生死が明らかでない場合において、その管理人が不在者が定めた権限を超える行為を必要とするときも、同様とする。

第二九条（管理人の担保提供及び報酬） 家庭裁判所は、管理人に財産の管理及び返還について相当の担保を立てさせることができる。

2　家庭裁判所は、管理人と不在者との関係その他の事情により、不在者の財産の中から、相当な報酬を管理人に与えることができる。

第三〇条（失踪の宣告） 不在者の生死が七年間明らかでないときは、家庭裁判所は、利害関係人の請求により、失踪の宣告をすることができる。

2　戦地に臨んだ者、沈没した船舶の中に在った者その他死亡の原因となるべき危難に遭遇した者の生死が、それぞれ、戦争が止んだ後、船舶が沈没した後又はその他の危難が去った後一年間明らかでないときも、前項と同様とする。

事例　Aは、運送業を営み生活してきたところ、突然妻Bと娘Cを残して家出した。妻Bは、八方手をつくして探したが、七年を過ぎた現在、Aの行方がわからない。妻Bは、Aの失踪宣告の申立てができるか。

解説　失踪には、普通失踪（民三〇条一項）と特別失踪（民三〇条二項）の二種類がある。普通失踪の場合は、生死不明になってから七年、海上事故などの特別失踪では一年、生死不明が明らかでない場合、利害関係人に限り、家庭裁判所に請求して失踪宣告を申し立てることができる。したがって、Aの生死不明状態が七年経過したときは、利害関係人である妻Bは、家庭裁判所に失踪宣告の申し立てをすることができる。なお、失踪宣告の効力は、期間満了時（民三一条）に、死亡したものとみなされる。

第三一条（失踪の宣告の効力） 前条第一項の規定により失踪の宣告を受けた者は同項の期間が満了した時に、同条第二項の規定により失踪の宣告を受けた者はその危難が去った時に、死亡したものとみなす。

第三二条（失踪の宣告の取消し） 失踪者が生存すること又は前条に規定する時と異なる時に死亡したことの証明があったときは、家庭裁判所は、本人又は利害関係人の請求により、失踪の宣告を取り消さなければならない。この場合において、その取消しは、失踪の宣告後その取消し前に善意でした行為の効力に影響を及ぼさない。

2　失踪の宣告によって財産を得た者は、その取消しによって権利を失う。ただし、現に利益を受けている限度においてのみ、その財産を返還する義務を負う。

事例　Bは、夫Aの生死不明による失踪宣告により相続した財産のうち、土地・家屋を不動産業者Cに売却した。後日、Aが生存していて、失踪宣告が取り消されたとしたら、Bの相続による財産取得およびB・C間の売買はどうなるか。

解説 失踪宣告後、失踪が取り消される前に善意でした行為の効力は、失踪宣告取消しの影響を受けない（民三二条二項）。たとえば契約については、契約当時、契約当事者であるB・C双方ともに善意であれば、契約は有効である（大判昭一三・二・七民集一七・五九）。したがって、Aから土地の返還請求がなされても、Cは返還する必要はなく、Bは、相続した財産に対する権利を失うから、土地・家屋の売却代金その他で、消費した分を除いてAに返せばよい。

第六節 同時死亡の推定

第三二条の二 数人の者が死亡した場合において、そのうちの一人が他の者の死亡後になお生存していたことが明らかでないときは、これらの者は、同時に死亡したものと推定する。

第三章 法人

第三三条（法人の成立等） 法人は、この法律その他の法律の規定によらなければ、成立しない。

2 学術、技芸、慈善、祭祀、宗教その他の公益を目的とする法人、営利事業を営むことを目的とする法人その他の法人の設立、組織、運営及び管理については、この法律その他の法律の定めるところによる。

第三四条（法人の能力） 法人は、法令の規定に従い、定款その他の基本約款で定められた目的の範囲内において、権利を有し、義務を負う。

第三五条（外国法人） 外国法人は、国、国の行政区画及び外国会社を除き、その成立を認許しない。ただし、法律又は条約の規定により認許された外国法人は、この限りでない。

2 前項の規定により認許された外国法人は、日本において成立する同種の法人と同一の私権を有する。ただし、外国人が享有することのできない権利及び法律又は条約中に特別の規定がある権利については、この限りでない。

第三六条（登記） 法人及び外国法人は、この法律その他の法令の定めるところにより、登記をするものとする。

第三七条（外国法人の登記） 外国法人（第三十五条第一項ただし書に規定する外国法人に限る。以下この条において同じ。）が日本に事務所を設けたときは、三週間以内に、その事務所の所在地において、次に掲げる事項を登記しなければならない。

一 外国法人の設立の準拠法
二 目的
三 名称
四 事務所の所在場所
五 存続期間を定めたときは、その定め
六 代表者の氏名及び住所

2 前項各号に掲げる事項に変更を生じたときは、三週間以内に、変更の登記をしなければならない。この場合において、登記前にあっては、その変更をもって第三者に対抗することができない。

3 代表者の職務の執行を停止し、若しくはその職務を代行する者を選任する仮処分命令又はその仮処分命令を変更し、若しくは取り消す決定がされたときは、その登記をしなければならない。この場合においては、前項後段の規定を準用する。

4 前二項の規定により登記すべき事項が外国において生じたときは、登記の期間は、その通知が到達した日から起算する。

5 外国法人が初めて日本に事務所を設けたときは、その事務所の所在地において登記するまでは、第三者は、その法人の成立を否認することができる。

6 外国法人が事務所を移転したときは、旧所在地においては三週間以内に移転の登記をし、新所在地においては四週間以内に第一項各号に掲げる事項を登記しなければならない。

7 同一の登記所の管轄区域内において事務所を移転したときは、その移転を登記すれば足りる。

8 外国法人の代表者が、この条に規定する登記を怠ったときは、五十万円以下の過料に処する。

第三八条から第八四条まで 削除

第四章 物

第八五条（定義） この法律において「物」とは、有体物をいう。

判例 電気を供給することは、いわゆる有体物でないことから、財産権の移転ではないとしても、対価を得てこれを供給する以上、生産者が対価を得て有体物を供給するのと同じであっ

民法

て、その供給契約は、有体物の売買契約に類する有償契約と解すべきである（大判昭一二・六・二九民集一六・一〇一四）。

事例 建物の柱に彫刻が施されており、美術的価値が高い場合、柱一本のみ建物の所有者とは別人の所有とすることはできるだろうか。

解説 所有権の客体となる「物」は、有体物であることのほか、現存し特定していること（特定性）、物の集合ではなく独立していること（独立性）、物の一部ではなく一個の物であること（単一性）が、解釈上必要とされている。したがって、建物の柱には独立性が認められないので、柱一本だけ建物の所有者とは別人の所有とすることはできない。なお、所有権は物の全面的な排他的支配であるから、有体物であっても支配可能性がなければ所有権の客体たる物とはいえない。したがって、月・星などのほか、海もそのままでは物ではない。生存する人の身体も、個人の尊厳を基本原理とする近代法においては排他的支配が認められないため物ではない。しかし、歯・毛髪など分離された身体の一部は物であり、切り離された人の所有となる。遺骸は、埋葬管理・祭祀供養のためにのみ所有権の目的となる（大判昭二・五・二七民集六・三〇七）。

第八六条（不動産及び動産） 土地及びその定着物は、不動産とする。

2 不動産以外の物は、すべて動産とする。

事例 Aは自分の住居のある土地の一部をBに売却した。後日、Aがその土地にある樹木を植え替えようとしたところ、Bから自分のものだと異議の申し出があった。さて、この樹木はA、Bどちらのものか。

解説 定着物とは、取引観念上継続的に土地に固定されて使用される物のことで、建物、線路、樹木などがこれにあたる。定着物は原則として土地の一部とされ、土地所有権に含まれる。ただし例外が二つあり、その一つは建物で、常に土地とは別個の不動産とされる。民法に明文規定はないが、不動産登記法によって別個の不動産として扱われている（不登記二条一号）（大判昭一〇・一〇・一民集一四・一六七一）。もう一つは立木で、立木に関する法律による登記または明認方法（木を削って所有者を墨書するなど）により、独立の取引対象となる。したがって、Aが樹木に明認方法を施す、または、AがBとの売買契約をする際に、樹木は除くという特約を付けた場合は、樹木は土地の一部にならないためBのものにはならず、Aのもとにとどまる。

第八七条（主物及び従物） 物の所有者が、その物の常用に供するため、自己の所有に属する他の物をこれに附属させたときは、その附属させた物を従物とする。

2 従物は、主物の処分に従う。

事例 Aは、自己所有の宅地を売り渡した。宅地を引き渡すに際し、宅地に定着していない石灯ろうまでは売ってはいないと主張した。

解説 前条の解説のように、土地に定着している樹木は土地の構成部分であり、独立した物ではないので、土地を売れば当然に樹木も一緒に売ったことになる。これに対して、その土地に置いてある石灯ろうや自転車は、土地に定着している物ではなく、置いてあるだけなので、土地の一部ではなく独立した物である。土地に置いてある独立したものが、土地を買えば付いてくるのかが、本条の規定である。本条は、㋐X・Yそれぞれ独立した物であるが、㋑YがX（主物）の常用に供する（効用を増す）ためのものであり、㋒X・Yともに同一人の所有に属するとき、YをXの従物と呼ぶ。従物Yは主物Xの処分に従うとしているので、主物Xを買えば従物Yも付いてくるということになる。土地に置いてある自転車は土地の効用を増すためのものではないから、土地の従物ではなく、土地を買っても付いてこないが、石灯ろうは土地の効用を増すために置いてあるのだから土地の従物であり、土地を買えば付いてくるので、Aの主張は認められない。

第八八条（天然果実及び法定果実） 物の用法に従い収取する産出物を天然果実とする。

2 物の使用の対価として受けるべき金銭その他の物を法定果実とする。

第八九条（果実の帰属） 天然果実は、その元物から分離する時に、これを収取する権利を有する者に帰属する。

2 法定果実は、これを収取する権利の存続期間に応じて、日割計算によりこれを取得する。

第五章 法律行為

第一節 総則

第九〇条（公序良俗） 公の秩序又は善良の風俗に反する法律行為は、無効とする。

判例 他人の無思慮・窮迫に乗じて不当な利益を得る暴利行為として、借主の無知に乗じて、貸金が弁済されない場合は、貸金の約二倍になる保険の解約返戻金を債務の弁済に充てる旨の特約は無効である（大判昭九・五・一民集一三・八七五）。

第九一条（任意規定と異なる意思表示） 法律行為の当事者が法令中の公の秩序に関しない規定と異なる意思を表示したときは、その意思に従う。

事例 AはBからアパートを借りる際、毎月末に翌月分の賃料を先払いするという約束をした場合、民法六一四条に建物の賃料は毎月末に後払いしなければならないと書いてあることを理由に、先払いを拒絶できるだろうか。

解説 民法六一四条には確かにそのような規定があるが、この規定は公の秩序に関する規定（強行規定）ではなく任意規定なので、当事者がこれと異なる意思を表示している場合はそれによる。したがって、当事者が賃料は前払いと約束した以上、民法の規定とは異なるが、前払いしなければならないため、Aは先払いを拒絶できない。民法の債権編の規定は、そのほとんどが任意規定なので、民法の規定と異なる定めをしたときは、その定めによる。

第九二条（任意規定と異なる慣習） 法令中の公の秩序に関しない規定と異なる慣習がある場合において、法律行為の当事者がその慣習による意思を有しているものと認められるときは、その慣習に従う。

判例 期間の定めのない建物賃貸借は解約の申入れから三か月経過することによって終了するとされている（民六一七条一項二号）が、大阪市内では、賃借人は、いつでも賃貸人に対する告知で将来に向かって賃借権を消滅させることができるという慣習がある（大判大五・一・二一民録二二・二五）。

第二節　意思表示

第九三条（心裡留保） 意思表示は、表意者がその真意ではないことを知ってしたときであっても、そのためにその効力を妨げられない。ただし、相手方がその意思表示が表意者の真意ではないことを知り、又は知ることができたときは、その意思表示は、無効とする。

2　前項ただし書の規定による意思表示の無効は、善意の第三者に対抗することができない。

事例 Aは酒に酔った勢いで、飲み屋の女主人Bに、その気もないのに洋服を買ってやろうと言った。後日、Bに催促されたとしたら、Aは約束どおり洋服を買い与えなければならないか。

解説 Bが冗談であることを知っている、もしくは、普通の注意をすれば冗談だと知ることができた場合は、Aの意思表示は無効とされ、Bに洋服を買い与えなくてよい。Bが善意・無過失である場合は、Aの意思表示は有効とされ、贈与契約が有効に成立するが、書面によらない贈与は解除できる（民五五〇条）ので、Aは贈与契約を解除して、Bに洋服を買い与えなくてよい。書面にして約束していた場合は解除することができないが、その場合でも、女性の歓心を買うためにした贈与契約の場合は、裁判上の請求権のない自然債務であるとされている（大判昭一〇・四・二五新聞三八三五・五「カフェー丸玉女給事件」）ので、Bは裁判を起こして強制執行することができない。よって、AはBに洋服を買い与えなくてよいという結論になる。

第九四条（虚偽表示） 相手方と通じてした虚偽の意思表示は、無効とする。

2　前項の規定による意思表示の無効は、善意の第三者に対抗することができない。

判例 本条二項でいう「第三者」とは、虚偽の意思表示の当事者、または、その一般承継人ではなく、虚偽の表示の目的について法律上の利害関係を有するにいたった者をいう（大判大九・七・二三民録二六・一一七一）。

事例 A所有の土地をBに売却するという仮装売買がなされ、Bがその土地に建物を建築してCに賃貸していたところ、AがCに対して、仮装売買でBは土地所有者ではなく、Bが権限なく建築した建物だから取り壊すので立ち退いてほしいと言ってきた場合、Cは立ち退かなければならないだろうか。

解説 A・Bの仮装売買の目的となっているのは「土地」であるから、その土地を借りた者など、土地については法律上の利害関係を有するにいたった者は通謀虚偽表示の「第三者」にあたるが、「建物」は仮装売買の目的になっていないので、Cはここでいう「第三者」にあたらない。したがって、たとえ仮装売買について善意であっても、AはCに土地売買の無効を主張できるので、Cは立ち退かなければならない（最判昭五七・六・八判時一〇四九・三六）。

第九五条（錯誤） 意思表示は、次に掲げる錯誤に基づくものであって、その錯誤が法律行為の目的及び取引上の社会通念に照らして重要なものであるときは、取り消すことができる。

一　意思表示に対応する意思を欠く錯誤
二　表意者が法律行為の基礎とした事情についてのその認識が真実に反する錯誤
2　前項第二号の規定による意思表示の取消しは、その事情が法律行為の基礎とされていることが表示されていたときに限り、することができる。
3　錯誤が表意者の重大な過失によるものであった場合には、次に掲げる場合を除き、第一項の規定による意思表示の取消しをすることができない。
一　相手方が表意者に錯誤があることを知り、又は重大な過失によって知らなかったとき。
二　相手方が表意者と同一の錯誤に陥っていたとき。
4　第一項の規定による意思表示の取消しは、善意でかつ過失がない第三者に対抗することができない。

事例　Aは画廊Bで展示販売されている有名な画家Cの絵を気に入り、本当にCの真作かとBに確認したところ、間違いないと言うので真作なら買おうといって購入したが、後で贋作だと判明した場合、Aはその絵の売買契約を取り消すことができるだろうか。

解説　絵が有名な画家の真作か贋作かは「取引上の社会通念に照らして重要」な事実であり、真作であることが購入の動機であることを表示しているので、動機の錯誤（民九五条二項）を理由に取り消すことができる。仮にAの錯誤が重大な瑕疵によるものであったとしても、Bも同一の錯誤に陥っているので、取り消すことができる（民九五条三項二号）。Bが同一の錯誤に陥っておらず、贋作だと知っていたなら、Bは詐欺をしたことになる(民九六条一項)ので、AはBの詐欺を理由に取り消すことができる。

第九六条（詐欺又は強迫）　詐欺又は強迫による意思表示は、取り消すことができる。
2　相手方に対する意思表示について第三者が詐欺を行った場合においては、相手方がその事実を知り、又は知ることができたときに限り、その意思表示を取り消すことができる。
3　前二項の規定による詐欺による意思表示の取消しは、善意でかつ過失がない第三者に対抗することができない。

第九七条（意思表示の効力発生時期等）　意思表示は、その通知が相手方に到達した時からその効力を生ずる。
2　相手方が正当な理由なく意思表示の通知が到達することを妨げたときは、その通知は、通常到達すべきであった時に到達したものとみなす。
3　意思表示は、表意者が通知を発した後に死亡し、意思能力を喪失し、又は行為能力の制限を受けたときであっても、そのためにその効力を妨げられない。

判例　到達とは、相手方に直接受領され、実際に読む(了知する)ことを要するものではなく、意思表示または意思表示を記載した書面が、郵便受けに投函されるなどして相手方の支配圏内に置かれれば足りる（最判昭三六・四・二〇民集一五・四・七七四）。また、相手方が正当な理由なく意思表示の通知が到達することを妨げたときは、その通知は、通常到達すべきであった時に到達したものとみなされる（民九七条二項）から、相手方の家族等が正当な理由なく受領を拒んだときも到達となる（大判昭一一・二・一四民集一五・一五八）。

事例　AからBに土地を買ってほしいと郵便で申し込みがあったので、Bは買うことを承諾する旨の郵便を出したが、その郵便がAに到達する前にBは死亡してしまった。売買契約は成立するだろうか。

解説　意思表示の発信後、到達する前に表意者が死亡し、意思能力を喪失、または行為能力の制限を受けたときであっても、意思表示は効力を失わない（民九七条三項）から、BからAへの承諾通知がAに到達する前にBが死亡した時は、相続人について効果を生じ、Bの相続人との間で契約が成立する。

第九八条（公示による意思表示）　意思表示は、表意者が相手方を知ることができず、又はその所在を知ることができないときは、公示の方法によってすることができる。
2　前項の公示は、公示送達に関する民事訴訟法（平成八年法律第百九号）の規定に従い、裁判所の掲示場に掲示し、かつ、その掲示があったことを官報に少なくとも一回掲載して行う。ただし、裁判所は、相当と認めるときは、官報への掲載に代えて、市役所、区役所、町村役場又はこれらに準ずる施設の掲示場に掲示すべきことを命ずることができる。
3　公示による意思表示は、最後に官報に掲載した日又はその掲載に代わる掲示を始めた日から二週間を経過した時に、相手方に到達したものとみなす。ただし、表意者が相手方を知らないこと又はその所在を知らないことについて過失があったときは、到達の効力を生じない。

4　公示に関する手続は、相手方を知ることができない場合には表意者の住所地の、相手方の所在を知ることができない場合には相手方の最後の住所地の簡易裁判所の管轄に属する。

5　裁判所は、表意者に、公示に関する費用を予納させなければならない。

第九八条の二（**意思表示の受領能力**）意思表示の相手方がその意思表示を受けた時に意思能力を有しなかったとき又は未成年者若しくは成年被後見人であったときは、その意思表示をもってその相手方に対抗することができない。ただし、次に掲げる者がその意思表示を知った後は、この限りでない。

一　相手方の法定代理人

二　意思能力を回復し、又は行為能力者となった相手方

事例　被保佐人Aが保佐人Bの同意を得ないで不動産を購入した場合において、その売主がAに対し一か月以内にBの追認を得るべき旨の催告をしたにもかかわらず、Aがその期間内にその追認を得た旨の通知を発しないときは、その売買契約を追認したものとみなされるのだろうか。

解説　制限行為能力者のうち、未成年者および成年被後見人は意思表示の受領能力がない（民九八条の二）ので、法定代理人の同意を得るよう催告しても、その意思表示を受領する能力がなく、何の効果も発生しない。しかし、被保佐人と被補助人は意思表示の受領能力が認められるので、一か月以上の期間を定めて追認を得るべき旨の催告をすることができる。この場合において、「その被保佐人又は被補助人がその期間内にその追認を得た旨の通知を発しないときは、その行為を取り消したもの」とみなされる（民二〇条四項）。

第三節　代理

第九九条（**代理行為の要件及び効果**）代理人がその権限内において本人のためにすることを示してした意思表示は、本人に対して直接にその効力を生ずる。

2　前項の規定は、第三者が代理人に対してした意思表示について準用する。

第一〇〇条（**本人のためにすることを示さない意思表示**）代理人が本人のためにすることを示さないでした意思表示は、自己のためにしたものとみなす。ただし、相手方が、代理人が本人のためにすることを知り、又は知ることができたときは、前条第一項の規定を準用する。

第一〇一条（**代理行為の瑕疵**）代理人が相手方に対してした意思表示の効力が意思の不存在、錯誤、詐欺、強迫又はある事情を知っていたこと若しくは知らなかったことにつき過失があったことによって影響を受けるべき場合には、その事実の有無は、代理人について決するものとする。

2　相手方が代理人に対してした意思表示の効力が意思表示を受けた者がある事情を知っていたこと又は知らなかったことにつき過失があったことによって影響を受けるべき場合には、その事実の有無は、代理人について決するものとする。

3　特定の法律行為をすることを委託された代理人がその行為をしたときは、本人は、自ら知っていた事情について代理人が知らなかったことを主張することができない。本人が過失によって知らなかった事情についても、同様とする。

第一〇二条（**代理人の行為能力**）制限行為能力者が代理人としてした行為は、行為能力の制限によっては取り消すことができない。ただし、制限行為能力者が他の制限行為能力者の法定代理人としてした行為については、この限りでない。

事例　Aは、未成年者Bを代理人に選任して委任状を渡し、A所有の土地の売買を依頼した。BはCにこの土地を売却したが、BまたはBの法定代理人は、未成年者のした行為であるとして民法一二〇条一項によりこれを取り消すことができるだろうか。

解説　代理人のなした行為の効果は本人に帰属し、代理人には何ら不利益を及ぼさないから、制限行為能力者の行った代理行為も完全に有効であり、取り消すことはできない（民一〇二条本文）。任意代理の場合は、本人が損失を被ったとしても、制限行為能力者に代理権を与えた本人の責任ということである。これに対して、法定代理の場合は、本人が自ら選んだ代理人ではなく、成年被後見人、被保佐人、被補助人であっても後見人に就任することが可能である（民八四七条、八七六条の二第二項、八七六条

の七第二項）から、そのような場合には、本人を保護する必要が生じる。そこで、制限行為能力者が他の制限行為能力者の代理人（法定代理人）としてした行為は、行為能力の制限の規定によって取り消すことができる（民一〇二条ただし書）とされているのである。なお、未成年者は、その子の親権を行使することができず（民八三三条、八六七条）、後見人、保佐人、補助人となることもできない（民八四七条一号、八七六条の二第二項、八七六条の七第二項）ので、法定代理人となることはなく、この規定の適用に問題は起こらない。

第一〇三条（権限の定めのない代理人の権限） 権限の定めのない代理人は、次に掲げる行為のみをする権限を有する。

一　保存行為

二　代理の目的である物又は権利の性質を変えない範囲内において、その利用又は改良を目的とする行為

第一〇四条（任意代理人による復代理人の選任） 委任による代理人は、本人の許諾を得たとき、又はやむを得ない事由があるときでなければ、復代理人を選任することができない。

第一〇五条（法定代理人による復代理人の選任） 法定代理人は、自己の責任で復代理人を選任することができる。この場合において、やむを得ない事由があるときは、本人に対してその選任及び監督についての責任のみを負う。

第一〇六条（復代理人の権限等） 復代理人は、その権限内の行為について、本人を代表する。

2　復代理人は、本人及び第三者に対して、その権限の範囲内において、代理人と同一の権利を有し、義務を負う。

第一〇七条（代理権の濫用） 代理人が自己又は第三者の利益を図る目的で代理権の範囲内の行為をした場合において、相手方がその目的を知り、又は知ることができたときは、その行為は、代理権を有しない者がした行為とみなす。

第一〇八条（自己契約及び双方代理等） 同一の法律行為について、相手方の代理人として、又は当事者双方の代理人としてした行為は、代理権を有しない者がした行為とみなす。ただし、債務の履行及び本人があらかじめ許諾した行為については、この限りでない。

2　前項本文に規定するもののほか、代理人と本人との利益が相反する行為については、代理権を有しない者がした行為とみなす。ただし、本人があらかじめ許諾した行為については、この限りでない。

判例　利益相反行為にあたるか否かは、行為自体を外形的・客観的に考察して、その行為が、代理人にとっては利益となり、本人にとっては不利益となるものであるかどうかによって判定され、代理人の動機・意図をもって判定すべきではない（最判昭四二・四・一八民集二一・三・六七一）。

第一〇九条（代理権授与の表示による表見代理等） 第三者に対して他人に代理権を与えた旨を表示した者は、その代理権の範囲内においてその他人が第三者との間でした行為について、その責任を負う。ただし、第三者が、その他人が代理権を与えられていないことを知り、又は過失によって知らなかったときは、この限りでない。

2　第三者に対して他人に代理権を与えた旨を表示した者は、その代理権の範囲内においてその他人が第三者との間で行為をしたとすれば前項の規定によりその責任を負うべき場合において、その他人が第三者との間でその代理権の範囲外の行為をしたときは、第三者がその行為についてその他人の代理権があると信ずべき正当な理由があるときに限り、その行為についての責任を負う。

判例　東京地方裁判所が、職員の福利厚生のために生活物資の購入配給活動をしている団体に「東京地方裁判所厚生部」という名称を使用して取引をすることを認めてきた場合、東京地方裁判所は責任を負わなければならない（最判昭三五・一〇・二一民集一四・一二・二六六一）。

第一一〇条（権限外の行為の表見代理） 前条第一項本文の規定は、代理人がその権限外の行為をした場合において、第三者が代理人の権限があると信ずべき正当な理由があるときについて準用する。

判例1　民法一一〇条の規定は、代理権を有する者がその代理権を超えて行為したときにのみ適用があるもので、まったく代理権のない者がした行為については適用されないが（大判大二・六・二六民録一九・五一三）、代理権を有する者のした権限外の行為が代理権と何ら関係がない場合でも適用される（大判昭五・二・一二民集九・一四三）。

判例2　本人から登記申請を委任された者が、その権限を越えて第三者と取引行為をした場合、その登記申請が、本人の私法上の契約によ

る義務の履行のためにするものであるときは、その権限を基本代理権として、この第三者との間の行為につき本条を適用し、表見代理の成立を認めることができる（最判昭四六・六・三民集二五・四・四五五）。

第一一一条（代理権の消滅事由） 代理権は、次に掲げる事由によって消滅する。

一　本人の死亡

二　代理人の死亡又は代理人が破産手続開始の決定若しくは後見開始の審判を受けたこと。

2　委任による代理権は、前項各号に掲げる事由のほか、委任の終了によって消滅する。

第一一二条（代理権消滅後の表見代理等） 他人に代理権を与えた者は、代理権の消滅後にその代理権の範囲内においてその他人が第三者との間でした行為について、代理権の消滅の事実を知らなかった第三者に対してその責任を負う。ただし、第三者が過失によってその事実を知らなかったときは、この限りでない。

2　他人に代理権を与えた者は、代理権の消滅後に、その代理権の範囲内においてその他人が第三者との間で行為をしたとすれば前項の規定によりその責任を負うべき場合において、その他人が第三者との間でその代理権の範囲外の行為をしたときは、第三者がその行為についてその他人の代理権があると信ずべき正当な理由があるときに限り、その行為についての責任を負う。

第一一三条（無権代理） 代理権を有しない者が他人の代理人としてした契約は、本人がその追認をしなければ、本人に対してその効力を生じない。

2　追認又はその拒絶は、相手方に対してしなければ、その相手方に対抗することができない。ただし、相手方がその事実を知ったときは、この限りでない。

判例　無権代理人が、本人を相続し、本人と代理人との資格が同一に帰するにいたった場合は、本人がみずから法律行為をしたのと同様な法律上の地位を生じ、無権代理人は追認を拒絶することはできない（最判昭四〇・六・一八民集一九・四・九八六）が、本人が無権代理人を相続した場合は、当然に有効となるものではなく、本人は追認を拒絶することができる（最判昭三七・四・二〇民集一六・四・九五五）。

第一一四条（無権代理の相手方の催告権） 前条の場合において、相手方は、本人に対し、相当の期間を定めて、その期間内に追認をするかどうかを確答すべき旨の催告をすることができる。この場合において、本人がその期間内に確答をしないときは、追認を拒絶したものとみなす。

第一一五条（無権代理の相手方の取消権） 代理権を有しない者がした契約は、本人が追認をしない間は、相手方が取り消すことができる。ただし、契約の時において代理権を有しないことを相手方が知っていたときは、この限りでない。

第一一六条（無権代理行為の追認） 追認は、別段の意思表示がないときは、契約の時にさかのぼってその効力を生ずる。ただし、第三者の権利を害することはできない。

第一一七条（無権代理人の責任） 他人の代理人として契約をした者は、自己の代理権を証明したとき、又は本人の追認を得たときを除き、相手方の選択に従い、相手方に対して履行又は損害賠償の責任を負う。

2　前項の規定は、次に掲げる場合には、適用しない。

一　他人の代理人として契約をした者が代理権を有しないことを相手方が知っていたとき。

二　他人の代理人として契約をした者が代理権を有しないことを相手方が過失によって知らなかったとき。ただし、他人の代理人として契約をした者が自己に代理権がないことを知っていたときは、この限りでない。

三　他人の代理人として契約をした者が行為能力の制限を受けていたとき。

第一一八条（単独行為の無権代理） 単独行為については、その行為の時において、相手方が、代理人と称する者が代理権を有しないで行為をすることに同意し、又はその代理権を争わなかったときに限り、第百十三条から前条までの規定を準用する。代理権を有しない者に対しその同意を得て単独行為をしたときも、同様とする。

第四節　無効及び取消し

第一一九条（無効な行為の追認） 無効な行為は、追認によっても、その効力を生じない。ただし、当事者がその行為の無効であることを知って追認をしたときは、新たな行為をしたものとみなす。

事例　Aは、泥酔して意思能力のない状態でB

に不動産を売却する契約を締結した。Aは、後日その事実を知り、Bに不動産を売却してもよいと思って追認した場合。

解説 無効は初めから法律効果を生じないから追認しても原則として有効とはならない。ただし、民法は、当事者が無効であることを知って追認すれば、それが違法や反社会的な行為でない限り、将来に向かって同じ内容の行為をしたものと認めているので、追認したときにAとBの間で不動産売買契約がなされたことになる。

第一二〇条（取消権者） 行為能力の制限によって取り消すことができる行為は、制限行為能力者（他の制限行為能力者の法定代理人としてした行為にあっては、当該他の制限行為能力者を含む。）又はその代理人、承継人若しくは同意をすることができる者に限り、取り消すことができる。

2 錯誤、詐欺又は強迫によって取り消すことができる行為は、瑕疵ある意思表示をした者又はその代理人若しくは承継人に限り、取り消すことができる。

第一二一条（取消しの効果） 取り消された行為は、初めから無効であったものとみなす。

第一二一条の二（原状回復の義務） 無効な行為に基づく債務の履行として給付を受けた者は、相手方を原状に復させる義務を負う。

2 前項の規定にかかわらず、無効な無償行為に基づく債務の履行として給付を受けた者は、給付を受けた当時その行為が無効であること（給付を受けた後に前条の規定により初めから無効であったものとみなされた行為にあっては、給付を受けた当時その行為が取り消すことができるものであること）を知らなかったときは、その行為によって現に利益を受けている限度において、返還の義務を負う。

3 第一項の規定にかかわらず、行為の時に意思能力を有しなかった者は、その行為によって現に利益を受けている限度において、返還の義務を負う。行為の時に制限行為能力者であった者についても、同様とする。

第一二二条（取り消すことができる行為の追認） 取り消すことができる行為は、第百二十条に規定する者が追認したときは、以後、取り消すことができない。

第一二三条（取消し及び追認の方法） 取り消すことができる行為の相手方が確定している場合には、その取消し又は追認は、相手方に対する意思表示によってする。

第一二四条（追認の要件） 取り消すことができる行為の追認は、取消しの原因となっていた状況が消滅し、かつ、取消権を有することを知った後にしなければ、その効力を生じない。

2 次に掲げる場合には、前項の追認は、取消しの原因となっていた状況が消滅した後にすることを要しない。

一 法定代理人又は制限行為能力者の保佐人若しくは補助人が追認をするとき。

二 制限行為能力者（成年被後見人を除く。）が法定代理人、保佐人又は補助人の同意を得て追認をするとき。

第一二五条（法定追認） 追認をすることができる時以後に、取り消すことができる行為について次に掲げる事実があったときは、追認をしたものとみなす。ただし、異議をとどめたときは、この限りでない。

一 全部又は一部の履行

二 履行の請求

三 更改

四 担保の供与

五 取り消すことができる行為によって取得した権利の全部又は一部の譲渡

六 強制執行

第一二六条（取消権の期間の制限） 取消権は、追認をすることができる時から五年間行使しないときは、時効によって消滅する。行為の時から二十年を経過したときも、同様とする。

第五節 条件及び期限

第一二七条（条件が成就した場合の効果） 停止条件付法律行為は、停止条件が成就した時からその効力を生ずる。

2 解除条件付法律行為は、解除条件が成就した時からその効力を失う。

3 当事者が条件が成就した場合の効果をその成就した時以前にさかのぼらせる意思を表示したときは、その意思に従う。

第一二八条（条件の成否未定の間における相手方の利益の侵害の禁止） 条件付法律行為の各当事者は、条件の成否が未定である間は、条件が成就した場合にその法律行為から生ずべき相手方の利益を害することができない。

第一二九条（条件の成否未定の間における権利の処分等） 条件の成否が未定である間における当事者の権利義務は、一般の規定に従い、処分し、相続し、若しくは保存し、又はそのために担保を供することができる。

第一三〇条（条件の成就の妨害等） 条件が成就することによって不利益を受ける当事者が故意にその条件の成就を妨げたときは、相手方は、その条件が成就したものとみなすことができる。

2　条件が成就することによって利益を受ける当事者が不正にその条件を成就させたときは、相手方は、その条件が成就しなかったものとみなすことができる。

第一三一条（既成条件） 条件が法律行為の時に既に成就していた場合において、その条件が停止条件であるときはその法律行為は無条件とし、その条件が解除条件であるときはその法律行為は無効とする。

2　条件が成就しないことが法律行為の時に既に確定していた場合において、その条件が停止条件であるときはその法律行為は無効とし、その条件が解除条件であるときはその法律行為は無条件とする。

3　前二項に規定する場合において、当事者が条件が成就したこと又は成就しなかったことを知らない間は、第百二十八条及び第百二十九条の規定を準用する。

第一三二条（不法条件） 不法な条件を付した法律行為は、無効とする。不法な行為をしないことを条件とするものも、同様とする。

第一三三条（不能条件） 不能の停止条件を付した法律行為は、無効とする。

2　不能の解除条件を付した法律行為は、無条件とする。

第一三四条（随意条件） 停止条件付法律行為は、その条件が単に債務者の意思のみに係るときは、無効とする。

第一三五条（期限の到来の効果） 法律行為に始期を付したときは、その法律行為の履行は、期限が到来するまで、これを請求することができない。

2　法律行為に終期を付したときは、その法律行為の効力は、期限が到来した時に消滅する。

第一三六条（期限の利益及びその放棄） 期限は、債務者の利益のために定めたものと推定する。

2　期限の利益は、放棄することができる。ただし、これによって相手方の利益を害することはできない。

第一三七条（期限の利益の喪失） 次に掲げる場合には、債務者は、期限の利益を主張することができない。

一　債務者が破産手続開始の決定を受けたとき。

二　債務者が担保を滅失させ、損傷させ、又は減少させたとき。

三　債務者が担保を供する義務を負う場合において、これを供しないとき。

第六章　期間の計算

第一三八条（期間の計算の通則） 期間の計算方法は、法令若しくは裁判上の命令に特別の定めがある場合又は法律行為に別段の定めがある場合を除き、この章の規定に従う。

第一三九条（期間の起算） 時間によって期間を定めたときは、その期間は、即時から起算する。

第一四〇条 日、週、月又は年によって期間を定めたときは、期間の初日は、算入しない。ただし、その期間が午前零時から始まるときは、この限りでない。

事例　年齢は年によって計算するのだから、生まれた日は算入しないで、翌日から起算するのだろうか。

解説　期間計算方法は民法以外の法律にも適用されるが、個別の法律に特則が定められている場合はそれによる。たとえば、戸籍法では、届出期間は、届出事件の発生の日から起算するものとしている（戸籍四三条一項）。また、「年齢計算に関する法律」は、年齢の計算は出生時刻を問わず出生日から起算するとしている。初日不算入とすると、誕生日の午前三時に生まれて、その日二一時間生きていても、この世に存在していなかったものとして扱うことになってしまうからである。四月一日に生まれた者は、二三時に生まれて一時間しか生きていないとしても、四月一日を一日全部生きていたものとして扱うことになるので、前日の三月三一日の満了をもって満何歳と計算することになり、早生まれとして就学することになる。したがって、それぞれの学年で最も若い人は四月一日生まれということになる。

第一四一条（期間の満了） 前条の場合には、期間は、その末日の終了をもって満了する。

第一四二条 期間の末日が日曜日、国民の祝日に関する法律（昭和二十三年法律第百七十八号）に規定する休日その他の休日に当たるときは、その日に取引をしない慣習がある場合に限り、期間は、その翌日に満了する。

第一四三条（暦による期間の計算） 週、月又は年によって期間を定めたときは、その期間は、暦に従って計算する。

2　週、月又は年の初めから期間を起算しないときは、その期間は、最後の週、月又は年においてその起算日に応当する日の前日に満了する。ただし、月又は年によって期間を定めた場合において、最後の月に応当する日がないときは、その月の末日に満了する。

第七章　時効

第一節　総則

第一四四条（時効の効力） 時効の効力は、その起算日にさかのぼる。

第一四五条（時効の援用） 時効は、当事者（消滅時効にあっては、保証人、物上保証人、第三取得者その他権利の消滅について正当な利益を有する者を含む。）が援用しなければ、裁判所がこれによって裁判をすることができない。

判例 時効による債権消滅の効果は、時効期間の経過とともに確定的に生ずるのではなく、時効が援用されたときに初めて確定的に生ずる（最判昭六一・三・一七民集四〇・二・四二〇）。

事例 AはBにお金を貸し、Cがその債務の保証人になっていたが、AのBに対する債権が時効にかかってしまった場合、Bが時効を援用しなくても、Cは時効を援用できるだろうか。

解説 時効は、当事者（消滅時効にあっては、保証人、物上保証人、第三取得者その他権利の消滅について正当な利益を有する者を含む。）が援用しなければ、裁判所はこれによって裁判をすることができない（民一四五条）とされているのは、時効の利益を受けることは潔くないと考える者の立場を考慮したものである。時効の援用・放棄は、時効の利益を得る者それぞれの意思に委ねられているので、主たる債務者Bが時効の利益を放棄しても、その効力は保証人Cに及ばず（大判昭八・一〇・一三民集一二・二五二〇）、Cは時効を援用できる。

第一四六条（時効の利益の放棄） 時効の利益は、あらかじめ放棄することができない。

第一四七条（裁判上の請求等による時効の完成猶予及び更新） 次に掲げる事由がある場合には、その事由が終了する（確定判決又は確定判決と同一の効力を有するものによって権利が確定することなくその事由が終了した場合にあっては、その終了の時から六箇月を経過する）までの間は、時効は、完成しない。

一　裁判上の請求

二　支払督促

三　民事訴訟法第二百七十五条第一項の和解又は民事調停法（昭和二十六年法律第二百二十二号）若しくは家事事件手続法（平成二十三年法律第五十二号）による調停

四　破産手続参加、再生手続参加又は更生手続参加

2　前項の場合において、確定判決又は確定判決と同一の効力を有するものによって権利が確定したときは、時効は、同項各号に掲げる事由が終了した時から新たにその進行を始める。

第一四八条（強制執行等による時効の完成猶予及び更新） 次に掲げる事由がある場合には、その事由が終了する（申立ての取下げ又は法律の規定に従わないことによる取消しによってその事由が終了した場合にあっては、その終了の時から六箇月を経過する）までの間は、時効は、完成しない。

一　強制執行

二　担保権の実行

三　民事執行法（昭和五十四年法律第四号）第百九十五条に規定する担保権の実行としての競売の例による競売

四　民事執行法第百九十六条に規定する財産開示手続又は同法第二百四条に規定する第三者からの情報取得手続

2　前項の場合には、時効は、同項各号に掲げる事由が終了した時から新たにその進行を始める。ただし、申立ての取下げ又は法律の規定に従わないことによる取消しによってその事由が終了した場合は、この限りでない。

第一四九条（仮差押え等による時効の完成猶予） 次に掲げる事由がある場合には、その事由が終了した時から六箇月を経過するまでの間は、時効は、完成しない。

一　仮差押え

二　仮処分

第一五〇条（催告による時効の完成猶予） 催告があったときは、その時から六箇月を経過するまでの間は、時効は、完成しない。

2　催告によって時効の完成が猶予されている間にされた再度の催告は、前項の規定による時効の完成猶予の効力を有しない。

第一五一条（協議を行う旨の合意による時効の完成猶予） 権利についての協議を行う旨の合

意が書面でされたときは、次に掲げる時のいずれか早い時までの間は、時効は、完成しない。
一　その合意があった時から一年を経過した時
二　その合意において当事者が協議を行う期間（一年に満たないものに限る。）を定めたときは、その期間を経過した時
三　当事者の一方から相手方に対して協議の続行を拒絶する旨の通知が書面でされたときは、その通知の時から六箇月を経過した時

2　前項の規定により時効の完成が猶予されている間にされた再度の同項の合意は、同項の規定による時効の完成猶予の効力を有する。ただし、その効力は、時効の完成が猶予されなかったとすれば時効が完成すべき時から通じて五年を超えることができない。

3　催告によって時効の完成が猶予されている間にされた第一項の合意は、同項の規定による時効の完成猶予の効力を有しない。同項の規定により時効の完成が猶予されている間にされた催告についても、同様とする。

4　第一項の合意がその内容を記録した電磁的記録（電子的方式、磁気的方式その他人の知覚によっては認識することができない方式で作られる記録であって、電子計算機による情報処理の用に供されるものをいう。以下同じ。）によってされたときは、その合意は、書面によってされたものとみなして、前三項の規定を適用する。

5　前項の規定は、第一項第三号の通知について準用する。

第一五二条（**承認による時効の更新**）　時効は、権利の承認があったときは、その時から新たにその進行を始める。

2　前項の承認をするには、相手方の権利についての処分につき行為能力の制限を受けていないこと又は権限があることを要しない。

第一五三条（**時効の完成猶予又は更新の効力が及ぶ者の範囲**）　第百四十七条又は第百四十八条の規定による時効の完成猶予又は更新は、完成猶予又は更新の事由が生じた当事者及びその承継人の間においてのみ、その効力を有する。

2　第百四十九条から第百五十一条までの規定による時効の完成猶予は、完成猶予の事由が生じた当事者及びその承継人の間においてのみ、その効力を有する。

3　前条の規定による時効の更新は、更新の事由が生じた当事者及びその承継人の間においてのみ、その効力を有する。

第一五四条　第百四十八条第一項各号又は第百四十九条各号に掲げる事由に係る手続は、時効の利益を受ける者に対してしないときは、その者に通知をした後でなければ、第百四十八条又は第百四十九条の規定による時効の完成猶予又は更新の効力を生じない。

第一五五条から第一五七条まで　削除

第一五八条（**未成年者又は成年被後見人と時効の完成猶予**）　時効の期間の満了前六箇月以内の間に未成年者又は成年被後見人に法定代理人がないときは、その未成年者若しくは成年被後見人が行為能力者となった時又は法定代理人が就職した時から六箇月を経過するまでの間は、その未成年者又は成年被後見人に対して、時効は、完成しない。

2　未成年者又は成年被後見人がその財産を管理する父、母又は後見人に対して権利を有するときは、その未成年者若しくは成年被後見人が行為能力者となった時又は後任の法定代理人が就職した時から六箇月を経過するまでの間は、その権利について、時効は、完成しない。

第一五九条（**夫婦間の権利の時効の完成猶予**）　夫婦の一方が他の一方に対して有する権利については、婚姻の解消の時から六箇月を経過するまでの間は、時効は、完成しない。

第一六〇条（**相続財産に関する時効の完成猶予**）　相続財産に関しては、相続人が確定した時、管理人が選任された時又は破産手続開始の決定があった時から六箇月を経過するまでの間は、時効は、完成しない。

第一六一条（**天災等による時効の完成猶予**）　時効の期間の満了の時に当たり、天災その他避けることのできない事変のため第百四十七条第一項各号又は第百四十八条第一項各号に掲げる事由に係る手続を行うことができないときは、その障害が消滅した時から三箇月を経過するまでの間は、時効は、完成しない。

第二節　取得時効

第一六二条（**所有権の取得時効**）　二十年間、所有の意思をもって、平穏に、かつ、公然と他人の物を占有した者は、その所有権を取得する。

2　十年間、所有の意思をもって、平穏に、か

つ、公然と他人の物を占有した者は、その占有の開始の時に、善意であり、かつ、過失がなかったときは、その所有権を取得する。

判例　本条二項にいう「平穏の占有」とは、その占有を取得しまたは保持するに、暴行・強迫などの違法強暴の行為を用いない占有をいうもので、不動産所有者その他占有の不法を主張する者から異議を受け、不動産の返還・占有者名義の所有権移転登記の抹消手続の請求があっても、これがために、その占有が平穏でなくなるものではない（最判昭四一・四・一五民集二〇・四・六七六）。

第一六三条（所有権以外の財産権の取得時効）　所有権以外の財産権を、自己のためにする意思をもって、平穏に、かつ、公然と行使する者は、前条の区別に従い二十年又は十年を経過した後、その権利を取得する。

第一六四条（占有の中止等による取得時効の中断）　第百六十二条の規定による時効は、占有者が任意にその占有を中止し、又は他人によってその占有を奪われたときは、中断する。

第一六五条　前条の規定は、第百六十三条の場合について準用する。

第三節　消滅時効

第一六六条（債権等の消滅時効）　債権は、次に掲げる場合には、時効によって消滅する。

一　債権者が権利を行使することができることを知った時から五年間行使しないとき。

二　権利を行使することができる時から十年間行使しないとき。

2　債権又は所有権以外の財産権は、権利を行使することができる時から二十年間行使しないときは、時効によって消滅する。

3　前二項の規定は、始期付権利又は停止条件付権利の目的物を占有する第三者のために、その占有の開始の時から取得時効が進行することを妨げない。ただし、権利者は、その時効を更新するため、いつでも占有者の承認を求めることができる。

判例　抵当権は債務者および設定者との関係では、担保する債権と同時でなければ時効によって消滅することはないが、第三取得者および後順位抵当権者との関係では、被担保債権と離れて民法一六七条二項（現民一六六条二項）により、二〇年の消滅時効にかかる（大判昭一五・一一・二六民集一九・二一〇〇）。

事例　Aは、Bに一〇〇万円を貸したが、Aは一〇年間そのまま放置し、取り立てもしなかった場合。

解説　平成二九年の改正前の民法一六七条一項には、「債権は、一〇年間行使しないときは、消滅する。」と規定されていたが、現代社会では一〇年では長すぎるという批判が強かったため、債権は、債権者が権利を行使することができることを知った時（主観的起算点）から五年間、または、権利を行使することができる時（客観的起算点）から一〇年間行使しないと、時効消滅すると改められた（民一六六条一項）。契約に確定期限の定めがある場合には、期限が到来すれば権利行使ができることを知った時となり、その日から時効が進行して五年で時効消滅する。したがって、多くの債権は確定期限が付されているので、債権の多くは五年で時効消滅することになる。不確定期限や条件が付されている場合には、債権者が期限到来または条件成就の事実を認識した時が権利行使をできることを知った時となるから、停止条件付債権は、条件成就の時から一〇年の消滅時効が進行し、債権者が条件成就を知った時から五年の消滅時効が進行して、そのいずれかが完成した時に債権は消滅する。

第一六七条（人の生命又は身体の侵害による損害賠償請求権の消滅時効）　人の生命又は身体の侵害による損害賠償請求権の消滅時効についての前条第一項第二号の規定の適用については、同号中「十年間」とあるのは、「二十年間」とする。

事例　工場の安全管理に過失があったため事故が起こり、工員が負傷した場合の、会社に対する損害賠償請求権が時効で消滅する期間。

解説　人の生命または身体に関する利益は、財産的な利益等に比べて強く保護すべきであり、損害賠償請求権の権利行使の機会を確保する必要性も高い。そこで、人の生命または身体の侵害による損害賠償請求権の消滅時効については、権利を行使することができる時から二〇年間とされている（民一六七条）。また、「被害者又はその法定代理人が損害及び加害者を知った時から三年間」という不法行為による損害賠償請求権の消滅時効期間（民七二四条一号）も、「五年間」に延長されている(民七二四条の二)。

第一六八条（定期金債権の消滅時効）　定期金の債権は、次に掲げる場合には、時効によって消滅する。

一　債権者が定期金の債権から生ずる金銭そ

の他の物の給付を目的とする各債権を行使することができることを知った時から十年間行使しないとき。

二　前号に規定する各債権を行使することができる時から二十年間行使しないとき。

2　定期金の債権者は、時効の更新の証拠を得るため、いつでも、その債務者に対して承認書の交付を求めることができる。

第一六九条（**判決で確定した権利の消滅時効**）確定判決又は確定判決と同一の効力を有するものによって確定した権利については、十年より短い時効期間の定めがあるものであっても、その時効期間は、十年とする。

2　前項の規定は、確定の時に弁済期の到来していない債権については、適用しない。

第一七〇条から第一七四条まで　削除

第二編　物権

第一章　総則

第一七五条（**物権の創設**）物権は、この法律その他の法律に定めるもののほか、創設することができない。

第一七六条（**物権の設定及び移転**）物権の設定及び移転は、当事者の意思表示のみによって、その効力を生ずる。

判例1　特定物の売買契約においては、特に所有権移転は将来なされるべきものとされていない限り、直ちに買主に所有権移転の効力を生ずる（最判昭三三・六・二〇民集一二・一〇・一五八五）。

判例2　倉庫に寄託中のハンカチーフ売買契約において、「代金を約三日後の午後四時限り支払う。右支払のないときは契約は失効する。」旨の解除条件が付いているときは、特別の事情のない限り、右ハンカチーフの所有権は、契約により当然買主に移転するものではない（最判昭三五・三・二二民集一四・四・五〇一）。

第一七七条（**不動産に関する物権の変動の対抗要件**）不動産に関する物権の得喪及び変更は、不動産登記法（平成十六年法律第百二十三号）その他の登記に関する法律の定めるところに従いその登記をしなければ、第三者に対抗することができない。

判例　本条にいう「第三者」とは、登記がないことを主張する正当の利益を有する者に限る（大連判明四一・一二・一五民録一四・一二七六）。したがって、まったく無権利の架空の登記名義人（最判昭三四・二・一二民集一三・二・九一）、不法占有者（最判昭二五・一二・一九民集四・一二・六六〇）、未登記の買主に高く売りつける目的で同じ不動産を買い受け移転登記した背信的悪意者（最判昭四三・八・二民集二二・八・一五七一）には、登記なしに対抗できる。

事例　Aから不動産を買ったBがCに強迫されて登記できないでいたところ、CがAから二重譲渡を受けて登記してしまった場合。

解説　不動産登記法五条は、詐欺・強迫によって登記申請を妨げた第三者、および他人のため登記申請する義務を負う第三者は、登記なしに対抗できる第三者として明示しているので、BはCに対して登記なしに対抗できる。

第一七八条（**動産に関する物権の譲渡の対抗要件**）動産に関する物権の譲渡は、その動産の引渡しがなければ、第三者に対抗することができない。

事例　AはBからノートパソコンを買って代金を支払ったが、Bがしばらく使わせてほしいというので、そのままBの手元に置いて使わせることにした場合、Aは所有権取得を第三者に対抗できるだろうか。

解説　不動産物権変動の対抗要件が「登記」（民一七七条）であるのに対し、動産物権変動の対抗要件は「引渡し」である（民一七八条）。「引渡し」の方法としては、現実の引渡し（民一八二条一項）、簡易の引渡し（民一八二条二項）、占有改定（民一八三条）、指図による占有移転（民一八四条）の四種類があるが、判例は、そのいずれでも当てはまり、「自己の占有物を以後本人のために占有する意思を表示」する占有改定でもよいとしている（大判明四三・二・二五民録一六・一五三）。したがって、AはBから「引渡し」を受けたことになり、所有権取得を第三者に対抗できる。なお、動産であっても登記・登録制度のある、船舶、自動車、航空機、建設機械、農業動産などは、登記・登録されることにより、対抗要件となる。

第一七九条（**混同**）同一物について所有権及び他の物権が同一人に帰属したときは、当該他の物権は、消滅する。ただし、その物又は当該他の物権が第三者の権利の目的であるときは、この限りでない。

2　所有権以外の物権及びこれを目的とする他の権利が同一人に帰属したときは、当該他の権利は、消滅する。この場合においては、前項ただし書の規定を準用する。

3　前二項の規定は、占有権については、適用しない。

第二章　占有権

第一節　占有権の取得

第一八〇条（**占有権の取得**）占有権は、自己のためにする意思をもって物を所持することによって取得する。

事例　AはBの腕時計を盗み所持しているが、占有権が認められるだろうか。

解説　占有権は、物を所持しているという事実状態そのものに認められる権利であって、所持する権原の有無を問わないものであるから、Bの腕時計を盗み所持しているAにも、腕時計の占有権が認められる。なお、ここで「所持」というのは、身につけているという意味ではなく、社会通念からみて、事実上支配している状態にあるという意味で、倉庫に保管していても、所持しているということができる。

第一八一条（**代理占有**）占有権は、代理人によって取得することができる。

事例　Aは、Bに自分の時計を貸した。Aの占有権はどうなるか。

解説　占有は、他人Bの所持を通じて本人Aが占有するということも認められるので、Bに貸してもAは占有権を失わない。このような場合、所持している他人Bを「占有代理人」といい、本人Aを「代理占有者」という。民法九九条以下の「代理人」は、本人に代わって意思表示を行う者であるが、所持は意思表示ではないから、それと区別して「占有代理人」と呼ぶのである。この場合、占有代理人は直接占有、代理占有者は間接占有ということになる。

第一八二条（**現実の引渡し及び簡易の引渡し**）占有権の譲渡は、占有物の引渡しによってする。

2　譲受人又はその代理人が現に占有物を所持する場合には、占有権の譲渡は、当事者の意思表示のみによってすることができる。

事例　AはBに貸しているノートパソコンをBに売ったが、Bはいったん Aに返して、改めて引渡しを受けなければならないだろうか。

解説　Aが所持しているノートパソコンをBに売る場合には、現実にノートパソコンをBに引き渡す（本条一項）。これを現実の引渡しという。これに対して、BがAから借りているノートパソコンを買い取る場合は、すでにBの手元にノートパソコンがあるため、いったんAに返して、改めて引渡しを受けるなどといった余計な手間をかけずに、当事者の意思表示のみによって引渡しとすることができる（本条二項）。これを簡易の引渡しという。

第一八三条（**占有改定**）代理人が自己の占有物を以後本人のために占有する意思を表示したときは、本人は、これによって占有権を取得する。

事例　Aは、所持しているノートパソコンをBに売ったが、Bから借りて引き続き使用したいという場合、いったんBに引き渡さなければならないだろうか。

解説　AがBに売った物を、売主Aが借りて、なお引き続き使用したいという場合は、売主Aが、いったんBに引き渡さなくても、以後買主Bのために占有すると意思表示すれば、占有は移転する（本条）。これを占有改定という。

第一八四条（**指図による占有移転**）代理人によって占有をする場合において、本人がその代理人に対して以後第三者のためにその物を占有することを命じ、その第三者がこれを承諾したときは、その第三者は、占有権を取得する。

事例　Aは、所有しているノートパソコンをBに売ったが、そのノートパソコンはCに貸している場合、Cが引き続き借りることを希望し、BもCに貸すことに同意している場合でも、CからAに返還し、AからBに引き渡し、BからCに引き渡さなければならないだろうか。

解説　事例のような場合には、AはCに対し、この先はBの物として預かるよう通知し、Bが承諾することによって占有は移転する(本条)。
これを指図による占有移転という。

第一八五条（占有の性質の変更）　権原の性質上占有者に所有の意思がないものとされる場合には、その占有者が、自己に占有をさせた者に対して所有の意思があることを表示し、又は新たな権原により更に所有の意思をもって占有を始めるのでなければ、占有の性質は、変わらない。

事例　Aは土地所有者Bから土地を借り、駐車場として使用してきたが、途中から自分の所有地だという意思をもって二〇年以上占有していれば、所有権を時効取得できるだろうか。

解説　所有の意思をもってする占有を自主占有といい、所有意思のない占有を他主占有という。
権原に基づかない占有のうち、権原があると誤信しているものを善意占有、権原がないことを知っているものを悪意占有という。所有権の取得時効は、「所有の意思をもって」、つまり自主占有で二〇年間占有したときに認められる（民一六二条一項）が、他主占有の場合にはいつまでたっても時効によって所有権を取得できない。他主占有を自主占有に変更するには、「自己に占有をさせた者に対して所有の意思があることを表示」しなければならない（本条）から、土地所有者Bに対して、「以後、借地としてではなく、自分の土地として駐車する。」と意思表示しなければ自主占有にならず、いつまでも時効取得できない。

第一八六条（占有の態様等に関する推定）　占有者は、所有の意思をもって、善意で、平穏に、かつ、公然と占有をするものと推定する。
2　前後の両時点において占有をした証拠があるときは、占有は、その間継続したものと推定する。

判例　無過失は推定されない（大判大八・一〇・一三民録二五・一八六三）ので、民法一六二条二項の取得時効を主張する者は、「その不動産を自己の所有と信じたこと」につき無過失であったことの立証責任を負う（最判昭四六・一一・一一判時六五四・五二）。

第一八七条（占有の承継）　占有者の承継人は、その選択に従い、自己の占有のみを主張し、又は自己の占有に前の占有者の占有を併せて主張することができる。
2　前の占有者の占有を併せて主張する場合には、その瑕疵をも承継する。

第二節　占有権の効力

第一八八条（占有物について行使する権利の適法の推定）　占有者が占有物について行使する権利は、適法に有するものと推定する。

第一八九条（善意の占有者による果実の取得等）　善意の占有者は、占有物から生ずる果実を取得する。
2　善意の占有者が本権の訴えにおいて敗訴したときは、その訴えの提起の時から悪意の占有者とみなす。

第一九〇条（悪意の占有者による果実の返還等）　悪意の占有者は、果実を返還し、かつ、既に消費し、過失によって損傷し、又は収取を怠った果実の代価を償還する義務を負う。
2　前項の規定は、暴行若しくは強迫又は隠匿によって占有をしている者について準用する。

第一九一条（占有者による損害賠償）　占有物が占有者の責めに帰すべき事由によって滅失し、又は損傷したときは、その回復者に対し、悪意の占有者はその損害の全部の賠償をする義務を負い、善意の占有者はその滅失又は損傷によって現に利益を受けている限度において賠償をする義務を負う。ただし、所有の意思のない占有者は、善意であるときであっても、全部の賠償をしなければならない。

第一九二条（即時取得）　取引行為によって、平穏に、かつ、公然と動産の占有を始めた者は、善意であり、かつ、過失がないときは、即時にその動産について行使する権利を取得する。

事例　AはBに腕時計を貸していたが、Bはその腕時計をCに売却してしまい、現在Cが使用している。AはCに所有権に基づく返還請求ができるだろうか。

解説　Bから腕時計を買ったCが本条の即時取得の要件を満たしていれば、Cは所有権を取得し、Aは所有権を失うので、所有権に基づく返還請求は認められない。即時取得の要件である「平穏・公然・善意」は民法一八六条一項で推定され、「無過失」という要件も、民法一八八条で推定される。したがって、Cが即時取得できるか否かは、取引によって占有を取得したといえるかどうかだけになり、判例では、指図による占有移転でもよいが、占有改定では即時取得できないとしている（最判昭三五・二・一一民集一四・二・一六八）。Cは現実の引渡しを受けて使用しているため、この点も問題ない。以上により、Cの占有取得が「平穏・公然・善意・無過失」でないことをAが立証できない限り、Cは腕時計を即時取得するので、Aは返還請求することができない。

第一九三条（盗品又は遺失物の回復） 前条の場合において、占有物が盗品又は遺失物であるときは、被害者又は遺失者は、盗難又は遺失の時から二年間、占有者に対してその物の回復を請求することができる。

第一九四条 占有者が、盗品又は遺失物を、競売若しくは公の市場において、又はその物と同種の物を販売する商人から、善意で買い受けたときは、被害者又は遺失者は、占有者が支払った代価を弁償しなければ、その物を回復することができない。

第一九五条（動物の占有による権利の取得） 家畜以外の動物で他人が飼育していたものを占有する者は、その占有の開始の時に善意であり、かつ、その動物が飼主の占有を離れた時から一箇月以内に飼主から回復の請求を受けなかったときは、その動物について行使する権利を取得する。

第一九六条（占有者による費用の償還請求） 占有者が占有物を返還する場合には、その物の保存のために支出した金額その他の必要費を回復者から償還させることができる。ただし、占有者が果実を取得したときは、通常の必要費は、占有者の負担に帰する。

2　占有者が占有物の改良のために支出した金額その他の有益費については、その価格の増加が現存する場合に限り、回復者の選択に従い、その支出した金額又は増価額を償還させることができる。ただし、悪意の占有者に対しては、裁判所は、回復者の請求により、その償還について相当の期限を許与することができる。

第一九七条（占有の訴え） 占有者は、次条から第二百二条までの規定に従い、占有の訴えを提起することができる。他人のために占有をする者も、同様とする。

第一九八条（占有保持の訴え） 占有者がその占有を妨害されたときは、占有保持の訴えにより、その妨害の停止及び損害の賠償を請求することができる。

第一九九条（占有保全の訴え） 占有者がその占有を妨害されるおそれがあるときは、占有保全の訴えにより、その妨害の予防又は損害賠償の担保を請求することができる。

第二〇〇条（占有回収の訴え） 占有者がその占有を奪われたときは、占有回収の訴えにより、その物の返還及び損害の賠償を請求することができる。

2　占有回収の訴えは、占有を侵奪（しんだつ）した者の特定承継人に対して提起することができない。ただし、その承継人が侵奪の事実を知っていたときは、この限りでない。

第二〇一条（占有の訴えの提起期間） 占有保持の訴えは、妨害の存する間又はその消滅した後一年以内に提起しなければならない。ただし、工事により占有物に損害を生じた場合において、その工事に着手した時から一年を経過し、又はその工事が完成したときは、これを提起することができない。

2　占有保全の訴えは、妨害の危険の存する間は、提起することができる。この場合において、工事により占有物に損害を生ずるおそれがあるときは、前項ただし書の規定を準用する。

3　占有回収の訴えは、占有を奪われた時から一年以内に提起しなければならない。

第二〇二条（本権の訴えとの関係） 占有の訴えは本権の訴えを妨げず、また、本権の訴えは占有の訴えを妨げない。

2　占有の訴えについては、本権に関する理由に基づいて裁判をすることができない。

事例 Aは、自己の所有地にBが物置小屋を設置して使っているのを発見したので、物置小屋を実力で撤去して土地を使用できなくしたところ、Bから占有回収の訴えを起こされた。Aは自分の土地だと主張すれば、Bの起こした占有回収の訴えに勝てるか。

解説 「占有回収の訴え」は、占有の状態を保護するために認められたもので、所有権等の本権とは関係がないから、本権があるか否かの理由に基づいて裁判はできないとするのが本条二項である。したがって、占有回収の訴えに対して所有権があることを主張しても、その裁判に勝つことはできない。

第三節　占有権の消滅

第二〇三条（占有権の消滅事由） 占有権は、占有者が占有の意思を放棄し、又は占有物の所持を失うことによって消滅する。ただし、占有者が占有回収の訴えを提起したときは、この限りでない。

第二〇四条（**代理占有権の消滅事由**）代理人によって占有をする場合には、占有権は、次に掲げる事由によって消滅する。

一　本人が代理人に占有をさせる意思を放棄したこと。

二　代理人が本人に対して以後自己又は第三者のために占有物を所持する意思を表示したこと。

三　代理人が占有物の所持を失ったこと。

2　占有権は、代理権の消滅のみによっては、消滅しない。

第四節　準占有

第二〇五条　この章の規定は、自己のためにする意思をもって財産権の行使をする場合について準用する。

第三章　所有権

第一節　所有権の限界

第一款　所有権の内容及び範囲

第二〇六条（**所有権の内容**）所有者は、法令の制限内において、自由にその所有物の使用、収益及び処分をする権利を有する。

第二〇七条（**土地所有権の範囲**）土地の所有権は、法令の制限内において、その土地の上下に及ぶ。

第二〇八条　削除

第二款　相隣関係

第二〇九条（**隣地の使用**）土地の所有者は、次に掲げる目的のため必要な範囲内で、隣地を使用することができる。ただし、住家については、その居住者の承諾がなければ、立ち入ることはできない。

一　境界又はその付近における障壁、建物その他の工作物の築造、収去又は修繕

二　境界標の調査又は境界に関する測量

三　第二百三十三条第三項の規定による枝の切取り

2　前項の場合には、使用の日時、場所及び方法は、隣地の所有者及び隣地を現に使用している者（以下この条において「隣地使用者」という。）のために損害が最も少ないものを選ばなければならない。

3　第一項の規定により隣地を使用する者は、あらかじめ、その目的、日時、場所及び方法を隣地の所有者及び隣地使用者に通知しなければならない。ただし、あらかじめ通知することが困難なときは、使用を開始した後、遅滞なく、通知することをもって足りる。

4　第一項の場合において、隣地の所有者又は隣地使用者が損害を受けたときは、その償金を請求することができる。

事例　Aは、自己所有建物の修繕をするため、隣地B所有土地内に立ち入り、使用する必要がある。

解説　令和三年の改正前の民法二〇九条一項本文は、「境界又はその付近において障壁又は建物を築造し又は修繕するため必要な範囲内で、隣地の使用を請求することができる」とされていただけなので、「隣地の使用を請求することができる」の具体的意味が判然とせず、障壁・建物の築造・修繕以外の目的で隣地を使用することができるかどうかが不明確であった。そこで、新民法では、土地の所有者は、所定の目的のために必要な範囲内で、隣地を使用する権利を有する旨が明確化された。ただし、自力執行は禁止されているので、隣地を使用できる権利がある場合も、使用を拒まれた場合には、妨害禁止の判決を求めなければならない。

第二一〇条（**公道に至るための他の土地の通行権**）他の土地に囲まれて公道に通じない土地の所有者は、公道に至るため、その土地を囲んでいる他の土地を通行することができる。

2　池沼、河川、水路若しくは海を通らなければ公道に至ることができないとき、又は崖があって土地と公道とに著しい高低差があるときも、前項と同様とする。

判例　袋地となっている土地の所有権を取得した者は、所有権取得の登記手続きを経由しなくとも、囲繞地の通行権を主張することができる（最判昭四七・四・一四民集二六・三・四八三）。

事例　A所有地は、B所有地に囲まれていたので、隣地B所有地を利用して公道に出ていた。Bは突然柵を設けAの通行を禁じた場合。

解説　ある土地が他人利用の土地に囲まれていて（袋地）、土地所有者が公道に出るためには囲繞地を通る必要がある場合には、囲繞地通行権が認められる。囲繞地所有者が柵を設けるなどして通行権を妨害した場合には、妨害排除請求をすることができる。

第二一一条　前条の場合には、通行の場所及び方法は、同条の規定による通行権を有する者のために必要であり、かつ、他の土地のために損害が最も少ないものを選ばなければなら

ない。

2　前条の規定による通行権を有する者は、必要があるときは、通路を開設することができる。

第二百十二条　第二百十条の規定による通行権を有する者は、その通行する他の土地の損害に対して償金を支払わなければならない。ただし、通路の開設のために生じた損害に対するものを除き、一年ごとにその償金を支払うことができる。

第二百十三条　分割によって公道に通じない土地が生じたときは、その土地の所有者は、公道に至るため、他の分割者の所有地のみを通行することができる。この場合においては、償金を支払うことを要しない。

2　前項の規定は、土地の所有者がその土地の一部を譲り渡した場合について準用する。

第二百十三条の二（**継続的給付を受けるための設備の設置権等**）土地の所有者は、他の土地に設備を設置し、又は他人が所有する設備を使用しなければ電気、ガス又は水道水の供給その他これらに類する継続的給付（以下この項及び次条第一項において「継続的給付」という。）を受けることができないときは、継続的給付を受けるため必要な範囲内で、他の土地に設備を設置し、又は他人が所有する設備を使用することができる。

2　前項の場合には、設備の設置又は使用の場所及び方法は、他の土地又は他人が所有する設備（次項において「他の土地等」という。）のために損害が最も少ないものを選ばなければならない。

3　第一項の規定により他の土地に設備を設置し、又は他人が所有する設備を使用する者は、あらかじめ、その目的、場所及び方法を他の土地等の所有者及び他の土地を現に使用している者に通知しなければならない。

4　第一項の規定による権利を有する者は、同項の規定により他の土地に設備を設置し、又は他人が所有する設備を使用するために当該他の土地又は当該他人が所有する設備がある土地を使用することができる。この場合においては、第二百九条第一項ただし書及び第二項から第四項までの規定を準用する。

5　第一項の規定により他の土地に設備を設置する者は、その土地の損害（前項において準用する第二百九条第四項に規定する損害を除く。）に対して償金を支払わなければならない。ただし、一年ごとにその償金を支払うことができる。

6　第一項の規定により他人が所有する設備を使用する者は、その設備の使用を開始するために生じた損害に対して償金を支払わなければならない。

7　第一項の規定により他人が所有する設備を使用する者は、その利益を受ける割合に応じて、その設置、改築、修繕及び維持に要する費用を負担しなければならない。

第二百十三条の三　分割によって他の土地に設備を設置しなければ継続的給付を受けることができない土地が生じたときは、その土地の所有者は、継続的給付を受けるため、他の分割者の所有地のみに設備を設置することができる。この場合においては、前条第五項の規定は、適用しない。

2　前項の規定は、土地の所有者がその土地の一部を譲り渡した場合について準用する。

第二百十四条（**自然水流に対する妨害の禁止**）土地の所有者は、隣地から水が自然に流れて来るのを妨げてはならない。

第二百十五条（**水流の障害の除去**）水流が天災その他避けることのできない事変により低地において閉塞したときは、高地の所有者は、自己の費用で、水流の障害を除去するため必要な工事をすることができる。

第二百十六条（**水流に関する工作物の修繕等**）他の土地に貯水、排水又は引水のために設けられた工作物の破壊又は閉塞により、自己の土地に損害が及び、又は及ぶおそれがある場合には、その土地の所有者は、当該他の土地の所有者に、工作物の修繕若しくは障害の除去をさせ、又は必要があるときは予防工事をさせることができる。

第二百十七条（**費用の負担についての慣習**）前二条の場合において、費用の負担について別段の慣習があるときは、その慣習に従う。

第二百十八条（**雨水を隣地に注ぐ工作物の設置の禁止**）土地の所有者は、直接に雨水を隣地に注ぐ構造の屋根その他の工作物を設けてはならない。

第二百十九条（**水流の変更**）溝、堀その他の水流地の所有者は、対岸の土地が他人の所有に属するときは、その水路又は幅員を変更してはならない。

2　両岸の土地が水流地の所有者に属するときは、その所有者は、水路及び幅員を変更することができる。ただし、水流が隣地と交わる地点において、自然の水路に戻さなければならない。

3　前二項の規定と異なる慣習があるときは、その慣習に従う。

第二二〇条（**排水のための低地の通水**）高地の所有者は、その高地が浸水した場合にこれを乾かすため、又は自家用若しくは農工業用の余水を排出するため、公の水流又は下水道に至るまで、低地に水を通過させることができる。この場合においては、低地のために損害が最も少ない場所及び方法を選ばなければならない。

第二二一条（**通水用工作物の使用**）土地の所有者は、その所有地の水を通過させるため、高地又は低地の所有者が設けた工作物を使用することができる。

2　前項の場合には、他人の工作物を使用する者は、その利益を受ける割合に応じて、工作物の設置及び保存の費用を分担しなければならない。

第二二二条（**堰の設置及び使用**）水流地の所有者は、堰を設ける必要がある場合には、対岸の土地が他人の所有に属するときであっても、その堰を対岸に付着させて設けることができる。ただし、これによって生じた損害に対して償金を支払わなければならない。

2　対岸の土地の所有者は、水流地の一部がその所有に属するときは、前項の堰を使用することができる。

3　前条第二項の規定は、前項の場合について準用する。

第二二三条（**境界標の設置**）土地の所有者は、隣地の所有者と共同の費用で、境界標を設けることができる。

第二二四条（**境界標の設置及び保存の費用**）境界標の設置及び保存の費用は、相隣者が等しい割合で負担する。ただし、測量の費用は、その土地の広狭に応じて分担する。

第二二五条（**囲障の設置**）二棟の建物がその所有者を異にし、かつ、その間に空地があるときは、各所有者は、他の所有者と共同の費用で、その境界に囲障を設けることができる。

2　当事者間に協議が調わないときは、前項の囲障は、板塀又は竹垣その他これらに類する材料のものであって、かつ、高さ二メートルのものでなければならない。

第二二六条（**囲障の設置及び保存の費用**）前条の囲障の設置及び保存の費用は、相隣者が等しい割合で負担する。

第二二七条（**相隣者の一人による囲障の設置**）相隣者の一人は、第二百二十五条第二項に規定する材料より良好なものを用い、又は同項に規定する高さを増して囲障を設けることができる。ただし、これによって生ずる費用の増加額を負担しなければならない。

第二二八条（**囲障の設置等に関する慣習**）前三条の規定と異なる慣習があるときは、その慣習に従う。

第二二九条（**境界標等の共有の推定**）境界線上に設けた境界標、囲障、障壁、溝及び堀は、相隣者の共有に属するものと推定する。

第二三〇条　一棟の建物の一部を構成する境界線上の障壁については、前条の規定は、適用しない。

2　高さの異なる二棟の隣接する建物を隔てる障壁の高さが、低い建物の高さを超えるときは、その障壁のうち低い建物を超える部分についても、前項と同様とする。ただし、防火障壁については、この限りでない。

第二三一条（**共有の障壁の高さを増す工事**）相隣者の一人は、共有の障壁の高さを増すことができる。ただし、その障壁がその工事に耐えないときは、自己の費用で、必要な工作を加え、又はその障壁を改築しなければならない。

2　前項の規定により障壁の高さを増したときは、その高さを増した部分は、その工事をした者の単独の所有に属する。

第二三二条　前条の場合において、隣人が損害を受けたときは、その償金を請求することができる。

第二三三条（**竹木の枝の切除及び根の切取り**）土地の所有者は、隣地の竹木の枝が境界線を越えるときは、その竹木の所有者に、その枝を切除させることができる。

2　前項の場合において、竹木が数人の共有に属するときは、各共有者は、その枝を切り取ることができる。

3　第一項の場合において、次に掲げるときは、土地の所有者は、その枝を切り取ることができる。

一　竹木の所有者に枝を切除するよう催告したにもかかわらず、竹木の所有者が相当の期間内に切除しないとき。

二　竹木の所有者を知ることができず、又はその所在を知ることができないとき。

三　急迫の事情があるとき。

4　隣地の竹木の根が境界線を越えるときは、その根を切り取ることができる。

事例　Aは、B所有地の柿の木の枝が境界を越えて、A家屋の屋根まで侵入し、その落ち葉が樋（とい）に入り、排水を妨害するので困っている。

解説　令和三年の改正前の民法二三三条一項は「隣地の竹木の枝が境界線を越えるときは、その竹木の所有者に、その枝を切除させることができる」と規定していたので、竹木の所有者が枝を切除しない場合には、訴えを提起し切除を命ずる判決を得て強制執行の手続をとるほかなかった。しかし、竹木の枝が越境する都度、常に訴えを提起しなければならないとすると、救済を受けるための手続が過重であることから、新民法は、越境された土地の所有者は、竹木の所有者に枝を切除させるという原則を維持しつつ、①竹木の所有者に越境した枝を切除するよう催告したが、竹木の所有者が相当の期間内に切除しないとき、②竹木の所有者を知ることができず、またはその所在を知ることができないとき、③急迫の事情があるとき、のいずれかであるときは、自ら枝を切り取ることができるとしている（新民二三三条三項）。

第二三四条（境界線付近の建築の制限）　建物を築造するには、境界線から五十センチメートル以上の距離を保たなければならない。

2　前項の規定に違反して建築をしようとする者があるときは、隣地の所有者は、その建築を中止させ、又は変更させることができる。ただし、建築に着手した時から一年を経過し、又はその建物が完成した後は、損害賠償の請求のみをすることができる。

第二三五条　境界線から一メートル未満の距離において他人の宅地を見通すことのできる窓又は縁側（ベランダを含む。次項において同じ。）を設ける者は、目隠しを付けなければならない。

2　前項の距離は、窓又は縁側の最も隣地に近い点から垂直線によって境界線に至るまでを測定して算出する。

第二三六条（境界線付近の建築に関する慣習）　前二条の規定と異なる慣習があるときは、その慣習に従う。

第二三七条（境界線付近の掘削の制限）　井戸、用水だめ、下水だめ又は肥料だめを掘るには境界線から二メートル以上、池、穴蔵又はし尿だめを掘るには境界線から一メートル以上の距離を保たなければならない。

2　導水管を埋め、又は溝若しくは堀を掘るには、境界線からその深さの二分の一以上の距離を保たなければならない。ただし、一メートルを超えることを要しない。

第二三八条（境界線付近の掘削に関する注意義務）　境界線の付近において前条の工事をするときは、土砂の崩壊又は水若しくは汚液の漏出を防ぐため必要な注意をしなければならない。

第二節　所有権の取得

第二三九条（無主物の帰属）　所有者のない動産は、所有の意思をもって占有することによって、その所有権を取得する。

2　所有者のない不動産は、国庫に帰属する。

第二四〇条（遺失物の拾得）　遺失物は、遺失物法（平成十八年法律第七十三号）の定めるところに従い公告をした後三箇月以内にその所有者が判明しないときは、これを拾得した者がその所有権を取得する。

第二四一条（埋蔵物の発見）　埋蔵物は、遺失物法の定めるところに従い公告をした後六箇月以内にその所有者が判明しないときは、これを発見した者がその所有権を取得する。ただし、他人の所有する物の中から発見された埋蔵物については、これを発見した者及びその他人が等しい割合でその所有権を取得する。

第二四二条（不動産の付合）　不動産の所有者は、その不動産に従として付合した物の所有権を取得する。ただし、権原によってその物を附属させた他人の権利を妨げない。

判例1　賃借人が、賃貸人との約束に従って、改造途中の工作物を建物として完成させた場合は、賃借人が付加した物は、付合により工作物所有者（賃貸人）の所有に帰する（最判昭三四・二・五民集一三・一・五一）。

判例2　権原を有しない者がまいた種から成育した苗の所有権は、民法二四二条本文により土地所有者に帰属する（最判昭三一・六・一九民集一〇・六・六七八）。賃借人が賃貸人の承諾を得て建物を増築した場合でも、増築部分が別個独立の存在を有しないときは、民法二四二条ただし書の適用はない（最判昭四四・七・二五民集二三・八・一六二七）。

第二四三条（動産の付合）　所有者を異にする数個の動産が、付合により、損傷しなければ分離することができなくなったときは、その合成物の所有権は、主たる動産の所有者に帰属する。分離するのに過分の費用を要するときも、同様とする。

第二四四条　付合した動産について主従の区別をすることができないときは、各動産の所有者は、その付合の時における価格の割合に応じてその合成物を共有する。

第二四五条（混和）　前二条の規定は、所有者を異にする物が混和して識別することができなくなった場合について準用する。

第二四六条（加工）　他人の動産に工作を加えた者（以下この条において「加工者」という。）があるときは、その加工物の所有権は、材料の所有者に帰属する。ただし、工作によって生じた価格が材料の価格を著しく超えるときは、加工者がその加工物の所有権を取得する。

2　前項に規定する場合において、加工者が材料の一部を供したときは、その価格に工作によって生じた価格を加えたものが他人の材料の価格を超えるときに限り、加工者がその加工物の所有権を取得する。

第二四七条（付合、混和又は加工の効果）　第二百四十二条から前条までの規定により物の所有権が消滅したときは、その物について存する他の権利も、消滅する。

2　前項に規定する場合において、物の所有者が、合成物、混和物又は加工物（以下この項において「合成物等」という。）の単独所有者となったときは、その物について存する他の権利は以後その合成物等について存し、物の所有者が合成物等の共有者となったときは、その物について存する他の権利は以後その持分について存する。

第二四八条（付合、混和又は加工に伴う償金の請求）　第二百四十二条から前条までの規定の適用によって損失を受けた者は、第七百三条及び第七百四条の規定に従い、その償金を請求することができる。

第三節　共有

第二四九条（共有物の使用）　各共有者は、共有物の全部について、その持分に応じた使用をすることができる。

2　共有物を使用する共有者は、別段の合意がある場合を除き、他の共有者に対し、自己の持分を超える使用の対価を償還する義務を負う。

3　共有者は、善良な管理者の注意をもって、共有物の使用をしなければならない。

第二五〇条（共有持分の割合の推定）　各共有者の持分は、相等しいものと推定する。

第二五一条（共有物の変更）　各共有者は、他の共有者の同意を得なければ、共有物に変更（その形状又は効用の著しい変更を伴わないものを除く。次項において同じ。）を加えることができない。

2　共有者が他の共有者を知ることができず、又はその所在を知ることができないときは、裁判所は、共有者の請求により、当該他の共有者以外の他の共有者の同意を得て共有物に変更を加えることができる旨の裁判をすることができる。

判例　共有関係を対外的に主張する場合も、原則として共有者全員で共有関係を主張しなければならず、第三者に対して共有物の所有権移転登記を求める場合（最判昭四六・一〇・七民集二五・七・八八五）、第三者に対して共有物の所有権確認を求める場合（大判大五・六・一三民録二二・一二〇〇）、第三者に対して共有地の境界確定を求める場合（最判昭四六・一二・九民集二五・九・一四五七）などは、共有者全員でしなければならない（固有必要的共同訴訟）。

事例　共有地内の砂利道をアスファルト舗装したり、建物の外壁・屋上防水等の大規模修繕工事をしたりする場合には、共有者全員の同意が必要だろうか。

解説　令和三年の改正前の民法二五一条は、「各共有者は、他の共有者の同意を得なければ、共有物に変更を加えることができない。」としていたので、このような軽微な変更を加える場合であっても、変更行為として共有者全員の同意が必要であった。しかし、それでは、共有物の円滑な利用・管理を阻害するとして、新民法は「その形状又は効用の著しい変更を伴わないものを除く」（本条一項）とし、共有物に変更を加える行為であっても、形状または効用の著しい変更を伴わないもの（軽微変更）については、持分の価格に従って、共有者の過半数で決定することができるとしている（新民二五二条一項）。したがって、事例の場合は共有物の軽微変更であるため、持分の価格に従って、共有者の過半数で決定することができる。

第二五二条（共有物の管理）　共有物の管理に関する事項（次条第一項に規定する共有物の管理者の選任及び解任を含み、共有物に前条第一項に規定する変更を加えるものを除く。次項において同じ。）は、各共有者の持分の価格に従い、その過半数で決する。共有物を使用する共有者があるときも、同様とする。

2　裁判所は、次の各号に掲げるときは、当該各号に規定する他の共有者以外の共有者の請求により、当該他の共有者以外の共有者の持分の価格に従い、その過半数で共有物の管理に関する事項を決することができる旨の裁判をすることができる。

一　共有者が他の共有者を知ることができず、又はその所在を知ることができないとき。

二　共有者が他の共有者に対し相当の期間を定めて共有物の管理に関する事項を決することについて賛否を明らかにすべき旨を催告した場合において、当該他の共有者がその期間内に賛否を明らかにしないとき。

3　前二項の規定による決定が、共有者間の決定に基づいて共有物を使用する共有者に特別の影響を及ぼすべきときは、その承諾を得なければならない。

4　共有者は、前三項の規定により、共有物に、次の各号に掲げる賃借権その他の使用及び収益を目的とする権利（以下この項において「賃借権等」という。）であって、当該各号に定める期間を超えないものを設定することができる。

一　樹木の栽植又は伐採を目的とする山林の賃借権等　十年

二　前号に掲げる賃借権等以外の土地の賃借権等　五年

三　建物の賃借権等　三年

四　動産の賃借権等　六箇月

5　各共有者は、前各項の規定にかかわらず、保存行為をすることができる。

判例　共有不動産の不法な登記名義人に対する抹消請求は、妨害排除の請求であり、保存行為に属するので、各共有者が単独で当該登記の抹消請求を行うことができる（最判昭三一・五・一〇民集一〇・五・四八七、最判平一五・七・一一民集五七・七・七八七）。

事例　A・B・Cの三人が持分均等で相続した建物について、AとBは賃貸して収入を得たいと思っているが、Cの同意が得られない場合、Cの同意がなくても賃貸することは可能だろうか。

解説　令和三年の改正前の民法のもとでは、賃借権等の使用収益権の設定は管理行為であるから、基本的に持分の価格に従って、共有者の過半数で決定できるが、長期間の賃借権等については全員の同意が必要と解されていた。しかし、長期間かどうかの判断基準が明確ではないため、実務上、慎重を期して全員の同意を求めざるを得ず、円滑な利用が阻害されていた。そこで、新民法では、短期の賃借権等の設定は、持分の価格に従って、共有者の過半数で決定することができることを明文で規定し、短期賃借権の期間を定めたのが、本条四項である。ただし、借地借家法で更新される賃借権の設定は、約定期間内での終了が確保されないから、基本的に共有者全員の同意がなければ無効になる。しかし、一時使用目的（借地借家二五条、四〇条）や、存続期間が三年以内の定期建物賃貸借（借地借家三八条一項）は、持分の価格に従って、共有者の過半数の決定により可能である。したがって、事例の場合は、存続期間が三年以内の定期建物賃貸借であれば、Cの同意がなくても可能である。

第二五二条の二（**共有物の管理者**）共有物の管理者は、共有物の管理に関する行為をすることができる。ただし、共有者の全員の同意を得なければ、共有物に変更（その形状又は効用の著しい変更を伴わないものを除く。次項において同じ。）を加えることができない。

2　共有物の管理者が共有者を知ることができず、又はその所在を知ることができないときは、裁判所は、共有物の管理者の請求により、当該共有者以外の共有者の同意を得て共有物に変更を加えることができる旨の裁判をすることができる。

3　共有物の管理者は、共有者が共有物の管理に関する事項を決した場合には、これに従ってその職務を行わなければならない。

4　前項の規定に違反して行った共有物の管理者の行為は、共有者に対してその効力を生じない。ただし、共有者は、これをもって善意の第三者に対抗することができない。

第二五三条（**共有物に関する負担**）各共有者は、その持分に応じ、管理の費用を支払い、その他共有物に関する負担を負う。

2　共有者が一年以内に前項の義務を履行しないときは、他の共有者は、相当の償金を支払ってその者の持分を取得することができる。

第二五四条（**共有物についての債権**）共有者の一人が共有物について他の共有者に対して有する債権は、その特定承継人に対しても行使することができる。

第二五五条（**持分の放棄及び共有者の死亡**）共有者の一人が、その持分を放棄したとき、又は死亡して相続人がないときは、その持分は、他の共有者に帰属する。

判例　共有者の一人が死亡して相続人がないときは、その持分は特別縁故者に対する相続財産の分与（旧民九五八条の三・新民九五八条の二）の対象になり、特別縁故者もいないことが確定したときにはじめて民法二五五条により他の共有者に帰属する（最判平元・一一・二四民集四三・一〇・一二二〇）。

第二五六条（**共有物の分割請求**）各共有者は、いつでも共有物の分割を請求することができる。ただし、五年を超えない期間内は分割をしない旨の契約をすることを妨げない。

2　前項ただし書の契約は、更新することができる。ただし、その期間は、更新の時から五年を超えることができない。

第二五七条　前条の規定は、第二百二十九条に規定する共有物については、適用しない。

第二五八条（**裁判による共有物の分割**）共有物の分割について共有者間に協議が調わないとき、又は協議をすることができないときは、その分割を裁判所に請求することができる。

2　裁判所は、次に掲げる方法により、共有物の分割を命ずることができる。

一　共有物の現物を分割する方法

二　共有者に債務を負担させて、他の共有者の持分の全部又は一部を取得させる方法

3　前項に規定する方法により共有物を分割することができないとき、又は分割によってその価格を著しく減少させるおそれがあるときは、裁判所は、その競売を命ずることができる。

4　裁判所は、共有物の分割の裁判において、当事者に対して、金銭の支払、物の引渡し、登記義務の履行その他の給付を命ずることができる。

判例　共有者の協議が調わないときとは、現実に協議した上で不調に終わった場合に限らず、共有者の一部に協議に応ずる意思がないため共有者全員で協議ができない場合も含む（最判昭四六・六・一八民集二五・四・五五〇）。

第二五八条の二　共有物の全部又はその持分が相続財産に属する場合において、共同相続人間で当該共有物の全部又はその持分について遺産の分割をすべきときは、当該共有物又はその持分について前条の規定による分割をすることができない。

2　共有物の持分が相続財産に属する場合において、相続開始の時から十年を経過したときは、前項の規定にかかわらず、相続財産に属する共有物の持分について前条の規定による分割をすることができる。ただし、当該共有物の持分について遺産の分割の請求があった場合において、相続人が当該共有物の持分について同条の規定による分割をすることに異議の申出をしたときは、この限りでない。

3　相続人が前項ただし書の申出をする場合には、当該申出は、当該相続人が前条第一項の規定による請求を受けた裁判所から当該請求があった旨の通知を受けた日から二箇月以内に当該裁判所にしなければならない。

第二五九条（**共有に関する債権の弁済**）共有者の一人が他の共有者に対して共有に関する債権を有するときは、分割に際し、債務者に帰属すべき共有物の部分をもって、その弁済に充てることができる。

2　債権者は、前項の弁済を受けるため債務者に帰属すべき共有物の部分を売却する必要があるときは、その売却を請求することができる。

第二六〇条（**共有物の分割への参加**）共有物について権利を有する者及び各共有者の債権者は、自己の費用で、分割に参加することができる。

2　前項の規定による参加の請求があったにもかかわらず、その請求をした者を参加させないで分割をしたときは、その分割は、その請求をした者に対抗することができない。

第二六一条（**分割における共有者の担保責任**）各共有者は、他の共有者が分割によって取得した物について、売主と同じく、その持分に応じて担保の責任を負う。

第二六二条（**共有物に関する証書**）分割が完了したときは、各分割者は、その取得した物に関する証書を保存しなければならない。

2　共有者の全員又はそのうちの数人に分割した物に関する証書は、その物の最大の部分を取得した者が保存しなければならない。

3　前項の場合において、最大の部分を取得した者がないときは、分割者間の協議で証書の保存者を定める。協議が調わないときは、裁判所が、これを指定する。

4　証書の保存者は、他の分割者の請求に応じて、その証書を使用させなければならない。

第二六二条の二（**所在等不明共有者の持分の取得**）不動産が数人の共有に属する場合において、共有者が他の共有者を知ることができず、又はその所在を知ることができないときは、裁判所は、共有者の請求により、その共有者に、当該他の共有者（以下この条において「所在等不明共有者」という。）の持分を取得させる旨の裁判をすることができる。この場合において、請求をした共有者が二人以上あるときは、請求をした各共有者に、所在等不明共有者の持分を、請求をした各共有者の持分の割合で按(あん)分してそれぞれ取得させる。

2　前項の請求があった持分に係る不動産について第二百五十八条第一項の規定による請求又は遺産の分割の請求があり、かつ、所在等不明共有者以外の共有者が前項の請求を受けた裁判所に同項の裁判をすることについて異議がある旨の届出をしたときは、裁判所は、同項の裁判をすることができない。

3　所在等不明共有者の持分が相続財産に属する場合（共同相続人間で遺産の分割をすべき場合に限る。）において、相続開始の時から十年を経過していないときは、裁判所は、第一項の裁判をすることができない。

4　第一項の規定により共有者が所在等不明共有者の持分を取得したときは、所在等不明共有者は、当該共有者に対し、当該共有者が取得した持分の時価相当額の支払を請求することができる。

5　前各項の規定は、不動産の使用又は収益をする権利（所有権を除く。）が数人の共有に属する場合について準用する。

第二六二条の三（**所在等不明共有者の持分の譲渡**）不動産が数人の共有に属する場合において、共有者が他の共有者を知ることができず、又はその所在を知ることができないときは、裁判所は、共有者の請求により、その共有者に、当該他の共有者（以下この条において「所在等不明共有者」という。）以外の共有者の全員が特定の者に対してその有する持分の全部を譲渡することを停止条件として所在等不明共有者の持分を当該特定の者に譲渡する権限を付与する旨の裁判をすることができる。

2　所在等不明共有者の持分が相続財産に属する場合（共同相続人間で遺産の分割をすべき場合に限る。）において、相続開始の時から十年を経過していないときは、裁判所は、前項の裁判をすることができない。

3　第一項の裁判により付与された権限に基づき共有者が所在等不明共有者の持分を第三者に譲渡したときは、所在等不明共有者は、当該譲渡をした共有者に対し、不動産の時価相当額を所在等不明共有者の持分に応じて按分して得た額の支払を請求することができる。

4　前三項の規定は、不動産の使用又は収益をする権利（所有権を除く。）が数人の共有に属する場合について準用する。

第二六三条（**共有の性質を有する入会権**）共有の性質を有する入会権については、各地方の慣習に従うほか、この節の規定を適用する。

第二六四条（**準共有**）この節（第二百六十二条の二及び第二百六十二条の三を除く。）の規定は、数人で所有権以外の財産権を有する場合について準用する。ただし、法令に特別の定めがあるときは、この限りでない。

第四節　所有者不明土地管理命令及び所有者不明建物管理命令

第二六四条の二（**所有者不明土地管理命令**）裁判所は、所有者を知ることができず、又はその所在を知ることができない土地（土地が数人の共有に属する場合にあっては、共有者を知ることができず、又はその所在を知ることができない土地の共有持分）について、必要があると認めるときは、利害関係人の請求により、その請求に係る土地又は共有持分を対象として、所有者不明土地管理人（第四項に規定する所有者不明土地管理人をいう。以下同じ。）による管理を命ずる処分（以下「所有者不明土地管理命令」という。）をすることができる。

2　所有者不明土地管理命令の効力は、当該所有者不明土地管理命令の対象とされた土地（共有持分を対象として所有者不明土地管理命令が発せられた場合にあっては、共有物である土地）にある動産（当該所有者不明土地管理命令の対象とされた土地の所有者又は共有持分を有する者が所有するものに限る。）に及ぶ。

3　所有者不明土地管理命令は、所有者不明土地管理命令が発せられた後に当該所有者不明土地管理命令が取り消された場合において、当該所有者不明土地管理命令の対象とされた土地又は共有持分及び当該所有者不明土地管理命令の効力が及ぶ動産の管理、処分その他の事由により所有者不明土地管理人が得た財産について、必要があると認めるときも、することができる。

4　裁判所は、所有者不明土地管理命令をする場合には、当該所有者不明土地管理命令において、所有者不明土地管理人を選任しなければならない。

事例　隣接地の高い石垣が自分の土地に崩れてくる危険があるが、隣接地の所有者がだれか不明であるとき、どうしたらよいか。

解説　民法の二五条以下に、所有者不明の財産の管理を行うため、住所等を不在にしている自然人の財産の管理をすべき者がいない場合には、家庭裁判所が不在者財産管理人を選任するという制度と、自然人が死亡して相続人がいることが明らかでない場合には、家庭裁判所が相続財産管理人を選任し、相続財産の管理・清算を行うという制度を設けている。また、法人が解散したが、清算人となる者がない場合については、会社法に、地方裁判所が清算人を選任し、法人の財産の清算を行うという制度が設けられている。これらの制度は、対象者の財産全般を管理する「人単位」の仕組みとなっているので、財産管理は非効率的であり、申立人等の利用者にとっても負担が大きい。また、これらの制度は、所有者をまったく特定できない土地・建物については、利用をすることができない。

そこで、令和三年の「民法・登記法等の一部を改正する法律」で、特定の土地・建物のみに特化して管理を行う所有者不明土地・建物管理制度と、所有者はわかっているが、その所有者による土地の管理が不適当である土地を対象とする、管理不全土地・建物の管理制度を新設する等、所有者不明土地の円滑な利用や管理を促進する改正が行われた。

民法改正で、裁判所は、所有者を知ることができない、またはその所在を知ることができない土地・建物について、必要があると認めるときは、利害関係人の請求により、その請求に係る土地または共有持分を対象として、所有者不明土地管理人による管理を命ずる処分（所有者不明土地・建物管理命令）をすることができるとされ、所有者不明土地・建物管理制度が創設された（新民二六四条の二第一項、二六四条の八第一項）。土地・建物が数人の共有に属する場合にあっては、共有者を知ることができない、またはその所在を知ることができない土地の共有持分についても同様である。ここで利害関係人とは、土地等の管理不全により不利益を被るおそれがある隣接地の所有者、土地等を時効取得したと主張する者、土地等を取得してより適切な管理をしようとする公共事業の実施者、土地等を取得してより適切な管理をしようとする民間の買受希望者、共有地における不明共有者以外の共有者であるが、地方公共団体の長等にも所有者不明土地管理命令の申立権の特例が設けられている（所有者不明土地特措法三八条二項）。

対象財産の管理処分権は管理人に専属し（新民二六四条の四、二六四条の八第五項）、管理人は、保存・利用・改良行為を行うほか、裁判所の許可を得て、対象財産の処分（売却、建物の取壊しなど）をすることも可能である（新民二六四条の三第二項、二六四条の八第五項）。

第二六四条の三（所有者不明土地管理人の権限）　前条第四項の規定により所有者不明土地管理人が選任された場合には、所有者不明土地管理命令の対象とされた土地又は共有持分及び所有者不明土地管理命令の効力が及ぶ動産並びにその管理、処分その他の事由により所有者不明土地管理人が得た財産（以下「所有者不明土地等」という。）の管理及び処分をする権利は、所有者不明土地管理人に専属する。

2　所有者不明土地管理人が次に掲げる行為の範囲を超える行為をするには、裁判所の許可を得なければならない。ただし、この許可がないことをもって善意の第三者に対抗することはできない。

一　保存行為

二　所有者不明土地等の性質を変えない範囲内において、その利用又は改良を目的とする行為

第二六四条の四（所有者不明土地等に関する訴えの取扱い）　所有者不明土地等に関する訴えについては、所有者不明土地管理人を原告又は被告とする。

第二六四条の五（所有者不明土地管理人の義務）　所有者不明土地管理人は、所有者不明土地等の所有者（その共有持分を有する者を含む。）のために、善良な管理者の注意をもって、その権限を行使しなければならない。

2　数人の者の共有持分を対象として所有者不明土地管理命令が発せられたときは、所有者不明土地管理人は、当該所有者不明土地管理

民法

命令の対象とされた共有持分を有する者全員のために、誠実かつ公平にその権限を行使しなければならない。

第二六四条の六（所有者不明土地管理人の解任及び辞任） 所有者不明土地管理人がその任務に違反して所有者不明土地等に著しい損害を与えたことその他重要な事由があるときは、裁判所は、利害関係人の請求により、所有者不明土地管理人を解任することができる。

2　所有者不明土地管理人は、正当な事由があるときは、裁判所の許可を得て、辞任することができる。

第二六四条の七（所有者不明土地管理人の報酬等） 所有者不明土地管理人は、所有者不明土地等から裁判所が定める額の費用の前払及び報酬を受けることができる。

2　所有者不明土地管理人による所有者不明土地等の管理に必要な費用及び報酬は、所有者不明土地等の所有者（その共有持分を有する者を含む。）の負担とする。

第二六四条の八（所有者不明建物管理命令） 裁判所は、所有者を知ることができず、又はその所在を知ることができない建物（建物が数人の共有に属する場合にあっては、共有者を知ることができず、又はその所在を知ることができない建物の共有持分）について、必要があると認めるときは、利害関係人の請求により、その請求に係る建物又は共有持分を対象として、所有者不明建物管理人（第四項に規定する所有者不明建物管理人をいう。以下この条において同じ。）による管理を命ずる処分（以下この条において「所有者不明建物管理命令」という。）をすることができる。

2　所有者不明建物管理命令の効力は、当該所有者不明建物管理命令の対象とされた建物（共有持分を対象として所有者不明建物管理命令が発せられた場合にあっては、共有物である建物）にある動産（当該所有者不明建物管理命令の対象とされた建物の所有者又は共有持分を有する者が所有するものに限る。）及び当該建物を所有し、又は当該建物の共有持分を有するための建物の敷地に関する権利（賃借権その他の使用及び収益を目的とする権利（所有権を除く。）であって、当該所有者不明建物管理命令の対象とされた建物の所有者又は共有持分を有する者が有するものに限る。）に及ぶ。

3　所有者不明建物管理命令は、所有者不明建物管理命令が発せられた後に当該所有者不明建物管理命令が取り消された場合において、当該所有者不明建物管理命令の対象とされた建物又は共有持分並びに当該所有者不明建物管理命令の効力が及ぶ動産及び建物の敷地に関する権利の管理、処分その他の事由により所有者不明建物管理人が得た財産について、必要があると認めるときも、することができる。

4　裁判所は、所有者不明建物管理命令をする場合には、当該所有者不明建物管理命令において、所有者不明建物管理人を選任しなければならない。

5　第二百六十四条の三から前条までの規定は、所有者不明建物管理命令及び所有者不明建物管理人について準用する。

第五節　管理不全土地管理命令及び管理不全建物管理命令

第二六四条の九（管理不全土地管理命令） 裁判所は、所有者による土地の管理が不適当であることによって他人の権利又は法律上保護される利益が侵害され、又は侵害されるおそれがある場合において、必要があると認めるときは、利害関係人の請求により、当該土地を対象として、管理不全土地管理人（第三項に規定する管理不全土地管理人をいう。以下同じ。）による管理を命ずる処分（以下「管理不全土地管理命令」という。）をすることができる。

2　管理不全土地管理命令の効力は、当該管理不全土地管理命令の対象とされた土地にある動産（当該管理不全土地管理命令の対象とされた土地の所有者又はその共有持分を有する者が所有するものに限る。）に及ぶ。

3　裁判所は、管理不全土地管理命令をする場合には、当該管理不全土地管理命令において、管理不全土地管理人を選任しなければならない。

事例　隣家には高齢者が一人で居住しており、建物の内外にゴミが放置されていて、ゴミ屋敷とよばれる状態になっている。悪臭と害虫が発生して近隣住民が困っているが、どうすればよいだろうか。

解説　従来の民法の規定では、危険な管理不全土地・建物については、物権的請求権や不法行為に基づく損害賠償請求権等の権利に基づき、訴えを提起して判決を得て、強制執行をすることによって対応するものとされていた。しかし、管理不全状態にある不動産の所有者に代わって管理を行う者を選任する仕組みは存在しなかったため、対応が困難であった。そこで、令和三年の民法改正で、管理不全土地・建物について、裁判所が、利害関係人の請求により、管理人による管理を命ずる処分を可能とする管理不全土地・建物管理制度が創設された（新民二六四条の九～二六四条の一四）。

利害関係の有無は、個別の事案に応じて裁判所が判断するが、所有者による土地または建物の管理が不適当であることによって、他人の権利・法的利益が侵害され、またはそのおそれがあり、土地・建物の管理状況等に照らし、管理人による管理の必要性が認められる場合に発令され、所有者が発令に反対していても、法律上は発令可能である。ただし、所有者がそこに居住しており、管理行為を妨害することが予想されるなど、管理人による実効的管理が期待できないときは、管理命令ではなく、従来どおり訴訟（物権的請求権の行使等）によって対応することが適切である。なお、区分所有建物については、管理不全土地・建物管理制度は適用されない（新区分所有六条四項）。

管理人は、保存・利用・改良行為を行うほか、裁判所の許可を得て、これを超える行為をすることも可能であるが、土地・建物の処分（売却、建物の取壊し等）をするには、その所有者の同意が必要である。ただし、動産の処分については所有者の同意は不要とされている（新民二六四条の一〇第三項、二六四条の一四第四項）。

第二六四条の一〇（**管理不全土地管理人の権限**）　管理不全土地管理人は、管理不全土地管理命令の対象とされた土地及び管理不全土地管理命令の効力が及ぶ動産並びにその管理、処分その他の事由により管理不全土地管理人が得た財産（以下「管理不全土地等」という。）の管理及び処分をする権限を有する。

2　管理不全土地管理人が次に掲げる行為の範囲を超える行為をするには、裁判所の許可を得なければならない。ただし、この許可がないことをもって善意でかつ過失がない第三者に対抗することはできない。

一　保存行為

二　管理不全土地等の性質を変えない範囲内において、その利用又は改良を目的とする行為

3　管理不全土地管理命令の対象とされた土地の処分についての前項の許可をするには、その所有者の同意がなければならない。

第二六四条の一一（**管理不全土地管理人の義務**）　管理不全土地管理人は、管理不全土地等の所有者のために、善良な管理者の注意をもって、その権限を行使しなければならない。

2　管理不全土地等が数人の共有に属する場合には、管理不全土地管理人は、その共有持分を有する者全員のために、誠実かつ公平にその権限を行使しなければならない。

第二六四条の一二（**管理不全土地管理人の解任及び辞任**）　管理不全土地管理人がその任務に違反して管理不全土地等に著しい損害を与えたことその他重要な事由があるときは、裁判所は、利害関係人の請求により、管理不全土地管理人を解任することができる。

2　管理不全土地管理人は、正当な事由があるときは、裁判所の許可を得て、辞任することができる。

第二六四条の一三（**管理不全土地管理人の報酬等**）　管理不全土地管理人は、管理不全土地等から裁判所が定める額の費用の前払及び報酬を受けることができる。

2　管理不全土地管理人による管理不全土地等の管理に必要な費用及び報酬は、管理不全土地等の所有者の負担とする。

第二六四条の一四（**管理不全建物管理命令**）　裁判所は、所有者による建物の管理が不適当であることによって他人の権利又は法律上保護される利益が侵害され、又は侵害されるおそれがある場合において、必要があると認めるときは、利害関係人の請求により、当該建物を対象として、管理不全建物管理人（第三項に規定する管理不全建物管理人をいう。第四項において同じ。）による管理を命ずる処分（以下この条において「管理不全建物管理命令」という。）をすることができる。

2　管理不全建物管理命令は、当該管理不全建物管理命令の対象とされた建物にある動産（当該管理不全建物管理命令の対象とされた建物の所有者又はその共有持分を有する者が所有するものに限る。）及び当該建物を所有するための建物の敷地に関する権利（賃借権その他の使用及び収益を目的とする権利（所有権を除く。）であって、当該管理不全建物管理命令の対象とされた建物の所有者又はその共有持分を有する者が有するものに限る。）

に及ぶ。

3　裁判所は、管理不全建物管理命令をする場合には、当該管理不全建物管理命令において、管理不全建物管理人を選任しなければならない。

4　第二百六十四条の十から前条までの規定は、管理不全建物管理命令及び管理不全建物管理人について準用する。

第四章　地上権

第二六五条（地上権の内容）　地上権者は、他人の土地において工作物又は竹木を所有するため、その土地を使用する権利を有する。

第二六六条（地代）　第二百七十四条から第二百七十六条までの規定は、地上権者が土地の所有者に定期の地代を支払わなければならない場合について準用する。

2　地代については、前項に規定するもののほか、その性質に反しない限り、賃貸借に関する規定を準用する。

第二六七条（相隣関係の規定の準用）　前章第一節第二款（相隣関係）の規定は、地上権者間又は地上権者と土地の所有者との間について準用する。ただし、第二百二十九条の規定は、境界線上の工作物が地上権の設定後に設けられた場合に限り、地上権者について準用する。

第二六八条（地上権の存続期間）　設定行為で地上権の存続期間を定めなかった場合において、別段の慣習がないときは、地上権者は、いつでもその権利を放棄することができる。ただし、地代を支払うべきときは、一年前に予告をし、又は期限の到来していない一年分の地代を支払わなければならない。

2　地上権者が前項の規定によりその権利を放棄しないときは、裁判所は、当事者の請求により、二十年以上五十年以下の範囲内において、工作物又は竹木の種類及び状況その他地上権の設定当時の事情を考慮して、その存続期間を定める。

第二六九条（工作物等の収去等）　地上権者は、その権利が消滅した時に、土地を原状に復してその工作物及び竹木を収去することができる。ただし、土地の所有者が時価相当額を提供してこれを買い取る旨を通知したときは、地上権者は、正当な理由がなければ、これを拒むことができない。

2　前項の規定と異なる慣習があるときは、その慣習に従う。

第二六九条の二（地下又は空間を目的とする地上権）　地下又は空間は、工作物を所有するため、上下の範囲を定めて地上権の目的とすることができる。この場合においては、設定行為で、地上権の行使のためにその土地の使用に制限を加えることができる。

2　前項の地上権は、第三者がその土地の使用又は収益をする権利を有する場合においても、その権利又はこれを目的とする権利を有するすべての者の承諾があるときは、設定することができる。この場合において、土地の使用又は収益をする権利を有する者は、その地上権の行使を妨げることができない。

第五章　永小作権

第二七〇条（永小作権の内容）　永小作人は、小作料を支払って他人の土地において耕作又は牧畜をする権利を有する。

第二七一条（永小作人による土地の変更の制限）　永小作人は、土地に対して、回復することのできない損害を生ずべき変更を加えることができない。

第二七二条（永小作権の譲渡又は土地の賃貸）　永小作人は、その権利を他人に譲り渡し、又はその権利の存続期間内において耕作若しくは牧畜のため土地を賃貸することができる。ただし、設定行為で禁じたときは、この限りでない。

第二七三条（賃貸借に関する規定の準用）　永小作人の義務については、この章の規定及び設定行為で定めるもののほか、その性質に反しない限り、賃貸借に関する規定を準用する。

第二七四条（小作料の減免）　永小作人は、不可抗力により収益について損失を受けたときであっても、小作料の免除又は減額を請求することができない。

第二七五条（永小作権の放棄）　永小作人は、不可抗力によって、引き続き三年以上全く収益を得ず、又は五年以上小作料より少ない収益を得たときは、その権利を放棄することができる。

第二七六条（永小作権の消滅請求）　永小作人が引き続き二年以上小作料の支払を怠ったときは、土地の所有者は、永小作権の消滅を請求することができる。

第二七七条（永小作権に関する慣習）　第二百七十一条から前条までの規定と異なる慣習があるときは、その慣習に従う。

第二七八条（永小作権の存続期間） 永小作権の存続期間は、二十年以上五十年以下とする。設定行為で五十年より長い期間を定めたときであっても、その期間は、五十年とする。

2 永小作権の設定は、更新することができる。ただし、その存続期間は、更新の時から五十年を超えることができない。

3 設定行為で永小作権の存続期間を定めなかったときは、その期間は、別段の慣習がある場合を除き、三十年とする。

第二七九条（工作物等の収去等） 第二百六十九条の規定は、永小作権について準用する。

第六章 地役権

第二八〇条（地役権の内容） 地役権者は、設定行為で定めた目的に従い、他人の土地を自己の土地の便益に供する権利を有する。ただし、第三章第一節（所有権の限界）の規定（公の秩序に関するものに限る。）に違反しないものでなければならない。

第二八一条（地役権の付従性） 地役権は、要役地（地役権者の土地であって、他人の土地から便益を受けるものをいう。以下同じ。）の所有権に従たるものとして、その所有権とともに移転し、又は要役地について存する他の権利の目的となるものとする。ただし、設定行為に別段の定めがあるときは、この限りでない。

2 地役権は、要役地から分離して譲り渡し、又は他の権利の目的とすることができない。

事例 Aの土地は、Bの土地を通行させてもらうと都合よく道路に出られるので、Aは、Bと契約して、Bの土地に「通行地役権」を取得した。その後、Aは、Cに自分のこの土地を売却したが、Bは、Cには通行地役権を認めないという。これは許されるか。

解説 地役権は、自分の土地（要役地）の便益のために、他人の土地（承役地）を利用する物権であるから、要役地の所有権とともに移転する。したがって、BがCには通行地役権を認めないということは許されない。

第二八二条（地役権の不可分性） 土地の共有者の一人は、その持分につき、その土地のために又はその土地について存する地役権を消滅させることができない。

2 土地の分割又はその一部の譲渡の場合には、地役権は、その各部のために又はその各部について存する。ただし、地役権がその性質により土地の一部のみに関するときは、この限りでない。

第二八三条（地役権の時効取得） 地役権は、継続的に行使され、かつ、外形上認識することができるものに限り、時効によって取得することができる。

判例 「継続」の要件については、承役地に通路を開設することを要し、その開設は要役地所有者によって開設することが必要とされている（最判昭三〇・一二・二六民集九・一四・二〇九七）。

第二八四条 土地の共有者の一人が時効によって地役権を取得したときは、他の共有者も、これを取得する。

2 共有者に対する時効の更新は、地役権を行使する各共有者に対してしなければ、その効力を生じない。

3 地役権を行使する共有者が数人ある場合には、その一人について時効の完成猶予の事由があっても、時効は、各共有者のために進行する。

第二八五条（用水地役権） 用水地役権の承役地（地役権者以外の者の土地であって、要役地の便益に供されるものをいう。以下同じ。）において、水が要役地及び承役地の需要に比して不足するときは、その各土地の需要に応じて、まずこれを生活用に供し、その残余を他の用途に供するものとする。ただし、設定行為に別段の定めがあるときは、この限りでない。

2 同一の承役地について数個の用水地役権を設定したときは、後の地役権者は、前の地役権者の水の使用を妨げてはならない。

第二八六条（承役地の所有者の工作物の設置義務等） 設定行為又は設定後の契約により、承役地の所有者が自己の費用で地役権の行使のために工作物を設け、又はその修繕をする義務を負担したときは、承役地の所有者の特定承継人も、その義務を負担する。

第二八七条 承役地の所有者は、いつでも、地役権に必要な土地の部分の所有権を放棄して地役権者に移転し、これにより前条の義務を免れることができる。

第二八八条（承役地の所有者の工作物の使用） 承役地の所有者は、地役権の行使を妨げない範囲内において、その行使のために承役地の上に設けられた工作物を使用することができる。

2　前項の場合には、承役地の所有者は、その利益を受ける割合に応じて、工作物の設置及び保存の費用を分担しなければならない。

第二八九条（**承役地の時効取得による地役権の消滅**）承役地の占有者が取得時効に必要な要件を具備する占有をしたときは、地役権は、これによって消滅する。

第二九〇条　前条の規定による地役権の消滅時効は、地役権者がその権利を行使することによって中断する。

第二九一条（**地役権の消滅時効**）第百六十六条第二項に規定する消滅時効の期間は、継続的でなく行使される地役権については最後の行使の時から起算し、継続的に行使される地役権についてはその行使を妨げる事実が生じた時から起算する。

第二九二条　要役地が数人の共有に属する場合において、その一人のために時効の完成猶予又は更新があるときは、その完成猶予又は更新は、他の共有者のためにも、その効力を生ずる。

第二九三条　地役権者がその権利の一部を行使しないときは、その部分のみが時効によって消滅する。

第二九四条（**共有の性質を有しない入会権**）共有の性質を有しない入会権については、各地方の慣習に従うほか、この章の規定を準用する。

第七章　留置権

第二九五条（**留置権の内容**）他人の物の占有者は、その物に関して生じた債権を有するときは、その債権の弁済を受けるまで、その物を留置することができる。ただし、その債権が弁済期にないときは、この限りでない。

2　前項の規定は、占有が不法行為によって始まった場合には、適用しない。

第二九六条（**留置権の不可分性**）留置権者は、債権の全部の弁済を受けるまでは、留置物の全部についてその権利を行使することができる。

第二九七条（**留置権者による果実の収取**）留置権者は、留置物から生ずる果実を収取し、他の債権者に先立って、これを自己の債権の弁済に充当することができる。

2　前項の果実は、まず債権の利息に充当し、なお残余があるときは元本に充当しなければならない。

第二九八条（**留置権者による留置物の保管等**）留置権者は、善良な管理者の注意をもって、留置物を占有しなければならない。

2　留置権者は、債務者の承諾を得なければ、留置物を使用し、賃貸し、又は担保に供することができない。ただし、その物の保存に必要な使用をすることは、この限りでない。

3　留置権者が前二項の規定に違反したときは、債務者は、留置権の消滅を請求することができる。

第二九九条（**留置権者による費用の償還請求**）留置権者は、留置物について必要費を支出したときは、所有者にその償還をさせることができる。

2　留置権者は、留置物について有益費を支出したときは、これによる価格の増加が現存する場合に限り、所有者の選択に従い、その支出した金額又は増価額を償還させることができる。ただし、裁判所は、所有者の請求により、その償還について相当の期限を許与することができる。

第三〇〇条（**留置権の行使と債権の消滅時効**）留置権の行使は、債権の消滅時効の進行を妨げない。

第三〇一条（**担保の供与による留置権の消滅**）債務者は、相当の担保を供して、留置権の消滅を請求することができる。

第三〇二条（**占有の喪失による留置権の消滅**）留置権は、留置権者が留置物の占有を失うことによって、消滅する。ただし、第二百九十八条第二項の規定により留置物を賃貸し、又は質権の目的としたときは、この限りでない。

第八章　先取特権

第一節　総則

第三〇三条（**先取特権の内容**）先取特権者は、この法律その他の法律の規定に従い、その債務者の財産について、他の債権者に先立って自己の債権の弁済を受ける権利を有する。

第三〇四条（**物上代位**）先取特権は、その目的物の売却、賃貸、滅失又は損傷によって債務者が受けるべき金銭その他の物に対しても、行使することができる。ただし、先取特権者は、その払渡し又は引渡しの前に差押えをしなければならない。

2　債務者が先取特権の目的物につき設定した物権の対価についても、前項と同様とする。

第三〇五条（先取特権の不可分性） 第二百九十六条の規定は、先取特権について準用する。

第二節 先取特権の種類

第一款 一般の先取特権

第三〇六条（一般の先取特権） 次に掲げる原因によって生じた債権を有する者は、債務者の総財産について先取特権を有する。
一 共益の費用
二 雇用関係
三 葬式の費用
四 日用品の供給

第三〇七条（共益費用の先取特権） 共益の費用の先取特権は、各債権者の共同の利益のためにされた債務者の財産の保存、清算又は配当に関する費用について存在する。

2 前項の費用のうちすべての債権者に有益でなかったものについては、先取特権は、その費用によって利益を受けた債権者に対してのみ存在する。

第三〇八条（雇用関係の先取特権） 雇用関係の先取特権は、給料その他債務者と使用人との間の雇用関係に基づいて生じた債権について存在する。

第三〇九条（葬式費用の先取特権） 葬式の費用の先取特権は、債務者のためにされた葬式の費用のうち相当な額について存在する。

2 前項の先取特権は、債務者がその扶養すべき親族のためにした葬式の費用のうち相当な額についても存在する。

第三一〇条（日用品供給の先取特権） 日用品の供給の先取特権は、債務者又はその扶養すべき同居の親族及びその家事使用人の生活に必要な最後の六箇月間の飲食料品、燃料及び電気の供給について存在する。

第二款 動産の先取特権

第三一一条（動産の先取特権） 次に掲げる原因によって生じた債権を有する者は、債務者の特定の動産について先取特権を有する。
一 不動産の賃貸借
二 旅館の宿泊
三 旅客又は荷物の運輸
四 動産の保存
五 動産の売買
六 種苗又は肥料（蚕種又は蚕の飼養に供した桑葉を含む。以下同じ。）の供給
七 農業の労務
八 工業の労務

第三一二条（不動産賃貸の先取特権） 不動産の賃貸の先取特権は、その不動産の賃料その他の賃貸借関係から生じた賃借人の債務に関し、賃借人の動産について存在する。

第三一三条（不動産賃貸の先取特権の目的物の範囲） 土地の賃貸人の先取特権は、その土地又はその利用のための建物に備え付けられた動産、その土地の利用に供された動産及び賃借人が占有するその土地の果実について存在する。

2 建物の賃貸人の先取特権は、賃借人がその建物に備え付けた動産について存在する。

第三一四条 賃借権の譲渡又は転貸の場合には、賃貸人の先取特権は、譲受人又は転借人の動産にも及ぶ。譲渡人又は転貸人が受けるべき金銭についても、同様とする。

第三一五条（不動産賃貸の先取特権の被担保債権の範囲） 賃借人の財産のすべてを清算する場合には、賃貸人の先取特権は、前期、当期及び次期の賃料その他の債務並びに前期及び当期に生じた損害の賠償債務についてのみ存在する。

第三一六条 賃貸人は、第六百二十二条の二第一項に規定する敷金を受け取っている場合には、その敷金で弁済を受けない債権の部分についてのみ先取特権を有する。

第三一七条（旅館宿泊の先取特権） 旅館の宿泊の先取特権は、宿泊客が負担すべき宿泊料及び飲食料に関し、その旅館に在るその宿泊客の手荷物について存在する。

第三一八条（運輸の先取特権） 運輸の先取特権は、旅客又は荷物の運送賃及び付随の費用に関し、運送人の占有する荷物について存在する。

第三一九条（即時取得の規定の準用） 第百九十二条から第百九十五条までの規定は、第三百十二条から前条までの規定による先取特権について準用する。

第三二〇条（動産保存の先取特権） 動産の保存の先取特権は、動産の保存のために要した費用又は動産に関する権利の保存、承認若しくは実行のために要した費用に関し、その動産について存在する。

第三二一条（動産売買の先取特権） 動産の売買の先取特権は、動産の代価及びその利息に関し、その動産について存在する。

第三二二条（種苗又は肥料の供給の先取特権） 種苗又は肥料の供給の先取特権は、種苗又は

肥料の代価及びその利息に関し、その種苗又は肥料を用いた後一年以内にこれを用いた土地から生じた果実（蚕種又は蚕の飼養に供した桑葉の使用によって生じた物を含む。）について存在する。

第三二三条（農業労務の先取特権） 農業の労務の先取特権は、その労務に従事する者の最後の一年間の賃金に関し、その労務によって生じた果実について存在する。

第三二四条（工業労務の先取特権） 工業の労務の先取特権は、その労務に従事する者の最後の三箇月間の賃金に関し、その労務によって生じた製作物について存在する。

第三款　不動産の先取特権

第三二五条（不動産の先取特権） 次に掲げる原因によって生じた債権を有する者は、債務者の特定の不動産について先取特権を有する。

一　不動産の保存
二　不動産の工事
三　不動産の売買

第三二六条（不動産保存の先取特権） 不動産の保存の先取特権は、不動産の保存のために要した費用又は不動産に関する権利の保存、承認若しくは実行のために要した費用に関し、その不動産について存在する。

第三二七条（不動産工事の先取特権） 不動産の工事の先取特権は、工事の設計、施工又は監理をする者が債務者の不動産に関してした工事の費用に関し、その不動産について存在する。

2　前項の先取特権は、工事によって生じた不動産の価格の増加が現存する場合に限り、その増価額についてのみ存在する。

第三二八条（不動産売買の先取特権） 不動産の売買の先取特権は、不動産の代価及びその利息に関し、その不動産について存在する。

第三節　先取特権の順位

第三二九条（一般の先取特権の順位） 一般の先取特権が互いに競合する場合には、その優先権の順位は、第三百六条各号に掲げる順序に従う。

2　一般の先取特権と特別の先取特権とが競合する場合には、特別の先取特権は、一般の先取特権に優先する。ただし、共益の費用の先取特権は、その利益を受けたすべての債権者に対して優先する効力を有する。

第三三〇条（動産の先取特権の順位） 同一の動産について特別の先取特権が互いに競合する場合には、その優先権の順位は、次に掲げる順序に従う。この場合において、第二号に掲げる動産の保存の先取特権について数人の保存者があるときは、後の保存者が前の保存者に優先する。

一　不動産の賃貸、旅館の宿泊及び運輸の先取特権
二　動産の保存の先取特権
三　動産の売買、種苗又は肥料の供給、農業の労務及び工業の労務の先取特権

2　前項の場合において、第一順位の先取特権者は、その債権取得の時において第二順位又は第三順位の先取特権者があることを知っていたときは、これらの者に対して優先権を行使することができない。第一順位の先取特権者のために物を保存した者に対しても、同様とする。

3　果実に関しては、第一の順位は農業の労務に従事する者に、第二の順位は種苗又は肥料の供給者に、第三の順位は土地の賃貸人に属する。

第三三一条（不動産の先取特権の順位） 同一の不動産について特別の先取特権が互いに競合する場合には、その優先権の順位は、第三百二十五条各号に掲げる順序に従う。

2　同一の不動産について売買が順次された場合には、売主相互間における不動産売買の先取特権の優先権の順位は、売買の前後による。

第三三二条（同一順位の先取特権） 同一の目的物について同一順位の先取特権者が数人あるときは、各先取特権者は、その債権額の割合に応じて弁済を受ける。

第四節　先取特権の効力

第三三三条（先取特権と第三取得者） 先取特権は、債務者がその目的である動産をその第三取得者に引き渡した後は、その動産について行使することができない。

判例　本条の「引き渡し」には、占有改定を含む（大判大六・七・二六民録二三・一二〇三）。

第三三四条（先取特権と動産質権との競合） 先取特権と動産質権とが競合する場合には、動産質権者は、第三百三十条の規定による第一順位の先取特権者と同一の権利を有する。

第三三五条（一般の先取特権の効力） 一般の先取特権者は、まず不動産以外の財産から弁済を受け、なお不足があるのでなければ、不動産から弁済を受けることができない。

2　一般の先取特権者は、不動産については、まず特別担保の目的とされていないものから弁済を受けなければならない。

3　一般の先取特権者は、前二項の規定に従って配当に加入することを怠ったときは、その配当加入をしたならば弁済を受けることができた額については、登記をした第三者に対してその先取特権を行使することができない。

4　前三項の規定は、不動産以外の財産の代価に先立って不動産の代価を配当し、又は他の不動産の代価に先立って特別担保の目的である不動産の代価を配当する場合には、適用しない。

第三三六条（一般の先取特権の対抗力） 一般の先取特権は、不動産について登記をしなくても、特別担保を有しない債権者に対抗することができる。ただし、登記をした第三者に対しては、この限りでない。

第三三七条（不動産保存の先取特権の登記） 不動産の保存の先取特権の効力を保存するためには、保存行為が完了した後直ちに登記をしなければならない。

第三三八条（不動産工事の先取特権の登記） 不動産の工事の先取特権の効力を保存するためには、工事を始める前にその費用の予算額を登記しなければならない。この場合において、工事の費用が予算額を超えるときは、先取特権は、その超過額については存在しない。

2　工事によって生じた不動産の増価額は、配当加入の時に、裁判所が選任した鑑定人に評価させなければならない。

第三三九条（登記をした不動産保存又は不動産工事の先取特権） 前二条の規定に従って登記をした先取特権は、抵当権に先立って行使することができる。

第三四〇条（不動産売買の先取特権の登記） 不動産の売買の先取特権の効力を保存するためには、売買契約と同時に、不動産の代価又はその利息の弁済がされていない旨を登記しなければならない。

第三四一条（抵当権に関する規定の準用） 先取特権の効力については、この節に定めるもののほか、その性質に反しない限り、抵当権に関する規定を準用する。

第九章　質権

第一節　総則

第三四二条（質権の内容） 質権者は、その債権の担保として債務者又は第三者から受け取った物を占有し、かつ、その物について他の債権者に先立って自己の債権の弁済を受ける権利を有する。

第三四三条（質権の目的） 質権は、譲り渡すことができない物をその目的とすることができない。

第三四四条（質権の設定） 質権の設定は、債権者にその目的物を引き渡すことによって、その効力を生ずる。

事例　Aは、ノートパソコンを質に入れてお金を借りたいと思うが、現実に引き渡してしまうと期限間近のレポートが作成できなくなってしまうので、実際には引き渡さないで引き渡したことにしてノートパソコンの使用を続ける占有改定という方法による引渡しをしたいと思うが、それでもよいのだろうか。

解説　質権は、目的物を取り上げて弁済を間接に強制するという留置的効力と、目的物を換価してその代金をもって優先弁済にあてるという優先弁済的効力を有する。留置的効力を有することから、質権者は、質権設定者に質物を占有させることができないものとされている（民三四五条）。したがって、質権の効力発生要件である「目的物を引き渡すこと」は、現実の引渡し（民一八二条一項）、簡易の引渡し（民一八二条二項）、指図による占有移転（民一八四条）のいずれでもよいが、占有改定（民一八三条）による引渡しは認められない。

第三四五条（質権設定者による代理占有の禁止） 質権者は、質権設定者に、自己に代わって質物の占有をさせることができない。

第三四六条（質権の被担保債権の範囲） 質権は、元本、利息、違約金、質権の実行の費用、質物の保存の費用及び債務の不履行又は質物の隠れた瑕疵によって生じた損害の賠償を担保する。ただし、設定行為に別段の定めがあるときは、この限りでない。

第三四七条（質物の留置） 質権者は、前条に規定する債権の弁済を受けるまでは、質物を留置することができる。ただし、この権利は、自己に対して優先権を有する債権者に対抗することができない。

第三四八条（転質） 質権者は、その権利の存続期間内において、自己の責任で、質物について、転質をすることができる。この場合において、転質をしたことによって生じた損失については、不可抗力によるものであっても、その責任を負う。

第三四九条（契約による質物の処分の禁止） 質権設定者は、設定行為又は債務の弁済期前の契約において、質権者に弁済として質物の所有権を取得させ、その他法律に定める方法によらないで質物を処分させることを約することができない。

事例 Aは、Bに対する五万円の貸金の担保として高価な絵画を預かり、期限がきても払えないときは、その絵画はA所有となる代わりにBの借金は棒引きするという契約を結んだ。この契約は有効か。また、はじめは質権設定の契約だけであったが、支払期限後にあらためて流質契約を結んだ場合はどうなるのか。

解説 わずかな借金のために、高価なものを質入れした債務者Bが、質流れによってそれを失うおそれがあるので流質契約は無効とされている。ただし、Aが質屋営業者の場合（質屋一八条、一九条）や商行為による債権担保のための商事質権（商五一五条）の場合は、経済的困窮者が弱みにつけこまれるということがないので有効である。また、支払期限後、あらためて質流れを認める契約は有効である。

第三五〇条（留置権及び先取特権の規定の準用） 第二百九十六条から第三百条まで及び第三百四条の規定は、質権について準用する。

第三五一条（物上保証人の求償権） 他人の債務を担保するため質権を設定した者は、その債務を弁済し、又は質権の実行によって質物の所有権を失ったときは、保証債務に関する規定に従い、債務者に対して求償権を有する。

第二節　動産質

第三五二条（動産質の対抗要件） 動産質権者は、継続して質物を占有しなければ、その質権をもって第三者に対抗することができない。

事例 Aは、ダイヤモンドの指輪を質にとりBに金を貸した。返済期日が過ぎても返さないので、競売してその代金から支払を受けようとしたら、Cから、Aが貸し付ける前にBに金を貸し、質権設定を受けていたが、Bが結婚式に参列するとき使いたいというので一時的に返していたのだとして、優先弁済権を主張してきた。Aより先に金を貸して質権設定を受けたCに優先弁済権があるか。

解説 CがAより先に貸し付けて質権設定を受けていたとしても、動産質権者は、継続して質物を占有しなければ、その質権をもって第三者に対抗することができず（本条）、質権設定後に目的物が質権設定者に返還された場合は、質権は消滅しないが、動産質では対抗力が失われるから、CはAに対して優先弁済を主張することができない。なお、判例は、不動産質の対抗要件は登記であるから、目的物を返還しても何ら影響を及ぼさないとしている（大判大五・一二・二五民録二二・二五〇九）。

第三五三条（質物の占有の回復） 動産質権者は、質物の占有を奪われたときは、占有回収の訴えによってのみ、その質物を回復することができる。

第三五四条（動産質権の実行） 動産質権者は、その債権の弁済を受けないときは、正当な理由がある場合に限り、鑑定人の評価に従い質物をもって直ちに弁済に充てることを裁判所に請求することができる。この場合において、動産質権者は、あらかじめ、その請求をする旨を債務者に通知しなければならない。

第三五五条（動産質権の順位） 同一の動産について数個の質権が設定されたときは、その質権の順位は、設定の前後による。

第三節　不動産質

第三五六条（不動産質権者による使用及び収益） 不動産質権者は、質権の目的である不動産の用法に従い、その使用及び収益をすることができる。

第三五七条（不動産質権者による管理の費用等の負担） 不動産質権者は、管理の費用を支払い、その他不動産に関する負担を負う。

第三五八条（不動産質権者による利息の請求の禁止） 不動産質権者は、その債権の利息を請求することができない。

第三五九条（設定行為に別段の定めがある場合等） 前三条の規定は、設定行為に別段の定めがあるとき、又は担保不動産収益執行（民事執行法第百八十条第二号に規定する担保不動産収益執行をいう。以下同じ。）の開始があったときは、適用しない。

第三六〇条（不動産質権の存続期間） 不動産質権の存続期間は、十年を超えることができない。設定行為でこれより長い期間を定めたときであっても、その期間は、十年とする。

2　不動産質権の設定は、更新することができる。ただし、その存続期間は、更新の時から十年を超えることができない。

第三六一条（**抵当権の規定の準用**）不動産質権については、この節に定めるもののほか、その性質に反しない限り、次章（抵当権）の規定を準用する。

第四節　権利質

第三六二条（**権利質の目的等**）質権は、財産権をその目的とすることができる。

2　前項の質権については、この節に定めるもののほか、その性質に反しない限り、前三節（総則、動産質及び不動産質）の規定を準用する。

第三六三条　削除

第三六四条（**債権を目的とする質権の対抗要件**）債権を目的とする質権の設定（現に発生していない債権を目的とするものを含む。）は、第四百六十七条の規定に従い、第三債務者にその質権の設定を通知し、又は第三債務者がこれを承諾しなければ、これをもって第三債務者その他の第三者に対抗することができない。

第三六五条　削除

第三六六条（**質権者による債権の取立て等**）質権者は、質権の目的である債権を直接に取り立てることができる。

2　債権の目的物が金銭であるときは、質権者は、自己の債権額に対応する部分に限り、これを取り立てることができる。

3　前項の債権の弁済期が質権者の債権の弁済期前に到来したときは、質権者は、第三債務者にその弁済をすべき金額を供託させることができる。この場合において、質権は、その供託金について存在する。

4　債権の目的物が金銭でないときは、質権者は、弁済として受けた物について質権を有する。

第三六七条及び第三六八条　削除

第十章　抵当権

第一節　総則

第三六九条（**抵当権の内容**）抵当権者は、債務者又は第三者が占有を移転しないで債務の担保に供した不動産について、他の債権者に先立って自己の債権の弁済を受ける権利を有する。

2　地上権及び永小作権も、抵当権の目的とすることができる。この場合においては、この章の規定を準用する。

第三七〇条（**抵当権の効力の及ぶ範囲**）抵当権は、抵当地の上に存する建物を除き、その目的である不動産（以下「抵当不動産」という。）に付加して一体となっている物に及ぶ。ただし、設定行為に別段の定めがある場合及び債務者の行為について第四百二十四条第三項に規定する詐害行為取消請求をすることができる場合は、この限りでない。

判例1　主たる建物について付設された抵当権は、設定行為に別段の定めがない限り、抵当権設定後、その付属建物として同一用紙に登記された建物にもおよぶ（大決昭九・三・八民集一三・二四一）。

判例2　借地上の建物に抵当権が設定された場合は、敷地賃借権も、原則としてその効力のおよぶ目的物に包含される（最判昭四〇・五・四民集一九・四・八一一）。

判例3　抵当権の目的である宅地上の植木・庭石は、宅地を構成する部分である。石灯ろう・庭石は移動可能であるが、宅地の常用のために付属した宅地の従物であるから、この宅地に対する根抵当権の効力は、宅地を構成する部分並びに従物に及び、この抵当権の設定登記の対抗力は従物についても生ずる（最判昭四四・三・二八民集二三・三・六九九）。

第三七一条　抵当権は、その担保する債権について不履行があったときは、その後に生じた抵当不動産の果実に及ぶ。

第三七二条（**留置権等の規定の準用**）第二百九十六条、第三百四条及び第三百五十一条の規定は、抵当権について準用する。

第二節　抵当権の効力

第三七三条（**抵当権の順位**）同一の不動産について数個の抵当権が設定されたときは、その抵当権の順位は、登記の前後による。

第三七四条（**抵当権の順位の変更**）抵当権の順位は、各抵当権者の合意によって変更することができる。ただし、利害関係を有する者があるときは、その承諾を得なければならない。

2　前項の規定による順位の変更は、その登記をしなければ、その効力を生じない。

第三七五条（**抵当権の被担保債権の範囲**）抵当権者は、利息その他の定期金を請求する権利を有するときは、その満期となった最後の二年分についてのみ、その抵当権を行使することができる。ただし、それ以前の定期金についても、満期後に特別の登記をしたときは、その登記の時からその抵当権を行使することを妨げない。

2 前項の規定は、抵当権者が債務の不履行によって生じた損害の賠償を請求する権利を有する場合におけるその最後の二年分についても適用する。ただし、利息その他の定期金と通算して二年分を超えることができない。

第三七六条（**抵当権の処分**）抵当権者は、その抵当権を他の債権の担保とし、又は同一の債務者に対する他の債権者の利益のためにその抵当権若しくはその順位を譲渡し、若しくは放棄することができる。

2 前項の場合において、抵当権者が数人のためにその抵当権の処分をしたときは、その処分の利益を受ける者の権利の順位は、抵当権の登記にした付記の前後による。

第三七七条（**抵当権の処分の対抗要件**）前条の場合には、第四百六十七条の規定に従い、主たる債務者に抵当権の処分を通知し、又は主たる債務者がこれを承諾しなければ、これをもって主たる債務者、保証人、抵当権設定者及びこれらの者の承継人に対抗することができない。

2 主たる債務者が前項の規定により通知を受け、又は承諾をしたときは、抵当権の処分の利益を受ける者の承諾を得ないでした弁済は、その受益者に対抗することができない。

第三七八条（**代価弁済**）抵当不動産について所有権又は地上権を買い受けた第三者が、抵当権者の請求に応じてその抵当権者にその代価を弁済したときは、抵当権は、その第三者のために消滅する。

第三七九条（**抵当権消滅請求**）抵当不動産の第三取得者は、第三百八十三条の定めるところにより、抵当権消滅請求をすることができる。

第三八〇条 主たる債務者、保証人及びこれらの者の承継人は、抵当権消滅請求をすることができない。

第三八一条 抵当不動産の停止条件付第三取得者は、その停止条件の成否が未定である間は、抵当権消滅請求をすることができない。

第三八二条（**抵当権消滅請求の時期**）抵当不動産の第三取得者は、抵当権の実行としての競売による差押えの効力が発生する前に、抵当権消滅請求をしなければならない。

第三八三条（**抵当権消滅請求の手続**）抵当不動産の第三取得者は、抵当権消滅請求をするときは、登記をした各債権者に対し、次に掲げる書面を送付しなければならない。

一 取得の原因及び年月日、譲渡人及び取得者の氏名及び住所並びに抵当不動産の性質、所在及び代価その他取得者の負担を記載した書面

二 抵当不動産に関する登記事項証明書（現に効力を有する登記事項のすべてを証明したものに限る。）

三 債権者が二箇月以内に抵当権を実行して競売の申立てをしないときは、抵当不動産の第三取得者が第一号に規定する代価又は特に指定した金額を債権の順位に従って弁済し又は供託すべき旨を記載した書面

第三八四条（**債権者のみなし承諾**）次に掲げる場合には、前条各号に掲げる書面の送付を受けた債権者は、抵当不動産の第三取得者が同条第三号に掲げる書面に記載したところにより提供した同号の代価又は金額を承諾したものとみなす。

一 その債権者が前条各号に掲げる書面の送付を受けた後二箇月以内に抵当権を実行して競売の申立てをしないとき。

二 その債権者が前号の申立てを取り下げたとき。

三 第一号の申立てを却下する旨の決定が確定したとき。

四 第一号の申立てに基づく競売の手続を取り消す旨の決定（民事執行法第百八十八条において準用する同法第六十三条第三項若しくは第六十八条の三第三項の規定又は同法第百八十三条第一項第五号の謄本が提出された場合における同条第二項の規定による決定を除く。）が確定したとき。

第三八五条（**競売の申立ての通知**）第三百八十三条各号に掲げる書面の送付を受けた債権者は、前条第一号の申立てをするときは、同号の期間内に、債務者及び抵当不動産の譲渡人にその旨を通知しなければならない。

第三八六条（**抵当権消滅請求の効果**）登記をしたすべての債権者が抵当不動産の第三取得者の提供した代価又は金額を承諾し、かつ、抵当不動産の第三取得者がその承諾を得た代価又は金額を払い渡し又は供託したときは、抵当権は、消滅する。

第三八七条（**抵当権者の同意の登記がある場合の賃貸借の対抗力**）登記をした賃貸借は、その登記前に登記をした抵当権を有するすべて

の者が同意をし、かつ、その同意の登記があるときは、その同意をした抵当権者に対抗することができる。

2　抵当権者が前項の同意をするには、その抵当権を目的とする権利を有する者その他抵当権者の同意によって不利益を受けるべき者の承諾を得なければならない。

第三八八条（法定地上権）　土地及びその上に存する建物が同一の所有者に属する場合において、その土地又は建物につき抵当権が設定され、その実行により所有者を異にするに至ったときは、その建物について、地上権が設定されたものとみなす。この場合において、地代は、当事者の請求により、裁判所が定める。

判例　同一の所有者に属する土地およびその上に存する建物が、同時に抵当権の目的となった場合にも本条の適用がある（最判昭三七・九・四民集一六・九・一八五四）。

事例　土地・建物を所有する者が土地だけを抵当に入れた後、建物を第三者に譲渡した場合も、土地が競売されると法定地上権が成立するのだろうか。

解説　現行法上、自分の建物のために自分の土地に借地権を設定する自己借地権が認められていないため、競売によって土地・建物の所有者が異なることになったときは、建物収去・土地明渡しが必要になる。そこで、法律上当然に地上権が発生するものとして、建物の存置を図ったとすれば、土地・建物を所有する者が土地だけを抵当に入れた後、建物を第三者に譲渡し、その後土地の競売が行われたときも、法定地上権が成立する（大連判大一二・一二・一四民集二・六七六）。土地・建物の所有権が別々の所有者に帰属するときは、土地利用権の設定が可能であるから、法定地上権は認められない。

第三八九条（抵当地の上の建物の競売）　抵当権の設定後に抵当地に建物が築造されたときは、抵当権者は、土地とともにその建物を競売することができる。ただし、その優先権は、土地の代価についてのみ行使することができる。

2　前項の規定は、その建物の所有者が抵当地を占有するについて抵当権者に対抗することができる権利を有する場合には、適用しない。

判例　本条は、土地の抵当権者に土地とともに建物を競売することを義務付けたものではない（平一五法一三四による改正前の事案）（大判大一五・二・五民集五・八二）。

第三九〇条（抵当不動産の第三取得者による買受け）　抵当不動産の第三取得者は、その競売において買受人となることができる。

第三九一条（抵当不動産の第三取得者による費用の償還請求）　抵当不動産の第三取得者は、抵当不動産について必要費又は有益費を支出したときは、第百九十六条の区別に従い、抵当不動産の代価から、他の債権者より先にその償還を受けることができる。

第三九二条（共同抵当における代価の配当）　債権者が同一の債権の担保として数個の不動産につき抵当権を有する場合において、同時にその代価を配当すべきときは、その各不動産の価額に応じて、その債権の負担を按分する。

2　債権者が同一の債権の担保として数個の不動産につき抵当権を有する場合において、ある不動産の代価のみを配当すべきときは、抵当権者は、その代価から債権の全部の弁済を受けることができる。この場合において、次順位の抵当権者は、その弁済を受ける抵当権者が前項の規定に従い他の不動産の代価から弁済を受けるべき金額を限度として、その抵当権者に代位して抵当権を行使することができる。

第三九三条（共同抵当における代位の付記登記）　前条第二項後段の規定により代位によって抵当権を行使する者は、その抵当権の登記にその代位を付記することができる。

第三九四条（抵当不動産以外の財産からの弁済）　抵当権者は、抵当不動産の代価から弁済を受けない債権の部分についてのみ、他の財産から弁済を受けることができる。

2　前項の規定は、抵当不動産の代価に先立って他の財産の代価を配当すべき場合には、適用しない。この場合において、他の各債権者は、抵当権者に同項の規定による弁済を受けさせるため、抵当権者に配当すべき金額の供託を請求することができる。

第三九五条（抵当建物使用者の引渡しの猶予）　抵当権者に対抗することができない賃貸借により抵当権の目的である建物の使用又は収益をする者であって次に掲げるもの（次項において「抵当建物使用者」という。）は、その建物の競売における買受人の買受けの時から六箇月を経過するまでは、その建物を買受人に引き渡すことを要しない。

一　競売手続の開始前から使用又は収益をする者

二　強制管理又は担保不動産収益執行の管理人が競売手続の開始後にした賃貸借により使用又は収益をする者

2　前項の規定は、買受人の買受けの時より後に同項の建物の使用をしたことの対価について、買受人が抵当建物使用者に対し相当の期間を定めてその一箇月分以上の支払の催告をし、その相当の期間内に履行がない場合には、適用しない。

第三節　抵当権の消滅

第三九六条（**抵当権の消滅時効**）抵当権は、債務者及び抵当権設定者に対しては、その担保する債権と同時でなければ、時効によって消滅しない。

判例　この規定の反対解釈から、第三取得者や後順位抵当権者に対する関係では、抵当権は被担保債権とは別に、民法一六六条二項により、弁済期を起算点にして二〇年の消滅時効にかかる（大判昭一五・一一・二六民集一九・二一〇〇）。抵当権の被担保債権が免責許可決定の効力を受ける場合には、民法三九六条は適用されず、債務者および抵当権設定者との関係でも、当該抵当権自体が二〇年の消滅時効にかかる（最判平三〇・二・二三民集七二・一・一）。

第三九七条（**抵当不動産の時効取得による抵当権の消滅**）債務者又は抵当権設定者でない者が抵当不動産について取得時効に必要な要件を具備する占有をしたときは、抵当権は、これによって消滅する。

判例　抵当権が設定されている不動産について、抵当権の存在を承認して占有を継続し、所有権を時効取得するにいたったときも、抵当権は消滅しない（大判昭一三・二・一二判決全集五・六・八）。

第三九八条（**抵当権の目的である地上権等の放棄**）地上権又は永小作権を抵当権の目的とした地上権者又は永小作人は、その権利を放棄しても、これをもって抵当権者に対抗することができない。

第四節　根抵当

第三九八条の二（**根抵当権**）抵当権は、設定行為で定めるところにより、一定の範囲に属する不特定の債権を極度額の限度において担保するためにも設定することができる。

2　前項の規定による抵当権（以下「根抵当権」という。）の担保すべき不特定の債権の範囲は、債務者との特定の継続的取引契約によって生ずるものその他債務者との一定の種類の取引によって生ずるものに限定して、定めなければならない。

3　特定の原因に基づいて債務者との間に継続して生ずる債権、手形上若しくは小切手上の請求権又は電子記録債権（電子記録債権法（平成十九年法律第百二号）第二条第一項に規定する電子記録債権をいう。次条第二項において同じ。）は、前項の規定にかかわらず、根抵当権の担保すべき債権とすることができる。

第三九八条の三（**根抵当権の被担保債権の範囲**）根抵当権者は、確定した元本並びに利息その他の定期金及び債務の不履行によって生じた損害の賠償の全部について、極度額を限度として、その根抵当権を行使することができる。

2　債務者との取引によらないで取得する手形上若しくは小切手上の請求権又は電子記録債権を根抵当権の担保すべき債権とした場合において、次に掲げる事由があったときは、その前に取得したものについてのみ、その根抵当権を行使することができる。ただし、その後に取得したものであっても、その事由を知らないで取得したものについては、これを行使することを妨げない。

一　債務者の支払の停止

二　債務者についての破産手続開始、再生手続開始、更生手続開始又は特別清算開始の申立て

三　抵当不動産に対する競売の申立て又は滞納処分による差押え

第三九八条の四（**根抵当権の被担保債権の範囲及び債務者の変更**）元本の確定前においては、根抵当権の担保すべき債権の範囲の変更をすることができる。債務者の変更についても、同様とする。

2　前項の変更をするには、後順位の抵当権者その他の第三者の承諾を得ることを要しない。

3　第一項の変更について元本の確定前に登記をしなかったときは、その変更をしなかったものとみなす。

第三九八条の五（**根抵当権の極度額の変更**）根抵当権の極度額の変更は、利害関係を有する者の承諾を得なければ、することができない。

第三九八条の六（**根抵当権の元本確定期日の定め**）根抵当権の担保すべき元本については、その確定すべき期日を定め又は変更すること

ができる。

2　第三百九十八条の四第二項の規定は、前項の場合について準用する。

3　第一項の期日は、これを定め又は変更した日から五年以内でなければならない。

4　第一項の期日の変更についてその変更前の期日より前に登記をしなかったときは、担保すべき元本は、その変更前の期日に確定する。

第三九八条の七（**根抵当権の被担保債権の譲渡等**）元本の確定前に根抵当権者から債権を取得した者は、その債権について根抵当権を行使することができない。元本の確定前に債務者のために又は債務者に代わって弁済をした者も、同様とする。

2　元本の確定前に債務の引受けがあったときは、根抵当権者は、引受人の債務について、その根抵当権を行使することができない。

3　元本の確定前に免責的債務引受があった場合における債権者は、第四百七十二条の四第一項の規定にかかわらず、根抵当権を引受人が負担する債務に移すことができない。

4　元本の確定前に債権者の交替による更改があった場合における更改前の債権者は、第五百十八条第一項の規定にかかわらず、根抵当権を更改後の債務に移すことができない。元本の確定前に債務者の交替による更改があった場合における債権者も、同様とする。

第三九八条の八（**根抵当権者又は債務者の相続**）元本の確定前に根抵当権者について相続が開始したときは、根抵当権は、相続開始の時に存する債権のほか、相続人と根抵当権設定者との合意により定めた相続人が相続の開始後に取得する債権を担保する。

2　元本の確定前にその債務者について相続が開始したときは、根抵当権は、相続開始の時に存する債務のほか、根抵当権者と根抵当権設定者との合意により定めた相続人が相続の開始後に負担する債務を担保する。

3　第三百九十八条の四第二項の規定は、前二項の合意をする場合について準用する。

4　第一項及び第二項の合意について相続の開始後六箇月以内に登記をしないときは、担保すべき元本は、相続開始の時に確定したものとみなす。

第三九八条の九（**根抵当権者又は債務者の合併**）元本の確定前に根抵当権者について合併があったときは、根抵当権は、合併の時に存する債権のほか、合併後存続する法人又は合併によって設立された法人が合併後に取得する債権を担保する。

2　元本の確定前にその債務者について合併があったときは、根抵当権は、合併の時に存する債務のほか、合併後存続する法人又は合併によって設立された法人が合併後に負担する債務を担保する。

3　前二項の場合には、根抵当権設定者は、担保すべき元本の確定を請求することができる。ただし、前項の場合において、その債務者が根抵当権設定者であるときは、この限りでない。

4　前項の規定による請求があったときは、担保すべき元本は、合併の時に確定したものとみなす。

5　第三項の規定による請求は、根抵当権設定者が合併のあったことを知った日から二週間を経過したときは、することができない。合併の日から一箇月を経過したときも、同様とする。

第三九八条の一〇（**根抵当権者又は債務者の会社分割**）元本の確定前に根抵当権者を分割をする会社とする分割があったときは、根抵当権は、分割の時に存する債権のほか、分割をした会社及び分割により設立された会社又は当該分割をした会社がその事業に関して有する権利義務の全部又は一部を当該会社から承継した会社が分割後に取得する債権を担保する。

2　元本の確定前にその債務者を分割をする会社とする分割があったときは、根抵当権は、分割の時に存する債務のほか、分割をした会社及び分割により設立された会社又は当該分割をした会社がその事業に関して有する権利義務の全部又は一部を当該会社から承継した会社が分割後に負担する債務を担保する。

3　前条第三項から第五項までの規定は、前二項の場合について準用する。

第三九八条の一一（**根抵当権の処分**）元本の確定前においては、根抵当権者は、第三百七十六条第一項の規定による根抵当権の処分をすることができない。ただし、その根抵当権を他の債権の担保とすることを妨げない。

2　第三百七十七条第二項の規定は、前項ただし書の場合において元本の確定前にした弁済については、適用しない。

第三九八条の一二（**根抵当権の譲渡**）元本の確定前においては、根抵当権者は、根抵当権設定者の承諾を得て、その根抵当権を譲り渡すことができる。

2　根抵当権者は、その根抵当権を二個の根抵当権に分割して、その一方を前項の規定により譲り渡すことができる。この場合において、その根抵当権を目的とする権利は、譲り渡した根抵当権について消滅する。

3　前項の規定による譲渡をするには、その根抵当権を目的とする権利を有する者の承諾を得なければならない。

第三九八条の一三（**根抵当権の一部譲渡**）元本の確定前においては、根抵当権者は、根抵当権設定者の承諾を得て、その根抵当権の一部譲渡（譲渡人が譲受人と根抵当権を共有するため、これを分割しないで譲り渡すことをいう。以下この節において同じ。）をすることができる。

第三九八条の一四（**根抵当権の共有**）根抵当権の共有者は、それぞれその債権額の割合に応じて弁済を受ける。ただし、元本の確定前に、これと異なる割合を定め、又はある者が他の者に先立って弁済を受けるべきことを定めたときは、その定めに従う。

2　根抵当権の共有者は、他の共有者の同意を得て、第三百九十八条の十二第一項の規定によりその権利を譲り渡すことができる。

第三九八条の一五（**抵当権の順位の譲渡又は放棄と根抵当権の順位の譲渡又は一部譲渡**）抵当権の順位の譲渡又は放棄を受けた根抵当権者が、その根抵当権の譲渡又は一部譲渡をしたときは、譲受人は、その順位の譲渡又は放棄の利益を受ける。

第三九八条の一六（**共同根抵当**）第三百九十二条及び第三百九十三条の規定は、根抵当権については、その設定と同時に同一の債権の担保として数個の不動産につき根抵当権が設定された旨の登記をした場合に限り、適用する。

第三九八条の一七（**共同根抵当の変更等**）前条の登記がされている根抵当権の担保すべき債権の範囲、債務者若しくは極度額の変更又はその譲渡若しくは一部譲渡は、その根抵当権が設定されているすべての不動産について登記をしなければ、その効力を生じない。

2　前条の登記がされている根抵当権の担保すべき元本は、一個の不動産についてのみ確定すべき事由が生じた場合においても、確定する。

第三九八条の一八（**累積根抵当**）数個の不動産につき根抵当権を有する者は、第三百九十八条の十六の場合を除き、各不動産の代価について、各極度額に至るまで優先権を行使することができる。

第三九八条の一九（**根抵当権の元本の確定請求**）根抵当権設定者は、根抵当権の設定の時から三年を経過したときは、担保すべき元本の確定を請求することができる。この場合において、担保すべき元本は、その請求の時から二週間を経過することによって確定する。

2　根抵当権者は、いつでも、担保すべき元本の確定を請求することができる。この場合において、担保すべき元本は、その請求の時に確定する。

3　前二項の規定は、担保すべき元本の確定すべき期日の定めがあるときは、適用しない。

第三九八条の二〇（**根抵当権の元本の確定事由**）次に掲げる場合には、根抵当権の担保すべき元本は、確定する。

一　根抵当権者が抵当不動産について競売若しくは担保不動産収益執行又は第三百七十二条において準用する第三百四条の規定による差押えを申し立てたとき。ただし、競売手続若しくは担保不動産収益執行手続の開始又は差押えがあったときに限る。

二　根抵当権者が抵当不動産に対して滞納処分による差押えをしたとき。

三　根抵当権者が抵当不動産に対する競売手続の開始又は滞納処分による差押えがあったことを知った時から二週間を経過したとき。

四　債務者又は根抵当権設定者が破産手続開始の決定を受けたとき。

2　前項第三号の競売手続の開始若しくは差押え又は同項第四号の破産手続開始の決定の効力が消滅したときは、担保すべき元本は、確定しなかったものとみなす。ただし、元本が確定したものとしてその根抵当権又はこれを目的とする権利を取得した者があるときは、この限りでない。

第三九八条の二一（**根抵当権の極度額の減額請求**）元本の確定後においては、根抵当権設定者は、その根抵当権の極度額を、現に存する債務の額と以後二年間に生ずべき利息その他の定期金及び債務の不履行による損害賠償の額とを加えた額に減額することを請求することができる。

2　第三百九十八条の十六の登記がされている

根抵当権の極度額の減額については、前項の規定による請求は、そのうちの一個の不動産についてすれば足りる。

第三九八条の二二（**根抵当権の消滅請求**）元本の確定後において現に存する債務の額が根抵当権の極度額を超えるときは、他人の債務を担保するためその根抵当権を設定した者又は抵当不動産について所有権、地上権、永小作権若しくは第三者に対抗することができる賃借権を取得した第三者は、その極度額に相当する金額を払い渡し又は供託して、その根抵当権の消滅請求をすることができる。この場合において、その払渡し又は供託は、弁済の効力を有する。

2　第三百九十八条の十六の登記がされている根抵当権は、一個の不動産について前項の消滅請求があったときは、消滅する。

3　第三百八十条及び第三百八十一条の規定は、第一項の消滅請求について準用する。

第三編　債権

第一章　総則

第一節　債権の目的

第三九九条（**債権の目的**）債権は、金銭に見積もることができないものであっても、その目的とすることができる。

第四〇〇条（**特定物の引渡しの場合の注意義務**）債権の目的が特定物の引渡しであるときは、債務者は、その引渡しをするまで、契約その他の債権の発生原因及び取引上の社会通念に照らして定まる善良な管理者の注意をもって、その物を保存しなければならない。

第四〇一条（**種類債権**）債権の目的物を種類のみで指定した場合において、法律行為の性質又は当事者の意思によってその品質を定めることができないときは、債務者は、中等の品質を有する物を給付しなければならない。

2　前項の場合において、債務者が物の給付をするのに必要な行為を完了し、又は債権者の同意を得てその給付すべき物を指定したときは、以後その物を債権の目的物とする。

事例　Bは、Aから米一〇キロの注文を受けた。Bは何等米を引き渡すべきか。

解説　米一〇キロあるいは酒一〇本というように、単に種類や分量のみ定めて物を引き渡す債権を「種類債権（不特定物債権）」といい、この債権の特色は、一定の範囲（米なら米、酒なら酒）に属する物のうち、中等の物を一定量引き渡せばよい点である。よって、BはAに中等の米一〇キロを引き渡せばよい。なお、買主が取りにくる取立債務の場合には、Bが米一〇キロの引渡しに必要な準備をすませたときは、売買の目的物はその物に特定し（種類債権の特定）、それ以後に滅失した場合は履行不能となる。したがって、債務者Bに責任のある滅失であれば債務不履行になって損害賠償責任を負い、責任がなければ危険負担の規定（民五六七条二項）が適用になる。

第四〇二条（**金銭債権**）債権の目的物が金銭であるときは、債務者は、その選択に従い、各種の通貨で弁済をすることができる。ただし、特定の種類の通貨の給付を債権の目的としたときは、この限りでない。

2　債権の目的物である特定の種類の通貨が弁済期に強制通用の効力を失っているときは、債務者は、他の通貨で弁済をしなければならない。

3　前二項の規定は、外国の通貨の給付を債権の目的とした場合について準用する。

第四〇三条　外国の通貨で債権額を指定したときは、債務者は、履行地における為替相場により、日本の通貨で弁済をすることができる。

第四〇四条（**法定利率**）利息を生ずべき債権について別段の意思表示がないときは、その利率は、その利息が生じた最初の時点における法定利率による。

2　法定利率は、年三パーセントとする。

3　前項の規定にかかわらず、法定利率は、法務省令で定めるところにより、三年を一期とし、一期ごとに、次項の規定により変動するものとする。

4 各期における法定利率は、この項の規定により法定利率に変動があった期のうち直近のもの（以下この項において「直近変動期」という。）における基準割合と当期における基準割合との差に相当する割合（その割合に一パーセント未満の端数があるときは、これを切り捨てる。）を直近変動期における法定利率に加算し、又は減算した割合とする。

5 前項に規定する「基準割合」とは、法務省令で定めるところにより、各期の初日の属する年の六年前の年の一月から前々年の十二月までの各月における短期貸付けの平均利率（当該各月において銀行が新たに行った貸付け（貸付期間が一年未満のものに限る。）に係る利率の平均をいう。）の合計を六十で除して計算した割合（その割合に〇・一パーセント未満の端数があるときは、これを切り捨てる。）として法務大臣が告示するものをいう。

判例 利息制限法一条二項に超過利息を支払ったときは返還請求できない旨の規定があったが、次の三つの判例によって、平成一八年の改正で削除された。まず、債務者が任意に支払った利息の利息制限法超過部分について、残存元本が存在する限りこれに充当することができるかという問題について、これを肯定し（最判昭三九・一一・一八民集一八・九・一八六八）、次に、制限利率を超える利息を支払い続けて元本充当を繰り返した結果、元本が消滅してしまっているという場合について、債務が消滅すれば利息は生じず、利息制限法の適用もないから、元本消滅後に支払われた部分は不当利得として返還請求できるとした（最判昭四三・一一・一三民集二二・一二・二五二六）。その後さらに、超過利息・損害金と元本が同時に支払われた場合も、利息制限法に従った元利合計を超える支払い額は、不当利得として返還請求できるとした（最判昭四四・一一・二五民集二三・一一・二一三七）。

第四〇五条（利息の元本への組入れ） 利息の支払が一年分以上延滞した場合において、債権者が催告をしても、債務者がその利息を支払わないときは、債権者は、これを元本に組み入れることができる。

第四〇六条（選択債権における選択権の帰属） 債権の目的が数個の給付の中から選択によって定まるときは、その選択権は、債務者に属する。

第四〇七条（選択権の行使） 前条の選択権は、相手方に対する意思表示によって行使する。

2 前項の意思表示は、相手方の承諾を得なければ、撤回することができない。

第四〇八条（選択権の移転） 債権が弁済期にある場合において、相手方から相当の期間を定めて催告をしても、選択権を有する当事者がその期間内に選択をしないときは、その選択権は、相手方に移転する。

第四〇九条（第三者の選択権） 第三者が選択をすべき場合には、その選択は、債権者又は債務者に対する意思表示によってする。

2 前項に規定する場合において、第三者が選択をすることができず、又は選択をする意思を有しないときは、選択権は、債務者に移転する。

第四一〇条（不能による選択債権の特定） 債権の目的である給付の中に不能のものがある場合において、その不能が選択権を有する者の過失によるものであるときは、債権は、その残存するものについて存在する。

第四一一条（選択の効力） 選択は、債権の発生の時にさかのぼってその効力を生ずる。ただし、第三者の権利を害することはできない。

第二節 債権の効力

第一款 債務不履行の責任等

第四一二条（履行期と履行遅滞） 債務の履行について確定期限があるときは、債務者は、その期限の到来した時から遅滞の責任を負う。

2 債務の履行について不確定期限があるときは、債務者は、その期限の到来した後に履行の請求を受けた時又はその期限の到来したことを知った時のいずれか早い時から遅滞の責任を負う。

3 債務の履行について期限を定めなかったときは、債務者は、履行の請求を受けた時から遅滞の責任を負う。

第四一二条の二（履行不能） 債務の履行が契約その他の債務の発生原因及び取引上の社会通念に照らして不能であるときは、債権者は、その債務の履行を請求することができない。

2 契約に基づく債務の履行がその契約の成立の時に不能であったことは、第四百十五条の規定によりその履行の不能によって生じた損害の賠償を請求することを妨げない。

第四一三条（受領遅滞） 債権者が債務の履行を受けることを拒み、又は受けることができない場合において、その債務の目的が特定物の引渡しであるときは、債務者は、履行の提供をした時からその引渡しをするまで、自己の財産に対するのと同一の注意をもって、その物を保存すれば足りる。

2　債権者が債務の履行を受けることを拒み、又は受けることができないことによって、その履行の費用が増加したときは、その増加額は、債権者の負担とする。

第四一三条の二（**履行遅滞中又は受領遅滞中の履行不能と帰責事由**）債務者がその債務について遅滞の責任を負っている間に当事者双方の責めに帰することができない事由によってその債務の履行が不能となったときは、その履行の不能は、債務者の責めに帰すべき事由によるものとみなす。

2　債権者が債務の履行を受けることを拒み、又は受けることができない場合において、履行の提供があった時以後に当事者双方の責めに帰することができない事由によってその債務の履行が不能となったときは、その履行の不能は、債権者の責めに帰すべき事由によるものとみなす。

第四一四条（**履行の強制**）債務者が任意に債務の履行をしないときは、債権者は、民事執行法その他強制執行の手続に関する法令の規定に従い、直接強制、代替執行、間接強制その他の方法による履行の強制を裁判所に請求することができる。ただし、債務の性質がこれを許さないときは、この限りでない。

2　前項の規定は、損害賠償の請求を妨げない。

第四一五条（**債務不履行による損害賠償**）債務者がその債務の本旨に従った履行をしないとき又は債務の履行が不能であるときは、債権者は、これによって生じた損害の賠償を請求することができる。ただし、その債務の不履行が契約その他の債務の発生原因及び取引上の社会通念に照らして債務者の責めに帰することができない事由によるものであるときは、この限りでない。

2　前項の規定により損害賠償の請求をすることができる場合において、債権者は、次に掲げるときは、債務の履行に代わる損害賠償の請求をすることができる。

一　債務の履行が不能であるとき。

二　債務者がその債務の履行を拒絶する意思を明確に表示したとき。

三　債務が契約によって生じたものである場合において、その契約が解除され、又は債務の不履行による契約の解除権が発生したとき。

判例　不特定物の売買において、給付されたものに瑕疵のあることが受領後に発見された場合、買主は、原則として取替ないし追完の方法による完全履行の請求権を有し、また、損害賠償請求権および契約解除権をも有する（最判昭三六・一二・一五民集一五・一一・二八五二）。

◎　賃借人の妻の失火による賃借家屋の滅失は、賃借人の責に帰すべき事由により、右家屋の返還義務が履行不能となったものと認める（最判昭三〇・四・一九民集九・五・五五六）。

事例　建物の売買契約をしたが、その前日に建物は焼失していたという場合、履行不能のため契約は無効となり、債務不履行責任を問うことはできないのだろうか。

解説　原始的不能であっても契約は有効に成立するが、建物の引渡しは不可能であるから履行の請求はできない（民四一二条の二第一項）。しかし、売主の責めに帰することができるときは債務不履行となり（民四一五条一項）、債務の履行に代わる損害賠償（填補賠償）の請求をすることができる（民四一五条二項一号）。

第四一六条（**損害賠償の範囲**）債務の不履行に対する損害賠償の請求は、これによって通常生ずべき損害の賠償をさせることをその目的とする。

2　特別の事情によって生じた損害であっても、当事者がその事情を予見すべきであったときは、債権者は、その賠償を請求することができる。

判例1　売買の目的物の価格が騰貴した場合に、契約価格と履行期における市価との差額は、債務不履行により通常生ずる損害と解する（最判昭三六・四・二八民集一五・四・一一〇五）。

判例2　土地賃貸人が、賃借人に土地を引き渡すことを怠ったため、賃借人が地上に建物を建てて営業を営むことができなかった結果、営業上の利益を得ることができないことによって受けた損害は、特別事情による損害となる（最判昭三二・一・二二民集一一・一・三四）。

第四一七条（**損害賠償の方法**）損害賠償は、別段の意思表示がないときは、金銭をもってその額を定める。

第四一七条の二（**中間利息の控除**）将来において取得すべき利益についての損害賠償の額を定める場合において、その利益を取得すべき時までの利息相当額を控除するときは、その損害賠償の請求権が生じた時点における法定利率により、これをする。

２　将来において負担すべき費用についての損害賠償の額を定める場合において、その費用を負担すべき時までの利息相当額を控除するときも、前項と同様とする。

第四一八条（**過失相殺**）債務の不履行又はこれによる損害の発生若しくは拡大に関して債権者に過失があったときは、裁判所は、これを考慮して、損害賠償の責任及びその額を定める。

判例　過失相殺の主張は、債務者が主張しなくても、裁判所の職権ですることができるが、債権者の過失に関する事実については、債務者がその立証の責任を負うものである（最判昭四三・一二・二四民集二二・一三・三四五四）。

第四一九条（**金銭債務の特則**）金銭の給付を目的とする債務の不履行については、その損害賠償の額は、債務者が遅滞の責任を負った最初の時点における法定利率によって定める。ただし、約定利率が法定利率を超えるときは、約定利率による。

２　前項の損害賠償については、債権者は、損害の証明をすることを要しない。

３　第一項の損害賠償については、債務者は、不可抗力をもって抗弁とすることができない。

第四二〇条（**賠償額の予定**）当事者は、債務の不履行について損害賠償の額を予定することができる。

２　賠償額の予定は、履行の請求又は解除権の行使を妨げない。

３　違約金は、賠償額の予定と推定する。

第四二一条　前条の規定は、当事者が金銭でないものを損害の賠償に充てるべき旨を予定した場合について準用する。

第四二二条（**損害賠償による代位**）債権者が、損害賠償として、その債権の目的である物又は権利の価額の全部の支払を受けたときは、債務者は、その物又は権利について当然に債権者に代位する。

第四二二条の二（**代償請求権**）債務者が、その債務の履行が不能となったのと同一の原因により債務の目的物の代償である権利又は利益を取得したときは、債権者は、その受けた損害の額の限度において、債務者に対し、その権利の移転又はその利益の償還を請求することができる。

第二款　債権者代位権

第四二三条（**債権者代位権の要件**）債権者は、自己の債権を保全するため必要があるときは、債務者に属する権利（以下「被代位権利」という。）を行使することができる。ただし、債務者の一身に専属する権利及び差押えを禁じられた権利は、この限りでない。

２　債権者は、その債権の期限が到来しない間は、被代位権利を行使することができない。ただし、保存行為は、この限りでない。

３　債権者は、その債権が強制執行により実現することのできないものであるときは、被代位権利を行使することができない。

判例　債権者代位権を行使できるのは、債務者の資力が債務の弁済をするのに不十分な場合でなければならない（大判明三九・一一・二一民録一二・一五三七）。

債権者は、債務者が第三債務者に対して有する債権の時効消滅を阻止するため、債権者代位権を行使して更新させることができ（大判昭一五・三・一五民集一九・五八六）、債務者が他の債務者に負う債務の時効消滅を援用することができる（最判昭四三・九・二六民集二二・九・二〇〇二）。また、債権者代位権の代位行使も認められ、AがBに、BがCに債権を有し、CがDに対して妨害排除請求権を有する場合には、BがCに代位して行使する権利をAが代位して行使することができる（大判昭五・七・一四民集九・七三〇）。

第四二三条の二（**代位行使の範囲**）債権者は、被代位権利を行使する場合において、被代位権利の目的が可分であるときは、自己の債権の額の限度においてのみ、被代位権利を行使することができる。

第四二三条の三（**債権者への支払又は引渡し**）債権者は、被代位権利を行使する場合において、被代位権利が金銭の支払又は動産の引渡しを目的とするものであるときは、相手方に対し、その支払又は引渡しを自己に対してすることを求めることができる。この場合において、相手方が債権者に対してその支払又は引渡しをしたときは、被代位権利は、これによって消滅する。

第四二三条の四（**相手方の抗弁**）債権者が被代位権利を行使したときは、相手方は、債務者に対して主張することができる抗弁をもって、債権者に対抗することができる。

第四二三条の五（債務者の取立てその他の処分の権限等）　債権者が被代位権利を行使した場合であっても、債務者は、被代位権利について、自ら取立てその他の処分をすることを妨げられない。この場合においては、相手方も、被代位権利について、債務者に対して履行をすることを妨げられない。

第四二三条の六（被代位権利の行使に係る訴えを提起した場合の訴訟告知）　債権者は、被代位権利の行使に係る訴えを提起したときは、遅滞なく、債務者に対し、訴訟告知をしなければならない。

第四二三条の七（登記又は登録の請求権を保全するための債権者代位権）　登記又は登録をしなければ権利の得喪及び変更を第三者に対抗することができない財産を譲り受けた者は、その譲渡人が第三者に対して有する登記手続又は登録手続をすべきことを請求する権利を行使しないときは、その権利を行使することができる。この場合においては、前三条の規定を準用する。

第三款　詐害行為取消権

第一目　詐害行為取消権の要件

第四二四条（詐害行為取消請求）　債権者は、債務者が債権者を害することを知ってした行為の取消しを裁判所に請求することができる。ただし、その行為によって利益を受けた者（以下この款において「受益者」という。）がその行為の時において債権者を害することを知らなかったときは、この限りでない。

2　前項の規定は、財産権を目的としない行為については、適用しない。

3　債権者は、その債権が第一項に規定する行為の前の原因に基づいて生じたものである場合に限り、同項の規定による請求（以下「詐害行為取消請求」という。）をすることができる。

4　債権者は、その債権が強制執行により実現することのできないものであるときは、詐害行為取消請求をすることができない。

判例　離婚に伴う財産分与は、本来は詐害行為取消権の対象にならない行為であるが、「不相当に過大であり、財産分与に仮託してされた財産処分であると認めるに足りるような特段の事情」があれば、取り消しの対象になる（最判昭五八・一二・一九民集三七・一〇・一五三二）。

事例　AはBから五〇〇万円の借金の返済をせまられていたので、唯一の財産である時価一、〇〇〇万円相当の宝石を、事情を知っている娘Cに嫁に行く持参金代わりに持たせた場合、Bは取り消せるだろうか。

解説　詐害行為取消権の対象となるのは、債務者の財産権を目的とする行為である（民四二四条二項）。財産権を目的としない、婚姻、離婚、養子縁組、相続の承認・放棄のような身分行為は、第三者の介入を認めると人格的自由の侵害になるため、たとえ財産状態が悪化しても、詐害行為取消権の対象にはならない。たとえば、多額の債務を負っている親が死亡し、子が相続を承認していた場合、子の債権者は相続の承認を取り消すことはできない。しかし、嫁に行く娘に持参金や宝石を与えるのは贈与であり、贈与は身分行為ではなく財産権を目的とする行為であるから、詐害行為として取り消すことができる。

第四二四条の二（相当の対価を得てした財産の処分行為の特則）　債務者が、その有する財産を処分する行為をした場合において、受益者から相当の対価を取得しているときは、債権者は、次に掲げる要件のいずれにも該当する場合に限り、その行為について、詐害行為取消請求をすることができる。

一　その行為が、不動産の金銭への換価その他の当該処分による財産の種類の変更により、債務者において隠匿、無償の供与その他の債権者を害することとなる処分（以下この条において「隠匿等の処分」という。）をするおそれを現に生じさせるものであること。

二　債務者が、その行為の当時、対価として取得した金銭その他の財産について、隠匿等の処分をする意思を有していたこと。

三　受益者が、その行為の当時、債務者が隠匿等の処分をする意思を有していたことを知っていたこと。

第四二四条の三（特定の債権者に対する担保の供与等の特則）　債務者がした既存の債務についての担保の供与又は債務の消滅に関する行為について、債権者は、次に掲げる要件のいずれにも該当する場合に限り、詐害行為取消請求をすることができる。

一　その行為が、債務者が支払不能（債務者が、支払能力を欠くために、その債務のうち弁済期にあるものにつき、一般的かつ継続的に弁済することができない状態をいう。次項第一号において同じ。）の時に行われたものであること。

二　その行為が、債務者と受益者とが通謀して他の債権者を害する意図をもって行われたものであること。

2　前項に規定する行為が、債務者の義務に属せず、又はその時期が債務者の義務に属しないものである場合において、次に掲げる要件のいずれにも該当するときは、債権者は、同項の規定にかかわらず、その行為について、詐害行為取消請求をすることができる。

一　その行為が、債務者が支払不能になる前三十日以内に行われたものであること。

二　その行為が、債務者と受益者とが通謀して他の債権者を害する意図をもって行われたものであること。

第四二四条の四（**過大な代物弁済等の特則**）債務者がした債務の消滅に関する行為であって、受益者の受けた給付の価額がその行為によって消滅した債務の額より過大であるものについて、第四百二十四条に規定する要件に該当するときは、債権者は、前条第一項の規定にかかわらず、その消滅した債務の額に相当する部分以外の部分については、詐害行為取消請求をすることができる。

第四二四条の五（**転得者に対する詐害行為取消請求**）債権者は、受益者に対して詐害行為取消請求をすることができる場合において、受益者に移転した財産を転得した者があるときは、次の各号に掲げる区分に応じ、それぞれ当該各号に定める場合に限り、その転得者に対しても、詐害行為取消請求をすることができる。

一　その転得者が受益者から転得した者である場合　その転得者が、転得の当時、債務者がした行為が債権者を害することを知っていたとき。

二　その転得者が他の転得者から転得した者である場合　その転得者及びその前に転得した全ての転得者が、それぞれの転得の当時、債務者がした行為が債権者を害することを知っていたとき。

第二目　詐害行為取消権の行使の方法等

第四二四条の六（**財産の返還又は価額の償還の請求**）債権者は、受益者に対する詐害行為取消請求において、債務者がした行為の取消しとともに、その行為によって受益者に移転した財産の返還を請求することができる。受益者がその財産の返還をすることが困難であるときは、債権者は、その価額の償還を請求することができる。

2　債権者は、転得者に対する詐害行為取消請求において、債務者がした行為の取消しとともに、転得者が転得した財産の返還を請求することができる。転得者がその財産の返還をすることが困難であるときは、債権者は、その価額の償還を請求することができる。

第四二四条の七（**被告及び訴訟告知**）詐害行為取消請求に係る訴えについては、次の各号に掲げる区分に応じ、それぞれ当該各号に定める者を被告とする。

一　受益者に対する詐害行為取消請求に係る訴え　受益者

二　転得者に対する詐害行為取消請求に係る訴え　その詐害行為取消請求の相手方である転得者

2　債権者は、詐害行為取消請求に係る訴えを提起したときは、遅滞なく、債務者に対し、訴訟告知をしなければならない。

第四二四条の八（**詐害行為の取消しの範囲**）債権者は、詐害行為取消請求をする場合において、債務者がした行為の目的が可分であるときは、自己の債権の額の限度においてのみ、その行為の取消しを請求することができる。

2　債権者が第四百二十四条の六第一項後段又は第二項後段の規定により価額の償還を請求する場合についても、前項と同様とする。

第四二四条の九（**債権者への支払又は引渡し**）債権者は、第四百二十四条の六第一項前段又は第二項前段の規定により受益者又は転得者に対して財産の返還を請求する場合において、その返還の請求が金銭の支払又は動産の引渡しを求めるものであるときは、受益者に対してその支払又は引渡しを、転得者に対してその引渡しを、自己に対してすることを求めることができる。この場合において、受益者又は転得者は、債権者に対してその支払又は引渡しをしたときは、債務者に対してその支払又は引渡しをすることを要しない。

2　債権者が第四百二十四条の六第一項後段又は第二項後段の規定により受益者又は転得者に対して価額の償還を請求する場合についても、前項と同様とする。

第三目　詐害行為取消権の行使の効果

第四二五条（**認容判決の効力が及ぶ者の範囲**）

詐害行為取消請求を認容する確定判決は、債務者及びその全ての債権者に対してもその効力を有する。

第四二五条の二（**債務者の受けた反対給付に関する受益者の権利**）債務者がした財産の処分に関する行為（債務の消滅に関する行為を除く。）が取り消されたときは、受益者は、債務者に対し、その財産を取得するためにした反対給付の返還を請求することができる。債務者がその反対給付の返還をすることが困難であるときは、受益者は、その価額の償還を請求することができる。

第四二五条の三（**受益者の債権の回復**）債務者がした債務の消滅に関する行為が取り消された場合（第四百二十四条の四の規定により取り消された場合を除く。）において、受益者が債務者から受けた給付を返還し、又はその価額を償還したときは、受益者の債務者に対する債権は、これによって原状に復する。

第四二五条の四（**詐害行為取消請求を受けた転得者の権利**）債務者がした行為が転得者に対する詐害行為取消請求によって取り消されたときは、その転得者は、次の各号に掲げる区分に応じ、それぞれ当該各号に定める権利を行使することができる。ただし、その転得者がその前者から財産を取得するためにした反対給付又はその前者から財産を取得することによって消滅した債権の価額を限度とする。

一　第四百二十五条の二に規定する行為が取り消された場合　その行為が受益者に対する詐害行為取消請求によって取り消されたとすれば同条の規定により生ずべき受益者の債務者に対する反対給付の返還請求権又はその価額の償還請求権

二　前条に規定する行為が取り消された場合（第四百二十四条の四の規定により取り消された場合を除く。）　その行為が受益者に対する詐害行為取消請求によって取り消されたとすれば前条の規定により回復すべき受益者の債務者に対する債権

第四目　詐害行為取消権の期間の制限

第四二六条　詐害行為取消請求に係る訴えは、債務者が債権者を害することを知って行為をしたことを債権者が知った時から二年を経過したときは、提起することができない。行為の時から十年を経過したときも、同様とする。

第三節　多数当事者の債権及び債務

第一款　総則

第四二七条（**分割債権及び分割債務**）数人の債権者又は債務者がある場合において、別段の意思表示がないときは、各債権者又は各債務者は、それぞれ等しい割合で権利を有し、又は義務を負う。

判例　分割債権にあたるとしたものとして、数人が共有する不動産の収用に伴う補償金請求権（大判大三・三・一〇民録二〇・一四七）があり、分割債務にあたるとしたものとして、数人が共同でした売買契約による代金債務（大判大四・九・二一民録二一・一四八六）がある。

第二款　不可分債権及び不可分債務

第四二八条（**不可分債権**）次款（連帯債権）の規定（第四百三十三条及び第四百三十五条の規定を除く。）は、債権の目的がその性質上不可分である場合において、数人の債権者があるときについて準用する。

第四二九条（**不可分債権者の一人との間の更改又は免除**）不可分債権者の一人と債務者との間に更改又は免除があった場合においても、他の不可分債権者は、債務の全部の履行を請求することができる。この場合においては、その一人の不可分債権者がその権利を失わなければ分与されるべき利益を債務者に償還しなければならない。

第四三〇条（**不可分債務**）第四款（連帯債務）の規定（第四百四十条の規定を除く。）は、債務の目的がその性質上不可分である場合において、数人の債務者があるときについて準用する。

第四三一条（**可分債権又は可分債務への変更**）不可分債権が可分債権となったときは、各債権者は自己が権利を有する部分についてのみ履行を請求することができ、不可分債務が可分債務となったときは、各債務者はその負担部分についてのみ履行の責任を負う。

第三款　連帯債権

第四三二条（**連帯債権者による履行の請求等**）債権の目的がその性質上可分である場合において、法令の規定又は当事者の意思表示によって数人が連帯して債権を有するときは、各債権者は、全ての債権者のために全部又は一部の履行を請求することができ、債務者は、全ての債権者のために各債権者に対して履行

をすることができる。

第四三三条（連帯債権者の一人との間の更改又は免除） 連帯債権者の一人と債務者との間に更改又は免除があったときは、その連帯債権者がその権利を失わなければ分与されるべき利益に係る部分については、他の連帯債権者は、履行を請求することができない。

第四三四条（連帯債権者の一人との間の相殺） 債務者が連帯債権者の一人に対して債権を有する場合において、その債務者が相殺を援用したときは、その相殺は、他の連帯債権者に対しても、その効力を生ずる。

第四三五条（連帯債権者の一人との間の混同） 連帯債権者の一人と債務者との間に混同があったときは、債務者は、弁済をしたものとみなす。

第四三五条の二（相対的効力の原則） 第四百三十二条から前条までに規定する場合を除き、連帯債権者の一人の行為又は一人について生じた事由は、他の連帯債権者に対してその効力を生じない。ただし、他の連帯債権者の一人及び債務者が別段の意思を表示したときは、当該他の連帯債権者に対する効力は、その意思に従う。

第四款　連帯債務

第四三六条（連帯債務者に対する履行の請求） 債務の目的がその性質上可分である場合において、法令の規定又は当事者の意思表示によって数人が連帯して債務を負担するときは、債権者は、その連帯債務者の一人に対し、又は同時に若しくは順次に全ての連帯債務者に対し、全部又は一部の履行を請求することができる。

第四三七条（連帯債務者の一人についての法律行為の無効等） 連帯債務者の一人について法律行為の無効又は取消しの原因があっても、他の連帯債務者の債務は、その効力を妨げられない。

第四三八条（連帯債務者の一人との間の更改） 連帯債務者の一人と債権者との間に更改があったときは、債権は、全ての連帯債務者の利益のために消滅する。

第四三九条（連帯債務者の一人による相殺等） 連帯債務者の一人が債権者に対して債権を有する場合において、その連帯債務者が相殺を援用したときは、債権は、全ての連帯債務者の利益のために消滅する。

2　前項の債権を有する連帯債務者が相殺を援用しない間は、その連帯債務者の負担部分の限度において、他の連帯債務者は、債権者に対して債務の履行を拒むことができる。

第四四〇条（連帯債務者の一人との間の混同） 連帯債務者の一人と債権者との間に混同があったときは、その連帯債務者は、弁済をしたものとみなす。

事例　B・C・Dは、連帯してAから一五〇万円を借りていたが、Aの死亡により、BがAの遺産相続をすることになった。B・C・Dの連帯債務はどうなるのだろうか。

解説　C・DのAに対する連帯債務は、Bに対する連帯債務として引きつがれることなく、完全に消滅する。消滅しないとすると、C・DはいずれもBに対して満額の一五〇万円を弁済しなければならず、弁済した者は他の連帯債務者に負担部分五〇万円を求償することになって複雑な関係を生じることになるからである。そこで、民法四四〇条は、連帯債務者Bが債権者Aを相続して混同が生じたときは、BがAに「弁済したものとみなす」という規定を設け、連帯債務は消滅することとし、BからC・Dに対して負担部分五〇万円を求償（民四四二条一項）して簡易に解決することとしたのである。

第四四一条（相対的効力の原則） 第四百三十八条、第四百三十九条第一項及び前条に規定する場合を除き、連帯債務者の一人について生じた事由は、他の連帯債務者に対してその効力を生じない。ただし、債権者及び他の連帯債務者の一人が別段の意思を表示したときは、当該他の連帯債務者に対する効力は、その意思に従う。

第四四二条（連帯債務者間の求償権） 連帯債務者の一人が弁済をし、その他自己の財産をもって共同の免責を得たときは、その連帯債務者は、その免責を得た額が自己の負担部分を超えるかどうかにかかわらず、他の連帯債務者に対し、その免責を得るために支出した財産の額（その財産の額が共同の免責を得た額を超える場合にあっては、その免責を得た額）のうち各自の負担部分に応じた額の求償権を有する。

2　前項の規定による求償は、弁済その他免責があった日以後の法定利息及び避けることができなかった費用その他の損害の賠償を包含する。

判例　連帯債務者の一人が、制限を超えた利息の支払をしたからといって、制限を超えて支払った利息に相当する全員の求償はできない（最判昭四三・一〇・二九民集二二・一〇・二二五七）。

事例 Aに対して、B・C・Dが一五〇万円の連帯債務を負っている場合に、BがAに六〇万円弁済した場合、BはC・Dにいくら求償できるだろうか。B・C・Dが連帯債務者ではなく連帯保証人の場合はどうか。

解説 連帯債務者が共同の免責を得たときは、「その免責を得た額が自己の負担部分を超えるかどうかにかかわらず」、他の連帯債務者に対し、各自の負担部分に応じた額の求償権を有する（民四四二条一項）ので、共同の免責を得た六〇万円について、各自の負担部分に応じた額二〇万円をC・Dに求償することができる。これに対して、B・C・Dが連帯保証人の場合は、民法四六五条一項で四百四十二条が準用されているが、「全額又は自己の負担部分を超える額を弁済したとき」に限定されているので、Bの負担部分五〇万円を超える額一〇万円についてだけ、C・Dに各五万円を求償できることになる。

第四四三条（**通知を怠った連帯債務者の求償の制限**） 他の連帯債務者があることを知りながら、連帯債務者の一人が共同の免責を得ることを他の連帯債務者に通知しないで弁済をし、その他自己の財産をもって共同の免責を得た場合において、他の連帯債務者は、債権者に対抗することができる事由を有していたときは、その負担部分について、その事由をもってその免責を得た連帯債務者に対抗することができる。この場合において、相殺をもってその免責を得た連帯債務者に対抗したときは、その連帯債務者は、債権者に対し、相殺によって消滅すべきであった債務の履行を請求することができる。

2 弁済をし、その他自己の財産をもって共同の免責を得た連帯債務者が、他の連帯債務者があることを知りながらその免責を得たことを他の連帯債務者に通知することを怠ったため、他の連帯債務者が善意で弁済その他自己の財産をもって免責を得るための行為をしたときは、当該他の連帯債務者は、その免責を得るための行為を有効であったものとみなすことができる。

第四四四条（**償還をする資力のない者の負担部分の分担**） 連帯債務者の中に償還をする資力のない者があるときは、その償還をすることができない部分は、求償者及び他の資力のある者の間で、各自の負担部分に応じて分割して負担する。

2 前項に規定する場合において、求償者及び他の資力のある者がいずれも負担部分を有しない者であるときは、その償還をすることができない部分は、求償者及び他の資力のある者の間で、等しい割合で分割して負担する。

3 前二項の規定にかかわらず、償還を受けることができないことについて求償者に過失があるときは、他の連帯債務者に対して分担を請求することができない。

第四四五条（**連帯債務者の一人との間の免除等と求償権**） 連帯債務者の一人に対して債務の免除がされ、又は連帯債務者の一人のために時効が完成した場合においても、他の連帯債務者は、その一人の連帯債務者に対し、第四百四十二条第一項の求償権を行使することができる。

第五款　保証債務

第一目　総則

第四四六条（**保証人の責任等**） 保証人は、主たる債務者がその債務を履行しないときに、その履行をする責任を負う。

2 保証契約は、書面でしなければ、その効力を生じない。

3 保証契約がその内容を記録した電磁的記録によってされたときは、その保証契約は、書面によってされたものとみなして、前項の規定を適用する。

事例 主たる債務者から、他にも保証人がいるから保証人になってほしいと頼まれて保証人になったが、他に保証人はいなかった場合、錯誤を理由に保証契約を取り消せるだろうか。

解説 保証契約は債権者と保証人との間の契約であるから、主たる債務者と保証人との間の事情は、保証契約の成立に直接の影響を及ぼさない。したがって、保証委託契約が無効であっても保証契約は有効であるし、主たる債務者の他にも保証人がいるという虚言を信じたとしても、それは動機の錯誤にすぎず、それだけでは錯誤を理由に保証契約を取り消すことはできない（錯誤が無効とされた平成二八年民法改正前の判例として、最判昭三二・一二・一九民集一一・一三・二二九九がある。）。

第四四七条（**保証債務の範囲**） 保証債務は、主たる債務に関する利息、違約金、損害賠償その他その債務に従たるすべてのものを包含する。

2　保証人は、その保証債務についてのみ、違約金又は損害賠償の額を約定することができる。

判例　特定物の売買契約における売主のための保証人は、特に反対の意思表示のない限り、売主の債務不履行により、契約が解除された場合における原状回復義務についても、保証の責に任ずるものと解する（最判昭四〇・六・三〇民集一九・四・一一四三）。

第四四八条（保証人の負担と主たる債務の目的又は態様）　保証人の負担が債務の目的又は態様において主たる債務より重いときは、これを主たる債務の限度に減縮する。

2　主たる債務の目的又は態様が保証契約の締結後に加重されたときであっても、保証人の負担は加重されない。

第四四九条（取り消すことができる債務の保証）　行為能力の制限によって取り消すことができる債務を保証した者は、保証契約の時においてその取消しの原因を知っていたときは、主たる債務の不履行の場合又はその債務の取消しの場合においてこれと同一の目的を有する独立の債務を負担したものと推定する。

第四五〇条（保証人の要件）　債務者が保証人を立てる義務を負う場合には、その保証人は、次に掲げる要件を具備する者でなければならない。

一　行為能力者であること。

二　弁済をする資力を有すること。

2　保証人が前項第二号に掲げる要件を欠くに至ったときは、債権者は、同項各号に掲げる要件を具備する者をもってこれに代えることを請求することができる。

3　前二項の規定は、債権者が保証人を指名した場合には、適用しない。

第四五一条（他の担保の供与）　債務者は、前条第一項各号に掲げる要件を具備する保証人を立てることができないときは、他の担保を供してこれに代えることができる。

第四五二条（催告の抗弁）　債権者が保証人に債務の履行を請求したときは、保証人は、まず主たる債務者に催告をすべき旨を請求することができる。ただし、主たる債務者が破産手続開始の決定を受けたとき、又はその行方が知れないときは、この限りでない。

事例　債権者Aは、債務者Bに手紙で一度だけ債務弁済の催告をしたが、そのままなので保証人Cに対し履行を求めた。Cは催告の抗弁権を行使できるだろうか。

解説　保証債務は、主たる債務が履行されないときに二次的に履行する補充的な債務であることから、まず主たる債務者に催告した後に保証人に請求すべきだとして、保証人に催告の抗弁権が与えられたのである。したがって、一度主たる債務者に請求すれば催告の抗弁権は消滅し、債権者が主たる債務者と保証人に同時に請求した場合も、催告の抗弁権は認められない（大判大九・一一・二四民録二六・一八七一）。

第四五三条（検索の抗弁）　債権者が前条の規定に従い主たる債務者に催告をした後であっても、保証人が主たる債務者に弁済をする資力があり、かつ、執行が容易であることを証明したときは、債権者は、まず主たる債務者の財産について執行をしなければならない。

事例　Aは、Cを保証人としてBに五〇万円貸し付けたが、期日になってBに催告してもなお返済がないので、Cに弁済を求めた。Cは、まず主たる債務者Bが所有している家屋について強制執行すべきだとして、検索の抗弁権を主張したが、認められるだろうか。

解説　Cの検索の抗弁権の行使には、Bに相当の資力があること、かつ強制執行が容易であることの証明が必要である。金銭、有価証券、有体動産などは、強制執行が容易であるが、不動産の強制執行は容易ではない（大判昭五・四・二三新聞三一二二・一〇）ので、検索の抗弁権は認められない。

第四五四条（連帯保証の場合の特則）　保証人は、主たる債務者と連帯して債務を負担したときは、前二条の権利を有しない。

事例　Cは、BがAから一、〇〇〇万円借りるときの金銭借用証に、連帯保証人として署名していた。返済日にBが返済しなかったので、AはBに催促などせず、また、Bの財産を十分に調べもせずいきなりCに対して一、〇〇〇万円を返すよう請求してきた。Cは、Aの請求を拒むことができるだろうか。

解説　連帯保証人Cには、催告、検索の抗弁権がないので、債権者Aは、主たる債務者Bと連帯保証人Cのうちどちらに対しても、債務履行を請求できるから、拒むことはできない。

第四五五条（催告の抗弁及び検索の抗弁の効果）　第四百五十二条又は第四百五十三条の規定により保証人の請求又は証明があったにもかかわらず、債権者が催告又は執行をすることを怠ったために主たる債務者から全部の弁済を得られなかったときは、保証人は、債権者が直ちに催告又は執行をすれば弁済を得ることができた限度において、その義務を免れる。

第四五六条（**数人の保証人がある場合**）数人の保証人がある場合には、それらの保証人が各別の行為により債務を負担したときであっても、第四百二十七条の規定を適用する。

第四五七条（**主たる債務者について生じた事由の効力**）主たる債務者に対する履行の請求その他の事由による時効の完成猶予及び更新は、保証人に対しても、その効力を生ずる。

2　保証人は、主たる債務者が主張することができる抗弁をもって債権者に対抗することができる。

3　主たる債務者が債権者に対して相殺権、取消権又は解除権を有するときは、これらの権利の行使によって主たる債務者がその債務を免れるべき限度において、保証人は、債権者に対して債務の履行を拒むことができる。

第四五八条（**連帯保証人について生じた事由の効力**）第四百三十八条、第四百三十九条第一項、第四百四十条及び第四百四十一条の規定は、主たる債務者と連帯して債務を負担する保証人について生じた事由について準用する。

第四五八条の二（**主たる債務の履行状況に関する情報の提供義務**）保証人が主たる債務者の委託を受けて保証をした場合において、保証人の請求があったときは、債権者は、保証人に対し、遅滞なく、主たる債務の元本及び主たる債務に関する利息、違約金、損害賠償その他その債務に従たる全てのものについての不履行の有無並びにこれらの残額及びそのうち弁済期が到来しているものの額に関する情報を提供しなければならない。

第四五八条の三（**主たる債務者が期限の利益を喪失した場合における情報の提供義務**）主たる債務者が期限の利益を有する場合において、その利益を喪失したときは、債権者は、保証人に対し、その利益の喪失を知った時から二箇月以内に、その旨を通知しなければならない。

2　前項の期間内に同項の通知をしなかったときは、債権者は、保証人に対し、主たる債務者が期限の利益を喪失した時から同項の通知を現にするまでに生じた遅延損害金（期限の利益を喪失しなかったとしても生ずべきものを除く。）に係る保証債務の履行を請求することができない。

3　前二項の規定は、保証人が法人である場合には、適用しない。

第四五九条（**委託を受けた保証人の求償権**）保証人が主たる債務者の委託を受けて保証をした場合において、主たる債務者に代わって弁済その他自己の財産をもって債務を消滅させる行為（以下「債務の消滅行為」という。）をしたときは、その保証人は、主たる債務者に対し、そのために支出した財産の額（その財産の額がその債務の消滅行為によって消滅した主たる債務の額を超える場合にあっては、その消滅した額）の求償権を有する。

2　第四百四十二条第二項の規定は、前項の場合について準用する。

第四五九条の二（**委託を受けた保証人が弁済期前に弁済等をした場合の求償権**）保証人が主たる債務者の委託を受けて保証をした場合において、主たる債務の弁済期前に債務の消滅行為をしたときは、その保証人は、主たる債務者に対し、主たる債務者がその当時利益を受けた限度において求償権を有する。この場合において、主たる債務者が債務の消滅行為の日以前に相殺の原因を有していたことを主張するときは、保証人は、債権者に対し、その相殺によって消滅すべきであった債務の履行を請求することができる。

2　前項の規定による求償は、主たる債務の弁済期以後の法定利息及びその弁済期以後に債務の消滅行為をしたとしても避けることができなかった費用その他の損害の賠償を包含する。

3　第一項の求償権は、主たる債務の弁済期以後でなければ、これを行使することができない。

第四六〇条（**委託を受けた保証人の事前の求償権**）保証人は、主たる債務者の委託を受けて保証をした場合において、次に掲げるときは、主たる債務者に対して、あらかじめ、求償権を行使することができる。

一　主たる債務者が破産手続開始の決定を受け、かつ、債権者がその破産財団の配当に加入しないとき。

二　債務が弁済期にあるとき。ただし、保証契約の後に債権者が主たる債務者に許与した期限は、保証人に対抗することができない。

三　保証人が過失なく債権者に弁済をすべき

旨の裁判の言渡しを受けたとき。

第四六一条（主たる債務者が保証人に対して償還をする場合） 前条の規定により主たる債務者が保証人に対して償還をする場合において、債権者が全部の弁済を受けない間は、主たる債務者は、保証人に担保を供させ、又は保証人に対して自己に免責を得させることを請求することができる。

2　前項に規定する場合において、主たる債務者は、供託をし、担保を供し、又は保証人に免責を得させて、その償還の義務を免れることができる。

第四六二条（委託を受けない保証人の求償権） 第四百五十九条の二第一項の規定は、主たる債務者の委託を受けないで保証をした者が債務の消滅行為をした場合について準用する。

2　主たる債務者の意思に反して保証をした者は、主たる債務者が現に利益を受けている限度においてのみ求償権を有する。この場合において、主たる債務者が求償の日以前に相殺の原因を有していたことを主張するときは、保証人は、債権者に対し、その相殺によって消滅すべきであった債務の履行を請求することができる。

3　第四百五十九条の二第三項の規定は、前二項に規定する保証人が主たる債務の弁済期前に債務の消滅行為をした場合における求償権の行使について準用する。

第四六三条（通知を怠った保証人の求償の制限等） 保証人が主たる債務者の委託を受けて保証をした場合において、主たる債務者にあらかじめ通知しないで債務の消滅行為をしたときは、主たる債務者は、債権者に対抗することができた事由をもってその保証人に対抗することができる。この場合において、相殺をもってその保証人に対抗したときは、その保証人は、債権者に対し、相殺によって消滅すべきであった債務の履行を請求することができる。

2　保証人が主たる債務者の委託を受けて保証をした場合において、主たる債務者が債務の消滅行為をしたことを保証人に通知することを怠ったため、その保証人が善意で債務の消滅行為をしたときは、その保証人は、その債務の消滅行為を有効であったものとみなすことができる。

3　保証人が債務の消滅行為をした後に主たる債務者が債務の消滅行為をした場合においては、保証人が主たる債務者の意思に反して保証をしたときのほか、保証人が債務の消滅行為をしたことを主たる債務者に通知することを怠ったため、主たる債務者が善意で債務の消滅行為をしたときも、主たる債務者は、その債務の消滅行為を有効であったものとみなすことができる。

第四六四条（連帯債務又は不可分債務の保証人の求償権） 連帯債務者又は不可分債務者の一人のために保証をした者は、他の債務者に対し、その負担部分のみについて求償権を有する。

第四六五条（共同保証人間の求償権） 第四百四十二条から第四百四十四条までの規定は、数人の保証人がある場合において、そのうちの一人の保証人が、主たる債務が不可分であるため又は各保証人が全額を弁済すべき旨の特約があるため、その全額又は自己の負担部分を超える額を弁済したときについて準用する。

2　第四百六十二条の規定は、前項に規定する場合を除き、互いに連帯しない保証人の一人が全額又は自己の負担部分を超える額を弁済したときについて準用する。

第二目　個人根保証契約

第四六五条の二（個人根保証契約の保証人の責任等） 一定の範囲に属する不特定の債務を主たる債務とする保証契約（以下「根保証契約」という。）であって保証人が法人でないもの（以下「個人根保証契約」という。）の保証人は、主たる債務の元本、主たる債務に関する利息、違約金、損害賠償その他その債務に従たる全てのもの及びその保証債務について約定された違約金又は損害賠償の額について、その全部に係る極度額を限度として、その履行をする責任を負う。

2　個人根保証契約は、前項に規定する極度額を定めなければ、その効力を生じない。

3　第四百四十六条第二項及び第三項の規定は、個人根保証契約における第一項に規定する極度額の定めについて準用する。

第四六五条の三（個人貸金等根保証契約の元本確定期日） 個人根保証契約であってその主たる債務の範囲に金銭の貸渡し又は手形の割引を受けることによって負担する債務（以下「貸金等債務」という。）が含まれるもの（以下「個人貸金等根保証契約」という。）において主たる債務の元本の確定すべき期日（以下「元本確定期日」という。）の定めがある場合において、その元本確定期日がその個人貸金等根保証契約の締結の日から五年を経過する日より後の日と定められているときは、その元本確定期日の定めは、その効力を生じない。

2　個人貸金等根保証契約において元本確定期日の定めがない場合（前項の規定により元本確定期日の定めがその効力を生じない場合を含む。）には、その元本確定期日は、その個人貸金等根保証契約の締結の日から三年を経過する日とする。

3　個人貸金等根保証契約における元本確定期日の変更をする場合において、変更後の元本確定期日がその変更をした日から五年を経過する日より後の日となるときは、その元本確定期日の変更は、その効力を生じない。ただし、元本確定期日の前二箇月以内に元本確定期日の変更をする場合において、変更後の元本確定期日が変更前の元本確定期日から五年以内の日となるときは、この限りでない。

4　第四百四十六条第二項及び第三項の規定は、個人貸金等根保証契約における元本確定期日の定め及びその変更（その個人貸金等根保証契約の締結の日から三年以内の日を元本確定期日とする旨の定め及び元本確定期日より前の日を変更後の元本確定期日とする変更を除く。）について準用する。

第四六五条の四（**個人根保証契約の元本の確定事由**）次に掲げる場合には、個人根保証契約における主たる債務の元本は、確定する。ただし、第一号に掲げる場合にあっては、強制執行又は担保権の実行の手続の開始があったときに限る。

一　債権者が、保証人の財産について、金銭の支払を目的とする債権についての強制執行又は担保権の実行を申し立てたとき。

二　保証人が破産手続開始の決定を受けたとき。

三　主たる債務者又は保証人が死亡したとき。

2　前項に規定する場合のほか、個人貸金等根保証契約における主たる債務の元本は、次に掲げる場合にも確定する。ただし、第一号に掲げる場合にあっては、強制執行又は担保権の実行の手続の開始があったときに限る。

一　債権者が、主たる債務者の財産について、金銭の支払を目的とする債権についての強制執行又は担保権の実行を申し立てたとき。

二　主たる債務者が破産手続開始の決定を受けたとき。

第四六五条の五（**保証人が法人である根保証契約の求償権**）保証人が法人である根保証契約において、第四百六十五条の二第一項に規定する極度額の定めがないときは、その根保証契約の保証人の主たる債務者に対する求償権に係る債務を主たる債務とする保証契約は、その効力を生じない。

2　保証人が法人である根保証契約であってその主たる債務の範囲に貸金等債務が含まれるものにおいて、元本確定期日の定めがないとき、又は元本確定期日の定め若しくはその変更が第四百六十五条の三第一項若しくは第三項の規定を適用するとすればその効力を生じないものであるときは、その根保証契約の保証人の主たる債務者に対する求償権に係る債務を主たる債務とする保証契約は、その効力を生じない。主たる債務の範囲にその求償権に係る債務が含まれる根保証契約も、同様とする。

3　前二項の規定は、求償権に係る債務を主たる債務とする保証契約又は主たる債務の範囲に求償権に係る債務が含まれる根保証契約の保証人が法人である場合には、適用しない。

第三目　事業に係る債務についての保証契約の特則

第四六五条の六（**公正証書の作成と保証の効力**）事業のために負担した貸金等債務を主たる債務とする保証契約又は主たる債務の範囲に事業のために負担する貸金等債務が含まれる根保証契約は、その契約の締結に先立ち、その締結の日前一箇月以内に作成された公正証書で保証人になろうとする者が保証債務を履行する意思を表示していなければ、その効力を生じない。

2　前項の公正証書を作成するには、次に掲げる方式に従わなければならない。

一　保証人になろうとする者が、次のイ又はロに掲げる契約の区分に応じ、それぞれ当該イ又はロに定める事項を公証人に口授すること。

イ　保証契約（ロに掲げるものを除く。）　主たる債務の債権者及び債務者、主たる債務の元本、主たる債務に関する利息、違約金、損害賠償その他その債務に従たる全てのものの定めの有無及びその内容並びに主たる債務者がその債務を履行しないときには、その債務の全額について履行する意思（保証人になろうとする者が主たる債務者と連帯して債務を負担しようとするものである場合には、債権者が主たる債務者に対して催告をしたかどうか、主たる債務者がその債務を履行することができるかどうか、又は他に保証人があるかどうかにかかわらず、その全額について履行する意思）を有していること。

ロ　根保証契約　主たる債務の債権者及び債務者、主たる債務の範囲、根保証契約における極度額、元本確定期日の定めの有無及びその内容並びに主たる債務者がその債務を履行しないときには、極度額の限度において元本確定期日又は第四百六十五条の四第一項各号若しくは第二項各号に掲げる事由その他の元本を確定すべき事由が生ずる時までに生ずべき主たる債務の元本及び主たる債務に関する利息、違約金、損害賠償その他その債務に従たる全てのものの全額について履行する意思（保証人になろうとする者が主たる債務者と連帯して債務を負担しようとするものである場合には、債権者が主たる債務者に対して催告をしたかどうか、主たる債務者がその債務を履行することができるかどうか、又は他に保証人があるかどうかにかかわらず、その全額について履行する意思）を有していること。

二　公証人が、保証人になろうとする者の口述を筆記し、これを保証人になろうとする者に読み聞かせ、又は閲覧させること。

三　保証人になろうとする者が、筆記の正確なことを承認した後、署名し、印を押すこと。ただし、保証人になろうとする者が署名することができない場合は、公証人がその事由を付記して、署名に代えることができる。

四　公証人が、その証書は前三号に掲げる方式に従って作ったものである旨を付記して、これに署名し、印を押すこと。

3　前二項の規定は、保証人になろうとする者が法人である場合には、適用しない。

第四六五条の七（保証に係る公正証書の方式の特則）　前条第一項の保証契約又は根保証契約の保証人になろうとする者が口がきけない者である場合には、公証人の前で、同条第二項第一号イ又はロに掲げる契約の区分に応じ、それぞれ当該イ又はロに定める事項を通訳人の通訳により申述し、又は自書して、同号の口授に代えなければならない。この場合における同項第二号の規定の適用については、同号中「口述」とあるのは、「通訳人の通訳による申述又は自書」とする。

2　前条第一項の保証契約又は根保証契約の保証人になろうとする者が耳が聞こえない者である場合には、公証人は、同条第二項第二号に規定する筆記した内容を通訳人の通訳により保証人になろうとする者に伝えて、同号の読み聞かせに代えることができる。

3　公証人は、前二項に定める方式に従って公正証書を作ったときは、その旨をその証書に付記しなければならない。

第四六五条の八（公正証書の作成と求償権についての保証の効力）　第四百六十五条の六第一項及び第二項並びに前条の規定は、事業のために負担した貸金等債務を主たる債務とする保証契約又は主たる債務の範囲に事業のために負担する貸金等債務が含まれる根保証契約の保証人の主たる債務者に対する求償権に係る債務を主たる債務とする保証契約について準用する。主たる債務の範囲にその求償権に係る債務が含まれる根保証契約も、同様とする。

2　前項の規定は、保証人になろうとする者が法人である場合には、適用しない。

第四六五条の九（公正証書の作成と保証の効力に関する規定の適用除外）　前三条の規定は、保証人になろうとする者が次に掲げる者である保証契約については、適用しない。

一　主たる債務者が法人である場合のその理事、取締役、執行役又はこれらに準ずる者

二　主たる債務者が法人である場合の次に掲げる者

イ　主たる債務者の総株主の議決権（株主総会において決議をすることができる事項の全部につき議決権を行使することができない株式についての議決権を除く。以下この号において同じ。）の過半数を有する者

ロ　主たる債務者の総株主の議決権の過半数を他の株式会社が有する場合における当該他の株式会社の総株主の議決権の過半数を有する者

ハ　主たる債務者の総株主の議決権の過半数を他の株式会社及び当該他の株式会社

の総株主の議決権の過半数を有する者が有する場合における当該他の株式会社の総株主の議決権の過半数を有する者

ニ　株式会社以外の法人が主たる債務者である場合におけるイ、ロ又はハに掲げる者に準ずる者

三　主たる債務者（法人であるものを除く。以下この号において同じ。）と共同して事業を行う者又は主たる債務者が行う事業に現に従事している主たる債務者の配偶者

第四六五条の一〇（**契約締結時の情報の提供義務**）主たる債務者は、事業のために負担する債務を主たる債務とする保証又は主たる債務の範囲に事業のために負担する債務が含まれる根保証の委託をするときは、委託を受ける者に対し、次に掲げる事項に関する情報を提供しなければならない。

一　財産及び収支の状況

二　主たる債務以外に負担している債務の有無並びにその額及び履行状況

三　主たる債務の担保として他に提供し、又は提供しようとするものがあるときは、その旨及びその内容

2　主たる債務者が前項各号に掲げる事項に関して情報を提供せず、又は事実と異なる情報を提供したために委託を受けた者がその事項について誤認をし、それによって保証契約の申込み又はその承諾の意思表示をした場合において、主たる債務者がその事項に関して情報を提供せず又は事実と異なる情報を提供したことを債権者が知り又は知ることができたときは、保証人は、保証契約を取り消すことができる。

3　前二項の規定は、保証をする者が法人である場合には、適用しない。

第四節　債権の譲渡

第四六六条（**債権の譲渡性**）債権は、譲り渡すことができる。ただし、その性質がこれを許さないときは、この限りでない。

2　当事者が債権の譲渡を禁止し、又は制限する旨の意思表示（以下「譲渡制限の意思表示」という。）をしたときであっても、債権の譲渡は、その効力を妨げられない。

3　前項に規定する場合には、譲渡制限の意思表示がされたことを知り、又は重大な過失によって知らなかった譲受人その他の第三者に対しては、債務者は、その債務の履行を拒むことができ、かつ、譲渡人に対する弁済その他の債務を消滅させる事由をもってその第三者に対抗することができる。

4　前項の規定は、債務者が債務を履行しない場合において、同項に規定する第三者が相当の期間を定めて譲渡人への履行の催告をし、その期間内に履行がないときは、その債務者については、適用しない。

事例　画家に自分の肖像画を描いてくれるよう依頼して承諾を得たが、その肖像画を描いてもらうという債権を譲渡することはできるだろうか。

解説　債権は原則として譲渡することができるが、給付の性質上、債権者だけに給付すべき債権は譲渡できない。たとえば、特定の人が音楽家から楽器の演奏の教授を受ける権利や、画家に自己の肖像画絵を描いてもらうという債権は譲渡することができない。そのほか、扶養請求権（民八八一条）、国民年金（国民年金法二四条）のように、法律が譲渡を制限している場合も譲渡できない。

第四六六条の二（**譲渡制限の意思表示がされた債権に係る債務者の供託**）債務者は、譲渡制限の意思表示がされた金銭の給付を目的とする債権が譲渡されたときは、その債権の全額に相当する金銭を債務の履行地（債務の履行地が債権者の現在の住所により定まる場合にあっては、譲渡人の現在の住所を含む。次条において同じ。）の供託所に供託することができる。

2　前項の規定により供託をした債務者は、遅滞なく、譲渡人及び譲受人に供託の通知をしなければならない。

3　第一項の規定により供託をした金銭は、譲受人に限り、還付を請求することができる。

第四六六条の三　前条第一項に規定する場合において、譲渡人について破産手続開始の決定があったときは、譲受人（同項の債権の全額を譲り受けた者であって、その債権の譲渡を債務者その他の第三者に対抗することができるものに限る。）は、譲渡制限の意思表示がされたことを知り、又は重大な過失によって知らなかったときであっても、債務者にその債権の全額に相当する金銭を債務の履行地の供託所に供託させることができる。この場合においては、同条第二項及び第三項の規定を準用する。

第四六六条の四（**譲渡制限の意思表示がされた**

債権の差押え）第四百六十六条第三項の規定は、譲渡制限の意思表示がされた債権に対する強制執行をした差押債権者に対しては、適用しない。

2　前項の規定にかかわらず、譲受人その他の第三者が譲渡制限の意思表示がされたことを知り、又は重大な過失によって知らなかった場合において、その債権者が同項の債権に対する強制執行をしたときは、債務者は、その債務の履行を拒むことができ、かつ、譲渡人に対する弁済その他の債務を消滅させる事由をもって差押債権者に対抗することができる。

第四六六条の五（**預金債権又は貯金債権に係る譲渡制限の意思表示の効力**）預金口座又は貯金口座に係る預金又は貯金に係る債権（以下「預貯金債権」という。）について当事者がした譲渡制限の意思表示は、第四百六十六条第二項の規定にかかわらず、その譲渡制限の意思表示がされたことを知り、又は重大な過失によって知らなかった譲受人その他の第三者に対抗することができる。

2　前項の規定は、譲渡制限の意思表示がされた預貯金債権に対する強制執行をした差押債権者に対しては、適用しない。

第四六六条の六（**将来債権の譲渡性**）債権の譲渡は、その意思表示の時に債権が現に発生していることを要しない。

2　債権が譲渡された場合において、その意思表示の時に債権が現に発生していないときは、譲受人は、発生した債権を当然に取得する。

3　前項に規定する場合において、譲渡人が次条の規定による通知をし、又は債務者が同条の規定による承諾をした時（以下「対抗要件具備時」という。）までに譲渡制限の意思表示がされたときは、譲受人その他の第三者がそのことを知っていたものとみなして、第四百六十六条第三項（譲渡制限の意思表示がされた債権が預貯金債権の場合にあっては、前条第一項）の規定を適用する。

第四六七条（**債権の譲渡の対抗要件**）債権の譲渡（現に発生していない債権の譲渡を含む。）は、譲渡人が債務者に通知をし、又は債務者が承諾をしなければ、債務者その他の第三者に対抗することができない。

2　前項の通知又は承諾は、確定日付のある証書によってしなければ、債務者以外の第三者に対抗することができない。

判例　Xが債務者Yに対する債権をAに譲渡して通知した後、同じ債権をBにも譲渡して通知した場合、Aへの譲渡通知に確定日付がなく、Bへの譲渡通知に確定日付があるときは、確定日付のあるBがAに優先する。したがって、債務者Yは、Aに弁済しても有効な弁済とならず、Bに弁済しなければならないから、Aから請求があっても拒むことができる。①いずれの譲渡通知にも確定日付があるときは、確定日付の先後ではなく、到達の先後によって決定する（最判昭四九・三・七民集二八・二・一七四）。確定日付のある譲渡通知書を作成しながら、発送が遅れるということもあるからである。②確定日付のある通知が同時に到達したとき（いずれも先に到達したことを証明できないとき）は、ABいずれも優先せず、いずれもYに全額を請求することができる。Yはいずれかに弁済すれば他方の請求は拒むことができる（最判昭五五・一・一一民集三四・一・四二）。Yが供託してABが供託金還付請求を行った場合は、案分した額で分け合うべきとされている（最判平五・三・三〇民集四七・四・三三三四）。③いずれの通知にも確定日付がないときは、Yはいずれの請求も拒否できるが、いずれかに弁済すればその弁済は有効となり、免責されるとするのが通説である。

事例　民法の規定に従って、債務者以外の第三者にも対抗するために確定日付のある証書によって通知するには、はがきに日付を記載して譲渡通知をしておけばよいのだろうか。

解説　確定日付のある証書が要求されるのは、当事者が共謀して日付を遡らせることを防ぐためで、確定日付のある証書とは、民法施行法五条に列挙された証書をいい、内容証明郵便や公正証書などがこれにあたる。はがきに日付を記載しても確定日付のある証書にはならない。

第四六八条（**債権の譲渡における債務者の抗弁**）債務者は、対抗要件具備時までに譲渡人に対して生じた事由をもって譲受人に対抗することができる。

2　第四百六十六条第四項の場合における前項の規定の適用については、同項中「対抗要件具備時」とあるのは、「第四百六十六条第四項の相当の期間を経過した時」とし、第四百六十六条の三の場合における同項の規定の適用については、同項中「対抗要件具備時」とあるのは、「第四百六十六条の三の規定により同条の譲受人から供託の請求を受けた時」

民法

とする。

第四六九条（**債権の譲渡における相殺権**）債務者は、対抗要件具備時より前に取得した譲渡人に対する債権による相殺をもって譲受人に対抗することができる。

2　債務者が対抗要件具備時より後に取得した譲渡人に対する債権であっても、その債権が次に掲げるものであるときは、前項と同様とする。ただし、債務者が対抗要件具備時より後に他人の債権を取得したときは、この限りでない。

一　対抗要件具備時より前の原因に基づいて生じた債権

二　前号に掲げるもののほか、譲受人の取得した債権の発生原因である契約に基づいて生じた債権

3　第四百六十六条第四項の場合における前二項の規定の適用については、これらの規定中「対抗要件具備時」とあるのは、「第四百六十六条第四項の相当の期間を経過した時」とし、第四百六十六条の三の場合におけるこれらの規定の適用については、これらの規定中「対抗要件具備時」とあるのは、「第四百六十六条の三の規定により同条の譲受人から供託の請求を受けた時」とする。

第五節　債務の引受け

第一款　併存的債務引受

第四七〇条（**併存的債務引受の要件及び効果**）併存的債務引受の引受人は、債務者と連帯して、債務者が債権者に対して負担する債務と同一の内容の債務を負担する。

2　併存的債務引受は、債権者と引受人となる者との契約によってすることができる。

3　併存的債務引受は、債務者と引受人となる者との契約によってもすることができる。この場合において、併存的債務引受は、債権者が引受人となる者に対して承諾をした時に、その効力を生ずる。

4　前項の規定によってする併存的債務引受は、第三者のためにする契約に関する規定に従う。

第四七一条（**併存的債務引受における引受人の抗弁等**）引受人は、併存的債務引受により負担した自己の債務について、その効力が生じた時に債務者が主張することができた抗弁をもって債権者に対抗することができる。

2　債務者が債権者に対して取消権又は解除権を有するときは、引受人は、これらの権利の行使によって債務者がその債務を免れるべき限度において、債権者に対して債務の履行を拒むことができる。

第二款　免責的債務引受

第四七二条（**免責的債務引受の要件及び効果**）免責的債務引受の引受人は債務者が債権者に対して負担する債務と同一の内容の債務を負担し、債務者は自己の債務を免れる。

2　免責的債務引受は、債権者と引受人となる者との契約によってすることができる。この場合において、免責的債務引受は、債権者が債務者に対してその契約をした旨を通知した時に、その効力を生ずる。

3　免責的債務引受は、債務者と引受人となる者が契約をし、債権者が引受人となる者に対して承諾をすることによってもすることができる。

第四七二条の二（**免責的債務引受における引受人の抗弁等**）引受人は、免責的債務引受により負担した自己の債務について、その効力が生じた時に債務者が主張することができた抗弁をもって債権者に対抗することができる。

2　債務者が債権者に対して取消権又は解除権を有するときは、引受人は、免責的債務引受がなければこれらの権利の行使によって債務者がその債務を免れることができた限度において、債権者に対して債務の履行を拒むことができる。

第四七二条の三（**免責的債務引受における引受人の求償権**）免責的債務引受の引受人は、債務者に対して求償権を取得しない。

第四七二条の四（**免責的債務引受による担保の移転**）債権者は、第四百七十二条第一項の規定により債務者が免れる債務の担保として設定された担保権を引受人が負担する債務に移すことができる。ただし、引受人以外の者がこれを設定した場合には、その承諾を得なければならない。

2　前項の規定による担保権の移転は、あらかじめ又は同時に引受人に対してする意思表示によってしなければならない。

3　前二項の規定は、第四百七十二条第一項の規定により債務者が免れる債務の保証をした者があるときについて準用する。

4　前項の場合において、同項において準用する第一項の承諾は、書面でしなければ、その効力を生じない。

5　前項の承諾がその内容を記録した電磁的記録によってされたときは、その承諾は、書面によってされたものとみなして、同項の規定を適用する。

第六節　債権の消滅

第一款　弁済

第一目　総則

第四七三条（**弁済**）債務者が債権者に対して債務の弁済をしたときは、その債権は、消滅する。

第四七四条（**第三者の弁済**）債務の弁済は、第三者もすることができる。

2　弁済をするについて正当な利益を有する者でない第三者は、債務者の意思に反して弁済をすることができない。ただし、債務者の意思に反することを債権者が知らなかったときは、この限りでない。

3　前項に規定する第三者は、債権者の意思に反して弁済をすることができない。ただし、その第三者が債務者の委託を受けて弁済をする場合において、そのことを債権者が知っていたときは、この限りでない。

4　前三項の規定は、その債務の性質が第三者の弁済を許さないとき、又は当事者が第三者の弁済を禁止し、若しくは制限する旨の意思表示をしたときは、適用しない。

判例　正当な利益を有する者とは、弁済をするについて法律上の利益を有する第三者のことで、物上保証人や担保不動産の第三取得者がこれにあたる（最判昭三九・四・二一民集一八・四・五六六）。これに対して、債務者の親族や友人というだけでは、事実上の利害関係しか認められず、民法四七四条二項の正当な利益を有するとはいえない（大判昭一四・一〇・一三民集一八・一一六五）。正当な利益を有しない第三者は、債務者の意思に反して弁済をすることができない（民四七四条二項本文）から、連帯債務者の一人の意思に反しない場合であっても、他の連帯債務者の意思に反するときは、その意思に反する連帯債務者に対する関係で、その弁済は無効である（大判昭一四・一〇・一三民集一八・一一六五）。

第四七五条（**弁済として引き渡した物の取戻し**）弁済をした者が弁済として他人の物を引き渡したときは、その弁済をした者は、更に有効な弁済をしなければ、その物を取り戻すことができない。

第四七六条（**弁済として引き渡した物の消費又は譲渡がされた場合の弁済の効力等**）前条の場合において、債権者が弁済として受領した物を善意で消費し、又は譲り渡したときは、その弁済は、有効とする。この場合において、債権者が第三者から賠償の請求を受けたときは、弁済をした者に対して求償をすることを妨げない。

第四七七条（**預金又は貯金の口座に対する払込みによる弁済**）債権者の預金又は貯金の口座に対する払込みによってする弁済は、債権者がその預金又は貯金に係る債権の債務者に対してその払込みに係る金額の払戻しを請求する権利を取得した時に、その効力を生ずる。

第四七八条（**受領権者としての外観を有する者に対する弁済**）受領権者（債権者及び法令の規定又は当事者の意思表示によって弁済を受領する権限を付与された第三者をいう。以下同じ。）以外の者であって取引上の社会通念に照らして受領権者としての外観を有するものに対してした弁済は、その弁済をした者が善意であり、かつ、過失がなかったときに限り、その効力を有する。

第四七九条（**受領権者以外の者に対する弁済**）前条の場合を除き、受領権者以外の者に対してした弁済は、債権者がこれによって利益を受けた限度においてのみ、その効力を有する。

第四八〇条　削除

第四八一条（**差押えを受けた債権の第三債務者の弁済**）差押えを受けた債権の第三債務者が自己の債権者に弁済をしたときは、差押債権者は、その受けた損害の限度において更に弁済をすべき旨を第三債務者に請求することができる。

2　前項の規定は、第三債務者からその債権者に対する求償権の行使を妨げない。

第四八二条（**代物弁済**）弁済をすることができる者（以下「弁済者」という。）が、債権者との間で、債務者の負担した給付に代えて他の給付をすることにより債務を消滅させる旨の契約をした場合において、その弁済者が当該他の給付をしたときは、その給付は、弁済と同一の効力を有する。

判例　代物弁済によって債務消滅の効力が生ずるには、債務者が本来給付すべきものに代えて、他のもので現実に給付することが必要である。「他の給付すべきもの」が、不動産の所有権を移転することである場合は、当事者がその意思表示をしただけでは足りず、登記その他引渡行為を終了し、第三者に対して対抗要件を具備したときでないと債務消滅の効力を生じない（最判昭四〇・四・三〇民集一九・三・七六八）。

事例 商品Aを引き渡すという債務を、商品Bを引き渡すという債務に変更するのは代物弁済になるのだろうか。

解説 他の対価の授受が現実に行われるか否かで、代物弁済と更改は区別される。商品Aを引き渡す債務の弁済の代わりに商品Bが引き渡されれば代物弁済であるが、商品Aを引き渡すという債務を、商品Bを引き渡すという債務に変更するのは、更改であって代物弁済ではない。

第四八三条（特定物の現状による引渡し） 債権の目的が特定物の引渡しである場合において、契約その他の債権の発生原因及び取引上の社会通念に照らしてその引渡しをすべき時の品質を定めることができないときは、弁済をする者は、その引渡しをすべき時の現状でその物を引き渡さなければならない。

第四八四条（弁済の場所及び時間） 弁済をすべき場所について別段の意思表示がないときは、特定物の引渡しは債権発生の時にその物が存在した場所において、その他の弁済は債権者の現在の住所において、それぞれしなければならない。

2　法令又は慣習により取引時間の定めがあるときは、その取引時間内に限り、弁済をし、又は弁済の請求をすることができる。

第四八五条（弁済の費用） 弁済の費用について別段の意思表示がないときは、その費用は、債務者の負担とする。ただし、債権者が住所の移転その他の行為によって弁済の費用を増加させたときは、その増加額は、債権者の負担とする。

第四八六条（受取証書の交付請求等） 弁済をする者は、弁済と引換えに、弁済を受領する者に対して受取証書の交付を請求することができる。

2　弁済をする者は、前項の受取証書の交付に代えて、その内容を記録した電磁的記録の提供を請求することができる。ただし、弁済を受領する者に不相当な負担を課するものであるときは、この限りでない。

判例 弁済と受取証書の交付は、同時履行の関係にあるため、受取証書の交付があるまでは弁済者が目的物の引渡しを拒んでも、遅滞の責めを負わない（大判昭一六・三・一民集二〇・一六三）。

第四八七条（債権証書の返還請求） 債権に関する証書がある場合において、弁済をした者が全部の弁済をしたときは、その証書の返還を請求することができる。

第四八八条（同種の給付を目的とする数個の債務がある場合の充当） 債務者が同一の債権者に対して同種の給付を目的とする数個の債務を負担する場合において、弁済として提供した給付が全ての債務を消滅させるのに足りないとき（次条第一項に規定する場合を除く。）は、弁済をする者は、給付の時に、その弁済を充当すべき債務を指定することができる。

2　弁済をする者が前項の規定による指定をしないときは、弁済を受領する者は、その受領の時に、その弁済を充当すべき債務を指定することができる。ただし、弁済をする者がその充当に対して直ちに異議を述べたときは、この限りでない。

3　前二項の場合における弁済の充当の指定は、相手方に対する意思表示によってする。

4　弁済をする者及び弁済を受領する者がいずれも第一項又は第二項の規定による指定をしないときは、次の各号の定めるところに従い、その弁済を充当する。

一　債務の中に弁済期にあるものと弁済期にないものとがあるときは、弁済期にあるものに先に充当する。

二　全ての債務が弁済期にあるとき、又は弁済期にないときは、債務者のために弁済の利益が多いものに先に充当する。

三　債務者のために弁済の利益が相等しいときは、弁済期が先に到来したもの又は先に到来すべきものに先に充当する。

四　前二号に掲げる事項が相等しい債務の弁済は、各債務の額に応じて充当する。

第四八九条（元本、利息及び費用を支払うべき場合の充当） 債務者が一個又は数個の債務について元本のほか利息及び費用を支払うべき場合（債務者が数個の債務を負担する場合にあっては、同一の債権者に対して同種の給付を目的とする数個の債務を負担するときに限る。）において、弁済をする者がその債務の全部を消滅させるのに足りない給付をしたときは、これを順次に費用、利息及び元本に充当しなければならない。

2　前条の規定は、前項の場合において、費用、利息又は元本のいずれかの全てを消滅させるのに足りない給付をしたときについて準用する。

第四九〇条（**合意による弁済の充当**）前二条の規定にかかわらず、弁済をする者と弁済を受領する者との間に弁済の充当の順序に関する合意があるときは、その順序に従い、その弁済を充当する。

第四九一条（**数個の給付をすべき場合の充当**）一個の債務の弁済として数個の給付をすべき場合において、弁済をする者がその債務の全部を消滅させるのに足りない給付をしたときは、前三条の規定を準用する。

第四九二条（**弁済の提供の効果**）債務者は、弁済の提供の時から、債務を履行しないことによって生ずべき責任を免れる。

第四九三条（**弁済の提供の方法**）弁済の提供は、債務の本旨に従って現実にしなければならない。ただし、債権者があらかじめその受領を拒み、又は債務の履行について債権者の行為を要するときは、弁済の準備をしたことを通知してその受領の催告をすれば足りる。

判例 金銭債務を負担している者が、弁済履行のため同額の小切手で提供しても、その小切手が銀行が振り出した自分あての小切手か、または銀行において支払保証をした小切手のように、確実に支払われるものでなければ、特別の意思表示あるいは慣習がない限り、債務の本旨に従った履行の提供とはいえない（最判昭三五・一一・二二民集一四・一三・二八二七）。

第二目　弁済の目的物の供託

第四九四条（**供託**）弁済者は、次に掲げる場合には、債権者のために弁済の目的物を供託することができる。この場合においては、弁済者が供託をした時に、その債権は、消滅する。

一　弁済の提供をした場合において、債権者がその受領を拒んだとき。

二　債権者が弁済を受領することができないとき。

2　弁済者が債権者を確知することができないときも、前項と同様とする。ただし、弁済者に過失があるときは、この限りでない。

第四九五条（**供託の方法**）前条の規定による供託は、債務の履行地の供託所にしなければならない。

2　供託所について法令に特別の定めがない場合には、裁判所は、弁済者の請求により、供託所の指定及び供託物の保管者の選任をしなければならない。

3　前条の規定により供託をした者は、遅滞なく、債権者に供託の通知をしなければならない。

第四九六条（**供託物の取戻し**）債権者が供託を受諾せず、又は供託を有効と宣告した判決が確定しない間は、弁済者は、供託物を取り戻すことができる。この場合においては、供託をしなかったものとみなす。

2　前項の規定は、供託によって質権又は抵当権が消滅した場合には、適用しない。

第四九七条（**供託に適しない物等**）弁済者は、次に掲げる場合には、裁判所の許可を得て、弁済の目的物を競売に付し、その代金を供託することができる。

一　その物が供託に適しないとき。

二　その物について滅失、損傷その他の事由による価格の低落のおそれがあるとき。

三　その物の保存について過分の費用を要するとき。

四　前三号に掲げる場合のほか、その物を供託することが困難な事情があるとき。

第四九八条（**供託物の還付請求等**）弁済の目的物又は前条の代金が供託された場合には、債権者は、供託物の還付を請求することができる。

2　債務者が債権者の給付に対して弁済をすべき場合には、債権者は、その給付をしなければ、供託物を受け取ることができない。

第三目　弁済による代位

第四九九条（**弁済による代位の要件**）債務者のために弁済をした者は、債権者に代位する。

第五〇〇条　第四百六十七条の規定は、前条の場合（弁済をするについて正当な利益を有する者が債権者に代位する場合を除く。）について準用する。

判例 弁済をするについて正当な利益を有する者として、連帯債務者（大判昭一一・六・二民集一五・一〇七四）、連帯保証人（大判昭九・一〇・一六民集一三・一九一三）、後順位抵当権者（大決昭六・一二・一八民集一〇・一二三二）、一般債権者（大判昭一三・二・一五民集一七・一七九）などがある。

第五〇一条（**弁済による代位の効果**）前二条の規定により債権者に代位した者は、債権の効力及び担保としてその債権者が有していた一切の権利を行使することができる。

2　前項の規定による権利の行使は、債権者に代位した者が自己の権利に基づいて債務者に対して求償をすることができる範囲内（保証人の一人が他の保証人に対して債権者に代位する場合には、自己の権利に基づいて当該他の保証人に対して求償をすることができる範囲内）に限り、することができる。

3　第一項の場合には、前項の規定によるほか、次に掲げるところによる。

一　第三取得者（債務者から担保の目的となっている財産を譲り受けた者をいう。以下この項において同じ。）は、保証人及び物上保証人に対して債権者に代位しない。

二　第三取得者の一人は、各財産の価格に応じて、他の第三取得者に対して債権者に代位する。

三　前号の規定は、物上保証人の一人が他の物上保証人に対して債権者に代位する場合について準用する。

四　保証人と物上保証人との間においては、その数に応じて、債権者に代位する。ただし、物上保証人が数人あるときは、保証人の負担部分を除いた残額について、各財産の価格に応じて、債権者に代位する。

五　第三取得者から担保の目的となっている財産を譲り受けた者は、第三取得者とみなして第一号及び第二号の規定を適用し、物上保証人から担保の目的となっている財産を譲り受けた者は、物上保証人とみなして第一号、第三号及び前号の規定を適用する。

第五〇二条（**一部弁済による代位**）債権の一部について代位弁済があったときは、代位者は、債権者の同意を得て、その弁済をした価額に応じて、債権者とともにその権利を行使することができる。

2　前項の場合であっても、債権者は、単独でその権利を行使することができる。

3　前二項の場合に債権者が行使する権利は、その債権の担保の目的となっている財産の売却代金その他の当該権利の行使によって得られる金銭について、代位者が行使する権利に優先する。

4　第一項の場合において、債務の不履行による契約の解除は、債権者のみがすることができる。この場合においては、代位者に対し、その弁済をした価額及びその利息を償還しなければならない。

第五〇三条（**債権者による債権証書の交付等**）代位弁済によって全部の弁済を受けた債権者は、債権に関する証書及び自己の占有する担保物を代位者に交付しなければならない。

2　債権の一部について代位弁済があった場合には、債権者は、債権に関する証書にその代位を記入し、かつ、自己の占有する担保物の保存を代位者に監督させなければならない。

第五〇四条（**債権者による担保の喪失等**）弁済をするについて正当な利益を有する者（以下この項において「代位権者」という。）がある場合において、債権者が故意又は過失によってその担保を喪失し、又は減少させたときは、その代位権者は、代位をするに当たって担保の喪失又は減少によって償還を受けることができなくなる限度において、その責任を免れる。その代位権者が物上保証人である場合において、その代位権者から担保の目的となっている財産を譲り受けた第三者及びその特定承継人についても、同様とする。

2　前項の規定は、債権者が担保を喪失し、又は減少させたことについて取引上の社会通念に照らして合理的な理由があると認められるときは、適用しない。

第二款　相殺

第五〇五条（**相殺の要件等**）二人が互いに同種の目的を有する債務を負担する場合において、双方の債務が弁済期にあるときは、各債務者は、その対当額について相殺によってその債務を免れることができる。ただし、債務の性質がこれを許さないときは、この限りでない。

2　前項の規定にかかわらず、当事者が相殺を禁止し、又は制限する旨の意思表示をした場合には、その意思表示は、第三者がこれを知り、又は重大な過失によって知らなかったときに限り、その第三者に対抗することができる。

判例　相殺する者の債権（自働債権）が弁済期にあれば、相殺される者の債権（受働債権）が弁済期になくても、期限の利益放棄の意思表示をすることなく相殺することができる（大判昭八・五・三〇民集一二・一三八一）。

第五〇六条（**相殺の方法及び効力**）相殺は、当事者の一方から相手方に対する意思表示によってする。この場合において、その意思表示には、条件又は期限を付することができない。

2　前項の意思表示は、双方の債務が互いに相殺に適するようになった時にさかのぼってその効力を生ずる。

第五〇七条（**履行地の異なる債務の相殺**）相殺は、双方の債務の履行地が異なるときであっても、することができる。この場合において、相殺をする当事者は、相手方に対し、これによって生じた損害を賠償しなければならない。

第五〇八条（**時効により消滅した債権を自働債権とする相殺**）時効によって消滅した債権がその消滅以前に相殺に適するようになっていた場合には、その債権者は、相殺をすることができる。

第五〇九条（**不法行為等により生じた債権を受働債権とする相殺の禁止**）次に掲げる債務の債務者は、相殺をもって債権者に対抗することができない。ただし、その債権者がその債務に係る債権を他人から譲り受けたときは、この限りでない。

一　悪意による不法行為に基づく損害賠償の債務

二　人の生命又は身体の侵害による損害賠償の債務（前号に掲げるものを除く。）

第五一〇条（**差押禁止債権を受働債権とする相殺の禁止**）債権が差押えを禁じたものであるときは、その債務者は、相殺をもって債権者に対抗することができない。

第五一一条（**差押えを受けた債権を受働債権とする相殺の禁止**）差押えを受けた債権の第三債務者は、差押え後に取得した債権による相殺をもって差押債権者に対抗することはできないが、差押え前に取得した債権による相殺をもって対抗することができる。

2　前項の規定にかかわらず、差押え後に取得した債権が差押え前の原因に基づいて生じたものであるときは、その第三債務者は、その債権による相殺をもって差押債権者に対抗することができる。ただし、第三債務者が差押え後に他人の債権を取得したときは、この限りでない。

第五一二条（**相殺の充当**）債権者が債務者に対して有する一個又は数個の債権と、債権者が債務者に対して負担する一個又は数個の債務について、債権者が相殺の意思表示をした場合において、当事者が別段の合意をしなかったときは、債権者の有する債権とその負担する債務は、相殺に適するようになった時期の順序に従って、その対当額について相殺によって消滅する。

2　前項の場合において、相殺をする債権者の有する債権がその負担する債務の全部を消滅させるのに足りないときであって、当事者が別段の合意をしなかったときは、次に掲げるところによる。

一　債権者が数個の債務を負担するとき（次号に規定する場合を除く。）は、第四百八十八条第四項第二号から第四号までの規定を準用する。

二　債権者が負担する一個又は数個の債務について元本のほか利息及び費用を支払うべきときは、第四百八十九条の規定を準用する。この場合において、同条第二項中「前条」とあるのは、「前条第四項第二号から第四号まで」と読み替えるものとする。

3　第一項の場合において、相殺をする債権者の負担する債務がその有する債権の全部を消滅させるのに足りないときは、前項の規定を準用する。

第五一二条の二　債権者が債務者に対して有する債権に、一個の債権の弁済として数個の給付をすべきものがある場合における相殺については、前条の規定を準用する。債権者が債務者に対して負担する債務に、一個の債務の弁済として数個の給付をすべきものがある場合における相殺についても、同様とする。

第三款　更改

第五一三条（**更改**）当事者が従前の債務に代えて、新たな債務であって次に掲げるものを発生させる契約をしたときは、従前の債務は、更改によって消滅する。

一　従前の給付の内容について重要な変更をするもの

二　従前の債務者が第三者と交替するもの

三　従前の債権者が第三者と交替するもの

事例　A（買主）は、Bから商品を仕入れ、代金を月末払いとした。月末に、Aは、約束手形を振り出しCに交付したが、更改になるのだろうか。

解説　約束手形の振出しが更改にあたるか否かは、当事者の意思によって定まり、意思不明の場合は弁済確保のためになされたものと認めるべきであって、当然に更改があったものとすべきではない（大判大七・一〇・二九民録二四・二〇七九）。

第五一四条（**債務者の交替による更改**）債務者の交替による更改は、債権者と更改後に債務者となる者との契約によってすることができる。この場合において、更改は、債権者が更改前の債務者に対してその契約をした旨を通知した時に、その効力を生ずる。

2　債務者の交替による更改後の債務者は、更改前の債務者に対して求償権を取得しない。

第五一五条（**債権者の交替による更改**）債権者の交替による更改は、更改前の債権者、更改後に債権者となる者及び債務者の契約によってすることができる。

2　債権者の交替による更改は、確定日付のある証書によってしなければ、第三者に対抗することができない。

第五一六条及び第五一七条　削除

第五一八条（**更改後の債務への担保の移転**）債権者（債権者の交替による更改にあっては、更改前の債権者）は、更改前の債務の目的の限度において、その債務の担保として設定された質権又は抵当権を更改後の債務に移すことができる。ただし、第三者がこれを設定した場合には、その承諾を得なければならない。

2　前項の質権又は抵当権の移転は、あらかじめ又は同時に更改の相手方（債権者の交替による更改にあっては、債務者）に対してする意思表示によってしなければならない。

第四款　免除

第五一九条　債権者が債務者に対して債務を免除する意思を表示したときは、その債権は、消滅する。

事例　Aは、Bから借りていた一〇〇万円を返そうとしたが、Bは返さなくてもよいといって受け取らない。Aが自分の名誉のためにもどうしても返したいとがんばったらどうなるか。

解説　「債務免除」とは、債権の放棄であるから、債務者の意思には関係なく、債権者の一方的な意思表示によって行うことができる。つまり、債権者のBの単独行為であって、債務者のAが、債権者のBから恩を受けることを、いさぎよしとしないから免除を拒むといっても、債権者のほうで免除するという意思表示をし、それが到達すれば免除の効力を生じる。債務免除は債務者に対して意思表示する必要があり、第三者に債権放棄の意思を表示しても債権は消滅しない。また、債権に質権が設定されている場合など、免除によって第三者の権利を害するときは、免除は許されない。

第五款　混同

第五二〇条　債権及び債務が同一人に帰属したときは、その債権は、消滅する。ただし、その債権が第三者の権利の目的であるときは、この限りでない。

判例　有効な転貸借がある場合に、賃貸人と転借人の地位が同一人に帰しても、賃貸人と賃借人、賃借人と転借人の関係は消滅しない（最判昭三五・六・二三民集一四・八・一五〇七）。

第七節　有価証券

第一款　指図証券

第五二〇条の二（**指図証券の譲渡**）指図証券の譲渡は、その証券に譲渡の裏書をして譲受人に交付しなければ、その効力を生じない。

第五二〇条の三（**指図証券の裏書の方式**）指図証券の譲渡については、その指図証券の性質に応じ、手形法（昭和七年法律第二十号）中裏書の方式に関する規定を準用する。

第五二〇条の四（**指図証券の所持人の権利の推定**）指図証券の所持人が裏書の連続によりその権利を証明するときは、その所持人は、証券上の権利を適法に有するものと推定する。

第五二〇条の五（**指図証券の善意取得**）何らかの事由により指図証券の占有を失った者がある場合において、その所持人が前条の規定によりその権利を証明するときは、その所持人は、その証券を返還する義務を負わない。ただし、その所持人が悪意又は重大な過失によりその証券を取得したときは、この限りでない。

第五二〇条の六（**指図証券の譲渡における債務者の抗弁の制限**）指図証券の債務者は、その証券に記載した事項及びその証券の性質から当然に生ずる結果を除き、その証券の譲渡前の債権者に対抗することができた事由をもって善意の譲受人に対抗することができない。

第五二〇条の七（**指図証券の質入れ**）第五百二十条の二から前条までの規定は、指図証券を目的とする質権の設定について準用する。

第五二〇条の八（**指図証券の弁済の場所**）指図証券の弁済は、債務者の現在の住所においてしなければならない。

第五二〇条の九（**指図証券の提示と履行遅滞**）指図証券の債務者は、その債務の履行について期限の定めがあるときであっても、その期限が到来した後に所持人がその証券を提示してその履行の請求をした時から遅滞の責任を負う。

第五二〇条の一〇（**指図証券の債務者の調査の権利等**）指図証券の債務者は、その証券の所持人並びにその署名及び押印の真偽を調査する権利を有するが、その義務を負わない。ただし、債務者に悪意又は重大な過失があるときは、その弁済は、無効とする。

第五二〇条の一一（指図証券の喪失） 指図証券は、非訟事件手続法（平成二十三年法律第五十一号）第百条に規定する公示催告手続によって無効とすることができる。

第五二〇条の一二（指図証券喪失の場合の権利行使方法） 金銭その他の物又は有価証券の給付を目的とする指図証券の所持人がその指図証券を喪失した場合において、非訟事件手続法第百十四条に規定する公示催告の申立てをしたときは、その債務者に、その債務の目的物を供託させ、又は相当の担保を供してその指図証券の趣旨に従い履行をさせることができる。

第二款　記名式所持人払証券

第五二〇条の一三（記名式所持人払証券の譲渡） 記名式所持人払証券（債権者を指名する記載がされている証券であって、その所持人に弁済をすべき旨が付記されているものをいう。以下同じ。）の譲渡は、その証券を交付しなければ、その効力を生じない。

第五二〇条の一四（記名式所持人払証券の所持人の権利の推定） 記名式所持人払証券の所持人は、証券上の権利を適法に有するものと推定する。

第五二〇条の一五（記名式所持人払証券の善意取得） 何らかの事由により記名式所持人払証券の占有を失った者がある場合において、その所持人が前条の規定によりその権利を証明するときは、その所持人は、その証券を返還する義務を負わない。ただし、その所持人が悪意又は重大な過失によりその証券を取得したときは、この限りでない。

第五二〇条の一六（記名式所持人払証券の譲渡における債務者の抗弁の制限） 記名式所持人払証券の債務者は、その証券に記載した事項及びその証券の性質から当然に生ずる結果を除き、その証券の譲渡前の債権者に対抗することができた事由をもって善意の譲受人に対抗することができない。

第五二〇条の一七（記名式所持人払証券の質入れ） 第五百二十条の十三から前条までの規定は、記名式所持人払証券を目的とする質権の設定について準用する。

第五二〇条の一八（指図証券の規定の準用） 第五百二十条の八から第五百二十条の十二までの規定は、記名式所持人払証券について準用する。

第三款　その他の記名証券

第五二〇条の一九 債権者を指名する記載がされている証券であって指図証券及び記名式所持人払証券以外のものは、債権の譲渡又はこれを目的とする質権の設定に関する方式に従い、かつ、その効力をもってのみ、譲渡し、又は質権の目的とすることができる。

2　第五百二十条の十一及び第五百二十条の十二の規定は、前項の証券について準用する。

第四款　無記名証券

第五二〇条の二〇 第二款（記名式所持人払証券）の規定は、無記名証券について準用する。

第二章　契約

第一節　総則

第一款　契約の成立

第五二一条（契約の締結及び内容の自由） 何人も、法令に特別の定めがある場合を除き、契約をするかどうかを自由に決定することができる。

2　契約の当事者は、法令の制限内において、契約の内容を自由に決定することができる。

第五二二条（契約の成立と方式） 契約は、契約の内容を示してその締結を申し入れる意思表示（以下「申込み」という。）に対して相手方が承諾をしたときに成立する。

2　契約の成立には、法令に特別の定めがある場合を除き、書面の作成その他の方式を具備することを要しない。

第五二三条（承諾の期間の定めのある申込み） 承諾の期間を定めてした申込みは、撤回することができない。ただし、申込者が撤回をする権利を留保したときは、この限りでない。

2　申込者が前項の申込みに対して同項の期間内に承諾の通知を受けなかったときは、その申込みは、その効力を失う。

第五二四条（遅延した承諾の効力） 申込者は、遅延した承諾を新たな申込みとみなすことができる。

第五二五条（承諾の期間の定めのない申込み） 承諾の期間を定めないでした申込みは、申込者が承諾の通知を受けるのに相当な期間を経過するまでは、撤回することができない。ただし、申込者が撤回をする権利を留保したときは、この限りでない。

2 対話者に対してした前項の申込みは、同項の規定にかかわらず、その対話が継続している間は、いつでも撤回することができる。

3 対話者に対してした第一項の申込みに対して対話が継続している間に申込者が承諾の通知を受けなかったときは、その申込みは、その効力を失う。ただし、申込者が対話の終了後もその申込みが効力を失わない旨を表示したときは、この限りでない。

事例 Aは、承諾期間を定めないでBに宝石一個二〇万円で売る申込みをしたが、宝石の価額は五〇万円だったことが判明したので売買申込みを取り消したい場合はどうしたらよいか。

解説 承諾の期間を定めないで申込みをした場合、相当の期間が過ぎた後でないと申込みを撤回することはできない。

第五二六条（**申込者の死亡等**）申込者が申込みの通知を発した後に死亡し、意思能力を有しない常況にある者となり、又は行為能力の制限を受けた場合において、申込者がその事実が生じたとすればその申込みは効力を有しない旨の意思を表示していたとき、又はその相手方が承諾の通知を発するまでにその事実が生じたことを知ったときは、その申込みは、その効力を有しない。

第五二七条（**承諾の通知を必要としない場合における契約の成立時期**）申込者の意思表示又は取引上の慣習により承諾の通知を必要としない場合には、契約は、承諾の意思表示と認めるべき事実があった時に成立する。

第五二八条（**申込みに変更を加えた承諾**）承諾者が、申込みに条件を付し、その他変更を加えてこれを承諾したときは、その申込みの拒絶とともに新たな申込みをしたものとみなす。

第五二九条（**懸賞広告**）ある行為をした者に一定の報酬を与える旨を広告した者（以下「懸賞広告者」という。）は、その行為をした者がその広告を知っていたかどうかにかかわらず、その者に対してその報酬を与える義務を負う。

第五二九条の二（**指定した行為をする期間の定めのある懸賞広告**）懸賞広告者は、その指定した行為をする期間を定めてした広告を撤回することができない。ただし、その広告において撤回をする権利を留保したときは、この限りでない。

2 前項の広告は、その期間内に指定した行為を完了する者がないときは、その効力を失う。

第五二九条の三（**指定した行為をする期間の定めのない懸賞広告**）懸賞広告者は、その指定した行為を完了する者がない間は、その指定した行為をする期間を定めないでした広告を撤回することができる。ただし、その広告中に撤回をしない旨を表示したときは、この限りでない。

第五三〇条（**懸賞広告の撤回の方法**）前の広告と同一の方法による広告の撤回は、これを知らない者に対しても、その効力を有する。

2 広告の撤回は、前の広告と異なる方法によっても、することができる。ただし、その撤回は、これを知った者に対してのみ、その効力を有する。

第五三一条（**懸賞広告の報酬を受ける権利**）広告に定めた行為をした者が数人あるときは、最初にその行為をした者のみが報酬を受ける権利を有する。

2 数人が同時に前項の行為をした場合には、各自が等しい割合で報酬を受ける権利を有する。ただし、報酬がその性質上分割に適しないとき、又は広告において一人のみがこれを受けるものとしたときは、抽選でこれを受ける者を定める。

3 前二項の規定は、広告中にこれと異なる意思を表示したときは、適用しない。

第五三二条（**優等懸賞広告**）広告に定めた行為をした者が数人ある場合において、その優等者のみに報酬を与えるべきときは、その広告は、応募の期間を定めたときに限り、その効力を有する。

2 前項の場合において、応募者中いずれの者の行為が優等であるかは、広告中に定めた者が判定し、広告中に判定をする者を定めなかったときは懸賞広告者が判定する。

3 応募者は、前項の判定に対して異議を述べることができない。

4 前条第二項の規定は、数人の行為が同等と判定された場合について準用する。

第二款 契約の効力

第五三三条（**同時履行の抗弁**）双務契約の当事者の一方は、相手方がその債務の履行（債務の履行に代わる損害賠償の債務の履行を含む。）を提供するまでは、自己の債務の履行を拒むことができる。ただし、相手方の債務が弁済期にないときは、この限りでない。

判例1　双務契約の一方の当事者は、相手方が履行の提供を継続しない限り、同時履行の抗弁権を失わないので、相手方から履行の提供をうけた後、相手方が提供した物を持ち帰った場合にも、同時履行の抗弁権を失わない（大判大六・一一・一〇民録二三・一九六〇）。

判例2　不動産売買で代金支払義務と登記移転義務とは同時履行の関係にあり（大判大七・八・一四民録二四・一六五〇）、建物売買については、代金支払義務と引渡義務との間にも同時履行の関係が認められる（最判昭三四・六・二五判時一九二・一六）。弁済と受取証書の交付義務は、同時履行の関係にある（大判昭一六・三・一民集二〇・一六三）。

第五三四条及び第五三五条　削除

第五三六条（債務者の危険負担等）　当事者双方の責めに帰することができない事由によって債務を履行することができなくなったときは、債権者は、反対給付の履行を拒むことができる。

2　債権者の責めに帰すべき事由によって債務を履行することができなくなったときは、債権者は、反対給付の履行を拒むことができない。この場合において、債務者は、自己の債務を免れたことによって利益を得たときは、これを債権者に償還しなければならない。

事例1　請負人が家の建築を請け負ったが、台風により大水が出て、建築物が完成しないうちに全部流されてしまった場合、水害による損害は、請負人と注文者のどちらが負担することになるか。

解説　不可抗力によって建築途中の建物が滅失しても、建物の建築は履行不能ではないから、請負人は仕事完成義務を免れず、注文者は請負代金支払義務を免れない。問題は、請負人が再度建築工事を行って建築物を完成させたとき、請負代金に建築途中で滅失した建物の損害額を上乗せして請求できるかである。この損害額については、危険負担の債務者主義（民五三六条）の準用により、債務者である請負人が損害を負担することになり、請負人は、注文者に請負代金の増額を請求できない。

事例2　雇用契約を結んだあと、使用者の過失で、工場が火事になって就労できなくなった場合、使用者は、賃金を支払わなければならないだろうか。

解説　債権者にあたる使用者の責任による債務の不履行であるから、民法五三六条二項本文により、債務者である労働者は働かなくても賃金（反対給付）をもらえることになる。

第五三七条（第三者のためにする契約）　契約により当事者の一方が第三者に対してある給付をすることを約したときは、その第三者は、債務者に対して直接にその給付を請求する権利を有する。

2　前項の契約は、その成立の時に第三者が現に存しない場合又は第三者が特定していない場合であっても、そのためにその効力を妨げられない。

3　第一項の場合において、第三者の権利は、その第三者が債務者に対して同項の契約の利益を享受する意思を表示した時に発生する。

判例　AとBの間でAの土地所有権をCに移転する旨の契約が結ばれたときは、Cは、民法五三七条により、債権だけでなく土地所有権も取得する（大判明四一・九・二二民録一四・九〇七）。

事例　Aが花屋さんBに代金を支払い、恋人Cに誕生日プレゼントの花束の配達を依頼した場合、CがBに花束を請求する権利はいつ発生するのだろうか。

解説　AとBが第三者Cのためにする契約を締結した場合、第三者CがBに対して直接にその給付を請求する権利は、Bに対して契約の利益を享受する意思を表示した時に発生する。

第五三八条（第三者の権利の確定）　前条の規定により第三者の権利が発生した後は、当事者は、これを変更し、又は消滅させることができない。

2　前条の規定により第三者の権利が発生した後に、債務者がその第三者に対する債務を履行しない場合には、同条第一項の契約の相手方は、その第三者の承諾を得なければ、契約を解除することができない。

第五三九条（債務者の抗弁）　債務者は、第五百三十七条第一項の契約に基づく抗弁をもって、その契約の利益を受ける第三者に対抗することができる。

第三款　契約上の地位の移転

第五三九条の二　契約の当事者の一方が第三者との間で契約上の地位を譲渡する旨の合意をした場合において、その契約の相手方がその譲渡を承諾したときは、契約上の地位は、その第三者に移転する。

第四款　契約の解除

第五四〇条（解除権の行使） 契約又は法律の規定により当事者の一方が解除権を有するときは、その解除は、相手方に対する意思表示によってする。

2 前項の意思表示は、撤回することができない。

第五四一条（催告による解除） 当事者の一方がその債務を履行しない場合において、相手方が相当の期間を定めてその履行の催告をし、その期間内に履行がないときは、相手方は、契約の解除をすることができる。ただし、その期間を経過した時における債務の不履行がその契約及び取引上の社会通念に照らして軽微であるときは、この限りでない。

判例 契約の主たる目的の達成に必須的でない付随的義務の不履行の場合には、特段の事情がない限り解除できない（最判昭三六・一一・二一民集一五・一〇・二五〇七）。

第五四二条（催告によらない解除） 次に掲げる場合には、債権者は、前条の催告をすることなく、直ちに契約の解除をすることができる。

一 債務の全部の履行が不能であるとき。

二 債務者がその債務の全部の履行を拒絶する意思を明確に表示したとき。

三 債務の一部の履行が不能である場合又は債務者がその債務の一部の履行を拒絶する意思を明確に表示した場合において、残存する部分のみでは契約をした目的を達することができないとき。

四 契約の性質又は当事者の意思表示により、特定の日時又は一定の期間内に履行をしなければ契約をした目的を達することができない場合において、債務者が履行をしないでその時期を経過したとき。

五 前各号に掲げる場合のほか、債務者がその債務の履行をせず、債権者が前条の催告をしても契約をした目的を達するのに足りる履行がされる見込みがないことが明らかであるとき。

2 次に掲げる場合には、債権者は、前条の催告をすることなく、直ちに契約の一部の解除をすることができる。

一 債務の一部の履行が不能であるとき。

二 債務者がその債務の一部の履行を拒絶する意思を明確に表示したとき。

事例 Aは、Bにカメラを売る契約をし、月末に代金と引き換えにカメラを渡すことにした。ところが月末にならないうちに、Aの過失でそのカメラを海に落としてしまった場合、A・B間の契約はどうなるか。

解説 債務者であるAが、過ってカメラを海に落としたことにより履行不能となったのであるから、Bは、催告することなく直ちに契約を解除することができ（民五四二条一項一号）、BはAの債務不履行を理由として、債務の履行に代わる損害賠償を請求することができる（民四一五条二項三号）。

第五四三条（債権者の責めに帰すべき事由による場合） 債務の不履行が債権者の責めに帰すべき事由によるものであるときは、債権者は、前二条の規定による契約の解除をすることができない。

事例 Aは、Bにカメラを売る契約をし、月末に代金と引き換えにカメラを渡すことにした。ところが月末にならないうちに、債権者Bが購入予定のカメラを見せてほしいといって訪ねてきたので見せてあげたところ、債権者Bの過失でカメラを海に落としてしまい、債務者Aは月末にカメラを引き渡せなくなってしまった。A・B間の契約はどうなるか。

解説 債務の不履行が債権者の責めに帰すべき事由によるものであるときにまで債権者による解除を認めると、債権者は故意に債務の履行を妨げた上で契約を解除し、契約の拘束力を免れることが可能になるので、信義則および公平の観点から、債務の不履行が債権者の責めに帰すべき事由によるものであるときは、契約を解除することはできないとされている。

第五四四条（解除権の不可分性） 当事者の一方が数人ある場合には、契約の解除は、その全員から又はその全員に対してのみ、することができる。

2 前項の場合において、解除権が当事者のうちの一人について消滅したときは、他の者についても消滅する。

判例 共有者が共有物の賃貸借契約を解除する場合は、共有物の管理に関する民法二五二条の規定に従って各共有者の持分の価格の過半数で決し、本条一項の適用はない（最判昭三九・二・二五民集一八・二・三二九）。

事例 AはBに建物を賃貸していたが、Bが死亡し、その子C・D・Eが共同相続人で賃借権を共同相続したが、だれも賃料を支払わないので、Aは賃料の支払いを催告した上で賃貸借契約を解除することとした。この場合、長男であるCを相手にすればよいのだろうか。

解説　賃借人が死亡して相続人が賃借権を共同相続した場合は、賃料債務の催告と賃料債務不履行による契約解除の意思表示は、共同相続人であるC・D・E全員にしなければならない（大判大一一・一一・二四民集一・六七〇）。

第五四五条（解除の効果）　当事者の一方がその解除権を行使したときは、各当事者は、その相手方を原状に復させる義務を負う。ただし、第三者の権利を害することはできない。

２　前項本文の場合において、金銭を返還するときは、その受領の時から利息を付さなければならない。

３　第一項本文の場合において、金銭以外の物を返還するときは、その受領の時以後に生じた果実をも返還しなければならない。

４　解除権の行使は、損害賠償の請求を妨げない。

判例1　不動産売買契約の解除によって所有権は遡及的に売主に復帰する（最判昭三四・九・二二民集一三・一一・一四五一）が、売主が復帰した所有権を第三者に対抗するには、対抗要件を備えなければならない（最判昭三五・一一・二九民集一四・一三・二八六九）。

判例2　売買契約により目的物の引渡しを受けていた買主は、契約解除まで目的物を使用して得た利益を売主に償還すべき義務を負うが、その償還義務は、不法占有に基づく損害賠償義務ではなく、原状回復義務に基づく不当利得の返還義務である（最判昭三四・九・二二民集一三・一一・一四五一）。

判例3　本条一項ただし書の「第三者」とは、解除された契約によって給付された物について権利を取得した者であって、債権を譲り受けた者は第三者にあたらない（大判明四二・五・一四民録一五・四九〇）。

判例4　本条一項ただし書の「第三者」にあたり、保護を受けるためには、その権利について対抗要件を備えていなければならない（最判昭三三・六・一四民集一二・九・一四四九）。

第五四六条（契約の解除と同時履行）　第五百三十三条の規定は、前条の場合について準用する。

第五四七条（催告による解除権の消滅）　解除権の行使について期間の定めがないときは、相手方は、解除権を有する者に対し、相当の期間を定めて、その期間内に解除をするかどうかを確答すべき旨の催告をすることができる。この場合において、その期間内に解除の通知を受けないときは、解除権は、消滅する。

第五四八条（解除権者の故意による目的物の損傷等による解除権の消滅）　解除権を有する者が故意若しくは過失によって契約の目的物を著しく損傷し、若しくは返還することができなくなったとき、又は加工若しくは改造によってこれを他の種類の物に変えたときは、解除権は、消滅する。ただし、解除権を有する者がその解除権を有することを知らなかったときは、この限りでない。

第五款　定型約款

第五四八条の二（定型約款の合意）　定型取引（ある特定の者が不特定多数の者を相手方として行う取引であって、その内容の全部又は一部が画一的であることがその双方にとって合理的なものをいう。以下同じ。）を行うことの合意（次条において「定型取引合意」という。）をした者は、次に掲げる場合には、定型約款（定型取引において、契約の内容とすることを目的としてその特定の者により準備された条項の総体をいう。以下同じ。）の個別の条項についても合意をしたものとみなす。

一　定型約款を契約の内容とする旨の合意をしたとき。

二　定型約款を準備した者（以下「定型約款準備者」という。）があらかじめその定型約款を契約の内容とする旨を相手方に表示していたとき。

２　前項の規定にかかわらず、同項の条項のうち、相手方の権利を制限し、又は相手方の義務を加重する条項であって、その定型取引の態様及びその実情並びに取引上の社会通念に照らして第一条第二項に規定する基本原則に反して相手方の利益を一方的に害すると認められるものについては、合意をしなかったものとみなす。

事例　小規模なアパートの大家があらかじめ作成している賃貸借契約の契約書のひな形や、レストランのメニューやサービス業の料金表も定型約款になるのだろうか。

解説　定型取引は、不特定多数の顧客を相手にするものでなければならないから、個人が管理する小規模な賃貸用建物について、あらかじめ契約書のひな形を作成して賃貸借契約を締結していても、そのひな形は定型約款には該当しない。なお、「準備された条項の総体」とは、事前に作成していた定型的な契約条項のことで、中心的な条項のほかに複数の契約条項が存在しているものでなければならない。したがって、レストランのメニューやサービス業の料金表は、あらかじめ目的物と代金額が準備されているが、それだけでは定型約款とはいえない。

第五四八条の三（**定型約款の内容の表示**）定型取引を行い、又は行おうとする定型約款準備者は、定型取引合意の前又は定型取引合意の後相当の期間内に相手方から請求があった場合には、遅滞なく、相当な方法でその定型約款の内容を示さなければならない。ただし、定型約款準備者が既に相手方に対して定型約款を記載した書面を交付し、又はこれを記録した電磁的記録を提供していたときは、この限りでない。

2　定型約款準備者が定型取引合意の前において前項の請求を拒んだときは、前条の規定は、適用しない。ただし、一時的な通信障害が発生した場合その他正当な事由がある場合は、この限りでない。

第五四八条の四（**定型約款の変更**）定型約款準備者は、次に掲げる場合には、定型約款の変更をすることにより、変更後の定型約款の条項について合意があったものとみなし、個別に相手方と合意をすることなく契約の内容を変更することができる。

一　定型約款の変更が、相手方の一般の利益に適合するとき。

二　定型約款の変更が、契約をした目的に反せず、かつ、変更の必要性、変更後の内容の相当性、この条の規定により定型約款の変更をすることがある旨の定めの有無及びその内容その他の変更に係る事情に照らして合理的なものであるとき。

2　定型約款準備者は、前項の規定による定型約款の変更をするときは、その効力発生時期を定め、かつ、定型約款を変更する旨及び変更後の定型約款の内容並びにその効力発生時期をインターネットの利用その他の適切な方法により周知しなければならない。

3　第一項第二号の規定による定型約款の変更は、前項の効力発生時期が到来するまでに同項の規定による周知をしなければ、その効力を生じない。

4　第五百四十八条の二第二項の規定は、第一項の規定による定型約款の変更については、適用しない。

第二節　贈与

第五四九条（**贈与**）贈与は、当事者の一方がある財産を無償で相手方に与える意思を表示し、相手方が受諾をすることによって、その効力を生ずる。

第五五〇条（**書面によらない贈与の解除**）書面によらない贈与は、各当事者が解除をすることができる。ただし、履行の終わった部分については、この限りでない。

判例　文書によらない贈与について、判決で権利の移転を認め、その判決が確定した後は、既判力の効果として、本条によって贈与者が取消権を行使して贈与による権利の存否を争うことは許されない（最判昭三六・一二・一二民集一五・一一・二七七八）。

第五五一条（**贈与者の引渡義務等**）贈与者は、贈与の目的である物又は権利を、贈与の目的として特定した時の状態で引き渡し、又は移転することを約したものと推定する。

2　負担付贈与については、贈与者は、その負担の限度において、売主と同じく担保の責任を負う。

第五五二条（**定期贈与**）定期の給付を目的とする贈与は、贈与者又は受贈者の死亡によって、その効力を失う。

第五五三条（**負担付贈与**）負担付贈与については、この節に定めるもののほか、その性質に反しない限り、双務契約に関する規定を準用する。

第五五四条（**死因贈与**）贈与者の死亡によって効力を生ずる贈与については、その性質に反しない限り、遺贈に関する規定を準用する。

第三節　売買

第一款　総則

第五五五条（**売買**）売買は、当事者の一方がある財産権を相手方に移転することを約し、相手方がこれに対してその代金を支払うことを約することによって、その効力を生ずる。

第五五六条（**売買の一方の予約**）売買の一方の予約は、相手方が売買を完結する意思を表示した時から、売買の効力を生ずる。

2　前項の意思表示について期間を定めなかったときは、予約者は、相手方に対し、相当の期間を定めて、その期間内に売買を完結するかどうかを確答すべき旨の催告をすることができる。この場合において、相手方がその期間内に確答をしないときは、売買の一方の予約は、その効力を失う。

第五五七条（手付） 買主が売主に手付を交付したときは、買主はその手付を放棄し、売主はその倍額を現実に提供して、契約の解除をすることができる。ただし、その相手方が契約の履行に着手した後は、この限りでない。

2 第五百四十五条第四項の規定は、前項の場合には、適用しない。

判例1 本条の規定は任意規定であるから、当事者が解約手付ではないという合意をしたときは適用されない。たとえば「手付金を渡すが、これは解約手付ではない。」とはっきり書いてある場合、解約手付ではないので契約解除できない。しかし「違約の場合、手付の没収又は倍返しをする。」と書いてあるだけでは、「解約手付ではない」という趣旨にとれないので、解約手付であり、契約解除をすることができる（最判昭二四・一〇・四民集三・一〇・四三七）。

判例2 解約手付の授受された売買契約において、当事者の一方は、自ら履行に着手した場合でも、相手方が履行に着手するまでは、解除権を行使できる（最判昭四〇・一一・二四民集一九・八・二〇一九）。

判例3 相手方が「履行に着手」したとは、「債務の内容たる給付の実行に着手すること、すなわち、客観的に外部から認識し得るような形で履行行為の一部をなし又は履行の提供をするために欠くことのできない前提行為をした場合」を指し、単なる準備行為では足りない（最判昭四〇・一一・二四民集一九・八・二〇一九）。履行期到来後、買主が売主に対してしばしば履行を求め、残代金の支払準備をしていた場合（最判昭三三・六・五民集一二・九・一三五九）などがこれにあたる。

事例 土地の売買契約に際し、売主から売買代金の二割を手付金として支払うよう求められて支払ったが、手付金にはどんな意味があるのだろうか。

解説 手付とは、支払った手付金を買主が放棄し、または受け取った手付金の倍額を売主が支払って契約を解約することができるとするもので、これを解約手付という。通常は、この解約手付の意味であるが、ほかに、①契約が成立したことを示す証約手付、②債務を履行しない場合に違約金として没収される違約手付（債務不履行による損害賠償請求は別途請求可能）、③債務を履行しない場合に、損害賠償として手付を交付した者は没収され、収受した者は倍額を返還するという、損害賠償の予定を兼ねた手付がある。解約手付ではなく、それ以外の手付であると主張する者は、それを立証しなければならない（最判昭二九・一・二一民集八・一・六四）。

第五五八条（売買契約に関する費用） 売買契約に関する費用は、当事者双方が等しい割合で負担する。

第五五九条（有償契約への準用） この節の規定は、売買以外の有償契約について準用する。ただし、その有償契約の性質がこれを許さないときは、この限りでない。

事例 Aはお店を出すのに適当な建物をみつけたので、所有者Bと賃貸借契約を締結して手付金を支払ったが、その後引渡しを受ける前に、家賃が安くてより適当な建物がみつかったので、手付を放棄して契約を解除できるだろうか。

解説 売買契約に関する民法の規定は、売買以外の有償契約に準用される。したがって、民法五五七条は、賃貸借契約に準用され、Aは、手付金を放棄すれば、契約を解除でき、Bから債務不履行の責任を問われることはない。有償契約に準用される売買の規定で、もっとも重要なものは、売主の担保責任の規定（民五六二条以下）である。

第二款 売買の効力

第五六〇条（権利移転の対抗要件に係る売主の義務） 売主は、買主に対し、登記、登録その他の売買の目的である権利の移転についての対抗要件を備えさせる義務を負う。

第五六一条（他人の権利の売買における売主の義務） 他人の権利（権利の一部が他人に属する場合におけるその権利の一部を含む。）を売買の目的としたときは、売主は、その権利を取得して買主に移転する義務を負う。

第五六二条（買主の追完請求権） 引き渡された目的物が種類、品質又は数量に関して契約の内容に適合しないものであるときは、買主は、売主に対し、目的物の修補、代替物の引渡し又は不足分の引渡しによる履行の追完を請求することができる。ただし、売主は、買主に不相当な負担を課するものでないときは、買主が請求した方法と異なる方法による履行の追完をすることができる。

2 前項の不適合が買主の責めに帰すべき事由によるものであるときは、買主は、同項の規定による履行の追完の請求をすることができない。

第五六三条（買主の代金減額請求権） 前条第一

項本文に規定する場合において、買主が相当の期間を定めて履行の追完の催告をし、その期間内に履行の追完がないときは、買主は、その不適合の程度に応じて代金の減額を請求することができる。

2　前項の規定にかかわらず、次に掲げる場合には、買主は、同項の催告をすることなく、直ちに代金の減額を請求することができる。

一　履行の追完が不能であるとき。

二　売主が履行の追完を拒絶する意思を明確に表示したとき。

三　契約の性質又は当事者の意思表示により、特定の日時又は一定の期間内に履行をしなければ契約をした目的を達することができない場合において、売主が履行の追完をしないでその時期を経過したとき。

四　前三号に掲げる場合のほか、買主が前項の催告をしても履行の追完を受ける見込みがないことが明らかであるとき。

3　第一項の不適合が買主の責めに帰すべき事由によるものであるときは、買主は、前二項の規定による代金の減額の請求をすることができない。

第五六四条（買主の損害賠償請求及び解除権の行使）　前二条の規定は、第四百十五条の規定による損害賠償の請求並びに第五百四十一条及び第五百四十二条の規定による解除権の行使を妨げない。

第五六五条（移転した権利が契約の内容に適合しない場合における売主の担保責任）　前三条の規定は、売主が買主に移転した権利が契約の内容に適合しないものである場合（権利の一部が他人に属する場合においてその権利の一部を移転しないときを含む。）について準用する。

第五六六条（目的物の種類又は品質に関する担保責任の期間の制限）　売主が種類又は品質に関して契約の内容に適合しない目的物を買主に引き渡した場合において、買主がその不適合を知った時から一年以内にその旨を売主に通知しないときは、買主は、その不適合を理由として、履行の追完の請求、代金の減額の請求、損害賠償の請求及び契約の解除をすることができない。ただし、売主が引渡しの時にその不適合を知り、又は重大な過失によって知らなかったときは、この限りでない。

事例　菓子製造業のAは、食材販売業のBから原材料を購入したが、そのまま放置しておき、数か月後に使おうとして注文した品質のものと違うことに気づいた。気づいてから一年以内に通知すれば、Bに追完請求できるだろうか。

解説　【商人間の売買の特則】商人間の売買では、買主は受け取った目的物を遅滞なく検査し、売買の目的物が種類、品質または数量に関して契約内容に適合しないことを発見したときは、直ちにその旨を売主に通知しないと、その不適合を理由とする履行の追完請求、代金減額請求、損害賠償請求および契約解除をすることができないという特則が定められている（商五二六条一項、二項前段）。また、売買の目的物が種類または品質に関して契約内容に適合しないことを直ちに発見することができない場合において、買主が六か月以内にその不都合を発見したときも同様である（商五二六条二項後段）。ただし、これらの規定は売主が悪意の場合には適用されない（商五二六条三項）。商人間の売買では、互いの信用を重んじ、取引を迅速にすませる必要があることから設けられた規定で、目的物検査通知義務とよばれている。

第五六七条（目的物の滅失等についての危険の移転）　売主が買主に目的物（売買の目的として特定したものに限る。以下この条において同じ。）を引き渡した場合において、その引渡しがあった時以後にその目的物が当事者双方の責めに帰することができない事由によって滅失し、又は損傷したときは、買主は、その滅失又は損傷を理由として、履行の追完の請求、代金の減額の請求、損害賠償の請求及び契約の解除をすることができない。この場合において、買主は、代金の支払を拒むことができない。

2　売主が契約の内容に適合する目的物をもって、その引渡しの債務の履行を提供したにもかかわらず、買主がその履行を受けることを拒み、又は受けることができない場合において、その履行の提供があった時以後に当事者双方の責めに帰することができない事由によってその目的物が滅失し、又は損傷したときも、前項と同様とする。

事例　建物売買契約が締結され、建物が引き渡された後、建物が落雷によって損傷した場合、買主は売主に建物の修補を請求できるだろうか。

解説　売買契約締結後、引渡し前に落雷によって建物が損傷していた場合には、契約内容に適合しない物が買主に引き渡されたのであるから、民法五六二条一項により修補を請求できるが、売買の目的物が買主に引き渡された後は、不可抗力による損害の危険負担は買主に移転し（民五六七条一項）、買主は落雷による建物損傷の修補を請求できない。

第五六八条（競売における担保責任等） 民事執行法その他の法律の規定に基づく競売（以下この条において単に「競売」という。）における買受人は、第五百四十一条及び第五百四十二条の規定並びに第五百六十三条（第五百六十五条において準用する場合を含む。）の規定により、債務者に対し、契約の解除をし、又は代金の減額を請求することができる。

2　前項の場合において、債務者が無資力であるときは、買受人は、代金の配当を受けた債権者に対し、その代金の全部又は一部の返還を請求することができる。

3　前二項の場合において、債務者が物若しくは権利の不存在を知りながら申し出なかったとき、又は債権者がこれを知りながら競売を請求したときは、買受人は、これらの者に対し、損害賠償の請求をすることができる。

4　前三項の規定は、競売の目的物の種類又は品質に関する不適合については、適用しない。

第五六九条（債権の売主の担保責任） 債権の売主が債務者の資力を担保したときは、契約の時における資力を担保したものと推定する。

2　弁済期に至らない債権の売主が債務者の将来の資力を担保したときは、弁済期における資力を担保したものと推定する。

第五七〇条（抵当権等がある場合の買主による費用の償還請求） 買い受けた不動産について契約の内容に適合しない先取特権、質権又は抵当権が存していた場合において、買主が費用を支出してその不動産の所有権を保存したときは、買主は、売主に対し、その費用の償還を請求することができる。

第五七一条 削除

第五七二条（担保責任を負わない旨の特約） 売主は、第五百六十二条第一項本文又は第五百六十五条に規定する場合における担保の責任を負わない旨の特約をしたときであっても、知りながら告げなかった事実及び自ら第三者のために設定し又は第三者に譲り渡した権利については、その責任を免れることができない。

第五七三条（代金の支払期限） 売買の目的物の引渡しについて期限があるときは、代金の支払についても同一の期限を付したものと推定する。

第五七四条（代金の支払場所） 売買の目的物の引渡しと同時に代金を支払うべきときは、その引渡しの場所において支払わなければならない。

第五七五条（果実の帰属及び代金の利息の支払） まだ引き渡されていない売買の目的物が果実を生じたときは、その果実は、売主に帰属する。

2　買主は、引渡しの日から、代金の利息を支払う義務を負う。ただし、代金の支払について期限があるときは、その期限が到来するまでは、利息を支払うことを要しない。

第五七六条（権利を取得することができない等のおそれがある場合の買主による代金の支払の拒絶） 売買の目的について権利を主張する者があることその他の事由により、買主がその買い受けた権利の全部若しくは一部を取得することができず、又は失うおそれがあるときは、買主は、その危険の程度に応じて、代金の全部又は一部の支払を拒むことができる。ただし、売主が相当の担保を供したときは、この限りでない。

第五七七条（抵当権等の登記がある場合の買主による代金の支払の拒絶） 買い受けた不動産について契約の内容に適合しない抵当権の登記があるときは、買主は、抵当権消滅請求の手続が終わるまで、その代金の支払を拒むことができる。この場合において、売主は、買主に対し、遅滞なく抵当権消滅請求をすべき旨を請求することができる。

2　前項の規定は、買い受けた不動産について契約の内容に適合しない先取特権又は質権の登記がある場合について準用する。

第五七八条（売主による代金の供託の請求） 前二条の場合においては、売主は、買主に対して代金の供託を請求することができる。

第三款　買戻し

第五七九条（買戻しの特約） 不動産の売主は、売買契約と同時にした買戻しの特約により、買主が支払った代金（別段の合意をした場合にあっては、その合意により定めた金額。第五百八十三条第一項において同じ。）及び契約の費用を返還して、売買の解除をすることができる。この場合において、当事者が別段の意思を表示しなかったときは、不動産の果実と代金の利息とは相殺したものとみなす。

第五八〇条（買戻しの期間） 買戻しの期間は、

十年を超えることができない。特約でこれより長い期間を定めたときは、その期間は、十年とする。

2　買戻しについて期間を定めたときは、その後にこれを伸長することができない。

3　買戻しについて期間を定めなかったときは、五年以内に買戻しをしなければならない。

第五八一条（**買戻しの特約の対抗力**）売買契約と同時に買戻しの特約を登記したときは、買戻しは、第三者に対抗することができる。

2　前項の登記がされた後に第六百五条の二第一項に規定する対抗要件を備えた賃借人の権利は、その残存期間中一年を超えない期間に限り、売主に対抗することができる。ただし、売主を害する目的で賃貸借をしたときは、この限りでない。

第五八二条（**買戻権の代位行使**）売主の債権者が第四百二十三条の規定により売主に代わって買戻しをしようとするときは、買主は、裁判所において選任した鑑定人の評価に従い、不動産の現在の価額から売主が返還すべき金額を控除した残額に達するまで売主の債務を弁済し、なお残余があるときはこれを売主に返還して、買戻権を消滅させることができる。

第五八三条（**買戻しの実行**）売主は、第五百八十条に規定する期間内に代金及び契約の費用を提供しなければ、買戻しをすることができない。

2　買主又は転得者が不動産について費用を支出したときは、売主は、第百九十六条の規定に従い、その償還をしなければならない。ただし、有益費については、裁判所は、売主の請求により、その償還について相当の期限を許与することができる。

第五八四条（**共有持分の買戻特約付売買**）不動産の共有者の一人が買戻しの特約を付してその持分を売却した後に、その不動産の分割又は競売があったときは、売主は、買主が受け、若しくは受けるべき部分又は代金について、買戻しをすることができる。ただし、売主に通知をしないでした分割及び競売は、売主に対抗することができない。

第五八五条　前条の場合において、買主が不動産の競売における買受人となったときは、売主は、競売の代金及び第五百八十三条に規定する費用を支払って買戻しをすることができる。この場合において、売主は、その不動産の全部の所有権を取得する。

2　他の共有者が分割を請求したことにより買主が競売における買受人となったときは、売主は、その持分のみについて買戻しをすることはできない。

第四節　交換

第五八六条　交換は、当事者が互いに金銭の所有権以外の財産権を移転することを約することによって、その効力を生ずる。

2　当事者の一方が他の権利とともに金銭の所有権を移転することを約した場合におけるその金銭については、売買の代金に関する規定を準用する。

第五節　消費貸借

第五八七条（**消費貸借**）消費貸借は、当事者の一方が種類、品質及び数量の同じ物をもって返還をすることを約して相手方から金銭その他の物を受け取ることによって、その効力を生ずる。

事例　AはBに対し、一〇万円の借入れを申し込み、Bはそれを承諾した。消費貸借契約は成立したといえるだろうか。

解説　消費貸借の目的物は代替物か金銭に限られ、不代替物には適用されない。また、借主が目的物を受け取ることによって成立する要物契約とされている。したがって、事例の場合は、まだ消費貸借契約は成立していない。消費貸借が要物契約とされたのは、無償で貸す貸主に不当に重い負担をかけないためである。しかし、合理性に乏しく、判例・学説とも要物性を緩和してきた。現実に目的物自体の授受がなくても、経済的にそれと同視できる価値の移転があれば要物性をみたすとされ、判例は、国債を交付した場合（大判明四四・一一・九民録一七・六四八）、預金通帳と印鑑を交付した場合（大判大一一・一〇・二五民集一・六二一）、いずれも金銭消費貸借の成立を認めている。また、平成二八年の民法改正で、次条のように、書面によれば諾成的消費貸借契約も可能とされた。

第五八七条の二（**書面でする消費貸借等**）前条の規定にかかわらず、書面でする消費貸借は、当事者の一方が金銭その他の物を引き渡すことを約し、相手方がその受け取った物と種類、品質及び数量の同じ物をもって返還をすることを約することによって、その効力を生ずる。

2　書面でする消費貸借の借主は、貸主から金銭その他の物を受け取るまで、契約の解除をすることができる。この場合において、貸主は、その契約の解除によって損害を受けたときは、借主に対し、その賠償を請求することができる。

3　書面でする消費貸借は、借主が貸主から金銭その他の物を受け取る前に当事者の一方が破産手続開始の決定を受けたときは、その効力を失う。

4　消費貸借がその内容を記録した電磁的記録によってされたときは、その消費貸借は、書面によってされたものとみなして、前三項の規定を適用する。

第五八八条（**準消費貸借**）金銭その他の物を給付する義務を負う者がある場合において、当事者がその物を消費貸借の目的とすることを約したときは、消費貸借は、これによって成立したものとみなす。

第五八九条（**利息**）貸主は、特約がなければ、借主に対して利息を請求することができない。

2　前項の特約があるときは、貸主は、借主が金銭その他の物を受け取った日以後の利息を請求することができる。

判例　利息付消費貸借の借主は、元本を受け取った日からこれを利用できるのであるから、特約がない限り、消費貸借成立の日から利息支払義務がある（最判昭三三・六・六民集一二・九・一三七三）。

第五九〇条（**貸主の引渡義務等**）第五百五十一条の規定は、前条第一項の特約のない消費貸借について準用する。

2　前条第一項の特約の有無にかかわらず、貸主から引き渡された物が種類又は品質に関して契約の内容に適合しないものであるときは、借主は、その物の価額を返還することができる。

第五九一条（**返還の時期**）当事者が返還の時期を定めなかったときは、貸主は、相当の期間を定めて返還の催告をすることができる。

2　借主は、返還の時期の定めの有無にかかわらず、いつでも返還をすることができる。

3　当事者が返還の時期を定めた場合において、貸主は、借主がその時期の前に返還をしたことによって損害を受けたときは、借主に対し、その賠償を請求することができる。

第五九二条（**価額の償還**）借主が貸主から受け取った物と種類、品質及び数量の同じ物をもって返還をすることができなくなったときは、その時における物の価額を償還しなければならない。ただし、第四百二条第二項に規定する場合は、この限りでない。

第六節　使用貸借

第五九三条（**使用貸借**）使用貸借は、当事者の一方がある物を引き渡すことを約し、相手方がその受け取った物について無償で使用及び収益をして契約が終了したときに返還をすることを約することによって、その効力を生ずる。

判例　使用・収益を目的とする貸借が無償であるといえるためには、借主が対価を支払わないということが必要で、対価は金銭に限らない。ただし、多少の負担を負うにすぎない場合は、使用貸借とされ、借主が留守番の仕事をした場合（最判昭二六・三・二九民集五・五・一七七）、借主が貸主の公租公課を負担した場合（最判昭四一・一〇・二七民集二〇・八・一六四九）は、いずれも使用貸借とされる。

第五九三条の二（**借用物受取り前の貸主による使用貸借の解除**）貸主は、借主が借用物を受け取るまで、契約の解除をすることができる。ただし、書面による使用貸借については、この限りでない。

第五九四条（**借主による使用及び収益**）借主は、契約又はその目的物の性質によって定まった用法に従い、その物の使用及び収益をしなければならない。

2　借主は、貸主の承諾を得なければ、第三者に借用物の使用又は収益をさせることができない。

3　借主が前二項の規定に違反して使用又は収益をしたときは、貸主は、契約の解除をすることができる。

第五九五条（**借用物の費用の負担**）借主は、借用物の通常の必要費を負担する。

2　第五百八十三条第二項の規定は、前項の通常の必要費以外の費用について準用する。

第五九六条（**貸主の引渡義務等**）第五百五十一条の規定は、使用貸借について準用する。

第五九七条（**期間満了等による使用貸借の終了**）当事者が使用貸借の期間を定めたときは、使用貸借は、その期間が満了することによって終了する。

2　当事者が使用貸借の期間を定めなかった場合において、使用及び収益の目的を定めたときは、使用貸借は、借主がその目的に従い使用及び収益を終えることによって終了する。

3　使用貸借は、借主の死亡によって終了する。

第五九八条（**使用貸借の解除**）貸主は、前条第二項に規定する場合において、同項の目的に従い借主が使用及び収益をするのに足りる期間を経過したときは、契約の解除をすることができる。

2　当事者が使用貸借の期間並びに使用及び収益の目的を定めなかったときは、貸主は、いつでも契約の解除をすることができる。

3　借主は、いつでも契約の解除をすることができる。

第五九九条（**借主による収去等**）借主は、借用物を受け取った後にこれに附属させた物がある場合において、使用貸借が終了したときは、その附属させた物を収去する義務を負う。ただし、借用物から分離することができない物又は分離するのに過分の費用を要する物については、この限りでない。

2　借主は、借用物を受け取った後にこれに附属させた物を収去することができる。

3　借主は、借用物を受け取った後にこれに生じた損傷がある場合において、使用貸借が終了したときは、その損傷を原状に復する義務を負う。ただし、その損傷が借主の責めに帰することができない事由によるものであるときは、この限りでない。

第六〇〇条（**損害賠償及び費用の償還の請求権についての期間の制限**）契約の本旨に反する使用又は収益によって生じた損害の賠償及び借主が支出した費用の償還は、貸主が返還を受けた時から一年以内に請求しなければならない。

2　前項の損害賠償の請求権については、貸主が返還を受けた時から一年を経過するまでの間は、時効は、完成しない。

第七節　賃貸借

第一款　総則

第六〇一条（**賃貸借**）賃貸借は、当事者の一方がある物の使用及び収益を相手方にさせることを約し、相手方がこれに対してその賃料を支払うこと及び引渡しを受けた物を契約が終了したときに返還することを約することによって、その効力を生ずる。

判例1　社宅の使用関係は、借家法の適用はされない特別な契約関係であって、入居者は退職とともに家屋を明け渡す義務を負う（最判昭三九・三・一〇集民七二・四三一）。

判例2　デパート内の一部の貸店契約は、借店人がデパート内の特定の場所につき独立した使用・収益権を有し、その場所を支配的に使用している場合でなければ、これを賃貸借とはいえない（最判昭三〇・二・一八民集九・二・一七九）。

第六〇二条（**短期賃貸借**）処分の権限を有しない者が賃貸借をする場合には、次の各号に掲げる賃貸借は、それぞれ当該各号に定める期間を超えることができない。契約でこれより長い期間を定めたときであっても、その期間は、当該各号に定める期間とする。

一　樹木の栽植又は伐採を目的とする山林の賃貸借　十年

二　前号に掲げる賃貸借以外の土地の賃貸借　五年

三　建物の賃貸借　三年

四　動産の賃貸借　六箇月

第六〇三条（**短期賃貸借の更新**）前条に定める期間は、更新することができる。ただし、その期間満了前、土地については一年以内、建物については三箇月以内、動産については一箇月以内に、その更新をしなければならない。

第六〇四条（**賃貸借の存続期間**）賃貸借の存続期間は、五十年を超えることができない。契約でこれより長い期間を定めたときであっても、その期間は、五十年とする。

2　賃貸借の存続期間は、更新することができる。ただし、その期間は、更新の時から五十年を超えることができない。

判例　朽廃（きゅうはい）した建物が、建物として使用できなくなったときは、その建物の賃貸借は当然に終了する（最判昭三二・一二・三民集一一・一三・二〇一八）。

第二款　賃貸借の効力

第六〇五条（**不動産賃貸借の対抗力**）不動産の賃貸借は、これを登記したときは、その不動産について物権を取得した者その他の第三者に対抗することができる。

判例　賃借権は物権ではなく債権にすぎないので、賃借権の登記をする旨の特約がない場合には、賃貸人に賃借権の登記義務はなく、賃借人は賃貸人に対して賃借権の登記を請求することはできない（大判大一〇・七・一一民録二七・一三七八）。そのため、借地借家法は、借地権については建物登記（借地借家一〇条一項）、借家権については建物の引渡し（借地借家三一条）に、それぞれ対抗力を与えて保護している。

第六〇五条の二（**不動産の賃貸人たる地位の移転**）前条、借地借家法（平成三年法律第九十号）第十条又は第三十一条その他の法令の規定による賃貸借の対抗要件を備えた場合において、その不動産が譲渡されたときは、その不動産の賃貸人たる地位は、その譲受人に移転する。

2　前項の規定にかかわらず、不動産の譲渡人及び譲受人が、賃貸人たる地位を譲渡人に留保する旨及びその不動産を譲受人が譲渡人に賃貸する旨の合意をしたときは、賃貸人たる地位は、譲受人に移転しない。この場合において、譲渡人と譲受人又はその承継人との間の賃貸借が終了したときは、譲渡人に留保されていた賃貸人たる地位は、譲受人又はその承継人に移転する。

3　第一項又は前項後段の規定による賃貸人たる地位の移転は、賃貸物である不動産について所有権の移転の登記をしなければ、賃借人に対抗することができない。

4　第一項又は第二項後段の規定により賃貸人たる地位が譲受人又はその承継人に移転したときは、第六百八条の規定による費用の償還に係る債務及び第六百二十二条の二第一項の規定による同項に規定する敷金の返還に係る債務は、譲受人又はその承継人が承継する。

第六〇五条の三（**合意による不動産の賃貸人たる地位の移転**）不動産の譲渡人が賃貸人であるときは、その賃貸人たる地位は、賃借人の承諾を要しないで、譲渡人と譲受人との合意により、譲受人に移転させることができる。この場合においては、前条第三項及び第四項の規定を準用する。

第六〇五条の四（**不動産の賃借人による妨害の停止の請求等**）不動産の賃借人は、第六百五条の二第一項に規定する対抗要件を備えた場合において、次の各号に掲げるときは、それぞれ当該各号に定める請求をすることができる。

一　その不動産の占有を第三者が妨害しているとき　その第三者に対する妨害の停止の請求

二　その不動産を第三者が占有しているとき　その第三者に対する返還の請求

第六〇六条（**賃貸人による修繕等**）賃貸人は、賃貸物の使用及び収益に必要な修繕をする義務を負う。ただし、賃借人の責めに帰すべき事由によってその修繕が必要となったときは、この限りでない。

2　賃貸人が賃貸物の保存に必要な行為をしようとするときは、賃借人は、これを拒むことができない。

第六〇七条（**賃借人の意思に反する保存行為**）賃貸人が賃借人の意思に反して保存行為をしようとする場合において、そのために賃借人が賃借をした目的を達することができなくなるときは、賃借人は、契約の解除をすることができる。

第六〇七条の二（**賃借人による修繕**）賃借物の修繕が必要である場合において、次に掲げるときは、賃借人は、その修繕をすることができる。

一　賃借人が賃貸人に修繕が必要である旨を通知し、又は賃貸人がその旨を知ったにもかかわらず、賃貸人が相当の期間内に必要な修繕をしないとき。

二　急迫の事情があるとき。

第六〇八条（**賃借人による費用の償還請求**）賃借人は、賃借物について賃貸人の負担に属する必要費を支出したときは、賃貸人に対し、直ちにその償還を請求することができる。

2　賃借人が賃借物について有益費を支出したときは、賃貸人は、賃貸借の終了の時に、第百九十六条第二項の規定に従い、その償還をしなければならない。ただし、裁判所は、賃貸人の請求により、その償還について相当の期限を許与することができる。

第六〇九条（**減収による賃料の減額請求**）耕作又は牧畜を目的とする土地の賃借人は、不可抗力によって賃料より少ない収益を得たときは、その収益の額に至るまで、賃料の減額を請求することができる。

第六一〇条（**減収による解除**）前条の場合において、同条の賃借人は、不可抗力によって引き続き二年以上賃料より少ない収益を得たときは、契約の解除をすることができる。

第六一一条（**賃借物の一部滅失等による賃料の減額等**）賃借物の一部が滅失その他の事由により使用及び収益をすることができなくなった場合において、それが賃借人の責めに帰することができない事由によるものであるときは、賃料は、その使用及び収益をすることができなくなった部分の割合に応じて、減額される。

2　賃借物の一部が滅失その他の事由により使用及び収益をすることができなくなった場合

において、残存する部分のみでは賃借人が賃借をした目的を達することができないときは、賃借人は、契約の解除をすることができる。

第六一二条（**賃借権の譲渡及び転貸の制限**）賃借人は、賃貸人の承諾を得なければ、その賃借権を譲り渡し、又は賃借物を転貸することができない。

2　賃借人が前項の規定に違反して第三者に賃借物の使用又は収益をさせたときは、賃貸人は、契約の解除をすることができる。

判例1　建物賃借人が、第三者との間の飲食店営業共同経営契約に基づき、自己と対等の立場において前記建物の一部を右第三者に使用させるときは、賃貸人の承諾がない限り、本条二項による解除の原因となる（最判昭二八・一一・二〇民集七・一一・一二一一）。賃借人が個人企業を会社組織に改め賃貸人の承諾なく、継続してこの会社が賃借家屋を使用している場合に、本条による解除権は発生しない（最判昭三九・一一・一九民集一八・九・一九〇〇）。

判例2　賃貸借契約は高度な信頼関係に基づく契約であるから、賃借権の譲渡には賃貸人の承諾が必要とされ（民六一二条一項）、賃貸人の承諾が得られない場合、賃借権は当事者間では有効に移転するが、賃貸人に対抗することができない（大判昭二・四・二五民集六・一八二）。承諾は明示でも黙示でもよく、賃借人に対してなされても賃借権譲受人に対してなされてもよい（最判昭三一・一〇・五民集一〇・一〇・一二三九）。賃貸人が賃借権譲渡前にいったん承諾を与え、譲渡性のある賃借権とした場合には、賃借人の財産権上の利害に重大な影響を及ぼすから、賃貸人はその承諾を撤回して譲渡性を奪うことはできない（最判昭三〇・五・一三民集九・六・六九八）。賃貸人の承諾なく第三者に目的物を使用・収益させた場合でも、その行為が賃貸人に対する背信的行為と認めるに足りない特段の事情があるときは、解除権は発生しない（最判昭二八・九・二五民集七・九・九七九）。これを信頼関係破壊理論という。

第六一三条（**転貸の効果**）賃借人が適法に賃借物を転貸したときは、転借人は、賃貸人と賃借人との間の賃貸借に基づく賃借人の債務の範囲を限度として、賃貸人に対して転貸借に基づく債務を直接履行する義務を負う。この場合においては、賃料の前払をもって賃貸人に対抗することができない。

2　前項の規定は、賃貸人が賃借人に対してその権利を行使することを妨げない。

3　賃借人が適法に賃借物を転貸した場合には、賃貸人は、賃借人との間の賃貸借を合意により解除したことをもって転借人に対抗することができない。ただし、その解除の当時、賃貸人が賃借人の債務不履行による解除権を有していたときは、この限りでない。

判例　賃借人の債務不履行により賃貸借が解除され終了した場合は、賃貸人が転借人に対して目的物の返還を請求した時に、転貸人の転借人に対する債務の履行不能により転貸借は原則として終了する（最判平九・二・二五民集五一・二・三九八）。賃料の延滞を理由に賃貸借を解除するには、賃借人に対して催告すれば足り、転借人に支払の機会を与える必要はない（最判昭三七・三・二九民集一六・三・六六二）。

第六一四条（**賃料の支払時期**）賃料は、動産、建物及び宅地については毎月末に、その他の土地については毎年末に、支払わなければならない。ただし、収穫の季節があるものについては、その季節の後に遅滞なく支払わなければならない。

第六一五条（**賃借人の通知義務**）賃借物が修繕を要し、又は賃借物について権利を主張する者があるときは、賃借人は、遅滞なくその旨を賃貸人に通知しなければならない。ただし、賃貸人が既にこれを知っているときは、この限りでない。

第六一六条（**賃借人による使用及び収益**）第五百九十四条第一項の規定は、賃貸借について準用する。

第三款　賃貸借の終了

第六一六条の二（**賃借物の全部滅失等による賃貸借の終了**）賃借物の全部が滅失その他の事由により使用及び収益をすることができなくなった場合には、賃貸借は、これによって終了する。

第六一七条（**期間の定めのない賃貸借の解約の申入れ**）当事者が賃貸借の期間を定めなかったときは、各当事者は、いつでも解約の申入れをすることができる。この場合においては、次の各号に掲げる賃貸借は、解約の申入れの日からそれぞれ当該各号に定める期間を経過することによって終了する。

一　土地の賃貸借　一年

二　建物の賃貸借　三箇月

三　動産及び貸席の賃貸借　一日

2　収穫の季節がある土地の賃貸借については、その季節の後次の耕作に着手する前に、解約の申入れをしなければならない。

第六一八条（期間の定めのある賃貸借の解約をする権利の留保）　当事者が賃貸借の期間を定めた場合であっても、その一方又は双方がその期間内に解約をする権利を留保したときは、前条の規定を準用する。

第六一九条（賃貸借の更新の推定等）　賃貸借の期間が満了した後賃借人が賃借物の使用又は収益を継続する場合において、賃貸人がこれを知りながら異議を述べないときは、従前の賃貸借と同一の条件で更に賃貸借をしたものと推定する。この場合において、各当事者は、第六百十七条の規定により解約の申入れをすることができる。

2　従前の賃貸借について当事者が担保を供していたときは、その担保は、期間の満了によって消滅する。ただし、第六百二十二条の二第一項に規定する敷金については、この限りでない。

判例　借家人が催告期間内に延滞賃料を支払わなかった場合でも、金額が少額で、過去に一度も賃料を延滞したことがないなどの事情があるときは、賃料不払いを理由に賃貸借契約を解除することは信義則に反し許されない（最判昭三九・七・二八民集一八・六・一二二〇）。また、土地賃貸借契約に、賃貸人の承諾を得ないで建物の増改築をしたときは、賃貸人は催告を要せず契約解除できる旨の特約があっても、増改築が土地の利用上相当であり、賃貸人に著しい影響を及ぼさないため、信頼関係を破壊するおそれがあると認められない場合は、解除権を行使することは許されない（最判昭四一・四・二一民集二〇・四・七二〇）。

第六二〇条（賃貸借の解除の効力）　賃貸借の解除をした場合には、その解除は、将来に向かってのみその効力を生ずる。この場合においては、損害賠償の請求を妨げない。

第六二一条（賃借人の原状回復義務）　賃借人は、賃借物を受け取った後にこれに生じた損傷（通常の使用及び収益によって生じた賃借物の損耗並びに賃借物の経年変化を除く。以下この条において同じ。）がある場合において、賃貸借が終了したときは、その損傷を原状に復する義務を負う。ただし、その損傷が賃借人の責めに帰することができない事由によるものであるときは、この限りでない。

第六二二条（使用貸借の規定の準用）　第五百九十七条第一項、第五百九十九条第一項及び第二項並びに第六百条の規定は、賃貸借について準用する。

第四款　敷金

第六二二条の二　賃貸人は、敷金（いかなる名目によるかを問わず、賃料債務その他の賃貸借に基づいて生ずる賃借人の賃貸人に対する金銭の給付を目的とする債務を担保する目的で、賃借人が賃貸人に交付する金銭をいう。以下この条において同じ。）を受け取っている場合において、次に掲げるときは、賃借人に対し、その受け取った敷金の額から賃貸借に基づいて生じた賃借人の賃貸人に対する金銭の給付を目的とする債務の額を控除した残額を返還しなければならない。

一　賃貸借が終了し、かつ、賃貸物の返還を受けたとき。

二　賃借人が適法に賃借権を譲り渡したとき。

2　賃貸人は、賃借人が賃貸借に基づいて生じた金銭の給付を目的とする債務を履行しないときは、敷金をその債務の弁済に充てることができる。この場合において、賃借人は、賃貸人に対し、敷金をその債務の弁済に充てることを請求することができない。

第八節　雇用

第六二三条（雇用）　雇用は、当事者の一方が相手方に対して労働に従事することを約し、相手方がこれに対してその報酬を与えることを約することによって、その効力を生ずる。

判例　憲法で保障されている基本的人権も絶対的なものではない。自己の自由意思に基づく特別な公法関係や私法関係の上での義務によって制限されるものであって、自己の自由意思で校内において政治活動をしないことを条件として、学校の教員に雇用された場合は、その雇傭契約は有効である（最判昭二七・二・二二民集六・二・二五八）。

第六二四条（報酬の支払時期）　労働者は、その約した労働を終わった後でなければ、報酬を請求することができない。

2　期間によって定めた報酬は、その期間を経過した後に、請求することができる。

第六二四条の二（履行の割合に応じた報酬）　労働者は、次に掲げる場合には、既にした履行の割合に応じて報酬を請求することができる。

一　使用者の責めに帰することができない事

由によって労働に従事することができなくなったとき。

二　雇用が履行の中途で終了したとき。

第六二五条（使用者の権利の譲渡の制限等） 使用者は、労働者の承諾を得なければ、その権利を第三者に譲り渡すことができない。

2　労働者は、使用者の承諾を得なければ、自己に代わって第三者を労働に従事させることができない。

3　労働者が前項の規定に違反して第三者を労働に従事させたときは、使用者は、契約の解除をすることができる。

事例　使用者Aは、労働者Bに対し、突然、使用者Cの下で働くように命令した。この命令は許されるだろうか。

解説　雇用契約は労務に服することが目的であるから、労働者は使用者の指揮命令を受ける立場にあり、使用者がだれであるかは、労働者に重大な利害関係があるので、使用者は、労働者の承諾を得ないで、第三者のために働かせることはできない。反面、労働者は、使用者の承諾なく自分の代わりに第三者に働いてもらうことはできない。また、労働者が、使用者の承諾を得ないで第三者を労働させたら、使用者は契約を解除することができる。このように雇用契約は労使密接な関係（権利・義務の一身専属性）がある。本例では、Bの承諾を得ない命令なので無効である。

第六二六条（期間の定めのある雇用の解除） 雇用の期間が五年を超え、又はその終期が不確定であるときは、当事者の一方は、五年を経過した後、いつでも契約の解除をすることができる。

2　前項の規定により契約の解除をしようとする者は、それが使用者であるときは三箇月前、労働者であるときは二週間前に、その予告をしなければならない。

第六二七条（期間の定めのない雇用の解約の申入れ） 当事者が雇用の期間を定めなかったときは、各当事者は、いつでも解約の申入れをすることができる。この場合において、雇用は、解約の申入れの日から二週間を経過することによって終了する。

2　期間によって報酬を定めた場合には、使用者からの解約の申入れは、次期以後についてすることができる。ただし、その解約の申入れは、当期の前半にしなければならない。

3　六箇月以上の期間によって報酬を定めた場合には、前項の解約の申入れは、三箇月前にしなければならない。

第六二八条（やむを得ない事由による雇用の解除） 当事者が雇用の期間を定めた場合であっても、やむを得ない事由があるときは、各当事者は、直ちに契約の解除をすることができる。この場合において、その事由が当事者の一方の過失によって生じたものであるときは、相手方に対して損害賠償の責任を負う。

第六二九条（雇用の更新の推定等） 雇用の期間が満了した後労働者が引き続きその労働に従事する場合において、使用者がこれを知りながら異議を述べないときは、従前の雇用と同一の条件で更に雇用をしたものと推定する。この場合において、各当事者は、第六百二十七条の規定により解約の申入れをすることができる。

2　従前の雇用について当事者が担保を供していたときは、その担保は、期間の満了によって消滅する。ただし、身元保証金については、この限りでない。

第六三〇条（雇用の解除の効力） 第六百二十条の規定は、雇用について準用する。

第六三一条（使用者についての破産手続の開始による解約の申入れ） 使用者が破産手続開始の決定を受けた場合には、雇用に期間の定めがあるときであっても、労働者又は破産管財人は、第六百二十七条の規定により解約の申入れをすることができる。この場合において、各当事者は、相手方に対し、解約によって生じた損害の賠償を請求することができない。

第九節　請負

第六三二条（請負） 請負は、当事者の一方がある仕事を完成することを約し、相手方がその仕事の結果に対してその報酬を支払うことを約することによって、その効力を生ずる。

判例　建物の建築に関し、棟上げまでに工事代金の二分の一以上が支払われ、その後も、工事の進行に従って順次工事代金が支払われてきた事実関係の場合、特別の事情がない限り、建築された建物はたとえその引渡しがなくても、完成と同時にその所有権は注文主に帰属する（最判昭四四・九・一二判時五七二・二五）。

第六三三条（報酬の支払時期） 報酬は、仕事の目的物の引渡しと同時に、支払わなければならない。ただし、物の引渡しを要しないときは、第六百二十四条第一項の規定を準用する。

第六三四条（注文者が受ける利益の割合に応じた報酬） 次に掲げる場合において、請負人が既にした仕事の結果のうち可分な部分の給付によって注文者が利益を受けるときは、その部分を仕事の完成とみなす。この場合において、請負人は、注文者が受ける利益の割合に応じて報酬を請求することができる。

一 注文者の責めに帰することができない事由によって仕事を完成することができなくなったとき。

二 請負が仕事の完成前に解除されたとき。

第六三五条 削除

第六三六条（請負人の担保責任の制限） 請負人が種類又は品質に関して契約の内容に適合しない仕事の目的物を注文者に引き渡したとき（その引渡しを要しない場合にあっては、仕事が終了した時に仕事の目的物が種類又は品質に関して契約の内容に適合しないとき）は、注文者は、注文者の供した材料の性質又は注文者の与えた指図によって生じた不適合を理由として、履行の追完の請求、報酬の減額の請求、損害賠償の請求及び契約の解除をすることができない。ただし、請負人がその材料又は指図が不適当であることを知りながら告げなかったときは、この限りでない。

第六三七条（目的物の種類又は品質に関する担保責任の期間の制限） 前条本文に規定する場合において、注文者がその不適合を知った時から一年以内にその旨を請負人に通知しないときは、注文者は、その不適合を理由として、履行の追完の請求、報酬の減額の請求、損害賠償の請求及び契約の解除をすることができない。

2 前項の規定は、仕事の目的物を注文者に引き渡した時（その引渡しを要しない場合にあっては、仕事が終了した時）において、請負人が同項の不適合を知り、又は重大な過失によって知らなかったときは、適用しない。

第六三八条から第六四〇条まで 削除

第六四一条（注文者による契約の解除） 請負人が仕事を完成しない間は、注文者は、いつでも損害を賠償して契約の解除をすることができる。

第六四二条（注文者についての破産手続の開始による解除） 注文者が破産手続開始の決定を受けたときは、請負人又は破産管財人は、契約の解除をすることができる。ただし、請負人による契約の解除については、仕事を完成した後は、この限りでない。

2 前項に規定する場合において、請負人は、既にした仕事の報酬及びその中に含まれていない費用について、破産財団の配当に加入することができる。

3 第一項の場合には、契約の解除によって生じた損害の賠償は、破産管財人が契約の解除をした場合における請負人に限り、請求することができる。この場合において、請負人は、その損害賠償について、破産財団の配当に加入する。

第十節 委任

第六四三条（委任） 委任は、当事者の一方が法律行為をすることを相手方に委託し、相手方がこれを承諾することによって、その効力を生ずる。

第六四四条（受任者の注意義務） 受任者は、委任の本旨に従い、善良な管理者の注意をもって、委任事務を処理する義務を負う。

第六四四条の二（復受任者の選任等） 受任者は、委任者の許諾を得たとき、又はやむを得ない事由があるときでなければ、復受任者を選任することができない。

2 代理権を付与する委任において、受任者が代理権を有する復受任者を選任したときは、復受任者は、委任者に対して、その権限の範囲内において、受任者と同一の権利を有し、義務を負う。

判例 復代理人が受領した物を代理人に引き渡せば、特別の事情がない限り、復代理人の本人に対する受領物引渡義務は消滅する（最判昭五一・四・九民集三〇・三・二〇八）。

第六四五条（受任者による報告） 受任者は、委任者の請求があるときは、いつでも委任事務の処理の状況を報告し、委任が終了した後は、遅滞なくその経過及び結果を報告しなければならない。

第六四六条（受任者による受取物の引渡し等） 受任者は、委任事務を処理するに当たって受け取った金銭その他の物を委任者に引き渡さなければならない。その収取した果実についても、同様とする。

2 受任者は、委任者のために自己の名で取得した権利を委任者に移転しなければならない。

第六四七条（受任者の金銭の消費についての責任） 受任者は、委任者に引き渡すべき金額又はその利益のために用いるべき金額を自己のために消費したときは、その消費した日以後の利息を支払わなければならない。この場合において、なお損害があるときは、その賠償の責任を負う。

第六四八条（**受任者の報酬**）受任者は、特約がなければ、委任者に対して報酬を請求することができない。

2　受任者は、報酬を受けるべき場合には、委任事務を履行した後でなければ、これを請求することができない。ただし、期間によって報酬を定めたときは、第六百二十四条第二項の規定を準用する。

3　受任者は、次に掲げる場合には、既にした履行の割合に応じて報酬を請求することができる。

一　委任者の責めに帰することができない事由によって委任事務の履行をすることができなくなったとき。

二　委任が履行の中途で終了したとき。

第六四八条の二（**成果等に対する報酬**）委任事務の履行により得られる成果に対して報酬を支払うことを約した場合において、その成果が引渡しを要するときは、報酬は、その成果の引渡しと同時に、支払わなければならない。

2　第六百三十四条の規定は、委任事務の履行により得られる成果に対して報酬を支払うことを約した場合について準用する。

第六四九条（**受任者による費用の前払請求**）委任事務を処理するについて費用を要するときは、委任者は、受任者の請求により、その前払をしなければならない。

第六五〇条（**受任者による費用等の償還請求等**）受任者は、委任事務を処理するのに必要と認められる費用を支出したときは、委任者に対し、その費用及び支出の日以後におけるその利息の償還を請求することができる。

2　受任者は、委任事務を処理するのに必要と認められる債務を負担したときは、委任者に対し、自己に代わってその弁済をすることを請求することができる。この場合において、その債務が弁済期にないときは、委任者に対し、相当の担保を供させることができる。

3　受任者は、委任事務を処理するため自己に過失なく損害を受けたときは、委任者に対し、その賠償を請求することができる。

第六五一条（**委任の解除**）委任は、各当事者がいつでもその解除をすることができる。

2　前項の規定により委任の解除をした者は、次に掲げる場合には、相手方の損害を賠償しなければならない。ただし、やむを得ない事由があったときは、この限りでない。

一　相手方に不利な時期に委任を解除したとき。

二　委任者が受任者の利益（専ら報酬を得ることによるものを除く。）をも目的とする委任を解除したとき。

第六五二条（**委任の解除の効力**）第六百二十条の規定は、委任について準用する。

第六五三条（**委任の終了事由**）委任は、次に掲げる事由によって終了する。

一　委任者又は受任者の死亡

二　委任者又は受任者が破産手続開始の決定を受けたこと。

三　受任者が後見開始の審判を受けたこと。

第六五四条（**委任の終了後の処分**）委任が終了した場合において、急迫の事情があるときは、受任者又はその相続人若しくは法定代理人は、委任者又はその相続人若しくは法定代理人が委任事務を処理することができるに至るまで、必要な処分をしなければならない。

第六五五条（**委任の終了の対抗要件**）委任の終了事由は、これを相手方に通知したとき、又は相手方がこれを知っていたときでなければ、これをもってその相手方に対抗することができない。

第六五六条（**準委任**）この節の規定は、法律行為でない事務の委託について準用する。

第十一節　寄託

第六五七条（**寄託**）寄託は、当事者の一方がある物を保管することを相手方に委託し、相手方がこれを承諾することによって、その効力を生ずる。

第六五七条の二（**寄託物受取り前の寄託者による寄託の解除等**）寄託者は、受寄者が寄託物を受け取るまで、契約の解除をすることができる。この場合において、受寄者は、その契約の解除によって損害を受けたときは、寄託者に対し、その賠償を請求することができる。

2　無報酬の受寄者は、寄託物を受け取るまで、契約の解除をすることができる。ただし、書面による寄託については、この限りでない。

3　受寄者（無報酬で寄託を受けた場合にあっては、書面による寄託の受寄者に限る。）は、寄託物を受け取るべき時期を経過したにもかかわらず、寄託者が寄託物を引き渡さない場合において、相当の期間を定めてその引渡しの催告をし、その期間内に引渡しがないときは、契約の解除をすることができる。

第六五八条（寄託物の使用及び第三者による保管） 受寄者は、寄託者の承諾を得なければ、寄託物を使用することができない。

2　受寄者は、寄託者の承諾を得たとき、又はやむを得ない事由があるときでなければ、寄託物を第三者に保管させることができない。

3　再受寄者は、寄託者に対して、その権限の範囲内において、受寄者と同一の権利を有し、義務を負う。

第六五九条（無報酬の受寄者の注意義務） 無報酬の受寄者は、自己の財産に対するのと同一の注意をもって、寄託物を保管する義務を負う。

第六六〇条（受寄者の通知義務等） 寄託物について権利を主張する第三者が受寄者に対して訴えを提起し、又は差押え、仮差押え若しくは仮処分をしたときは、受寄者は、遅滞なくその事実を寄託者に通知しなければならない。ただし、寄託者が既にこれを知っているときは、この限りでない。

2　第三者が寄託物について権利を主張する場合であっても、受寄者は、寄託者の指図がない限り、寄託者に対しその寄託物を返還しなければならない。ただし、受寄者が前項の通知をした場合又は同項ただし書の規定によりその通知を要しない場合において、その寄託物をその第三者に引き渡すべき旨を命ずる確定判決（確定判決と同一の効力を有するものを含む。）があったときであって、その第三者にその寄託物を引き渡したときは、この限りでない。

3　受寄者は、前項の規定により寄託者に対して寄託物を返還しなければならない場合には、寄託者にその寄託物を引き渡したことによって第三者に損害が生じたときであっても、その賠償の責任を負わない。

第六六一条（寄託者による損害賠償） 寄託者は、寄託物の性質又は瑕疵によって生じた損害を受寄者に賠償しなければならない。ただし、寄託者が過失なくその性質若しくは瑕疵を知らなかったとき、又は受寄者がこれを知っていたときは、この限りでない。

第六六二条（寄託者による返還請求） 当事者が寄託物の返還の時期を定めたときであっても、寄託者は、いつでもその返還を請求することができる。

2　前項に規定する場合において、受寄者は、寄託者がその時期の前に返還を請求したことによって損害を受けたときは、寄託者に対し、その賠償を請求することができる。

第六六三条（寄託物の返還の時期） 当事者が寄託物の返還の時期を定めなかったときは、受寄者は、いつでもその返還をすることができる。

2　返還の時期の定めがあるときは、受寄者は、やむを得ない事由がなければ、その期限前に返還をすることができない。

第六六四条（寄託物の返還の場所） 寄託物の返還は、その保管をすべき場所でしなければならない。ただし、受寄者が正当な事由によってその物を保管する場所を変更したときは、その現在の場所で返還をすることができる。

第六六四条の二（損害賠償及び費用の償還の請求権についての期間の制限） 寄託物の一部滅失又は損傷によって生じた損害の賠償及び受寄者が支出した費用の償還は、寄託者が返還を受けた時から一年以内に請求しなければならない。

2　前項の損害賠償の請求権については、寄託者が返還を受けた時から一年を経過するまでの間は、時効は、完成しない。

第六六五条（委任の規定の準用） 第六百四十六条から第六百四十八条まで、第六百四十九条並びに第六百五十条第一項及び第二項の規定は、寄託について準用する。

第六六五条の二（混合寄託） 複数の者が寄託した物の種類及び品質が同一である場合には、受寄者は、各寄託者の承諾を得たときに限り、これらを混合して保管することができる。

2　前項の規定に基づき受寄者が複数の寄託者からの寄託物を混合して保管したときは、寄託者は、その寄託した物と同じ数量の物の返還を請求することができる。

3　前項に規定する場合において、寄託物の一部が滅失したときは、寄託者は、混合して保管されている総寄託物に対するその寄託した物の割合に応じた数量の物の返還を請求することができる。この場合においては、損害賠償の請求を妨げない。

第六六六条（消費寄託） 受寄者が契約により寄託物を消費することができる場合には、受寄者は、寄託された物と種類、品質及び数量の同じ物をもって返還しなければならない。

2　第五百九十条及び第五百九十二条の規定は、前項に規定する場合について準用する。

3　第五百九十一条第二項及び第三項の規定は、預金又は貯金に係る契約により金銭を寄託した場合について準用する。

第十二節　組合

第六六七条（組合契約） 組合契約は、各当事者が出資をして共同の事業を営むことを約することによって、その効力を生ずる。

2　出資は、労務をその目的とすることができる。

事例　近隣の橋の工事現場に、共同企業体の看板が立てられているが、共同企業体とはどのようなものか。

解説　大規模な建設工事などでみられる共同企業体（ジョイントベンチャー）は組合であり、法律的には、マンションの管理組合と同様である。民法は組合の設立を契約の一種とみているが、契約のように相対立する意思表示の合致ではなく、同一目的をもった同一方向の意思表示の集合であるから、通説は契約と区別して合同行為とよび、契約とは異なる扱いをしている。

第六六七条の二（他の組合員の債務不履行） 第五百三十三条及び第五百三十六条の規定は、組合契約については、適用しない。

2　組合員は、他の組合員が組合契約に基づく債務の履行をしないことを理由として、組合契約を解除することができない。

第六六七条の三（組合員の一人についての意思表示の無効等） 組合員の一人について意思表示の無効又は取消しの原因があっても、他の組合員の間においては、組合契約は、その効力を妨げられない。

第六六八条（組合財産の共有） 各組合員の出資その他の組合財産は、総組合員の共有に属する。

判例　組合財産は、総組合員の共有に属するので、民法六六七条以下に特別の規定がない限り、民法二四九条以下の共有の規定が適用され、組合員の一人は、単独で、組合財産である不動産につき、登記簿上の所有名義者たる者に対して登記の抹消を求めることができる（最判昭三三・七・二二民集一二・一二・一八〇五）。

第六六九条（金銭出資の不履行の責任） 金銭を出資の目的とした場合において、組合員がその出資をすることを怠ったときは、その利息を支払うほか、損害の賠償をしなければならない。

第六七〇条（業務の決定及び執行の方法） 組合の業務は、組合員の過半数をもって決定し、各組合員がこれを執行する。

2　組合の業務の決定及び執行は、組合契約の定めるところにより、一人又は数人の組合員又は第三者に委任することができる。

3　前項の委任を受けた者（以下「業務執行者」という。）は、組合の業務を決定し、これを執行する。この場合において、業務執行者が数人あるときは、組合の業務は、業務執行者の過半数をもって決定し、各業務執行者がこれを執行する。

4　前項の規定にかかわらず、組合の業務については、総組合員の同意によって決定し、又は総組合員が執行することを妨げない。

5　組合の常務は、前各項の規定にかかわらず、各組合員又は各業務執行者が単独で行うことができる。ただし、その完了前に他の組合員又は業務執行者が異議を述べたときは、この限りでない。

第六七〇条の二（組合の代理） 各組合員は、組合の業務を執行する場合において、組合員の過半数の同意を得たときは、他の組合員を代理することができる。

2　前項の規定にかかわらず、業務執行者があるときは、業務執行者のみが組合員を代理することができる。この場合において、業務執行者が数人あるときは、各業務執行者は、業務執行者の過半数の同意を得たときに限り、組合員を代理することができる。

3　前二項の規定にかかわらず、各組合員又は各業務執行者は、組合の常務を行うときは、単独で組合員を代理することができる。

第六七一条（委任の規定の準用） 第六百四十四条から第六百五十条までの規定は、組合の業務を決定し、又は執行する組合員について準用する。

第六七二条（業務執行組合員の辞任及び解任） 組合契約の定めるところにより一人又は数人の組合員に業務の決定及び執行を委任したときは、その組合員は、正当な事由がなければ、辞任することができない。

2　前項の組合員は、正当な事由がある場合に限り、他の組合員の一致によって解任することができる。

第六七三条（組合員の組合の業務及び財産状況

に関する検査）各組合員は、組合の業務の決定及び執行をする権利を有しないときであっても、その業務及び組合財産の状況を検査することができる。

第六七四条（組合員の損益分配の割合） 当事者が損益分配の割合を定めなかったときは、その割合は、各組合員の出資の価額に応じて定める。

2　利益又は損失についてのみ分配の割合を定めたときは、その割合は、利益及び損失に共通であるものと推定する。

第六七五条（組合の債権者の権利の行使） 組合の債権者は、組合財産についてその権利を行使することができる。

2　組合の債権者は、その選択に従い、各組合員に対して損失分担の割合又は等しい割合でその権利を行使することができる。ただし、組合の債権者がその債権の発生の時に各組合員の損失分担の割合を知っていたときは、その割合による。

第六七六条（組合員の持分の処分及び組合財産の分割） 組合員は、組合財産についてその持分を処分したときは、その処分をもって組合及び組合と取引をした第三者に対抗することができない。

2　組合員は、組合財産である債権について、その持分についての権利を単独で行使することができない。

3　組合員は、清算前に組合財産の分割を求めることができない。

第六七七条（組合財産に対する組合員の債権者の権利の行使の禁止） 組合員の債権者は、組合財産についてその権利を行使することができない。

第六七七条の二（組合員の加入） 組合員は、その全員の同意によって、又は組合契約の定めるところにより、新たに組合員を加入させることができる。

2　前項の規定により組合の成立後に加入した組合員は、その加入前に生じた組合の債務については、これを弁済する責任を負わない。

第六七八条（組合員の脱退） 組合契約で組合の存続期間を定めなかったとき、又はある組合員の終身の間組合が存続すべきことを定めたときは、各組合員は、いつでも脱退することができる。ただし、やむを得ない事由がある場合を除き、組合に不利な時期に脱退することができない。

2　組合の存続期間を定めた場合であっても、各組合員は、やむを得ない事由があるときは、脱退することができる。

判例　「やむを得ない事由」があっても任意の脱退を許さないとする約定は無効である（最判平一一・二・二三民集五三・二・一九三）。また、組合の存続期間が定められている場合であっても、組合決議の結果、ある組合員の利益がはなはだしく害され、共同事業をするに耐えなくなったときは、本条二項にあたり脱退することができる（大判昭一八・七・二〇民集二二・六八一）。

第六七九条　前条の場合のほか、組合員は、次に掲げる事由によって脱退する。

一　死亡

二　破産手続開始の決定を受けたこと。

三　後見開始の審判を受けたこと。

四　除名

第六八〇条（組合員の除名） 組合員の除名は、正当な事由がある場合に限り、他の組合員の一致によってすることができる。ただし、除名した組合員にその旨を通知しなければ、これをもってその組合員に対抗することができない。

第六八〇条の二（脱退した組合員の責任等） 脱退した組合員は、その脱退前に生じた組合の債務について、従前の責任の範囲内でこれを弁済する責任を負う。この場合において、債権者が全部の弁済を受けない間は、脱退した組合員は、組合に担保を供させ、又は組合に対して自己に免責を得させることを請求することができる。

2　脱退した組合員は、前項に規定する組合の債務を弁済したときは、組合に対して求償権を有する。

第六八一条（脱退した組合員の持分の払戻し） 脱退した組合員と他の組合員との間の計算は、脱退の時における組合財産の状況に従ってしなければならない。

2　脱退した組合員の持分は、その出資の種類を問わず、金銭で払い戻すことができる。

3　脱退の時にまだ完了していない事項については、その完了後に計算をすることができる。

第六八二条（組合の解散事由） 組合は、次に掲げる事由によって解散する。

一　組合の目的である事業の成功又はその成功の不能

二　組合契約で定めた存続期間の満了

三　組合契約で定めた解散の事由の発生
四　総組合員の同意

第六八三条（**組合の解散の請求**）やむを得ない事由があるときは、各組合員は、組合の解散を請求することができる。

第六八四条（**組合契約の解除の効力**）第六百二十条の規定は、組合契約について準用する。

第六八五条（**組合の清算及び清算人の選任**）組合が解散したときは、清算は、総組合員が共同して、又はその選任した清算人がこれをする。

2　清算人の選任は、組合員の過半数で決する。

第六八六条（**清算人の業務の決定及び執行の方法**）第六百七十条第三項から第五項まで並びに第六百七十条の二第二項及び第三項の規定は、清算人について準用する。

第六八七条（**組合員である清算人の辞任及び解任**）第六百七十二条の規定は、組合契約の定めるところにより組合員の中から清算人を選任した場合について準用する。

第六八八条（**清算人の職務及び権限並びに残余財産の分割方法**）清算人の職務は、次のとおりとする。

一　現務の結了
二　債権の取立て及び債務の弁済
三　残余財産の引渡し

2　清算人は、前項各号に掲げる職務を行うために必要な一切の行為をすることができる。

3　残余財産は、各組合員の出資の価額に応じて分割する。

第十三節　終身定期金

第六八九条（**終身定期金契約**）終身定期金契約は、当事者の一方が、自己、相手方又は第三者の死亡に至るまで、定期に金銭その他の物を相手方又は第三者に給付することを約することによって、その効力を生ずる。

第六九〇条（**終身定期金の計算**）終身定期金は、日割りで計算する。

第六九一条（**終身定期金契約の解除**）終身定期金債務者が終身定期金の元本を受領した場合において、その終身定期金の給付を怠り、又はその他の義務を履行しないときは、相手方は、元本の返還を請求することができる。この場合において、相手方は、既に受け取った終身定期金の中からその元本の利息を控除した残額を終身定期金債務者に返還しなければならない。

2　前項の規定は、損害賠償の請求を妨げない。

第六九二条（**終身定期金契約の解除と同時履行**）第五百三十三条の規定は、前条の場合について準用する。

第六九三条（**終身定期金債権の存続の宣告**）終身定期金債務者の責めに帰すべき事由によって第六百八十九条に規定する死亡が生じたときは、裁判所は、終身定期金債権者又はその相続人の請求により、終身定期金債権が相当の期間存続することを宣告することができる。

2　前項の規定は、第六百九十一条の権利の行使を妨げない。

第六九四条（**終身定期金の遺贈**）この節の規定は、終身定期金の遺贈について準用する。

第十四節　和解

第六九五条（**和解**）和解は、当事者が互いに譲歩をしてその間に存する争いをやめることを約することによって、その効力を生ずる。

第六九六条（**和解の効力**）当事者の一方が和解によって争いの目的である権利を有するものと認められ、又は相手方がこれを有しないものと認められた場合において、その当事者の一方が従来その権利を有していなかった旨の確証又は相手方がこれを有していた旨の確証が得られたときは、その権利は、和解によってその当事者の一方に移転し、又は消滅したものとする。

第三章　事務管理

第六九七条（**事務管理**）義務なく他人のために事務の管理を始めた者（以下この章において「管理者」という。）は、その事務の性質に従い、最も本人の利益に適合する方法によって、その事務の管理（以下「事務管理」という。）をしなければならない。

2　管理者は、本人の意思を知っているとき、又はこれを推知することができるときは、その意思に従って事務管理をしなければならない。

事例　Aは、自己所有家屋の戸締まりをして、家族と共に外国へ転勤した。その留守中、暴風雨のためにA家屋の屋根が壊れ雨が漏るので、Bは何の依頼もされていないが屋根の修繕をしてやった場合、Bの行為はどうなるか。

解説　義務なく他人のために事務を管理する行

民法

為を事務管理という。権利も義務もなくみだりに他人のことに干渉すべきではないが、行き倒れの人を救助するというような善意から出た行為を、余計なお世話として放置しておくことにも問題がある。そこで民法は、他人の事務を管理する義務はないが、ひとたび他人の事務の管理を始めた者（本事例ではB）は本人の利益に適するよう管理を継続すべき義務を負うものとし、本人（本事例ではA）には管理者が支出した費用を償還する義務を負わせている（民六九七条一項）。

第六九八条（緊急事務管理） 管理者は、本人の身体、名誉又は財産に対する急迫の危害を免れさせるために事務管理をしたときは、悪意又は重大な過失があるのでなければ、これによって生じた損害を賠償する責任を負わない。

第六九九条（管理者の通知義務） 管理者は、事務管理を始めたことを遅滞なく本人に通知しなければならない。ただし、本人が既にこれを知っているときは、この限りでない。

第七〇〇条（管理者による事務管理の継続） 管理者は、本人又はその相続人若しくは法定代理人が管理をすることができるに至るまで、事務管理を継続しなければならない。ただし、事務管理の継続が本人の意思に反し、又は本人に不利であることが明らかであるときは、この限りでない。

第七〇一条（委任の規定の準用） 第六百四十五条から第六百四十七条までの規定は、事務管理について準用する。

第七〇二条（管理者による費用の償還請求等） 管理者は、本人のために有益な費用を支出したときは、本人に対し、その償還を請求することができる。

2 第六百五十条第二項の規定は、管理者が本人のために有益な債務を負担した場合について準用する。

3 管理者が本人の意思に反して事務管理をしたときは、本人が現に利益を受けている限度においてのみ、前二項の規定を適用する。

第四章 不当利得

第七〇三条（不当利得の返還義務） 法律上の原因なく他人の財産又は労務によって利益を受け、そのために他人に損失を及ぼした者（以下この章において「受益者」という。）は、その利益の存する限度において、これを返還する義務を負う。

事例 Aから借金しているBが、Cから騙し取ったお金でAに弁済したという騙取金による弁済の場合、CはAに対して不当利得の返還を請求できるか。

解説 かつての判例は、直接の因果関係がないとしてこれを否定した。しかし、その後、Aは「本件金員を善意で受領したのであるから、法律上の原因に基づいてこれを取得したものというべき」であるとして、Cの返還請求を否定した。その後さらに、社会通念上被騙取者の金銭で他の債権者の利益を図ったと認められるだけの連結がある場合は、不当利得の成立に必要な因果関係が認められるとした上で、騙取金員により弁済を受けた債権者に悪意または重大な過失がある場合には、被騙取者に対する関係で、その金銭取得は法律上の原因がないとしている（最判昭四九・九・二六民集二八・六・一二四三）。したがって、Aに弁済するつもりでCからお金を騙し取り、Aに弁済したときは、Aがそのことを知っているか、知らなくても、Cから騙し取ってきたお金だと容易にわかる場合には、CはAに返還を請求できる。

第七〇四条（悪意の受益者の返還義務等） 悪意の受益者は、その受けた利益に利息を付して返還しなければならない。この場合において、なお損害があるときは、その賠償の責任を負う。

第七〇五条（債務の不存在を知ってした弁済） 債務の弁済として給付をした者は、その時において債務の存在しないことを知っていたときは、その給付したものの返還を請求することができない。

第七〇六条（期限前の弁済） 債務者は、弁済期にない債務の弁済として給付をしたときは、その給付したものの返還を請求することができない。ただし、債務者が錯誤によってその給付をしたときは、債権者は、これによって得た利益を返還しなければならない。

第七〇七条（他人の債務の弁済） 債務者でない者が錯誤によって債務の弁済をした場合において、債権者が善意で証書を滅失させ若しくは損傷し、担保を放棄し、又は時効によってその債権を失ったときは、その弁済をした者は、返還の請求をすることができない。

2 前項の規定は、弁済をした者から債務者に対する求償権の行使を妨げない。

第七〇八条（不法原因給付） 不法な原因のため

に給付をした者は、その給付したものの返還を請求することができない。ただし、不法な原因が受益者についてのみ存したときは、この限りでない。

判例1 統制法規に違反した行為が、民法七〇八条の不法原因給付にあたるものであるというためには、更に右違反行為が、当時の社会における倫理、道徳に反した醜悪なものであったと認められなければならない（最判昭三七・三・八民集一六・三・五〇〇）。

判例2 Yが投資資金名下にXから金員を騙取した場合に、Xからの不法行為に基づく損害賠償請求においてYが詐欺の手段として配当金名下にXに交付した金員の額を損益相殺等の対象としてXの損害額から控除することは、民法七〇八条の趣旨に反するものとして許されない（最判平二〇・六・二四集民二二八・三八五）。

事例 AとBは、それぞれ応援する野球チームの勝利に賭け、Aが負けたので、AはBに賭け金一万円を支払った。その後、支払った一万円が惜しくなったAは、賭事は公序良俗違反で無効（民九〇条）だとして返還請求した。認められるだろうか。

解説 民法七〇八条は、不法原因給付をした者は、その返還を請求できないと規定している。不法原因給付とは、公の秩序もしくは善良の風俗に反する給付をいう。みずから不法な行為をしておきながら、その不法なことを理由に裁判所に救済を求める者を保護する必要はないので、返還請求を認めないとしたのである。賭事による賭け金の支払いは不法原因給付になるので、Aの返還請求は認められない。なお、不法原因給付の返還を当事者が合意した場合、その合意は有効とされる（最判昭二八・一・二二民集七・一・五六）ので、Aは返還請求することができる。

第五章 不法行為

第七〇九条（不法行為による損害賠償） 故意又は過失によって他人の権利又は法律上保護される利益を侵害した者は、これによって生じた損害を賠償する責任を負う。

判例 注射器具・施術者の手指あるいは患者の注射部位の消毒が不完全なまま、医師が麻酔注射をしたときは、過失の責任を免がれない（最判昭三九・七・二八民集一八・六・一二四一）。

第七一〇条（財産以外の損害の賠償） 他人の身体、自由若しくは名誉を侵害した場合又は他人の財産権を侵害した場合のいずれであるかを問わず、前条の規定により損害賠償の責任を負う者は、財産以外の損害に対しても、その賠償をしなければならない。

第七一一条（近親者に対する損害の賠償） 他人の生命を侵害した者は、被害者の父母、配偶者及び子に対しては、その財産権が侵害されなかった場合においても、損害の賠償をしなければならない。

第七一二条（責任能力） 未成年者は、他人に損害を加えた場合において、自己の行為の責任を弁識するに足りる知能を備えていなかったときは、その行為について賠償の責任を負わない。

判例 未成年者でも、その行為の責任を認識できる年齢に達していれば、責任能力が認められる。行為の性質にもよるが、おおむね一五～一六歳にもなれば、責任能力が認められる。一二歳二か月の少年が空気銃を撃ち被害者を失明させたという事案で、少年を責任無能力とした判決（大判大六・四・三〇民録二三・七一五）と、一一歳一一か月の少年店員が店主のために自転車で物を運搬中に他人に怪我をさせたという事案で、少年の責任能力を認めた判決（大判大四・五・一二民録二一・六九二）がある。前者では、少年の責任能力が否定されることによって監督義務者たる親が責任を負うことになり、後者では、少年の責任能力が肯定されることによって店主が使用者責任（民七一五条）を負うことに注意する必要がある。

第七一三条 精神上の障害により自己の行為の責任を弁識する能力を欠く状態にある間に他人に損害を加えた者は、その賠償の責任を負わない。ただし、故意又は過失によって一時的にその状態を招いたときは、この限りでない。

第七一四条（責任無能力者の監督義務者等の責任） 前二条の規定により責任無能力者がその責任を負わない場合において、その責任無能力者を監督する法定の義務を負う者は、その責任無能力者が第三者に加えた損害を賠償する責任を負う。ただし、監督義務者がその義務を怠らなかったとき、又はその義務を怠らなくても損害が生ずべきであったときは、この限りでない。

2 監督義務者に代わって責任無能力者を監督する者も、前項の責任を負う。

第七一五条（使用者等の責任） ある事業のため

に他人を使用する者は、被用者がその事業の執行について第三者に加えた損害を賠償する責任を負う。ただし、使用者が被用者の選任及びその事業の監督について相当の注意をしたとき、又は相当の注意をしても損害が生ずべきであったときは、この限りでない。

2　使用者に代わって事業を監督する者も、前項の責任を負う。

3　前二項の規定は、使用者又は監督者から被用者に対する求償権の行使を妨げない。

判例1　使用者責任における「被用者」とは、報酬の有無、期間の長短を問わず、使用者の指揮・監督下で使用者の事業に従事する者をいう（大判大六・二・二二民録二三・二一二）。

判例2　「事業の執行について」とは、「必ずしも被用者がその担当する業務を適正に執行する場合だけを指すのでなく、広く被用者の行為の外形を捉えて客観的に観察したとき、使用者の事業の態様、規模等からしてそれが被用者の職務行為の範囲内に属するものと認められる場合で足りる」（最判昭三九・二・四民集一八・二・二五二）。これを、外形理論（外形標準説）という。

事例　自動車の販売等を業とする会社の販売課に勤務する被用者が、退社後映画見物をして帰宅のための最終列車に乗り遅れたため、私用に使うことを禁止した会社内規に違反して会社の自動車を運転し、帰宅する途中追突事故を起こして他人に加えた損害について、会社は使用者責任を負うだろうか。

解説　本事例の自動車の運行は、会社業務の適正な執行行為ではなく、主観的には被用者の私用に供する行為であり、会社の内規に違反してなされた行為ではあるが、民法七一五条に規定する「事業の執行について」というのは、「被用者の職務執行行為そのものには属しないが、その行為の外形から観察して、あたかも被用者の職務の範囲内の行為に属するものとみられる場合をも包含するものと解するべき」（最判昭四〇・一一・三〇民集一九・八・二〇四九）であるから、会社は使用者責任を負う。

第七一六条（注文者の責任）　注文者は、請負人がその仕事について第三者に加えた損害を賠償する責任を負わない。ただし、注文又は指図についてその注文者に過失があったときは、この限りでない。

第七一七条（土地の工作物等の占有者及び所有者の責任）　土地の工作物の設置又は保存に瑕疵があることによって他人に損害を生じたときは、その工作物の占有者は、被害者に対してその損害を賠償する責任を負う。ただし、占有者が損害の発生を防止するのに必要な注意をしたときは、所有者がその損害を賠償しなければならない。

2　前項の規定は、竹木の栽植又は支持に瑕疵がある場合について準用する。

3　前二項の場合において、損害の原因について他にその責任を負う者があるときは、占有者又は所有者は、その者に対して求償権を行使することができる。

判例1　土地の工作物とは、建物・塀・橋・道路・電柱・小学校の遊動円木（大判大五・六・一民録二二・一〇八八）など、人工的に土地に接着して設置された物である。鉄道の軌道施設も土地の工作物とされ、鉄道踏切に警報機などの保安設備がないことも、鉄道施設の設置上の瑕疵となることがある（最判昭四六・四・二三民集二五・三・三五一）。

判例2　本条は、土地の工作物の設置または保存に瑕疵があるため、他人に損害を与えた以上は、自然の作用が近因の場合でも、被害者の行為が近因の場合でも、工作物の所有者、または占有者が賠償の責任を負うことになる（大判大七・五・二九民録二四・九三五）。

事例　マンションの設置または保存の瑕疵により他人に損害を生じたときは、だれが責任を負うのだろうか。

解説　マンションも土地の工作物であるから、その設置または保存の瑕疵により他人に損害を生じたときは、一次的には占有者、二次的に所有者が損害賠償責任を負うことになる。したがって、専有部分の瑕疵により生じた損害であれば、専有部分の占有者または区分所有者が責任を負い、共用部分の瑕疵により生じた損害であれば、その共用部分を共有する区分所有者全員が共同して責任を負わなければならない。

しかし、被害者が瑕疵の存在部分を立証することは、必ずしも容易なことではない。そこで、被害者の立証責任を軽減するため、建物の設置または保存に瑕疵があることにより他人に損害を生じたときは、その瑕疵は、共用部分の設置または保存にあるものと推定される（区分所有九条）。これにより、瑕疵の存在場所が不明な場合は、被害者は共有する区分所有者全員を被告として訴えを提起できることになる。裁判において特定の専有部分の瑕疵による損害であることが立証されれば、推定が覆されるから、その専有部分の占有者または区分所有者が損害賠償責任を負わなければならない。

第七一八条（動物の占有者等の責任） 動物の占有者は、その動物が他人に加えた損害を賠償する責任を負う。ただし、動物の種類及び性質に従い相当の注意をもってその管理をしたときは、この限りでない。

2　占有者に代わって動物を管理する者も、前項の責任を負う。

判例 七歳の児童が、自転車に乗って幅員約三メートルの道路を通行中、飼主の手を離れて道路前方にいる体長約四〇センチメートル、体高約二〇センチメートルの愛玩用犬と約八・五メートルの距離に接近したところ、犬が約二メートル程歩いて自転車に近付いたため、日頃から犬嫌いの児童が一瞬ひるんで操縦を誤って転倒し、道路沿いの川に自転車とともに転落し左眼を失明するにいたったという事実関係のもとにおいて、七歳の児童にはどのような種類の犬であってもこれを怖がる者があり、犬が飼主の手を離れれば本件のような事故の発生することは予測できないことではないから、飼主には民法七一八条所定の損害賠償責任がある（最判昭五八・四・一判時一〇八三・八三）。

事例 大型犬を連れて散歩中、嫌っていた相手と出会ったので、犬をけしかけたら咬みついたという場合も、民法七一八条一項によって責任を負うことになるのだろうか。

解説 犬をけしかけて咬みつかせた場合のように、動物が人の指示によって行動した場合には、動物の加えた損害とはいえず、民法七〇九条の一般不法行為責任を負う。

第七一九条（共同不法行為者の責任） 数人が共同の不法行為によって他人に損害を加えたときは、各自が連帯してその損害を賠償する責任を負う。共同行為者のうちいずれの者がその損害を加えたかを知ることができないときも、同様とする。

2　行為者を教唆した者及び幇助した者は、共同行為者とみなして、前項の規定を適用する。

第七二〇条（正当防衛及び緊急避難） 他人の不法行為に対し、自己又は第三者の権利又は法律上保護される利益を防衛するため、やむを得ず加害行為をした者は、損害賠償の責任を負わない。ただし、被害者から不法行為をした者に対する損害賠償の請求を妨げない。

2　前項の規定は、他人の物から生じた急迫の危難を避けるためその物を損傷した場合について準用する。

第七二一条（損害賠償請求権に関する胎児の権利能力） 胎児は、損害賠償の請求権については、既に生まれたものとみなす。

第七二二条（損害賠償の方法、中間利息の控除及び過失相殺） 第四百十七条及び第四百十七条の二の規定は、不法行為による損害賠償について準用する。

2　被害者に過失があったときは、裁判所は、これを考慮して、損害賠償の額を定めることができる。

第七二三条（名誉毀損における原状回復） 他人の名誉を毀損した者に対しては、裁判所は、被害者の請求により、損害賠償に代えて、又は損害賠償とともに、名誉を回復するのに適当な処分を命ずることができる。

判例1 本条にいう名誉とは、人がその品性、徳行、名声、信用等、人に対する客観的な社会的評価を低下させる行為をいい、単なる主観的な名誉感情の侵害は含まれない（最判昭四五・一二・一八民集二四・一三・二一五一）。

判例2 名誉を回復する処分として謝罪広告が命じられたにもかかわらず、被告がそれを履行しないときは、代替執行が可能であり、謝罪広告を新聞等に掲載してその費用を被告から取り立てることができる（最判昭三一・七・四民集一〇・七・七八五）。

判例3 法人には主観的な名誉感情がないが、法人の客観的な社会的評価の低下はあり得るから、法人に対する名誉毀損も成立する。その場合、謝罪広告の請求が認められるだけでなく、無形の損害の賠償も認められている（最判昭三九・一・二八民集一八・一・一三六）。

事例 タクシーの乗客が運転手に対して侮辱的発言をした場合、名誉毀損を理由に謝罪広告を求めることができるだろうか。

解説 客観的な社会的評価が低下していないから名誉毀損とはならず、謝罪広告を求めることはできない。しかし、主観的な名誉感情の侵害も不法行為となる（民七〇九条）から、慰謝料の請求は認められる。

第七二四条（不法行為による損害賠償請求権の消滅時効） 不法行為による損害賠償の請求権は、次に掲げる場合には、時効によって消滅する。

一　被害者又はその法定代理人が損害及び加害者を知った時から三年間行使しないとき。

二　不法行為の時から二十年間行使しないとき。

第七二四条の二（**人の生命又は身体を害する不法行為による損害賠償請求権の消滅時効**）人の生命又は身体を害する不法行為による損害賠償請求権の消滅時効についての前条第一号の規定の適用については、同号中「三年間」とあるのは、「五年間」とする。

第四編　親族

第一章　総則

第七二五条（**親族の範囲**）次に掲げる者は、親族とする。

一　六親等内の血族

二　配偶者

三　三親等内の姻族

第七二六条（**親等の計算**）親等は、親族間の世代数を数えて、これを定める。

2　傍系親族の親等を定めるには、その一人又はその配偶者から同一の祖先にさかのぼり、その祖先から他の一人に下るまでの世代数による。

第七二七条（**縁組による親族関係の発生**）養子と養親及びその血族との間においては、養子縁組の日から、血族間におけるのと同一の親族関係を生ずる。

第七二八条（**離婚等による姻族関係の終了**）姻族関係は、離婚によって終了する。

2　夫婦の一方が死亡した場合において、生存配偶者が姻族関係を終了させる意思を表示したときも、前項と同様とする。

第七二九条（**離縁による親族関係の終了**）養子及びその配偶者並びに養子の直系卑属及びその配偶者と養親及びその血族との親族関係は、離縁によって終了する。

第七三〇条（**親族間の扶け合い**）直系血族及び同居の親族は、互いに扶け合わなければならない。

第二章　婚姻

第一節　婚姻の成立

第一款　婚姻の要件

第七三一条（**婚姻適齢**）婚姻は、十八歳にならなければ、することができない。

第七三二条（**重婚の禁止**）配偶者のある者は、重ねて婚姻をすることができない。

第七三三条　削除

第七三四条（**近親者間の婚姻の禁止**）直系血族又は三親等内の傍系血族の間では、婚姻をすることができない。ただし、養子と養方の傍系血族との間では、この限りでない。

2　第八百十七条の九の規定により親族関係が終了した後も、前項と同様とする。

第七三五条（**直系姻族間の婚姻の禁止**）直系姻族の間では、婚姻をすることができない。第七百二十八条又は第八百十七条の九の規定により姻族関係が終了した後も、同様とする。

第七三六条（**養親子等の間の婚姻の禁止**）養子若しくはその配偶者又は養子の直系卑属若しくはその配偶者と養親又はその直系尊属との間では、第七百二十九条の規定により親族関係が終了した後でも、婚姻をすることができない。

第七三七条　削除

第七三八条（**成年被後見人の婚姻**）成年被後見人が婚姻をするには、その成年後見人の同意を要しない。

第七三九条（**婚姻の届出**）婚姻は、戸籍法（昭和二十二年法律第二百二十四号）の定めるところにより届け出ることによって、その効力を生ずる。

2　前項の届出は、当事者双方及び成年の証人二人以上が署名した書面で、又はこれらの者から口頭で、しなければならない。

第七四〇条（婚姻の届出の受理） 婚姻の届出は、その婚姻が第七百三十一条、第七百三十二条、第七百三十四条から第七百三十六条まで及び前条第二項の規定その他の法令の規定に違反しないことを認めた後でなければ、受理することができない。

第七四一条（外国に在る日本人間の婚姻の方式） 外国に在る日本人間で婚姻をしようとするときは、その国に駐在する日本の大使、公使又は領事にその届出をすることができる。この場合においては、前二条の規定を準用する。

第二款　婚姻の無効及び取消し

第七四二条（婚姻の無効） 婚姻は、次に掲げる場合に限り、無効とする。

一　人違いその他の事由によって当事者間に婚姻をする意思がないとき。

二　当事者が婚姻の届出をしないとき。ただし、その届出が第七百三十九条第二項に定める方式を欠くだけであるときは、婚姻は、そのためにその効力を妨げられない。

第七四三条（婚姻の取消し） 婚姻は、次条、第七百四十五条及び第七百四十七条の規定によらなければ、取り消すことができない。

第七四四条（不適法な婚姻の取消し） 第七百三十一条、第七百三十二条及び第七百三十四条から第七百三十六条までの規定に違反した婚姻は、各当事者、その親族又は検察官から、その取消しを家庭裁判所に請求することができる。ただし、検察官は、当事者の一方が死亡した後は、これを請求することができない。

2　第七百三十二条の規定に違反した婚姻については、前婚の配偶者も、その取消しを請求することができる。

第七四五条（不適齢者の婚姻の取消し） 第七百三十一条の規定に違反した婚姻は、不適齢者が適齢に達したときは、その取消しを請求することができない。

2　不適齢者は、適齢に達した後、なお三箇月間は、その婚姻の取消しを請求することができる。ただし、適齢に達した後に追認をしたときは、この限りでない。

第七四六条　削除

第七四七条（詐欺又は強迫による婚姻の取消し） 詐欺又は強迫によって婚姻をした者は、その婚姻の取消しを家庭裁判所に請求することができる。

2　前項の規定による取消権は、当事者が、詐欺を発見し、若しくは強迫を免れた後三箇月を経過し、又は追認をしたときは、消滅する。

第七四八条（婚姻の取消しの効力） 婚姻の取消しは、将来に向かってのみその効力を生ずる。

2　婚姻の時においてその取消しの原因があることを知らなかった当事者が、婚姻によって財産を得たときは、現に利益を受けている限度において、その返還をしなければならない。

3　婚姻の時においてその取消しの原因があることを知っていた当事者は、婚姻によって得た利益の全部を返還しなければならない。この場合において、相手方が善意であったときは、これに対して損害を賠償する責任を負う。

第七四九条（離婚の規定の準用） 第七百二十八条第一項、第七百六十六条から第七百六十九条まで、第七百九十条第一項ただし書並びに第八百十九条第二項、第三項、第五項及び第六項の規定は、婚姻の取消しについて準用する。

第二節　婚姻の効力

第七五〇条（夫婦の氏） 夫婦は、婚姻の際に定めるところに従い、夫又は妻の氏を称する。

第七五一条（生存配偶者の復氏等） 夫婦の一方が死亡したときは、生存配偶者は、婚姻前の氏に復することができる。

2　第七百六十九条の規定は、前項及び第七百二十八条第二項の場合について準用する。

第七五二条（同居、協力及び扶助の義務） 夫婦は同居し、互いに協力し扶助しなければならない。

第七五三条　削除

第七五四条（夫婦間の契約の取消権） 夫婦間でした契約は、婚姻中、いつでも、夫婦の一方からこれを取り消すことができる。ただし、第三者の権利を害することはできない。

第三節　夫婦財産制

第一款　総則

第七五五条（夫婦の財産関係） 夫婦が、婚姻の届出前に、その財産について別段の契約をしなかったときは、その財産関係は、次款に定めるところによる。

第七五六条（夫婦財産契約の対抗要件） 夫婦が

法定財産制と異なる契約をしたときは、婚姻の届出までにその登記をしなければ、これを夫婦の承継人及び第三者に対抗することができない。

第七五七条　削除

第七五八条（**夫婦の財産関係の変更の制限等**）夫婦の財産関係は、婚姻の届出後は、変更することができない。

2　夫婦の一方が、他の一方の財産を管理する場合において、管理が失当であったことによってその財産を危うくしたときは、他の一方は、自らその管理をすることを家庭裁判所に請求することができる。

3　共有財産については、前項の請求とともに、その分割を請求することができる。

第七五九条（**財産の管理者の変更及び共有財産の分割の対抗要件**）前条の規定又は第七百五十五条の契約の結果により、財産の管理者を変更し、又は共有財産の分割をしたときは、その登記をしなければ、これを夫婦の承継人及び第三者に対抗することができない。

第二款　法定財産制

第七六〇条（**婚姻費用の分担**）夫婦は、その資産、収入その他一切の事情を考慮して、婚姻から生ずる費用を分担する。

第七六一条（**日常の家事に関する債務の連帯責任**）夫婦の一方が日常の家事に関して第三者と法律行為をしたときは、他の一方は、これによって生じた債務について、連帯してその責任を負う。ただし、第三者に対し責任を負わない旨を予告した場合は、この限りでない。

第七六二条（**夫婦間における財産の帰属**）夫婦の一方が婚姻前から有する財産及び婚姻中自己の名で得た財産は、その特有財産（夫婦の一方が単独で有する財産をいう。）とする。

2　夫婦のいずれに属するか明らかでない財産は、その共有に属するものと推定する。

第四節　離婚

第一款　協議上の離婚

第七六三条（**協議上の離婚**）夫婦は、その協議で、離婚をすることができる。

第七六四条（**婚姻の規定の準用**）第七百三十八条、第七百三十九条及び第七百四十七条の規定は、協議上の離婚について準用する。

第七六五条（**離婚の届出の受理**）離婚の届出は、その離婚が前条において準用する第七百三十九条第二項の規定及び第八百十九条第一項の規定その他の法令の規定に違反しないことを認めた後でなければ、受理することができない。

2　離婚の届出が前項の規定に違反して受理されたときであっても、離婚は、そのためにその効力を妨げられない。

第七六六条（**離婚後の子の監護に関する事項の定め等**）父母が協議上の離婚をするときは、子の監護をすべき者、父又は母と子の面会及びその他の交流、子の監護に要する費用の分担その他の子の監護について必要な事項は、その協議で定める。この場合においては、子の利益を最も優先して考慮しなければならない。

2　前項の協議が調わないとき、又は協議をすることができないときは、家庭裁判所が、同項の事項を定める。

3　家庭裁判所は必要があると認めるときは、前二項の規定による定めを変更し、その他子の監護について相当な処分を命ずることができる。

4　前三項の規定によっては、監護の範囲外では、父母の権利義務に変更を生じない。

第七六七条（**離婚による復氏等**）婚姻によって氏を改めた夫又は妻は、協議上の離婚によって婚姻前の氏に復する。

2　前項の規定により婚姻前の氏に復した夫又は妻は、離婚の日から三箇月以内に戸籍法の定めるところにより届け出ることによって、離婚の際に称していた氏を称することができる。

第七六八条（**財産分与**）協議上の離婚をした者の一方は、相手方に対して財産の分与を請求することができる。

2　前項の規定による財産の分与について、当事者間に協議が調わないとき、又は協議をすることができないときは、当事者は、家庭裁判所に対して協議に代わる処分を請求することができる。ただし、離婚の時から二年を経過したときは、この限りでない。

3　前項の場合には、家庭裁判所は、当事者双方がその協力によって得た財産の額その他一切の事情を考慮して、分与をさせるべきかどうか並びに分与の額及び方法を定める。

第七六九条（**離婚による復氏の際の権利の承継**）婚姻によって氏を改めた夫又は妻が、第八百九十七条第一項の権利を承継した後、協議上の離婚をしたときは、当事者その他の関係人の協議で、その権利を承継すべき者を定めなければならない。

2　前項の協議が調わないとき、又は協議をすることができないときは、同項の権利を承継すべき者は、家庭裁判所がこれを定める。

第二款　裁判上の離婚

第七七〇条（裁判上の離婚） 夫婦の一方は、次に掲げる場合に限り、離婚の訴えを提起することができる。

一　配偶者に不貞な行為があったとき。
二　配偶者から悪意で遺棄されたとき。
三　配偶者の生死が三年以上明らかでないとき。
四　配偶者が強度の精神病にかかり、回復の見込みがないとき。
五　その他婚姻を継続し難い重大な事由があるとき。

2　裁判所は、前項第一号から第四号までに掲げる事由がある場合であっても、一切の事情を考慮して婚姻の継続を相当と認めるときは、離婚の請求を棄却することができる。

第七七一条（協議上の離婚の規定の準用） 第七百六十六条から第七百六十九条までの規定は、裁判上の離婚について準用する。

第三章　親子

第一節　実子

第七七二条（嫡出の推定） 妻が婚姻中に懐胎した子は、当該婚姻における夫の子と推定する。女が婚姻前に懐胎した子であって、婚姻が成立した後に生まれたものも、同様とする。

2　前項の場合において、婚姻の成立の日から二百日以内に生まれた子は、婚姻前に懐胎したものと推定し、婚姻の成立の日から二百日を経過した後又は婚姻の解消若しくは取消しの日から三百日以内に生まれた子は、婚姻中に懐胎したものと推定する。

3　第一項の場合において、女が子を懐胎した時から子の出生の時までの間に二以上の婚姻をしていたときは、その子は、その出生の直近の婚姻における夫の子と推定する。

4　前三項の規定により父が定められた子について、第七百七十四条の規定によりその父の嫡出であることが否認された場合における前項の規定の適用については、同項中「直近の婚姻」とあるのは、「直近の婚姻（第七百七十四条の規定により子がその嫡出であることが否認された夫との間の婚姻を除く。）」とする。

第七七三条（父を定めることを目的とする訴え） 第七百三十二条の規定に違反して婚姻をした女が出産した場合において、前条の規定によりその子の父を定めることができないときは、裁判所が、これを定める。

第七七四条（嫡出の否認） 第七百七十二条の規定により子の父が定められる場合において、父又は子は、子が嫡出であることを否認することができる。

2　前項の規定による子の否認権は、親権を行う母、親権を行う養親又は未成年後見人が、子のために行使することができる。

3　第一項に規定する場合において、母は、子が嫡出であることを否認することができる。ただし、その否認権の行使が子の利益を害することが明らかなときは、この限りでない。

4　第七百七十二条第三項の規定により子の父が定められる場合において、子の懐胎の時から出生の時までの間に母と婚姻していた者であって、子の父以外のもの（以下「前夫」という。）は、子が嫡出であることを否認することができる。ただし、その否認権の行使が子の利益を害することが明らかなときは、この限りでない。

5　前項の規定による否認権を行使し、第七百七十二条第四項の規定により読み替えられた同条第三項の規定により新たに子の父と定められた者は、第一項の規定にかかわらず、子が自らの嫡出であることを否認することができない。

第七七五条（嫡出否認の訴え） 次の各号に掲げる否認権は、それぞれ当該各号に定める者に対する嫡出否認の訴えによって行う。

一　父の否認権　子又は親権を行う母
二　子の否認権　父
三　母の否認権　父
四　前夫の否認権　父及び子又は親権を行う母

2　前項第一号又は第四号に掲げる否認権を親権を行う母に対し行使しようとする場合において、親権を行う母がないときは、家庭裁判所は、特別代理人を選任しなければならない。

第七七六条（嫡出の承認） 父又は母は、子の出生後において、その嫡出であることを承認したときは、それぞれその否認権を失う。

第七七七条（嫡出否認の訴えの出訴期間） 次の

各号に掲げる否認権の行使に係る嫡出否認の訴えは、それぞれ当該各号に定める時から三年以内に提起しなければならない。

一　父の否認権　父が子の出生を知った時

二　子の否認権　その出生の時

三　母の否認権　子の出生の時

四　前夫の否認権　前夫が子の出生を知った時

第七七八条　第七百七十二条第三項の規定により父が定められた子について第七百七十四条の規定により嫡出であることが否認されたときは、次の各号に掲げる否認権の行使に係る嫡出否認の訴えは、前条の規定にかかわらず、それぞれ当該各号に定める時から一年以内に提起しなければならない。

一　第七百七十二条第四項の規定により読み替えられた同条第三項の規定により新たに子の父と定められた者の否認権　新たに子の父と定められた者が当該子に係る嫡出否認の裁判が確定したことを知った時

二　子の否認権　子が前号の裁判が確定したことを知った時

三　母の否認権　母が第一号の裁判が確定したことを知った時

四　前夫の否認権　前夫が第一号の裁判が確定したことを知った時

第七七八条の二　第七百七十七条（第二号に係る部分に限る。）又は前条（第二号に係る部分に限る。）の期間の満了前六箇月以内の間に親権を行う母、親権を行う養親及び未成年後見人がないときは、子は、母若しくは養親の親権停止の期間が満了し、親権喪失若しくは親権停止の審判の取消しの審判が確定し、若しくは親権が回復された時、新たに養子縁組が成立した時又は未成年後見人が就職した時から六箇月を経過するまでの間は、嫡出否認の訴えを提起することができる。

2　子は、その父と継続して同居した期間（当該期間が二以上あるときは、そのうち最も長い期間）が三年を下回るときは、第七百七十七条（第二号に係る部分に限る。）及び前条（第二号に係る部分に限る。）の規定にかかわらず、二十一歳に達するまでの間、嫡出否認の訴えを提起することができる。ただし、子の否認権の行使が父による養育の状況に照らして父の利益を著しく害するときは、この限りでない。

3　第七百七十四条第二項の規定は、前項の場合には、適用しない。

4　第七百七十七条（第四号に係る部分に限る。）及び前条（第四号に係る部分に限る。）に掲げる否認権の行使に係る嫡出否認の訴えは、子が成年に達した後は、提起することができない。

第七七八条の三（子の監護に要した費用の償還の制限）　第七百七十四条の規定により嫡出であることが否認された場合であっても、子は、父であった者が支出した子の監護に要した費用を償還する義務を負わない。

第七七八条の四（相続の開始後に新たに子と推定された者の価額の支払請求権）　相続の開始後、第七百七十四条の規定により否認権が行使され、第七百七十二条第四項の規定により読み替えられた同条第三項の規定により新たに被相続人がその父と定められた者が相続人として遺産の分割を請求しようとする場合において、他の共同相続人が既にその分割その他の処分をしていたときは、当該相続人の遺産分割の請求は、価額のみによる支払の請求により行うものとする。

第七七九条（認知）　嫡出でない子は、その父又は母がこれを認知することができる。

第七八〇条（認知能力）　認知をするには、父又は母が未成年者又は成年被後見人であるときであっても、その法定代理人の同意を要しない。

第七八一条（認知の方式）　認知は、戸籍法の定めるところにより届け出ることによってする。

2　認知は、遺言によっても、することができる。

第七八二条（成年の子の認知）　成年の子は、その承諾がなければ、これを認知することができない。

第七八三条（胎児又は死亡した子の認知）　父は、胎内に在る子でも、認知することができる。この場合においては、母の承諾を得なければならない。

2　前項の子が出生した場合において、第七百七十二条の規定によりその子の父が定められるときは、同項の規定による認知は、その効力を生じない。

3　父又は母は、死亡した子でも、その直系卑属があるときに限り、認知することができる。この場合において、その直系卑属が成年者であるときは、その承諾を得なければならない。

第七八四条（認知の効力） 認知は、出生の時にさかのぼってその効力を生ずる。ただし、第三者が既に取得した権利を害することはできない。

第七八五条（認知の取消しの禁止） 認知をした父又は母は、その認知を取り消すことができない。

第七八六条（認知の無効の訴え） 次の各号に掲げる者は、それぞれ当該各号に定める時（第七百八十三条第一項の規定による認知がされた場合にあっては、子の出生の時）から七年以内に限り、認知について反対の事実があることを理由として、認知の無効の訴えを提起することができる。ただし、第三号に掲げる者について、その認知の無効の主張が子の利益を害することが明らかなときは、この限りでない。

一　子又はその法定代理人　子又はその法定代理人が認知を知った時

二　認知をした者　認知の時

三　子の母　子の母が認知を知った時

2　子は、その子を認知した者と認知後に継続して同居した期間（当該期間が二以上あるときは、そのうち最も長い期間）が三年を下回るときは、前項（第一号に係る部分に限る。）の規定にかかわらず、二十一歳に達するまでの間、認知の無効の訴えを提起することができる。ただし、子による認知の無効の主張が認知をした者による養育の状況に照らして認知をした者の利益を著しく害するときは、この限りでない。

3　前項の規定は、同項に規定する子の法定代理人が第一項の認知の無効の訴えを提起する場合には、適用しない。

4　第一項及び第二項の規定により認知が無効とされた場合であっても、子は、認知をした者が支出した子の監護に要した費用を償還する義務を負わない。

第七八七条（認知の訴え） 子、その直系卑属又はこれらの者の法定代理人は、認知の訴えを提起することができる。ただし、父又は母の死亡の日から三年を経過したときは、この限りでない。

第七八八条（認知後の子の監護に関する事項の定め等） 第七百六十六条の規定は、父が認知する場合について準用する。

第七八九条（準正） 父が認知した子は、その父母の婚姻によって嫡出子の身分を取得する。

2　婚姻中父母が認知した子は、その認知の時から、嫡出子の身分を取得する。

3　前二項の規定は、子が既に死亡していた場合について準用する。

第七九〇条（子の氏） 嫡出である子は、父母の氏を称する。ただし、子の出生前に父母が離婚したときは、離婚の際における父母の氏を称する。

2　嫡出でない子は、母の氏を称する。

第七九一条（子の氏の変更） 子が父又は母と氏を異にする場合には、子は、家庭裁判所の許可を得て、戸籍法の定めるところにより届け出ることによって、その父又は母の氏を称することができる。

2　父又は母が氏を改めたことにより子が父母と氏を異にする場合には、子は、父母の婚姻中に限り、前項の許可を得ないで、戸籍法の定めるところにより届け出ることによって、その父母の氏を称することができる。

3　子が十五歳未満であるときは、その法定代理人が、これに代わって、前二項の行為をすることができる。

4　前三項の規定により氏を改めた未成年の子は、成年に達した時から一年以内に戸籍法の定めるところにより届け出ることによって、従前の氏に復することができる。

第二節　養子

第一款　縁組の要件

第七九二条（養親となる者の年齢） 二十歳に達した者は、養子をすることができる。

第七九三条（尊属又は年長者を養子とすることの禁止） 尊属又は年長者は、これを養子とすることができない。

第七九四条（後見人が被後見人を養子とする縁組） 後見人が被後見人（未成年被後見人及び成年被後見人をいう。以下同じ。）を養子とするには、家庭裁判所の許可を得なければならない。後見人の任務が終了した後、まだその管理の計算が終わらない間も、同様とする。

第七九五条（配偶者のある者が未成年者を養子とする縁組） 配偶者のある者が未成年者を養子とするには、配偶者とともにしなければならない。ただし、配偶者の嫡出である子を養子とする場合又は配偶者がその意思を表示することができない場合は、この限りでない。

第七九六条（配偶者のある者の縁組） 配偶者のある者が縁組をするには、その配偶者の同意を得なければならない。ただし、配偶者とともに縁組をする場合又は配偶者がその意思を表示することができない場合は、この限りでない。

第七九七条（十五歳未満の者を養子とする縁組） 養子となる者が十五歳未満であるときは、その法定代理人が、これに代わって、縁組の承諾をすることができる。

2　法定代理人が前項の承諾をするには、養子となる者の父母でその監護をすべき者であるものが他にあるときは、その同意を得なければならない。養子となる者の父母で親権を停止されているものがあるときも、同様とする。

第七九八条（未成年者を養子とする縁組） 未成年者を養子とするには、家庭裁判所の許可を得なければならない。ただし、自己又は配偶者の直系卑属を養子とする場合は、この限りでない。

第七九九条（婚姻の規定の準用） 第七百三十八条及び第七百三十九条の規定は、縁組について準用する。

第八〇〇条（縁組の届出の受理） 縁組の届出は、その縁組が第七百九十二条から前条までの規定その他の法令の規定に違反しないことを認めた後でなければ、受理することができない。

第八〇一条（外国に在る日本人間の縁組の方式） 外国に在る日本人間で縁組をしようとするときは、その国に駐在する日本の大使、公使又は領事にその届出をすることができる。この場合においては、第七百九十九条において準用する第七百三十九条の規定及び前条の規定を準用する。

第二款　縁組の無効及び取消し

第八〇二条（縁組の無効） 縁組は、次に掲げる場合に限り、無効とする。

一　人違いその他の事由によって当事者間に縁組をする意思がないとき。

二　当事者が縁組の届出をしないとき。ただし、その届出が第七百三十九条第二項に定める方式を欠くだけであるときは、縁組は、そのためにその効力を妨げられない。

第八〇三条（縁組の取消し） 縁組は、次条から第八百八条までの規定によらなければ、取り消すことができない。

第八〇四条（養親が二十歳未満の者である場合の縁組の取消し） 第七百九十二条の規定に違反した縁組は、養親又はその法定代理人から、その取消しを家庭裁判所に請求することができる。ただし、養親が、二十歳に達した後六箇月を経過し、又は追認をしたときは、この限りでない。

第八〇五条（養子が尊属又は年長者である場合の縁組の取消し） 第七百九十三条の規定に違反した縁組は、各当事者又はその親族から、その取消しを家庭裁判所に請求することができる。

第八〇六条（後見人と被後見人との間の無許可縁組の取消し） 第七百九十四条の規定に違反した縁組は、養子又はその実方の親族から、その取消しを家庭裁判所に請求することができる。ただし、管理の計算が終わった後、養子が追認をし、又は六箇月を経過したときは、この限りでない。

2　前項ただし書の追認は、養子が、成年に達し、又は行為能力を回復した後にしなければ、その効力を生じない。

3　養子が、成年に達せず、又は行為能力を回復しない間に、管理の計算が終わった場合には、第一項ただし書の期間は、養子が、成年に達し、又は行為能力を回復した時から起算する。

第八〇六条の二（配偶者の同意のない縁組等の取消し） 第七百九十六条の規定に違反した縁組は、縁組の同意をしていない者から、その取消しを家庭裁判所に請求することができる。ただし、その者が、縁組を知った後六箇月を経過し、又は追認をしたときは、この限りでない。

2　詐欺又は強迫によって第七百九十六条の同意をした者は、その縁組の取消しを家庭裁判所に請求することができる。ただし、その者が、詐欺を発見し、若しくは強迫を免れた後六箇月を経過し、又は追認をしたときは、この限りでない。

第八〇六条の三（子の監護をすべき者の同意のない縁組等の取消し） 第七百九十七条第二項の規定に違反した縁組は、縁組の同意をしていない者から、その取消しを家庭裁判所に請求することができる。ただし、その者が追認をしたとき、又は養子が十五歳に達した後六箇月を経過し、若しくは追認をしたときは、この限りでない。

2　前条第二項の規定は、詐欺又は強迫によって第七百九十七条第二項の同意をした者について準用する。

第八〇七条（**養子が未成年者である場合の無許可縁組の取消し**）第七百九十八条の規定に違反した縁組は、養子、その実方の親族又は養子に代わって縁組の承諾をした者から、その取消しを家庭裁判所に請求することができる。ただし、養子が、成年に達した後六箇月を経過し、又は追認をしたときは、この限りでない。

第八〇八条（**婚姻の取消し等の規定の準用**）第七百四十七条及び第七百四十八条の規定は、縁組について準用する。この場合において、第七百四十七条第二項中「三箇月」とあるのは、「六箇月」と読み替えるものとする。

２　第七百六十九条及び第八百十六条の規定は、縁組の取消しについて準用する。

第三款　縁組の効力

第八〇九条（**嫡出子の身分の取得**）養子は、縁組の日から、養親の嫡出子の身分を取得する。

第八一〇条（**養子の氏**）養子は、養親の氏を称する。ただし、婚姻によって氏を改めた者については、婚姻の際に定めた氏を称すべき間は、この限りでない。

第四款　離縁

第八一一条（**協議上の離縁等**）縁組の当事者は、その協議で、離縁をすることができる。

２　養子が十五歳未満であるときは、その離縁は、養親と養子の離縁後にその法定代理人となるべき者との協議でこれをする。

３　前項の場合において、養子の父母が離婚しているときは、その協議で、その一方を養子の離縁後にその親権者となるべき者と定めなければならない。

４　前項の協議が調わないとき、又は協議をすることができないときは、家庭裁判所は、同項の父若しくは母又は養親の請求によって、協議に代わる審判をすることができる。

５　第二項の法定代理人となるべき者がないときは、家庭裁判所は、養子の親族その他の利害関係人の請求によって、養子の離縁後にその未成年後見人となるべき者を選任する。

６　縁組の当事者の一方が死亡した後に生存当事者が離縁をしようとするときは、家庭裁判所の許可を得て、これをすることができる。

第八一一条の二（**夫婦である養親と未成年者との離縁**）養親が夫婦である場合において未成年者と離縁をするには、夫婦が共にしなければならない。ただし、夫婦の一方がその意思を表示することができないときは、この限りでない。

第八一二条（**婚姻の規定の準用**）第七百三十八条、第七百三十九条及び第七百四十七条の規定は、協議上の離縁について準用する。この場合において、同条第二項中「三箇月」とあるのは、「六箇月」と読み替えるものとする。

第八一三条（**離縁の届出の受理**）離縁の届出は、その離縁が前条において準用する第七百三十九条第二項の規定並びに第八百十一条及び第八百十一条の二の規定その他の法令の規定に違反しないことを認めた後でなければ、受理することができない。

２　離縁の届出が前項の規定に違反して受理されたときであっても、離縁は、そのためにその効力を妨げられない。

第八一四条（**裁判上の離縁**）縁組の当事者の一方は、次に掲げる場合に限り、離縁の訴えを提起することができる。

一　他の一方から悪意で遺棄されたとき。

二　他の一方の生死が三年以上明らかでないとき。

三　その他縁組を継続し難い重大な事由があるとき。

２　第七百七十条第二項の規定は、前項第一号及び第二号に掲げる場合について準用する。

第八一五条（**養子が十五歳未満である場合の離縁の訴えの当事者**）養子が十五歳に達しない間は、第八百十一条の規定により養親と離縁の協議をすることができる者から、又はこれに対して、離縁の訴えを提起することができる。

第八一六条（**離縁による復氏等**）養子は、離縁によって縁組前の氏に復する。ただし、配偶者とともに養子をした養親の一方のみと離縁をした場合は、この限りでない。

２　縁組の日から七年を経過した後に前項の規定により縁組前の氏に復した者は、離縁の日から三箇月以内に戸籍法の定めるところにより届け出ることによって、離縁の際に称していた氏を称することができる。

第八一七条（**離縁による復氏の際の権利の承継**）第七百六十九条の規定は、離縁について準用する。

第五款　特別養子

第八一七条の二（**特別養子縁組の成立**）家庭裁判所は、次条から第八百十七条の七までに定める要件があるときは、養親となる者の請求により、実方の血族との親族関係が終了する縁組（以下この款において「特別養子縁組」という。）を成立させることができる。

2　前項に規定する請求をするには、第七百九十四条又は第七百九十八条の許可を得ることを要しない。

第八一七条の三（**養親の夫婦共同縁組**）養親となる者は、配偶者のある者でなければならない。

2　夫婦の一方は、他の一方が養親とならないときは、養親となることができない。ただし、夫婦の一方が他の一方の嫡出である子（特別養子縁組以外の縁組による養子を除く。）の養親となる場合は、この限りでない。

第八一七条の四（**養親となる者の年齢**）二十五歳に達しない者は、養親となることができない。ただし、養親となる夫婦の一方が二十五歳に達していない場合においても、その者が二十歳に達しているときは、この限りでない。

第八一七条の五（**養子となる者の年齢**）第八百十七条の二に規定する請求の時に十五歳に達している者は、養子となることができない。特別養子縁組が成立するまでに十八歳に達した者についても、同様とする。

2　前項前段の規定は、養子となる者が十五歳に達する前から引き続き養親となる者に監護されている場合において、十五歳に達するまでに第八百十七条の二に規定する請求がされなかったことについてやむを得ない事由があるときは、適用しない。

3　養子となる者が十五歳に達している場合においては、特別養子縁組の成立には、その者の同意がなければならない。

第八一七条の六（**父母の同意**）特別養子縁組の成立には、養子となる者の父母の同意がなければならない。ただし、父母がその意思を表示することができない場合又は父母による虐待、悪意の遺棄その他養子となる者の利益を著しく害する事由がある場合は、この限りでない。

第八一七条の七（**子の利益のための特別の必要性**）特別養子縁組は、父母による養子となる者の監護が著しく困難又は不適当であることその他特別の事情がある場合において、子の利益のため特に必要があると認めるときに、これを成立させるものとする。

第八一七条の八（**監護の状況**）特別養子縁組を成立させるには、養親となる者が養子となる者を六箇月以上の期間監護した状況を考慮しなければならない。

2　前項の期間は、第八百十七条の二に規定する請求の時から起算する。ただし、その請求前の監護の状況が明らかであるときは、この限りでない。

第八一七条の九（**実方との親族関係の終了**）養子と実方の父母及びその血族との親族関係は、特別養子縁組によって終了する。ただし、第八百十七条の三第二項ただし書に規定する他の一方及びその血族との親族関係については、この限りでない。

第八一七条の一〇（**特別養子縁組の離縁**）次の各号のいずれにも該当する場合において、養子の利益のため特に必要があると認めるときは、家庭裁判所は、養子、実父母又は検察官の請求により、特別養子縁組の当事者を離縁させることができる。

一　養親による虐待、悪意の遺棄その他養子の利益を著しく害する事由があること。

二　実父母が相当の監護をすることができること。

2　離縁は、前項の規定による場合のほか、これをすることができない。

第八一七条の一一（**離縁による実方との親族関係の回復**）養子と実父母及びその血族との間においては、離縁の日から、特別養子縁組によって終了した親族関係と同一の親族関係を生ずる。

第四章　親権

第一節　総則

第八一八条（**親権者**）成年に達しない子は、父母の親権に服する。

2　子が養子であるときは、養親の親権に服する。

3　親権は、父母の婚姻中は、父母が共同して行う。ただし、父母の一方が親権を行うことができないときは、他の一方が行う。

第八一九条（**離婚又は認知の場合の親権者**）父母が協議上の離婚をするときは、その協議で、その一方を親権者と定めなければならない。

2　裁判上の離婚の場合には、裁判所は、父母の一方を親権者と定める。

3　子の出生前に父母が離婚した場合には、親権は、母が行う。ただし、子の出生後に、父母の協議で、父を親権者と定めることができる。

4　父が認知した子に対する親権は、父母の協議で父を親権者と定めたときに限り、父が行う。
5　第一項、第三項又は前項の協議が調わないとき、又は協議をすることができないときは、家庭裁判所は、父又は母の請求によって、協議に代わる審判をすることができる。
6　子の利益のため必要があると認めるときは、家庭裁判所は、子の親族の請求によって、親権者を他の一方に変更することができる。

第二節　親権の効力

第八二〇条（**監護及び教育の権利義務**）親権を行う者は、子の利益のために子の監護及び教育をする権利を有し、義務を負う。

第八二一条（**子の人格の尊重等**）親権を行う者は、前条の規定による監護及び教育をするに当たっては、子の人格を尊重するとともに、その年齢及び発達の程度に配慮しなければならず、かつ、体罰その他の子の心身の健全な発達に有害な影響を及ぼす言動をしてはならない。

第八二二条（**居所の指定**）子は、親権を行う者が指定した場所に、その居所を定めなければならない。

第八二三条（**職業の許可**）子は、親権を行う者の許可を得なければ、職業を営むことができない。
2　親権を行う者は、第六条第二項の場合には、前項の許可を取り消し、又はこれを制限することができる。

第八二四条（**財産の管理及び代表**）親権を行う者は、子の財産を管理し、かつ、その財産に関する法律行為についてその子を代表する。ただし、その子の行為を目的とする債務を生ずべき場合には、本人の同意を得なければならない。

第八二五条（**父母の一方が共同の名義でした行為の効力**）父母が共同して親権を行う場合において、父母の一方が、共同の名義で、子に代わって法律行為をし又は子がこれをすることに同意したときは、その行為は、他の一方の意思に反したときであっても、そのためにその効力を妨げられない。ただし、相手方が悪意であったときは、この限りでない。

第八二六条（**利益相反行為**）親権を行う父又は母とその子との利益が相反する行為については、親権を行う者は、その子のために特別代理人を選任することを家庭裁判所に請求しなければならない。
2　親権を行う者が数人の子に対して親権を行う場合において、その一人と他の子との利益が相反する行為については、親権を行う者は、その一方のために特別代理人を選任することを家庭裁判所に請求しなければならない。

第八二七条（**財産の管理における注意義務**）親権を行う者は、自己のためにするのと同一の注意をもって、その管理権を行わなければならない。

第八二八条（**財産の管理の計算**）子が成年に達したときは、親権を行った者は、遅滞なくその管理の計算をしなければならない。ただし、その子の養育及び財産の管理の費用は、その子の財産の収益と相殺したものとみなす。

第八二九条　前条ただし書の規定は、無償で子に財産を与える第三者が反対の意思を表示したときは、その財産については、これを適用しない。

第八三〇条（**第三者が無償で子に与えた財産の管理**）無償で子に財産を与える第三者が、親権を行う父又は母にこれを管理させない意思を表示したときは、その財産は、父又は母の管理に属しないものとする。
2　前項の財産につき父母が共に管理権を有しない場合において、第三者が管理者を指定しなかったときは、家庭裁判所は、子、その親族又は検察官の請求によって、その管理者を選任する。
3　第三者が管理者を指定したときであっても、その管理者の権限が消滅し、又はこれを改任する必要がある場合において、第三者が更に管理者を指定しないときも、前項と同様とする。
4　第二十七条から第二十九条までの規定は、前二項の場合について準用する。

第八三一条（**委任の規定の準用**）第六百五十四条及び第六百五十五条の規定は、親権を行う者が子の財産を管理する場合及び前条の場合について準用する。

第八三二条（**財産の管理について生じた親子間の債権の消滅時効**）親権を行った者とその子との間に財産の管理について生じた債権は、その管理権が消滅した時から五年間これを行使しないときは、時効によって消滅する。
2　子がまだ成年に達しない間に管理権が消滅した場合において子に法定代理人がないとき

は、前項の期間は、その子が成年に達し、又は後任の法定代理人が就職した時から起算する。

第八三三条（**子に代わる親権の行使**）親権を行う者は、その親権に服する子に代わって親権を行う。

第三節　親権の喪失

第八三四条（**親権喪失の審判**）父又は母による虐待又は悪意の遺棄があるときその他父又は母による親権の行使が著しく困難又は不適当であることにより子の利益を著しく害するときは、家庭裁判所は、子、その親族、未成年後見人、未成年後見監督人又は検察官の請求により、その父又は母について、親権喪失の審判をすることができる。ただし、二年以内にその原因が消滅する見込みがあるときは、この限りでない。

第八三四条の二（**親権停止の審判**）父又は母による親権の行使が困難又は不適当であることにより子の利益を害するときは、家庭裁判所は、子、その親族、未成年後見人、未成年後見監督人又は検察官の請求により、その父又は母について、親権停止の審判をすることができる。

2　家庭裁判所は、親権停止の審判をするときは、その原因が消滅するまでに要すると見込まれる期間、子の心身の状態及び生活の状況その他一切の事情を考慮して、二年を超えない範囲内で、親権を停止する期間を定める。

第八三五条（**管理権喪失の審判**）父又は母による管理権の行使が困難又は不適当であることにより子の利益を害するときは、家庭裁判所は、子、その親族、未成年後見人、未成年後見監督人又は検察官の請求により、その父又は母について、管理権喪失の審判をすることができる。

第八三六条（**親権喪失、親権停止又は管理権喪失の審判の取消し**）第八百三十四条本文、第八百三十四条の二第一項又は前条に規定する原因が消滅したときは、家庭裁判所は、本人又はその親族の請求によって、それぞれ親権喪失、親権停止又は管理権喪失の審判を取り消すことができる。

第八三七条（**親権又は管理権の辞任及び回復**）親権を行う父又は母は、やむを得ない事由があるときは、家庭裁判所の許可を得て、親権又は管理権を辞することができる。

2　前項の事由が消滅したときは、父又は母は、家庭裁判所の許可を得て、親権又は管理権を回復することができる。

第五章　後見

第一節　後見の開始

第八三八条　後見は、次に掲げる場合に開始する。

一　未成年者に対して親権を行う者がないとき、又は親権を行う者が管理権を有しないとき。

二　後見開始の審判があったとき。

第二節　後見の機関

第一款　後見人

第八三九条（**未成年後見人の指定**）未成年者に対して最後に親権を行う者は、遺言で、未成年後見人を指定することができる。ただし、管理権を有しない者は、この限りでない。

2　親権を行う父母の一方が管理権を有しないときは、他の一方は、前項の規定により未成年後見人の指定をすることができる。

第八四〇条（**未成年後見人の選任**）前条の規定により未成年後見人となるべき者がないときは、家庭裁判所は、未成年被後見人又はその親族その他の利害関係人の請求によって、未成年後見人を選任する。未成年後見人が欠けたときも、同様とする。

2　未成年後見人がある場合においても、家庭裁判所は、必要があると認めるときは、前項に規定する者若しくは未成年後見人の請求により又は職権で、更に未成年後見人を選任することができる。

3　未成年後見人を選任するには、未成年被後見人の年齢、心身の状態並びに生活及び財産の状況、未成年後見人となる者の職業及び経歴並びに未成年被後見人との利害関係の有無（未成年後見人となる者が法人であるときは、その事業の種類及び内容並びにその法人及びその代表者と未成年被後見人との利害関係の有無）、未成年被後見人の意見その他一切の事情を考慮しなければならない。

第八四一条（**父母による未成年後見人の選任の請求**）父若しくは母が親権若しくは管理権を辞し、又は父若しくは母について親権喪失、親権停止若しくは管理権喪失の審判があったことによって未成年後見人を選任する必要が生じたときは、その父又は母は、遅滞なく未成年後見人の選任を家庭裁判所に請求しなければならない。

第八四二条 削除

第八四三条（成年後見人の選任） 家庭裁判所は、後見開始の審判をするときは、職権で、成年後見人を選任する。

2 成年後見人が欠けたときは、家庭裁判所は、成年被後見人若しくはその親族その他の利害関係人の請求により又は職権で、成年後見人を選任する。

3 成年後見人が選任されている場合においても、家庭裁判所は、必要があると認めるときは、前項に規定する者若しくは成年後見人の請求により又は職権で、更に成年後見人を選任することができる。

4 成年後見人を選任するには、成年被後見人の心身の状態並びに生活及び財産の状況、成年後見人となる者の職業及び経歴並びに成年被後見人との利害関係の有無（成年後見人となる者が法人であるときは、その事業の種類及び内容並びにその法人及びその代表者と成年被後見人との利害関係の有無）、成年被後見人の意見その他一切の事情を考慮しなければならない。

第八四四条（後見人の辞任） 後見人は、正当な事由があるときは、家庭裁判所の許可を得て、その任務を辞することができる。

第八四五条（辞任した後見人による新たな後見人の選任の請求） 後見人がその任務を辞したことによって新たに後見人を選任する必要が生じたときは、その後見人は、遅滞なく新たな後見人の選任を家庭裁判所に請求しなければならない。

第八四六条（後見人の解任） 後見人に不正な行為、著しい不行跡その他後見の任務に適しない事由があるときは、家庭裁判所は、後見監督人、被後見人若しくはその親族若しくは検察官の請求により又は職権で、これを解任することができる。

第八四七条（後見人の欠格事由） 次に掲げる者は、後見人となることができない。

一 未成年者

二 家庭裁判所で免ぜられた法定代理人、保佐人又は補助人

三 破産者

四 被後見人に対して訴訟をし、又はした者並びにその配偶者及び直系血族

五 行方の知れない者

第二款 後見監督人

第八四八条（未成年後見監督人の指定） 未成年後見人を指定することができる者は、遺言で、未成年後見監督人を指定することができる。

第八四九条（後見監督人の選任） 家庭裁判所は、必要があると認めるときは、被後見人、その親族若しくは後見人の請求により又は職権で、後見監督人を選任することができる。

第八五〇条（後見監督人の欠格事由） 後見人の配偶者、直系血族及び兄弟姉妹は、後見監督人となることができない。

第八五一条（後見監督人の職務） 後見監督人の職務は、次のとおりとする。

一 後見人の事務を監督すること。

二 後見人が欠けた場合に、遅滞なくその選任を家庭裁判所に請求すること。

三 急迫の事情がある場合に、必要な処分をすること。

四 後見人又はその代表する者と被後見人との利益が相反する行為について被後見人を代表すること。

第八五二条（委任及び後見人の規定の準用） 第六百四十四条、第六百五十四条、第六百五十五条、第八百四十四条、第八百四十六条、第八百四十七条、第八百六十一条第二項及び第八百六十二条の規定は後見監督人について、第八百四十条第三項及び第八百五十七条の二の規定は未成年後見監督人について、第八百四十三条第四項、第八百五十九条の二及び第八百五十九条の三の規定は成年後見監督人について準用する。

第三節 後見の事務

第八五三条（財産の調査及び目録の作成） 後見人は、遅滞なく被後見人の財産の調査に着手し、一箇月以内に、その調査を終わり、かつ、その目録を作成しなければならない。ただし、この期間は、家庭裁判所において伸長することができる。

2 財産の調査及びその目録の作成は、後見監督人があるときは、その立会いをもってしなければ、その効力を生じない。

第八五四条（財産の目録の作成前の権限） 後見人は、財産の目録の作成を終わるまでは、急迫の必要がある行為のみをする権限を有する。ただし、これをもって善意の第三者に対抗することができない。

第八五五条（後見人の被後見人に対する債権又は債務の申出義務）　後見人が、被後見人に対し、債権を有し、又は債務を負う場合において、後見監督人があるときは、財産の調査に着手する前に、これを後見監督人に申し出なければならない。

２　後見人が、被後見人に対し債権を有することを知ってこれを申し出ないときは、その債権を失う。

第八五六条（被後見人が包括財産を取得した場合についての準用）　前三条の規定は、後見人が就職した後被後見人が包括財産を取得した場合について準用する。

第八五七条（未成年被後見人の身上の監護に関する権利義務）　未成年後見人は、第八百二十条から第八百二十三条までに規定する事項について、親権を行う者と同一の権利義務を有する。ただし、親権を行う者が定めた教育の方法及び居所を変更し、営業を許可し、その許可を取り消し、又はこれを制限するには、未成年後見監督人があるときは、その同意を得なければならない。

第八五七条の二（未成年後見人が数人ある場合の権限の行使等）　未成年後見人が数人あるときは、共同してその権限を行使する。

２　未成年後見人が数人あるときは、家庭裁判所は、職権で、その一部の者について、財産に関する権限のみを行使すべきことを定めることができる。

３　未成年後見人が数人あるときは、家庭裁判所は、職権で、財産に関する権限について、各未成年後見人が単独で又は数人の未成年後見人が事務を分掌して、その権限を行使すべきことを定めることができる。

４　家庭裁判所は、職権で、前二項の規定による定めを取り消すことができる。

５　未成年後見人が数人あるときは、第三者の意思表示は、その一人に対してすれば足りる。

第八五八条（成年被後見人の意思の尊重及び身上の配慮）　成年後見人は、成年被後見人の生活、療養看護及び財産の管理に関する事務を行うに当たっては、成年被後見人の意思を尊重し、かつ、その心身の状態及び生活の状況に配慮しなければならない。

第八五九条（財産の管理及び代表）　後見人は、被後見人の財産を管理し、かつ、その財産に関する法律行為について被後見人を代表する。

２　第八百二十四条ただし書の規定は、前項の場合について準用する。

第八五九条の二（成年後見人が数人ある場合の権限の行使等）　成年後見人が数人あるときは、家庭裁判所は、職権で、数人の成年後見人が、共同して又は事務を分掌して、その権限を行使すべきことを定めることができる。

２　家庭裁判所は、職権で、前項の規定による定めを取り消すことができる。

３　成年後見人が数人あるときは、第三者の意思表示は、その一人に対してすれば足りる。

第八五九条の三（成年被後見人の居住用不動産の処分についての許可）　成年後見人は、成年被後見人に代わって、その居住の用に供する建物又はその敷地について、売却、賃貸、賃貸借の解除又は抵当権の設定その他これらに準ずる処分をするには、家庭裁判所の許可を得なければならない。

第八六〇条（利益相反行為）　第八百二十六条の規定は、後見人について準用する。ただし、後見監督人がある場合は、この限りでない。

第八六〇条の二（成年後見人による郵便物等の管理）　家庭裁判所は、成年後見人がその事務を行うに当たって必要があると認めるときは、成年後見人の請求により、信書の送達の事業を行う者に対し、期間を定めて、成年被後見人に宛てた郵便物又は民間事業者による信書の送達に関する法律（平成十四年法律第九十九号）第二条第三項に規定する信書便物（次条において「郵便物等」という。）を成年後見人に配達すべき旨を嘱託することができる。

２　前項に規定する嘱託の期間は、六箇月を超えることができない。

３　家庭裁判所は、第一項の規定による審判があった後事情に変更を生じたときは、成年被後見人、成年後見人若しくは成年後見監督人の請求により又は職権で、同項に規定する嘱託を取り消し、又は変更することができる。ただし、その変更の審判においては、同項の規定による審判において定められた期間を伸長することができない。

４　成年後見人の任務が終了したときは、家庭裁判所は、第一項に規定する嘱託を取り消さなければならない。

第八六〇条の三　成年後見人は、成年被後見人に宛てた郵便物等を受け取ったときは、これを開いて見ることができる。

民法

2　成年後見人は、その受け取った前項の郵便物等で成年後見人の事務に関しないものは、速やかに成年被後見人に交付しなければならない。

3　成年被後見人は、成年後見人に対し、成年後見人が受け取った第一項の郵便物等（前項の規定により成年被後見人に交付されたものを除く。）の閲覧を求めることができる。

第八六一条（支出金額の予定及び後見の事務の費用） 後見人は、その就職の初めにおいて、被後見人の生活、教育又は療養看護及び財産の管理のために毎年支出すべき金額を予定しなければならない。

2　後見人が後見の事務を行うために必要な費用は、被後見人の財産の中から支弁する。

第八六二条（後見人の報酬） 家庭裁判所は、後見人及び被後見人の資力その他の事情によって、被後見人の財産の中から、相当な報酬を後見人に与えることができる。

第八六三条（後見の事務の監督） 後見監督人又は家庭裁判所は、いつでも、後見人に対し後見の事務の報告若しくは財産の目録の提出を求め、又は後見の事務若しくは被後見人の財産の状況を調査することができる。

2　家庭裁判所は、後見監督人、被後見人若しくはその親族その他の利害関係人の請求により又は職権で、被後見人の財産の管理その他後見の事務について必要な処分を命ずることができる。

第八六四条（後見監督人の同意を要する行為） 後見人が、被後見人に代わって営業若しくは第十三条第一項各号に掲げる行為をし、又は未成年被後見人がこれをすることに同意するには、後見監督人があるときは、その同意を得なければならない。ただし、同項第一号に掲げる元本の領収については、この限りでない。

第八六五条 後見人が、前条の規定に違反してし又は同意を与えた行為は、被後見人又は後見人が取り消すことができる。この場合においては、第二十条の規定を準用する。

2　前項の規定は、第百二十一条から第百二十六条までの規定の適用を妨げない。

第八六六条（被後見人の財産等の譲受けの取消し） 後見人が被後見人の財産又は被後見人に対する第三者の権利を譲り受けたときは、被後見人は、これを取り消すことができる。この場合においては、第二十条の規定を準用する。

2　前項の規定は、第百二十一条から第百二十六条までの規定の適用を妨げない。

第八六七条（未成年被後見人に代わる親権の行使） 未成年後見人は、未成年被後見人に代わって親権を行う。

2　第八百五十三条から第八百五十七条まで及び第八百六十一条から前条までの規定は、前項の場合について準用する。

第八六八条（財産に関する権限のみを有する未成年後見人） 親権を行う者が管理権を有しない場合には、未成年後見人は、財産に関する権限のみを有する。

第八六九条（委任及び親権の規定の準用） 第六百四十四条及び第八百三十条の規定は、後見について準用する。

第四節　後見の終了

第八七〇条（後見の計算） 後見人の任務が終了したときは、後見人又はその相続人は、二箇月以内にその管理の計算（以下「後見の計算」という。）をしなければならない。ただし、この期間は、家庭裁判所において伸長することができる。

第八七一条 後見の計算は、後見監督人があるときは、その立会いをもってしなければならない。

第八七二条（未成年被後見人と未成年後見人等との間の契約等の取消し） 未成年被後見人が成年に達した後後見の計算の終了前に、その者と未成年後見人又はその相続人との間でした契約は、その者が取り消すことができる。その者が未成年後見人又はその相続人に対してした単独行為も、同様とする。

2　第二十条及び第百二十一条から第百二十六条までの規定は、前項の場合について準用する。

第八七三条（返還金に対する利息の支払等） 後見人が被後見人に返還すべき金額及び被後見人が後見人に返還すべき金額には、後見の計算が終了した時から、利息を付さなければならない。

2　後見人は、自己のために被後見人の金銭を消費したときは、その消費の時から、これに利息を付さなければならない。この場合において、なお損害があるときは、その賠償の責任を負う。

第八七三条の二（成年被後見人の死亡後の成年

後見人の権限）成年後見人は、成年被後見人が死亡した場合において、必要があるときは、成年被後見人の相続人の意思に反することが明らかなときを除き、相続人が相続財産を管理することができるに至るまで、次に掲げる行為をすることができる。ただし、第三号に掲げる行為をするには、家庭裁判所の許可を得なければならない。

一 相続財産に属する特定の財産の保存に必要な行為

二 相続財産に属する債務（弁済期が到来しているものに限る。）の弁済

三 その死体の火葬又は埋葬に関する契約の締結その他相続財産の保存に必要な行為（前二号に掲げる行為を除く。）

第八七四条（**委任の規定の準用**）第六百五十四条及び第六百五十五条の規定は、後見について準用する。

第八七五条（**後見に関して生じた債権の消滅時効**）第八百三十二条の規定は、後見人又は後見監督人と被後見人との間において後見に関して生じた債権の消滅時効について準用する。

2 前項の消滅時効は、第八百七十二条の規定により法律行為を取り消した場合には、その取消しの時から起算する。

第六章 保佐及び補助

第一節 保佐

第八七六条（**保佐の開始**）保佐は、保佐開始の審判によって開始する。

第八七六条の二（**保佐人及び臨時保佐人の選任等**）家庭裁判所は、保佐開始の審判をするときは、職権で、保佐人を選任する。

2 第八百四十三条第二項から第四項まで及び第八百四十四条から第八百四十七条までの規定は、保佐人について準用する。

3 保佐人又はその代表する者と被保佐人との利益が相反する行為については、保佐人は、臨時保佐人の選任を家庭裁判所に請求しなければならない。ただし、保佐監督人がある場合は、この限りでない。

第八七六条の三（**保佐監督人**）家庭裁判所は、必要があると認めるときは、被保佐人、その親族若しくは保佐人の請求により又は職権で、保佐監督人を選任することができる。

2 第六百四十四条、第六百五十四条、第六百五十五条、第八百四十三条第四項、第八百四十四条、第八百四十六条、第八百四十七条、第八百五十条、第八百五十一条、第八百五十九条の二、第八百五十九条の三、第八百六十一条第二項及び第八百六十二条の規定は、保佐監督人について準用する。この場合において、第八百五十一条第四号中「被後見人を代表する」とあるのは、「被保佐人を代表し、又は被保佐人がこれをすることに同意する」と読み替えるものとする。

第八七六条の四（**保佐人に代理権を付与する旨の審判**）家庭裁判所は、第十一条本文に規定する者又は保佐人若しくは保佐監督人の請求によって、被保佐人のために特定の法律行為について保佐人に代理権を付与する旨の審判をすることができる。

2 本人以外の者の請求によって前項の審判をするには、本人の同意がなければならない。

3 家庭裁判所は、第一項に規定する者の請求によって、同項の審判の全部又は一部を取り消すことができる。

第八七六条の五（**保佐の事務及び保佐人の任務の終了等**）保佐人は、保佐の事務を行うに当たっては、被保佐人の意思を尊重し、かつ、その心身の状態及び生活の状況に配慮しなければならない。

2 第六百四十四条、第八百五十九条の二、第八百五十九条の三、第八百六十一条第二項、第八百六十二条及び第八百六十三条の規定は保佐の事務について、第八百二十四条ただし書の規定は保佐人が前条第一項の代理権を付与する旨の審判に基づき被保佐人を代表する場合について準用する。

3 第六百五十四条、第六百五十五条、第八百七十条、第八百七十一条及び第八百七十三条の規定は保佐人の任務が終了した場合について、第八百三十二条の規定は保佐人又は保佐監督人と被保佐人との間において保佐に関して生じた債権について準用する。

第二節 補助

第八七六条の六（**補助の開始**）補助は、補助開始の審判によって開始する。

第八七六条の七（**補助人及び臨時補助人の選任等**）家庭裁判所は、補助開始の審判をするときは、職権で、補助人を選任する。

2 第八百四十三条第二項から第四項まで及び第八百四十四条から第八百四十七条までの規

定は、補助人について準用する。

3　補助人又はその代表する者と被補助人との利益が相反する行為については、補助人は、臨時補助人の選任を家庭裁判所に請求しなければならない。ただし、補助監督人がある場合は、この限りでない。

第八七六条の八（**補助監督人**）家庭裁判所は、必要があると認めるときは、被補助人、その親族若しくは補助人の請求により又は職権で、補助監督人を選任することができる。

2　第六百四十四条、第六百五十四条、第六百五十五条、第八百四十三条第四項、第八百四十四条、第八百四十六条、第八百四十七条、第八百五十条、第八百五十一条、第八百五十九条の二、第八百五十九条の三、第八百六十一条第二項及び第八百六十二条の規定は、補助監督人について準用する。この場合において、第八百五十一条第四号中「被後見人を代表する」とあるのは、「被補助人を代表し、又は被補助人がこれをすることに同意する」と読み替えるものとする。

第八七六条の九（**補助人に代理権を付与する旨の審判**）家庭裁判所は、第十五条第一項本文に規定する者又は補助人若しくは補助監督人の請求によって、被補助人のために特定の法律行為について補助人に代理権を付与する旨の審判をすることができる。

2　第八百七十六条の四第二項及び第三項の規定は、前項の審判について準用する。

第八七六条の一〇（**補助の事務及び補助人の任務の終了等**）第六百四十四条、第八百五十九条の二、第八百五十九条の三、第八百六十一条第二項、第八百六十二条、第八百六十三条及び第八百七十六条の五第一項の規定は補助の事務について、第八百二十四条ただし書の規定は補助人が前条第一項の代理権を付与する旨の審判に基づき被補助人を代表する場合について準用する。

2　第六百五十四条、第六百五十五条、第八百七十条、第八百七十一条及び第八百七十三条の規定は補助人の任務が終了した場合について、第八百三十二条の規定は補助人又は補助監督人と被補助人との間において補助に関して生じた債権について準用する。

第七章　扶養

第八七七条（**扶養義務者**）直系血族及び兄弟姉妹は、互いに扶養をする義務がある。

2　家庭裁判所は、特別の事情があるときは、前項に規定する場合のほか、三親等内の親族間においても扶養の義務を負わせることができる。

3　前項の規定による審判があった後事情に変更を生じたときは、家庭裁判所は、その審判を取り消すことができる。

第八七八条（**扶養の順位**）扶養をする義務のある者が数人ある場合において、扶養をすべき者の順序について、当事者間に協議が調わないとき、又は協議をすることができないときは、家庭裁判所が、これを定める。扶養を受ける権利のある者が数人ある場合において、扶養義務者の資力がその全員を扶養するのに足りないときの扶養を受けるべき者の順序についても、同様とする。

第八七九条（**扶養の程度又は方法**）扶養の程度又は方法について、当事者間に協議が調わないとき、又は協議をすることができないときは、扶養権利者の需要、扶養義務者の資力その他一切の事情を考慮して、家庭裁判所が、これを定める。

第八八〇条（**扶養に関する協議又は審判の変更又は取消し**）扶養をすべき者若しくは扶養を受けるべき者の順序又は扶養の程度若しくは方法について協議又は審判があった後事情に変更を生じたときは、家庭裁判所は、その協議又は審判の変更又は取消しをすることができる。

第八八一条（**扶養請求権の処分の禁止**）扶養を受ける権利は、処分することができない。

第五編　相続

第一章　総則

第八八二条（**相続開始の原因**）相続は、死亡によって開始する。

第八八三条（**相続開始の場所**）相続は、被相続人の住所において開始する。

第八八四条（**相続回復請求権**）相続回復の請求権は、相続人又はその法定代理人が相続権を侵害された事実を知った時から五年間行使しないときは、時効によって消滅する。相続開始の時から二十年を経過したときも、同様とする。

第八八五条（**相続財産に関する費用**）相続財産に関する費用は、その財産の中から支弁する。ただし、相続人の過失によるものは、この限りでない。

第二章　相続人

第八八六条（**相続に関する胎児の権利能力**）胎児は、相続については、既に生まれたものとみなす。

2　前項の規定は、胎児が死体で生まれたときは、適用しない。

第八八七条（**子及びその代襲者等の相続権**）被相続人の子は、相続人となる。

2　被相続人の子が、相続の開始以前に死亡したとき、又は第八百九十一条の規定に該当し、若しくは廃除によって、その相続権を失ったときは、その者の子がこれを代襲（だいしゅう）して相続人となる。ただし、被相続人の直系卑属でない者は、この限りでない。

3　前項の規定は、代襲者が、相続の開始以前に死亡し、又は第八百九十一条の規定に該当し、若しくは廃除によって、その代襲相続権を失った場合について準用する。

第八八八条　削除

第八八九条（**直系尊属及び兄弟姉妹の相続権**）次に掲げる者は、第八百八十七条の規定により相続人となるべき者がない場合には、次に掲げる順序の順位に従って相続人となる。

一　被相続人の直系尊属。ただし、親等の異なる者の間では、その近い者を先にする。

二　被相続人の兄弟姉妹

2　第八百八十七条第二項の規定は、前項第二号の場合について準用する。

第八九〇条（**配偶者の相続権**）被相続人の配偶者は、常に相続人となる。この場合において、第八百八十七条又は前条の規定により相続人となるべき者があるときは、その者と同順位とする。

第八九一条（**相続人の欠格事由**）次に掲げる者は、相続人となることができない。

一　故意に被相続人又は相続について先順位若しくは同順位にある者を死亡するに至らせ、又は至らせようとしたために、刑に処せられた者

二　被相続人の殺害されたことを知って、これを告発せず、又は告訴しなかった者。ただし、その者に是非の弁別がないとき、又は殺害者が自己の配偶者若しくは直系血族であったときは、この限りでない。

三　詐欺又は強迫によって、被相続人が相続に関する遺言をし、撤回し、取り消し、又は変更することを妨げた者

四　詐欺又は強迫によって、被相続人に相続に関する遺言をさせ、撤回させ、取り消させ、又は変更させた者

五　相続に関する被相続人の遺言書を偽造し、変造し、破棄し、又は隠匿した者

第八九二条（**推定相続人の廃除**）遺留分を有する推定相続人（相続が開始した場合に相続人となるべき者をいう。以下同じ。）が、被相続人に対して虐待をし、若しくはこれに重大な侮辱を加えたとき、又は推定相続人にその他の著しい非行があったときは、被相続人は、その推定相続人の廃除を家庭裁判所に請求することができる。

第八九三条（**遺言による推定相続人の廃除**）被相続人が遺言で推定相続人を廃除する意思を表示したときは、遺言執行者は、その遺言が効力を生じた後、遅滞なく、その推定相続人の廃除を家庭裁判所に請求しなければならない。この場合において、その推定相続人の廃除は、被相続人の死亡の時にさかのぼってその効力を生ずる。

第八九四条（**推定相続人の廃除の取消し**）被相続人は、いつでも、推定相続人の廃除の取消しを家庭裁判所に請求することができる。

2　前条の規定は、推定相続人の廃除の取消しについて準用する。

第八九五条（**推定相続人の廃除に関する審判確定前の遺産の管理**）推定相続人の廃除又はその取消しの請求があった後その審判が確定す

る前に相続が開始したときは、家庭裁判所は、親族、利害関係人又は検察官の請求によって、遺産の管理について必要な処分を命ずることができる。推定相続人の廃除の遺言があったときも、同様とする。

2 第二十七条から第二十九条までの規定は、前項の規定により家庭裁判所が遺産の管理人を選任した場合について準用する。

第三章 相続の効力

第一節 総則

第八九六条（相続の一般的効力） 相続人は、相続開始の時から、被相続人の財産に属した一切の権利義務を承継する。ただし、被相続人の一身に専属したものは、この限りでない。

第八九七条（祭祀に関する権利の承継） 系譜、祭具及び墳墓の所有権は、前条の規定にかかわらず、慣習に従って祖先の祭祀を主宰すべき者が承継する。ただし、被相続人の指定に従って祖先の祭祀を主宰すべき者があるときは、その者が承継する。

2 前項本文の場合において慣習が明らかでないときは、同項の権利を承継すべき者は、家庭裁判所が定める。

第八九七条の二（相続財産の保存） 家庭裁判所は、利害関係人又は検察官の請求によって、いつでも、相続財産の管理人の選任その他の相続財産の保存に必要な処分を命ずることができる。ただし、相続人が一人である場合においてその相続人が相続の単純承認をしたとき、相続人が数人ある場合において遺産の全部の分割がされたとき、又は第九百五十二条第一項の規定により相続財産の清算人が選任されているときは、この限りでない。

2 第二十七条から第二十九条までの規定は、前項の規定により家庭裁判所が相続財産の管理人を選任した場合について準用する。

第八九八条（共同相続の効力） 相続人が数人あるときは、相続財産は、その共有に属する。

2 相続財産について共有に関する規定を適用するときは、第九百条から第九百二条までの規定により算定した相続分をもって各相続人の共有持分とする。

第八九九条 各共同相続人は、その相続分に応じて被相続人の権利義務を承継する。

第八九九条の二（共同相続における権利の承継の対抗要件） 相続による権利の承継は、遺産の分割によるものかどうかにかかわらず、次条及び第九百一条の規定により算定した相続分を超える部分については、登記、登録その他の対抗要件を備えなければ、第三者に対抗することができない。

2 前項の権利が債権である場合において、次条及び第九百一条の規定により算定した相続分を超えて当該債権を承継した共同相続人が当該債権に係る遺言の内容（遺産の分割により当該債権を承継した場合にあっては、当該債権に係る遺産の分割の内容）を明らかにして債務者にその承継の通知をしたときは、共同相続人の全員が債務者に通知をしたものとみなして、同項の規定を適用する。

第二節 相続分

第九〇〇条（法定相続分） 同順位の相続人が数人あるときは、その相続分は、次の各号の定めるところによる。

一 子及び配偶者が相続人であるときは、子の相続分及び配偶者の相続分は、各二分の一とする。

二 配偶者及び直系尊属が相続人であるときは、配偶者の相続分は、三分の二とし、直系尊属の相続分は、三分の一とする。

三 配偶者及び兄弟姉妹が相続人であるときは、配偶者の相続分は、四分の三とし、兄弟姉妹の相続分は、四分の一とする。

四 子、直系尊属又は兄弟姉妹が数人あるときは、各自の相続分は、相等しいものとする。ただし、父母の一方のみを同じくする兄弟姉妹の相続分は、父母の双方を同じくする兄弟姉妹の相続分の二分の一とする。

第九〇一条（代襲相続人の相続分） 第八百八十七条第二項又は第三項の規定により相続人となる直系卑属の相続分は、その直系尊属が受けるべきであったものと同じとする。ただし、直系卑属が数人あるときは、その各自の直系尊属が受けるべきであった部分について、前条の規定に従ってその相続分を定める。

2 前項の規定は、第八百八十九条第二項の規定により兄弟姉妹の子が相続人となる場合について準用する。

第九〇二条（遺言による相続分の指定） 被相続人は、前二条の規定にかかわらず、遺言で、共同相続人の相続分を定め、又はこれを定めることを第三者に委託することができる。

2 被相続人が、共同相続人中の一人若しくは数人の相続分のみを定め、又はこれを第三者に定めさせたときは、他の共同相続人の相続分は、前二条の規定により定める。

第九〇二条の二（**相続分の指定がある場合の債権者の権利の行使**）被相続人が相続開始の時において有した債務の債権者は、前条の規定による相続分の指定がされた場合であっても、各共同相続人に対し、第九百条及び第九百一条の規定により算定した相続分に応じてその権利を行使することができる。ただし、その債権者が共同相続人の一人に対してその指定された相続分に応じた債務の承継を承認したときは、この限りでない。

第九〇三条（**特別受益者の相続分**）共同相続人中に、被相続人から、遺贈を受け、又は婚姻若しくは養子縁組のため若しくは生計の資本として贈与を受けた者があるときは、被相続人が相続開始の時において有した財産の価額にその贈与の価額を加えたものを相続財産とみなし、第九百条から第九百二条までの規定により算定した相続分の中からその遺贈又は贈与の価額を控除した残額をもってその者の相続分とする。

2　遺贈又は贈与の価額が、相続分の価額に等しく、又はこれを超えるときは、受遺者又は受贈者は、その相続分を受けることができない。

3　被相続人が前二項の規定と異なった意思を表示したときは、その意思に従う。

4　婚姻期間が二十年以上の夫婦の一方である被相続人が、他の一方に対し、その居住の用に供する建物又はその敷地について遺贈又は贈与をしたときは、当該被相続人は、その遺贈又は贈与について第一項の規定を適用しない旨の意思を表示したものと推定する。

第九〇四条　前条に規定する贈与の価額は、受贈者の行為によって、その目的である財産が滅失し、又はその価格の増減があったときであっても、相続開始の時においてなお原状のままであるものとみなしてこれを定める。

第九〇四条の二（**寄与分**）共同相続人中に、被相続人の事業に関する労務の提供又は財産上の給付、被相続人の療養看護その他の方法により被相続人の財産の維持又は増加について特別の寄与をした者があるときは、被相続人が相続開始の時において有した財産の価額から共同相続人の協議で定めたその者の寄与分を控除したものを相続財産とみなし、第九百条から第九百二条までの規定により算定した相続分に寄与分を加えた額をもってその者の相続分とする。

2　前項の協議が調わないとき、又は協議をすることができないときは、家庭裁判所は、同項に規定する寄与をした者の請求により、寄与の時期、方法及び程度、相続財産の額その他一切の事情を考慮して、寄与分を定める。

3　寄与分は、被相続人が相続開始の時において有した財産の価額から遺贈の価額を控除した残額を超えることができない。

4　第二項の請求は、第九百七条第二項の規定による請求があった場合又は第九百十条に規定する場合にすることができる。

第九〇四条の三（**期間経過後の遺産の分割における相続分**）前三条の規定は、相続開始の時から十年を経過した後にする遺産の分割については、適用しない。ただし、次の各号のいずれかに該当するときは、この限りでない。

一　相続開始の時から十年を経過する前に、相続人が家庭裁判所に遺産の分割の請求をしたとき。

二　相続開始の時から始まる十年の期間の満了前六箇月以内の間に、遺産の分割を請求することができないやむを得ない事由が相続人にあった場合において、その事由が消滅した時から六箇月を経過する前に、当該相続人が家庭裁判所に遺産の分割の請求をしたとき。

第九〇五条（**相続分の取戻権**）共同相続人の一人が遺産の分割前にその相続分を第三者に譲り渡したときは、他の共同相続人は、その価額及び費用を償還して、その相続分を譲り受けることができる。

2　前項の権利は、一箇月以内に行使しなければならない。

第三節　遺産の分割

第九〇六条（**遺産の分割の基準**）遺産の分割は、遺産に属する物又は権利の種類及び性質、各相続人の年齢、職業、心身の状態及び生活の状況その他一切の事情を考慮してこれをする。

第九〇六条の二（**遺産の分割前に遺産に属する財産が処分された場合の遺産の範囲**）遺産の分割前に遺産に属する財産が処分された場合であっても、共同相続人は、その全員の同意により、当該処分された財産が遺産の分割時に遺産として存在するものとみなすことができる。

2　前項の規定にかかわらず、共同相続人の一人又は数人により同項の財産が処分されたときは、当該共同相続人については、同項の同意を得ることを要しない。

第九〇七条（**遺産の分割の協議又は審判**）共同相続人は、次条第一項の規定により被相続人が遺言で禁じた場合又は同条第二項の規定により分割をしない旨の契約をした場合を除き、いつでも、その協議で、遺産の全部又は一部の分割をすることができる。

2　遺産の分割について、共同相続人間に協議が調わないとき、又は協議をすることができないときは、各共同相続人は、その全部又は一部の分割を家庭裁判所に請求することができる。ただし、遺産の一部を分割することにより他の共同相続人の利益を害するおそれがある場合におけるその一部の分割については、この限りでない。

第九〇八条（**遺産の分割の方法の指定及び遺産の分割の禁止**）被相続人は、遺言で、遺産の分割の方法を定め、若しくはこれを定めることを第三者に委託し、又は相続開始の時から五年を超えない期間を定めて、遺産の分割を禁ずることができる。

2　共同相続人は、五年以内の期間を定めて、遺産の全部又は一部について、その分割をしない旨の契約をすることができる。ただし、その期間の終期は、相続開始の時から十年を超えることができない。

3　前項の契約は、五年以内の期間を定めて更新することができる。ただし、その期間の終期は、相続開始の時から十年を超えることができない。

4　前条第二項本文の場合において特別の事由があるときは、家庭裁判所は、五年以内の期間を定めて、遺産の全部又は一部について、その分割を禁ずることができる。ただし、その期間の終期は、相続開始の時から十年を超えることができない。

5　家庭裁判所は、五年以内の期間を定めて前項の期間を更新することができる。ただし、その期間の終期は、相続開始の時から十年を超えることができない。

第九〇九条（**遺産の分割の効力**）遺産の分割は、相続開始の時にさかのぼってその効力を生ずる。ただし、第三者の権利を害することはできない。

第九〇九条の二（**遺産の分割前における預貯金債権の行使**）各共同相続人は、遺産に属する預貯金債権のうち相続開始の時の債権額の三分の一に第九百条及び第九百一条の規定により算定した当該共同相続人の相続分を乗じた額（標準的な当面の必要生計費、平均的な葬式の費用の額その他の事情を勘案して預貯金債権の債務者ごとに法務省令で定める額を限度とする。）については、単独でその権利を行使することができる。この場合において、当該権利の行使をした預貯金債権については、当該共同相続人が遺産の一部の分割によりこれを取得したものとみなす。

第九一〇条（**相続の開始後に認知された者の価額の支払請求権**）相続の開始後認知によって相続人となった者が遺産の分割を請求しようとする場合において、他の共同相続人が既にその分割その他の処分をしたときは、価額のみによる支払の請求権を有する。

第九一一条（**共同相続人間の担保責任**）各共同相続人は、他の共同相続人に対して、売主と同じく、その相続分に応じて担保の責任を負う。

第九一二条（**遺産の分割によって受けた債権についての担保責任**）各共同相続人は、その相続分に応じ、他の共同相続人が遺産の分割によって受けた債権について、その分割の時における債務者の資力を担保する。

2　弁済期に至らない債権及び停止条件付きの債権については、各共同相続人は、弁済をすべき時における債務者の資力を担保する。

第九一三条（**資力のない共同相続人がある場合の担保責任の分担**）担保の責任を負う共同相続人中に償還をする資力のない者があるときは、その償還することができない部分は、求償者及び他の資力のある者が、それぞれその相続分に応じて分担する。ただし、求償者に過失があるときは、他の共同相続人に対して分担を請求することができない。

第九一四条（**遺言による担保責任の定め**）前三条の規定は、被相続人が遺言で別段の意思を表示したときは、適用しない。

第四章　相続の承認及び放棄

第一節　総則

第九一五条（**相続の承認又は放棄をすべき期間**）

相続人は、自己のために相続の開始があったことを知った時から三箇月以内に、相続について、単純若しくは限定の承認又は放棄をしなければならない。ただし、この期間は、利害関係人又は検察官の請求によって、家庭裁判所において伸長することができる。

2　相続人は、相続の承認又は放棄をする前に、相続財産の調査をすることができる。

第九一六条　相続人が相続の承認又は放棄をしないで死亡したときは、前条第一項の期間は、その者の相続人が自己のために相続の開始があったことを知った時から起算する。

第九一七条　相続人が未成年者又は成年被後見人であるときは、第九百十五条第一項の期間は、その法定代理人が未成年者又は成年被後見人のために相続の開始があったことを知った時から起算する。

第九一八条（**相続人による管理**）相続人は、その固有財産におけるのと同一の注意をもって、相続財産を管理しなければならない。ただし、相続の承認又は放棄をしたときは、この限りでない。

第九一九条（**相続の承認及び放棄の撤回及び取消し**）相続の承認及び放棄は、第九百十五条第一項の期間内でも、撤回することができない。

2　前項の規定は、第一編（総則）及び前編（親族）の規定により相続の承認又は放棄の取消しをすることを妨げない。

3　前項の取消権は、追認をすることができる時から六箇月間行使しないときは、時効によって消滅する。相続の承認又は放棄の時から十年を経過したときも、同様とする。

4　第二項の規定により限定承認又は相続の放棄の取消しをしようとする者は、その旨を家庭裁判所に申述しなければならない。

第二節　相続の承認

第一款　単純承認

第九二〇条（**単純承認の効力**）相続人は、単純承認をしたときは、無限に被相続人の権利義務を承継する。

第九二一条（**法定単純承認**）次に掲げる場合には、相続人は、単純承認をしたものとみなす。

一　相続人が相続財産の全部又は一部を処分したとき。ただし、保存行為及び第六百二条に定める期間を超えない賃貸をすることは、この限りでない。

二　相続人が第九百十五条第一項の期間内に限定承認又は相続の放棄をしなかったとき。

三　相続人が、限定承認又は相続の放棄をした後であっても、相続財産の全部若しくは一部を隠匿し、私にこれを消費し、又は悪意でこれを相続財産の目録中に記載しなかったとき。ただし、その相続人が相続の放棄をしたことによって相続人となった者が相続の承認をした後は、この限りでない。

第二款　限定承認

第九二二条（**限定承認**）相続人は、相続によって得た財産の限度においてのみ被相続人の債務及び遺贈を弁済すべきことを留保して、相続の承認をすることができる。

第九二三条（**共同相続人の限定承認**）相続人が数人あるときは、限定承認は、共同相続人の全員が共同してのみこれをすることができる。

第九二四条（**限定承認の方式**）相続人は、限定承認をしようとするときは、第九百十五条第一項の期間内に、相続財産の目録を作成して家庭裁判所に提出し、限定承認をする旨を申述しなければならない。

第九二五条（**限定承認をしたときの権利義務**）相続人が限定承認をしたときは、その被相続人に対して有した権利義務は、消滅しなかったものとみなす。

第九二六条（**限定承認者による管理**）限定承認者は、その固有財産におけるのと同一の注意をもって、相続財産の管理を継続しなければならない。

2　第六百四十五条、第六百四十六条並びに第六百五十条第一項及び第二項の規定は、前項の場合について準用する。

第九二七条（**相続債権者及び受遺者に対する公告及び催告**）限定承認者は、限定承認をした後五日以内に、すべての相続債権者（相続財産に属する債務の債権者をいう。以下同じ。）及び受遺者に対し、限定承認をしたこと及び一定の期間内にその請求の申出をすべき旨を公告しなければならない。この場合において、その期間は、二箇月を下ることができない。

2　前項の規定による公告には、相続債権者及び受遺者がその期間内に申出をしないときは弁済から除斥されるべき旨を付記しなければならない。ただし、限定承認者は、知れている相続債権者及び受遺者を除斥することができない。

3　限定承認者は、知れている相続債権者及び受遺者には、各別にその申出の催告をしなければならない。

4　第一項の規定による公告は、官報に掲載してする。

第九二八条（**公告期間満了前の弁済の拒絶**）限定承認者は、前条第一項の期間の満了前には、相続債権者及び受遺者に対して弁済を拒むことができる。

第九二九条（**公告期間満了後の弁済**）第九百二十七条第一項の期間が満了した後は、限定承認者は、相続財産をもって、その期間内に同項の申出をした相続債権者その他知れている相続債権者に、それぞれその債権額の割合に応じて弁済をしなければならない。ただし、優先権を有する債権者の権利を害することはできない。

第九三〇条（**期限前の債務等の弁済**）限定承認者は、弁済期に至らない債権であっても、前条の規定に従って弁済をしなければならない。

2　条件付きの債権又は存続期間の不確定な債権は、家庭裁判所が選任した鑑定人の評価に従って弁済をしなければならない。

第九三一条（**受遺者に対する弁済**）限定承認者は、前二条の規定に従って各相続債権者に弁済をした後でなければ、受遺者に弁済をすることができない。

第九三二条（**弁済のための相続財産の換価**）前三条の規定に従って弁済をするにつき相続財産を売却する必要があるときは、限定承認者は、これを競売に付さなければならない。ただし、家庭裁判所が選任した鑑定人の評価に従い相続財産の全部又は一部の価額を弁済して、その競売を止めることができる。

第九三三条（**相続債権者及び受遺者の換価手続への参加**）相続債権者及び受遺者は、自己の費用で、相続財産の競売又は鑑定に参加することができる。この場合においては、第二百六十条第二項の規定を準用する。

第九三四条（**不当な弁済をした限定承認者の責任等**）限定承認者は、第九百二十七条の公告若しくは催告をすることを怠り、又は同条第一項の期間内に相続債権者若しくは受遺者に弁済をしたことによって他の相続債権者若しくは受遺者に弁済をすることができなくなったときは、これによって生じた損害を賠償する責任を負う。第九百二十九条から第九百三十一条までの規定に違反して弁済をしたときも、同様とする。

2　前項の規定は、情を知って不当に弁済を受けた相続債権者又は受遺者に対する他の相続債権者又は受遺者の求償を妨げない。

3　第七百二十四条の規定は、前二項の場合について準用する。

第九三五条（**公告期間内に申出をしなかった相続債権者及び受遺者**）第九百二十七条第一項の期間内に同項の申出をしなかった相続債権者及び受遺者で限定承認者に知れなかったものは、残余財産についてのみその権利を行使することができる。ただし、相続財産について特別担保を有する者は、この限りでない。

第九三六条（**相続人が数人ある場合の相続財産の清算人**）相続人が数人ある場合には、家庭裁判所は、相続人の中から、相続財産の清算人を選任しなければならない。

2　前項の相続財産の清算人は、相続人のために、これに代わって、相続財産の管理及び債務の弁済に必要な一切の行為をする。

3　第九百二十六条から前条までの規定は、第一項の相続財産の清算人について準用する。この場合において、第九百二十七条第一項中「限定承認をした後五日以内」とあるのは、「その相続財産の清算人の選任があった後十日以内」と読み替えるものとする。

第九三七条（**法定単純承認の事由がある場合の相続債権者**）限定承認をした共同相続人の一人又は数人について第九百二十一条第一号又は第三号に掲げる事由があるときは、相続債権者は、相続財産をもって弁済を受けることができなかった債権額について、当該共同相続人に対し、その相続分に応じて権利を行使することができる。

第三節　相続の放棄

第九三八条（**相続の放棄の方式**）相続の放棄をしようとする者は、その旨を家庭裁判所に申述しなければならない。

第九三九条（**相続の放棄の効力**）相続の放棄をした者は、その相続に関しては、初めから相続人とならなかったものとみなす。

第九四〇条（**相続の放棄をした者による管理**）相続の放棄をした者は、その放棄の時に相続財産に属する財産を現に占有しているときは、相続人又は第九百五十二条第一項の相続財産の清算人に対して当該財産を引き渡すまでの間、自己の財産におけるのと同一の注意をもって、その財産を保存しなければならない。

2　第六百四十五条、第六百四十六条並びに第六百五十条第一項及び第二項の規定は、前項の場合について準用する。

第五章　財産分離

第九四一条（相続債権者又は受遺者の請求による財産分離） 相続債権者又は受遺者は、相続開始の時から三箇月以内に、相続人の財産の中から相続財産を分離することを家庭裁判所に請求することができる。相続財産が相続人の固有財産と混合しない間は、その期間の満了後も、同様とする。

2　家庭裁判所が前項の請求によって財産分離を命じたときは、その請求をした者は、五日以内に、他の相続債権者及び受遺者に対し、財産分離の命令があったこと及び一定の期間内に配当加入の申出をすべき旨を公告しなければならない。この場合において、その期間は、二箇月を下ることができない。

3　前項の規定による公告は、官報に掲載してする。

第九四二条（財産分離の効力） 財産分離の請求をした者及び前条第二項の規定により配当加入の申出をした者は、相続財産について、相続人の債権者に先立って弁済を受ける。

第九四三条（財産分離の請求後の相続財産の管理） 財産分離の請求があったときは、家庭裁判所は、相続財産の管理について必要な処分を命ずることができる。

2　第二十七条から第二十九条までの規定は、前項の規定により家庭裁判所が相続財産の管理人を選任した場合について準用する。

第九四四条（財産分離の請求後の相続人による管理） 相続人は、単純承認をした後でも、財産分離の請求があったときは、以後、その固有財産におけるのと同一の注意をもって、相続財産の管理をしなければならない。ただし、家庭裁判所が相続財産の管理人を選任したときは、この限りでない。

2　第六百四十五条から第六百四十七条まで並びに第六百五十条第一項及び第二項の規定は、前項の場合について準用する。

第九四五条（不動産についての財産分離の対抗要件） 財産分離は、不動産については、その登記をしなければ、第三者に対抗することができない。

第九四六条（物上代位（ぶつじょうだい）の規定の準用） 第三百四条の規定は、財産分離の場合について準用する。

第九四七条（相続債権者及び受遺者に対する弁済） 相続人は、第九百四十一条第一項及び第二項の期間の満了前には、相続債権者及び受遺者に対して弁済を拒むことができる。

2　財産分離の請求があったときは、相続人は、第九百四十一条第二項の期間の満了後に、相続財産をもって、財産分離の請求又は配当加入の申出をした相続債権者及び受遺者に、それぞれその債権額の割合に応じて弁済をしなければならない。ただし、優先権を有する債権者の権利を害することはできない。

3　第九百三十条から第九百三十四条までの規定は、前項の場合について準用する。

第九四八条（相続人の固有財産からの弁済） 財産分離の請求をした者及び配当加入の申出をした者は、相続財産をもって全部の弁済を受けることができなかった場合に限り、相続人の固有財産についてその権利を行使することができる。この場合においては、相続人の債権者は、その者に先立って弁済を受けることができる。

第九四九条（財産分離の請求の防止等） 相続人は、その固有財産をもって相続債権者若しくは受遺者に弁済をし、又はこれに相当の担保を供して、財産分離の請求を防止し、又はその効力を消滅させることができる。ただし、相続人の債権者が、これによって損害を受けるべきことを証明して、異議を述べたときは、この限りでない。

第九五〇条（相続人の債権者の請求による財産分離） 相続人が限定承認をすることができる間又は相続財産が相続人の固有財産と混合しない間は、相続人の債権者は、家庭裁判所に対して財産分離の請求をすることができる。

2　第三百四条、第九百二十五条、第九百二十七条から第九百三十四条まで、第九百四十三条から第九百四十五条まで及び第九百四十八条の規定は、前項の場合について準用する。ただし、第九百二十七条の公告及び催告は、財産分離の請求をした債権者がしなければならない。

第六章　相続人の不存在

第九五一条（相続財産法人の成立） 相続人のあることが明らかでないときは、相続財産は、法人とする。

第九五二条（相続財産の清算人の選任） 前条の場合には、家庭裁判所は、利害関係人又は検察官の請求によって、相続財産の清算人を選任しなければならない。

2 前項の規定により相続財産の清算人を選任したときは、家庭裁判所は、遅滞なく、その旨及び相続人があるならば一定の期間内にその権利を主張すべき旨を公告しなければならない。この場合において、その期間は、六箇月を下ることができない。

第九五三条（不在者の財産の管理人に関する規定の準用） 第二十七条から第二十九条までの規定は、前条第一項の相続財産の清算人（以下この章において単に「相続財産の清算人」という。）について準用する。

第九五四条（相続財産の清算人の報告） 相続財産の清算人は、相続債権者又は受遺者の請求があるときは、その請求をした者に相続財産の状況を報告しなければならない。

第九五五条（相続財産法人の不成立） 相続人のあることが明らかになったときは、第九百五十一条の法人は、成立しなかったものとみなす。ただし、相続財産の清算人がその権限内でした行為の効力を妨げない。

第九五六条（相続財産の清算人の代理権の消滅） 相続財産の清算人の代理権は、相続人が相続の承認をした時に消滅する。

2 前項の場合には、相続財産の清算人は、遅滞なく相続人に対して清算に係る計算をしなければならない。

第九五七条（相続債権者及び受遺者に対する弁済） 第九百五十二条第二項の公告があったときは、相続財産の清算人は、全ての相続債権者及び受遺者に対し、二箇月以上の期間を定めて、その期間内にその請求の申出をすべき旨を公告しなければならない。この場合において、その期間は、同項の規定により相続人が権利を主張すべき期間として家庭裁判所が公告した期間内に満了するものでなければならない。

2 第九百二十七条第二項から第四項まで及び第九百二十八条から第九百三十五条まで（第九百三十二条ただし書を除く。）の規定は、前項の場合について準用する。

第九五八条（権利を主張する者がない場合） 第九百五十二条第二項の期間内に相続人としての権利を主張する者がないときは、相続人並びに相続財産の清算人に知れなかった相続債権者及び受遺者は、その権利を行使することができない。

第九五八条の二（特別縁故者に対する相続財産の分与） 前条の場合において、相当と認めるときは、家庭裁判所は、被相続人と生計を同じくしていた者、被相続人の療養看護に努めた者その他被相続人と特別の縁故があった者の請求によって、これらの者に、清算後残存すべき相続財産の全部又は一部を与えることができる。

2 前項の請求は、第九百五十二条第二項の期間の満了後三箇月以内にしなければならない。

第九五九条（残余財産の国庫への帰属） 前条の規定により処分されなかった相続財産は、国庫に帰属する。この場合においては、第九百五十六条第二項の規定を準用する。

第七章　遺言

第一節　総則

第九六〇条（遺言の方式） 遺言は、この法律に定める方式に従わなければ、することができない。

第九六一条（遺言能力） 十五歳に達した者は、遺言をすることができる。

第九六二条 第五条、第九条、第十三条及び第十七条の規定は、遺言については、適用しない。

第九六三条 遺言者は、遺言をする時においてその能力を有しなければならない。

第九六四条（包括遺贈及び特定遺贈） 遺言者は、包括又は特定の名義で、その財産の全部又は一部を処分することができる。

第九六五条（相続人に関する規定の準用） 第八百八十六条及び第八百九十一条の規定は、受遺者について準用する。

第九六六条（被後見人の遺言の制限） 被後見人が、後見の計算の終了前に、後見人又はその配偶者若しくは直系卑属の利益となるべき遺言をしたときは、その遺言は、無効とする。

2 前項の規定は、直系血族、配偶者又は兄弟姉妹が後見人である場合には、適用しない。

第二節　遺言の方式

第一款　普通の方式

第九六七条（普通の方式による遺言の種類） 遺言は、自筆証書、公正証書又は秘密証書によってしなければならない。ただし、特別の方式によることを許す場合は、この限りでない。

第九六八条（自筆証書遺言） 自筆証書によって遺言をするには、遺言者が、その全文、日付及び氏名を自書し、これに印を押さなければならない。

2 前項の規定にかかわらず、自筆証書にこれと一体のものとして相続財産（第九百九十七条第一項に規定する場合における同項に規定する権利を含む。）の全部又は一部の目録を添付する場合には、その目録については、自書することを要しない。この場合において、遺言者は、その目録の毎葉（自書によらない記載がその両面にある場合にあっては、その両面）に署名し、印を押さなければならない。

3 自筆証書（前項の目録を含む。）中の加除その他の変更は、遺言者が、その場所を指示し、これを変更した旨を付記して特にこれに署名し、かつ、その変更の場所に印を押さなければ、その効力を生じない。

第九六九条（公正証書遺言） 公正証書によって遺言をするには、次に掲げる方式に従わなければならない。

一 証人二人以上の立会いがあること。

二 遺言者が遺言の趣旨を公証人に口授すること。

三 公証人が、遺言者の口述を筆記し、これを遺言者及び証人に読み聞かせ、又は閲覧させること。

四 遺言者及び証人が、筆記の正確なことを承認した後、各自これに署名し、印を押すこと。ただし、遺言者が署名することができない場合は、公証人がその事由を付記して、署名に代えることができる。

五 公証人が、その証書は前各号に掲げる方式に従って作ったものである旨を付記して、これに署名し、印を押すこと。

第九六九条の二（公正証書遺言の方式の特則） 口がきけない者が公正証書によって遺言をする場合には、遺言者は、公証人及び証人の前で、遺言の趣旨を通訳人の通訳により申述し、又は自書して、前条第二号の口授に代えなければならない。この場合における同条第三号の規定の適用については、同号中「口述」とあるのは、「通訳人の通訳による申述又は自書」とする。

2 前条の遺言者又は証人が耳が聞こえない者である場合には、公証人は、同条第三号に規定する筆記した内容を通訳人の通訳により遺言者又は証人に伝えて、同号の読み聞かせに代えることができる。

3 公証人は、前二項に定める方式に従って公正証書を作ったときは、その旨をその証書に付記しなければならない。

第九七〇条（秘密証書遺言） 秘密証書によって遺言をするには、次に掲げる方式に従わなければならない。

一 遺言者が、その証書に署名し、印を押すこと。

二 遺言者が、その証書を封じ、証書に用いた印章をもってこれに封印すること。

三 遺言者が、公証人一人及び証人二人以上の前に封書を提出して、自己の遺言書である旨並びにその筆者の氏名及び住所を申述すること。

四 公証人が、その証書を提出した日付及び遺言者の申述を封紙に記載した後、遺言者及び証人とともにこれに署名し、印を押すこと。

2 第九百六十八条第三項の規定は、秘密証書による遺言について準用する。

第九七一条（方式に欠ける秘密証書遺言の効力） 秘密証書による遺言は、前条に定める方式に欠けるものがあっても、第九百六十八条に定める方式を具備しているときは、自筆証書による遺言としてその効力を有する。

第九七二条（秘密証書遺言の方式の特則） 口がきけない者が秘密証書によって遺言をする場合には、遺言者は、公証人及び証人の前で、その証書は自己の遺言書である旨並びにその筆者の氏名及び住所を通訳人の通訳により申述し、又は封紙に自書して、第九百七十条第一項第三号の申述に代えなければならない。

2 前項の場合において、遺言者が通訳人の通訳により申述したときは、公証人は、その旨を封紙に記載しなければならない。

3 第一項の場合において、遺言者が封紙に自書したときは、公証人は、その旨を封紙に記載して、第九百七十条第一項第四号に規定する申述の記載に代えなければならない。

第九七三条（成年被後見人の遺言） 成年被後見人が事理を弁識する能力を一時回復した時において遺言をするには、医師二人以上の立会いがなければならない。

2　遺言に立ち会った医師は、遺言者が遺言をする時において精神上の障害により事理を弁識する能力を欠く状態になかった旨を遺言書に付記して、これに署名し、印を押さなければならない。ただし、秘密証書による遺言にあっては、その封紙にその旨の記載をし、署名し、印を押さなければならない。

第九七四条（**証人及び立会人の欠格事由**）次に掲げる者は、遺言の証人又は立会人となることができない。

一　未成年者

二　推定相続人及び受遺者並びにこれらの配偶者及び直系血族

三　公証人の配偶者、四親等内の親族、書記及び使用人

第九七五条（**共同遺言の禁止**）遺言は、二人以上の者が同一の証書ですることができない。

第二款　特別の方式

第九七六条（**死亡の危急に迫った者の遺言**）疾病その他の事由によって死亡の危急に迫った者が遺言をしようとするときは、証人三人以上の立会いをもって、その一人に遺言の趣旨を口授して、これをすることができる。この場合においては、その口授を受けた者が、これを筆記して、遺言者及び他の証人に読み聞かせ、又は閲覧させ、各証人がその筆記の正確なことを承認した後、これに署名し、印を押さなければならない。

2　口がきけない者が前項の規定により遺言をする場合には、遺言者は、証人の前で、遺言の趣旨を通訳人の通訳により申述して、同項の口授に代えなければならない。

3　第一項後段の遺言者又は他の証人が耳が聞こえない者である場合には、遺言の趣旨の口授又は申述を受けた者は、同項後段に規定する筆記した内容を通訳人の通訳によりその遺言者又は他の証人に伝えて、同項後段の読み聞かせに代えることができる。

4　前三項の規定によりした遺言は、遺言の日から二十日以内に、証人の一人又は利害関係人から家庭裁判所に請求してその確認を得なければ、その効力を生じない。

5　家庭裁判所は、前項の遺言が遺言者の真意に出たものであるとの心証を得なければ、これを確認することができない。

第九七七条（**伝染病隔離者の遺言**）伝染病のため行政処分によって交通を断たれた場所に在る者は、警察官一人及び証人一人以上の立会いをもって遺言書を作ることができる。

第九七八条（**在船者の遺言**）船舶中に在る者は、船長又は事務員一人及び証人二人以上の立会いをもって遺言書を作ることができる。

第九七九条（**船舶遭難者の遺言**）船舶が遭難した場合において、当該船舶中に在って死亡の危急に迫った者は、証人二人以上の立会いをもって口頭で遺言をすることができる。

2　口がきけない者が前項の規定により遺言をする場合には、遺言者は、通訳人の通訳によりこれをしなければならない。

3　前二項の規定に従ってした遺言は、証人が、その趣旨を筆記して、これに署名し、印を押し、かつ、証人の一人又は利害関係人から遅滞なく家庭裁判所に請求してその確認を得なければ、その効力を生じない。

4　第九百七十六条第五項の規定は、前項の場合について準用する。

第九八〇条（**遺言関係者の署名及び押印**）第九百七十七条及び第九百七十八条の場合には、遺言者、筆者、立会人及び証人は、各自遺言書に署名し、印を押さなければならない。

第九八一条（**署名又は押印が不能の場合**）第九百七十七条から第九百七十九条までの場合において、署名又は印を押すことのできない者があるときは、立会人又は証人は、その事由を付記しなければならない。

第九八二条（**普通の方式による遺言の規定の準用**）第九百六十八条第三項及び第九百七十三条から第九百七十五条までの規定は、第九百七十六条から前条までの規定による遺言について準用する。

第九八三条（**特別の方式による遺言の効力**）第九百七十六条から前条までの規定によりした遺言は、遺言者が普通の方式によって遺言をすることができるようになった時から六箇月間生存するときは、その効力を生じない。

第九八四条（**外国に在る日本人の遺言の方式**）日本の領事の駐在する地に在る日本人が公正証書又は秘密証書によって遺言をしようとするときは、公証人の職務は、領事が行う。この場合においては、第九百六十九条第四号又は第九百七十条第一項第四号の規定にかかわらず、遺言者及び証人は、第九百六十九条第四号又は第九百七十条第一項第四号の印を押すことを要しない。

第三節　遺言の効力

第九八五条（遺言の効力の発生時期） 遺言は、遺言者の死亡の時からその効力を生ずる。

2 遺言に停止条件を付した場合において、その条件が遺言者の死亡後に成就したときは、遺言は、条件が成就した時からその効力を生ずる。

第九八六条（遺贈の放棄） 受遺者は、遺言者の死亡後、いつでも、遺贈の放棄をすることができる。

2 遺贈の放棄は、遺言者の死亡の時にさかのぼってその効力を生ずる。

第九八七条（受遺者に対する遺贈の承認又は放棄の催告） 遺贈義務者（遺贈の履行をする義務を負う者をいう。以下この節において同じ。）その他の利害関係人は、受遺者に対し、相当の期間を定めて、その期間内に遺贈の承認又は放棄をすべき旨の催告をすることができる。この場合において、受遺者がその期間内に遺贈義務者に対してその意思を表示しないときは、遺贈を承認したものとみなす。

第九八八条（受遺者の相続人による遺贈の承認又は放棄） 受遺者が遺贈の承認又は放棄をしないで死亡したときは、その相続人は、自己の相続権の範囲内で、遺贈の承認又は放棄をすることができる。ただし、遺言者がその遺言に別段の意思を表示したときは、その意思に従う。

第九八九条（遺贈の承認及び放棄の撤回及び取消し） 遺贈の承認及び放棄は、撤回することができない。

2 第九百十九条第二項及び第三項の規定は、遺贈の承認及び放棄について準用する。

第九九〇条（包括受遺者の権利義務） 包括受遺者は、相続人と同一の権利義務を有する。

第九九一条（受遺者による担保の請求） 受遺者は、遺贈が弁済期に至らない間は、遺贈義務者に対して相当の担保を請求することができる。停止条件付きの遺贈についてその条件の成否が未定である間も、同様とする。

第九九二条（受遺者による果実の取得） 受遺者は、遺贈の履行を請求することができる時から果実を取得する。ただし、遺言者がその遺言に別段の意思を表示したときは、その意思に従う。

第九九三条（遺贈義務者による費用の償還請求） 第二百九十九条の規定は、遺贈義務者が遺言者の死亡後に遺贈の目的物について費用を支出した場合について準用する。

2 果実を収取するために支出した通常の必要費は、果実の価格を超えない限度で、その償還を請求することができる。

第九九四条（受遺者の死亡による遺贈の失効） 遺贈は、遺言者の死亡以前に受遺者が死亡したときは、その効力を生じない。

2 停止条件付きの遺贈については、受遺者がその条件の成就前に死亡したときも、前項と同様とする。ただし、遺言者がその遺言に別段の意思を表示したときは、その意思に従う。

第九九五条（遺贈の無効又は失効の場合の財産の帰属） 遺贈が、その効力を生じないとき、又は放棄によってその効力を失ったときは、受遺者が受けるべきであったものは、相続人に帰属する。ただし、遺言者がその遺言に別段の意思を表示したときは、その意思に従う。

第九九六条（相続財産に属しない権利の遺贈） 遺贈は、その目的である権利が遺言者の死亡の時において相続財産に属しなかったときは、その効力を生じない。ただし、その権利が相続財産に属するかどうかにかかわらず、これを遺贈の目的としたものと認められるときは、この限りでない。

第九九七条 相続財産に属しない権利を目的とする遺贈が前条ただし書の規定により有効であるときは、遺贈義務者は、その権利を取得して受遺者に移転する義務を負う。

2 前項の場合において、同項に規定する権利を取得することができないとき、又はこれを取得するについて過分の費用を要するときは、遺贈義務者は、その価額を弁償しなければならない。ただし、遺言者がその遺言に別段の意思を表示したときは、その意思に従う。

第九九八条（遺贈義務者の引渡義務） 遺贈義務者は、遺贈の目的である物又は権利を、相続開始の時（その後に当該物又は権利について遺贈の目的として特定した場合にあっては、その特定した時）の状態で引き渡し、又は移転する義務を負う。ただし、遺言者がその遺言に別段の意思を表示したときは、その意思に従う。

第九九九条（遺贈の物上代位） 遺言者が、遺贈の目的物の滅失若しくは変造又はその占有の喪失によって第三者に対して償金を請求する権利を有するときは、その権利を遺贈の目的としたものと推定する。

2 遺贈の目的物が、他の物と付合し、又は混和した場合において、遺言者が第二百四十三条から第二百四十五条までの規定により合成物又は混和物の単独所有者又は共有者となったときは、その全部の所有権又は持分を遺贈の目的としたものと推定する。

第一〇〇〇条 削除

第一〇〇一条（債権の遺贈の物上代位） 債権を遺贈の目的とした場合において、遺言者が弁済を受け、かつ、その受け取った物がなお相続財産中に在るときは、その物を遺贈の目的としたものと推定する。

2 金銭を目的とする債権を遺贈の目的とした場合においては、相続財産中にその債権額に相当する金銭がないときであっても、その金額を遺贈の目的としたものと推定する。

第一〇〇二条（負担付遺贈） 負担付遺贈を受けた者は、遺贈の目的の価額を超えない限度においてのみ、負担した義務を履行する責任を負う。

2 受遺者が遺贈の放棄をしたときは、負担の利益を受けるべき者は、自ら受遺者となることができる。ただし、遺言者がその遺言に別段の意思を表示したときは、その意思に従う。

第一〇〇三条（負担付遺贈の受遺者の免責） 負担付遺贈の目的の価額が相続の限定承認又は遺留分回復の訴えによって減少したときは、受遺者は、その減少の割合に応じて、その負担した義務を免れる。ただし、遺言者がその遺言に別段の意思を表示したときは、その意思に従う。

第四節 遺言の執行

第一〇〇四条（遺言書の検認） 遺言書の保管者は、相続の開始を知った後、遅滞なく、これを家庭裁判所に提出して、その検認を請求しなければならない。遺言書の保管者がない場合において、相続人が遺言書を発見した後も、同様とする。

2 前項の規定は、公正証書による遺言については、適用しない。

3 封印のある遺言書は、家庭裁判所において相続人又はその代理人の立会いがなければ、開封することができない。

第一〇〇五条（過料） 前条の規定により遺言書を提出することを怠り、その検認を経ないで遺言を執行し、又は家庭裁判所外においてその開封をした者は、五万円以下の過料に処する。

第一〇〇六条（遺言執行者の指定） 遺言者は、遺言で、一人又は数人の遺言執行者を指定し、又はその指定を第三者に委託することができる。

2 遺言執行者の指定の委託を受けた者は、遅滞なく、その指定をして、これを相続人に通知しなければならない。

3 遺言執行者の指定の委託を受けた者がその委託を辞そうとするときは、遅滞なくその旨を相続人に通知しなければならない。

第一〇〇七条（遺言執行者の任務の開始） 遺言執行者が就職を承諾したときは、直ちにその任務を行わなければならない。

2 遺言執行者は、その任務を開始したときは、遅滞なく、遺言の内容を相続人に通知しなければならない。

第一〇〇八条（遺言執行者に対する就職の催告） 相続人その他の利害関係人は、遺言執行者に対し、相当の期間を定めて、その期間内に就職を承諾するかどうかを確答すべき旨の催告をすることができる。この場合において、遺言執行者が、その期間内に相続人に対して確答をしないときは、就職を承諾したものとみなす。

第一〇〇九条（遺言執行者の欠格事由） 未成年者及び破産者は、遺言執行者となることができない。

第一〇一〇条（遺言執行者の選任） 遺言執行者がないとき、又はなくなったときは、家庭裁判所は、利害関係人の請求によって、これを選任することができる。

第一〇一一条（相続財産の目録の作成） 遺言執行者は、遅滞なく、相続財産の目録を作成して、相続人に交付しなければならない。

2 遺言執行者は、相続人の請求があるときは、その立会いをもって相続財産の目録を作成し、又は公証人にこれを作成させなければならない。

第一〇一二条（遺言執行者の権利義務） 遺言執行者は、遺言の内容を実現するため、相続財産の管理その他遺言の執行に必要な一切の行為をする権利義務を有する。

2 遺言執行者がある場合には、遺贈の履行は、遺言執行者のみが行うことができる。

3 第六百四十四条、第六百四十五条から第六百四十七条まで及び第六百五十条の規定は、遺言執行者について準用する。

第一〇一三条（遺言の執行の妨害行為の禁止） 遺言執行者がある場合には、相続人は、相続財産の処分その他遺言の執行を妨げるべき行為をすることができない。

2　前項の規定に違反してした行為は、無効とする。ただし、これをもって善意の第三者に対抗することができない。

3　前二項の規定は、相続人の債権者（相続債権者を含む。）が相続財産についてその権利を行使することを妨げない。

第一〇一四条（**特定財産に関する遺言の執行**）前三条の規定は、遺言が相続財産のうち特定の財産に関する場合には、その財産についてのみ適用する。

2　遺産の分割の方法の指定として遺産に属する特定の財産を共同相続人の一人又は数人に承継させる旨の遺言（以下「特定財産承継遺言」という。）があったときは、遺言執行者は、当該共同相続人が第八百九十九条の二第一項に規定する対抗要件を備えるために必要な行為をすることができる。

3　前項の財産が預貯金債権である場合には、遺言執行者は、同項に規定する行為のほか、その預金又は貯金の払戻しの請求及びその預金又は貯金に係る契約の解約の申入れをすることができる。ただし、解約の申入れについては、その預貯金債権の全部が特定財産承継遺言の目的である場合に限る。

4　前二項の規定にかかわらず、被相続人が遺言で別段の意思を表示したときは、その意思に従う。

第一〇一五条（**遺言執行者の行為の効果**）遺言執行者がその権限内において遺言執行者であることを示してした行為は、相続人に対して直接にその効力を生ずる。

第一〇一六条（**遺言執行者の復任権**）遺言執行者は、自己の責任で第三者にその任務を行わせることができる。ただし、遺言者がその遺言に別段の意思を表示したときは、その意思に従う。

2　前項本文の場合において、第三者に任務を行わせることについてやむを得ない事由があるときは、遺言執行者は、相続人に対してその選任及び監督についての責任のみを負う。

第一〇一七条（**遺言執行者が数人ある場合の任務の執行**）遺言執行者が数人ある場合には、その任務の執行は、過半数で決する。ただし、遺言者がその遺言に別段の意思を表示したときは、その意思に従う。

2　各遺言執行者は、前項の規定にかかわらず、保存行為をすることができる。

第一〇一八条（**遺言執行者の報酬**）家庭裁判所は、相続財産の状況その他の事情によって遺言執行者の報酬を定めることができる。ただし、遺言者がその遺言に報酬を定めたときは、この限りでない。

2　第六百四十八条第二項及び第三項並びに第六百四十八条の二の規定は、遺言執行者が報酬を受けるべき場合について準用する。

第一〇一九条（**遺言執行者の解任及び辞任**）遺言執行者がその任務を怠ったときその他正当な事由があるときは、利害関係人は、その解任を家庭裁判所に請求することができる。

2　遺言執行者は、正当な事由があるときは、家庭裁判所の許可を得て、その任務を辞することができる。

第一〇二〇条（**委任の規定の準用**）第六百五十四条及び第六百五十五条の規定は、遺言執行者の任務が終了した場合について準用する。

第一〇二一条（**遺言の執行に関する費用の負担**）遺言の執行に関する費用は、相続財産の負担とする。ただし、これによって遺留分を減ずることができない。

第五節　遺言の撤回及び取消し

第一〇二二条（**遺言の撤回**）遺言者は、いつでも、遺言の方式に従って、その遺言の全部又は一部を撤回することができる。

第一〇二三条（**前の遺言と後の遺言との抵触等**）前の遺言が後の遺言と抵触するときは、その抵触する部分については、後の遺言で前の遺言を撤回したものとみなす。

2　前項の規定は、遺言が遺言後の生前処分その他の法律行為と抵触する場合について準用する。

第一〇二四条（**遺言書又は遺贈の目的物の破棄**）遺言者が故意に遺言書を破棄したときは、その破棄した部分については、遺言を撤回したものとみなす。遺言者が故意に遺贈の目的物を破棄したときも、同様とする。

第一〇二五条（**撤回された遺言の効力**）前三条の規定により撤回された遺言は、その撤回の行為が、撤回され、取り消され、又は効力を生じなくなるに至ったときであっても、その効力を回復しない。ただし、その行為が錯誤、詐欺又は強迫による場合は、この限りでない。

第一〇二六条（**遺言の撤回権の放棄の禁止**）遺言者は、その遺言を撤回する権利を放棄することができない。

第一〇二七条（負担付遺贈に係る遺言の取消し） 負担付遺贈を受けた者がその負担した義務を履行しないときは、相続人は、相当の期間を定めてその履行の催告をすることができる。この場合において、その期間内に履行がないときは、その負担付遺贈に係る遺言の取消しを家庭裁判所に請求することができる。

第八章　配偶者の居住の権利

第一節　配偶者居住権

第一〇二八条（配偶者居住権） 被相続人の配偶者（以下この章において単に「配偶者」という。）は、被相続人の財産に属した建物に相続開始の時に居住していた場合において、次の各号のいずれかに該当するときは、その居住していた建物（以下この節において「居住建物」という。）の全部について無償で使用及び収益をする権利（以下この章において「配偶者居住権」という。）を取得する。ただし、被相続人が相続開始の時に居住建物を配偶者以外の者と共有していた場合にあっては、この限りでない。

一　遺産の分割によって配偶者居住権を取得するものとされたとき。

二　配偶者居住権が遺贈の目的とされたとき。

2　居住建物が配偶者の財産に属することとなった場合であっても、他の者がその共有持分を有するときは、配偶者居住権は、消滅しない。

3　第九百三条第四項の規定は、配偶者居住権の遺贈について準用する。

第一〇二九条（審判による配偶者居住権の取得） 遺産の分割の請求を受けた家庭裁判所は、次に掲げる場合に限り、配偶者が配偶者居住権を取得する旨を定めることができる。

一　共同相続人間に配偶者が配偶者居住権を取得することについて合意が成立しているとき。

二　配偶者が家庭裁判所に対して配偶者居住権の取得を希望する旨を申し出た場合において、居住建物の所有者の受ける不利益の程度を考慮してもなお配偶者の生活を維持するために特に必要があると認めるとき（前号に掲げる場合を除く。）。

第一〇三〇条（配偶者居住権の存続期間） 配偶者居住権の存続期間は、配偶者の終身の間とする。ただし、遺産の分割の協議若しくは遺言に別段の定めがあるとき、又は家庭裁判所が遺産の分割の審判において別段の定めをしたときは、その定めるところによる。

第一〇三一条（配偶者居住権の登記等） 居住建物の所有者は、配偶者（配偶者居住権を取得した配偶者に限る。以下この節において同じ。）に対し、配偶者居住権の設定の登記を備えさせる義務を負う。

2　第六百五条の規定は配偶者居住権について、第六百五条の四の規定は配偶者居住権の設定の登記を備えた場合について準用する。

第一〇三二条（配偶者による使用及び収益） 配偶者は、従前の用法に従い、善良な管理者の注意をもって、居住建物の使用及び収益をしなければならない。ただし、従前居住の用に供していなかった部分について、これを居住の用に供することを妨げない。

2　配偶者居住権は、譲渡することができない。

3　配偶者は、居住建物の所有者の承諾を得なければ、居住建物の改築若しくは増築をし、又は第三者に居住建物の使用若しくは収益をさせることができない。

4　配偶者が第一項又は前項の規定に違反した場合において、居住建物の所有者が相当の期間を定めてその是正の催告をし、その期間内に是正がされないときは、当該配偶者に対する意思表示によって配偶者居住権を消滅させることができる。

第一〇三三条（居住建物の修繕等） 配偶者は、居住建物の使用及び収益に必要な修繕をすることができる。

2　居住建物の修繕が必要である場合において、配偶者が相当の期間内に必要な修繕をしないときは、居住建物の所有者は、その修繕をすることができる。

3　居住建物が修繕を要するとき（第一項の規定により配偶者が自らその修繕をするときを除く。）、又は居住建物について権利を主張する者があるときは、配偶者は、居住建物の所有者に対し、遅滞なくその旨を通知しなければならない。ただし、居住建物の所有者が既にこれを知っているときは、この限りでない。

第一〇三四条（居住建物の費用の負担） 配偶者は、居住建物の通常の必要費を負担する。

2　第五百八十三条第二項の規定は、前項の通常の必要費以外の費用について準用する。

第一〇三五条（居住建物の返還等） 配偶者は、

配偶者居住権が消滅したときは、居住建物の返還をしなければならない。ただし、配偶者が居住建物について共有持分を有する場合は、居住建物の所有者は、配偶者居住権が消滅したことを理由としては、居住建物の返還を求めることができない。

2　第五百九十九条第一項及び第二項並びに第六百二十一条の規定は、前項本文の規定により配偶者が相続の開始後に附属させた物がある居住建物又は相続の開始後に生じた損傷がある居住建物の返還をする場合について準用する。

第一〇三六条（**使用貸借及び賃貸借の規定の準用**）第五百九十七条第一項及び第三項、第六百条、第六百十三条並びに第六百十六条の二の規定は、配偶者居住権について準用する。

第二節　配偶者短期居住権

第一〇三七条（**配偶者短期居住権**）配偶者は、被相続人の財産に属した建物に相続開始の時に無償で居住していた場合には、次の各号に掲げる区分に応じてそれぞれ当該各号に定める日までの間、その居住していた建物（以下この節において「居住建物」という。）の所有権を相続又は遺贈により取得した者（以下この節において「居住建物取得者」という。）に対し、居住建物について無償で使用する権利（居住建物の一部のみを無償で使用していた場合にあっては、その部分について無償で使用する権利。以下この節において「配偶者短期居住権」という。）を有する。ただし、配偶者が、相続開始の時において居住建物に係る配偶者居住権を取得したとき、又は第八百九十一条の規定に該当し若しくは廃除によってその相続権を失ったときは、この限りでない。

一　居住建物について配偶者を含む共同相続人間で遺産の分割をすべき場合　遺産の分割により居住建物の帰属が確定した日又は相続開始の時から六箇月を経過する日のいずれか遅い日

二　前号に掲げる場合以外の場合　第三項の申入れの日から六箇月を経過する日

2　前項本文の場合においては、居住建物取得者は、第三者に対する居住建物の譲渡その他の方法により配偶者の居住建物の使用を妨げてはならない。

3　居住建物取得者は、第一項第一号に掲げる場合を除くほか、いつでも配偶者短期居住権の消滅の申入れをすることができる。

第一〇三八条（**配偶者による使用**）配偶者（配偶者短期居住権を有する配偶者に限る。以下この節において同じ。）は、従前の用法に従い、善良な管理者の注意をもって、居住建物の使用をしなければならない。

2　配偶者は、居住建物取得者の承諾を得なければ、第三者に居住建物の使用をさせることができない。

3　配偶者が前二項の規定に違反したときは、居住建物取得者は、当該配偶者に対する意思表示によって配偶者短期居住権を消滅させることができる。

第一〇三九条（**配偶者居住権の取得による配偶者短期居住権の消滅**）配偶者が居住建物に係る配偶者居住権を取得したときは、配偶者短期居住権は、消滅する。

第一〇四〇条（**居住建物の返還等**）配偶者は、前条に規定する場合を除き、配偶者短期居住権が消滅したときは、居住建物の返還をしなければならない。ただし、配偶者が居住建物について共有持分を有する場合は、居住建物取得者は、配偶者短期居住権が消滅したことを理由としては、居住建物の返還を求めることができない。

2　第五百九十九条第一項及び第二項並びに第六百二十一条の規定は、前項本文の規定により配偶者が相続の開始後に附属させた物がある居住建物又は相続の開始後に生じた損傷がある居住建物の返還をする場合について準用する。

第一〇四一条（**使用貸借等の規定の準用**）第五百九十七条第三項、第六百条、第六百十六条の二、第千三十二条第二項、第千三十三条及び第千三十四条の規定は、配偶者短期居住権について準用する。

第九章　遺留分

第一〇四二条（**遺留分の帰属及びその割合**）兄弟姉妹以外の相続人は、遺留分として、次条第一項に規定する遺留分を算定するための財産の価額に、次の各号に掲げる区分に応じてそれぞれ当該各号に定める割合を乗じた額を受ける。

一　直系尊属のみが相続人である場合　三分の一

二　前号に掲げる場合以外の場合　二分の一

2　相続人が数人ある場合には、前項各号に定める割合は、これらに第九百条及び第九百一条の規定により算定したその各自の相続分を乗じた割合とする。

第一〇四三条（遺留分を算定するための財産の価額）遺留分を算定するための財産の価額は、被相続人が相続開始の時において有した財産の価額にその贈与した財産の価額を加えた額から債務の全額を控除した額とする。

2　条件付きの権利又は存続期間の不確定な権利は、家庭裁判所が選任した鑑定人の評価に従って、その価格を定める。

第一〇四四条　贈与は、相続開始前の一年間にしたものに限り、前条の規定によりその価額を算入する。当事者双方が遺留分権利者に損害を加えることを知って贈与をしたときは、一年前の日より前にしたものについても、同様とする。

2　第九百四条の規定は、前項に規定する贈与の価額について準用する。

3　相続人に対する贈与についての第一項の規定の適用については、同項中「一年」とあるのは「十年」と、「価額」とあるのは「価額（婚姻若しくは養子縁組のため又は生計の資本として受けた贈与の価額に限る。）」とする。

第一〇四五条　負担付贈与がされた場合における第千四十三条第一項に規定する贈与した財産の価額は、その目的の価額から負担の価額を控除した額とする。

2　不相当な対価をもってした有償行為は、当事者双方が遺留分権利者に損害を加えることを知ってしたものに限り、当該対価を負担の価額とする負担付贈与とみなす。

第一〇四六条（遺留分侵害額の請求）遺留分権利者及びその承継人は、受遺者（特定財産承継遺言により財産を承継し又は相続分の指定を受けた相続人を含む。以下この章において同じ。）又は受贈者に対し、遺留分侵害額に相当する金銭の支払を請求することができる。

2　遺留分侵害額は、第千四十二条の規定による遺留分から第一号及び第二号に掲げる額を控除し、これに第三号に掲げる額を加算して算定する。

一　遺留分権利者が受けた遺贈又は第九百三条第一項に規定する贈与の価額

二　第九百条から第九百二条まで、第九百三条及び第九百四条の規定により算定した相続分に応じて遺留分権利者が取得すべき遺産の価額

三　被相続人が相続開始の時において有した債務のうち、第八百九十九条の規定により遺留分権利者が承継する債務（次条第三項において「遺留分権利者承継債務」という。）の額

第一〇四七条（受遺者又は受贈者の負担額）受遺者又は受贈者は、次の各号の定めるところに従い、遺贈（特定財産承継遺言による財産の承継又は相続分の指定による遺産の取得を含む。以下この章において同じ。）又は贈与（遺留分を算定するための財産の価額に算入されるものに限る。以下この章において同じ。）の目的の価額（受遺者又は受贈者が相続人である場合にあっては、当該価額から第千四十二条の規定による遺留分として当該相続人が受けるべき額を控除した額）を限度として、遺留分侵害額を負担する。

一　受遺者と受贈者とがあるときは、受遺者が先に負担する。

二　受遺者が複数あるとき、又は受贈者が複数ある場合においてその贈与が同時にされたものであるときは、受遺者又は受贈者がその目的の価額の割合に応じて負担する。ただし、遺言者がその遺言に別段の意思を表示したときは、その意思に従う。

三　受贈者が複数あるとき（前号に規定する場合を除く。）は、後の贈与に係る受贈者から順次前の贈与に係る受贈者が負担する。

2　第九百四条、第千四十三条第二項及び第千四十五条の規定は、前項に規定する遺贈又は贈与の目的の価額について準用する。

3　前条第一項の請求を受けた受遺者又は受贈者は、遺留分権利者承継債務について弁済その他の債務を消滅させる行為をしたときは、消滅した債務の額の限度において、遺留分権利者に対する意思表示によって第一項の規定により負担する債務を消滅させることができる。この場合において、当該行為によって遺留分権利者に対して取得した求償権は、消滅した当該債務の額の限度において消滅する。

4　受遺者又は受贈者の無資力によって生じた損失は、遺留分権利者の負担に帰する。

5　裁判所は、受遺者又は受贈者の請求により、第一項の規定により負担する債務の全部又は一部の支払につき相当の期限を許与することができる。

第一〇四八条（遺留分侵害額請求権の期間の制

限）遺留分侵害額の請求権は、遺留分権利者が、相続の開始及び遺留分を侵害する贈与又は遺贈があったことを知った時から一年間行使しないときは、時効によって消滅する。相続開始の時から十年を経過したときも、同様とする。

第一〇四九条（**遺留分の放棄**）相続の開始前における遺留分の放棄は、家庭裁判所の許可を受けたときに限り、その効力を生ずる。

2　共同相続人の一人のした遺留分の放棄は、他の各共同相続人の遺留分に影響を及ぼさない。

第十章　特別の寄与

第一〇五〇条　被相続人に対して無償で療養看護その他の労務の提供をしたことにより被相続人の財産の維持又は増加について特別の寄与をした被相続人の親族（相続人、相続の放棄をした者及び第八百九十一条の規定に該当し又は廃除によってその相続権を失った者を除く。以下この条において「特別寄与者」という。）は、相続の開始後、相続人に対し、特別寄与者の寄与に応じた額の金銭（以下この条において「特別寄与料」という。）の支払を請求することができる。

2　前項の規定による特別寄与料の支払について、当事者間に協議が調わないとき、又は協議をすることができないときは、特別寄与者は、家庭裁判所に対して協議に代わる処分を請求することができる。ただし、特別寄与者が相続の開始及び相続人を知った時から六箇月を経過したとき、又は相続開始の時から一年を経過したときは、この限りでない。

3　前項本文の場合には、家庭裁判所は、寄与の時期、方法及び程度、相続財産の額その他一切の事情を考慮して、特別寄与料の額を定める。

4　特別寄与料の額は、被相続人が相続開始の時において有した財産の価額から遺贈の価額を控除した残額を超えることができない。

5　相続人が数人ある場合には、各相続人は、特別寄与料の額に第九百条から第九百二条までの規定により算定した当該相続人の相続分を乗じた額を負担する。

附　則〔略〕

◉年齢計算に関する法律

［明治三五・一二・二　法律五〇］

この法律の原文は片かなです。

① 年齢は出生の日より之を起算す
② 民法第百四十三条の規定は年齢の計算に之を準用す
③ 明治六年第三十六号布告は之を廃止す

○一般社団法人及び一般財団法人に関する法律〔抄〕

［平成一八・六・二　法律四八］

最終改正　令和五・六法五三

第一章　総則

第一節　通則

第一条（趣旨）　一般社団法人及び一般財団法人の設立、組織、運営及び管理については、他の法律に特別の定めがある場合を除くほか、この法律の定めるところによる。

第二章　一般社団法人

第三節　機関

第四款　理事

第七八条（代表者の行為についての損害賠償責任）　一般社団法人は、代表理事その他の代表者がその職務を行うについて第三者に加えた損害を賠償する責任を負う。

○不動産登記法〔抄〕

［平成一六・六・一八　法律一二三］

最終改正　令和五・六法六三

第一章　総則

第一条（目的）　この法律は、不動産の表示及び不動産に関する権利を公示するための登記に関する制度について定めることにより、国民の権利の保全を図り、もって取引の安全と円滑に資することを目的とする。

第二条（定義）　この法律において、次の各号に掲げる用語の意義は、それぞれ当該各号に定めるところによる。

一　不動産　土地又は建物をいう。〔二号以下略〕

○遺失物法〔抄〕

〔平成一八・六・一五 法律七三〕

最終改正　令和四・六法六八

第一章　総則

第一条（**趣旨**）この法律は、遺失物、埋蔵物その他の占有を離れた物の拾得及び返還に係る手続その他その取扱いに関し必要な事項を定めるものとする。

第二条（**定義**）この法律において「物件」とは、遺失物及び埋蔵物並びに準遺失物（誤って占有した他人の物、他人の置き去った物及び逸走した家畜をいう。次条において同じ。）をいう。〔2項以下略〕

第二章　拾得者の義務及び警察署長等の措置

第一節　拾得者の義務

第四条　拾得者は、速やかに、拾得をした物件を遺失者に返還し、又は警察署長に提出しなければならない。ただし、法令の規定によりその所持が禁止されている物に該当する物件及び犯罪の犯人が占有していたと認められる物件は、速やかに、これを警察署長に提出しなければならない。

2　施設において物件（埋蔵物を除く。第三節において同じ。）の拾得をした拾得者（当該施設の施設占有者を除く。）は、前項の規定にかかわらず、速やかに、当該物件を当該施設の施設占有者に交付しなければならない。〔3項略〕

第二節　警察署長等の措置

第五条（**書面の交付**）警察署長は、前条第一項の規定による提出（以下この節において単に「提出」という。）を受けたときは、国家公安委員会規則で定めるところにより、拾得者に対し、提出を受けたことを証する書面を交付するものとする。

第六条（**遺失者への返還**）警察署長は、提出を受けた物件を遺失者に返還するものとする。

第七条（**公告等**）警察署長は、提出を受けた物件の遺失者を知ることができず、又はその所在を知ることができないときは、次に掲げる事項を公告しなければならない。

一　物件の種類及び特徴

二　物件の拾得の日時及び場所

2　前項の規定による公告（以下この節において単に「公告」という。）は、同項各号に掲げる事項を当該警察署の掲示場に掲示してする。

3　警察署長は、第一項各号に掲げる事項を記載した書面を当該警察署に備え付け、かつ、これをいつでも関係者に自由に閲覧させることにより、前項の規定による掲示に代えることができる。

4　警察署長は、公告をした後においても、物件の遺失者が判明した場合を除き、公告の日から三箇月間（埋蔵物にあっては、六箇月間）は、前二項に定める措置を継続しなければならない。

5　警察署長は、提出を受けた物件が公告をする前に刑事訴訟法（昭和二十三年法律第百三十一号）の規定により押収されたときは、第一項の規定にかかわらず、公告をしないことができる。この場合において、警察署長は、当該物件の還付を受けたときは、公告をしなければならない。

第三節　施設における拾得の場合の特則

第一三条（**施設占有者の義務等**）第四条第二項の規定による交付を受けた施設占有者は、速やかに、当該交付を受けた物件を遺失者に返還し、又は警察署長に提出しなければならない。ただし、法令の規定によりその所持が禁止されている物に該当する物件及び犯罪の犯人が占有していたと認められる物件は、速やかに、これを警察署長に提出しなければならない。〔2項略〕

第三章　費用及び報労金

第二八条（**報労金**）物件（誤って占有した他人の物を除く。）の返還を受ける遺失者は、当該物件の価格（第九条第一項若しくは第二項又は第二十条第一項若しくは第二項の規定により売却された物件にあっては、当該売却による代金の額）の百分の五以上百分の二十以下に相当する額の報労金を拾得者に支払わなければならない。〔2項以下略〕

○建物の区分所有等に関する法律〔抄〕

〔昭和三七・四・四
法律六九〕

最終改正　令和三・五法三七

第一章　建物の区分所有

第一節　総則

第一条（**建物の区分所有**）一棟の建物に構造上区分された数個の部分で独立して住居、店舗、事務所又は倉庫その他建物としての用途に供することができるものがあるときは、その各部分は、この法律の定めるところにより、それぞれ所有権の目的とすることができる。

○仮登記担保契約に関する法律〔抄〕

〔昭和五三・六・二〇
法律七八〕

最終改正　平成一六・一二法一五二

第一条（**趣旨**）この法律は、金銭債務を担保するため、その不履行があるときは債権者に債務者又は第三者に属する所有権その他の権利の移転等をすることを目的としてされた代物弁済の予約、停止条件付代物弁済契約その他の契約で、その契約による権利について仮登記又は仮登録のできるもの（以下「仮登記担保契約」という。）の効力等に関し、特別の定めをするものとする。

第三条（**清算金**）債権者は、清算期間が経過した時の土地等の価額がその時の債権等の額を超えるときは、その超える額に相当する金銭（以下「清算金」という。）を債務者等に支払わなければならない。〔2項以下略〕

○電子記録債権法〔抄〕

〔平成一九・六・二七
法律一〇二〕

最終改正　令和五・六法五三

第一章　総則

第一条（**趣旨**）この法律は、電子記録債権の発生、譲渡等について定めるとともに、電子記録債権に係る電子記録を行う電子債権記録機関の業務、監督等について必要な事項を定めるものとする。

第二章　電子記録債権の発生、譲渡等

第一節　通則

第一款　電子記録

第三条（**電子記録の方法**）電子記録は、電子債権記録機関が記録原簿に記録事項を記録することによって行う。

第五条（**請求の当事者**）電子記録の請求は、法令に別段の定めがある場合を除き、電子記録権利者及び電子記録義務者（これらの者について相続その他の一般承継があったときは、その相続人その他の一般承継人。第三項において同じ。）双方がしなければならない。〔2項以下略〕

第六条（**請求の方法**）電子記録の請求は、請求者の氏名又は名称及び住所その他の電子記録の請求に必要な情報として政令で定めるものを電子債権記録機関に提供してしなければならない。

第七条（**電子債権記録機関による電子記録**）電子債権記録機関は、この法律又はこの法律に基づく命令の規定による電子記録の請求があったときは、遅滞なく、当該請求に係る電子記録をしなければならない。［2項略］

第二節 発生

第一五条（**電子記録債権の発生**）電子記録債権（保証記録に係るもの及び電子記録保証をした者（以下「電子記録保証人」という。）が第三十五条第一項（同条第二項及び第三項において準用する場合を含む。）の規定により取得する電子記録債権（以下「特別求償権」という。）を除く。次条において同じ。）は、発生記録をすることによって生ずる。

第三節 譲渡

第一七条（**電子記録債権の譲渡**）電子記録債権の譲渡は、譲渡記録をしなければ、その効力を生じない。

第一八条（**譲渡記録**）譲渡記録においては、次に掲げる事項を記録しなければならない。

一 電子記録債権の譲渡をする旨

二 譲渡人が電子記録義務者の相続人であるときは、譲渡人の氏名及び住所

三 譲受人の氏名又は名称及び住所

四 電子記録の年月日［2項以下略］

第四章 雑則

第九一条（**主務大臣及び主務省令**）この法律において、主務大臣は法務大臣及び内閣総理大臣とし、主務省令は法務省令・内閣府令とする。

第九二条（**権限の委任**）内閣総理大臣は、この法律の規定による権限（政令で定めるものを除く。）を金融庁長官に委任する。［2項略］

○利息制限法〔抄〕

［昭和二九・五・一五 法律一〇〇］

最終改正 平成一九・五法五八

第一章 利息等の制限

第一条（**利息の制限**）金銭を目的とする消費貸借における利息の契約は、その利息が次の各号に掲げる場合に応じ当該各号に定める利率により計算した金額を超えるときは、その超過部分について、無効とする。

一 元本の額が十万円未満の場合 年二割

二 元本の額が十万円以上百万円未満の場合 年一割八分

三 元本の額が百万円以上の場合 年一割五分

○供託法〔抄〕

〔明治三二・二・八 法律一五〕

この法律の原文は片かなです。

最終改正　平成二六・六法六九

第一条〔**供託物の保管**〕法令の規定に依りて供託する金銭及び有価証券は法務局若は地方法務局若は此等の支局又は法務大臣の指定する此等の出張所か供託所として之を保管す

○借地借家法〔抄〕

〔平成三・一〇・四 法律九〇〕

最終改正　令和四・五法四八

〈注〉 **令和五年六月一四日法律第五三号の改正は、施行までに期間がありますので、改正を加えてありません。**

第一章　総則

第一条（**趣旨**）この法律は、建物の所有を目的とする地上権及び土地の賃借権の存続期間、効力等並びに建物の賃貸借の契約の更新、効力等に関し特別の定めをするとともに、借地条件の変更等の裁判手続に関し必要な事項を定めるものとする。

第二条（**定義**）この法律において、次の各号に掲げる用語の意義は、当該各号に定めるところによる。

一　借地権　建物の所有を目的とする地上権又は土地の賃借権をいう。

二　借地権者　借地権を有する者をいう。

三　借地権設定者　借地権者に対して借地権を設定している者をいう。

四　転借地権　建物の所有を目的とする土地の賃借権で借地権者が設定しているものをいう。

五　転借地権者　転借地権を有する者をいう。

第二章　借地

第一節　借地権の存続期間等

第三条（**借地権の存続期間**）借地権の存続期間は、三十年とする。ただし、契約でこれより長い期間を定めたときは、その期間とする。

第四条（**借地権の更新後の期間**）当事者が借地契約を更新する場合においては、その期間は、更新の日から十年（借地権の設定後の最初の更新にあっては、二十年）とする。ただし、当事者がこれより長い期間を定めたときは、その期間とする。

第五条（**借地契約の更新請求等**）借地権の存続期間が満了する場合において、借地権者が契約の更新を請求したときは、建物がある場合に限り、前条の規定によるもののほか、従前の契約と同一の条件で契約を更新したものとみなす。ただし、借地権設定者が遅滞なく異議を述べたときは、この限りでない。

2　借地権の存続期間が満了した後、借地権者が土地の使用を継続するときも、建物がある場合に限り、前項と同様とする。

3　転借地権が設定されている場合においては、転借地権者がする土地の使用の継続を借地権者がする土地の使用の継続とみなして、借地権者と借地権設定者との間について前項の規定を適用する。

第六条（**借地契約の更新拒絶の要件**）前条の異議は、借地権設定者及び借地権者が土地の使用を必要とする事情のほか、借地に関する従前の経過及び土地の利用状況並びに借地権設定者が土地の明渡しの条件として又は土地の明渡しと引換えに借地権者に対して財産上の給付をする旨の申出をした場合におけるその申出を考慮して、正当の事由があると認められる場合でなければ、述べることができない。

第七条（建物の再築による借地権の期間の延長） 借地権の存続期間が満了する前に建物の滅失があった場合において、借地権者が残存期間を超えて存続すべき建物を築造したときは、その建物を築造するにつき借地権設定者の承諾がある場合に限り、借地権は、承諾があった日又は建物が築造された日のいずれか早い日から二十年間存続する。ただし、残存期間がこれより長いとき、又は当事者がこれより長い期間を定めたときは、その期間による。

〔2項以下略〕

第八条（借地契約の更新後の建物の滅失による解約等） 契約の更新の後に建物の滅失があった場合においては、借地権者は、地上権の放棄又は土地の賃貸借の解約の申入れをすることができる。

2 前項に規定する場合において、借地権者が借地権設定者の承諾を得ないで残存期間を超えて存続すべき建物を築造したときは、借地権設定者は、地上権の消滅の請求又は土地の賃貸借の解約の申入れをすることができる。

〔3項以下略〕

第二節 借地権の効力

第一〇条（借地権の対抗力） 借地権は、その登記がなくても、土地の上に借地権者が登記されている建物を所有するときは、これをもって第三者に対抗することができる。

2 前項の場合において、建物の滅失があっても、借地権者が、その建物を特定するために必要な事項、その滅失があった日及び建物を新たに築造する旨を土地の上の見やすい場所に掲示するときは、借地権は、なお同項の効力を有する。ただし、建物の滅失があった日から二年を経過した後にあっては、その前に建物を新たに築造し、かつ、その建物につき登記した場合に限る。

第一一条（地代等増減請求権） 地代又は土地の借賃が、土地に対する租税その他の公課の増減により、土地の価格の上昇若しくは低下その他の経済事情の変動により、又は近傍類似の土地の地代等に比較して不相当となったときは、契約の条件にかかわらず、当事者は、将来に向かって地代等の額の増減を請求することができる。ただし、一定の期間地代等を増額しない旨の特約がある場合には、その定めに従う。〔2項以下略〕

第一三条（建物買取請求権） 借地権の存続期間が満了した場合において、契約の更新がないときは、借地権者は、借地権設定者に対し、建物その他借地権者が権原により土地に附属させた物を時価で買い取るべきことを請求することができる。〔2項以下略〕

第一四条（第三者の建物買取請求権） 第三者が賃借権の目的である土地の上の建物その他借地権者が権原によって土地に附属させた物を取得した場合において、借地権設定者が賃借権の譲渡又は転貸を承諾しないときは、その第三者は、借地権設定者に対し、建物その他借地権者が権原によって土地に附属させた物を時価で買い取るべきことを請求することができる。

第三節 借地条件の変更等

第一九条（土地の賃借権の譲渡又は転貸の許可） 借地権者が賃借権の目的である土地の上の建物を第三者に譲渡しようとする場合において、その第三者が賃借権を取得し、又は転借をしても借地権設定者に不利となるおそれがないにもかかわらず、借地権設定者がその賃借権の譲渡又は転貸を承諾しないときは、裁判所は、借地権者の申立てにより、借地権設定者の承諾に代わる許可を与えることができる。この場合において、当事者間の利益の衡平を図るため必要があるときは、賃借権の譲渡若しくは転貸を条件とする借地条件の変更を命じ、又はその許可を財産上の給付に係らしめることができる。

2 裁判所は、前項の裁判をするには、賃借権の残存期間、借地に関する従前の経過、賃借権の譲渡又は転貸を必要とする事情その他一切の事情を考慮しなければならない。

3 第一項の申立てがあった場合において、裁判所が定める期間内に借地権設定者が自ら建物の譲渡及び賃借権の譲渡又は転貸を受ける旨の申立てをしたときは、裁判所は、同項の規定にかかわらず、相当の対価及び転貸の条件を定めて、これを命ずることができる。この裁判においては、当事者双方に対し、その義務を同時に履行すべきことを命ずることができる。

4　前項の申立ては、第一項の申立てが取り下げられたとき、又は不適法として却下されたときは、その効力を失う。

5　第三項の裁判があった後は、第一項又は第三項の申立ては、当事者の合意がある場合でなければ取り下げることができない。

6　裁判所は、特に必要がないと認める場合を除き、第一項又は第三項の裁判をする前に鑑定委員会の意見を聴かなければならない。

7　前各項の規定は、転借地権が設定されている場合における転借地権者と借地権設定者との間について準用する。ただし、借地権設定者が第三項の申立てをするには、借地権者の承諾を得なければならない。

第四節　定期借地権等

第二十二条（**定期借地権**）存続期間を五十年以上として借地権を設定する場合においては、第九条及び第十六条の規定にかかわらず、契約の更新及び建物の築造による存続期間の延長がなく、並びに第十三条の規定による買取りの請求をしないこととする旨を定めることができる。この場合においては、その特約は、公正証書による等書面によってしなければならない。〔2項略〕

第二十三条（**事業用定期借地権等**）専ら事業の用に供する建物の所有を目的とし、かつ、存続期間を三十年以上五十年未満として借地権を設定する場合においては、第九条及び第十六条の規定にかかわらず、契約の更新及び建物の築造による存続期間の延長がなく、並びに第十三条の規定による買取りの請求をしないこととする旨を定めることができる。

2　専ら事業の用に供する建物の所有を目的とし、かつ、存続期間を十年以上三十年未満として借地権を設定する場合には、第三条から第八条まで、第十三条及び第十八条の規定は、適用しない。

3　前二項に規定する借地権の設定を目的とする契約は、公正証書によってしなければならない。

第二十四条（**建物譲渡特約付借地権**）借地権を設定する場合においては、第九条の規定にかかわらず、借地権を消滅させるため、その設定後三十年以上を経過した日に借地権の目的である土地の上の建物を借地権設定者に相当の対価で譲渡する旨を定めることができる。〔2項以下略〕

第三章　借家

第一節　建物賃貸借契約の更新等

第二十六条（**建物賃貸借契約の更新等**）建物の賃貸借について期間の定めがある場合において、当事者が期間の満了の一年前から六月前までの間に相手方に対して更新をしない旨の通知又は条件を変更しなければ更新をしない旨の通知をしなかったときは、従前の契約と同一の条件で契約を更新したものとみなす。ただし、その期間は、定めがないものとする。

2　前項の通知をした場合であっても、建物の賃貸借の期間が満了した後建物の賃借人が使用を継続する場合において、建物の賃貸人が遅滞なく異議を述べなかったときも、同項と同様とする。〔3項略〕

第二十七条（**解約による建物賃貸借の終了**）建物の賃貸人が賃貸借の解約の申入れをした場合においては、建物の賃貸借は、解約の申入れの日から六月を経過することによって終了する。

2　前条第二項及び第三項の規定は、建物の賃貸借が解約の申入れによって終了した場合に準用する。

第二十八条（**建物賃貸借契約の更新拒絶等の要件**）建物の賃貸人による第二十六条第一項の通知又は建物の賃貸借の解約の申入れは、建物の賃貸人及び賃借人が建物の使用を必要とする事情のほか、建物の賃貸借に関する従前の経過、建物の利用状況及び建物の現況並びに建物の賃貸人が建物の明渡しの条件として又は建物の明渡しと引換えに建物の賃借人に対して財産上の給付をする旨の申出をした場合におけるその申出を考慮して、正当の事由があると認められる場合でなければ、することができない。

第二十九条（**建物賃貸借の期間**）期間を一年未満とする建物の賃貸借は、期間の定めがない建物の賃貸借とみなす。

2　民法（明治二十九年法律第八十九号）第六百四条の規定は、建物の賃貸借については、適用しない。

第二節　建物賃貸借の効力

第三十一条（**建物賃貸借の対抗力**）建物の賃貸借

は、その登記がなくても、建物の引渡しがあったときは、その後その建物について物権を取得した者に対し、その効力を生ずる。

第三二条（借賃増減請求権） 建物の借賃が、土地若しくは建物に対する租税その他の負担の増減により、土地若しくは建物の価格の上昇若しくは低下その他の経済事情の変動により、又は近傍同種の建物の借賃に比較して不相当となったときは、契約の条件にかかわらず、当事者は、将来に向かって建物の借賃の額の増減を請求することができる。ただし、一定の期間建物の借賃を増額しない旨の特約がある場合には、その定めに従う。［2項以下略］

第三三条（造作買取請求権） 建物の賃貸人の同意を得て建物に付加した畳、建具その他の造作がある場合には、建物の賃借人は、建物の賃貸借が期間の満了又は解約の申入れによって終了するときに、建物の賃貸人に対し、その造作を時価で買い取るべきことを請求することができる。建物の賃貸人から買い受けた造作についても、同様とする。

2　前項の規定は、建物の賃貸借が期間の満了又は解約の申入れによって終了する場合における建物の転借人と賃貸人との間について準用する。

第三七条（強行規定） 第三十一条、第三十四条及び第三十五条の規定に反する特約で建物の賃借人又は転借人に不利なものは、無効とする。

第三節　定期建物賃貸借等

第三八条（定期建物賃貸借） 期間の定めがある建物の賃貸借をする場合においては、公正証書による等書面によって契約をするときに限り、第三十条の規定にかかわらず、契約の更新がないこととする旨を定めることができる。この場合には、第二十九条第一項の規定を適用しない。［2項略］

3　第一項の規定による建物の賃貸借をしようとするときは、建物の賃貸人は、あらかじめ、建物の賃借人に対し、同項の規定による建物の賃貸借は契約の更新がなく、期間の満了により当該建物の賃貸借は終了することについて、その旨を記載した書面を交付して説明しなければならない。［4項略］

5　建物の賃貸人が第三項の規定による説明をしなかったときは、契約の更新がないこととする旨の定めは、無効とする。

6　第一項の規定による建物の賃貸借において、期間が一年以上である場合には、建物の賃貸人は、期間の満了の一年前から六月前までの間に建物の賃借人に対し期間の満了により建物の賃貸借が終了する旨の通知をしなければ、その終了を建物の賃借人に対抗することができない。ただし、建物の賃貸人が通知期間の経過後建物の賃借人に対しその旨の通知をした場合においては、その通知の日から六月を経過した後は、この限りでない。

7　第一項の規定による居住の用に供する建物の賃貸借において、転勤、療養、親族の介護その他のやむを得ない事情により、建物の賃借人が建物を自己の生活の本拠として使用することが困難となったときは、建物の賃借人は、建物の賃貸借の解約の申入れをすることができる。この場合においては、建物の賃貸借は、解約の申入れの日から一月を経過することによって終了する。［8項以下略］

⦿失火の責任に関する法律

〔明治三二・三・八
法律四〇〕

この法律の原文は片かなです。

民法第七百九条の規定は失火の場合には之を適用せず　但し失火者に重大なる過失ありたるときは此の限に在らず

⦿製造物責任法

〔平成六・七・一
法律八五〕

最終改正　平成二九・六法四五

第一条（**目的**）この法律は、製造物の欠陥により人の生命、身体又は財産に係る被害が生じた場合における製造業者等の損害賠償の責任について定めることにより、被害者の保護を図り、もって国民生活の安定向上と国民経済の健全な発展に寄与することを目的とする。

第二条（**定義**）この法律において「製造物」とは、製造又は加工された動産をいう。

2　この法律において「欠陥」とは、当該製造物の特性、その通常予見される使用形態、その製造業者等が当該製造物を引き渡した時期その他の当該製造物に係る事情を考慮して、当該製造物が通常有すべき安全性を欠いていることをいう。

3　この法律において「製造業者等」とは、次のいずれかに該当する者をいう。

一　当該製造物を業として製造、加工又は輸入した者（以下単に「製造業者」という。）

二　自ら当該製造物の製造業者として当該製造物にその氏名、商号、商標その他の表示（以下「氏名等の表示」という。）をした者又は当該製造物にその製造業者と誤認させるような氏名等の表示をした者

三　前号に掲げる者のほか、当該製造物の製造、加工、輸入又は販売に係る形態その他の事情からみて、当該製造物にその実質的な製造業者と認めることができる氏名等の表示をした者

第三条（**製造物責任**）製造業者等は、その製造、加工、輸入又は前条第三項第二号若しくは第三号の氏名等の表示をした製造物であって、その引き渡したものの欠陥により他人の生命、身体又は財産を侵害したときは、これによって生じた損害を賠償する責めに任ずる。ただし、その損害が当該製造物についてのみ生じたときは、この限りでない。

第四条（**免責事由**）前条の場合において、製造業者等は、次の各号に掲げる事項を証明したときは、同条に規定する賠償の責めに任じない。

一　当該製造物をその製造業者等が引き渡した時における科学又は技術に関する知見によっては、当該製造物にその欠陥があることを認識することができなかったこと。

二　当該製造物が他の製造物の部品又は原材料として使用された場合において、その欠陥が専ら当該他の製造物の製造業者が行った設計に関する指示に従ったことにより生じ、かつ、その欠陥が生じたことにつき過失がないこと。

第五条（**消滅時効**）第三条に規定する損害賠償の請求権は、次に掲げる場合には、時効によって消滅する。

一　被害者又はその法定代理人が損害及び賠償義務者を知った時から三年間行使しないとき。

二　その製造業者等が当該製造物を引き渡した時から十年を経過したとき。

2　人の生命又は身体を侵害した場合における損害賠償の請求権の消滅時効についての前項第一号の規定の適用については、同号中「三年間」とあるのは、「五年間」とする。

3　第一項第二号の期間は、身体に蓄積した場合に人の健康を害することとなる物質による損害又は一定の潜伏期間が経過した後に症状が現れる損害については、その損害が生じた時から起算する。

第六条（民法の適用） 製造物の欠陥による製造業者等の損害賠償の責任については、この法律の規定によるほか、民法（明治二十九年法律第八十九号）の規定による。

附　則〔略〕

○自動車損害賠償保障法〔抄〕

〔昭和三〇・七・二九　法律九七〕

最終改正　令和五・六法六三

第一章　総則

第一条（この法律の目的） この法律は、自動車の運行によつて人の生命又は身体が害された場合における損害賠償を保障する制度を確立するとともに、これを補完する措置を講ずることにより、被害者の保護を図り、あわせて自動車運送の健全な発達に資することを目的とする。

第二章　自動車損害賠償責任

第三条（自動車損害賠償責任） 自己のために自動車を運行の用に供する者は、その運行によつて他人の生命又は身体を害したときは、これによつて生じた損害を賠償する責に任ずる。ただし、自己及び運転者が自動車の運行に関し注意を怠らなかつたこと、被害者又は運転者以外の第三者に故意又は過失があつたこと並びに自動車に構造上の欠陥又は機能の障害がなかつたことを証明したときは、この限りでない。

○戸籍法〔抄〕

〔昭和二二・一二・二二　法律二二四〕

最終改正　令和五・六法五八

〈注〉令和五年六月九日法律第四八号の改正は、施行までに期間がありますので、改正を加えてありません。

第一章　総則

第一条〔戸籍事務の管掌〕 戸籍に関する事務は、この法律に別段の定めがあるものを除き、市町村長がこれを管掌する。

②　前項の規定により市町村長が処理することとされている事務は、地方自治法（昭和二十二年法律第六十七号）第二条第九項第一号に規定する第一号法定受託事務とする。

第二章　戸籍簿

第六条〔戸籍の編製の基準〕 戸籍は、市町村の区域内に本籍を定める一の夫婦及びこれと氏を同じくする子ごとに、これを編製する。ただし、日本人でない者と婚姻をした者又は配偶者がない者について新たに戸籍を編製するときは、その者及びこれと氏を同じくする子ごとに、これを編製する。

第九条〔戸籍の表示〕 戸籍は、その筆頭に記載した者の氏名及び本籍でこれを表示する。その者が戸籍から除かれた後も、同様である。

第一〇条〔謄本・抄本の交付等〕 戸籍に記載されている者〔中略〕又はその配偶者、直系尊属若しくは直系卑属は、その戸籍の謄本若しくは抄本又は戸籍に記載した事項に関する証明書〔中略〕の交付の請求をすることができる。

② 市町村長は、前項の請求が不当な目的によることが明らかなときは、これを拒むことができる。

③ 第一項の請求をしようとする者は、郵便その他の法務省令で定める方法により、戸籍謄本等の送付を求めることができる。

第一〇条の二 前条第一項に規定する者以外の者は、次の各号に掲げる場合に限り、戸籍謄本等の交付の請求をすることができる。この場合において、当該請求をする者は、それぞれ当該各号に定める事項を明らかにしてこれをしなければならない。

一 自己の権利を行使し、又は自己の義務を履行するために戸籍の記載事項を確認する必要がある場合　権利又は義務の発生原因及び内容並びに当該権利を行使し、又は当該義務を履行するために戸籍の記載事項の確認を必要とする理由

二 国又は地方公共団体の機関に提出する必要がある場合〔以下略〕

三 前二号に掲げる場合のほか、戸籍の記載事項を利用する正当な理由がある場合〔以下略〕

② 前項の規定にかかわらず、国又は地方公共団体の機関は、法令の定める事務を遂行するために必要がある場合には、戸籍謄本等の交付の請求をすることができる。〔以下略〕

③ 第一項の規定にかかわらず、弁護士〔中略〕、司法書士〔中略〕、土地家屋調査士〔中略〕、税理士〔中略〕、社会保険労務士〔中略〕、弁理士〔中略〕、海事代理士又は行政書士〔中略〕は、受任している事件又は事務に関する業務を遂行するために必要がある場合には、戸籍謄本等の交付の請求をすることができる。〔以下略〕

第三章　戸籍の記載

第一三条〔戸籍の記載事項〕 戸籍には、本籍の外、戸籍内の各人について、左の事項を記載しなければならない。

一 氏名

二 出生の年月日

三 戸籍に入つた原因及び年月日

四 実父母の氏名及び実父母との続柄

五 養子であるときは、養親の氏名及び養親との続柄

六 夫婦については、夫又は妻である旨

七 他の戸籍から入つた者については、その戸籍の表示

八 その他法務省令で定める事項

第一六条〔婚姻による戸籍の編製〕 婚姻の届出があつたときは、夫婦について新戸籍を編製する。但し、夫婦が、夫の氏を称する場合に夫、妻の氏を称する場合に妻が戸籍の筆頭に記載した者であるときは、この限りでない。

② 前項但書の場合には、夫の氏を称する妻は、夫の戸籍に入り、妻の氏を称する夫は、妻の戸籍に入る。

③ 日本人と外国人との婚姻の届出があつたときは、その日本人について新戸籍を編製する。

ただし、その者が戸籍の筆頭に記載した者であるときは、この限りでない。

第一七条〔子ができたとき〕 戸籍の筆頭に記載した者及びその配偶者以外の者がこれと同一の氏を称する子又は養子を有するに至つたときは、その者について新戸籍を編製する。

第一八条〔子、養子の籍〕 父母の氏を称する子は、父母の戸籍に入る。

② 前項の場合を除く外、父の氏を称する子は、父の戸籍に入り、母の氏を称する子は、母の戸籍に入る。

③ 養子は、養親の戸籍に入る。

第二一条〔分籍〕 成年に達した者は、分籍をすることができる。但し、戸籍の筆頭に記載した者及びその配偶者は、この限りでない。

② 分籍の届出があつたときは、新戸籍を編製する。

第四章　届出

第二節　出生

第四九条〔届出期間、届出事項、出生証明書の添附〕 出生の届出は、十四日以内（国外で出生があつたときは、三箇月以内）にこれをしなければならない。

② 届書には、次の事項を記載しなければならない。

一 子の男女の別及び嫡出子又は嫡出でない子の別

二 出生の年月日時分及び場所

三 父母の氏名及び本籍、父又は母が外国人であるときは、その氏名及び国籍

四　その他法務省令で定める事項

③　医師、助産師又はその他の者が出産に立ち会つた場合には、医師、助産師、その他の者の順序に従つてそのうちの一人が法務省令・厚生労働省令の定めるところによつて作成する出生証明書を届書に添付しなければならない。ただし、やむを得ない事由があるときは、この限りでない。

第五〇条〔**子の名**〕子の名には、常用平易な文字を用いなければならない。

②　常用平易な文字の範囲は、法務省令でこれを定める。

第五二条〔**届出義務者**〕嫡出子出生の届出は、父又は母がこれをし、子の出生前に父母が離婚をした場合には、母がこれをしなければならない。

②　嫡出でない子の出生の届出は、母がこれをしなければならない。

③　前二項の規定によつて届出をすべき者が届出をすることができない場合には、左の者は、その順序に従つて、届出をしなければならない。

第一　同居者

第二　出産に立ち会つた医師、助産師又はその他の者

④　第一項又は第二項の規定によつて届出をすべき者が届出をすることができない場合には、その者以外の法定代理人も、届出をすることができる。

第九節　死亡及び失踪

第八六条〔**届出期間、届出事項、診断書又は検案書の添付**〕死亡の届出は、届出義務者が、死亡の事実を知つた日から七日以内（国外で死亡があつたときは、その事実を知つた日から三箇月以内）に、これをしなければならない。

②　届書には、次の事項を記載し、診断書又は検案書を添付しなければならない。

一　死亡の年月日時分及び場所

二　その他法務省令で定める事項

③　やむを得ない事由によつて診断書又は検案書を得ることができないときは、死亡の事実を証すべき書面を以てこれに代えることができる。この場合には、届書に診断書又は検案書を得ることができない事由を記載しなければならない。

第八七条〔**届出義務者**〕次の者は、その順序に従つて、死亡の届出をしなければならない。ただし、順序にかかわらず届出をすることができる。

第一　同居の親族

第二　その他の同居者

第三　家主、地主又は家屋若しくは土地の管理人

②　死亡の届出は、同居の親族以外の親族、後見人、保佐人、補助人、任意後見人及び任意後見受任者も、これをすることができる。

第八九条〔**事変による死亡の報告**〕水難、火災その他の事変によつて死亡した者がある場合には、その取調をした官庁又は公署は、死亡地の市町村長に死亡の報告をしなければならない。但し、外国又は法務省令で定める地域で死亡があつたときは、死亡者の本籍地の市町村長に死亡の報告をしなければならない。

○任意後見契約に関する法律〔抄〕

〔平成一一・一二・八　法律一五〇〕

最終改正　平成二三・五法五三

第一条（**趣旨**）この法律は、任意後見契約の方式、効力等に関し特別の定めをするとともに、任意後見人に対する監督に関し必要な事項を定めるものとする。

第二条（**定義**）この法律において、次の各号に掲げる用語の意義は、当該各号の定めるところによる。

一　任意後見契約　委任者が、受任者に対し、精神上の障害により事理を弁識する能力が不十分な状況における自己の生活、療養看護及び財産の管理に関する事務の全部又は一部を委託し、その委託に係る事務について代理権を付与する委任契約であって、第四条第一項の規定により任意後見監督人が選任された時からその効力を生ずる旨の定めのあるものをいう。

二　本人　任意後見契約の委任者をいう。

三　任意後見受任者　第四条第一項の規定により任意後見監督人が選任される前における任意後見契約の受任者をいう。

四　任意後見人　第四条第一項の規定により

任意後見監督人が選任された後における任意後見契約の受任者をいう。

第三条（任意後見契約の方式）任意後見契約は、法務省令で定める様式の公正証書によってしなければならない。

第四条（任意後見監督人の選任）任意後見契約が登記されている場合において、精神上の障害により本人の事理を弁識する能力が不十分な状況にあるときは、家庭裁判所は、本人、配偶者、四親等内の親族又は任意後見受任者の請求により、任意後見監督人を選任する。ただし、次に掲げる場合は、この限りでない。

一　本人が未成年者であるとき。

二　本人が成年被後見人、被保佐人又は被補助人である場合において、当該本人に係る後見、保佐又は補助を継続することが本人の利益のため特に必要であると認めるとき。

三　任意後見受任者が次に掲げる者であるとき。

イ　民法（明治二十九年法律第八十九号）第八百四十七条各号（第四号を除く。）に掲げる者

ロ　本人に対して訴訟をし、又はした者及びその配偶者並びに直系血族

ハ　不正な行為、著しい不行跡その他任意後見人の任務に適しない事由がある者

2　前項の規定により任意後見監督人を選任する場合において、本人が成年被後見人、被保佐人又は被補助人であるときは、家庭裁判所は、当該本人に係る後見開始の審判（以下「後見開始、保佐開始又は補助開始の審判等」と総称する。）を取り消さなければならない。

3　第一項の規定により本人以外の者の請求により任意後見監督人を選任するには、あらかじめ本人の同意がなければならない。ただし、本人がその意思を表示することができないときは、この限りでない。

4　任意後見監督人が欠けた場合には、家庭裁判所は、本人、その親族若しくは任意後見人の請求により、又は職権で、任意後見監督人を選任する。

5　任意後見監督人が選任されている場合においても、家庭裁判所は、必要があると認めるときは、前項に掲げる者の請求により、又は職権で、更に任意後見監督人を選任することができる。

第五条（任意後見監督人の欠格事由）任意後見受任者又は任意後見人の配偶者、直系血族及び兄弟姉妹は、任意後見監督人となることができない。

第六条（本人の意思の尊重等）任意後見人は、第二条第一号に規定する委託に係る事務（以下「任意後見人の事務」という。）を行うに当たっては、本人の意思を尊重し、かつ、その心身の状態及び生活の状況に配慮しなければならない。

第七条（任意後見監督人の職務等）任意後見監督人の職務は、次のとおりとする。

一　任意後見人の事務を監督すること。

二　任意後見人の事務に関し、家庭裁判所に定期的に報告をすること。

三　急迫の事情がある場合に、任意後見人の代理権の範囲内において、必要な処分をすること。

四　任意後見人又はその代表する者と本人との利益が相反する行為について本人を代表すること。

2　任意後見監督人は、いつでも、任意後見人に対し任意後見人の事務の報告を求め、又は任意後見人の事務若しくは本人の財産の状況を調査することができる。

3　家庭裁判所は、必要があると認めるときは、任意後見監督人に対し、任意後見人の事務に関する報告を求め、任意後見人の事務若しくは本人の財産の状況の調査を命じ、その他任意後見監督人の職務について必要な処分を命ずることができる。〔4項略〕

商法編

○商法〔抄〕

〔明治三二・三・九
法律四八〕

最終改正　平成三〇・五法二九

第一編　総則

第一章　通則

第一条（**趣旨等**）商人の営業、商行為その他商事については、他の法律に特別の定めがあるものを除くほか、この法律の定めるところによる。

2　商事に関し、この法律に定めがない事項については商慣習に従い、商慣習がないときは、民法（明治二十九年法律第八十九号）の定めるところによる。

第四章　商号

第一四条（**自己の商号の使用を他人に許諾した商人の責任**）自己の商号を使用して営業又は事業を行うことを他人に許諾した商人は、当該商人が当該営業を行うものと誤認して当該他人と取引をした者に対し、当該他人と連帯して、当該取引によって生じた債務を弁済する責任を負う。

第二編　商行為

第一章　総則

第五〇一条（**絶対的商行為**）次に掲げる行為は、商行為とする。

一　利益を得て譲渡する意思をもってする動産、不動産若しくは有価証券の有償取得又はその取得したものの譲渡を目的とする行為

二　他人から取得する動産又は有価証券の供給契約及びその履行のためにする有償取得を目的とする行為

三　取引所においてする取引

四　手形その他の商業証券に関する行為

第五〇二条（**営業的商行為**）次に掲げる行為は、営業としてするときは、商行為とする。ただし、専ら賃金を得る目的で物を製造し、又は労務に従事する者の行為は、この限りでない。

一　賃貸する意思をもってする動産若しくは不動産の有償取得若しくは賃借又はその取得し若しくは賃借したものの賃貸を目的とする行為

二　他人のためにする製造又は加工に関する行為

三　電気又はガスの供給に関する行為

四　運送に関する行為

五　作業又は労務の請負

六　出版、印刷又は撮影に関する行為

七　客の来集を目的とする場屋における取引

八　両替その他の銀行取引

九　保険
十　寄託の引受け
十一　仲立ち又は取次ぎに関する行為
十二　商行為の代理の引受け
十三　信託の引受け

第五〇三条（**附属的商行為**）商人がその営業のためにする行為は、商行為とする。
2　商人の行為は、その営業のためにするものと推定する。

第五〇四条（**商行為の代理**）商行為の代理人が本人のためにすることを示さないでこれをした場合であっても、その行為は、本人に対してその効力を生ずる。ただし、相手方が、代理人が本人のためにすることを知らなかったときは、代理人に対して履行の請求をすることを妨げない。

第五一一条（**多数当事者間の債務の連帯**）数人の者がその一人又は全員のために商行為となる行為によって債務を負担したときは、その債務は、各自が連帯して負担する。
2　保証人がある場合において、債務が主たる債務者の商行為によって生じたものであるとき、又は保証が商行為であるときは、主たる債務者及び保証人が各別の行為によって債務を負担したときであっても、その債務は、各自が連帯して負担する。

第五一三条（**利息請求権**）商人間において金銭の消費貸借をしたときは、貸主は、法定利息を請求することができる。
2　商人がその営業の範囲内において他人のために金銭の立替えをしたときは、その立替えの日以後の法定利息を請求することができる。

第五一五条（**契約による質物の処分の禁止の適用除外**）民法第三百四十九条の規定は、商行為によって生じた債権を担保するために設定した質権については、適用しない。

第五二一条（**商人間の留置権**）商人間においてその双方のために商行為となる行為によって生じた債権が弁済期にあるときは、債権者は、その債権の弁済を受けるまで、その債務者との間における商行為によって自己の占有に属した債務者の所有する物又は有価証券を留置することができる。ただし、当事者の別段の意思表示があるときは、この限りでない。

第二章　売買

第五二六条（**買主による目的物の検査及び通知**）商人間の売買において、買主は、その売買の目的物を受領したときは、遅滞なく、その物を検査しなければならない。
2　前項に規定する場合において、買主は、同項の規定による検査により売買の目的物が種類、品質又は数量に関して契約の内容に適合しないことを発見したときは、直ちに売主に対してその旨の通知を発しなければ、その不適合を理由とする履行の追完の請求、代金の減額の請求、損害賠償の請求及び契約の解除をすることができない。売買の目的物が種類又は品質に関して契約の内容に適合しないことを直ちに発見することができない場合において、買主が六箇月以内にその不適合を発見したときも、同様とする。
3　前項の規定は、売買の目的物が種類、品質又は数量に関して契約の内容に適合しないことにつき売主が悪意であった場合には、適用しない。

第九章　寄託

第二節　倉庫営業

第五九九条（**定義**）この節において「倉庫営業者」とは、他人のために物品を倉庫に保管することを業とする者をいう。

第六〇〇条（**倉荷証券の交付義務**）倉庫営業者は、寄託者の請求により、寄託物の倉荷証券を交付しなければならない。

第六〇六条（**倉荷証券の譲渡又は質入れ**）倉荷証券は、記名式であるときであっても、裏書によって、譲渡し、又は質権の目的とすることができる。ただし、倉荷証券に裏書を禁止する旨を記載したときは、この限りでない。

第三編 海商

第三章 海上物品運送に関する特則

第三節 船荷証券等

第七五七条（**船荷証券の交付義務**） 運送人又は船長は、荷送人又は傭船者の請求により、運送品の船積み後遅滞なく、船積みがあった旨を記載した船荷証券（以下この節において「船積船荷証券」という。）の一通又は数通を交付しなければならない。運送品の船積み前においても、その受取後は、荷送人又は傭船者の請求により、受取があった旨を記載した船荷証券（以下この節において「受取船荷証券」という。）の一通又は数通を交付しなければならない。

2 受取船荷証券が交付された場合には、受取船荷証券の全部と引換えでなければ、船積船荷証券の交付を請求することができない。

3 前二項の規定は、運送品について現に海上運送状が交付されているときは、適用しない。

第七六二条（**船荷証券の譲渡又は質入れ**） 船荷証券は、記名式であるときであっても、裏書によって、譲渡し、又は質権の目的とすることができる。ただし、船荷証券に裏書を禁止する旨を記載したときは、この限りでない。

○会社法〔抄〕

〔平成一七・七・二六 法律八六〕

最終改正 令和五・六法五三

〈注〉 **令和四年六月一七日法律第六八号の改正は、施行までに期間がありますので、改正を加えてありません。**

第一編 総則

第一章 通則

第一条（**趣旨**） 会社の設立、組織、運営及び管理については、他の法律に特別の定めがある場合を除くほか、この法律の定めるところによる。

第二条（**定義**） この法律において、次の各号に掲げる用語の意義は、当該各号に定めるところによる。

一 会社 株式会社、合名会社、合資会社又は合同会社をいう。〔二号略〕

三 子会社 会社がその総株主の議決権の過半数を有する株式会社その他の当該会社がその経営を支配している法人として法務省令で定めるものをいう。〔三の二―五号略〕

六 大会社 次に掲げる要件のいずれかに該当する株式会社をいう。

イ 最終事業年度に係る貸借対照表（第四百三十九条前段に規定する場合にあっては、同条の規定により定時株主総会に報告された貸借対照表をいい、株式会社の成立後最初の定時株主総会までの間においては、第四百三十五条第一項の貸借対照表をいう。ロにおいて同じ。）に資本金として計上した額が五億円以上であること。

ロ 最終事業年度に係る貸借対照表の負債の部に計上した額の合計額が二百億円以上であること。〔七・八号略〕

九 監査役設置会社 監査役を置く株式会社（その監査役の監査の範囲を会計に関するものに限定する旨の定款の定めがあるものを除く。）又はこの法律の規定により監査役を置かなければならない株式会社をいう。

〔十―十六号略〕

十七 譲渡制限株式 株式会社がその発行する全部又は一部の株式の内容として譲渡による当該株式の取得について当該株式会社の承認を要する旨の定めを設けている場合における当該株式をいう。〔十八―二十一号略〕

二十二 新株予約権付社債 新株予約権を付した社債をいう。

二十三 社債 この法律の規定により会社が行う割当てにより発生する当該会社を債務者とする金銭債権であって、第六百七十六条各号に掲げる事項についての定めに従い償還されるものをいう。〔二十四・二十五号略〕

二十六　組織変更　次のイ又はロに掲げる会社がその組織を変更することにより当該イ又はロに定める会社となることをいう。

イ　株式会社　合名会社、合資会社又は合同会社

ロ　合名会社、合資会社又は合同会社　株式会社

二十七　吸収合併　会社が他の会社とする合併であって、合併により消滅する会社の権利義務の全部を合併後存続する会社に承継させるものをいう。

二十八　新設合併　二以上の会社がする合併であって、合併により消滅する会社の権利義務の全部を合併により設立する会社に承継させるものをいう。

二十九　吸収分割　株式会社又は合同会社がその事業に関して有する権利義務の全部又は一部を分割後他の会社に承継させることをいう。

三十　新設分割　一又は二以上の株式会社又は合同会社がその事業に関して有する権利義務の全部又は一部を分割により設立する会社に承継させることをいう。

三十一　株式交換　株式会社がその発行済株式（株式会社が発行している株式をいう。以下同じ。）の全部を他の株式会社又は合同会社に取得させることをいう。

三十二　株式移転　一又は二以上の株式会社がその発行済株式の全部を新たに設立する株式会社に取得させることをいう。〔三十二の二―三十四号略〕

第三条（**法人格**）会社は、法人とする。

第二編　株式会社

第一章　設立

第一節　総則

第二五条　株式会社は、次に掲げるいずれかの方法により設立することができる。

一　次節から第八節までに規定するところにより、発起人（ほっきにん）が設立時発行株式（株式会社の設立に際して発行する株式をいう。以下同じ。）の全部を引き受ける方法

二　次節、第三節、第三十九条及び第六節から第九節までに規定するところにより、発起人が設立時発行株式を引き受けるほか、設立時発行株式を引き受ける者の募集をする方法

2　各発起人は、株式会社の設立に際し、設立時発行株式を一株以上引き受けなければならない。

第二節　定款の作成

第二六条（**定款**（ていかん）**の作成**）株式会社を設立するには、発起人が定款を作成し、その全員がこれに署名し、又は記名押印しなければならない。

2　前項の定款は、電磁的記録をもって作成することができる。この場合において、当該電磁的記録に記録された情報については、法務省令で定める署名又は記名押印に代わる措置をとらなければならない。

第二七条（**定款の記載又は記録事項**）株式会社の定款には、次に掲げる事項を記載し、又は記録しなければならない。

一　目的

二　商号

三　本店の所在地

四　設立に際して出資される財産の価額又はその最低額

五　発起人の氏名又は名称及び住所

第二八条　株式会社を設立する場合には、次に掲げる事項は、第二十六条第一項の定款に記載し、又は記録しなければ、その効力を生じない。

一　金銭以外の財産を出資する者の氏名又は名称、当該財産及びその価額並びにその者に対して割り当てる設立時発行株式の数（設立しようとする株式会社が種類株式発行会社である場合にあっては、設立時発行株式の種類及び種類ごとの数。第三十二条第一項第一号において同じ。）

二　株式会社の成立後に譲り受けることを約した財産及びその価額並びにその譲渡人の氏名又は名称

三　株式会社の成立により発起人が受ける報酬その他の特別の利益及びその発起人の氏名又は名称

四　株式会社の負担する設立に関する費用（定款の認証の手数料その他株式会社に損害を与えるおそれがないものとして法務省令で定めるものを除く。）

第二九条　第二十七条各号及び前条各号に掲げる事項のほか、株式会社の定款には、この法律の規定により定款の定めがなければその効力を生じない事項及びその他の事項でこの法

律の規定に違反しないものを記載し、又は記録することができる。

第三〇条（定款の認証）　第二十六条第一項の定款は、公証人の認証を受けなければ、その効力を生じない。

2　前項の公証人の認証を受けた定款は、株式会社の成立前は、第三十三条第七項若しくは第九項又は第三十七条第一項若しくは第二項の規定による場合を除き、これを変更することができない。

第三節　出資

第三二条（設立時発行株式に関する事項の決定）　発起人は、株式会社の設立に際して次に掲げる事項（定款に定めがある事項を除く。）を定めようとするときは、その全員の同意を得なければならない。

一　発起人が割当てを受ける設立時発行株式の数

二　前号の設立時発行株式と引換えに払い込む金銭の額

三　成立後の株式会社の資本金及び資本準備金の額に関する事項

2　設立しようとする株式会社が種類株式発行会社である場合において、前項第一号の設立時発行株式が第百八条第三項前段の規定による定款の定めがあるものであるときは、発起人は、その全員の同意を得て、当該設立時発行株式の内容を定めなければならない。

第七節　株式会社の成立

第四九条（株式会社の成立）　株式会社は、その本店の所在地において設立の登記をすることによって成立する。

第九節　募集による設立

第一款　設立時発行株式を引き受ける者の募集

第五七条（設立時発行株式を引き受ける者の募集）　発起人は、この款の定めるところにより、設立時発行株式を引き受ける者の募集をする旨を定めることができる。

2　発起人は、前項の募集をする旨を定めようとするときは、その全員の同意を得なければならない。

第六三条（設立時募集株式の払込金額の払込み）　設立時募集株式の引受人は、第五十八条第一項第三号の期日又は同号の期間内に、発起人が定めた銀行等の払込みの取扱いの場所において、それぞれの設立時募集株式の払込金額の全額の払込みを行わなければならない。

2　前項の規定による払込みをすることにより設立時発行株式の株主となる権利の譲渡は、成立後の株式会社に対抗することができない。

3　設立時募集株式の引受人は、第一項の規定による払込みをしないときは、当該払込みをすることにより設立時募集株式の株主となる権利を失う。

第二款　創立総会等

第六五条（創立総会の招集）　第五十七条第一項の募集をする場合には、発起人は、第五十八条第一項第三号の期日又は同号の期間の末日のうち最も遅い日以後、遅滞なく、設立時株主（第五十条第一項又は第百二条第二項の規定により株式会社の株主となる者をいう。以下同じ。）の総会（以下「創立総会」という。）を招集しなければならない。

2　発起人は、前項に規定する場合において、必要があると認めるときは、いつでも、創立総会を招集することができる。

第二章　株式

第一節　総則

第一〇四条（株主の責任）　株主の責任は、その有する株式の引受価額を限度とする。

第一〇七条（株式の内容についての特別の定め）　株式会社は、その発行する全部の株式の内容として次に掲げる事項を定めることができる。

一　譲渡による当該株式の取得について当該株式会社の承認を要すること。〔二・三号略〕

2　株式会社は、全部の株式の内容として次の各号に掲げる事項を定めるときは、当該各号に定める事項を定款で定めなければならない。

一　譲渡による当該株式の取得について当該株式会社の承認を要すること　次に掲げる事項

イ　当該株式を譲渡により取得することについて当該株式会社の承認を要する旨

ロ　一定の場合においては株式会社が第百三十六条又は第百三十七条第一項の承認をしたものとみなすときは、その旨及び当該一定の場合〔二・三号略〕

第一〇八条（異なる種類の株式）　株式会社は、次に掲げる事項について異なる定めをした内容の異なる二以上の種類の株式を発行することができる。ただし、指名委員会等設置会社及び公開会社は、第九号に掲げる事項についての定めがある種類の株式を発行することができない。

一　剰余金の配当

二　残余財産の分配

三　株主総会において議決権を行使することができる事項

四　譲渡による当該種類の株式の取得について当該株式会社の承認を要すること。

五　当該種類の株式について、株主が当該株式会社に対してその取得を請求することができること。

六　当該種類の株式について、当該株式会社が一定の事由が生じたことを条件としてこれを取得することができること。

七　当該種類の株式について、当該株式会社が株主総会の決議によってその全部を取得すること。

八　株主総会（取締役会設置会社にあっては株主総会又は取締役会、清算人会設置会社（第四百七十八条第八項に規定する清算人会設置会社をいう。以下この条において同じ。）にあっては株主総会又は清算人会）において決議すべき事項のうち、当該決議のほか、当該種類の株式の種類株主を構成員とする種類株主総会の決議があることを必要とするもの

九　当該種類の株式の種類株主を構成員とする種類株主総会において取締役（監査等委員会設置会社にあっては、監査等委員である取締役又はそれ以外の取締役。次項第九号及び第百十二条第一項において同じ。）又は監査役を選任すること。

2　株式会社は、次の各号に掲げる事項について内容の異なる二以上の種類の株式を発行する場合には、当該各号に定める事項及び発行可能種類株式総数を定款で定めなければならない。

一　剰余金の配当　当該種類の株主に交付する配当財産の価額の決定の方法、剰余金の配当をする条件その他剰余金の配当に関する取扱いの内容

二　残余財産の分配　当該種類の株主に交付する残余財産の価額の決定の方法、当該残余財産の種類その他残余財産の分配に関する取扱いの内容

三　株主総会において議決権を行使することができる事項　次に掲げる事項

イ　株主総会において議決権を行使することができる事項

ロ　当該種類の株式につき議決権の行使の条件を定めるときは、その条件

四　譲渡による当該種類の株式の取得について当該株式会社の承認を要すること　当該種類の株式についての前条第二項第一号に定める事項

五　当該種類の株式について、株主が当該株式会社に対してその取得を請求することができること　次に掲げる事項

イ　当該種類の株式についての前条第二項第二号に定める事項

ロ　当該種類の株式一株を取得するのと引換えに当該株主に対して当該株式会社の他の株式を交付するときは、当該他の株式の種類及び種類ごとの数又はその算定方法

六　当該種類の株式について、当該株式会社が一定の事由が生じたことを条件としてこれを取得することができること　次に掲げる事項

イ　当該種類の株式についての前条第二項第三号に定める事項

ロ　当該種類の株式一株を取得するのと引換えに当該株主に対して当該株式会社の他の株式を交付するときは、当該他の株式の種類及び種類ごとの数又はその算定方法

七　当該種類の株式について、当該株式会社が株主総会の決議によってその全部を取得すること　次に掲げる事項

イ　第百七十一条第一項第一号に規定する取得対価の価額の決定の方法

ロ　当該株主総会の決議をすることができるか否かについての条件を定めるときは、その条件

八　株主総会（取締役会設置会社にあっては株主総会又は取締役会、清算人会設置会社にあっては株主総会又は清算人会）において決議すべき事項のうち、当該決議のほか、当該種類の株式の種類株主を構成員とする種類株主総会の決議があることを必要とするもの　次に掲げる事項

イ　当該種類株主総会の決議があることを必要とする事項

ロ　当該種類株主総会の決議を必要とする条件を定めるときは、その条件

九　当該種類の株式の種類株主を構成員とする種類株主総会において取締役又は監査役

を選任すること　次に掲げる事項

イ　当該種類株主を構成員とする種類株主総会において取締役又は監査役を選任すること及び選任する取締役又は監査役の数

ロ　イの定めにより選任することができる取締役又は監査役の全部又は一部を他の種類株主と共同して選任することとするときは、当該他の種類株主の有する株式の種類及び共同して選任する取締役又は監査役の数

ハ　イ又はロに掲げる事項を変更する条件があるときは、その条件及びその条件が成就した場合における変更後のイ又はロに掲げる事項

ニ　イからハまでに掲げるもののほか、法務省令で定める事項［3項略］

第一二〇条（株主等の権利の行使に関する利益の供与） 株式会社は、何人に対しても、株主の権利、当該株式会社に係る適格旧株主の権利又は当該株式会社の最終完全親会社等の株主の権利の行使に関し、財産上の利益の供与（当該株式会社又はその子会社の計算においてするものに限る。以下この条において同じ。）をしてはならない。

2　株式会社が特定の株主に対して無償で財産上の利益の供与をしたときは、当該株式会社は、株主の権利の行使に関し、財産上の利益の供与をしたものと推定する。株式会社が特定の株主に対して有償で財産上の利益の供与をした場合において、当該株式会社又はその子会社の受けた利益が当該財産上の利益に比して著しく少ないときも、同様とする。

3　株式会社が第一項の規定に違反して財産上の利益の供与をしたときは、当該利益の供与を受けた者は、これを当該株式会社又はその子会社に返還しなければならない。この場合において、当該利益の供与を受けた者は、当該株式会社又はその子会社に対して当該利益と引換えに給付をしたものがあるときは、その返還を受けることができる。

4　株式会社が第一項の規定に違反して財産上の利益の供与をしたときは、当該利益の供与をすることに関与した取締役（指名委員会等設置会社にあっては、執行役を含む。以下この項において同じ。）として法務省令で定める者は、当該株式会社に対して、連帯して、供与した利益の価額に相当する額を支払う義務を負う。ただし、その者（当該利益の供与をした取締役を除く。）がその職務を行うについて注意を怠らなかったことを証明した場合は、この限りでない。

5　前項の義務は、総株主の同意がなければ、免除することができない。

第二節　株主名簿

第一二四条（基準日） 株式会社は、一定の日（以下この章において「基準日」という。）を定めて、基準日において株主名簿に記載され、又は記録されている株主（以下この条において「基準日株主」という。）をその権利を行使することができる者と定めることができる。

2　基準日を定める場合には、株式会社は、基準日株主が行使することができる権利（基準日から三箇月以内に行使するものに限る。）の内容を定めなければならない。［3項以下略］

第三節　株式の譲渡等

第一款　株式の譲渡

第一二七条（株式の譲渡） 株主は、その有する株式を譲渡することができる。

第一二八条（株券発行会社の株式の譲渡） 株券発行会社の株式の譲渡は、当該株式に係る株券を交付しなければ、その効力を生じない。ただし、自己株式の処分による株式の譲渡については、この限りでない。［2項略］

第一三〇条（株式の譲渡の対抗要件） 株式の譲渡は、その株式を取得した者の氏名又は名称及び住所を株主名簿に記載し、又は記録しなければ、株式会社その他の第三者に対抗することができない。

2　株券発行会社における前項の規定の適用については、同項中「株式会社その他の第三者」とあるのは、「株式会社」とする。

第一三一条（権利の推定等） 株券の占有者は、当該株券に係る株式についての権利を適法に有するものと推定する。

2　株券の交付を受けた者は、当該株券に係る株式についての権利を取得する。ただし、その者に悪意又は重大な過失があるときは、この限りでない。

第一三三条（株主の請求による株主名簿記載事項の記載又は記録） 株式を当該株式を発行した株式会社以外の者から取得した者（当該株式会社を除く。以下この節において「株式取得者」という。）は、当該株式会社に対し、当該株式に係る株主名簿記載事項を株主名簿に記載し、又は記録することを請求すること

ができる。

2　前項の規定による請求は、利害関係人の利益を害するおそれがないものとして法務省令で定める場合を除き、その取得した株式の株主として株主名簿に記載され、若しくは記録された者又はその相続人その他の一般承継人と共同してしなければならない。

第一三五条（**親会社株式の取得の禁止**）子会社は、その親会社である株式会社の株式（以下この条において「親会社株式」という。）を取得してはならない。［2項略］

3　子会社は、相当の時期にその有する親会社株式を処分しなければならない。

第二款　株式の譲渡に係る承認手続　続

第一三八条（**譲渡等承認請求の方法**）次の各号に掲げる請求は、当該各号に定める事項を明らかにしてしなければならない。

一　第百三十六条の規定による請求　次に掲げる事項

イ　当該請求をする株主が譲り渡そうとする譲渡制限株式の数

ロ　イの譲渡制限株式を譲り受ける者の氏名又は名称

ハ　株式会社が第百三十六条の承認をしない旨の決定をする場合において、当該株式会社又は第百四十条第四項に規定する指定買取人がイの譲渡制限株式を買い取ることを請求するときは、その旨

二　前条第一項の規定による請求　次に掲げる事項

イ　当該請求をする株式取得者の取得した譲渡制限株式の数

ロ　イの株式取得者の氏名又は名称

ハ　株式会社が前条第一項の承認をしない旨の決定をする場合において、当該株式会社又は第百四十条第四項に規定する指定買取人がイの譲渡制限株式を買い取ることを請求するときは、その旨

第一三九条（**譲渡等の承認の決定等**）株式会社が第百三十六条又は第百三十七条第一項の承認をするか否かの決定をするには、株主総会の決議によらなければならない。ただし、定款に別段の定めがある場合は、この限りでない。［2項略］

第一四〇条（**株式会社又は指定買取人による買取り**）株式会社は、第百三十八条第一号ハ又は第二号ハの請求を受けた場合において、第百三十六条又は第百三十七条第一項の承認をしない旨の決定をしたときは、当該譲渡等承認請求に係る譲渡制限株式を買い取らなければならない。この場合においては、次に掲げる事項を定めなければならない。

一　対象株式を買い取る旨

二　株式会社が買い取る対象株式の数

2　前項各号に掲げる事項の決定は、株主総会の決議によらなければならない。

3　譲渡等承認請求者は、前項の株主総会において議決権を行使することができない。ただし、当該譲渡等承認請求者以外の株主の全部が同項の株主総会において議決権を行使することができない場合は、この限りでない。

4　第一項の規定にかかわらず、同項に規定する場合には、株式会社は、対象株式の全部又は一部を買い取る者を指定することができる。

5　前項の規定による指定は、株主総会の決議によらなければならない。ただし、定款に別段の定めがある場合は、この限りでない。

第四節　株式会社による自己の株式の取得

第一款　総則

第一五五条　株式会社は、次に掲げる場合に限り、当該株式会社の株式を取得することができる。

一　第百七条第二項第三号イの事由が生じた場合

二　第百三十八条第一号ハ又は第二号ハの請求があった場合

三　次条第一項の決議があった場合

四　第百六十六条第一項の規定による請求があった場合

五　第百七十一条第一項の決議があった場合

六　第百七十六条第一項の規定による請求をした場合

七　第百九十二条第一項の規定による請求があった場合

八　第百九十七条第三項各号に掲げる事項を定めた場合

九　第二百三十四条第四項各号（第二百三十五条第二項において準用する場合を含む。）に掲げる事項を定めた場合

十　他の会社（外国会社を含む。）の事業の全部を譲り受ける場合において当該他の会社が有する当該株式会社の株式を取得する場合

十一　合併後消滅する会社から当該株式会社の株式を承継する場合

十二　吸収分割をする会社から当該株式会社の株式を承継する場合
十三　前各号に掲げる場合のほか、法務省令で定める場合

第二款　株主との合意による取得

第一目　総則

第一五六条（株式の取得に関する事項の決定）　株式会社が株主との合意により当該株式会社の株式を有償で取得するには、あらかじめ、株主総会の決議によって、次に掲げる事項を定めなければならない。ただし、第三号の期間は、一年を超えることができない。
一　取得する株式の数（種類株式発行会社にあっては、株式の種類及び種類ごとの数）
二　株式を取得するのと引換えに交付する金銭等（当該株式会社の株式等を除く。以下この款において同じ。）の内容及びその総額
三　株式を取得することができる期間〔2項略〕

第三目　市場取引等による株式の取得

第一六五条〔1項略〕
2　取締役会設置会社は、市場取引等により当該株式会社の株式を取得することを取締役会の決議によって定めることができる旨を定款で定めることができる。
3　前項の規定による定款の定めを設けた場合における第百五十六条第一項の規定の適用については、同項中「株主総会」とあるのは、「株主総会（第百六十五条第一項に規定する場合にあっては、株主総会又は取締役会）」とする。

第六節　単元株式数

第一款　総則

第一八八条（単元株式数）　株式会社は、その発行する株式について、一定の数の株式をもって株主が株主総会又は種類株主総会において一個の議決権を行使することができる一単元の株式とする旨を定款で定めることができる。
2　前項の一定の数は、法務省令で定める数を超えることはできない。〔3項略〕

第八節　募集株式の発行等

第一款　募集事項の決定等

第一九九条（募集事項の決定）　株式会社は、その発行する株式又はその処分する自己株式を引き受ける者の募集をしようとするときは、その都度、募集株式について次に掲げる事項を定めなければならない。
一　募集株式の数（種類株式発行会社にあっては、募集株式の種類及び数。以下この節において同じ。）
二　募集株式の払込金額（募集株式一株と引換えに払い込む金銭又は給付する金銭以外の財産の額をいう。以下この節において同じ。）又はその算定方法
三　金銭以外の財産を出資の目的とするときは、その旨並びに当該財産の内容及び価額
四　募集株式と引換えにする金銭の払込み又は前号の財産の給付の期日又はその期間
五　株式を発行するときは、増加する資本金及び資本準備金に関する事項
2　前項各号に掲げる事項（以下この節において「募集事項」という。）の決定は、株主総会の決議によらなければならない。
3　第一項第二号の払込金額が募集株式を引き受ける者に特に有利な金額である場合には、取締役は、前項の株主総会において、当該払込金額でその者の募集をすることを必要とする理由を説明しなければならない。
4　種類株式発行会社において、第一項第一号の募集株式の種類が譲渡制限株式であるときは、当該種類の株式に関する募集事項の決定は、当該種類の株式を引き受ける者の募集について当該種類の株式の種類株主を構成員とする種類株主総会の決議を要しない旨の定款の定めがある場合を除き、当該種類株主総会の決議がなければ、その効力を生じない。ただし、当該種類株主総会において議決権を行使することができる種類株主が存しない場合は、この限りでない。
5　募集事項は、第一項の募集ごとに、均等に定めなければならない。

第二〇〇条（募集事項の決定の委任）　前条第二項及び第四項の規定にかかわらず、株主総会においては、その決議によって、募集事項の決定を取締役（取締役会設置会社にあっては、取締役会）に委任することができる。この場合においては、その委任に基づいて募集事項の決定をすることができる募集株式の数の上限及び払込金額の下限を定めなければならない。〔2項以下略〕

第二〇一条（公開会社における募集事項の決定の特則）　第百九十九条第三項に規定する場合を除き、公開会社における同条第二項の規定

の適用については、同項中「株主総会」とあるのは、「取締役会」とする。この場合においては、前条の規定は、適用しない。〔2項略〕

3　公開会社は、第一項の規定により読み替えて適用する第百九十九条第二項の取締役会の決議によって募集事項を定めたときは、同条第一項第四号の期日（同号の期間を定めた場合にあっては、その期間の初日）の二週間前までに、株主に対し、当該募集事項（前項の規定により払込金額の決定の方法を定めた場合にあっては、その方法を含む。以下この節において同じ。）を通知しなければならない。

4　前項の規定による通知は、公告をもってこれに代えることができる。〔5項略〕

第二〇二条（株主に株式の割当てを受ける権利を与える場合） 株式会社は、第百九十九条第一項の募集において、株主に株式の割当てを受ける権利を与えることができる。この場合においては、募集事項のほか、次に掲げる事項を定めなければならない。

一　株主に対し、次条第二項の申込みをすることにより当該株式会社の募集株式（種類株式発行会社にあっては、当該株主の有する種類の株式と同一の種類のもの）の割当てを受ける権利を与える旨

二　前号の募集株式の引受けの申込みの期日

2　前項の場合には、同項第一号の株主（当該株式会社を除く。）は、その有する株式の数に応じて募集株式の割当てを受ける権利を有する。ただし、当該株主が割当てを受ける募集株式の数に一株に満たない端数があるときは、これを切り捨てるものとする。

3　第一項各号に掲げる事項を定める場合には、募集事項及び同項各号に掲げる事項は、次の各号に掲げる場合の区分に応じ、当該各号に定める方法によって定めなければならない。

一　当該募集事項及び第一項各号に掲げる事項を取締役の決定によって定めることができる旨の定款の定めがある場合（株式会社が取締役会設置会社である場合を除く。）　取締役の決定

二　当該募集事項及び第一項各号に掲げる事項を取締役会の決議によって定めることができる旨の定款の定めがある場合（次号に掲げる場合を除く。）　取締役会の決議

三　株式会社が公開会社である場合　取締役会の決議

四　前三号に掲げる場合以外の場合　株主総会の決議〔4項以下略〕

第九節　株券

第一款　総則

第二一四条（株券を発行する旨の定款の定め） 株式会社は、その株式（種類株式発行会社にあっては、全部の種類の株式）に係る株券を発行する旨を定款で定めることができる。

第二一五条（株券の発行） 株券発行会社は、株式を発行した日以後遅滞なく、当該株式に係る株券を発行しなければならない。〔2項以下略〕

第二一六条（株券の記載事項） 株券には、次に掲げる事項及びその番号を記載し、株券発行会社の代表取締役（指名委員会等設置会社にあっては、代表執行役）がこれに署名し、又は記名押印しなければならない。

一　株券発行会社の商号

二　当該株券に係る株式の数

三　譲渡による当該株券に係る株式の取得について株式会社の承認を要することを定めたときは、その旨

四　種類株式発行会社にあっては、当該株券に係る株式の種類及びその内容

第四章　機関

第一節　株主総会及び種類株主総会等

第一款　株主総会

第二九五条（株主総会の権限） 株主総会は、この法律に規定する事項及び株式会社の組織、運営、管理その他株式会社に関する一切の事項について決議をすることができる。

2　前項の規定にかかわらず、取締役会設置会社においては、株主総会は、この法律に規定する事項及び定款で定めた事項に限り、決議をすることができる。

3　この法律の規定により株主総会の決議を必要とする事項について、取締役、執行役、取締役会その他の株主総会以外の機関が決定することができることを内容とする定款の定めは、その効力を有しない。

第二九六条（株主総会の招集） 定時株主総会は、毎事業年度の終了後一定の時期に招集しなければならない。

2　株主総会は、必要がある場合には、いつでも、招集することができる。

3　株主総会は、次条第四項の規定により招集する場合を除き、取締役が招集する。

第二九七条（**株主による招集の請求**）総株主の議決権の百分の三（これを下回る割合を定款で定めた場合にあっては、その割合）以上の議決権を六箇月（これを下回る期間を定款で定めた場合にあっては、その期間）前から引き続き有する株主は、取締役に対し、株主総会の目的である事項（当該株主が議決権を行使することができる事項に限る。）及び招集の理由を示して、株主総会の招集を請求することができる。［2・3項略］

4　次に掲げる場合には、第一項の規定による請求をした株主は、裁判所の許可を得て、株主総会を招集することができる。

一　第一項の規定による請求の後遅滞なく招集の手続が行われない場合

二　第一項の規定による請求があった日から八週間（これを下回る期間を定款で定めた場合にあっては、その期間）以内の日を株主総会の日とする株主総会の招集の通知が発せられない場合

第二九八条（**株主総会の招集の決定**）取締役は、株主総会を招集する場合には、次に掲げる事項を定めなければならない。

一　株主総会の日時及び場所

二　株主総会の目的である事項があるときは、当該事項

三　株主総会に出席しない株主が書面によって議決権を行使することができることとするときは、その旨

四　株主総会に出席しない株主が電磁的方法によって議決権を行使することができることとするときは、その旨

五　前各号に掲げるもののほか、法務省令で定める事項［2・3項略］

4　取締役会設置会社においては、前条第四項の規定により株主が株主総会を招集するときを除き、第一項各号に掲げる事項の決定は、取締役会の決議によらなければならない。

第二九九条（**株主総会の招集の通知**）株主総会を招集するには、取締役は、株主総会の日の二週間（前条第一項第三号又は第四号に掲げる事項を定めたときを除き、公開会社でない株式会社にあっては、一週間（当該株式会社が取締役会設置会社以外の株式会社である場合において、これを下回る期間を定款で定めた場合にあっては、その期間））前までに、株主に対してその通知を発しなければならない。［2項以下略］

第三〇〇条（**招集手続の省略**）前条の規定にかかわらず、株主総会は、株主の全員の同意があるときは、招集の手続を経ることなく開催することができる。ただし、第二百九十八条第一項第三号又は第四号に掲げる事項を定めた場合は、この限りでない。

第三〇三条（**株主提案権**）株主は、取締役に対し、一定の事項（当該株主が議決権を行使することができる事項に限る。次項において同じ。）を株主総会の目的とすることを請求することができる。［2項以下略］

第三〇四条　株主は、株主総会において、株主総会の目的である事項（当該株主が議決権を行使することができる事項に限る。次条第一項において同じ。）につき議案を提出することができる。ただし、当該議案が法令若しくは定款に違反する場合又は実質的に同一の議案につき株主総会において総株主（当該議案について議決権を行使することができない株主を除く。）の議決権の十分の一（これを下回る割合を定款で定めた場合にあっては、その割合）以上の賛成を得られなかった日から三年を経過していない場合は、この限りでない。

第三〇八条（**議決権の数**）株主（株式会社がその総株主の議決権の四分の一以上を有することその他の事由を通じて株式会社がその経営を実質的に支配することが可能な関係にあるものとして法務省令で定める株主を除く。）は、株主総会において、その有する株式一株につき一個の議決権を有する。ただし、単元株式数を定款で定めている場合には、一単元の株式につき一個の議決権を有する。

2　前項の規定にかかわらず、株式会社は、自己株式については、議決権を有しない。

第三〇九条（**株主総会の決議**）株主総会の決議は、定款に別段の定めがある場合を除き、議決権を行使することができる株主の議決権の過半数を有する株主が出席し、出席した当該株主の議決権の過半数をもって行う。

2　前項の規定にかかわらず、次に掲げる株主総会の決議は、当該株主総会において議決権を行使することができる株主の議決権の過半数（三分の一以上の割合を定款で定めた場合にあっては、その割合以上）を有する株主が出席し、出席した当該株主の議決権の三分の二（これを上回る割合を定款で定めた場合にあっては、その割合）以上に当たる多数をもって行わなければならない。この場合においては、当該決議の要件に加えて、一定の数以上の株主の賛成を要する旨その他の要件を定款

で定めることを妨げない。

一　第百四十条第二項及び第五項の株主総会

二　第百五十六条第一項の株主総会（第百六十条第一項の特定の株主を定める場合に限る。）

三　第百七十一条第一項及び第百七十五条第一項の株主総会

四　第百八十条第二項の株主総会

五　第百九十九条第二項、第二百条第一項、第二百二条第三項第四号、第二百四条第二項及び第二百五条第二項の株主総会

六　第二百三十八条第二項、第二百三十九条第一項、第二百四十一条第三項第四号、第二百四十三条第二項及び第二百四十四条第三項の株主総会

七　第三百三十九条第一項の株主総会（第三百四十二条第三項から第五項までの規定により選任された取締役（監査等委員である取締役を除く。）を解任する場合又は監査等委員である取締役若しくは監査役を解任する場合に限る。）

八　第四百二十五条第一項の株主総会

九　第四百四十七条第一項の株主総会（次のいずれにも該当する場合を除く。）

イ　定時株主総会において第四百四十七条第一項各号に掲げる事項を定めること。

ロ　第四百四十七条第一項第一号の額がイの定時株主総会の日（第四百三十九条前段に規定する場合にあっては、第四百三十六条第三項の承認があった日）における欠損の額として法務省令で定める方法により算定される額を超えないこと。

十　第四百五十四条第四項の株主総会（配当財産が金銭以外の財産であり、かつ、株主に対して同項第一号に規定する金銭分配請求権を与えないこととする場合に限る。）

十一　第六章から第八章までの規定により株主総会の決議を要する場合における当該株主総会

十二　第五編の規定により株主総会の決議を要する場合における当該株主総会

3　前二項の規定にかかわらず、次に掲げる株主総会（種類株式発行会社の株主総会を除く。）の決議は、当該株主総会において議決権を行使することができる株主の半数以上（これを上回る割合を定款で定めた場合にあっては、その割合以上）であって、当該株主の議決権の三分の二（これを上回る割合を定款で定めた場合にあっては、その割合）以上に当たる多数をもって行わなければならない。

一　その発行する全部の株式の内容として譲渡による当該株式の取得について当該株式会社の承認を要する旨の定款の定めを設ける定款の変更を行う株主総会

二　第七百八十三条第一項の株主総会（合併により消滅する株式会社又は株式交換をする株式会社が公開会社であり、かつ、当該株式会社の株主に対して交付する金銭等の全部又は一部が譲渡制限株式等（同条第三項に規定する譲渡制限株式等をいう。次号において同じ。）である場合における当該株主総会に限る。）

三　第八百四条第一項の株主総会（合併又は株式移転をする株式会社が公開会社であり、かつ、当該株式会社の株主に対して交付する金銭等の全部又は一部が譲渡制限株式等である場合における当該株主総会に限る。）

4　前三項の規定にかかわらず、第百九条第二項の規定による定款の定めについての定款の変更（当該定款の定めを廃止するものを除く。）を行う株主総会の決議は、総株主の半数以上（これを上回る割合を定款で定めた場合にあっては、その割合以上）であって、総株主の議決権の四分の三（これを上回る割合を定款で定めた場合にあっては、その割合）以上に当たる多数をもって行わなければならない。［5項略］

第三一〇条（議決権の代理行使）　株主は、代理人によってその議決権を行使することができる。この場合においては、当該株主又は代理人は、代理権を証明する書面を株式会社に提出しなければならない。［2項以下略］

第三一一条（書面による議決権の行使）　書面による議決権の行使は、議決権行使書面に必要な事項を記載し、法務省令で定める時までに当該記載をした議決権行使書面を株式会社に提出して行う。

2　前項の規定により書面によって行使した議決権の数は、出席した株主の議決権の数に算入する。

3　株式会社は、株主総会の日から三箇月間、第一項の規定により提出された議決権行使書面をその本店に備え置かなければならない。

4　株主は、株式会社の営業時間内は、いつでも、第一項の規定により提出された議決権行使書面の閲覧又は謄写の請求をすることができる。この場合においては、当該請求の理由

を明らかにしてしなければならない。

5　株式会社は、前項の請求があったときは、次のいずれかに該当する場合を除き、これを拒むことができない。

一　当該請求を行う株主（以下この項において「請求者」という。）がその権利の確保又は行使に関する調査以外の目的で請求を行ったとき。

二　請求者が当該株式会社の業務の遂行を妨げ、又は株主の共同の利益を害する目的で請求を行ったとき。

三　請求者が第一項の規定により提出された議決権行使書面の閲覧又は謄写によって知り得た事実を利益を得て第三者に通報するため請求を行ったとき。

四　請求者が、過去二年以内において、第一項の規定により提出された議決権行使書面の閲覧又は謄写によって知り得た事実を利益を得て第三者に通報したことがあるものであるとき。

第三一二条（電磁的方法による議決権の行使） 電磁的方法による議決権の行使は、政令で定めるところにより、株式会社の承諾を得て、法務省令で定める時までに議決権行使書面に記載すべき事項を、電磁的方法により当該株式会社に提供して行う。

2　株主が第二百九十九条第三項の承諾をした者である場合には、株式会社は、正当な理由がなければ、前項の承諾をすることを拒んではならない。

3　第一項の規定により電磁的方法によって行使した議決権の数は、出席した株主の議決権の数に算入する。

4　株式会社は、株主総会の日から三箇月間、第一項の規定により提供された事項を記録した電磁的記録をその本店に備え置かなければならない。

5　株主は、株式会社の営業時間内は、いつでも、前項の電磁的記録に記録された事項を法務省令で定める方法により表示したものの閲覧又は謄写の請求をすることができる。この場合においては、当該請求の理由を明らかにしてしなければならない。

6　株式会社は、前項の請求があったときは、次のいずれかに該当する場合を除き、これを拒むことができない。

一　当該請求を行う株主（以下この項において「請求者」という。）がその権利の確保又は行使に関する調査以外の目的で請求を行ったとき。

二　請求者が当該株式会社の業務の遂行を妨げ、又は株主の共同の利益を害する目的で請求を行ったとき。

三　請求者が前項の電磁的記録に記録された事項を法務省令で定める方法により表示したものの閲覧又は謄写によって知り得た事実を利益を得て第三者に通報するため請求を行ったとき。

四　請求者が、過去二年以内において、前項の電磁的記録に記録された事項を法務省令で定める方法により表示したものの閲覧又は謄写によって知り得た事実を利益を得て第三者に通報したことがあるものであるとき。

第三一四条（取締役等の説明義務） 取締役、会計参与、監査役及び執行役は、株主総会において、株主から特定の事項について説明を求められた場合には、当該事項について必要な説明をしなければならない。ただし、当該事項が株主総会の目的である事項に関しないものである場合、その説明をすることにより株主の共同の利益を著しく害する場合その他正当な理由がある場合として法務省令で定める場合は、この限りでない。

第三一五条（議長の権限） 株主総会の議長は、当該株主総会の秩序を維持し、議事を整理する。

2　株主総会の議長は、その命令に従わない者その他当該株主総会の秩序を乱す者を退場させることができる。

第二款　種類株主総会

第三二五条（株主総会に関する規定の準用） 前款（第二百九十五条第一項及び第二項、第二百九十六条第一項及び第二項並びに第三百九条を除く。）の規定は、種類株主総会について準用する。この場合において、第二百九十七条第一項中「総株主」とあるのは「総株主（ある種類の株式の株主に限る。以下この款（第三百八条第一項を除く。）において同じ。）」と、「株主は」とあるのは「株主（ある種類の株式の株主に限る。以下この款（第三百八条第四項及び第三百十九条第三項を除く。）において同じ。）は」と読み替えるものとする。

第二節　株主総会以外の機関の設置

第三二六条（株主総会以外の機関の設置） 株式会社には、一人又は二人以上の取締役を置かなければならない。

2　株式会社は、定款の定めによって、取締役会、会計参与、監査役、監査役会、会計監査人、監査等委員会又は指名委員会等を置くことができる。

第三百二十七条（**取締役会等の設置義務等**）次に掲げる株式会社は、取締役会を置かなければならない。

一　公開会社
二　監査役会設置会社
三　監査等委員会設置会社
四　指名委員会等設置会社

2　取締役会設置会社（監査等委員会設置会社及び指名委員会等設置会社を除く。）は、監査役を置かなければならない。ただし、公開会社でない会計参与設置会社については、この限りでない。

3　会計監査人設置会社（監査等委員会設置会社及び指名委員会等設置会社を除く。）は、監査役を置かなければならない。

4　監査等委員会設置会社及び指名委員会等設置会社は、監査役を置いてはならない。

5　監査等委員会設置会社及び指名委員会等設置会社は、会計監査人を置かなければならない。〔6項略〕

第三百二十八条（**大会社における監査役会等の設置義務**）大会社（公開会社でないもの、監査等委員会設置会社及び指名委員会等設置会社を除く。）は、監査役会及び会計監査人を置かなければならない。

2　公開会社でない大会社は、会計監査人を置かなければならない。

第三節　役員及び会計監査人の選任及び解任

第一款　選任

第三百二十九条（**選任**）役員（取締役、会計参与及び監査役をいう。以下この節、第三百七十一条第四項及び第三百九十四条第三項において同じ。）及び会計監査人は、株主総会の決議によって選任する。

2　監査等委員会設置会社においては、前項の規定による取締役の選任は、監査等委員である取締役とそれ以外の取締役とを区別してしなければならない。

3　第一項の決議をする場合には、法務省令で定めるところにより、役員が欠けた場合又はこの法律若しくは定款で定めた役員の員数を欠くこととなるときに備えて補欠の役員を選任することができる。

第三百三十条（**株式会社と役員等との関係**）株式会社と役員及び会計監査人との関係は、委任に関する規定に従う。

第三百三十一条（**取締役の資格等**）次に掲げる者は、取締役となることができない。

一　法人
二　削除
三　この法律若しくは一般社団法人及び一般財団法人に関する法律の規定に違反し、又は金融商品取引法第百九十七条、第百九十七条の二第一号から第十号の三まで若しくは第十三号から第十五号まで、第百九十八条第八号、第百九十九条、第二百条第一号から第十二号の二まで、第二十号若しくは第二十一号、第二百三条第三項若しくは第二百五条第一号から第六号まで、第十九号若しくは第二十号の罪、民事再生法第二百五十五条、第二百五十六条、第二百五十八条から第二百六十条まで若しくは第二百六十二条の罪、外国倒産処理手続の承認援助に関する法律第六十五条、第六十六条、第六十八条若しくは第六十九条の罪、会社更生法第二百六十六条、第二百六十七条、第二百六十九条から第二百七十一条まで若しくは第二百七十三条の罪若しくは破産法第二百六十五条、第二百六十六条、第二百六十八条から第二百七十二条まで若しくは第二百七十四条の罪を犯し、刑に処せられ、その執行を終わり、又はその執行を受けることがなくなった日から二年を経過しない者
四　前号に規定する法律の規定以外の法令の規定に違反し、禁錮以上の刑に処せられ、その執行を終わるまで又はその執行を受けることがなくなるまでの者（刑の執行猶予中の者を除く。）〔2項略〕

3　監査等委員である取締役は、監査等委員会設置会社若しくはその子会社の業務執行取締役若しくは支配人その他の使用人又は当該子会社の会計参与若しくは執行役を兼ねることができない。〔4・5項略〕

6　監査等委員会設置会社においては、監査等委員である取締役は、三人以上で、その過半数は、社外取締役でなければならない。

第三百三十二条（**取締役の任期**）取締役の任期は、選任後二年以内に終了する事業年度のうち最終のものに関する定時株主総会の終結の時までとする。ただし、定款又は株主総会の決議

によって、その任期を短縮することを妨げない。

2　前項の規定は、公開会社でない株式会社（監査等委員会設置会社及び指名委員会等設置会社を除く。）において、定款によって、同項の任期を選任後十年以内に終了する事業年度のうち最終のものに関する定時株主総会の終結の時まで伸長することを妨げない。

3　監査等委員会設置会社の取締役（監査等委員であるものを除く。）についての第一項の規定の適用については、同項中「二年」とあるのは、「一年」とする。

4　監査等委員である取締役の任期については、第一項ただし書の規定は、適用しない。

〔5項略〕

6　指名委員会等設置会社の取締役についての第一項の規定の適用については、同項中「二年」とあるのは、「一年」とする。〔7項略〕

第三三三条（**会計参与の資格等**）会計参与は、公認会計士若しくは監査法人又は税理士若しくは税理士法人でなければならない。〔2項以下略〕

第三三四条（**会計参与の任期**）第三百三十二条（第四項及び第五項を除く。次項において同じ。）の規定は、会計参与の任期について準用する。

2　前項において準用する第三百三十二条の規定にかかわらず、会計参与設置会社が会計参与を置く旨の定款の定めを廃止する定款の変更をした場合には、会計参与の任期は、当該定款の変更の効力が生じた時に満了する。

第三三五条（**監査役の資格等**）〔1項略〕

2　監査役は、株式会社若しくはその子会社の取締役若しくは支配人その他の使用人又は当該子会社の会計参与（会計参与が法人であるときは、その職務を行うべき社員）若しくは執行役を兼ねることができない。

3　監査役会設置会社においては、監査役は、三人以上で、そのうち半数以上は、社外監査役でなければならない。

第三三六条（**監査役の任期**）監査役の任期は、選任後四年以内に終了する事業年度のうち最終のものに関する定時株主総会の終結の時までとする。

2　前項の規定は、公開会社でない株式会社において、定款によって、同項の任期を選任後十年以内に終了する事業年度のうち最終のものに関する定時株主総会の終結の時まで伸長することを妨げない。〔3項以下略〕

第三三七条（**会計監査人の資格等**）会計監査人は、公認会計士又は監査法人でなければならない。〔2項以下略〕

第二款　解任

第三三九条（**解任**）役員及び会計監査人は、いつでも、株主総会の決議によって解任することができる。

2　前項の規定により解任された者は、その解任について正当な理由がある場合を除き、株式会社に対し、解任によって生じた損害の賠償を請求することができる。

第三款　選任及び解任の手続に関する特則

第三四一条（**役員の選任及び解任の株主総会の決議**）第三百九条第一項の規定にかかわらず、役員を選任し、又は解任する株主総会の決議は、議決権を行使することができる株主の議決権の過半数（三分の一以上の割合を定款で定めた場合にあっては、その割合以上）を有する株主が出席し、出席した当該株主の議決権の過半数（これを上回る割合を定款で定めた場合にあっては、その割合以上）をもって行わなければならない。

第三四二条の二（**監査等委員である取締役等の選任等についての意見の陳述**）〔1─3項略〕

4　監査等委員会が選定する監査等委員は、株主総会において、監査等委員である取締役以外の取締役の選任若しくは解任又は辞任について監査等委員会の意見を述べることができる。

第三四四条の二（**監査等委員である取締役の選任に関する監査等委員会の同意等**）取締役は、監査等委員会がある場合において、監査等委員である取締役の選任に関する議案を株主総会に提出するには、監査等委員会の同意を得なければならない。

2　監査等委員会は、取締役に対し、監査等委員である取締役の選任を株主総会の目的とすること又は監査等委員である取締役の選任に関する議案を株主総会に提出することを請求することができる。

3　第三百四十一条の規定は、監査等委員である取締役の解任の決議については、適用しない。

第三四五条（**会計参与等の選任等についての意見の陳述**）会計参与は、株主総会において、会計参与の選任若しくは解任又は辞任について意見を述べることができる。

2　会計参与を辞任した者は、辞任後最初に招集される株主総会に出席して、辞任した旨及びその理由を述べることができる。

3　取締役は、前項の者に対し、同項の株主総会を招集する旨及び第二百九十八条第一項第一号に掲げる事項を通知しなければならない。

4　第一項の規定は監査役について、前二項の規定は監査役を辞任した者について、それぞれ準用する。この場合において、第一項中「会計参与の」とあるのは、「監査役の」と読み替えるものとする。［5項略］

第三四六条（役員等に欠員を生じた場合の措置） 役員（監査等委員会設置会社にあっては、監査等委員である取締役若しくはそれ以外の取締役又は会計参与。以下この条において同じ。）が欠けた場合又はこの法律若しくは定款で定めた役員の員数が欠けた場合には、任期の満了又は辞任により退任した役員は、新たに選任された役員が就任するまで、なお役員としての権利義務を有する。

2　前項に規定する場合において、裁判所は、必要があると認めるときは、利害関係人の申立てにより、一時役員の職務を行うべき者を選任することができる。

3　裁判所は、前項の一時役員の職務を行うべき者を選任した場合には、株式会社がその者に対して支払う報酬の額を定めることができる。

4　会計監査人が欠けた場合又は定款で定めた会計監査人の員数が欠けた場合において、遅滞なく会計監査人が選任されないときは、監査役は、一時会計監査人の職務を行うべき者を選任しなければならない。

5　第三百三十七条及び第三百四十条の規定は、前項の一時会計監査人の職務を行うべき者について準用する。

6　監査役会設置会社における第四項の規定の適用については、同項中「監査役」とあるのは、「監査役会」とする。

7　監査等委員会設置会社における第四項の規定の適用については、同項中「監査役」とあるのは、「監査等委員会」とする。

8　指名委員会等設置会社における第四項の規定の適用については、同項中「監査役」とあるのは、「監査委員会」とする。

第四節　取締役

第三四八条（業務の執行） 取締役は、定款に別段の定めがある場合を除き、株式会社（取締役会設置会社を除く。以下この条において同じ。）の業務を執行する。

2　取締役が二人以上ある場合には、株式会社の業務は、定款に別段の定めがある場合を除き、取締役の過半数をもって決定する。

3　前項の場合には、取締役は、次に掲げる事項についての決定を各取締役に委任することができない。

一　支配人の選任及び解任

二　支店の設置、移転及び廃止

三　第二百九十八条第一項各号（第三百二十五条において準用する場合を含む。）に掲げる事項

四　取締役の職務の執行が法令及び定款に適合することを確保するための体制その他株式会社の業務並びに当該株式会社及びその子会社から成る企業集団の業務の適正を確保するために必要なものとして法務省令で定める体制の整備

五　第四百二十六条第一項の規定による定款の定めに基づく第四百二十三条第一項の責任の免除

4　大会社においては、取締役は、前項第四号に掲げる事項を決定しなければならない。

第三四九条（株式会社の代表） 取締役は、株式会社を代表する。ただし、他に代表取締役その他株式会社を代表する者を定めた場合は、この限りでない。［2項略］

3　株式会社（取締役会設置会社を除く。）は、定款、定款の定めに基づく取締役の互選又は株主総会の決議によって、取締役の中から代表取締役を定めることができる。

4　代表取締役は、株式会社の業務に関する一切の裁判上又は裁判外の行為をする権限を有する。

5　前項の権限に加えた制限は、善意の第三者に対抗することができない。

第三五〇条（代表者の行為についての損害賠償責任） 株式会社は、代表取締役その他の代表者がその職務を行うについて第三者に加えた損害を賠償する責任を負う。

第三五四条（表見代表取締役） 株式会社は、代表取締役以外の取締役に社長、副社長その他株式会社を代表する権限を有するものと認められる名称を付した場合には、当該取締役がした行為について、善意の第三者に対してその責任を負う。

第三五五条（忠実義務） 取締役は、法令及び定款並びに株主総会の決議を遵守し、株式会社のため忠実にその職務を行わなければならない。

第三五六条（競業及び利益相反取引の制限） 取

締役は、次に掲げる場合には、株主総会において、当該取引につき重要な事実を開示し、その承認を受けなければならない。

一　取締役が自己又は第三者のために株式会社の事業の部類に属する取引をしようとするとき。

二　取締役が自己又は第三者のために株式会社と取引をしようとするとき。

三　株式会社が取締役の債務を保証することその他取締役以外の者との間において株式会社と当該取締役との利益が相反する取引をしようとするとき。

2　民法第百八条の規定は、前項の承認を受けた同項第二号又は第三号の取引については、適用しない。

第三五七条（**取締役の報告義務**）取締役は、株式会社に著しい損害を及ぼすおそれのある事実があることを発見したときは、直ちに、当該事実を株主（監査役設置会社にあっては、監査役）に報告しなければならない。

2　監査役会設置会社における前項の規定の適用については、同項中「株主（監査役設置会社にあっては、監査役）」とあるのは、「監査役会」とする。

3　監査等委員会設置会社における第一項の規定の適用については、同項中「株主（監査役設置会社にあっては、監査役）」とあるのは、「監査等委員会」とする。

第三六〇条（**株主による取締役の行為の差止め**）六箇月（これを下回る期間を定款で定めた場合にあっては、その期間）前から引き続き株式を有する株主は、取締役が株式会社の目的の範囲外の行為その他法令若しくは定款に違反する行為をし、又はこれらの行為をするおそれがある場合において、当該行為によって当該株式会社に著しい損害が生ずるおそれがあるときは、当該取締役に対し、当該行為をやめることを請求することができる。〔2項略〕

3　監査役設置会社、監査等委員会設置会社又は指名委員会等設置会社における第一項の規定の適用については、同項中「著しい損害」とあるのは、「回復することができない損害」とする。

第三六一条（**取締役の報酬等**）取締役の報酬、賞与その他の職務執行の対価として株式会社から受ける財産上の利益（以下この章において「報酬等」という。）についての次に掲げる事項は、定款に当該事項を定めていないときは、株主総会の決議によって定める。

一　報酬等のうち額が確定しているものについては、その額

二　報酬等のうち額が確定していないものについては、その具体的な算定方法

三　報酬等のうち当該株式会社の募集株式（第百九十九条第一項に規定する募集株式をいう。以下この項及び第四百九条第三項において同じ。）については、当該募集株式の数（種類株式発行会社にあっては、募集株式の種類及び種類ごとの数）の上限その他法務省令で定める事項

四　報酬等のうち当該株式会社の募集新株予約権（第二百三十八条第一項に規定する募集新株予約権をいう。以下この項及び第四百九条第三項において同じ。）については、当該募集新株予約権の数の上限その他法務省令で定める事項

五　報酬等のうち次のイ又はロに掲げるものと引換えにする払込みに充てるための金銭については、当該イ又はロに定める事項

イ　当該株式会社の募集株式　取締役が引き受ける当該募集株式の数（種類株式発行会社にあっては、募集株式の種類及び種類ごとの数）の上限その他法務省令で定める事項

ロ　当該株式会社の募集新株予約権　取締役が引き受ける当該募集新株予約権の数の上限その他法務省令で定める事項

六　報酬等のうち金銭でないもの（当該株式会社の募集株式及び募集新株予約権を除く。）については、その具体的な内容

2　監査等委員会設置会社においては、前項各号に掲げる事項は、監査等委員である取締役とそれ以外の取締役とを区別して定めなければならない。

3　監査等委員である各取締役の報酬等について定款の定め又は株主総会の決議がないときは、当該報酬等は、第一項の報酬等の範囲内において、監査等委員である取締役の協議によって定める。〔4・5項略〕

6　監査等委員会が選定する監査等委員は、株主総会において、監査等委員である取締役以外の取締役の報酬等について監査等委員会の意見を述べることができる。〔7項略〕

第五節　取締役会

第一款　権限等

第三六二条（**取締役会の権限等**）取締役会は、すべての取締役で組織する。

2　取締役会は、次に掲げる職務を行う。

一　取締役会設置会社の業務執行の決定
二　取締役の職務の執行の監督
三　代表取締役の選定及び解職

3　取締役会は、取締役の中から代表取締役を選定しなければならない。

4　取締役会は、次に掲げる事項その他の重要な業務執行の決定を取締役に委任することができない。
一　重要な財産の処分及び譲受け
二　多額の借財
三　支配人その他の重要な使用人の選任及び解任
四　支店その他の重要な組織の設置、変更及び廃止
五　第六百七十六条第一号に掲げる事項その他の社債を引き受ける者の募集に関する重要な事項として法務省令で定める事項
六　取締役の職務の執行が法令及び定款に適合することを確保するための体制その他株式会社の業務並びに当該株式会社及びその子会社から成る企業集団の業務の適正を確保するために必要なものとして法務省令で定める体制の整備
七　第四百二十六条第一項の規定による定款の定めに基づく第四百二十三条第一項の責任の免除

5　大会社である取締役会設置会社においては、取締役会は、前項第六号に掲げる事項を決定しなければならない。

第三六三条（取締役会設置会社の取締役の権限）　次に掲げる取締役は、取締役会設置会社の業務を執行する。
一　代表取締役
二　代表取締役以外の取締役であって、取締役会の決議によって取締役会設置会社の業務を執行する取締役として選定されたもの

2　前項各号に掲げる取締役は、三箇月に一回以上、自己の職務の執行の状況を取締役会に報告しなければならない。

第二款　運営

第三六六条（招集権者）　取締役会は、各取締役が招集する。ただし、取締役会を招集する取締役を定款又は取締役会で定めたときは、その取締役が招集する。

2　前項ただし書に規定する場合には、同項ただし書の規定により定められた取締役（以下この章において「招集権者」という。）以外の取締役は、招集権者に対し、取締役会の目的である事項を示して、取締役会の招集を請求することができる。

3　前項の規定による請求があった日から五日以内に、その請求があった日から二週間以内の日を取締役会の日とする取締役会の招集の通知が発せられない場合には、その請求をした取締役は、取締役会を招集することができる。

第三六七条（株主による招集の請求）　取締役会設置会社（監査役設置会社、監査等委員会設置会社及び指名委員会等設置会社を除く。）の株主は、取締役が取締役会設置会社の目的の範囲外の行為その他法令若しくは定款に違反する行為をし、又はこれらの行為をするおそれがあると認めるときは、取締役会の招集を請求することができる。

2　前項の規定による請求は、取締役（前条第一項ただし書に規定する場合にあっては、招集権者）に対し、取締役会の目的である事項を示して行わなければならない。

3　前条第三項の規定は、第一項の規定による請求があった場合について準用する。

4　第一項の規定による請求を行った株主は、当該請求に基づき招集され、又は前項において準用する前条第三項の規定により招集した取締役会に出席し、意見を述べることができる。

第三六八条（招集手続）　取締役会を招集する者は、取締役会の日の一週間（これを下回る期間を定款で定めた場合にあっては、その期間）前までに、各取締役（監査役設置会社にあっては、各取締役及び各監査役）に対してその通知を発しなければならない。

2　前項の規定にかかわらず、取締役会は、取締役（監査役設置会社にあっては、取締役及び監査役）の全員の同意があるときは、招集の手続を経ることなく開催することができる。

第三六九条（取締役会の決議）　取締役会の決議は、議決に加わることができる取締役の過半数（これを上回る割合を定款で定めた場合にあっては、その割合以上）が出席し、その過半数（これを上回る割合を定款で定めた場合にあっては、その割合以上）をもって行う。

〔2項以下略〕

第三七〇条（取締役会の決議の省略）　取締役会設置会社は、取締役が取締役会の決議の目的である事項について提案をした場合において、当該提案につき取締役の全員が書面又は電磁的記録により同意の意思表示をしたときは、当該提案を可決する旨の取締役会の決議

があったものとみなす旨を定款で定めることができる。

第三七三条（特別取締役による取締役会の決議）　第三百六十九条第一項の規定にかかわらず、取締役会設置会社（指名委員会等設置会社を除く。）が次に掲げる要件のいずれにも該当する場合（監査等委員会設置会社にあっては、第三百九十九条の十三第五項に規定する場合又は同条第六項の規定による定款の定めがある場合を除く。）には、取締役会は、第三百六十二条第四項第一号及び第二号又は第三百九十九条の十三第四項第一号及び第二号に掲げる事項についての取締役会の決議については、あらかじめ選定した三人以上の取締役のうち、議決に加わることができるものの過半数が出席し、その過半数をもって行うことができる旨を定めることができる。

一　取締役の数が六人以上であること。

二　取締役のうち一人以上が社外取締役であること。

2　前項の規定による特別取締役による議決の定めがある場合には、特別取締役以外の取締役は、第三百六十二条第四項第一号及び第二号又は第三百九十九条の十三第四項第一号及び第二号に掲げる事項の決定をする取締役会に出席することを要しない。この場合における第三百六十六条第一項本文及び第三百六十八条の規定の適用については、第三百六十六条第一項本文中「各取締役」とあるのは「各特別取締役」と、第三百六十八条第一項中「定款」とあるのは「取締役会」と、「各取締役」とあるのは「各特別取締役」と、同条第二項中「取締役（」とあるのは「特別取締役（」と、「取締役及び」とあるのは「特別取締役及び」とする。

3　特別取締役の互選によって定められた者は、前項の取締役会の決議後、遅滞なく、当該決議の内容を特別取締役以外の取締役に報告しなければならない。

4　第三百六十六条（第一項本文を除く。）、第三百六十七条、第三百六十九条第一項、第三百七十条及び第三百九十九条の十四の規定は、第二項の取締役会については、適用しない。

第六節　会計参与

第三七四条（会計参与の権限）　会計参与は、取締役と共同して、計算書類（第四百三十五条第二項に規定する計算書類をいう。以下この章において同じ。）及びその附属明細書、臨時計算書類（第四百四十一条第一項に規定する臨時計算書類をいう。以下この章において同じ。）並びに連結計算書類（第四百四十四条第一項に規定する連結計算書類をいう。第三百九十六条第一項において同じ。）を作成する。この場合において、会計参与は、法務省令で定めるところにより、会計参与報告を作成しなければならない。〔2―4項略〕

5　会計参与は、その職務を行うに当たっては、第三百三十三条第三項第二号又は第三号に掲げる者を使用してはならない。〔6項略〕

第七節　監査役

第三八一条（監査役の権限）　監査役は、取締役（会計参与設置会社にあっては、取締役及び会計参与）の職務の執行を監査する。この場合において、監査役は、法務省令で定めるところにより、監査報告を作成しなければならない。

2　監査役は、いつでも、取締役及び会計参与並びに支配人その他の使用人に対して事業の報告を求め、又は監査役設置会社の業務及び財産の状況の調査をすることができる。

3　監査役は、その職務を行うため必要があるときは、監査役設置会社の子会社に対して事業の報告を求め、又はその子会社の業務及び財産の状況の調査をすることができる。〔4項略〕

第三八二条（取締役への報告義務）　監査役は、取締役が不正の行為をし、若しくは当該行為をするおそれがあると認めるとき、又は法令若しくは定款に違反する事実若しくは著しく不当な事実があると認めるときは、遅滞なく、その旨を取締役（取締役会設置会社にあっては、取締役会）に報告しなければならない。

第三八三条（取締役会への出席義務等）　監査役は、取締役会に出席し、必要があると認めるときは、意見を述べなければならない。ただし、監査役が二人以上ある場合において、第三百七十三条第一項の規定による特別取締役による議決の定めがあるときは、監査役の互選によって、監査役の中から特に同条第二項の取締役会に出席する監査役を定めることができる。

2　監査役は、前条に規定する場合において、必要があると認めるときは、取締役（第三百六十六条第一項ただし書に規定する場合にあっては、招集権者）に対し、取締役会の招集を請求することができる。

3 前項の規定による請求があった日から五日以内に、その請求があった日から二週間以内の日を取締役会の日とする取締役会の招集の通知が発せられない場合は、その請求をした監査役は、取締役会を招集することができる。
〔4項略〕

第三八四条（**株主総会に対する報告義務**）監査役は、取締役が株主総会に提出しようとする議案、書類その他法務省令で定めるものを調査しなければならない。この場合において、法令若しくは定款に違反し、又は著しく不当な事項があると認めるときは、その調査の結果を株主総会に報告しなければならない。

第三八五条（**監査役による取締役の行為の差止め**）監査役は、取締役が監査役設置会社の目的の範囲外の行為その他法令若しくは定款に違反する行為をし、又はこれらの行為をするおそれがある場合において、当該行為によって当該監査役設置会社に著しい損害が生ずるおそれがあるときは、当該取締役に対し、当該行為をやめることを請求することができる。〔2項略〕

第三八六条（**監査役設置会社と取締役との間の訴えにおける会社の代表等**）第三百四十九条第四項、第三百五十三条及び第三百六十四条の規定にかかわらず、次の各号に掲げる場合には、当該各号の訴えについては、監査役が監査役設置会社を代表する。
一 監査役設置会社が取締役に対し、又は取締役が監査役設置会社に対して訴えを提起する場合
二 株式交換等完全親会社である監査役設置会社がその株式交換等完全子会社の取締役、執行役又は清算人の責任を追及する訴えを提起する場合
三 最終完全親会社等である監査役設置会社がその完全子会社等である株式会社の取締役、執行役又は清算人に対して特定責任追及の訴えを提起する場合〔2項略〕

第三八七条（**監査役の報酬等**）監査役の報酬等は、定款にその額を定めていないときは、株主総会の決議によって定める。
2 監査役が二人以上ある場合において、各監査役の報酬等について定款の定め又は株主総会の決議がないときは、当該報酬等は、前項の報酬等の範囲内において、監査役の協議によって定める。
3 監査役は、株主総会において、監査役の報酬等について意見を述べることができる。

第三八九条（**定款の定めによる監査範囲の限定**）公開会社でない株式会社（監査役会設置会社及び会計監査人設置会社を除く。）は、第三百八十一条第一項の規定にかかわらず、その監査役の監査の範囲を会計に関するものに限定する旨を定款で定めることができる。
2 前項の規定による定款の定めがある株式会社の監査役は、法務省令で定めるところにより、監査報告を作成しなければならない。
3 前項の監査役は、取締役が株主総会に提出しようとする会計に関する議案、書類その他の法務省令で定めるものを調査し、その調査の結果を株主総会に報告しなければならない。
4 第二項の監査役は、いつでも、次に掲げるものの閲覧及び謄写をし、又は取締役及び会計参与並びに支配人その他の使用人に対して会計に関する報告を求めることができる。
一 会計帳簿又はこれに関する資料が書面をもって作成されているときは、当該書面
二 会計帳簿又はこれに関する資料が電磁的記録をもって作成されているときは、当該電磁的記録に記録された事項を法務省令で定める方法により表示したもの
5 第二項の監査役は、その職務を行うため必要があるときは、株式会社の子会社に対して会計に関する報告を求め、又は株式会社若しくはその子会社の業務及び財産の状況の調査をすることができる。
6 前項の子会社は、正当な理由があるときは、同項の規定による報告又は調査を拒むことができる。
7 第三百八十一条から第三百八十六条までの規定は、第一項の規定による定款の定めがある株式会社については、適用しない。

第九節の二 監査等委員会

第一款 権限等

第三九九条の二（**監査等委員会の権限等**）〔1項略〕
2 監査等委員は、取締役でなければならない。
3 監査等委員会は、次に掲げる職務を行う。
一 取締役（会計参与設置会社にあっては、取締役及び会計参与）の職務の執行の監査及び監査報告の作成
二 株主総会に提出する会計監査人の選任及び解任並びに会計監査人を再任しないことに関する議案の内容の決定
三 第三百四十二条の二第四項及び第三百六

商法

十一条第六項に規定する監査等委員会の意見の決定［4項略］

第三九九条の三（**監査等委員会による調査**）監査等委員会が選定する監査等委員は、いつでも、取締役（会計参与設置会社にあっては、取締役及び会計参与）及び支配人その他の使用人に対し、その職務の執行に関する事項の報告を求め、又は監査等委員会設置会社の業務及び財産の状況の調査をすることができる。

2　監査等委員会が選定する監査等委員は、監査等委員会の職務を執行するため必要があるときは、監査等委員会設置会社の子会社に対して事業の報告を求め、又はその子会社の業務及び財産の状況の調査をすることができる。［3項以下略］

第三九九条の四（**取締役会への報告義務**）監査等委員は、取締役が不正の行為をし、若しくは当該行為をするおそれがあると認めるとき、又は法令若しくは定款に違反する事実若しくは著しく不当な事実があると認めるときは、遅滞なく、その旨を取締役会に報告しなければならない。

第三九九条の五（**株主総会に対する報告義務**）監査等委員は、取締役が株主総会に提出しようとする議案、書類その他法務省令で定めるものについて法令若しくは定款に違反し、又は著しく不当な事項があると認めるときは、その旨を株主総会に報告しなければならない。

第三九九条の六（**監査等委員による取締役の行為の差止め**）監査等委員は、取締役が監査等委員会設置会社の目的の範囲外の行為その他法令若しくは定款に違反する行為をし、又はこれらの行為をするおそれがある場合において、当該行為によって当該監査等委員会設置会社に著しい損害が生ずるおそれがあるときは、当該取締役に対し、当該行為をやめることを請求することができる。［2項略］

第二款　運営

第三九九条の八（**招集権者**）監査等委員会は、各監査等委員が招集する。

第三九九条の九（**招集手続等**）［1・2項略］

3　取締役（会計参与設置会社にあっては、取締役及び会計参与）は、監査等委員会の要求があったときは、監査等委員会に出席し、監査等委員会が求めた事項について説明をしなければならない。

第三九九条の一〇（**監査等委員会の決議**）監査等委員会の決議は、議決に加わることができる監査等委員の過半数が出席し、その過半数をもって行う。［2項以下略］

第三款　監査等委員会設置会社の取締役会の権限等

第三九九条の一三（**監査等委員会設置会社の取締役会の権限**）監査等委員会設置会社の取締役会は、第三百六十二条の規定にかかわらず、次に掲げる職務を行う。

一　次に掲げる事項その他監査等委員会設置会社の業務執行の決定

イ　経営の基本方針

ロ　監査等委員会の職務の執行のため必要なものとして法務省令で定める事項

ハ　取締役の職務の執行が法令及び定款に適合することを確保するための体制その他株式会社の業務並びに当該株式会社及びその子会社から成る企業集団の業務の適正を確保するために必要なものとして法務省令で定める体制の整備

二　取締役の職務の執行の監督

三　代表取締役の選定及び解職［2項以下略］

第十節　指名委員会等及び執行役

第一款　委員の選定、執行役の選任等

第四〇〇条（**委員の選定等**）指名委員会、監査委員会又は報酬委員会の各委員会は、委員三人以上で組織する。

2　各委員会の委員は、取締役の中から、取締役会の決議によって選定する。

3　各委員会の委員の過半数は、社外取締役でなければならない。

4　監査委員会の委員（以下「監査委員」という。）は、指名委員会等設置会社若しくはその子会社の執行役若しくは業務執行取締役又は指名委員会等設置会社の子会社の会計参与（会計参与が法人であるときは、その職務を行うべき社員）若しくは支配人その他の使用人を兼ねることができない。

第四〇二条（**執行役の選任等**）指名委員会等設置会社には、一人又は二人以上の執行役を置かなければならない。

2　執行役は、取締役会の決議によって選任する。［3―5項略］

6　執行役は、取締役を兼ねることができる。

7　執行役の任期は、選任後一年以内に終了する事業年度のうち最終のものに関する定時株主総会の終結後最初に招集される取締役会の終結の時までとする。ただし、定款によって、

その任期を短縮することを妨げない。〔8項略〕

第二款　指名委員会等の権限等

第四〇四条（指名委員会等の権限等） 指名委員会は、株主総会に提出する取締役（会計参与設置会社にあっては、取締役及び会計参与）の選任及び解任に関する議案の内容を決定する。

2　監査委員会は、次に掲げる職務を行う。

一　執行役等の職務の執行の監査及び監査報告の作成

二　株主総会に提出する会計監査人の選任及び解任並びに会計監査人を再任しないことに関する議案の内容の決定

3　報酬委員会は、第三百六十一条第一項並びに第三百七十九条第一項及び第二項の規定にかかわらず、執行役等の個人別の報酬等の内容を決定する。執行役が指名委員会等設置会社の支配人その他の使用人を兼ねているときは、当該支配人その他の使用人の報酬等の内容についても、同様とする。〔4項略〕

第四〇五条（監査委員会による調査） 監査委員会が選定する監査委員は、いつでも、執行役等及び支配人その他の使用人に対し、その職務の執行に関する事項の報告を求め、又は指名委員会等設置会社の業務及び財産の状況の調査をすることができる。〔2項以下略〕

第四〇六条（取締役会への報告義務） 監査委員は、執行役又は取締役が不正の行為をし、若しくは当該行為をするおそれがあると認めるとき、又は法令若しくは定款に違反する事実若しくは著しく不当な事実があると認めるときは、遅滞なく、その旨を取締役会に報告しなければならない。

第四〇七条（監査委員による執行役等の行為の差止め） 監査委員は、執行役又は取締役が指名委員会等設置会社の目的の範囲外の行為その他法令若しくは定款に違反する行為をし、又はこれらの行為をするおそれがある場合において、当該行為によって当該指名委員会等設置会社に著しい損害が生ずるおそれがあるときは、当該執行役又は取締役に対し、当該行為をやめることを請求することができる。〔2項略〕

第三款　指名委員会等の運営

第四一〇条（招集権者） 指名委員会等は、当該指名委員会等の各委員が招集する。

第四一一条（招集手続等）〔1・2項略〕

3　執行役等は、指名委員会等の要求があったときは、当該指名委員会等に出席し、当該指名委員会等が求めた事項について説明をしなければならない。

第四款　指名委員会等設置会社の取締役の権限等

第四一五条（指名委員会等設置会社の取締役の権限） 指名委員会等設置会社の取締役は、この法律又はこの法律に基づく命令に別段の定めがある場合を除き、指名委員会等設置会社の業務を執行することができない。

第四一六条（指名委員会等設置会社の取締役会の権限） 指名委員会等設置会社の取締役会は、第三百六十二条の規定にかかわらず、次に掲げる職務を行う。

一　次に掲げる事項その他指名委員会等設置会社の業務執行の決定

イ　経営の基本方針

ロ　監査委員会の職務の執行のため必要なものとして法務省令で定める事項

ハ　執行役が二人以上ある場合における執行役の職務の分掌及び指揮命令の関係その他の執行役相互の関係に関する事項

ニ　次条第二項の規定による取締役会の招集の請求を受ける取締役

ホ　執行役の職務の執行が法令及び定款に適合することを確保するための体制その他株式会社の業務並びに当該株式会社及びその子会社から成る企業集団の業務の適正を確保するために必要なものとして法務省令で定める体制の整備

二　執行役等の職務の執行の監督〔2項略〕

3　指名委員会等設置会社の取締役会は、第一項各号に掲げる職務の執行を取締役に委任することができない。

4　指名委員会等設置会社の取締役会は、その決議によって、指名委員会等設置会社の業務執行の決定を執行役に委任することができる。ただし、次に掲げる事項については、この限りでない。

一　第百三十六条又は第百三十七条第一項の決定及び第百四十条第四項の規定による指定

二　第百六十五条第三項において読み替えて適用する第百五十六条第一項各号に掲げる事項の決定

三　第二百六十二条又は第二百六十三条第一項の決定

四　第二百九十八条第一項各号に掲げる事項の決定

五　株主総会に提出する議案（取締役、会計参与及び会計監査人の選任及び解任並びに

会計監査人を再任しないことに関するものを除く。）の内容の決定
六　第三百四十八条の二第二項の規定による委託
七　第三百六十五条第一項において読み替えて適用する第三百五十六条第一項（第四百十九条第二項において読み替えて準用する場合を含む。）の承認
八　第三百六十六条第一項ただし書の規定による取締役会を招集する取締役の決定
九　第四百条第二項の規定による委員の選定及び第四百一条第一項の規定による委員の解職
十　第四百二条第二項の規定による執行役の選任及び第四百三条第一項の規定による執行役の解任
十一　第四百八条第一項第一号の規定による指名委員会等設置会社を代表する者の決定
十二　第四百二十条第一項前段の規定による代表執行役の選定及び同条第二項の規定による代表執行役の解職
十三　第四百二十六条第一項の規定による定款の定めに基づく第四百二十三条第一項の責任の免除
十四　補償契約の内容の決定
十五　役員等賠償責任保険契約の内容の決定
十六　第四百三十六条第三項、第四百四十一条第三項及び第四百四十四条第五項の承認
十七　第四百五十四条第五項において読み替えて適用する同条第一項の規定により定めなければならないとされる事項の決定
十八　第四百六十七条第一項各号に掲げる行為に係る契約（当該指名委員会等設置会社の株主総会の決議による承認を要しないものを除く。）の内容の決定
十九　合併契約（当該指名委員会等設置会社の株主総会の決議による承認を要しないものを除く。）の内容の決定
二十　吸収分割契約（当該指名委員会等設置会社の株主総会の決議による承認を要しないものを除く。）の内容の決定
二十一　新設分割計画（当該指名委員会等設置会社の株主総会の決議による承認を要しないものを除く。）の内容の決定
二十二　株式交換契約（当該指名委員会等設置会社の株主総会の決議による承認を要しないものを除く。）の内容の決定
二十三　株式移転計画の内容の決定
二十四　株式交付計画（当該指名委員会等設置会社の株主総会の決議による承認を要しないものを除く。）の内容の決定

第四一七条（指名委員会等設置会社の取締役会の運営）［1—3項略］

4　執行役は、三箇月に一回以上、自己の職務の執行の状況を取締役会に報告しなければならない。この場合において、執行役は、代理人（他の執行役に限る。）により当該報告をすることができる。

5　執行役は、取締役会の要求があったときは、取締役会に出席し、取締役会が求めた事項について説明をしなければならない。

第五款　執行役の権限等

第四二〇条（代表執行役）取締役会は、執行役の中から代表執行役を選定しなければならない。この場合において、執行役が一人のときは、その者が代表執行役に選定されたものとする。

2　代表執行役は、いつでも、取締役会の決議によって解職することができる。［3項略］

第十一節　役員等の損害賠償責任

第四二三条（役員等の株式会社に対する損害賠償責任）取締役、会計参与、監査役、執行役又は会計監査人（以下この章において「役員等」という。）は、その任務を怠ったときは、株式会社に対し、これによって生じた損害を賠償する責任を負う。

2　取締役又は執行役が第三百五十六条第一項（第四百十九条第二項において準用する場合を含む。以下この項において同じ。）の規定に違反して第三百五十六条第一項第一号の取引をしたときは、当該取引によって取締役、執行役又は第三者が得た利益の額は、前項の損害の額と推定する。

3　第三百五十六条第一項第二号又は第三号（これらの規定を第四百十九条第二項において準用する場合を含む。）の取引によって株式会社に損害が生じたときは、次に掲げる取締役又は執行役は、その任務を怠ったものと推定する。
一　第三百五十六条第一項（第四百十九条第二項において準用する場合を含む。）の取締役又は執行役
二　株式会社が当該取引をすることを決定した取締役又は執行役
三　当該取引に関する取締役会の承認の決議に賛成した取締役（指名委員会等設置会社

においては、当該取引が指名委員会等設置会社と取締役との間の取引又は指名委員会等設置会社と取締役との利益が相反する取引である場合に限る。）

4　前項の規定は、第三百五十六条第一項第二号又は第三号に掲げる場合において、同項の取締役（監査等委員であるものを除く。）が当該取引につき監査等委員会の承認を受けたときは、適用しない。

第四二四条（株式会社に対する損害賠償責任の免除）前条第一項の責任は、総株主の同意がなければ、免除することができない。

第四二五条（責任の一部免除）前条の規定にかかわらず、第四百二十三条第一項の責任は、当該役員等が職務を行うにつき善意でかつ重大な過失がないときは、賠償の責任を負う額から次に掲げる額の合計額（第四百二十七条第一項において「最低責任限度額」という。）を控除して得た額を限度として、株主総会（株式会社に最終完全親会社等がある場合において、当該責任が特定責任であるときにあっては、当該株式会社及び当該最終完全親会社等の株主総会。以下この条において同じ。）の決議によって免除することができる。

一　当該役員等がその在職中に株式会社から職務執行の対価として受け、又は受けるべき財産上の利益の一年間当たりの額に相当する額として法務省令で定める方法により算定される額に、次のイからハまでに掲げる役員等の区分に応じ、当該イからハまでに定める数を乗じて得た額

イ　代表取締役又は代表執行役　六

ロ　代表取締役以外の取締役（業務執行取締役等であるものに限る。）又は代表執行役以外の執行役　四

ハ　取締役（イ及びロに掲げるものを除く。）、会計参与、監査役又は会計監査人　二

二　当該役員等が当該株式会社の新株予約権を引き受けた場合（第二百三十八条第三項各号に掲げる場合に限る。）における当該新株予約権に関する財産上の利益に相当する額として法務省令で定める方法により算定される額

2　前項の場合には、取締役（株式会社に最終完全親会社等がある場合において、同項の規定により免除しようとする責任が特定責任であるときにあっては、当該株式会社及び当該最終完全親会社等の取締役）は、同項の株主総会において次に掲げる事項を開示しなければならない。

一　責任の原因となった事実及び賠償の責任を負う額

二　前項の規定により免除することができる額の限度及びその算定の根拠

三　責任を免除すべき理由及び免除額

3　監査役設置会社、監査等委員会設置会社又は指名委員会等設置会社においては、取締役（これらの会社に最終完全親会社等がある場合において、第一項の規定により免除しようとする責任が特定責任であるときにあっては、当該会社及び当該最終完全親会社等の取締役）は、第四百二十三条第一項の責任の免除（取締役（監査等委員又は監査委員であるものを除く。）及び執行役の責任の免除に限る。）に関する議案を株主総会に提出するには、次の各号に掲げる株式会社の区分に応じ、当該各号に定める者の同意を得なければならない。

一　監査役設置会社　監査役（監査役が二人以上ある場合にあっては、各監査役）

二　監査等委員会設置会社　各監査等委員

三　指名委員会等設置会社　各監査委員

4　第一項の決議があった場合において、株式会社が当該決議後に同項の役員等に対し退職慰労金その他の法務省令で定める財産上の利益を与えるときは、株主総会の承認を受けなければならない。当該役員等が同項第二号の新株予約権を当該決議後に行使し、又は譲渡するときも同様とする。

5　第一項の決議があった場合において、当該役員等が前項の新株予約権を表示する新株予約権証券を所持するときは、当該役員等は、遅滞なく、当該新株予約権証券を株式会社に対し預託しなければならない。この場合において、当該役員等は、同項の譲渡について同項の承認を受けた後でなければ、当該新株予約権証券の返還を求めることができない。

第四二六条（取締役等による免除に関する定款の定め）第四百二十四条の規定にかかわらず、監査役設置会社（取締役が二人以上ある場合に限る。）、監査等委員会設置会社又は指名委員会等設置会社は、第四百二十三条第一項の責任について、当該役員等が職務を行うにつき善意でかつ重大な過失がない場合において、責任の原因となった事実の内容、当該役員等の職務の執行の状況その他の事情を勘案して特に必要と認めるときは、前条第一項の規定により免除することができる額を限度と

して取締役（当該責任を負う取締役を除く。）の過半数の同意（取締役会設置会社にあっては、取締役会の決議）によって免除することができる旨を定款で定めることができる。

2　前条第三項の規定は、定款を変更して前項の規定による定款の定め（取締役（監査等委員又は監査委員であるものを除く。）及び執行役の責任を免除することができる旨の定めに限る。）を設ける議案を株主総会に提出する場合、同項の規定による定款の定めに基づく責任の免除（取締役（監査等委員又は監査委員であるものを除く。）及び執行役の責任の免除に限る。）についての取締役の同意を得る場合及び当該責任の免除に関する議案を取締役会に提出する場合について準用する。この場合において、同条第三項中「取締役（これらの会社に最終完全親会社等がある場合において、第一項の規定により免除しようとする責任が特定責任であるときにあっては、当該会社及び当該最終完全親会社等の取締役）」とあるのは、「取締役」と読み替えるものとする。

3　第一項の規定による定款の定めに基づいて役員等の責任を免除する旨の同意（取締役会設置会社にあっては、取締役会の決議）を行ったときは、取締役は、遅滞なく、前条第二項各号に掲げる事項及び責任を免除することに異議がある場合には一定の期間内に当該異議を述べるべき旨を公告し、又は株主に通知しなければならない。ただし、当該期間は、一箇月を下ることができない。

4　公開会社でない株式会社における前項の規定の適用については、同項中「公告し、又は株主に通知し」とあるのは、「株主に通知し」とする。

5　株式会社に最終完全親会社等がある場合において、第三項の規定による公告又は通知（特定責任の免除に係るものに限る。）がされたときは、当該最終完全親会社等の取締役は、遅滞なく、前条第二項各号に掲げる事項及び責任を免除することに異議がある場合には一定の期間内に当該異議を述べるべき旨を公告し、又は株主に通知しなければならない。ただし、当該期間は、一箇月を下ることができない。

6　公開会社でない最終完全親会社等における前項の規定の適用については、同項中「公告し、又は株主に通知し」とあるのは、「株主に通知し」とする。

7　総株主（第三項の責任を負う役員等であるものを除く。）の議決権の百分の三（これを下回る割合を定款で定めた場合にあっては、その割合）以上の議決権を有する株主が同項の期間内に同項の異議を述べたとき（株式会社に最終完全親会社等がある場合において、第一項の規定による定款の定めに基づき免除しようとする責任が特定責任であるときにあっては、当該株式会社の総株主（第三項の責任を負う役員等であるものを除く。）の議決権の百分の三（これを下回る割合を定款で定めた場合にあっては、その割合）以上の議決権を有する株主又は当該最終完全親会社等の総株主（第三項の責任を負う役員等であるものを除く。）の議決権の百分の三（これを下回る割合を定款で定めた場合にあっては、その割合）以上の議決権を有する株主が第三項又は第五項の期間内に当該各項の異議を述べたとき）は、株式会社は、第一項の規定による定款の定めに基づく免除をしてはならない。

8　前条第四項及び第五項の規定は、第一項の規定による定款の定めに基づき責任を免除した場合について準用する。

第四二七条（責任限定契約）　第四百二十四条の規定にかかわらず、株式会社は、取締役（業務執行取締役等であるものを除く。）、会計参与、監査役又は会計監査人（以下この条及び第九百十一条第三項第二十五号において「非業務執行取締役等」という。）の第四百二十三条第一項の責任について、当該非業務執行取締役等が職務を行うにつき善意でかつ重大な過失がないときは、定款で定めた額の範囲内であらかじめ株式会社が定めた額と最低責任限度額とのいずれか高い額を限度とする旨の契約を非業務執行取締役等と締結することができる旨を定款で定めることができる。

2　前項の契約を締結した非業務執行取締役等が当該株式会社の業務執行取締役等に就任したときは、当該契約は、将来に向かってその効力を失う。

3　第四百二十五条第三項の規定は、定款を変更して第一項の規定による定款の定め（同項に規定する取締役（監査等委員又は監査委員であるものを除く。）と契約を締結することができる旨の定めに限る。）を設ける議案を株主総会に提出する場合について準用する。この場合において、同条第三項中「取締役（これらの会社に最終完全親会社等がある場合において、第一項の規定により免除しようとする責任が特定責任であるときにあっては、当該会社及び当該最終完全親会社等の取締役）」とあるのは、「取締役」と読み替えるものとする。

4 第一項の契約を締結した株式会社が、当該契約の相手方である非業務執行取締役等が任務を怠ったことにより損害を受けたことを知ったときは、その後最初に招集される株主総会（当該株式会社に最終完全親会社等がある場合において、当該損害が特定責任に係るものであるときにあっては、当該株式会社及び当該最終完全親会社等の株主総会）において次に掲げる事項を開示しなければならない。

一 第四百二十五条第二項第一号及び第二号に掲げる事項

二 当該契約の内容及び当該契約を締結した理由

三 第四百二十三条第一項の損害のうち、当該非業務執行取締役等が賠償する責任を負わないとされた額

5 第四百二十五条第四項及び第五項の規定は、非業務執行取締役等が第一項の契約によって同項に規定する限度を超える部分について損害を賠償する責任を負わないとされた場合について準用する。

第四二九条（**役員等の第三者に対する損害賠償責任**）役員等がその職務を行うについて悪意又は重大な過失があったときは、当該役員等は、これによって第三者に生じた損害を賠償する責任を負う。

2 次の各号に掲げる者が、当該各号に定める行為をしたときも、前項と同様とする。ただし、その者が当該行為をすることについて注意を怠らなかったことを証明したときは、この限りでない。

一 取締役及び執行役 次に掲げる行為

イ 株式、新株予約権、社債若しくは新株予約権付社債を引き受ける者の募集をする際に通知しなければならない重要な事項についての虚偽の通知又は当該募集のための当該株式会社の事業その他の事項に関する説明に用いた資料についての虚偽の記載若しくは記録

ロ 計算書類及び事業報告並びにこれらの附属明細書並びに臨時計算書類に記載し、又は記録すべき重要な事項についての虚偽の記載又は記録

ハ 虚偽の登記

ニ 虚偽の公告（第四百四十条第三項に規定する措置を含む。）

二 会計参与 計算書類及びその附属明細書、臨時計算書類並びに会計参与報告に記載し、又は記録すべき重要な事項についての虚偽の記載又は記録

三 監査役、監査等委員及び監査委員 監査報告に記載し、又は記録すべき重要な事項についての虚偽の記載又は記録

四 会計監査人 会計監査報告に記載し、又は記録すべき重要な事項についての虚偽の記載又は記録

第四三〇条（**役員等の連帯責任**）役員等が株式会社又は第三者に生じた損害を賠償する責任を負う場合において、他の役員等も当該損害を賠償する責任を負うときは、これらの者は、連帯債務者とする。

第五章 計算等

第二節 会計帳簿等

第二款 計算書類等

第四三五条（**計算書類等の作成及び保存**）〔1項略〕

2 株式会社は、法務省令で定めるところにより、各事業年度に係る計算書類（貸借対照表、損益計算書その他株式会社の財産及び損益の状況を示すために必要かつ適当なものとして法務省令で定めるものをいう。以下この章において同じ。）及び事業報告並びにこれらの附属明細書を作成しなければならない。〔3項以下略〕

第四三六条（**計算書類等の監査等**）監査役設置会社（監査役の監査の範囲を会計に関するものに限定する旨の定款の定めがある株式会社を含み、会計監査人設置会社を除く。）においては、前条第二項の計算書類及び事業報告並びにこれらの附属明細書は、法務省令で定めるところにより、監査役の監査を受けなければならない。〔2項略〕

3 取締役会設置会社においては、前条第二項の計算書類及び事業報告並びにこれらの附属明細書（第一項又は前項の規定の適用がある場合にあっては、第一項又は前項の監査を受けたもの）は、取締役会の承認を受けなければならない。

第四三七条（**計算書類等の株主への提供**）取締役会設置会社においては、取締役は、定時株主総会の招集の通知に際して、法務省令で定めるところにより、株主に対し、前条第三項

の承認を受けた計算書類及び事業報告（同条第一項又は第二項の規定の適用がある場合にあっては、監査報告又は会計監査報告を含む。）を提供しなければならない。

第四四〇条（計算書類の公告） 株式会社は、法務省令で定めるところにより、定時株主総会の終結後遅滞なく、貸借対照表（大会社にあっては、貸借対照表及び損益計算書）を公告しなければならない。〔2項以下略〕

第四四一条（臨時計算書類） 株式会社は、最終事業年度の直後の事業年度に属する一定の日（以下この項において「臨時決算日」という。）における当該株式会社の財産の状況を把握するため、法務省令で定めるところにより、次に掲げるもの（以下「臨時計算書類」という。）を作成することができる。

一　臨時決算日における貸借対照表

二　臨時決算日の属する事業年度の初日から臨時決算日までの期間に係る損益計算書

2　第四百三十六条第一項に規定する監査役設置会社又は会計監査人設置会社においては、臨時計算書類は、法務省令で定めるところにより、監査役又は会計監査人（監査等委員会設置会社にあっては監査等委員会及び会計監査人、指名委員会等設置会社にあっては監査委員会及び会計監査人）の監査を受けなければならない。〔3項略〕

4　次の各号に掲げる株式会社においては、当該各号に定める臨時計算書類は、株主総会の承認を受けなければならない。ただし、臨時計算書類が法令及び定款に従い株式会社の財産及び損益の状況を正しく表示しているものとして法務省令で定める要件に該当する場合は、この限りでない。

一　第四百三十六条第一項に規定する監査役設置会社又は会計監査人設置会社（いずれも取締役会設置会社を除く。）　第二項の監査を受けた臨時計算書類

二　取締役会設置会社　前項の承認を受けた臨時計算書類

三　前二号に掲げるもの以外の株式会社　第一項の臨時計算書類

第四四二条（計算書類等の備置き及び閲覧等） 株式会社は、次の各号に掲げるもの（以下この条において「計算書類等」という。）を、当該各号に定める期間、その本店に備え置かなければならない。

一　各事業年度に係る計算書類及び事業報告並びにこれらの附属明細書（第四百三十六条第一項又は第二項の規定の適用がある場合にあっては、監査報告又は会計監査報告を含む。）　定時株主総会の日の一週間（取締役会設置会社にあっては、二週間）前の日（第三百十九条第一項の場合にあっては、同項の提案があった日）から五年間

二　臨時計算書類（前条第二項の規定の適用がある場合にあっては、監査報告又は会計監査報告を含む。）　臨時計算書類を作成した日から五年間

2　株式会社は、次の各号に掲げる計算書類等の写しを、当該各号に定める期間、その支店に備え置かなければならない。ただし、計算書類等が電磁的記録で作成されている場合であって、支店における次項第三号及び第四号に掲げる請求に応じることを可能とするための措置として法務省令で定めるものをとっているときは、この限りでない。

一　前項第一号に掲げる計算書類等　定時株主総会の日の一週間（取締役会設置会社にあっては、二週間）前の日（第三百十九条第一項の場合にあっては、同項の提案があった日）から三年間

二　前項第二号に掲げる計算書類等　同号の臨時計算書類を作成した日から三年間

3　株主及び債権者は、株式会社の営業時間内は、いつでも、次に掲げる請求をすることができる。ただし、第二号又は第四号に掲げる請求をするには、当該株式会社の定めた費用を支払わなければならない。

一　計算書類等が書面をもって作成されているときは、当該書面又は当該書面の写しの閲覧の請求

二　前号の書面の謄本又は抄本の交付の請求

三　計算書類等が電磁的記録をもって作成されているときは、当該電磁的記録に記録された事項を法務省令で定める方法により表示したものの閲覧の請求

四　前号の電磁的記録に記録された事項を電磁的方法であって株式会社の定めたものにより提供することの請求又はその事項を記載した書面の交付の請求

4　株式会社の親会社社員は、その権利を行使するため必要があるときは、裁判所の許可を得て、当該株式会社の計算書類等について前項各号に掲げる請求をすることができる。ただし、同項第二号又は第四号に掲げる請求を

するには、当該株式会社の定めた費用を支払わなければならない。

第四節　剰余金の配当

第四五三条（株主に対する剰余金の配当） 株式会社は、その株主（当該株式会社を除く。）に対し、剰余金の配当をすることができる。

第四五四条（剰余金の配当に関する事項の決定） ［1・2項略］

3　第一項第二号に掲げる事項についての定めは、株主（当該株式会社及び前項第一号の種類の株式の株主を除く。）の有する株式の数（前項第二号に掲げる事項についての定めがある場合にあっては、各種類の株式の数）に応じて配当財産を割り当てることを内容とするものでなければならない。［4項以下略］

第六節　剰余金の配当等に関する責任

第四六一条（配当等の制限） 次に掲げる行為により株主に対して交付する金銭等（当該株式会社の株式を除く。以下この節において同じ。）の帳簿価額の総額は、当該行為がその効力を生ずる日における分配可能額を超えてはならない。

一　第百三十八条第一号ハ又は第二号ハの請求に応じて行う当該株式会社の株式の買取り

二　第百五十六条第一項の規定による決定に基づく当該株式会社の株式の取得（第百六十三条に規定する場合又は第百六十五条第一項に規定する場合における当該株式会社による株式の取得に限る。）

三　第百五十七条第一項の規定による決定に基づく当該株式会社の株式の取得

四　第百七十三条第一項の規定による当該株式会社の株式の取得

五　第百七十六条第一項の規定による請求に基づく当該株式会社の株式の買取り

六　第百九十七条第三項の規定による当該株式会社の株式の買取り

七　第二百三十四条第四項（第二百三十五条第二項において準用する場合を含む。）の規定による当該株式会社の株式の買取り

八　剰余金の配当

2　前項に規定する「分配可能額」とは、第一号及び第二号に掲げる額の合計額から第三号から第六号までに掲げる額の合計額を減じて得た額をいう（以下この節において同じ。）。

一　剰余金の額

二　臨時計算書類につき第四百四十一条第四項の承認（同項ただし書に規定する場合にあっては、同条第三項の承認）を受けた場合における次に掲げる額

イ　第四百四十一条第一項第二号の期間の利益の額として法務省令で定める各勘定科目に計上した額の合計額

ロ　第四百四十一条第一項第二号の期間内に自己株式を処分した場合における当該自己株式の対価の額

三　自己株式の帳簿価額

四　最終事業年度の末日後に自己株式を処分した場合における当該自己株式の対価の額

五　第二号に規定する場合における第四百四十一条第一項第二号の期間の損失の額として法務省令で定める各勘定科目に計上した額の合計額

六　前三号に掲げるもののほか、法務省令で定める各勘定科目に計上した額の合計額

第六章　定款の変更

第四六六条　株式会社は、その成立後、株主総会の決議によって、定款を変更することができる。

第七章　事業の譲渡等

第四六七条（事業譲渡等の承認等） 株式会社は、次に掲げる行為をする場合には、当該行為がその効力を生ずる日（以下この章において「効力発生日」という。）の前日までに、株主総会の決議によって、当該行為に係る契約の承認を受けなければならない。

一　事業の全部の譲渡

二　事業の重要な一部の譲渡（当該譲渡により譲り渡す資産の帳簿価額が当該株式会社の総資産額として法務省令で定める方法により算定される額の五分の一（これを下回る割合を定款で定めた場合にあっては、その割合）を超えないものを除く。）

二の二　その子会社の株式又は持分の全部又は一部の譲渡

イ　当該譲渡により譲り渡す株式又は持分の帳簿価額が当該株式会社の総資産額として法務省令で定める方法により算定される額の五分の一を超えるとき。

ロ　当該株式会社が、効力発生日において

当該子会社の議決権の総数の過半数の議決権を有しないとき。

三　他の会社（外国会社その他の法人を含む。次条において同じ。）の事業の全部の譲受け

四　事業の全部の賃貸、事業の全部の経営の委任、他人と事業上の損益の全部を共通にする契約その他これらに準ずる契約の締結、変更又は解約

五　当該株式会社（第二十五条第一項各号に掲げる方法により設立したものに限る。以下この号において同じ。）の成立後二年以内におけるその成立前から存在する財産であってその事業のために継続して使用するものの取得。ただし、イに掲げる額のロに掲げる額に対する割合が五分の一（これを下回る割合を当該株式会社の定款で定めた場合にあっては、その割合）を超えない場合を除く。

イ　当該財産の対価として交付する財産の帳簿価額の合計額

ロ　当該株式会社の純資産額として法務省令で定める方法により算定される額

2　前項第三号に掲げる行為をする場合において、当該行為をする株式会社が譲り受ける資産に当該株式会社の株式が含まれるときは、取締役は、同項の株主総会において、当該株式に関する事項を説明しなければならない。

第四六九条（反対株主の株式買取請求）　事業譲渡等をする場合（次に掲げる場合を除く。）には、反対株主は、事業譲渡等をする株式会社に対し、自己の有する株式を公正な価格で買い取ることを請求することができる。

一　第四百六十七条第一項第一号に掲げる行為をする場合において、同項の株主総会の決議と同時に第四百七十一条第三号の株主総会の決議がされたとき。

二　前条第二項に規定する場合（同条第三項に規定する場合を除く。）

2　前項に規定する「反対株主」とは、次の各号に掲げる場合における当該各号に定める株主をいう。

一　事業譲渡等をするために株主総会（種類株主総会を含む。）の決議を要する場合　次に掲げる株主

イ　当該株主総会に先立って当該事業譲渡等に反対する旨を当該株式会社に対し通知し、かつ、当該株主総会において当該事業譲渡等に反対した株主（当該株主総会において議決権を行使することができるものに限る。）

ロ　当該株主総会において議決権を行使することができない株主

二　前号に規定する場合以外の場合　全ての株主（前条第一項に規定する場合における当該特別支配会社を除く。）

3　事業譲渡等をしようとする株式会社は、効力発生日の二十日前までに、その株主（前条第一項に規定する場合における当該特別支配会社を除く。）に対し、事業譲渡等をする旨（第四百六十七条第二項に規定する場合にあっては、同条第一項第三号に掲げる行為をする旨及び同条第二項の株式に関する事項）を通知しなければならない。

4　次に掲げる場合には、前項の規定による通知は、公告をもってこれに代えることができる。

一　事業譲渡等をする株式会社が公開会社である場合

二　事業譲渡等をする株式会社が第四百六十七条第一項の株主総会の決議によって事業譲渡等に係る契約の承認を受けた場合

5　第一項の規定による請求（以下この章において「株式買取請求」という。）は、効力発生日の二十日前の日から効力発生日の前日までの間に、その株式買取請求に係る株式の数（種類株式発行会社にあっては、株式の種類及び種類ごとの数）を明らかにしてしなければならない。

6　株券が発行されている株式について株式買取請求をしようとするときは、当該株式の株主は、事業譲渡等をする株式会社に対し、当該株式に係る株券を提出しなければならない。ただし、当該株券について第二百二十三条の規定による請求をした者については、この限りでない。

7　株式買取請求をした株主は、事業譲渡等をする株式会社の承諾を得た場合に限り、その株式買取請求を撤回することができる。

8　事業譲渡等を中止したときは、株式買取請求は、その効力を失う。

9　第百三十三条の規定は、株式買取請求に係る株式については、適用しない。

第四七〇条（株式の価格の決定等）　株式買取請求があった場合において、株式の価格の決定について、株主と事業譲渡等をする株式会社

との間に協議が調ったときは、当該株式会社は、効力発生日から六十日以内にその支払をしなければならない。

2　株式の価格の決定について、効力発生日から三十日以内に協議が調わないときは、株主又は前項の株式会社は、その期間の満了の日後三十日以内に、裁判所に対し、価格の決定の申立てをすることができる。

3　前条第七項の規定にかかわらず、前項に規定する場合において、効力発生日から六十日以内に同項の申立てがないときは、その期間の満了後は、株主は、いつでも、株式買取請求を撤回することができる。

4　第一項の株式会社は、裁判所の決定した価格に対する同項の期間の満了の日後の法定利率による利息をも支払わなければならない。

5　第一項の株式会社は、株式の価格の決定があるまでは、株主に対し、当該株式会社が公正な価格と認める額を支払うことができる。

6　株式買取請求に係る株式の買取りは、効力発生日に、その効力を生ずる。

7　株券発行会社は、株券が発行されている株式について株式買取請求があったときは、株券と引換えに、その株式買取請求に係る株式の代金を支払わなければならない。

第八章　解散

第四七一条（**解散の事由**）株式会社は、次に掲げる事由によって解散する。

一　定款で定めた存続期間の満了

二　定款で定めた解散の事由の発生

三　株主総会の決議

四　合併（合併により当該株式会社が消滅する場合に限る。）

五　破産手続開始の決定

六　第八百二十四条第一項又は第八百三十三条第一項の規定による解散を命ずる裁判

第九章　清算

第一節　総則

第一款　清算の開始

第四七五条（**清算の開始原因**）株式会社は、次に掲げる場合には、この章の定めるところにより、清算をしなければならない。

一　解散した場合（第四百七十一条第四号に掲げる事由によって解散した場合及び破産手続開始の決定により解散した場合であって当該破産手続が終了していない場合を除く。）

二　設立の無効の訴えに係る請求を認容する判決が確定した場合

三　株式移転の無効の訴えに係る請求を認容する判決が確定した場合

第五款　残余財産の分配

第五〇四条（**残余財産の分配に関する事項の決定**）清算株式会社は、残余財産の分配をしようとするときは、清算人の決定（清算人会設置会社にあっては、清算人会の決議）によって、次に掲げる事項を定めなければならない。

一　残余財産の種類

二　株主に対する残余財産の割当てに関する事項

2　前項に規定する場合において、残余財産の分配について内容の異なる二以上の種類の株式を発行しているときは、清算株式会社は、当該種類の株式の内容に応じ、同項第二号に掲げる事項として、次に掲げる事項を定めることができる。

一　ある種類の株式の株主に対して残余財産の割当てをしないこととするときは、その旨及び当該株式の種類

二　前号に掲げる事項のほか、残余財産の割当てについて株式の種類ごとに異なる取扱いを行うこととするときは、その旨及び当該異なる取扱いの内容

3　第一項第二号に掲げる事項についての定めは、株主（当該清算株式会社及び前項第一号の種類の株式の株主を除く。）の有する株式の数（前項第二号に掲げる事項についての定めがある場合にあっては、各種類の株式の数）に応じて残余財産を割り当てることを内容とするものでなければならない。

第二節　特別清算

第一款　特別清算の開始

第五一〇条（**特別清算開始の原因**）裁判所は、清算株式会社に次に掲げる事由があると認めるときは、第五百十四条の規定に基づき、申立てにより、当該清算株式会社に対し特別清算の開始を命ずる。

一　清算の遂行に著しい支障を来すべき事情があること。

二　債務超過の疑いがあること。

第三編　持分会社

第一章　設立

第五七五条（**定款の作成**）合名会社、合資会社又は合同会社（以下「持分会社」と総称する。）を設立するには、その社員になろうとする者が定款を作成し、その全員がこれに署名し、又は記名押印しなければならない。〔2項略〕

第五七六条（**定款の記載又は記録事項**）〔1項略〕

2　設立しようとする持分会社が合名会社である場合には、前項第五号に掲げる事項として、その社員の全部を無限責任社員とする旨を記載し、又は記録しなければならない。

3　設立しようとする持分会社が合資会社である場合には、第一項第五号に掲げる事項として、その社員の一部を無限責任社員とし、その他の社員を有限責任社員とする旨を記載し、又は記録しなければならない。

4　設立しようとする持分会社が合同会社である場合には、第一項第五号に掲げる事項として、その社員の全部を有限責任社員とする旨を記載し、又は記録しなければならない。

第五七八条（**合同会社の設立時の出資の履行**）設立しようとする持分会社が合同会社である場合には、当該合同会社の社員になろうとする者は、定款の作成後、合同会社の設立の登記をする時までに、その出資に係る金銭の全額を払い込み、又はその出資に係る金銭以外の財産の全部を給付しなければならない。ただし、合同会社の社員になろうとする者全員の同意があるときは、登記、登録その他権利の設定又は移転を第三者に対抗するために必要な行為は、合同会社の成立後にすることを妨げない。

第二章　社員

第一節　社員の責任等

第五八〇条（**社員の責任**）社員は、次に掲げる場合には、連帯して、持分会社の債務を弁済する責任を負う。

一　当該持分会社の財産をもってその債務を完済することができない場合

二　当該持分会社の財産に対する強制執行がその効を奏しなかった場合（社員が、当該持分会社に弁済をする資力があり、かつ、強制執行が容易であることを証明した場合を除く。）

2　有限責任社員は、その出資の価額（既に持分会社に対し履行した出資の価額を除く。）を限度として、持分会社の債務を弁済する責任を負う。

第三章　管理

第一節　総則

第五九〇条（**業務の執行**）社員は、定款に別段の定めがある場合を除き、持分会社の業務を執行する。〔2項以下略〕

第二節　業務を執行する社員

第五九九条（**持分会社の代表**）業務を執行する社員は、持分会社を代表する。ただし、他に持分会社を代表する社員その他持分会社を代表する者を定めた場合は、この限りでない。〔2項以下略〕

第四編　社債

第二章　社債管理者

第七〇二条（**社債管理者の設置**）会社は、社債を発行する場合には、社債管理者を定め、社債権者のために、弁済の受領、債権の保全その他の社債の管理を行うことを委託しなければならない。ただし、各社債の金額が一億円以上である場合その他社債権者の保護に欠けるおそれがないものとして法務省令で定める場合は、この限りでない。

第七〇三条（**社債管理者の資格**）社債管理者は、次に掲げる者でなければならない。

一　銀行

二　信託会社

三　前二号に掲げるもののほか、これらに準ずるものとして法務省令で定める者

第三章　社債権者集会

第七一五条（**社債権者集会の構成**）社債権者は、社債の種類ごとに社債権者集会を組織する。

第七一六条（**社債権者集会の権限**）社債権者集会は、この法律に規定する事項及び社債権者の利害に関する事項について決議をすることができる。

第七一七条（**社債権者集会の招集**）社債権者集

会は、必要がある場合には、いつでも、招集することができる。

2　社債権者集会は、次項又は次条第三項の規定により招集する場合を除き、社債発行会社又は社債管理者が招集する。

3　次に掲げる場合には、社債管理補助者は、社債権者集会を招集することができる。

一　次条第一項の規定による請求があった場合

二　第七百十四条の七において準用する第七百十一条第一項の社債権者集会の同意を得るため必要がある場合

第七一八条（**社債権者による招集の請求**）ある種類の社債の総額（償還済みの額を除く。）の十分の一以上に当たる社債を有する社債権者は、社債発行会社、社債管理者又は社債管理補助者に対し、社債権者集会の目的である事項及び招集の理由を示して、社債権者集会の招集を請求することができる。

2　社債発行会社が有する自己の当該種類の社債の金額の合計額は、前項に規定する社債の総額に算入しない。

3　次に掲げる場合には、第一項の規定による請求をした社債権者は、裁判所の許可を得て、社債権者集会を招集することができる。

一　第一項の規定による請求の後遅滞なく招集の手続が行われない場合

二　第一項の規定による請求があった日から八週間以内の日を社債権者集会の日とする社債権者集会の招集の通知が発せられない場合

4　第一項の規定による請求又は前項の規定による招集をしようとする無記名社債の社債権者は、その社債券を社債発行会社、社債管理者又は社債管理補助者に提示しなければならない。

第七一九条（**社債権者集会の招集の決定**）社債権者集会を招集する者（以下この章において「招集者」という。）は、社債権者集会を招集する場合には、次に掲げる事項を定めなければならない。

一　社債権者集会の日時及び場所

二　社債権者集会の目的である事項

三　社債権者集会に出席しない社債権者が電磁的方法によって議決権を行使することができることとするときは、その旨

四　前三号に掲げるもののほか、法務省令で定める事項

第七二〇条（**社債権者集会の招集の通知**）社債権者集会を招集するには、招集者は、社債権者集会の日の二週間前までに、知れている社債権者及び社債発行会社並びに社債管理者又は社債管理補助者がある場合にあっては社債管理者又は社債管理補助者に対して、書面をもってその通知を発しなければならない。

2　招集者は、前項の書面による通知の発出に代えて、政令で定めるところにより、同項の通知を受けるべき者の承諾を得て、電磁的方法により通知を発することができる。この場合において、当該招集者は、同項の書面による通知を発したものとみなす。

3　前二項の通知には、前条各号に掲げる事項を記載し、又は記録しなければならない。

4　社債発行会社が無記名式の社債券を発行している場合において、社債権者集会を招集するには、招集者は、社債権者集会の日の三週間前までに、社債権者集会を招集する旨及び前条各号に掲げる事項を公告しなければならない。

5　前項の規定による公告は、社債発行会社における公告の方法によりしなければならない。ただし、招集者が社債発行会社以外の者である場合において、その方法が電子公告であるときは、その公告は、官報に掲載する方法でしなければならない。

第七二一条（**社債権者集会参考書類及び議決権行使書面の交付等**）招集者は、前条第一項の通知に際しては、法務省令で定めるところにより、知れている社債権者に対し、議決権の行使について参考となるべき事項を記載した書類（以下この条において「社債権者集会参考書類」という。）及び社債権者が議決権を行使するための書面（以下この章において「議決権行使書面」という。）を交付しなければならない。

2　招集者は、前条第二項の承諾をした社債権者に対し同項の電磁的方法による通知を発するときは、前項の規定による社債権者集会参考書類及び議決権行使書面の交付に代えて、これらの書類に記載すべき事項を電磁的方法により提供することができる。ただし、社債権者の請求があったときは、これらの書類を当該社債権者に交付しなければならない。

3　招集者は、前条第四項の規定による公告をした場合において、社債権者集会の日の一週間前までに無記名社債の社債権者の請求があったときは、直ちに、社債権者集会参考書類及び議決権行使書面を当該社債権者に交付しなければならない。

4 招集者は、前項の規定による社債権者集会参考書類及び議決権行使書面の交付に代えて、政令で定めるところにより、社債権者の承諾を得て、これらの書類に記載すべき事項を電磁的方法により提供することができる。この場合において、当該招集者は、同項の規定によるこれらの書類の交付をしたものとみなす。

第七二二条 招集者は、第七百十九条第三号に掲げる事項を定めた場合には、第七百二十条第二項の承諾をした社債権者に対する電磁的方法による通知に際して、法務省令で定めるところにより、社債権者に対し、議決権行使書面に記載すべき事項を当該電磁的方法により提供しなければならない。

2 招集者は、第七百十九条第三号に掲げる事項を定めた場合において、第七百二十条第二項の承諾をしていない社債権者から社債権者集会の日の一週間前までに議決権行使書面に記載すべき事項の電磁的方法による提供の請求があったときは、法務省令で定めるところにより、直ちに、当該社債権者に対し、当該事項を電磁的方法により提供しなければならない。

第七二三条（議決権の額等） 社債権者は、社債権者集会において、その有する当該種類の社債の金額の合計額（償還済みの額を除く。）に応じて、議決権を有する。

2 前項の規定にかかわらず、社債発行会社は、その有する自己の社債については、議決権を有しない。

3 議決権を行使しようとする無記名社債の社債権者は、社債権者集会の日の一週間前までに、その社債券を招集者に提示しなければならない。

第七二四条（社債権者集会の決議） 社債権者集会において決議をする事項を可決するには、出席した議決権者（議決権を行使することができる社債権者をいう。以下この章において同じ。）の議決権の総額の二分の一を超える議決権を有する者の同意がなければならない。

2 前項の規定にかかわらず、社債権者集会において次に掲げる事項を可決するには、議決権者の議決権の総額の五分の一以上で、かつ、出席した議決権者の議決権の総額の三分の二以上の議決権を有する者の同意がなければならない。

一 第七百六条第一項各号に掲げる行為に関する事項

二 第七百六条第一項、第七百十四条の四第三項（同条第二項第三号に掲げる行為に係る部分に限る。）、第七百三十六条第一項、第七百三十七条第一項ただし書及び第七百三十八条の規定により社債権者集会の決議を必要とする事項

3 社債権者集会は、第七百十九条第二号に掲げる事項以外の事項については、決議をすることができない。

第七二五条（議決権の代理行使） 社債権者は、代理人によってその議決権を行使することができる。この場合においては、当該社債権者又は代理人は、代理権を証明する書面を招集者に提出しなければならない。

2 前項の代理権の授与は、社債権者集会ごとにしなければならない。

3 第一項の社債権者又は代理人は、代理権を証明する書面の提出に代えて、政令で定めるところにより、招集者の承諾を得て、当該書面に記載すべき事項を電磁的方法により提供することができる。この場合において、当該社債権者又は代理人は、当該書面を提出したものとみなす。

4 社債権者が第七百二十条第二項の承諾をした者である場合には、招集者は、正当な理由がなければ、前項の承諾をすることを拒んではならない。

第七二六条（書面による議決権の行使） 社債権者集会に出席しない社債権者は、書面によって議決権を行使することができる。

2 書面による議決権の行使は、議決権行使書面に必要な事項を記載し、法務省令で定める時までに当該記載をした議決権行使書面を招集者に提出して行う。

3 前項の規定により書面によって行使した議決権の額は、出席した議決権者の議決権の額に算入する。

第七二七条（電磁的方法による議決権の行使） 電磁的方法による議決権の行使は、政令で定めるところにより、招集者の承諾を得て、法務省令で定める時までに議決権行使書面に記載すべき事項を、電磁的方法により当該招集者に提供して行う。

2 社債権者が第七百二十条第二項の承諾をした者である場合には、招集者は、正当な理由がなければ、前項の承諾をすることを拒んではならない。

3 第一項の規定により電磁的方法によって行使した議決権の額は、出席した議決権者の議

決権の額に算入する。

第七二八条（議決権の不統一行使） 社債権者は、その有する議決権を統一しないで行使することができる。この場合においては、社債権者集会の日の三日前までに、招集者に対してその旨及びその理由を通知しなければならない。

2 招集者は、前項の社債権者が他人のために社債を有する者でないときは、当該社債権者が同項の規定によりその有する議決権を統一しないで行使することを拒むことができる。

第七二九条（社債発行会社の代表者の出席等） 社債発行会社、社債管理者又は社債管理補助者は、その代表者若しくは代理人を社債権者集会に出席させ、又は書面により意見を述べることができる。ただし、社債管理者又は社債管理補助者にあっては、その社債権者集会が第七百七条（第七百十四条の七において準用する場合を含む。）の特別代理人の選任について招集されたものであるときは、この限りでない。

2 社債権者集会又は招集者は、必要があると認めるときは、社債発行会社に対し、その代表者又は代理人の出席を求めることができる。この場合において、社債権者集会にあっては、これをする旨の決議を経なければならない。

第七三〇条（延期又は続行の決議） 社債権者集会においてその延期又は続行について決議があった場合には、第七百十九条及び第七百二十条の規定は、適用しない。

第七三一条（議事録） 社債権者集会の議事については、招集者は、法務省令で定めるところにより、議事録を作成しなければならない。

2 社債発行会社は、社債権者集会の日から十年間、前項の議事録をその本店に備え置かなければならない。

3 社債管理者、社債管理補助者及び社債権者は、社債発行会社の営業時間内は、いつでも、次に掲げる請求をすることができる。

一 第一項の議事録が書面をもって作成されているときは、当該書面の閲覧又は謄写の請求

二 第一項の議事録が電磁的記録をもって作成されているときは、当該電磁的記録に記録された事項を法務省令で定める方法により表示したものの閲覧又は謄写の請求

第七三二条（社債権者集会の決議の認可の申立て） 社債権者集会の決議があったときは、招集者は、当該決議があった日から一週間以内に、裁判所に対し、当該決議の認可の申立てをしなければならない。

第七三三条（社債権者集会の決議の不認可） 裁判所は、次のいずれかに該当する場合には、社債権者集会の決議の認可をすることができない。

一 社債権者集会の招集の手続又はその決議の方法が法令又は第六百七十六条の募集のための当該社債発行会社の事業その他の事項に関する説明に用いた資料に記載され、若しくは記録された事項に違反するとき。

二 決議が不正の方法によって成立するに至ったとき。

三 決議が著しく不公正であるとき。

四 決議が社債権者の一般の利益に反するとき。

第七三四条（社債権者集会の決議の効力） 社債権者集会の決議は、裁判所の認可を受けなければ、その効力を生じない。

2 社債権者集会の決議は、当該種類の社債を有するすべての社債権者に対してその効力を有する。

第七三五条（社債権者集会の決議の認可又は不認可の決定の公告） 社債発行会社は、社債権者集会の決議の認可又は不認可の決定があった場合には、遅滞なく、その旨を公告しなければならない。

第七三五条の二（社債権者集会の決議の省略） 社債発行会社、社債管理者、社債管理補助者又は社債権者が社債権者集会の目的である事項について（社債管理補助者にあっては、第七百十四条の七において準用する第七百十一条第一項の社債権者集会の同意をすることについて）提案をした場合において、当該提案につき議決権者の全員が書面又は電磁的記録により同意の意思表示をしたときは、当該提案を可決する旨の社債権者集会の決議があったものとみなす。

2 社債発行会社は、前項の規定により社債権者集会の決議があったものとみなされた日から十年間、同項の書面又は電磁的記録をその本店に備え置かなければならない。

3 社債管理者、社債管理補助者及び社債権者は、社債発行会社の営業時間内は、いつでも、次に掲げる請求をすることができる。

一 前項の書面の閲覧又は謄写の請求

二 前項の電磁的記録に記録された事項を法務省令で定める方法により表示したものの閲覧又は謄写の請求

4 第一項の規定により社債権者集会の決議が

あったものとみなされる場合には、第七百三十二条から前条まで（第七百三十四条第二項を除く。）の規定は、適用しない。

第七三六条（**代表社債権者の選任等**）　社債権者集会においては、その決議によって、当該種類の社債の総額（償還済みの額を除く。）の千分の一以上に当たる社債を有する社債権者の中から、一人又は二人以上の代表社債権者を選任し、これに社債権者集会において決議をする事項についての決定を委任することができる。

2　第七百十八条第二項の規定は、前項に規定する社債の総額について準用する。

3　代表社債権者が二人以上ある場合において、社債権者集会において別段の定めを行わなかったときは、第一項に規定する事項についての決定は、その過半数をもって行う。

第七三七条（**社債権者集会の決議の執行**）　社債権者集会の決議は、次の各号に掲げる場合の区分に応じ、当該各号に定める者が執行する。ただし、社債権者集会の決議によって別に社債権者集会の決議を執行する者を定めたときは、この限りでない。

一　社債管理者がある場合　社債管理者

二　社債管理補助者がある場合において、社債管理補助者の権限に属する行為に関する事項を可決する旨の社債権者集会の決議があったとき　社債管理補助者

三　前二号に掲げる場合以外の場合　代表社債権者

2　第七百五条第一項から第三項まで、第七百八条及び第七百九条の規定は、代表社債権者又は前項ただし書の規定により定められた社債権者集会の決議を執行する者（以下この章において「決議執行者」という。）が社債権者集会の決議を執行する場合について準用する。

第七三八条（**代表社債権者等の解任等**）　社債権者集会においては、その決議によって、いつでも、代表社債権者若しくは決議執行者を解任し、又はこれらの者に委任した事項を変更することができる。

第七三九条（**社債の利息の支払等を怠ったことによる期限の利益の喪失**）　社債発行会社が社債の利息の支払を怠ったとき、又は定期に社債の一部を償還しなければならない場合においてその償還を怠ったときは、社債権者集会の決議に基づき、当該決議を執行する者は、社債発行会社に対し、一定の期間内にその弁済をしなければならない旨及び当該期間内にその弁済をしないときは当該社債の総額について期限の利益を喪失する旨を書面により通知することができる。ただし、当該期間は、二箇月を下ることができない。

2　前項の決議を執行する者は、同項の規定による書面による通知に代えて、政令で定めるところにより、社債発行会社の承諾を得て、同項の規定により通知する事項を電磁的方法により提供することができる。この場合において、当該決議を執行する者は、当該書面による通知をしたものとみなす。

3　社債発行会社は、第一項の期間内に同項の弁済をしなかったときは、当該社債の総額について期限の利益を喪失する。

第七四〇条（**債権者の異議手続の特則**）　第四百四十九条、第六百二十七条、第六百三十五条、第六百七十条、第七百七十九条（第七百八十一条第二項において準用する場合を含む。）、第七百八十九条（第七百九十三条第二項において準用する場合を含む。）、第七百九十九条（第八百二条第二項において準用する場合を含む。）、第八百十条（第八百十三条第二項において準用する場合を含む。）又は第八百十六条の八の規定により社債権者が異議を述べるには、社債権者集会の決議によらなければならない。この場合においては、裁判所は、利害関係人の申立てにより、社債権者のために異議を述べることができる期間を伸長することができる。

2　前項の規定にかかわらず、社債管理者は、社債権者のために、異議を述べることができる。ただし、第七百二条の規定による委託に係る契約に別段の定めがある場合は、この限りでない。

3　社債発行会社における第四百四十九条第二項、第六百二十七条第二項、第六百三十五条第二項、第六百七十条第二項、第七百七十九条第二項（第七百八十一条第二項において準用する場合を含む。以下この項において同じ。）、第七百八十九条第二項（第七百九十三条第二項において準用する場合を含む。以下この項において同じ。）、第七百九十九条第二項（第八百二条第二項において準用する場合を含む。以下この項において同じ。）、第八百十条第二項（第八百十三条第二項において準用する場合を含む。以下この項において同じ。）及び第八百十六条の八第二項の規定の適用については、第四百四十九条第二項、第六百二十七条第二項、第六百三十五条第二項、

第六百七十条第二項、第七百七十九条第二項、第七百九十九条第二項及び第八百十六条の八第二項中「知れている債権者」とあるのは「知れている債権者（社債管理者又は社債管理補助者がある場合にあっては、当該社債管理者又は社債管理補助者を含む。）」と、第七百八十九条第二項及び第八百十条第二項中「知れている債権者（同項の規定により異議を述べることができるものに限る。）」とあるのは「知れている債権者（同項の規定により異議を述べることができるものに限り、社債管理者又は社債管理補助者がある場合にあっては当該社債管理者又は社債管理補助者を含む。）」とする。

第七四一条（**社債管理者等の報酬等**）社債管理者、社債管理補助者、代表社債権者又は決議執行者に対して与えるべき報酬、その事務処理のために要する費用及びその支出の日以後における利息並びにその事務処理のために自己の過失なくして受けた損害の賠償額は、社債発行会社との契約に定めがある場合を除き、裁判所の許可を得て、社債発行会社の負担とすることができる。

2　前項の許可の申立ては、社債管理者、社債管理補助者、代表社債権者又は決議執行者がする。

3　社債管理者、社債管理補助者、代表社債権者又は決議執行者は、第一項の報酬、費用及び利息並びに損害の賠償額に関し、第七百五条第一項（第七百三十七条第二項において準用する場合を含む。）又は第七百十四条の四第二項第一号の弁済を受けた額について、社債権者に先立って弁済を受ける権利を有する。

第七四二条（**社債権者集会等の費用の負担**）社債権者集会に関する費用は、社債発行会社の負担とする。

2　第七百三十二条の申立てに関する費用は、社債発行会社の負担とする。ただし、裁判所は、社債発行会社その他利害関係人の申立てにより又は職権で、当該費用の全部又は一部について、招集者その他利害関係人の中から別に負担者を定めることができる。

第五編　組織変更、合併、会社分割、株式交換、株式移転及び株式交付

第一章　組織変更

第一節　通則

第七四三条（**組織変更計画の作成**）会社は、組織変更をすることができる。この場合においては、組織変更計画を作成しなければならない。

第二節　株式会社の組織変更

第七四四条（**株式会社の組織変更計画**）株式会社が組織変更をする場合には、当該株式会社は、組織変更計画において、次に掲げる事項を定めなければならない。

一　組織変更後の持分会社（以下この編において「組織変更後持分会社」という。）が合名会社、合資会社又は合同会社のいずれであるかの別

二　組織変更後持分会社の目的、商号及び本店の所在地

三　組織変更後持分会社の社員についての次に掲げる事項

イ　当該社員の氏名又は名称及び住所

ロ　当該社員が無限責任社員又は有限責任社員のいずれであるかの別

ハ　当該社員の出資の価額

四　前二号に掲げるもののほか、組織変更後持分会社の定款で定める事項

五　組織変更後持分会社が組織変更に際して組織変更をする株式会社の株主に対してその株式に代わる金銭等（組織変更後持分会社の持分を除く。以下この号及び次号において同じ。）を交付するときは、当該金銭等についての次に掲げる事項

イ　当該金銭等が組織変更後持分会社の社債であるときは、当該社債の種類（第百七条第二項第二号ロに規定する社債の種類をいう。以下この編において同じ。）及び種類ごとの各社債の金額の合計額又はその算定方法

ロ　当該金銭等が組織変更後持分会社の社債以外の財産であるときは、当該財産の内容及び数若しくは額又はこれらの算定方法

六　前号に規定する場合には、組織変更をする株式会社の株主（組織変更をする株式会社を除く。）に対する同号の金銭等の割当てに関する事項

七　組織変更をする株式会社が新株予約権を

発行しているときは、組織変更後持分会社が組織変更に際して当該新株予約権の新株予約権者に対して交付する当該新株予約権に代わる金銭の額又はその算定方法

八　前号に規定する場合には、組織変更をする株式会社の新株予約権の新株予約権者に対する同号の金銭の割当てに関する事項

九　組織変更がその効力を生ずる日（以下この章において「効力発生日」という。）

2　組織変更後持分会社が合名会社であるときは、前項第三号ロに掲げる事項として、その社員の全部を無限責任社員とする旨を定めなければならない。

3　組織変更後持分会社が合資会社であるときは、第一項第三号ロに掲げる事項として、その社員の一部を無限責任社員とし、その他の社員を有限責任社員とする旨を定めなければならない。

4　組織変更後持分会社が合同会社であるときは、第一項第三号ロに掲げる事項として、その社員の全部を有限責任社員とする旨を定めなければならない。

第三節　持分会社の組織変更

第七四六条（**持分会社の組織変更計画**）持分会社が組織変更をする場合には、当該持分会社は、組織変更計画において、次に掲げる事項を定めなければならない。

一　組織変更後の株式会社（以下この条において「組織変更後株式会社」という。）の目的、商号、本店の所在地及び発行可能株式総数

二　前号に掲げるもののほか、組織変更後株式会社の定款で定める事項

三　組織変更後株式会社の取締役の氏名

四　次のイからハまでに掲げる場合の区分に応じ、当該イからハまでに定める事項

イ　組織変更後株式会社が会計参与設置会社である場合　組織変更後株式会社の会計参与の氏名又は名称

ロ　組織変更後株式会社が監査役設置会社（監査役の監査の範囲を会計に関するものに限定する旨の定款の定めがある株式会社を含む。）である場合　組織変更後株式会社の監査役の氏名

ハ　組織変更後株式会社が会計監査人設置会社である場合　組織変更後株式会社の会計監査人の氏名又は名称

五　組織変更をする持分会社の社員が組織変更に際して取得する組織変更後株式会社の株式の数（種類株式発行会社にあっては、株式の種類及び種類ごとの数）又はその数の算定方法

六　組織変更をする持分会社の社員に対する前号の株式の割当てに関する事項

七　組織変更後株式会社が組織変更に際して組織変更をする持分会社の社員に対してその持分に代わる金銭等（組織変更後株式会社の株式を除く。以下この号及び次号において同じ。）を交付するときは、当該金銭等についての次に掲げる事項

イ　当該金銭等が組織変更後株式会社の社債（新株予約権付社債についてのものを除く。）であるときは、当該社債の種類及び種類ごとの各社債の金額の合計額又はその算定方法

ロ　当該金銭等が組織変更後株式会社の新株予約権（新株予約権付社債に付されたものを除く。）であるときは、当該新株予約権の内容及び数又はその算定方法

ハ　当該金銭等が組織変更後株式会社の新株予約権付社債であるときは、当該新株予約権付社債についてのイに規定する事項及び当該新株予約権付社債に付された新株予約権についてのロに規定する事項

ニ　当該金銭等が組織変更後株式会社の社債等（社債及び新株予約権をいう。以下この編において同じ。）以外の財産であるときは、当該財産の内容及び数若しくは額又はこれらの算定方法

八　前号に規定する場合には、組織変更をする持分会社の社員に対する同号の金銭等の割当てに関する事項

九　効力発生日

2　組織変更後株式会社が監査等委員会設置会社である場合には、前項第三号に掲げる事項は、監査等委員である取締役とそれ以外の取締役とを区別して定めなければならない。

第二章　合併

第一節　通則

第七四八条（**合併契約の締結**）会社は、他の会社と合併をすることができる。この場合においては、合併をする会社は、合併契約を締結しなければならない。

第二節　吸収合併

第一款　株式会社が存続する吸収合併

第七四九条（**株式会社が存続する吸収合併契約**）

会社が吸収合併をする場合において、吸収合併後存続する会社（以下この編において「吸収合併存続会社」という。）が株式会社であるときは、吸収合併契約において、次に掲げる事項を定めなければならない。

一　株式会社である吸収合併存続会社（以下この編において「吸収合併存続株式会社」という。）及び吸収合併により消滅する会社（以下この編において「吸収合併消滅会社」という。）の商号及び住所

二　吸収合併存続株式会社が吸収合併に際して株式会社である吸収合併消滅会社（以下この編において「吸収合併消滅株式会社」という。）の株主又は持分会社である吸収合併消滅会社（以下この編において「吸収合併消滅持分会社」という。）の社員に対してその株式又は持分に代わる金銭等を交付するときは、当該金銭等についての次に掲げる事項

イ　当該金銭等が吸収合併存続株式会社の株式であるときは、当該株式の数（種類株式発行会社にあっては、株式の種類及び種類ごとの数）又はその数の算定方法並びに当該吸収合併存続株式会社の資本金及び準備金の額に関する事項

ロ　当該金銭等が吸収合併存続株式会社の社債（新株予約権付社債についてのものを除く。）であるときは、当該社債の種類及び種類ごとの各社債の金額の合計額又はその算定方法

ハ　当該金銭等が吸収合併存続株式会社の新株予約権（新株予約権付社債に付されたものを除く。）であるときは、当該新株予約権の内容及び数又はその算定方法

ニ　当該金銭等が吸収合併存続株式会社の新株予約権付社債であるときは、当該新株予約権付社債についてのロに規定する事項及び当該新株予約権付社債に付された新株予約権についてのハに規定する事項

ホ　当該金銭等が吸収合併存続株式会社の株式等以外の財産であるときは、当該財産の内容及び数若しくは額又はこれらの算定方法

三　前号に規定する場合には、吸収合併消滅株式会社の株主（吸収合併消滅株式会社及び吸収合併存続株式会社を除く。）又は吸収合併消滅持分会社の社員（吸収合併存続株式会社を除く。）に対する同号の金銭等の割当てに関する事項

四　吸収合併消滅株式会社が新株予約権を発行しているときは、吸収合併存続株式会社が吸収合併に際して当該新株予約権の新株予約権者に対して交付する当該新株予約権に代わる当該吸収合併存続株式会社の新株予約権又は金銭についての次に掲げる事項

イ　当該吸収合併消滅株式会社の新株予約権の新株予約権者に対して吸収合併存続株式会社の新株予約権を交付するときは、当該新株予約権の内容及び数又はその算定方法

ロ　イに規定する場合において、イの吸収合併消滅株式会社の新株予約権が新株予約権付社債に付された新株予約権であるときは、吸収合併存続株式会社が当該新株予約権付社債についての社債に係る債務を承継する旨並びにその承継に係る社債の種類及び種類ごとの各社債の金額の合計額又はその算定方法

ハ　当該吸収合併消滅株式会社の新株予約権の新株予約権者に対して金銭を交付するときは、当該金銭の額又はその算定方法

五　前号に規定する場合には、吸収合併消滅株式会社の新株予約権の新株予約権者に対する同号の吸収合併存続株式会社の新株予約権又は金銭の割当てに関する事項

六　吸収合併がその効力を生ずる日（以下この節において「効力発生日」という。）

2　前項に規定する場合において、吸収合併消滅株式会社が種類株式発行会社であるときは、吸収合併存続株式会社及び吸収合併消滅株式会社は、吸収合併消滅株式会社の発行する種類の株式の内容に応じ、同項第三号に掲げる事項として次に掲げる事項を定めることができる。

一　ある種類の株式の株主に対して金銭等の割当てをしないこととするときは、その旨及び当該株式の種類

二　前号に掲げる事項のほか、金銭等の割当てについて株式の種類ごとに異なる取扱い

を行うこととするときは、その旨及び当該異なる取扱いの内容

3　第一項に規定する場合には、同項第三号に掲げる事項についての定めは、吸収合併消滅株式会社の株主（吸収合併消滅株式会社及び吸収合併存続株式会社並びに前項第一号の種類の株式の株主を除く。）の有する株式の数（前項第二号に掲げる事項についての定めがある場合にあっては、各種類の株式の数）に応じて金銭等を交付することを内容とするものでなければならない。

第三節　新設合併

第一款　株式会社を設立する新設合併

第七五三条（**株式会社を設立する新設合併契約**）二以上の会社が新設合併をする場合において、新設合併により設立する会社（以下この編において「新設合併設立会社」という。）が株式会社であるときは、新設合併契約において、次に掲げる事項を定めなければならない。

一　新設合併により消滅する会社（以下この編において「新設合併消滅会社」という。）の商号及び住所

二　株式会社である新設合併設立会社（以下この編において「新設合併設立株式会社」という。）の目的、商号、本店の所在地及び発行可能株式総数

三　前号に掲げるもののほか、新設合併設立株式会社の定款で定める事項

四　新設合併設立株式会社の設立時取締役の氏名

五　次のイからハまでに掲げる場合の区分に応じ、当該イからハまでに定める事項

イ　新設合併設立株式会社が会計参与設置会社である場合　新設合併設立株式会社の設立時会計参与の氏名又は名称

ロ　新設合併設立株式会社が監査役設置会社（監査役の監査の範囲を会計に関するものに限定する旨の定款の定めがある株式会社を含む。）である場合　新設合併設立株式会社の設立時監査役の氏名

ハ　新設合併設立株式会社が会計監査人設置会社である場合　新設合併設立株式会社の設立時会計監査人の氏名又は名称

六　新設合併設立株式会社が新設合併に際して株式会社である新設合併消滅会社（以下この編において「新設合併消滅株式会社」という。）の株主又は持分会社である新設合併消滅会社（以下この編において「新設合併消滅持分会社」という。）の社員に対して交付するその株式又は持分に代わる当該新設合併設立株式会社の株式の数（種類株式発行会社にあっては、株式の種類及び種類ごとの数）又はその数の算定方法並びに当該新設合併設立株式会社の資本金及び準備金の額に関する事項

七　新設合併消滅株式会社の株主（新設合併消滅株式会社を除く。）又は新設合併消滅持分会社の社員に対する前号の株式の割当てに関する事項

八　新設合併設立株式会社が新設合併に際して新設合併消滅株式会社の株主又は新設合併消滅持分会社の社員に対してその株式又は持分に代わる当該新設合併設立株式会社の社債等を交付するときは、当該社債等についての次に掲げる事項

イ　当該社債等が新設合併設立株式会社の社債（新株予約権付社債についてのものを除く。）であるときは、当該社債の種類及び種類ごとの各社債の金額の合計額又はその算定方法

ロ　当該社債等が新設合併設立株式会社の新株予約権（新株予約権付社債に付されたものを除く。）であるときは、当該新株予約権の内容及び数又はその算定方法

ハ　当該社債等が新設合併設立株式会社の新株予約権付社債であるときは、当該新株予約権付社債についてのイに規定する事項及び当該新株予約権付社債に付された新株予約権についてのロに規定する事項

九　前号に規定する場合には、新設合併消滅株式会社の株主（新設合併消滅株式会社を除く。）又は新設合併消滅持分会社の社員に対する同号の社債等の割当てに関する事項

十　新設合併消滅株式会社が新株予約権を発行しているときは、新設合併設立株式会社が新設合併に際して当該新株予約権の新株予約権者に対して交付する当該新株予約権に代わる当該新設合併設立株式会社の新株予約権又は金銭についての次に掲げる事項

イ　当該新設合併消滅株式会社の新株予約権の新株予約権者に対して新設合併設立

株式会社の新株予約権を交付するときは、当該新株予約権の内容及び数又はその算定方法

ロ　イに規定する場合において、イの新設合併消滅株式会社の新株予約権が新株予約権付社債に付された新株予約権であるときは、新設合併設立株式会社が当該新株予約権付社債についての社債に係る債務を承継する旨並びにその承継に係る社債の種類及び種類ごとの各社債の金額の合計額又はその算定方法

ハ　当該新設合併消滅株式会社の新株予約権の新株予約権者に対して金銭を交付するときは、当該金銭の額又はその算定方法

十一　前号に規定する場合には、新設合併消滅株式会社の新株予約権の新株予約権者に対する同号の新設合併設立株式会社の新株予約権又は金銭の割当てに関する事項

2　新設合併設立株式会社が監査等委員会設置会社である場合には、前項第四号に掲げる事項は、設立時監査等委員である設立時取締役とそれ以外の設立時取締役とを区別して定めなければならない。

3　第一項に規定する場合において、新設合併消滅株式会社の全部又は一部が種類株式発行会社であるときは、新設合併消滅会社は、新設合併消滅株式会社の発行する種類の株式の内容に応じ、同項第七号に掲げる事項（新設合併消滅株式会社の株主に係る事項に限る。次項において同じ。）として次に掲げる事項を定めることができる。

一　ある種類の株式の株主に対して新設合併設立株式会社の株式の割当てをしないこととするときは、その旨及び当該株式の種類

二　前号に掲げる事項のほか、新設合併設立株式会社の株式の割当てについて株式の種類ごとに異なる取扱いを行うこととするときは、その旨及び当該異なる取扱いの内容

4　第一項に規定する場合には、同項第七号に掲げる事項についての定めは、新設合併消滅株式会社の株主（新設合併消滅会社及び前項第一号の種類の株式の株主を除く。）の有する株式の数（前項第二号に掲げる事項についての定めがある場合にあっては、各種類の株式の数）に応じて新設合併設立株式会社の株式を交付することを内容とするものでなければならない。

5　前二項の規定は、第一項第九号に掲げる事項について準用する。この場合において、前二項中「新設合併設立株式会社の株式」とあるのは、「新設合併設立株式会社の社債等」と読み替えるものとする。

第三章　会社分割

第一節　吸収分割

第一款　通則

第七五七条（**吸収分割契約の締結**）会社（株式会社又は合同会社に限る。）は、吸収分割をすることができる。この場合においては、当該会社がその事業に関して有する権利義務の全部又は一部を当該会社から承継する会社（以下この編において「吸収分割承継会社」という。）との間で、吸収分割契約を締結しなければならない。

第二款　株式会社に権利義務を承継させる吸収分割

第七五八条（**株式会社に権利義務を承継させる吸収分割契約**）会社が吸収分割をする場合において、吸収分割承継会社が株式会社であるときは、吸収分割契約において、次に掲げる事項を定めなければならない。

一　吸収分割をする会社（以下この編において「吸収分割会社」という。）及び株式会社である吸収分割承継会社（以下この編において「吸収分割承継株式会社」という。）の商号及び住所

二　吸収分割承継株式会社が吸収分割により吸収分割会社から承継する資産、債務、雇用契約その他の権利義務（株式会社である吸収分割会社（以下この編において「吸収分割株式会社」という。）及び吸収分割承継株式会社の株式並びに吸収分割株式会社の新株予約権に係る義務を除く。）に関する事項

三　吸収分割により吸収分割株式会社又は吸収分割承継株式会社の株式を吸収分割承継株式会社に承継させるときは、当該株式に関する事項

四　吸収分割承継株式会社が吸収分割に際して吸収分割会社に対してその事業に関する権利義務の全部又は一部に代わる金銭等を交付するときは、当該金銭等についての次に掲げる事項

イ　当該金銭等が吸収分割承継株式会社の

株式であるときは、当該株式の数（種類株式発行会社にあっては、株式の種類及び種類ごとの数）又はその数の算定方法並びに当該吸収分割承継株式会社の資本金及び準備金の額に関する事項

ロ　当該金銭等が吸収分割承継株式会社の社債（新株予約権付社債についてのものを除く。）であるときは、当該社債の種類及び種類ごとの各社債の金額の合計額又はその算定方法

ハ　当該金銭等が吸収分割承継株式会社の新株予約権（新株予約権付社債に付されたものを除く。）であるときは、当該新株予約権の内容及び数又はその算定方法

ニ　当該金銭等が吸収分割承継株式会社の新株予約権付社債であるときは、当該新株予約権付社債についてのロに規定する事項及び当該新株予約権付社債に付された新株予約権についてのハに規定する事項

ホ　当該金銭等が吸収分割承継株式会社の株式等以外の財産であるときは、当該財産の内容及び数若しくは額又はこれらの算定方法

五　吸収分割承継株式会社が吸収分割に際して吸収分割株式会社の新株予約権の新株予約権者に対して当該新株予約権に代わる当該吸収分割承継株式会社の新株予約権を交付するときは、当該新株予約権についての次に掲げる事項

イ　当該吸収分割承継株式会社の新株予約権の交付を受ける吸収分割株式会社の新株予約権の新株予約権者の有する新株予約権（以下この編において「吸収分割契約新株予約権」という。）の内容

ロ　吸収分割契約新株予約権の新株予約権者に対して交付する吸収分割承継株式会社の新株予約権の内容及び数又はその算定方法

ハ　吸収分割契約新株予約権が新株予約権付社債に付された新株予約権であるときは、吸収分割承継株式会社が当該新株予約権付社債についての社債に係る債務を承継する旨並びにその承継に係る社債の種類及び種類ごとの各社債の金額の合計額又はその算定方法

六　前号に規定する場合には、吸収分割契約新株予約権の新株予約権者に対する同号の吸収分割承継株式会社の新株予約権の割当てに関する事項

七　吸収分割がその効力を生ずる日（以下この節において「効力発生日」という。）

八　吸収分割株式会社が効力発生日に次に掲げる行為をするときは、その旨

イ　第百七十一条第一項の規定による株式の取得（同項第一号に規定する取得対価が吸収分割承継株式会社の株式（吸収分割株式会社が吸収分割をする前から有するものを除き、吸収分割承継株式会社の株式に準ずるものとして法務省令で定めるものを含む。ロにおいて同じ。）のみであるものに限る。）

ロ　剰余金の配当（配当財産が吸収分割承継株式会社の株式のみであるものに限る。）

第二節　新設分割

第一款　通則

第七六二条（新設分割計画の作成）　一又は二以上の株式会社又は合同会社は、新設分割をすることができる。この場合においては、新設分割計画を作成しなければならない。

2　二以上の株式会社又は合同会社が共同して新設分割をする場合には、当該二以上の株式会社又は合同会社は、共同して新設分割計画を作成しなければならない。

第二款　株式会社を設立する新設分割

第七六三条（株式会社を設立する新設分割計画）　一又は二以上の株式会社又は合同会社が新設分割をする場合において、新設分割により設立する会社（以下この編において「新設分割設立会社」という。）が株式会社であるときは、新設分割計画において、次に掲げる事項を定めなければならない。

一　株式会社である新設分割設立会社（以下この編において「新設分割設立株式会社」という。）の目的、商号、本店の所在地及び発行可能株式総数

二　前号に掲げるもののほか、新設分割設立株式会社の定款で定める事項

三　新設分割設立株式会社の設立時取締役の氏名

四　次のイからハまでに掲げる場合の区分に応じ、当該イからハまでに定める事項

イ　新設分割設立株式会社が会計参与設置

会社である場合　新設分割設立株式会社の設立時会計参与の氏名又は名称

ロ　新設分割設立株式会社が監査役設置会社（監査役の監査の範囲を会計に関するものに限定する旨の定款の定めがある株式会社を含む。）である場合　新設分割設立株式会社の設立時監査役の氏名

ハ　新設分割設立株式会社が会計監査人設置会社である場合　新設分割設立株式会社の設立時会計監査人の氏名又は名称

五　新設分割設立株式会社が新設分割により新設分割をする会社（以下この編において「新設分割会社」という。）から承継する資産、債務、雇用契約その他の権利義務（株式会社である新設分割会社（以下この編において「新設分割株式会社」という。）の株式及び新株予約権に係る義務を除く。）に関する事項

六　新設分割設立株式会社が新設分割に際して新設分割会社に対して交付するその事業に関する権利義務の全部又は一部に代わる当該新設分割設立株式会社の株式の数（種類株式発行会社にあっては、株式の種類及び種類ごとの数）又はその数の算定方法並びに当該新設分割設立株式会社の資本金及び準備金の額に関する事項

七　二以上の株式会社又は合同会社が共同して新設分割をするときは、新設分割会社に対する前号の株式の割当てに関する事項

八　新設分割設立株式会社が新設分割に際して新設分割会社に対してその事業に関する権利義務の全部又は一部に代わる当該新設分割設立株式会社の社債等を交付するときは、当該社債等についての次に掲げる事項

イ　当該社債等が新設分割設立株式会社の社債（新株予約権付社債についてのものを除く。）であるときは、当該社債の種類及び種類ごとの各社債の金額の合計額又はその算定方法

ロ　当該社債等が新設分割設立株式会社の新株予約権（新株予約権付社債に付されたものを除く。）であるときは、当該新株予約権の内容及び数又はその算定方法

ハ　当該社債等が新設分割設立株式会社の新株予約権付社債であるときは、当該新株予約権付社債についてのイに規定する事項及び当該新株予約権付社債に付された新株予約権についてのロに規定する事項

九　前号に規定する場合において、二以上の株式会社又は合同会社が共同して新設分割をするときは、新設分割会社に対する同号の社債等の割当てに関する事項

十　新設分割設立株式会社が新設分割に際して新設分割株式会社の新株予約権の新株予約権者に対して当該新株予約権に代わる当該新設分割設立株式会社の新株予約権を交付するときは、当該新株予約権についての次に掲げる事項

イ　当該新設分割設立株式会社の新株予約権の交付を受ける新設分割株式会社の新株予約権の新株予約権者の有する新株予約権（以下この編において「新設分割計画新株予約権」という。）の内容

ロ　新設分割計画新株予約権の新株予約権者に対して交付する新設分割設立株式会社の新株予約権の内容及び数又はその算定方法

ハ　新設分割計画新株予約権が新株予約権付社債に付された新株予約権であるときは、新設分割設立株式会社が当該新株予約権付社債についての社債に係る債務を承継する旨並びにその承継に係る社債の種類及び種類ごとの各社債の金額の合計額又はその算定方法

十一　前号に規定する場合には、新設分割計画新株予約権の新株予約権者に対する同号の新設分割設立株式会社の新株予約権の割当てに関する事項

十二　新設分割株式会社が新設分割設立株式会社の成立の日に次に掲げる行為をするときは、その旨

イ　第百七十一条第一項の規定による株式の取得（同項第一号に規定する取得対価が新設分割設立株式会社の株式（これに準ずるものとして法務省令で定めるものを含む。ロにおいて同じ。）のみであるものに限る。）

ロ　剰余金の配当（配当財産が新設分割設立株式会社の株式のみであるものに限る。）

2　新設分割設立株式会社が監査等委員会設置会社である場合には、前項第三号に掲げる事項は、設立時監査等委員である設立時取締役とそれ以外の設立時取締役とを区別して定めなければならない。

第五章　組織変更、合併、会社分割、株式交換、株式移転及び株式交付の手続

第一節　組織変更の手続

第一款　株式会社の手続

第七七五条（組織変更計画に関する書面等の備置き及び閲覧等）組織変更をする株式会社は、組織変更計画備置開始日から組織変更がその効力を生ずる日（以下この節において「効力発生日」という。）までの間、組織変更計画の内容その他法務省令で定める事項を記載し、又は記録した書面又は電磁的記録をその本店に備え置かなければならない。

2　前項に規定する「組織変更計画備置開始日」とは、次に掲げる日のいずれか早い日をいう。

一　組織変更計画について組織変更をする株式会社の総株主の同意を得た日

二　組織変更をする株式会社が新株予約権を発行しているときは、第七百七十七条第三項の規定による通知の日又は同条第四項の公告の日のいずれか早い日

三　第七百七十九条第二項の規定による公告の日又は同項の規定による催告の日のいずれか早い日

3　組織変更をする株式会社の株主及び債権者は、当該株式会社に対して、その営業時間内は、いつでも、次に掲げる請求をすることができる。ただし、第二号又は第四号に掲げる請求をするには、当該株式会社の定めた費用を支払わなければならない。

一　第一項の書面の閲覧の請求

二　第一項の書面の謄本又は抄本の交付の請求

三　第一項の電磁的記録に記録された事項を法務省令で定める方法により表示したものの閲覧の請求

四　第一項の電磁的記録に記録された事項を電磁的方法であって株式会社の定めたものにより提供することの請求又はその事項を記載した書面の交付の請求

第七七六条（株式会社の組織変更計画の承認等）組織変更をする株式会社は、効力発生日の前日までに、組織変更計画について当該株式会社の総株主の同意を得なければならない。〔二項以下略〕

第七七九条（債権者の異議）組織変更をする株式会社の債権者は、当該株式会社に対し、組織変更について異議を述べることができる。

2　組織変更をする株式会社は、次に掲げる事項を官報に公告し、かつ、知れている債権者には、各別にこれを催告しなければならない。ただし、第三号の期間は、一箇月を下ることができない。

一　組織変更をする旨

二　組織変更をする株式会社の計算書類（第四百三十五条第二項に規定する計算書類をいう。以下この章において同じ。）に関する事項として法務省令で定めるもの

三　債権者が一定の期間内に異議を述べることができる旨

3　前項の規定にかかわらず、組織変更をする株式会社が同項の規定による公告を、官報のほか、第九百三十九条第一項の規定による定款の定めに従い、同項第二号又は第三号に掲げる公告方法によりするときは、前項の規定による各別の催告は、することを要しない。

4　債権者が第二項第三号の期間内に異議を述べなかったときは、当該債権者は、当該組織変更について承認をしたものとみなす。

5　債権者が第二項第三号の期間内に異議を述べたときは、組織変更をする株式会社は、当該債権者に対し、弁済し、若しくは相当の担保を提供し、又は当該債権者に弁済を受けさせることを目的として信託会社等に相当の財産を信託しなければならない。ただし、当該組織変更をしても当該債権者を害するおそれがないときは、この限りでない。

第二款　持分会社の手続

第七八一条　組織変更をする持分会社は、効力発生日の前日までに、組織変更計画について当該持分会社の総社員の同意を得なければならない。ただし、定款に別段の定めがある場合は、この限りでない。

2　第七百七十九条（第二項第二号を除く。）及び前条の規定は、組織変更をする持分会社について準用する。この場合において、第七百七十九条第三項中「組織変更をする株式会社」とあるのは「組織変更をする持分会社（合同会社に限る。）」と、前条第三項中「及び第七百四十五条」とあるのは「並びに第七百四十七条及び次条第一項」と読み替えるものとする。

第二節　吸収合併等の手続

第一款　吸収合併消滅会社、吸収分割会社及び株式交換完全子会社の手続

第一目　株式会社の手続

第七八二条（吸収合併契約等に関する書面等の備置き及び閲覧等） 次の各号に掲げる株式会社（以下この目において「消滅株式会社等」という。）は、吸収合併契約等備置開始日から吸収合併、吸収分割又は株式交換（以下この節において「吸収合併等」という。）がその効力を生ずる日（以下この節において「効力発生日」という。）後六箇月を経過する日（吸収合併消滅株式会社にあっては、効力発生日）までの間、当該各号に定めるもの（以下この節において「吸収合併契約等」という。）の内容その他法務省令で定める事項を記載し、又は記録した書面又は電磁的記録をその本店に備え置かなければならない。

一　吸収合併消滅株式会社　吸収合併契約

二　吸収分割株式会社　吸収分割契約

三　株式交換完全子会社　株式交換契約

2　前項に規定する「吸収合併契約等備置開始日」とは、次に掲げる日のいずれか早い日をいう。

一　吸収合併契約等について株主総会（種類株主総会を含む。）の決議によってその承認を受けなければならないときは、当該株主総会の日の二週間前の日（第三百十九条第一項の場合にあっては、同項の提案があった日）

二　第七百八十五条第三項の規定による通知を受けるべき株主があるときは、同項の規定による通知の日又は同条第四項の公告の日のいずれか早い日

三　第七百八十七条第三項の規定による通知を受けるべき新株予約権者があるときは、同項の規定による通知の日又は同条第四項の公告の日のいずれか早い日

四　第七百八十九条の規定による手続をしなければならないときは、同条第二項の規定による公告の日又は同項の規定による催告の日のいずれか早い日

五　前各号に規定する場合以外の場合には、吸収分割契約又は株式交換契約の締結の日から二週間を経過した日

3　消滅株式会社等の株主及び債権者（株式交換完全子会社にあっては、株主及び新株予約権者）は、消滅株式会社等に対して、その営業時間内は、いつでも、次に掲げる請求をすることができる。ただし、第二号又は第四号に掲げる請求をするには、当該消滅株式会社等の定めた費用を支払わなければならない。

一　第一項の書面の閲覧の請求

二　第一項の書面の謄本又は抄本の交付の請求

三　第一項の電磁的記録に記録された事項を法務省令で定める方法により表示したものの閲覧の請求

四　第一項の電磁的記録に記録された事項を電磁的方法であって消滅株式会社等の定めたものにより提供することの請求又はその事項を記載した書面の交付の請求

第七八三条（吸収合併契約等の承認等） 消滅株式会社等は、効力発生日の前日までに、株主総会の決議によって、吸収合併契約等の承認を受けなければならない。

2　前項の規定にかかわらず、吸収合併消滅株式会社又は株式交換完全子会社が種類株式発行会社でない場合において、吸収合併消滅株式会社又は株式交換完全子会社の株主に対して交付する金銭等（以下この条及び次条第一項において「合併対価等」という。）の全部又は一部が持分等（持分会社の持分その他これに準ずるものとして法務省令で定めるものをいう。以下この条において同じ。）であるときは、吸収合併契約又は株式交換契約について吸収合併消滅株式会社又は株式交換完全子会社の総株主の同意を得なければならない。

3　吸収合併消滅株式会社又は株式交換完全子会社が種類株式発行会社である場合において、合併対価等の全部又は一部が譲渡制限株式等（譲渡制限株式その他これに準ずるものとして法務省令で定めるものをいう。以下この章において同じ。）であるときは、吸収合併又は株式交換は、当該譲渡制限株式等の割当てを受ける種類の株式（譲渡制限株式を除く。）の種類株主を構成員とする種類株主総会（当該種類株主に係る株式の種類が二以上ある場合にあっては、当該二以上の株式の種類別に区分された種類株主を構成員とする各種類株主総会）の決議がなければ、その効力を生じない。ただし、当該種類株主総会において議決権を行使することができる株主が存しない場合は、この限りでない。

4 吸収合併消滅株式会社又は株式交換完全子会社が種類株式発行会社である場合において、合併対価等の全部又は一部が持分等であるときは、吸収合併又は株式交換は、当該持分等の割当てを受ける種類の株主の全員の同意がなければ、その効力を生じない。

5 消滅株式会社等は、効力発生日の二十日前までに、その登録株式質権者（次条第二項に規定する場合における登録株式質権者を除く。）及び第七百八十七条第三項各号に定める新株予約権の登録新株予約権質権者に対し、吸収合併等をする旨を通知しなければならない。

6 前項の規定による通知は、公告をもってこれに代えることができる。

第七八四条（**吸収合併契約等の承認を要しない場合**）前条第一項の規定は、吸収合併存続会社、吸収分割承継会社又は株式交換完全親会社（以下この目において「存続会社等」という。）が消滅株式会社等の特別支配会社である場合には、適用しない。ただし、吸収合併又は株式交換における合併対価等の全部又は一部が譲渡制限株式等である場合であって、消滅株式会社等が公開会社であり、かつ、種類株式発行会社でないときは、この限りでない。

2 前条の規定は、吸収分割により吸収分割承継会社に承継させる資産の帳簿価額の合計額が吸収分割株式会社の総資産額として法務省令で定める方法により算定される額の五分の一（これを下回る割合を吸収分割株式会社の定款で定めた場合にあっては、その割合）を超えない場合には、適用しない。

第七八五条（**反対株主の株式買取請求**）吸収合併等をする場合（次に掲げる場合を除く。）には、反対株主は、消滅株式会社等に対し、自己の有する株式を公正な価格で買い取ることを請求することができる。

一 第七百八十三条第二項に規定する場合

二 第七百八十四条第二項に規定する場合

2 前項に規定する「反対株主」とは、次の各号に掲げる場合における当該各号に定める株主（第七百八十三条第四項に規定する場合における同項に規定する持分等の割当てを受ける株主を除く。）をいう。

一 吸収合併等をするために株主総会（種類株主総会を含む。）の決議を要する場合 次に掲げる株主

イ 当該株主総会に先立って当該吸収合併等に反対する旨を当該消滅株式会社等に対し通知し、かつ、当該株主総会において当該吸収合併等に反対した株主（当該株主総会において議決権を行使することができるものに限る。）

ロ 当該株主総会において議決権を行使することができない株主

二 前号に規定する場合以外の場合 全ての株主（第七百八十四条第一項本文に規定する場合における当該特別支配会社を除く。）

3 消滅株式会社等は、効力発生日の二十日前までに、その株主（第七百八十三条第四項に規定する場合における同項に規定する持分等の割当てを受ける株主及び第七百八十四条第一項本文に規定する場合における当該特別支配会社を除く。）に対し、吸収合併等をする旨並びに存続会社等の商号及び住所を通知しなければならない。ただし、第一項各号に掲げる場合は、この限りでない。

4 次に掲げる場合には、前項の規定による通知は、公告をもってこれに代えることができる。

一 消滅株式会社等が公開会社である場合

二 消滅株式会社等が第七百八十三条第一項の株主総会の決議によって吸収合併契約等の承認を受けた場合

5 第一項の規定による請求（以下この目において「株式買取請求」という。）は、効力発生日の二十日前の日から効力発生日の前日までの間に、その株式買取請求に係る株式の数（種類株式発行会社にあっては、株式の種類及び種類ごとの数）を明らかにしてしなければならない。

6 株券が発行されている株式について株式買取請求をしようとするときは、当該株式の株主は、消滅株式会社等に対し、当該株式に係る株券を提出しなければならない。ただし、当該株券について第二百二十三条の規定による請求をした者については、この限りでない。

7 株式買取請求をした株主は、消滅株式会社等の承諾を得た場合に限り、その株式買取請求を撤回することができる。

8 吸収合併等を中止したときは、株式買取請求は、その効力を失う。

9 第百三十三条の規定は、株式買取請求に係る株式については、適用しない。

第七八六条（**株式の価格の決定等**）株式買取請

求があった場合において、株式の価格の決定について、株主と消滅株式会社等（吸収合併をする場合における効力発生日後にあっては、吸収合併存続会社。以下この条において同じ。）との間に協議が調ったときは、消滅株式会社等は、効力発生日から六十日以内にその支払をしなければならない。

2　株式の価格の決定について、効力発生日から三十日以内に協議が調わないときは、株主又は消滅株式会社等は、その期間の満了の日後三十日以内に、裁判所に対し、価格の決定の申立てをすることができる。

3　前条第七項の規定にかかわらず、前項に規定する場合において、効力発生日から六十日以内に同項の申立てがないときは、その期間の満了後は、株主は、いつでも、株式買取請求を撤回することができる。

4　消滅株式会社等は、裁判所の決定した価格に対する第一項の期間の満了の日後の法定利率による利息をも支払わなければならない。

5　消滅株式会社等は、株式の価格の決定があるまでは、株主に対し、当該消滅株式会社等が公正な価格と認める額を支払うことができる。

6　株式買取請求に係る株式の買取りは、効力発生日に、その効力を生ずる。

7　株券発行会社は、株券が発行されている株式について株式買取請求があったときは、株券と引換えに、その株式買取請求に係る株式の代金を支払わなければならない。

第七八七条（**新株予約権買取請求**）次の各号に掲げる行為をする場合には、当該各号に定める消滅株式会社等の新株予約権の新株予約権者は、消滅株式会社等に対し、自己の有する新株予約権を公正な価格で買い取ることを請求することができる。

一　吸収合併　第七百四十九条第一項第四号又は第五号に掲げる事項についての定めが第二百三十六条第一項第八号の条件（同号イに関するものに限る。）に合致する新株予約権以外の新株予約権

二　吸収分割（吸収分割承継会社が株式会社である場合に限る。）　次に掲げる新株予約権のうち、第七百五十八条第五号又は第六号に掲げる事項についての定めが第二百三十六条第一項第八号の条件（同号ロに関するものに限る。）に合致する新株予約権以外の新株予約権

イ　吸収分割契約新株予約権

ロ　吸収分割契約新株予約権以外の新株予約権であって、吸収分割をする場合において当該新株予約権の新株予約権者に吸収分割承継株式会社の新株予約権を交付することとする旨の定めがあるもの

三　株式交換（株式交換完全親会社が株式会社である場合に限る。）　次に掲げる新株予約権のうち、第七百六十八条第一項第四号又は第五号に掲げる事項についての定めが第二百三十六条第一項第八号の条件（同号ニに関するものに限る。）に合致する新株予約権以外の新株予約権

イ　株式交換契約新株予約権

ロ　株式交換契約新株予約権以外の新株予約権であって、株式交換をする場合において当該新株予約権の新株予約権者に株式交換完全親株式会社の新株予約権を交付することとする旨の定めがあるもの

2　新株予約権付社債に付された新株予約権の新株予約権者は、前項の規定による請求（以下この目において「新株予約権買取請求」という。）をするときは、併せて、新株予約権付社債についての社債を買い取ることを請求しなければならない。ただし、当該新株予約権付社債に付された新株予約権について別段の定めがある場合は、この限りでない。

3　次の各号に掲げる消滅株式会社等は、効力発生日の二十日前までに、当該各号に定める新株予約権の新株予約権者に対し、吸収合併等をする旨並びに存続会社等の商号及び住所を通知しなければならない。

一　吸収合併消滅株式会社　全部の新株予約権

二　吸収分割承継会社が株式会社である場合における吸収分割株式会社　次に掲げる新株予約権

イ　吸収分割契約新株予約権

ロ　吸収分割契約新株予約権以外の新株予約権であって、吸収分割をする場合において当該新株予約権の新株予約権者に吸収分割承継株式会社の新株予約権を交付することとする旨の定めがあるもの

三　株式交換完全親会社が株式会社である場合における株式交換完全子会社　次に掲げる新株予約権

イ　株式交換契約新株予約権

ロ　株式交換契約新株予約権以外の新株予

約権であって、株式交換をする場合において当該新株予約権の新株予約権者に株式交換完全親株式会社の新株予約権を交付することとする旨の定めがあるもの

4　前項の規定による通知は、公告をもってこれに代えることができる。

5　新株予約権買取請求は、効力発生日の二十日前の日から効力発生日の前日までの間に、その新株予約権買取請求に係る新株予約権の内容及び数を明らかにしてしなければならない。

6　新株予約権証券が発行されている新株予約権について新株予約権買取請求をしようとするときは、当該新株予約権の新株予約権者は、消滅株式会社等に対し、その新株予約権証券を提出しなければならない。ただし、当該新株予約権証券について非訟事件手続法第百十四条に規定する公示催告の申立てをした者については、この限りでない。

7　新株予約権付社債券が発行されている新株予約権付社債に付された新株予約権について新株予約権買取請求をしようとするときは、当該新株予約権の新株予約権者は、消滅株式会社等に対し、その新株予約権付社債券を提出しなければならない。ただし、当該新株予約権付社債券について非訟事件手続法第百十四条に規定する公示催告の申立てをした者については、この限りでない。

8　新株予約権買取請求をした新株予約権者は、消滅株式会社等の承諾を得た場合に限り、その新株予約権買取請求を撤回することができる。

9　吸収合併等を中止したときは、新株予約権買取請求は、その効力を失う。

10　第二百六十条の規定は、新株予約権買取請求に係る新株予約権については、適用しない。

第七八八条（**新株予約権の価格の決定等**）新株予約権買取請求があった場合において、新株予約権（当該新株予約権が新株予約権付社債に付されたものである場合において、当該新株予約権付社債についての社債の買取りの請求があったときは、当該社債を含む。以下この条において同じ。）の価格の決定について、新株予約権者と消滅株式会社等（吸収合併をする場合における効力発生日後にあっては、吸収合併存続会社。以下この条において同じ。）との間に協議が調ったときは、消滅株式会社等は、効力発生日から六十日以内にその支払をしなければならない。

2　新株予約権の価格の決定について、効力発生日から三十日以内に協議が調わないときは、新株予約権者又は消滅株式会社等は、その期間の満了の日後三十日以内に、裁判所に対し、価格の決定の申立てをすることができる。

3　前条第八項の規定にかかわらず、前項に規定する場合において、効力発生日から六十日以内に同項の申立てがないときは、その期間の満了後は、新株予約権者は、いつでも、新株予約権買取請求を撤回することができる。

4　消滅株式会社等は、裁判所の決定した価格に対する第一項の期間の満了の日後の法定利率による利息をも支払わなければならない。

5　消滅株式会社等は、新株予約権の価格の決定があるまでは、新株予約権者に対し、当該消滅株式会社等が公正な価格と認める額を支払うことができる。

6　新株予約権買取請求に係る新株予約権の買取りは、効力発生日に、その効力を生ずる。

7　消滅株式会社等は、新株予約権証券が発行されている新株予約権について新株予約権買取請求があったときは、新株予約権証券と引換えに、その新株予約権買取請求に係る新株予約権の代金を支払わなければならない。

8　消滅株式会社等は、新株予約権付社債券が発行されている新株予約権付社債に付された新株予約権について新株予約権買取請求があったときは、新株予約権付社債券と引換えに、その新株予約権買取請求に係る新株予約権の代金を支払わなければならない。

第七八九条（**債権者の異議**）次の各号に掲げる場合には、当該各号に定める債権者は、消滅株式会社等に対し、吸収合併等について異議を述べることができる。

一　吸収合併をする場合　吸収合併消滅株式会社の債権者

二　吸収分割をする場合　吸収分割後吸収分割株式会社に対して債務の履行（当該債務の保証人として吸収分割承継会社と連帯して負担する保証債務の履行を含む。）を請求することができない吸収分割株式会社の債権者（第七百五十八条第八号又は第七百六十条第七号に掲げる事項についての定めがある場合にあっては、吸収分割株式会社の債権者）

三　株式交換契約新株予約権が新株予約権付

社債に付された新株予約権である場合　当該新株予約権付社債についての社債権者

2　前項の規定により消滅株式会社等の債権者の全部又は一部が異議を述べることができる場合には、消滅株式会社等は、次に掲げる事項を官報に公告し、かつ、知れている債権者（同項の規定により異議を述べることができるものに限る。）には、各別にこれを催告しなければならない。ただし、第四号の期間は、一箇月を下ることができない。

一　吸収合併等をする旨

二　存続会社等の商号及び住所

三　消滅株式会社等及び存続会社等（株式会社に限る。）の計算書類に関する事項として法務省令で定めるもの

四　債権者が一定の期間内に異議を述べることができる旨

3　前項の規定にかかわらず、消滅株式会社等が同項の規定による公告を、官報のほか、第九百三十九条第一項の規定による定款の定めに従い、同項第二号又は第三号に掲げる公告方法によりするときは、前項の規定による各別の催告（吸収分割をする場合における不法行為によって生じた吸収分割株式会社の債務の債権者に対するものを除く。）は、することを要しない。

4　債権者が第二項第四号の期間内に異議を述べなかったときは、当該債権者は、当該吸収合併等について承認をしたものとみなす。

5　債権者が第二項第四号の期間内に異議を述べたときは、消滅株式会社等は、当該債権者に対し、弁済し、若しくは相当の担保を提供し、又は当該債権者に弁済を受けさせることを目的として信託会社等に相当の財産を信託しなければならない。ただし、当該吸収合併等をしても当該債権者を害するおそれがないときは、この限りでない。

第二款　吸収合併存続会社、吸収分割承継会社及び株式交換完全親会社の手続

第一目　株式会社の手続

第七九四条（吸収合併契約等に関する書面等の備置き及び閲覧等） 吸収合併存続株式会社、吸収分割承継株式会社又は株式交換完全親株式会社（以下この目において「存続株式会社等」という。）は、吸収合併契約等備置開始日から効力発生日後六箇月を経過する日までの間、吸収合併契約等の内容その他法務省令で定める事項を記載し、又は記録した書面又は電磁的記録をその本店に備え置かなければならない。

2　前項に規定する「吸収合併契約等備置開始日」とは、次に掲げる日のいずれか早い日をいう。

一　吸収合併契約等について株主総会（種類株主総会を含む。）の決議によってその承認を受けなければならないときは、当該株主総会の日の二週間前の日（第三百十九条第一項の場合にあっては、同項の提案があった日）

二　第七百九十七条第三項の規定による通知の日又は同条第四項の公告の日のいずれか早い日

三　第七百九十九条の規定による手続をしなければならないときは、同条第二項の規定による公告の日又は同項の規定による催告の日のいずれか早い日

3　存続株式会社等の株主及び債権者（株式交換完全子会社の株主に対して交付する金銭等が株式交換完全親株式会社の株式その他これに準ずるものとして法務省令で定めるもののみである場合（第七百六十八条第一項第四号ハに規定する場合を除く。）にあっては、株主）は、存続株式会社等に対して、その営業時間内は、いつでも、次に掲げる請求をすることができる。ただし、第二号又は第四号に掲げる請求をするには、当該存続株式会社等の定めた費用を支払わなければならない。

一　第一項の書面の閲覧の請求

二　第一項の書面の謄本又は抄本の交付の請求

三　第一項の電磁的記録に記録された事項を法務省令で定める方法により表示したものの閲覧の請求

四　第一項の電磁的記録に記録された事項を電磁的方法であって存続株式会社等の定めたものにより提供することの請求又はその事項を記載した書面の交付の請求

第七九五条（吸収合併契約等の承認等） 存続株式会社等は、効力発生日の前日までに、株主総会の決議によって、吸収合併契約等の承認を受けなければならない。

2　次に掲げる場合には、取締役は、前項の株主総会において、その旨を説明しなければならない。

一　吸収合併存続株式会社又は吸収分割承継

株式会社が承継する吸収合併消滅会社又は吸収分割会社の債務の額として法務省令で定める額（次号において「承継債務額」という。）が吸収合併存続株式会社又は吸収分割承継株式会社が承継する吸収合併消滅会社又は吸収分割会社の資産の額として法務省令で定める額（同号において「承継資産額」という。）を超える場合

二　吸収合併存続株式会社又は吸収分割承継株式会社が吸収合併消滅株式会社の株主、吸収合併消滅持分会社の社員又は吸収分割会社に対して交付する金銭等（吸収合併存続株式会社又は吸収分割承継株式会社の株式等を除く。）の帳簿価額が承継資産額から承継債務額を控除して得た額を超える場合

三　株式交換完全親株式会社が株式交換完全子会社の株主に対して交付する金銭等（株式交換完全親株式会社の株式等を除く。）の帳簿価額が株式交換完全親株式会社が取得する株式交換完全子会社の株式の額として法務省令で定める額を超える場合

3　承継する吸収合併消滅会社又は吸収分割会社の資産に吸収合併存続株式会社又は吸収分割承継株式会社の株式が含まれる場合には、取締役は、第一項の株主総会において、当該株式に関する事項を説明しなければならない。

4　存続株式会社等が種類株式発行会社である場合において、次の各号に掲げる場合には、吸収合併等は、当該各号に定める種類の株式（譲渡制限株式であって、第百九十九条第四項の定款の定めがないものに限る。）の種類株主を構成員とする種類株主総会（当該種類株主に係る株式の種類が二以上ある場合にあっては、当該二以上の株式の種類別に区分された種類株主を構成員とする各種類株主総会）の決議がなければ、その効力を生じない。ただし、当該種類株主総会において議決権を行使することができる株主が存しない場合は、この限りでない。

一　吸収合併消滅株式会社の株主又は吸収合併消滅持分会社の社員に対して交付する金銭等が吸収合併存続株式会社の株式である場合　第七百四十九条第一項第二号イの種類の株式

二　吸収分割会社に対して交付する金銭等が吸収分割承継株式会社の株式である場合　第七百五十八条第四号イの種類の株式

三　株式交換完全子会社の株主に対して交付する金銭等が株式交換完全親株式会社の株式である場合　第七百六十八条第一項第二号イの種類の株式

第七九六条（吸収合併契約等の承認を要しない場合等）前条第一項から第三項までの規定は、吸収合併消滅会社、吸収分割会社又は株式交換完全子会社（以下この目において「消滅会社等」という。）が存続株式会社等の特別支配会社である場合には、適用しない。ただし、吸収合併消滅株式会社若しくは株式交換完全子会社の株主、吸収合併消滅持分会社の社員又は吸収分割会社に対して交付する金銭等の全部又は一部が存続株式会社等の譲渡制限株式である場合であって、存続株式会社等が公開会社でないときは、この限りでない。

2　前条第一項から第三項までの規定は、第一号に掲げる額の第二号に掲げる額に対する割合が五分の一（これを下回る割合を存続株式会社等の定款で定めた場合にあっては、その割合）を超えない場合には、適用しない。ただし、同条第二項各号に掲げる場合又は前項ただし書に規定する場合は、この限りでない。

一　次に掲げる額の合計額

イ　吸収合併消滅株式会社若しくは株式交換完全子会社の株主、吸収合併消滅持分会社の社員又は吸収分割会社（以下この号において「消滅会社等の株主等」という。）に対して交付する存続株式会社等の株式の数に一株当たり純資産額を乗じて得た額

ロ　消滅会社等の株主等に対して交付する存続株式会社等の社債、新株予約権又は新株予約権付社債の帳簿価額の合計額

ハ　消滅会社等の株主等に対して交付する存続株式会社等の株式等以外の財産の帳簿価額の合計額

二　存続株式会社等の純資産額として法務省令で定める方法により算定される額

3　前項本文に規定する場合において、法務省令で定める数の株式（前条第一項の株主総会において議決権を行使することができるものに限る。）を有する株主が第七百九十七条第三項の規定による通知又は同条第四項の公告の日から二週間以内に吸収合併等に反対する旨を存続株式会社等に対し通知したときは、当該存続株式会社等は、効力発生日の前日ま

でに、株主総会の決議によって、吸収合併契約等の承認を受けなければならない。

第七九七条（反対株主の株式買取請求） 吸収合併等をする場合には、反対株主は、存続株式会社等に対し、自己の有する株式を公正な価格で買い取ることを請求することができる。ただし、第七百九十六条第二項本文に規定する場合は、この限りでない。

2　前項に規定する「反対株主」とは、次の各号に掲げる場合における当該各号に定める株主をいう。

一　吸収合併等をするために株主総会（種類株主総会を含む。）の決議を要する場合　次に掲げる株主

イ　当該株主総会に先立って当該吸収合併等に反対する旨を当該存続株式会社等に対し通知し、かつ、当該株主総会において当該吸収合併等に反対した株主（当該株主総会において議決権を行使することができるものに限る。）

ロ　当該株主総会において議決権を行使することができない株主

二　前号に規定する場合以外の場合　全ての株主

3　存続株式会社等は、効力発生日の二十日前までに、その株主（第七百九十六条第一項本文に規定する場合における当該特別支配会社を除く。）に対し、吸収合併等をする旨並びに消滅会社等の商号及び住所（第七百九十五条第三項に規定する場合にあっては、吸収合併等をする旨、消滅会社等の商号及び住所並びに同項の株式に関する事項）を通知しなければならない。

4　次に掲げる場合には、前項の規定による通知は、公告をもってこれに代えることができる。

一　存続株式会社等が公開会社である場合

二　存続株式会社等が第七百九十五条第一項の株主総会の決議によって吸収合併契約等の承認を受けた場合

5　第一項の規定による請求（以下この目において「株式買取請求」という。）は、効力発生日の二十日前の日から効力発生日の前日までの間に、その株式買取請求に係る株式の数（種類株式発行会社にあっては、株式の種類及び種類ごとの数）を明らかにしてしなければならない。

6　株券が発行されている株式について株式買取請求をしようとするときは、当該株式の株主は、存続株式会社等に対し、当該株式に係る株券を提出しなければならない。ただし、当該株券について第二百二十三条の規定による請求をした者については、この限りでない。

7　株式買取請求をした株主は、存続株式会社等の承諾を得た場合に限り、その株式買取請求を撤回することができる。

8　吸収合併等を中止したときは、株式買取請求は、その効力を失う。

9　第百三十三条の規定は、株式買取請求に係る株式については、適用しない。

第七九八条（株式の価格の決定等） 株式買取請求があった場合において、株式の価格の決定について、株主と存続株式会社等との間に協議が調ったときは、存続株式会社等は、効力発生日から六十日以内にその支払をしなければならない。

2　株式の価格の決定について、効力発生日から三十日以内に協議が調わないときは、株主又は存続株式会社等は、その期間の満了の日後三十日以内に、裁判所に対し、価格の決定の申立てをすることができる。

3　前条第七項の規定にかかわらず、前項に規定する場合において、効力発生日から六十日以内に同項の申立てがないときは、その期間の満了後は、株主は、いつでも、株式買取請求を撤回することができる。

4　存続株式会社等は、裁判所の決定した価格に対する第一項の期間の満了の日後の法定利率による利息をも支払わなければならない。

5　存続株式会社等は、株式の価格の決定があるまでは、株主に対し、当該存続株式会社等が公正な価格と認める額を支払うことができる。

6　株式買取請求に係る株式の買取りは、効力発生日に、その効力を生ずる。

7　株券発行会社は、株券が発行されている株式について株式買取請求があったときは、株券と引換えに、その株式買取請求に係る株式の代金を支払わなければならない。

第七九九条（債権者の異議） 次の各号に掲げる場合には、当該各号に定める債権者は、存続株式会社等に対し、吸収合併等について異議を述べることができる。

一　吸収合併をする場合　吸収合併存続株式会社の債権者

二　吸収分割をする場合　吸収分割承継株式

会社の債権者

三　株式交換をする場合において、株式交換完全子会社の株主に対して交付する金銭等が株式交換完全親株式会社の株式その他これに準ずるものとして法務省令で定めるもののみである場合以外の場合又は第七百六十八条第一項第四号ハに規定する場合　株式交換完全親株式会社の債権者

2　前項の規定により存続株式会社等の債権者が異議を述べることができる場合には、存続株式会社等は、次に掲げる事項を官報に公告し、かつ、知れている債権者には、各別にこれを催告しなければならない。ただし、第四号の期間は、一箇月を下ることができない。

一　吸収合併等をする旨

二　消滅会社等の商号及び住所

三　存続株式会社等及び消滅会社等（株式会社に限る。）の計算書類に関する事項として法務省令で定めるもの

四　債権者が一定の期間内に異議を述べることができる旨

3　前項の規定にかかわらず、存続株式会社等が同項の規定による公告を、官報のほか、第九百三十九条第一項の規定による定款の定めに従い、同項第二号又は第三号に掲げる公告方法によりするときは、前項の規定による各別の催告は、することを要しない。

4　債権者が第二項第四号の期間内に異議を述べなかったときは、当該債権者は、当該吸収合併等について承認をしたものとみなす。

5　債権者が第二項第四号の期間内に異議を述べたときは、存続株式会社等は、当該債権者に対し、弁済し、若しくは相当の担保を提供し、又は当該債権者に弁済を受けさせることを目的として信託会社等に相当の財産を信託しなければならない。ただし、当該吸収合併等をしても当該債権者を害するおそれがないときは、この限りでない。

第三節　新設合併等の手続

第一款　新設合併消滅会社、新設分割会社及び株式移転完全子会社の手続

第一目　株式会社の手続

第八〇三条（新設合併契約等に関する書面等の備置き及び閲覧等） 次の各号に掲げる株式会社（以下この目において「消滅株式会社等」という。）は、新設合併契約等備置開始日から新設合併設立会社、新設分割設立会社又は株式移転設立完全親会社（以下この目において「設立会社」という。）の成立の日後六箇月を経過する日（新設合併消滅株式会社にあっては、新設合併設立会社の成立の日）までの間、当該各号に定めるもの（以下この節において「新設合併契約等」という。）の内容その他法務省令で定める事項を記載し、又は記録した書面又は電磁的記録をその本店に備え置かなければならない。

一　新設合併消滅株式会社　新設合併契約

二　新設分割株式会社　新設分割計画

三　株式移転完全子会社　株式移転計画

2　前項に規定する「新設合併契約等備置開始日」とは、次に掲げる日のいずれか早い日をいう。

一　新設合併契約等について株主総会（種類株主総会を含む。）の決議によってその承認を受けなければならないときは、当該株主総会の日の二週間前の日（第三百十九条第一項の場合にあっては、同項の提案があった日）

二　第八百六条第三項の規定による通知を受けるべき株主があるときは、同項の規定による通知の日又は同条第四項の公告の日のいずれか早い日

三　第八百八条第三項の規定による通知を受けるべき新株予約権者があるときは、同項の規定による通知の日又は同条第四項の公告の日のいずれか早い日

四　第八百十条の規定による手続をしなければならないときは、同条第二項の規定による公告の日又は同項の規定による催告の日のいずれか早い日

五　前各号に規定する場合以外の場合には、新設分割計画の作成の日から二週間を経過した日

3　消滅株式会社等の株主及び債権者（株式移転完全子会社にあっては、株主及び新株予約権者）は、消滅株式会社等に対して、その営業時間内は、いつでも、次に掲げる請求をすることができる。ただし、第二号又は第四号に掲げる請求をするには、当該消滅株式会社等の定めた費用を支払わなければならない。

一　第一項の書面の閲覧の請求

二　第一項の書面の謄本又は抄本の交付の請求

三　第一項の電磁的記録に記録された事項を

法務省令で定める方法により表示したものの閲覧の請求

四　第一項の電磁的記録に記録された事項を電磁的方法であって消滅株式会社等の定めたものにより提供することの請求又はその事項を記載した書面の交付の請求

第八〇四条（新設合併契約等の承認） 消滅株式会社等は、株主総会の決議によって、新設合併契約等の承認を受けなければならない。

2　前項の規定にかかわらず、新設合併設立会社が持分会社である場合には、新設合併契約について新設合併消滅株式会社の総株主の同意を得なければならない。

3　新設合併消滅株式会社又は株式移転完全子会社が種類株式発行会社である場合において、新設合併消滅株式会社又は株式移転完全子会社の株主に対して交付する新設合併設立株式会社又は株式移転設立完全親会社の株式等の全部又は一部が譲渡制限株式等であるときは、当該新設合併又は株式移転は、当該譲渡制限株式等の割当てを受ける種類の株式（譲渡制限株式を除く。）の種類株主を構成員とする種類株主総会（当該種類株主に係る株式の種類が二以上ある場合にあっては、当該二以上の株式の種類別に区分された種類株主を構成員とする各種類株主総会）の決議がなければ、その効力を生じない。ただし、当該種類株主総会において議決権を行使することができる株主が存しない場合は、この限りでない。

4　消滅株式会社等は、第一項の株主総会の決議の日（第二項に規定する場合にあっては、同項の総株主の同意を得た日）から二週間以内に、その登録株式質権者（次条に規定する場合における登録株式質権者を除く。）及び第八百八条第三項各号に定める新株予約権の登録新株予約権質権者に対し、新設合併、新設分割又は株式移転（以下この節において「新設合併等」という。）をする旨を通知しなければならない。

5　前項の規定による通知は、公告をもってこれに代えることができる。

第八〇六条（反対株主の株式買取請求） 新設合併等をする場合（次に掲げる場合を除く。）には、反対株主は、消滅株式会社等に対し、自己の有する株式を公正な価格で買い取ることを請求することができる。

一　第八百四条第二項に規定する場合

二　第八百五条に規定する場合

2　前項に規定する「反対株主」とは、次に掲げる株主をいう。

一　第八百四条第一項の株主総会（新設合併等をするために種類株主総会の決議を要する場合にあっては、当該種類株主総会を含む。）に先立って当該新設合併等に反対する旨を当該消滅株式会社等に対し通知し、かつ、当該株主総会において当該新設合併等に反対した株主（当該株主総会において議決権を行使することができるものに限る。）

二　当該株主総会において議決権を行使することができない株主

3　消滅株式会社等は、第八百四条第一項の株主総会の決議の日から二週間以内に、その株主に対し、新設合併等をする旨並びに他の新設合併消滅会社、新設分割会社又は株式移転完全子会社（以下この節において「消滅会社等」という。）及び設立会社の商号及び住所を通知しなければならない。ただし、第一項各号に掲げる場合は、この限りでない。

4　前項の規定による通知は、公告をもってこれに代えることができる。

5　第一項の規定による請求（以下この目において「株式買取請求」という。）は、第三項の規定による通知又は前項の公告をした日から二十日以内に、その株式買取請求に係る株式の数（種類株式発行会社にあっては、株式の種類及び種類ごとの数）を明らかにしてしなければならない。

6　株券が発行されている株式について株式買取請求をしようとするときは、当該株式の株主は、消滅株式会社等に対し、当該株式に係る株券を提出しなければならない。ただし、当該株券について第二百二十三条の規定による請求をした者については、この限りでない。

7　株式買取請求をした株主は、消滅株式会社等の承諾を得た場合に限り、その株式買取請求を撤回することができる。

8　新設合併等を中止したときは、株式買取請求は、その効力を失う。

9　第百三十三条の規定は、株式買取請求に係る株式については、適用しない。

第八〇七条（株式の価格の決定等） 株式買取請求があった場合において、株式の価格の決定について、株主と消滅株式会社等（新設合併をする場合における新設合併設立会社の成立の日後にあっては、新設合併設立会社。以下この条において同じ。）との間に協議が調ったときは、消滅株式会社等は、設立会社の成立の日から六十日以内にその支払をしなければならない。

2　株式の価格の決定について、設立会社の成立の日から三十日以内に協議が調わないときは、株主又は消滅株式会社等は、その期間の満了の日後三十日以内に、裁判所に対し、価格の決定の申立てをすることができる。

3　前条第七項の規定にかかわらず、前項に規定する場合において、設立会社の成立の日から六十日以内に同項の申立てがないときは、その期間の満了後は、株主は、いつでも、株式買取請求を撤回することができる。

4　消滅株式会社等は、裁判所の決定した価格に対する第一項の期間の満了の日後の法定利率による利息をも支払わなければならない。

5　消滅株式会社等は、株式の価格の決定があるまでは、株主に対し、当該消滅株式会社等が公正な価格と認める額を支払うことができる。

6　株式買取請求に係る株式の買取りは、設立会社の成立の日に、その効力を生ずる。

7　株券発行会社は、株券が発行されている株式について株式買取請求があったときは、株券と引換えに、その株式買取請求に係る株式の代金を支払わなければならない。

第八〇八条（**新株予約権買取請求**）次の各号に掲げる行為をする場合には、当該各号に定める消滅株式会社等の新株予約権の新株予約権者は、消滅株式会社等に対し、自己の有する新株予約権を公正な価格で買い取ることを請求することができる。

一　新設合併　第七百五十三条第一項第十号又は第十一号に掲げる事項についての定めが第二百三十六条第一項第八号の条件（同号イに関するものに限る。）に合致する新株予約権以外の新株予約権

二　新設分割（新設分割設立会社が株式会社である場合に限る。）　次に掲げる新株予約権のうち、第七百六十三条第一項第十号又は第十一号に掲げる事項についての定めが第二百三十六条第一項第八号の条件（同号ハに関するものに限る。）に合致する新株予約権以外の新株予約権

イ　新設分割計画新株予約権

ロ　新設分割計画新株予約権以外の新株予約権であって、新設分割をする場合において当該新株予約権の新株予約権者に新設分割設立株式会社の新株予約権を交付することとする旨の定めがあるもの

三　株式移転　次に掲げる新株予約権のうち、第七百七十三条第一項第九号又は第十号に掲げる事項についての定めが第二百三十六条第一項第八号の条件（同号ホに関するものに限る。）に合致する新株予約権以外の新株予約権

イ　株式移転計画新株予約権

ロ　株式移転計画新株予約権以外の新株予約権であって、株式移転をする場合において当該新株予約権の新株予約権者に株式移転設立完全親会社の新株予約権を交付することとする旨の定めがあるもの

2　新株予約権付社債に付された新株予約権の新株予約権者は、前項の規定による請求（以下この目において「新株予約権買取請求」という。）をするときは、併せて、新株予約権付社債についての社債を買い取ることを請求しなければならない。ただし、当該新株予約権付社債に付された新株予約権について別段の定めがある場合は、この限りでない。

3　次の各号に掲げる消滅株式会社等は、第八百四条第一項の株主総会の決議の日（同条第二項に規定する場合にあっては同項の総株主の同意を得た日、第八百五条に規定する場合にあっては新設分割計画の作成の日）から二週間以内に、当該各号に定める新株予約権の新株予約権者に対し、新設合併等をする旨並びに他の消滅会社等及び設立会社の商号及び住所を通知しなければならない。

一　新設合併消滅株式会社　全部の新株予約権

二　新設分割設立会社が株式会社である場合における新設分割株式会社　次に掲げる新株予約権

イ　新設分割計画新株予約権

ロ　新設分割計画新株予約権以外の新株予約権であって、新設分割をする場合において当該新株予約権の新株予約権者に新設分割設立株式会社の新株予約権を交付することとする旨の定めがあるもの

三　株式移転完全子会社　次に掲げる新株予約権

イ　株式移転計画新株予約権

ロ　株式移転計画新株予約権以外の新株予約権

約権であって、株式移転をする場合において当該新株予約権の新株予約権者に株式移転設立完全親会社の新株予約権を交付することとする旨の定めがあるもの

4　前項の規定による通知は、公告をもってこれに代えることができる。

5　新株予約権買取請求は、第三項の規定による通知又は前項の公告をした日から二十日以内に、その新株予約権買取請求に係る新株予約権の内容及び数を明らかにしてしなければならない。

6　新株予約権証券が発行されている新株予約権について新株予約権買取請求をしようとするときは、当該新株予約権の新株予約権者は、消滅株式会社等に対し、その新株予約権証券を提出しなければならない。ただし、当該新株予約権証券について非訟事件手続法第百十四条に規定する公示催告の申立てをした者については、この限りでない。

7　新株予約権付社債券が発行されている新株予約権付社債に付された新株予約権について新株予約権買取請求をしようとするときは、当該新株予約権の新株予約権者は、消滅株式会社等に対し、その新株予約権付社債券を提出しなければならない。ただし、当該新株予約権付社債券について非訟事件手続法第百十四条に規定する公示催告の申立てをした者については、この限りでない。

8　新株予約権買取請求をした新株予約権者は、消滅株式会社等の承諾を得た場合に限り、その新株予約権買取請求を撤回することができる。

9　新設合併等を中止したときは、新株予約権買取請求は、その効力を失う。

10　第二百六十条の規定は、新株予約権買取請求に係る新株予約権については、適用しない。

第八〇九条（**新株予約権の価格の決定等**）　新株予約権買取請求があった場合において、新株予約権（当該新株予約権が新株予約権付社債に付されたものである場合において、当該新株予約権付社債についての社債の買取りの請求があったときは、当該社債を含む。以下この条において同じ。）の価格の決定について、新株予約権者と消滅株式会社等（新設合併をする場合における新設合併設立会社の成立の日後にあっては、新設合併設立会社。以下この条において同じ。）との間に協議が調ったときは、消滅株式会社等は、設立会社の成立の日から六十日以内にその支払をしなければならない。

2　新株予約権の価格の決定について、設立会社の成立の日から三十日以内に協議が調わないときは、新株予約権者又は消滅株式会社等は、その期間の満了の日後三十日以内に、裁判所に対し、価格の決定の申立てをすることができる。

3　前条第八項の規定にかかわらず、前項に規定する場合において、設立会社の成立の日から六十日以内に同項の申立てがないときは、その期間の満了後は、新株予約権者は、いつでも、新株予約権買取請求を撤回することができる。

4　消滅株式会社等は、裁判所の決定した価格に対する第一項の期間の満了の日後の法定利率による利息をも支払わなければならない。

5　消滅株式会社等は、新株予約権の価格の決定があるまでは、新株予約権者に対し、当該消滅株式会社等が公正な価格と認める額を支払うことができる。

6　新株予約権買取請求に係る新株予約権の買取りは、設立会社の成立の日に、その効力を生ずる。

7　消滅株式会社等は、新株予約権証券が発行されている新株予約権について新株予約権買取請求があったときは、新株予約権証券と引換えに、その新株予約権買取請求に係る新株予約権の代金を支払わなければならない。

8　消滅株式会社等は、新株予約権付社債券が発行されている新株予約権付社債に付された新株予約権について新株予約権買取請求があったときは、新株予約権付社債券と引換えに、その新株予約権買取請求に係る新株予約権の代金を支払わなければならない。

第八一〇条（**債権者の異議**）　次の各号に掲げる場合には、当該各号に定める債権者は、消滅株式会社等に対し、新設合併等について異議を述べることができる。

一　新設合併をする場合　新設合併消滅株式会社の債権者

二　新設分割をする場合　新設分割後新設分割株式会社に対して債務の履行（当該債務の保証人として新設分割設立会社と連帯して負担する保証債務の履行を含む。）を請求することができない新設分割株式会社の債権者（第七百六十三条第一項第十二号又は第七百六十五条第一項第八号に掲げる事

項についての定めがある場合にあっては、新設分割株式会社の債権者）

三　株式移転計画新株予約権が新株予約権付社債に付された新株予約権である場合　当該新株予約権付社債についての社債権者

2　前項の規定により消滅株式会社等の債権者の全部又は一部が異議を述べることができる場合には、消滅株式会社等は、次に掲げる事項を官報に公告し、かつ、知れている債権者（同項の規定により異議を述べることができるものに限る。）には、各別にこれを催告しなければならない。ただし、第四号の期間は、一箇月を下ることができない。

一　新設合併等をする旨

二　他の消滅会社等及び設立会社の商号及び住所

三　消滅株式会社等の計算書類に関する事項として法務省令で定めるもの

四　債権者が一定の期間内に異議を述べることができる旨

3　前項の規定にかかわらず、消滅株式会社等が同項の規定による公告を、官報のほか、第九百三十九条第一項の規定による定款の定めに従い、同項第二号又は第三号に掲げる公告方法によりするときは、前項の規定による各別の催告（新設分割をする場合における不法行為によって生じた新設分割株式会社の債務の債権者に対するものを除く。）は、することを要しない。

4　債権者が第二項第四号の期間内に異議を述べなかったときは、当該債権者は、当該新設合併等について承認をしたものとみなす。

5　債権者が第二項第四号の期間内に異議を述べたときは、消滅株式会社等は、当該債権者に対し、弁済し、若しくは相当の担保を提供し、又は当該債権者に弁済を受けさせることを目的として信託会社等に相当の財産を信託しなければならない。ただし、当該新設合併等をしても当該債権者を害するおそれがないときは、この限りでない。

第七編　雑則

第二章　訴訟

第一節　会社の組織に関する訴え

第八二八条（会社の組織に関する行為の無効の訴え）〔1項略〕

2　次の各号に掲げる行為の無効の訴えは、当該各号に定める者に限り、提起することができる。

一　前項第一号に掲げる行為　設立する株式会社の株主等（株主、取締役又は清算人（監査役設置会社にあっては株主、取締役、監査役又は清算人、指名委員会等設置会社にあっては株主、取締役、執行役又は清算人）をいう。以下この節において同じ。）又は設立する持分会社の社員等（社員又は清算人をいう。以下この項において同じ。）

二　前項第二号に掲げる行為　当該株式会社の株主等

三　前項第三号に掲げる行為　当該株式会社の株主等

四　前項第四号に掲げる行為　当該株式会社の株主等又は新株予約権者

五　前項第五号に掲げる行為　当該株式会社の株主等、破産管財人又は資本金の額の減少について承認をしなかった債権者

六　前項第六号に掲げる行為　当該行為の効力が生じた日において組織変更をする会社の株主等若しくは社員等であった者又は組織変更後の会社の株主等、社員等、破産管財人若しくは組織変更について承認をしなかった債権者

七　前項第七号に掲げる行為　当該行為の効力が生じた日において吸収合併をする会社の株主等若しくは社員等であった者又は吸収合併後存続する会社の株主等、社員等、破産管財人若しくは吸収合併について承認をしなかった債権者

八　前項第八号に掲げる行為　当該行為の効力が生じた日において新設合併をする会社の株主等若しくは社員等であった者又は新設合併により設立する会社の株主等、社員等、破産管財人若しくは新設合併について承認をしなかった債権者

九　前項第九号に掲げる行為　当該行為の効力が生じた日において吸収分割契約をした会社の株主等若しくは社員等であった者又は吸収分割契約をした会社の株主等、社員等、破産管財人若しくは吸収分割について承認をしなかった債権者

十　前項第十号に掲げる行為　当該行為の効力が生じた日において新設分割をする会社

の株主等若しくは社員等であった者又は新設分割をする会社若しくは新設分割により設立する会社の株主等、社員等、破産管財人若しくは新設分割について承認をしなかった債権者

十一 前項第十一号に掲げる行為 当該行為の効力が生じた日において株式交換契約をした会社の株主等若しくは社員等であった者又は株式交換契約をした会社の株主等、社員等、破産管財人若しくは株式交換について承認をしなかった債権者

十二 前項第十二号に掲げる行為 当該行為の効力が生じた日において株式移転をする株式会社の株主等であった者又は株式移転により設立する株式会社の株主等、破産管財人若しくは株式移転について承認をしなかった債権者

十三 前項第十三号に掲げる行為 当該行為の効力が生じた日において株式交付親会社の株主等であった者、株式交付に際して株式交付親会社に株式交付子会社の株式若しくは新株予約権等を譲り渡した者又は株式交付親会社の株主等、破産管財人若しくは株式交付について承認をしなかった債権者

第八三一条（**株主総会等の決議の取消しの訴え**） 次の各号に掲げる場合には、株主等（当該各号の株主総会等が創立総会又は種類創立総会である場合にあっては、株主等、設立時株主、設立時取締役又は設立時監査役）は、株主総会等の決議の日から三箇月以内に、訴えをもって当該決議の取消しを請求することができる。当該決議の取消しにより株主又は取締役、監査役若しくは清算人（当該決議が株主総会又は種類株主総会の決議である場合にあっては第三百四十六条第一項（第四百七十九条第四項において準用する場合を含む。）の規定により取締役、監査役又は清算人としての権利義務を有する者を含み、当該決議が創立総会又は種類創立総会の決議である場合にあっては設立時取締役（設立しようとする株式会社が監査等委員会設置会社である場合にあっては、設立時監査等委員である設立時取締役又はそれ以外の設立時取締役）又は設立時監査役を含む。）となる者も、同様とする。

一 株主総会等の招集の手続又は決議の方法が法令若しくは定款に違反し、又は著しく不公正なとき。

二 株主総会等の決議の内容が定款に違反するとき。

三 株主総会等の決議について特別の利害関係を有する者が議決権を行使したことによって、著しく不当な決議がされたとき。

2 前項の訴えの提起があった場合において、株主総会等の招集の手続又は決議の方法が法令又は定款に違反するときであっても、裁判所は、その違反する事実が重大でなく、かつ、決議に影響を及ぼさないものであると認めるときは、同項の規定による請求を棄却することができる。

第二節 株式会社における責任追及等の訴え

第八四七条（**株主による責任追及等の訴え**） 六箇月（これを下回る期間を定款で定めた場合にあっては、その期間）前から引き続き株式を有する株主（第百八十九条第二項の定款の定めによりその権利を行使することができない単元未満株主を除く。）は、株式会社に対し、書面その他の法務省令で定める方法により、発起人、設立時取締役、設立時監査役、役員等（第四百二十三条第一項に規定する役員等をいう。）若しくは清算人（以下この節において「発起人等」という。）の責任を追及する訴え、第百二条の二第一項、第二百十二条第一項若しくは第二百八十五条第一項の規定による支払を求める訴え、第百二十条第三項の利益の返還を求める訴え又は第二百十三条の二第一項若しくは第二百八十六条の二第一項の規定による支払若しくは給付を求める訴え（以下この節において「責任追及等の訴え」という。）の提起を請求することができる。ただし、責任追及等の訴えが当該株主若しくは第三者の不正な利益を図り又は当該株式会社に損害を加えることを目的とする場合は、この限りでない。

2 公開会社でない株式会社における前項の規定の適用については、同項中「六箇月（これを下回る期間を定款で定めた場合にあっては、その期間）前から引き続き株式を有する株主」とあるのは、「株主」とする。

3 株式会社が第一項の規定による請求の日から六十日以内に責任追及等の訴えを提起しないときは、当該請求をした株主は、株式会社のために、責任追及等の訴えを提起することができる。

4 株式会社は、第一項の規定による請求の日

から六十日以内に責任追及等の訴えを提起しない場合において、当該請求をした株主又は同項の発起人等から請求を受けたときは、当該請求をした者に対し、遅滞なく、責任追及等の訴えを提起しない理由を書面その他の法務省令で定める方法により通知しなければならない。

5　第一項及び第三項の規定にかかわらず、同項の期間の経過により株式会社に回復することができない損害が生ずるおそれがある場合には、第一項の株主は、株式会社のために、直ちに責任追及等の訴えを提起することができる。ただし、同項ただし書に規定する場合は、この限りでない。

第八四七条の二（旧株主による責任追及等の訴え） 次の各号に掲げる行為の効力が生じた日の六箇月前から当該日まで引き続き株式会社の株主であった者は、当該株式会社の株主でなくなった場合であっても、当該各号に定めるときは、当該株式会社に対し、書面その他の法務省令で定める方法により、責任追及等の訴えの提起を請求することができる。ただし、責任追及等の訴えが当該旧株主若しくは第三者の不正な利益を図り又は当該株式交換等完全子会社若しくは次の各号の完全親会社に損害を加えることを目的とする場合は、この限りでない。

一　当該株式会社の株式交換又は株式移転　当該株式交換又は株式移転により当該株式会社の完全親会社の株式を取得し、引き続き当該株式を有するとき。

二　当該株式会社が吸収合併により消滅する会社となる吸収合併　当該吸収合併により、吸収合併後存続する株式会社の完全親会社の株式を取得し、引き続き当該株式を有するとき。

2　公開会社でない株式会社における前項の規定の適用については、同項中「次の各号に掲げる行為の効力が生じた日の六箇月前から当該日まで引き続き」とあるのは、「次の各号に掲げる行為の効力が生じた日において」とする。

3　旧株主は、第一項各号の完全親会社の株主でなくなった場合であっても、次に掲げるときは、株式交換等完全子会社に対し、書面その他の法務省令で定める方法により、責任追及等の訴えの提起を請求することができる。ただし、責任追及等の訴えが当該旧株主若しくは第三者の不正な利益を図り又は当該株式交換等完全子会社若しくは次の各号の株式を発行している株式会社に損害を加えることを目的とする場合は、この限りでない。

一　当該完全親会社の株式交換又は株式移転により当該完全親会社の完全親会社の株式を取得し、引き続き当該株式を有するとき。

二　当該完全親会社が合併により消滅する会社となる合併により、合併により設立する株式会社又は合併後存続する株式会社若しくはその完全親会社の株式を取得し、引き続き当該株式を有するとき。

4　前項の規定は、同項第一号に掲げる場合において、旧株主が同号の株式の株主でなくなったときについて準用する。

5　第三項の規定は、同項第二号に掲げる場合において、旧株主が同号の株式の株主でなくなったときについて準用する。この場合において、第三項中「当該完全親会社」とあるのは、「合併により設立する株式会社又は合併後存続する株式会社若しくはその完全親会社」と読み替えるものとする。

6　株式交換等完全子会社が第一項又は第三項の規定による請求の日から六十日以内に責任追及等の訴えを提起しないときは、当該提訴請求をした旧株主は、株式交換等完全子会社のために、責任追及等の訴えを提起することができる。

7　株式交換等完全子会社は、提訴請求の日から六十日以内に責任追及等の訴えを提起しない場合において、当該提訴請求をした旧株主又は当該提訴請求に係る責任追及等の訴えの被告となることとなる発起人等から請求を受けたときは、当該請求をした者に対し、遅滞なく、責任追及等の訴えを提起しない理由を書面その他の法務省令で定める方法により通知しなければならない。

8　第一項、第三項及び第六項の規定にかかわらず、同項の期間の経過により株式交換等完全子会社に回復することができない損害が生ずるおそれがある場合には、提訴請求をすることができる旧株主は、株式交換等完全子会社のために、直ちに責任追及等の訴えを提起することができる。

9　株式交換等完全子会社に係る適格旧株主がある場合において、第一項各号に掲げる行為の効力が生じた時までにその原因となった事実が生じた責任又は義務を免除するときにおける第五十五条、第百二条の二第二項、第百三条第三項、第百二十条第五項、第二百十三条の二第二項、第二百八十六条の二第二項、第四百二十四条、第四百六十二条第三項ただし書、第四百六十四条第二項及び第四百六十五条第二項の規定の適用については、これらの規定中「総株主」とあるのは、「総株主及び第八百四十七条の二第九項に規定する適格旧株主の全員」とする。

第八四七条の三（**最終完全親会社等の株主による特定責任追及の訴え**）　六箇月前から引き続き株式会社の最終完全親会社等の総株主の議決権の百分の一以上の議決権を有する株主又は当該最終完全親会社等の発行済株式の百分の一以上の数の株式を有する株主は、当該株式会社に対し、書面その他の法務省令で定める方法により、特定責任に係る責任追及等の訴えの提起を請求することができる。ただし、次のいずれかに該当する場合は、この限りでない。

一　特定責任追及の訴えが当該株主若しくは第三者の不正な利益を図り又は当該株式会社若しくは当該最終完全親会社等に損害を加えることを目的とする場合

二　当該特定責任の原因となった事実によって当該最終完全親会社等に損害が生じていない場合

2　前項に規定する「完全親会社等」とは、次に掲げる株式会社をいう。

一　完全親会社

二　株式会社の発行済株式の全部を他の株式会社及びその完全子会社等又は他の株式会社の完全子会社等が有する場合における当該他の株式会社

3　前項第二号の場合において、同号の他の株式会社及びその完全子会社等又は同号の他の株式会社の完全子会社等が他の法人の株式又は持分の全部を有する場合における当該他の法人は、当該他の株式会社の完全子会社等とみなす。

4　第一項に規定する「特定責任」とは、当該株式会社の発起人等の責任の原因となった事実が生じた日において最終完全親会社等及びその完全子会社等における当該株式会社の株式の帳簿価額が当該最終完全親会社等の総資産額として法務省令で定める方法により算定される額の五分の一を超える場合における当該発起人等の責任をいう。

5　最終完全親会社等が、発起人等の責任の原因となった事実が生じた日において最終完全親会社等であった株式会社をその完全子会社等としたものである場合には、前項の規定の適用については、当該最終完全親会社等であった株式会社を同項の最終完全親会社等とみなす。

6　公開会社でない最終完全親会社等における第一項の規定の適用については、同項中「六箇月前から引き続き株式会社」とあるのは、「株式会社」とする。

7　株式会社が第一項の規定による請求の日から六十日以内に特定責任追及の訴えを提起しないときは、当該請求をした最終完全親会社等の株主は、株式会社のために、特定責任追及の訴えを提起することができる。

8　株式会社は、第一項の規定による請求の日から六十日以内に特定責任追及の訴えを提起しない場合において、当該請求をした最終完全親会社等の株主又は当該請求に係る特定責任追及の訴えの被告となることとなる発起人等から請求を受けたときは、当該請求をした者に対し、遅滞なく、特定責任追及の訴えを提起しない理由を書面その他の法務省令で定める方法により通知しなければならない。

9　第一項及び第七項の規定にかかわらず、同項の期間の経過により株式会社に回復することができない損害が生ずるおそれがある場合には、第一項に規定する株主は、株式会社のために、直ちに特定責任追及の訴えを提起することができる。ただし、同項ただし書に規定する場合は、この限りでない。

10　株式会社に最終完全親会社等がある場合において、特定責任を免除するときにおける第五十五条、第百三条第三項、第百二十条第五項、第四百二十四条、第四百六十二条第三項ただし書、第四百六十四条第二項及び第四百六十五条第二項の規定の適用については、これらの規定中「総株主」とあるのは、「総株主及び株式会社の第八百四十七条の三第一項に規定する最終完全親会社等の総株主」とする。

第八四七条の四（**責任追及等の訴えに係る訴訟費用等**）　第八百四十七条第三項若しくは第五項、第八百四十七条の二第六項若しくは第八項又は前条第七項若しくは第九項の責任追及等の訴えは、訴訟の目的の価額の算定については、財産権上の請求でない請求に係る訴えとみなす。

2　株主等が責任追及等の訴えを提起したときは、裁判所は、被告の申立てにより、当該株主等に対し、相当の担保を立てるべきことを命ずることができる。

3　被告が前項の申立てをするには、責任追及等の訴えの提起が悪意によるものであることを疎明しなければならない。

第八四八条（**訴えの管轄**）責任追及等の訴えは、株式会社又は株式交換等完全子会社の本店の所在地を管轄する地方裁判所の管轄に専属する。

第八四九条（**訴訟参加**）株主等又は株式会社等は、共同訴訟人として、又は当事者の一方を補助するため、責任追及等の訴え（適格旧株主にあっては第八百四十七条の二第一項各号に掲げる行為の効力が生じた時までにその原因となった事実が生じた責任又は義務に係るものに限り、最終完全親会社等の株主にあっては特定責任追及の訴えに限る。）に係る訴訟に参加することができる。ただし、不当に訴訟手続を遅延させることとなるとき、又は裁判所に対し過大な事務負担を及ぼすこととなるときは、この限りでない。

2　次の各号に掲げる者は、株式会社等の株主でない場合であっても、当事者の一方を補助するため、当該各号に定める者が提起した責任追及等の訴えに係る訴訟に参加することができる。ただし、前項ただし書に規定するときは、この限りでない。

一　株式交換等完全親会社（第八百四十七条の二第一項各号に定める場合又は同条第三項第一号若しくは第二号に掲げる場合における株式交換等完全子会社の完全親会社であって、当該完全親会社の株式交換若しくは株式移転又は当該完全親会社が合併により消滅する会社となる合併によりその完全親会社となった株式会社がないものをいう。以下この条において同じ。）　適格旧株主

二　最終完全親会社等　当該最終完全親会社等の株主

3　株式会社等、株式交換等完全親会社又は最終完全親会社等が、当該株式会社等、当該株式交換等完全子会社又は当該最終完全親会社等の完全子会社等である株式会社の取締役（監査等委員及び監査委員を除く。）、執行役及び清算人並びにこれらの者であった者を補助するため、責任追及等の訴えに係る訴訟に参加するには、次の各号に掲げる株式会社の区分に応じ、当該各号に定める者の同意を得なければならない。

一　監査役設置会社　監査役（監査役が二人以上ある場合にあっては、各監査役）

二　監査等委員会設置会社　各監査等委員

三　指名委員会等設置会社　各監査委員

4　株主等は、責任追及等の訴えを提起したときは、遅滞なく、当該株式会社等に対し、訴訟告知をしなければならない。

5　株式会社等は、責任追及等の訴えを提起したとき、又は前項の訴訟告知を受けたときは、遅滞なく、その旨を公告し、又は株主に通知しなければならない。

6　株式会社等に株式交換等完全親会社がある場合であって、前項の責任追及等の訴え又は訴訟告知が第八百四十七条の二第一項各号に掲げる行為の効力が生じた時までにその原因となった事実が生じた責任又は義務に係るものであるときは、当該株式会社等は、前項の規定による公告又は通知のほか、当該株式交換等完全親会社に対し、遅滞なく、当該責任追及等の訴えを提起し、又は当該訴訟告知を受けた旨を通知しなければならない。

7　株式会社等に最終完全親会社等がある場合であって、第五項の責任追及等の訴え又は訴訟告知が特定責任に係るものであるときは、当該株式会社等は、同項の規定による公告又は通知のほか、当該最終完全親会社等に対し、遅滞なく、当該責任追及等の訴えを提起し、又は当該訴訟告知を受けた旨を通知しなければならない。

8　第六項の株式交換等完全親会社が株式交換等完全子会社の発行済株式の全部を有する場合における同項の規定及び前項の最終完全親会社等が株式会社の発行済株式の全部を有する場合における同項の規定の適用については、これらの規定中「のほか」とあるのは、「に代えて」とする。

9　公開会社でない株式会社等における第五項から第七項までの規定の適用については、第五項中「公告し、又は株主に通知し」とあるのは「株主に通知し」と、第六項及び第七項中「公告又は通知」とあるのは「通知」とする。

10　次の各号に掲げる場合には、当該各号に規定する株式会社は、遅滞なく、その旨を公告

し、又は当該各号に定める者に通知しなければならない。

一　株式交換等完全親会社が第六項の規定による通知を受けた場合　適格旧株主

二　最終完全親会社等が第七項の規定による通知を受けた場合　当該最終完全親会社等の株主

11　前項各号に規定する株式会社が公開会社でない場合における同項の規定の適用については、同項中「公告し、又は当該各号に定める者に通知し」とあるのは、「当該各号に定める者に通知し」とする。

第八五〇条（**和解**）民事訴訟法第二百六十七条の規定は、株式会社等が責任追及等の訴えに係る訴訟における和解の当事者でない場合には、当該訴訟における訴訟の目的については、適用しない。ただし、当該株式会社等の承認がある場合は、この限りでない。

2　前項に規定する場合において、裁判所は、株式会社等に対し、和解の内容を通知し、かつ、当該和解に異議があるときは二週間以内に異議を述べるべき旨を催告しなければならない。

3　株式会社等が前項の期間内に書面により異議を述べなかったときは、同項の規定による通知の内容で株主等が和解をすることを承認したものとみなす。

4　第五十五条、第百二条の二第二項、第百三条第三項、第百二十条第五項、第二百十三条の二第二項、第二百八十六条の二第二項、第四百二十四条（第四百八十六条第四項において準用する場合を含む。）、第四百六十二条第三項（同項ただし書に規定する分配可能額を超えない部分について負う義務に係る部分に限る。）、第四百六十四条第二項及び第四百六十五条第二項の規定は、責任追及等の訴えに係る訴訟における和解をする場合には、適用しない。

第八五一条（**株主でなくなった者の訴訟追行**）責任追及等の訴えを提起した株主又は第八百四十九条第一項の規定により共同訴訟人として当該責任追及等の訴えに係る訴訟に参加した株主が当該訴訟の係属中に株主でなくなった場合であっても、次に掲げるときは、その者が、訴訟を追行することができる。

一　その者が当該株式会社の株式交換又は株式移転により当該株式会社の完全親会社の株式を取得したとき。

二　その者が当該株式会社が合併により消滅する会社となる合併により、合併により設立する株式会社又は合併後存続する株式会社若しくはその完全親会社の株式を取得したとき。

2　前項の規定は、同項第一号（この項又は次項において準用する場合を含む。）に掲げる場合において、前項の株主が同項の訴訟の係属中に当該株式会社の完全親会社の株式の株主でなくなったときについて準用する。この場合において、同項（この項又は次項において準用する場合を含む。）中「当該株式会社」とあるのは、「当該完全親会社」と読み替えるものとする。

3　第一項の規定は、同項第二号（前項又はこの項において準用する場合を含む。）に掲げる場合において、第一項の株主が同項の訴訟の係属中に合併により設立する株式会社又は合併後存続する株式会社若しくはその完全親会社の株式の株主でなくなったときについて準用する。この場合において、同項（前項又はこの項において準用する場合を含む。）中「当該株式会社」とあるのは、「合併により設立する株式会社又は合併後存続する株式会社若しくはその完全親会社」と読み替えるものとする。

第八五二条（**費用等の請求**）責任追及等の訴えを提起した株主等が勝訴（一部勝訴を含む。）した場合において、当該責任追及等の訴えに係る訴訟に関し、必要な費用（訴訟費用を除く。）を支出したとき又は弁護士、弁護士法人若しくは弁護士・外国法事務弁護士共同法人に報酬を支払うべきときは、当該株式会社等に対し、その費用の額の範囲内又はその報酬額の範囲内で相当と認められる額の支払を請求することができる。

2　責任追及等の訴えを提起した株主等が敗訴した場合であっても、悪意があったときを除き、当該株主は、当該株式会社等に対し、これによって生じた損害を賠償する義務を負わない。

3　前二項の規定は、第八百四十九条第一項の規定により同項の訴訟に参加した株主等について準用する。

第八五三条（**再審の訴え**）責任追及等の訴えが提起された場合において、原告及び被告が共謀（きょうぼう）して責任追及等の訴えに係る訴訟の目的である株式会社等の権利を害する目的をもって判決をさせたときは、次の各号に掲げる者は、当該各号に定める訴えに係る確定した終局判決に対し、再審の訴えをもって、不服を申し立てることができる。
一　株主又は株式会社等　責任追及等の訴え
二　適格旧株主　責任追及等の訴え
三　最終完全親会社等の株主　特定責任追及の訴え
2　前条の規定は、前項の再審の訴えについて準用する。

第三節　株式会社の役員の解任の訴え

第八五四条（**株式会社の役員の解任の訴え**）役員（第三百二十九条第一項に規定する役員をいう。以下この節において同じ。）の職務の執行に関し不正の行為又は法令若しくは定款に違反する重大な事実があったにもかかわらず、当該役員を解任する旨の議案が株主総会において否決されたとき又は当該役員を解任する旨の株主総会の決議が第三百二十三条の規定によりその効力を生じないときは、次に掲げる株主は、当該株主総会の日から三十日以内に、訴えをもって当該役員の解任を請求することができる。
一　総株主（次に掲げる株主を除く。）の議決権の百分の三（これを下回る割合を定款で定めた場合にあっては、その割合）以上の議決権を六箇月（これを下回る期間を定款で定めた場合にあっては、その期間）前から引き続き有する株主（次に掲げる株主を除く。）
イ　当該役員を解任する旨の議案について議決権を行使することができない株主
ロ　当該請求に係る役員である株主
二　発行済株式（次に掲げる株主の有する株式を除く。）の百分の三（これを下回る割合を定款で定めた場合にあっては、その割合）以上の数の株式を六箇月（これを下回る期間を定款で定めた場合にあっては、その期間）前から引き続き有する株主（次に掲げる株主を除く。）
イ　当該株式会社である株主
ロ　当該請求に係る役員である株主
2　公開会社でない株式会社における前項各号の規定の適用については、これらの規定中「六箇月（これを下回る期間を定款で定めた場合にあっては、その期間）前から引き続き有する」とあるのは、「有する」とする。
3　第百八条第一項第九号に掲げる事項（取締役（監査等委員会設置会社にあっては、監査等委員である取締役又はそれ以外の取締役）に関するものに限る。）についての定めがある種類の株式を発行している場合における第一項の規定の適用については、同項中「株主総会」とあるのは、「株主総会（第三百四十七条第一項の規定により読み替えて適用する第三百三十九条第一項の種類株主総会を含む。）」とする。
4　第百八条第一項第九号に掲げる事項（監査役に関するものに限る。）についての定めがある種類の株式を発行している場合における第一項の規定の適用については、同項中「株主総会」とあるのは、「株主総会（第三百四十七条第二項の規定により読み替えて適用する第三百三十九条第一項の種類株主総会を含む。）」とする。

第八五五条（**被告**）前条第一項の訴え（次条及び第九百三十七条第一項第一号ヌにおいて「株式会社の役員の解任の訴え」という。）については、当該株式会社及び前条第一項の役員を被告とする。

第八五六条（**訴えの管轄**）株式会社の役員の解任の訴えは、当該株式会社の本店の所在地を管轄する地方裁判所の管轄に専属する。

第四章　登記

第一節　会社の登記

第九一一条（**株式会社の設立の登記**）株式会社の設立の登記は、その本店の所在地において、次に掲げる日のいずれか遅い日から二週間以内にしなければならない。
一　第四十六条第一項の規定による調査が終了した日（設立しようとする株式会社が指名委員会等設置会社である場合にあっては、設立時代表執行役が同条第三項の規定による通知を受けた日）
二　発起人が定めた日
2　前項の規定にかかわらず、第五十七条第一項の募集をする場合には、前項の登記は、次に掲げる日のいずれか遅い日から二週間以内にしなければならない。
一　創立総会の終結の日
二　第八十四条の種類創立総会の決議をしたときは、当該決議の日
三　第九十七条の創立総会の決議をしたとき

は、当該決議の日から二週間を経過した日

四　第百条第一項の種類創立総会の決議をしたときは、当該決議の日から二週間を経過した日

五　第百一条第一項の種類創立総会の決議をしたときは、当該決議の日

3　第一項の登記においては、次に掲げる事項を登記しなければならない。

一　目的

二　商号

三　本店及び支店の所在場所

四　株式会社の存続期間又は解散の事由についての定款の定めがあるときは、その定め

五　資本金の額

六　発行可能株式総数

七　発行する株式の内容（種類株式発行会社にあっては、発行可能種類株式総数及び発行する各種類の株式の内容）

八　単元株式数についての定款の定めがあるときは、その単元株式数

九　発行済株式の総数並びにその種類及び種類ごとの数

十　株券発行会社であるときは、その旨

十一　株主名簿管理人を置いたときは、その氏名又は名称及び住所並びに営業所

十二　新株予約権を発行したときは、次に掲げる事項

イ　新株予約権の数

ロ　第二百三十六条第一項第一号から第四号まで（ハに規定する場合にあっては、第二号を除く。）に掲げる事項

ハ　第二百三十六条第三項各号に掲げる事項を定めたときは、その定め

ニ　ロ及びハに掲げる事項のほか、新株予約権の行使の条件を定めたときは、その条件

ホ　第二百三十六条第一項第七号及び第二百三十八条第一項第二号に掲げる事項

ヘ　第二百三十八条第一項第三号に掲げる事項を定めたときは、募集新株予約権（同項に規定する募集新株予約権をいう。以下へにおいて同じ。）の払込金額（同号に規定する払込金額をいう。以下へにおいて同じ。）（同号に掲げる事項として募集新株予約権の払込金額の算定方法を定めた場合において、登記の申請の時までに募集新株予約権の払込金額が確定していないときは、当該算定方法）

十二の二　第三百二十五条の二の規定による電子提供措置をとる旨の定款の定めがあるときは、その定め

十三　取締役（監査等委員会設置会社の取締役を除く。）の氏名

十四　代表取締役の氏名及び住所（第二十三号に規定する場合を除く。）

十五　取締役会設置会社であるときは、その旨

十六　会計参与設置会社であるときは、その旨並びに会計参与の氏名又は名称及び第三百七十八条第一項の場所

十七　監査役設置会社（監査役の監査の範囲を会計に関するものに限定する旨の定款の定めがある株式会社を含む。）であるときは、その旨及び次に掲げる事項

十八　監査役会設置会社であるときは、その旨及び監査役のうち社外監査役であるものについて社外監査役である旨

十九　会計監査人設置会社であるときは、その旨及び会計監査人の氏名又は名称

二十　第三百四十六条第四項の規定により選任された一時会計監査人の職務を行うべき者を置いたときは、その氏名又は名称

二十一　第三百七十三条第一項の規定による特別取締役による議決の定めがあるときは、次に掲げる事項

イ　第三百七十三条第一項の規定による特別取締役による議決の定めがある旨

ロ　特別取締役の氏名

ハ　取締役のうち社外取締役であるものについて、社外取締役である旨

二十二　監査等委員会設置会社であるときは、その旨及び次に掲げる事項

イ　監査等委員である取締役及びそれ以外の取締役の氏名

ロ　取締役のうち社外取締役であるものについて、社外取締役である旨

ハ　第三百九十九条の十三第六項の規定による重要な業務執行の決定の取締役への委任についての定款の定めがあるときは、その旨

二十三　指名委員会等設置会社であるときは、その旨及び次に掲げる事項

イ　取締役のうち社外取締役であるものについて、社外取締役である旨

ロ　各委員会の委員及び執行役の氏名

ハ　代表執行役の氏名及び住所

二十四　第四百二十六条第一項の規定による取締役、会計参与、監査役、執行役又は会計監査人の責任の免除についての定款の定めがあるときは、その定め

二十五　第四百二十七条第一項の規定による非業務執行取締役等が負う責任の限度に関する契約の締結についての定款の定めがあるときは、その定め

二十六　第四百四十条第三項の規定による措置をとることとするときは、同条第一項に規定する貸借対照表の内容である情報について不特定多数の者がその提供を受けるために必要な事項であって法務省令で定めるもの

二十七　第九百三十九条第一項の規定による公告方法についての定款の定めがあるときは、その定め

二十八　前号の定款の定めが電子公告を公告方法とする旨のものであるときは、次に掲げる事項

イ　電子公告により公告すべき内容である情報について不特定多数の者がその提供を受けるために必要な事項であって法務省令で定めるもの

ロ　第九百三十九条第三項後段の規定による定款の定めがあるときは、その定め

二十九　第二十七号の定款の定めがないときは、第九百三十九条第四項の規定により官報に掲載する方法を公告方法とする旨

○会社法施行規則〔抄〕

〔平成一八・二・七　法務省令一二〕

最終改正　令和四・一二法令四三

第一編　総則

第一章　通則

第一条（目的） この省令は、会社法（平成十七年法律第八十六号。以下「法」という。）の委任に基づく事項その他法の施行に必要な事項を定めることを目的とする。

第二編　株式会社

第二章　株式

第四節　単元株式数

第三四条（単元株式数） 法第百八十八条第二項に規定する法務省令で定める数は、千及び発行済株式の総数の二百分の一に当たる数とする。

○手形法〔抄〕

〔昭和七・七・一五　法律二〇〕

この法律の原文は片かなです。

最終改正　令和五・六法五三

第一編　為替手形

第一章　為替手形の振出及方式

第一条〔為替手形の必要的記載事項〕 為替手形には左の事項を記載すべし

一　証券の文言中に其の証券の作成に用ふる語を以て記載する為替手形なることを示す文字

二　一定の金額を支払ふべき旨の単純なる委託

三　支払を為すべき者（支払人）の名称

四　満期の表示

五　支払を為すべき地の表示

六　支払を受け又は之を受くる者を指図する者の名称

七　手形を振出す日及地の表示

八　手形を振出す者（振出人）の署名

為替手形には次の事項を記載しなければならない。

一　手形の文言中にその手形に用いたと同じ語で記載された「為替手形」であることを示す文字（為替手形文句）
二　「一定の金額（手形金額）を支払ってくれ」という単純な依頼を示す文字（支払委託文句）
三　支払人の名称（氏名）
四　支払がなされる予定の日（満期・支払期日）
五　支払がなされる予定の地域（支払地）
六　支払を受ける人（受取人）又は受取人を指定する人の名称（氏名）
七　手形を振り出す日（振出日）と記載された地域（振出地）
八　振出人の署名
（手形法における署名とは、手書きで氏名を記載する方法（署名）と、ゴム印等で氏名を記載して印章を押捺する方法をいう（第八二条）。）

第二章　裏書

第一一条〔法律上当然の指図証券性〕　為替手形は指図式にて振出さざるときと雖も裏書に依りて之を譲渡することを得

② 振出人が為替手形に「指図禁止」の文字又は之と同一の意義を有する文言を記載したるときは其の証券は民法（明治二十九年法律第八十九号）第三編第一章第四節の規定に依る債権の譲渡に関する方式に従ひ且其の効力を以てのみ之を譲渡することを得

③ 裏書は引受を為したる又は為さざる支払人、振出人其の他の債務者に対しても之を為すことを得　此等の者は更に手形を裏書することを得

① 為替手形は、「貴殿（受取人）またはその指図人にお支払いください」という形式（指図式）のものも、「右の金額を貴殿にお支払いください」とのみ書かれている形式（記名式）のものも、裏書の方法で譲渡することができる。

② 為替手形の振出人が、手形に「手形を他人に裏書で譲渡してはならない」という意味の文句（指図禁止）を書くと、その為替手形は、裏書の方法では譲渡することができず、民法第三編第一章第四節の規定による債権譲渡の方法によらなければならない。その効果も、前記民法の規定による債権譲渡の効力をもつにすぎない。

③ 為替手形の所持人は、引受けをした支払人や引受けをしない支払人、振出人、裏書人などの手形債務者に対しても、手形を裏書の方法で譲渡することができる（戻し裏書）。また、戻し裏書によって手形を取得した人は、更に他人に手形を裏書することができる。

第一二条〔裏書の要件〕　裏書は単純なることを要す　裏書に附したる条件は之を記載せざるものと看做す

② 一部の裏書は之を無効とす

③ 持参人払の裏書は白地式裏書と同一の効力を有す

① 裏書は「単純」でなければならず、もし、条件をつける場合は、その条件は記載されなかったものとみなされる。

② 手形金額の一部分だけについての裏書をしても無効である。

③ 「誰でも手形を持参する人に支払ってほしい」という形式の裏書（持参人払式裏書）は、白地式裏書と同じ効力をもつ。

第一三条〔裏書の方式〕　裏書は為替手形又は之と結合したる紙片（補箋）に之を記載し裏書人署名することを要す

② 裏書は被裏書人を指定せずして之を為し又は単に裏書人の署名のみを以て之を為すことを得（白地式裏書）　此の後の場合に於ては裏書は為替手形の裏面又は補箋に之を為すに非ざれば其の効力を有せず

① 裏書は、為替手形の裏面（または表面）に署名することによって行われるが、余白がないときは紙片（補箋又は付箋）にすることもできる。

② 裏書は、裏書を受ける人（被裏書人）を指定しない方式の裏書（白地式裏書）も認められる。更に、裏書文句も記載せず、裏書人の署名だけの方式の裏書（署名のみによる白地式裏書）も認められるが、この場合には、必ず、手形の裏面か、あるいは補箋にしなければ裏書としての効力はない。

第一四条〔裏書の権利移転的効力〕　裏書は為替手形より生ずる一切の権利を移転す

② 裏書が白地式なるときは所持人は

一　自己の名称又は他人の名称を以て白地を補充することを得
二　白地式に依り又は他人を表示して更に手形を裏書することを得
三　白地を補充せず且裏書を為さずして手形を第三者に譲渡することを得

① 裏書によって、手形を取得した人（被裏書人）は、為替手形上の一切の権利を取得する。

② 裏書が白地式であるときは、所持人は、

一　自分の氏名、又は他人の氏名を被裏書人の指定されていない空白部分に記入することができる。

二　白地式の裏書はそのままにして、新しく白地式又は記名式の裏書で手形を他人に譲渡することもできる。
三　白地式の裏書をそのままにし、新しく裏書もしないで、手形を手渡しするだけで譲渡することもできる。

第一五条〔裏書の担保的効力〕 裏書人は反対の文言なき限り引受及支払を担保す
② 裏書人は新なる裏書を禁ずることを得　此の場合に於ては其の裏書人は手形の爾後の被裏書人に対し担保の責を負ふことなし

① 裏書人は、裏書により引受け又は支払を担保する責任を負う。しかし裏書の際に、全部又はその一部につき請け合わないことを手形上に記載したときは、担保責任を負わない。
② 裏書人は「今後は裏書をしてはならない」ということを手形に記載して裏書することができる（裏書禁止裏書）。このように裏書禁止裏書をした人は、それ以後の手形の被裏書人のすべてに対して、裏書人としての担保責任を負わない。

第一六条〔裏書の資格授与的効力〕 為替手形の占有者が裏書の連続に依り其の権利を証明するときは之を適法の所持人と看做す　最後の裏書が白地式なる場合と雖も亦同じ　抹消したる裏書は此の関係に於ては之を記載せざるものと看做す　白地式裏書に次で他の裏書あるときは其の裏書を為したる者は白地式裏書に因りて手形を取得したるものと看做す
② 事由の何たるを問はず為替手形の占有を失ひたる者ある場合に於て所持人が前項の規定に依り其の権利を証明するときは手形を返還する義務を負ふことなし　但し所持人が悪意又は重大なる過失に因り之を取得したるときは此の限に在らず

① 裏書が連続している為替手形の所持人は、真実の権利者であるということを特に証明しなくても、その者が手形を呈示するだけで正当の手形所持人とみなされる。一番最後の裏書が白地式の場合でも、所持人のこの資格が認められる。また、裏書が消されている場合には、その裏書がまったくなかったものとみなされる。更にまた、白地式の裏書が中間にはさまっている場合には、それに続く裏書の裏書人は、白地式裏書によって手形を取得したものとみなされ、裏書は連続する。
② 裏書の連続によって為替手形を取得した人は、前項の規定による証明をすれば、たとえどんな理由で手形の占有を失った場合でも、手形をもとの所持人に返す必要はない。ただ、所持人が、悪意又は重大な過失によって取得したときは、手形をもとの所持人に返さなければならない。

第一七条〔人的抗弁の制限〕 為替手形に依り請求を受けたる者は振出人其の他所持人の前者に対する人的関係に基く抗弁を以て所持人に対抗することを得ず　但し所持人が其の債務者を害することを知りて手形を取得したるときは此の限に在らず

債務者が手形の所持人から、その手形によって請求を受けた場合には、自分と振出人又はその後の裏書人との間において、手形代金の支払を断る理由として認められるような事由（人的関係に基づく抗弁事由）があったとしても、それを理由に、現在の所持人に対して支払を断ることは許されない。もっとも、現在の所持人が、その債務者を害することを知って手形を取得したときは、手形の支払を拒むことができる。

第一八条〔取立委任裏書〕 裏書に「回収の為」、「取立の為」、「代理の為」其の他単なる委任を示す文言あるときは所持人は為替手形より生ずる一切の権利を行使することを得　但し所持人は代理の為の裏書のみを為すことを得
② 前項の場合に於ては債務者が所持人に対抗することを得る抗弁は裏書人に対抗することを得べかりしものに限る
③ 代理の為の裏書に依る委任は委任者の死亡又は其の者が行為能力の制限を受けたることに因り終了せず

第一九条〔質入裏書〕 裏書に「担保の為」、「質入の為」其の他質権の設定を示す文言あるときは所持人は為替手形より生ずる一切の権利を行使することを得　但し所持人の為したる裏書は代理の為の裏書としての効力のみを有す
② 債務者は裏書人に対する人的関係に基く抗弁を以て所持人に対抗することを得ず　但し所持人が其の債務者を害することを知りて手形を取得したるときは此の限に在らず

第二〇条〔期限後裏書〕 満期後の裏書は満期前の裏書と同一の効力を有す　但し支払拒絶証書作成後の裏書又は支払拒絶証書作成期間経過後の裏書は民法第三編第一章第四節の規定に依る債権の譲渡の効力のみを有す
② 日附の記載なき裏書は支払拒絶証書作成期間経過前に之を為したるものと推定す

第二編　約束手形

第七七条〔**為替手形の規定の準用**〕左の事項に関する為替手形に付ての規定は約束手形の性質に反せざる限り之を約束手形に準用す
一　裏書（第十一条乃至第二十条）
二　満期（第三十三条乃至第三十七条）
三　支払（第三十八条乃至第四十二条）
四　支払拒絶に因る遡求（第四十三条乃至第五十条、第五十二条乃至第五十四条）
五　参加支払（第五十五条、第五十九条乃至第六十三条）
六　謄本（第六十七条及第六十八条）
七　変造（第六十九条）
八　時効（第七十条及第七十一条）
九　休日、期間の計算及恩恵日の禁止（第七十二条乃至第七十四条）
②　第三者方にて又は支払人の住所地に非ざる地に於て支払を為すべき為替手形（第四条及第二十七条）、利息の約定（第五条）、支払金額に関する記載の差異（第六条）、第七条に規定する条件の下に為されたる署名の効果、権限なくして又は之を超えて為したる者の署名の効果（第八条）及白地為替手形（第十条）に関する規定も亦之を約束手形に準用す
③　保証に関する規定（第三十条乃至第三十二条）も亦之を約束手形に準用す　第三十一条末項の場合に於て何人の為に保証を為したるかを表示せざるときは約束手形の振出人の為に之を為したるものと看做す

○小切手法〔抄〕

〔昭和八・七・二九　法律五七〕

この法律の原文は片かなです。
最終改正　平成二九・六法四五

第一章　小切手の振出及方式

第一条〔**小切手必要的記載事項**〕小切手には左の事項を記載すべし
一　証券の文言中に其の証券の作成に用ふる語を以て記載する小切手なることを示す文字
二　一定の金額を支払ふべき旨の単純なる委託
三　支払を為すべき者（支払人）の名称
四　支払を為すべき地の表示
五　小切手を振出す日及地の表示
六　小切手を振出す者（振出人）の署名

小切手には次の事項を記載しなければならない。
一　小切手の文言中にその小切手に用いたと同じ語で記載された「小切手」であることを示す文字（小切手文句）
二　「一定の金額（小切手金額）を支払ってくれ」という単純な依頼を示す文字（支払委託文句）
三　支払人の名称
四　支払がなされる地（支払地）
五　小切手を振り出す日（振出日）と地（振出地）
六　振出人の署名

第二章　譲渡

第一四条〔**小切手の裏書性**〕記名式又は指図式の小切手は裏書に依りて之を譲渡することを得
②　記名式小切手にして「指図禁止」の文字又は之と同一の意義を有する文言を記載したるものは民法（明治二十九年法律第八十九号）第三編第一章第四節の規定に依る債権の譲渡に関する方式に従ひ且其の効力を以てのみ之を譲渡すことを得
③　裏書は振出人其の他の債務者に対しても之を為すことを得　此等の者は更に小切手を裏書することを得

①　記名式の小切手や指図式の小切手は、裏書の方法によって譲渡することができる。
②　記名式小切手の振出人が小切手の表面に「小切手を他人に裏書で譲渡してはならない」という意味の文句（指図禁止文句）を書くとその小切手は、裏書の方法では譲渡することができず、民法第三編第一章第四節の規定による債権譲渡の方法によらなければならない。その効果も、前記民法規定による債権譲渡の効力をもつにすぎない。
③　小切手の所持人は、振出人や裏書人などの小切手債務者に対しても、小切手を裏書することができる（戻し裏書）。また戻し裏書によって小切手を取得した人は、更に小切手を裏書譲渡することができる。

商法

民事訴訟法編

○民事訴訟法〔抄〕

〔平成八・六・二六
法律一〇九〕

最終改正 令和五・五法二八

〈注〉 **令和四年五月二五日法律第四八号の改正の一部は、施行までに期間がありますので、改正を加えてありません。**

第一編 総則

第一章 通則

第一条（**趣旨**） 民事訴訟に関する手続については、他の法令に定めるもののほか、この法律の定めるところによる。

第二章 裁判所

第一節 日本の裁判所の管轄権

第三条の二（**被告の住所等による管轄権**） 裁判所は、人に対する訴えについて、その住所が日本国内にあるとき、住所がない場合又は住所が知れない場合にはその居所が日本国内にあるとき、居所がない場合又は居所が知れない場合には訴えの提起前に日本国内に住所を有していたときは、管轄権を有する。

2 裁判所は、大使、公使その他外国に在ってその国の裁判権からの免除を享有する日本人に対する訴えについて、前項の規定にかかわらず、管轄権を有する。

3 裁判所は、法人その他の社団又は財団に対する訴えについて、その主たる事務所又は営業所が日本国内にあるとき、事務所若しくは営業所がない場合又はその所在地が知れない場合には代表者その他の主たる業務担当者の住所が日本国内にあるときは、管轄権を有する。

第三条の三（**契約上の債務に関する訴え等の管轄権**） 次の各号に掲げる訴えは、それぞれ当該各号に定めるときは、日本の裁判所に提起することができる。

一 契約上の債務の履行の請求を目的とする訴え又は契約上の債務に関して行われた事務管理若しくは生じた不当利得に係る請求、契約上の債務の不履行による損害賠償の請求その他契約上の債務に関する請求を目的とする訴え　契約において定められた当該債務の履行地が日本国内にあるとき、又は契約において選択された地の法によれば当該債務の履行地が日本国内にあるとき。

二 手形又は小切手による金銭の支払の請求を目的とする訴え　手形又は小切手の支払地が日本国内にあるとき。

三 財産権上の訴え　請求の目的が日本国内にあるとき、又は当該訴えが金銭の支

	払を請求するものである場合には差し押さえることができる被告の財産が日本国内にあるとき。
四　事務所又は営業所を有する者に対する訴えでその事務所又は営業所における業務に関するもの	当該事務所又は営業所が日本国内にあるとき。
五　日本において事業を行う者に対する訴え	当該訴えがその者の日本における業務に関するものであるとき。
六　船舶債権その他船舶を担保とする債権に基づく訴え	船舶が日本国内にあるとき。
七　会社その他の社団又は財団に関する訴えで次に掲げるもの イ　会社その他の社団からの社員若しくは社員であった者に対する訴え、社員からの社員若しくは社員であった者に対する訴え又は社員であった者からの社員に対する訴えで、社員としての資格に基づくもの ロ　社団又は財団からの役員又は役員であった者に対する訴えで役員としての資格に基づくもの ハ　会社からの発起人若しくは発起人であった者又は検査役若しくは検査役であった者に対する訴えで発起人又は検査役としての資格に基づくもの ニ　会社その他の社団の債権者からの社員又は社員であった者に対する訴えで社員としての資格に基づくもの	社団又は財団が法人である場合にはそれが日本の法令により設立されたものであるとき、法人でない場合にはその主たる事務所又は営業所が日本国内にあるとき。
八　不法行為に関する訴え	不法行為があった地が日本国内にあるとき。
九　船舶の衝突その他海上の事故に基づく損害賠償の訴え	損害を受けた船舶が最初に到達した地が日本国内にあるとき。
十　海難救助に関する訴え	海難救助があった地又は救助された船舶が最初に到達した地が日本国内にあるとき。
十一　不動産に関する訴え	不動産が日本国内にあるとき。
十二　相続権若しくは遺留分に関する訴え又は遺贈その他死亡によって効力を生ずべき行為に関する訴え	相続開始の時における被相続人の住所が日本国内にあるとき、住所がない場合又は住所が知れない場合には相続開始の時における被相続人の居所が日本国内にあるとき、居所がない場合又は居所が知れない場合には被相続人が相続開始の前に日本国内に住所を有していたとき。
十三　相続債権その他相続財産の負担に関する訴えで前号に掲げる訴えに該当しないもの	同号に定めるとき。

第三条の四（消費者契約及び労働関係に関する訴えの管轄権）　消費者と事業者との間で締結される契約に関する消費者からの事業者に対する訴えは、訴えの提起の時又は消費者契約の締結の時における消費者の住所が日本国内にあるときは、日本の裁判所に提起することができる。

2　労働契約の存否その他の労働関係に関する事項について個々の労働者と事業主との間に生じた民事に関する紛争に関する労働者から

の事業主に対する訴えは、個別労働関係民事紛争に係る労働契約における労務の提供の地が日本国内にあるときは、日本の裁判所に提起することができる。

3　消費者契約に関する事業者からの消費者に対する訴え及び個別労働関係民事紛争に関する事業主からの労働者に対する訴えについては、前条の規定は、適用しない。

第三条の五（**管轄権の専属**）会社法第七編第二章に規定する訴え、一般社団法人及び一般財団法人に関する法律第六章第二節に規定する訴えその他これらの法令以外の日本の法令により設立された社団又は財団に関する訴えでこれらに準ずるものの管轄権は、日本の裁判所に専属する。

2　登記又は登録に関する訴えの管轄権は、登記又は登録をすべき地が日本国内にあるときは、日本の裁判所に専属する。

3　知的財産権のうち設定の登録により発生するものの存否又は効力に関する訴えの管轄権は、その登録が日本においてされたものであるときは、日本の裁判所に専属する。

第三条の六（**併合請求における管轄権**）一の訴えで数個の請求をする場合において、日本の裁判所が一の請求について管轄権を有し、他の請求について管轄権を有しないときは、当該一の請求と他の請求との間に密接な関連があるときに限り、日本の裁判所にその訴えを提起することができる。ただし、数人からの又は数人に対する訴えについては、第三十八条前段に定める場合に限る。

第三条の七（**管轄権に関する合意**）当事者は、合意により、いずれの国の裁判所に訴えを提起することができるかについて定めることができる。

2　前項の合意は、一定の法律関係に基づく訴えに関し、かつ、書面でしなければ、その効力を生じない。

3　第一項の合意がその内容を記録した電磁的記録（電子的方式、磁気的方式その他人の知覚によっては認識することができない方式で作られる記録であって、電子計算機による情報処理の用に供されるものをいう。以下同じ。）によってされたときは、その合意は、書面によってされたものとみなして、前項の規定を適用する。

4　外国の裁判所にのみ訴えを提起することができる旨の合意は、その裁判所が法律上又は事実上裁判権を行うことができないときは、これを援用することができない。

5　将来において生ずる消費者契約に関する紛争を対象とする第一項の合意は、次に掲げる場合に限り、その効力を有する。

一　消費者契約の締結の時において消費者が住所を有していた国の裁判所に訴えを提起することができる旨の合意（その国の裁判所にのみ訴えを提起することができる旨の合意については、次号に掲げる場合を除き、その国以外の国の裁判所にも訴えを提起することを妨げない旨の合意とみなす。）であるとき。

二　消費者が当該合意に基づき合意された国の裁判所に訴えを提起したとき、又は事業者が日本若しくは外国の裁判所に訴えを提起した場合において、消費者が当該合意を援用したとき。

6　将来において生ずる個別労働関係民事紛争を対象とする第一項の合意は、次に掲げる場合に限り、その効力を有する。

一　労働契約の終了の時にされた合意であって、その時における労務の提供の地がある国の裁判所に訴えを提起することができる旨を定めたもの（その国の裁判所にのみ訴えを提起することができる旨の合意については、次号に掲げる場合を除き、その国以外の国の裁判所にも訴えを提起することを妨げない旨の合意とみなす。）であるとき。

二　労働者が当該合意に基づき合意された国の裁判所に訴えを提起したとき、又は事業主が日本若しくは外国の裁判所に訴えを提起した場合において、労働者が当該合意を援用したとき。

第三条の八（**応訴による管轄権**）被告が日本の裁判所が管轄権を有しない旨の抗弁を提出しないで本案について弁論をし、又は弁論準備手続において申述をしたときは、裁判所は、管轄権を有する。

第三条の九（**特別の事情による訴えの却下**）裁判所は、訴えについて日本の裁判所が管轄権を有することとなる場合（日本の裁判所にのみ訴えを提起することができる旨の合意に基づき訴えが提起された場合を除く。）においても、事案の性質、応訴による被告の負担の程度、証拠の所在地その他の事情を考慮して、日本の裁判所が審理及び裁判をすることが当事者間の衡平を害し、又は適正かつ迅速な審理の実現を妨げることとなる特別の事情があると認めるときは、その訴えの全部又は一部を却下することができる。

第三条の一〇（管轄権が専属する場合の適用除外） 第三条の二から第三条の四まで及び第三条の六から前条までの規定は、訴えについて法令に日本の裁判所の管轄権の専属に関する定めがある場合には、適用しない。

第三条の一一（職権証拠調べ） 裁判所は、日本の裁判所の管轄権に関する事項について、職権で証拠調べをすることができる。

第三条の一二（管轄権の標準時） 日本の裁判所の管轄権は、訴えの提起の時を標準として定める。

第二節　管轄

第六条（特許権等に関する訴え等の管轄） 特許権、実用新案権、回路配置利用権又はプログラムの著作物についての著作者の権利に関する訴え（以下「特許権等に関する訴え」という。）について、前二条の規定によれば次の各号に掲げる裁判所が管轄権を有すべき場合には、その訴えは、それぞれ当該各号に定める裁判所の管轄に専属する。

一　東京高等裁判所、名古屋高等裁判所、仙台高等裁判所又は札幌高等裁判所の管轄区域内に所在する地方裁判所　東京地方裁判所

二　大阪高等裁判所、広島高等裁判所、福岡高等裁判所又は高松高等裁判所の管轄区域内に所在する地方裁判所　大阪地方裁判所

［2項略］

3　第一項第二号に定める裁判所が第一審としてした特許権等に関する訴えについての終局判決に対する控訴は、東京高等裁判所の管轄に専属する。ただし、第二十条の二第一項の規定により移送された訴訟に係る訴えについての終局判決に対する控訴については、この限りでない。

第六条の二（意匠権等に関する訴えの管轄） 意匠権、商標権、著作者の権利、出版権、著作隣接権若しくは育成者権に関する訴え又は不正競争による営業上の利益の侵害に係る訴えについて、第四条又は第五条の規定により次の各号に掲げる裁判所が管轄権を有する場合には、それぞれ当該各号に定める裁判所にも、その訴えを提起することができる。

一　前条第一項第一号に掲げる裁判所（東京地方裁判所を除く。）　東京地方裁判所

二　前条第一項第二号に掲げる裁判所（大阪地方裁判所を除く。）　大阪地方裁判所

第三章　当事者

第一節　当事者能力及び訴訟能力

第二八条（原則） 当事者能力、訴訟能力及び訴訟無能力者の法定代理は、この法律に特別の定めがある場合を除き、民法その他の法令に従う。訴訟行為をするのに必要な授権についても、同様とする。

第二九条（法人でない社団等の当事者能力） 法人でない社団又は財団で代表者又は管理人の定めがあるものは、その名において訴え、又は訴えられることができる。

第三一条（未成年者及び成年被後見人の訴訟能力） 未成年者及び成年被後見人は、法定代理人によらなければ、訴訟行為をすることができない。ただし、未成年者が独立して法律行為をすることができる場合は、この限りでない。

第四節　訴訟代理人及び補佐人

第五四条（訴訟代理人の資格） 法令により裁判上の行為をすることができる代理人のほか、弁護士でなければ訴訟代理人となることができない。ただし、簡易裁判所においては、その許可を得て、弁護士でない者を訴訟代理人とすることができる。［2項略］

第五章　訴訟手続

第一節　訴訟の審理等

第八七条（口頭弁論の必要性） 当事者は、訴訟について、裁判所において口頭弁論をしなければならない。ただし、決定で完結すべき事件については、裁判所が、口頭弁論をすべきか否かを定める。［2項以下略］

第八九条（和解の試み等） 裁判所は、訴訟がいかなる程度にあるかを問わず、和解を試み、又は受命裁判官若しくは受託裁判官に和解を試みさせることができる。

2 裁判所は、相当と認めるときは、当事者の意見を聴いて、最高裁判所規則で定めるところにより、裁判所及び当事者双方が音声の送受信により同時に通話をすることができる方法によって、和解の期日における手続を行うことができる。

3 前項の期日に出頭しないで同項の手続に関与した当事者は、その期日に出頭したものとみなす。

第五節 裁判

第一一六条（判決の確定時期） 判決は、控訴若しくは上告の提起、第三百十八条第一項の申立て又は第三百五十七条若しくは第三百七十八条第一項の規定による異議の申立てについて定めた期間の満了前には、確定しないものとする。

2 判決の確定は、前項の期間内にした控訴の提起、同項の上告の提起又は同項の申立てにより、遮断される。

第二編 第一審の訴訟手続

第一章 訴え

第一三四条（訴え提起の方式） 訴えの提起は、訴状を裁判所に提出してしなければならない。

2 訴状には、次に掲げる事項を記載しなければならない。

一 当事者及び法定代理人

二 請求の趣旨及び原因

第一三九条（口頭弁論期日の指定） 訴えの提起があったときは、裁判長は、口頭弁論の期日を指定し、当事者を呼び出さなければならない。

第三章 口頭弁論及びその準備

第一節 口頭弁論

第一五八条（訴状等の陳述の擬制） 原告又は被告が最初にすべき口頭弁論の期日に出頭せず、又は出頭したが本案の弁論をしないときは、裁判所は、その者が提出した訴状又は答弁書その他の準備書面に記載した事項を陳述したものとみなし、出頭した相手方に弁論をさせることができる。

第四章 証拠

第五節 書証

第二二八条（文書の成立） 文書は、その成立が真正であることを証明しなければならない。

2 文書は、その方式及び趣旨により公務員が職務上作成したものと認めるべきときは、真正に成立した公文書と推定する。

3 公文書の成立の真否について疑いがあるときは、裁判所は、職権で、当該官庁又は公署に照会をすることができる。

4 私文書は、本人又はその代理人の署名又は押印があるときは、真正に成立したものと推定する。

5 第二項及び第三項の規定は、外国の官庁又は公署の作成に係るものと認めるべき文書について準用する。

第二三一条（文書に準ずる物件への準用） この節の規定は、図面、写真、録音テープ、ビデオテープその他の情報を表すために作成された物件で文書でないものについて準用する。

第五章 判決

第二四七条（自由心証主義） 裁判所は、判決をするに当たり、口頭弁論の全趣旨及び証拠調べの結果をしん酌して、自由な心証により、事実についての主張を真実と認めるべきか否かを判断する。

第二五二条（言渡しの方式） 判決の言渡しは、判決書の原本に基づいてする。

第二五五条（判決書等の送達） 判決書又は前条第二項の調書は、当事者に送達しなければならない。

2 前項に規定する送達は、判決書の正本又は前条第二項の調書の謄本によってする。

第六章 裁判によらない訴訟の完結

第二六四条（**和解条項案の書面による受諾**）当事者が遠隔の地に居住していることその他の事由により出頭することが困難であると認められる場合において、その当事者があらかじめ裁判所又は受命裁判官若しくは受託裁判官から提示された和解条項案を受諾する旨の書面を提出し、他の当事者が口頭弁論等の期日に出頭してその和解条項案を受諾したときは、当事者間に和解が調ったものとみなす。

第二六五条（**裁判所等が定める和解条項**）裁判所又は受命裁判官若しくは受託裁判官は、当事者の共同の申立てがあるときは、事件の解決のために適当な和解条項を定めることができる。

2　前項の申立ては、書面でしなければならない。この場合においては、その書面に同項の和解条項に服する旨を記載しなければならない。

3　第一項の規定による和解条項の定めは、口頭弁論等の期日における告知その他相当と認める方法による告知によってする。

4　当事者は、前項の告知前に限り、第一項の申立てを取り下げることができる。この場合においては、相手方の同意を得ることを要しない。

5　第三項の告知が当事者双方にされたときは、当事者間に和解が調ったものとみなす。

第二六七条（**和解調書等の効力**）和解又は請求の放棄若しくは認諾を調書に記載したときは、その記載は、確定判決と同一の効力を有する。

第八章 簡易裁判所の訴訟手続に関する特則

第二七一条（**口頭による訴えの提起**）訴えは、口頭で提起することができる。

第二七五条（**訴え提起前の和解**）民事上の争いについては、当事者は、請求の趣旨及び原因並びに争いの実情を表示して、相手方の普通裁判籍の所在地を管轄する簡易裁判所に和解の申立てをすることができる。〔2項以下略〕

第三編 上訴

第一章 控訴

第二八一条（**控訴をすることができる判決等**）控訴は、地方裁判所が第一審としてした終局判決又は簡易裁判所の終局判決に対してすることができる。ただし、終局判決後、当事者双方が共に上告をする権利を留保して控訴をしない旨の合意をしたときは、この限りでない。

2　第十一条第二項及び第三項の規定は、前項の合意について準用する。

第二八五条（**控訴期間**）控訴は、判決書又は第二百五十四条第二項の調書の送達を受けた日から二週間の不変期間内に提起しなければならない。ただし、その期間前に提起した控訴の効力を妨げない。

第二章 上告

第三二一条（**原判決の確定した事実の拘束**）原判決において適法に確定した事実は、上告裁判所を拘束する。〔2項略〕

第六編 少額訴訟に関する特則

第三六八条（**少額訴訟の要件等**）簡易裁判所においては、訴訟の目的の価額が六十万円以下の金銭の支払の請求を目的とする訴えについて、少額訴訟による審理及び裁判を求めることができる。ただし、同一の簡易裁判所において同一の年に最高裁判所規則で定める回数を超えてこれを求めることができない。

2　少額訴訟による審理及び裁判を求める旨の申述は、訴えの提起の際にしなければならない。

3　前項の申述をするには、当該訴えを提起する簡易裁判所においてその年に少額訴訟による審理及び裁判を求めた回数を届け出なければならない。

第三六九条（**反訴の禁止**）少額訴訟においては、反訴を提起することができない。

第三七〇条（**一期日審理の原則**）少額訴訟においては、特別の事情がある場合を除き、最初にすべき口頭弁論の期日において、審理を完了しなければならない。

2　当事者は、前項の期日前又はその期日において、すべての攻撃又は防御の方法を提出しなければならない。ただし、口頭弁論が続行されたときは、この限りでない。

第三七一条（**証拠調べの制限**）証拠調べは、即時に取り調べることができる証拠に限りすることができる。

第三七二条（証人等の尋問） 証人の尋問は、宣誓をさせないですることができる。

2　証人又は当事者本人の尋問は、裁判官が相当と認める順序でする。

3　裁判所は、相当と認めるときは、最高裁判所規則で定めるところにより、裁判所及び当事者双方と証人とが音声の送受信により同時に通話をすることができる方法によって、証人を尋問することができる。

第三七三条（通常の手続への移行） 被告は、訴訟を通常の手続に移行させる旨の申述をすることができる。ただし、被告が最初にすべき口頭弁論の期日において弁論をし、又はその期日が終了した後は、この限りでない。

2　訴訟は、前項の申述があった時に、通常の手続に移行する。

3　次に掲げる場合には、裁判所は、訴訟を通常の手続により審理及び裁判をする旨の決定をしなければならない。

一　第三百六十八条第一項の規定に違反して少額訴訟による審理及び裁判を求めたとき。

二　第三百六十八条第三項の規定によってすべき届出を相当の期間を定めて命じた場合において、その届出がないとき。

三　公示送達によらなければ被告に対する最初にすべき口頭弁論の期日の呼出しをすることができないとき。

四　少額訴訟により審理及び裁判をするのを相当でないと認めるとき。

4　前項の決定に対しては、不服を申し立てることができない。

5　訴訟が通常の手続に移行したときは、少額訴訟のため既に指定した期日は、通常の手続のために指定したものとみなす。

第三七四条（判決の言渡し） 判決の言渡しは、相当でないと認める場合を除き、口頭弁論の終結後直ちにする。

2　前項の場合には、判決の言渡しは、判決書の原本に基づかないですることができる。この場合においては、第二百五十四条第二項及び第二百五十五条の規定を準用する。

第三七五条（判決による支払の猶予） 裁判所は、請求を認容する判決をする場合において、被告の資力その他の事情を考慮して特に必要があると認めるときは、判決の言渡しの日から三年を超えない範囲内において、認容する請求に係る金銭の支払について、その時期の定め若しくは分割払の定めをし、又はこれと併せて、その時期の定めに従い支払をしたとき、若しくはその分割払の定めによる期限の利益を次項の規定による定めにより失うことなく支払をしたときは訴え提起後の遅延損害金の支払義務を免除する旨の定めをすることができる。

2　前項の分割払の定めをするときは、被告が支払を怠った場合における期限の利益の喪失についての定めをしなければならない。

3　前二項の規定による定めに関する裁判に対しては、不服を申し立てることができない。

第三七六条（仮執行の宣言） 請求を認容する判決については、裁判所は、職権で、担保を立てて、又は立てないで仮執行をすることができることを宣言しなければならない。

2　第七十六条、第七十七条、第七十九条及び第八十条の規定は、前項の担保について準用する。

第三七七条（控訴の禁止） 少額訴訟の終局判決に対しては、控訴をすることができない。

第三七八条（異議） 少額訴訟の終局判決に対しては、判決書又は第二百五十四条第二項の調書の送達を受けた日から二週間の不変期間内に、その判決をした裁判所に異議を申し立てることができる。ただし、その期間前に申し立てた異議の効力を妨げない。

2　第三百五十八条から第三百六十条までの規定は、前項の異議について準用する。

第三七九条（異議後の審理及び裁判） 適法な異議があったときは、訴訟は、口頭弁論の終結前の程度に復する。この場合においては、通常の手続によりその審理及び裁判をする。

2　第三百六十二条、第三百六十三条、第三百六十九条、第三百七十二条第二項及び第三百七十五条の規定は、前項の審理及び裁判について準用する。

第三八〇条（異議後の判決に対する不服申立て） 第三百七十八条第二項において準用する第三百五十九条又は前条第一項の規定によってした終局判決に対しては、控訴をすることができない。

2　第三百二十七条の規定は、前項の終局判決について準用する。

第三八一条（過料） 少額訴訟による審理及び裁判を求めた者が第三百六十八条第三項の回数について虚偽の届出をしたときは、裁判所は、決定で、十万円以下の過料に処する。

2　前項の決定に対しては、即時抗告をすることができる。

3　第百八十九条の規定は、第一項の規定による過料の裁判について準用する。

○民事訴訟規則〔抄〕

〔平成八・一二・一七　最高裁判所規則五〕

最終改正　令和四・一一最高裁規一七

第一編　総則

第一章　通則

第一条（申立て等の方式） 申立てその他の申述は、特別の定めがある場合を除き、書面又は口頭ですることができる。

2　口頭で申述をするには、裁判所書記官の面前で陳述をしなければならない。この場合においては、裁判所書記官は、調書を作成し、記名押印しなければならない。

第二編　第一審の訴訟手続

第二章　口頭弁論及びその準備

第一節　口頭弁論

第六六条（口頭弁論調書の形式的記載事項・法第百六十条） 口頭弁論の調書には、次に掲げる事項を記載しなければならない。

一　事件の表示

二　裁判官及び裁判所書記官の氏名

三　立ち会った検察官の氏名

四　出頭した当事者、代理人、補佐人及び通訳人の氏名

五　弁論の日時及び場所

六　弁論を公開したこと又は公開しなかったときはその旨及びその理由

2　前項の調書には、裁判所書記官が記名押印し、裁判長が認印しなければならない。

第六七条（口頭弁論調書の実質的記載事項・法第百六十条） 口頭弁論の調書には、弁論の要領を記載し、特に、次に掲げる事項を明確にしなければならない。

一　訴えの取下げ、和解、請求の放棄及び認諾並びに自白

二　法第百四十七条の三（審理の計画）第一項の審理の計画が同項の規定により定められ、又は同条第四項の規定により変更されたときは、その定められ、又は変更された内容

三　証人、当事者本人及び鑑定人の陳述

四　証人、当事者本人及び鑑定人の宣誓の有無並びに証人及び鑑定人に宣誓をさせなかった理由

五　検証の結果

六　裁判長が記載を命じた事項及び当事者の請求により記載を許した事項

七　書面を作成しないでした裁判

八　裁判の言渡し

2　前項の規定にかかわらず、訴訟が裁判によらないで完結した場合には、裁判長の許可を得て、証人、当事者本人及び鑑定人の陳述並びに検証の結果の記載を省略することができる。ただし、当事者が訴訟の完結を知った日から一週間以内にその記載をすべき旨の申出をしたときは、この限りでない。

第三編　上訴

第二章　上告

第一九二条（判例の摘示） 前二条に規定する上告において、判決が最高裁判所の判例と相反する判断をしたことを主張するときは、その判例を具体的に示さなければならない。

○非訟事件手続法〔抄〕

〔平成二三・五・二五法律五一〕

最終改正　令和五・五法二八

〈注〉令和五年六月一四日法律第五三号の改正は、施行までに期間がありますので、改正を加えてありません。

第一編　総則

第一条（**趣旨**）この法律は、非訟事件の手続についての通則を定めるとともに、民事非訟事件、公示催告事件及び過料事件の手続を定めるものとする。

第四編　公示催告事件

第一章　通則

第九九条（**公示催告の申立て**）裁判上の公示催告で権利の届出を催告するためのもの（以下この編において「公示催告」という。）の申立ては、法令にその届出をしないときは当該権利につき失権の効力を生ずる旨の定めがある場合に限り、することができる。

第一〇〇条（**管轄裁判所**）公示催告手続に係る事件は、公示催告に係る権利を有する者の普通裁判籍の所在地又は当該公示催告に係る権利の目的物の所在地を管轄する簡易裁判所の管轄に属する。ただし、当該権利が登記又は登録に係るものであるときは、登記又は登録をすべき地を管轄する簡易裁判所もこれを管轄する。

第一〇一条（**公示催告手続開始の決定等**）裁判所は、公示催告の申立てが適法であり、かつ、理由があると認めるときは、公示催告手続開始の決定をするとともに、次に掲げる事項を内容とする公示催告をする旨の決定（第百十三条第二項において「公示催告決定」という。）をしなければならない。

一　申立人の表示

二　権利の届出の終期の指定

三　前号に規定する権利の届出の終期までに当該権利を届け出るべき旨の催告

四　前号に掲げる催告に応じて権利の届出をしないことにより生ずべき失権の効力の表示

第一〇二条（**公示催告についての公告**）公示催告についての公告は、前条に規定する公示催告の内容を、裁判所の掲示場に掲示し、かつ、官報に掲載する方法によってする。

2　裁判所は、相当と認めるときは、申立人に対し、前項に規定する方法に加えて、前条に規定する公示催告の内容を、時事に関する事項を掲載する日刊新聞紙に掲載して公告すべき旨を命ずることができる。

第一〇三条（**公示催告の期間**）前条第一項の規定により公示催告を官報に掲載した日から権利の届出の終期までの期間は、他の法律に別段の定めがある場合を除き、二月を下ってはならない。

第一〇四条（**公示催告手続終了の決定**）公示催告手続開始の決定後第百六条第一項から第四項までの規定による除権決定がされるまでの間において、公示催告の申立てが不適法であること又は理由のないことが明らかになったときは、裁判所は、公示催告手続終了の決定をしなければならない。

2　前項の決定に対しては、申立人に限り、即時抗告をすることができる。

第一〇五条（**審理終結日**）裁判所は、権利の届出の終期の経過後においても、必要があると認めるときは、公示催告の申立てについての審理をすることができる。この場合において、裁判所は、審理を終結する日を定めなければならない。

2　権利の届出の終期までに申立人が申立ての理由として主張した権利を争う旨の申述があったときは、裁判所は、申立人及びその権利を争う旨の申述をした者の双方が立ち会うことができる審問期日を指定するとともに、審理終結日を定めなければならない。

3　前二項の規定により審理終結日が定められたときは、権利の届出の終期の経過後においても、権利の届出又は権利を争う旨の申述は、その審理終結日まですることができる。

4　権利を争う旨の申述をするには、自らが権利者であることその他の申立人が申立ての理由として主張した権利を争う理由を明らかにしなければならない。

第一〇六条（**除権決定等**）権利の届出の終期ま

でに適法な権利の届出又は権利を争う旨の申述がないときは、裁判所は、第百四条第一項の場合を除き、当該公示催告の申立てに係る権利につき失権の効力を生ずる旨の裁判（以下この編において「除権決定」という。）をしなければならない。

2 裁判所は、権利の届出の終期までに適法な権利の届出があった場合であって、適法な権利を争う旨の申述がないときは、第百四条第一項の場合を除き、当該公示催告の申立てに係る権利のうち適法な権利の届出があったものについては失権の効力を生じない旨の定め（以下この章において「制限決定」という。）をして、除権決定をしなければならない。

3 裁判所は、権利の届出の終期までに適法な権利を争う旨の申述があった場合であって、適法な権利の届出がないときは、第百四条第一項の場合を除き、申立人とその適法な権利を争う旨の申述をした者との間の当該権利についての訴訟の判決が確定するまで公示催告手続を中止し、又は除権決定は、その適法な権利を争う旨の申述をした者に対してはその効力を有せず、かつ、申立人が当該訴訟において敗訴したときはその効力を失う旨の定め（以下この章において「留保決定」という。）をして、除権決定をしなければならない。ただし、その権利を争う旨の申述に理由がないことが明らかであると認めるときは、留保決定をしないで、除権決定をしなければならない。

4 裁判所は、権利の届出の終期までに適法な権利の届出及び権利を争う旨の申述があったときは、第百四条第一項の場合を除き、制限決定及び留保決定をして、除権決定をしなければならない。

5 除権決定に対しては、第百八条の規定による場合のほか、不服を申し立てることができない。

6 制限決定又は留保決定に対しては、即時抗告をすることができる。

7 前項の即時抗告は、裁判の告知を受けた日から一週間の不変期間内にしなければならない。ただし、その期間前に提起した即時抗告の効力を妨げない。

第一〇七条（除権決定等の公告） 除権決定、制限決定及び留保決定は、官報に掲載して公告しなければならない。

第一〇八条（除権決定の取消しの申立て） 次に掲げる事由がある場合には、除権決定の取消しの申立てをすることができる。

一 法令において公示催告の申立てをすることができる場合に該当しないこと。

二 第百二条第一項の規定による公示催告についての公告をせず、又は法律に定める方法によって公告をしなかったこと。

三 第百三条に規定する公示催告の期間を遵守しなかったこと。

四 除斥又は忌避の裁判により除権決定に関与することができない裁判官が除権決定に関与したこと。

五 適法な権利の届出又は権利を争う旨の申述があったにもかかわらず、第百六条第二項から第四項までの規定に違反して除権決定がされたこと。

六 第八十三条第三項において準用する民事訴訟法第三百三十八条第一項第四号から第八号までの規定により再審の申立てをすることができる場合であること。

第一〇九条（管轄裁判所） 前条の規定による除権決定の取消しの申立てに係る事件は、当該除権決定をした裁判所の管轄に属する。

第一一〇条（申立期間） 第百八条の規定による除権決定の取消しの申立ては、申立人が除権決定があったことを知った日から三十日の不変期間内にしなければならない。

2 除権決定が告知された日から五年を経過したときは、第百八条の規定による除権決定の取消しの申立てをすることができない。

第一一一条（申立てについての裁判等） 第百八条の規定による除権決定の取消しの申立てがあったときは、裁判所は、申立人及び相手方の双方が立ち会うことができる審問期日を指定するとともに、審理終結日を定めなければならない。

2 裁判所は、前項に規定する場合において、第百八条各号に掲げる事由があるときは、除権決定を取り消す決定をしなければならない。

3 前項の規定による除権決定を取り消す決定が確定したときは、官報に掲載してその主文を公告しなければならない。

第一一二条（事件の記録の閲覧等） 第三十二条第一項から第四項までの規定にかかわらず、申立人及び権利の届出をした者又は権利を争う旨の申述をした者その他の利害関係人は、裁判所書記官に対し、公示催告事件又は除権決定の取消しの申立てに係る事件の記録の閲覧等又は記録の複製を請求することができる。

第一一三条（**適用除外**）第四十条の規定は、公示催告手続には、適用しない。
2　第五十九条の規定は、公示催告手続開始の決定、公示催告決定及び除権決定には、適用しない。

○家事事件手続法〔抄〕

〔平成二三・五・二五 法律五二〕

最終改正　令和五・六法五三

第一編　総則

第一章　通則

第一条（**趣旨**）家事審判及び家事調停に関する事件（以下「家事事件」という。）の手続については、他の法令に定めるもののほか、この法律の定めるところによる。

第二条（**裁判所及び当事者の責務**）裁判所は、家事事件の手続が公正かつ迅速に行われるように努め、当事者は、信義に従い誠実に家事事件の手続を追行しなければならない。

第二編　家事審判に関する手続

第一章　総則

第一節　家事審判の手続

第七款　審判等

第七三条（**審判**）家庭裁判所は、家事審判事件が裁判をするのに熟したときは、審判をする。
2　家庭裁判所は、家事審判事件の一部が裁判をするのに熟したときは、その一部について審判をすることができる。手続の併合を命じた数個の家事審判事件中その一が裁判をするのに熟したときも、同様とする。

第二章　家事審判事件

第一節　成年後見に関する審判事件

第一一八条（**手続行為能力**）次に掲げる審判事件においては、成年被後見人となるべき者及び成年被後見人は、第十七条第一項において準用する民事訴訟法第三十一条の規定にかかわらず、法定代理人によらずに、自ら手続行為をすることができる。その者が被保佐人又は被補助人であって、保佐人若しくは保佐監督人又は補助人若しくは補助監督人の同意がない場合も、同様とする。
一　後見開始の審判事件
二　後見開始の審判の取消しの審判事件（別表第一の二の項の事項についての審判事件をいう。）
三　成年後見人の選任の審判事件（別表第一の三の項の事項についての審判事件をいう。）
四　成年後見人の解任の審判事件（別表第一の五の項の事項についての審判事件をいう。第百二十七条第一項において同じ。）
五　成年後見監督人の選任の審判事件（別表第一の六の項の事項についての審判事件をいう。）
六　成年後見監督人の解任の審判事件（別表第一の八の項の事項についての審判事件をいう。第百二十七条第五項において同じ。）
七　成年被後見人に関する特別代理人の選任の審判事件（別表第一の十二の項の事項についての審判事件をいう。）
八　成年被後見人に宛てた郵便物又は民間事業者による信書の送達に関する法律（平成十四年法律第九十九号）第二条第三項に規定する信書便物の配達の嘱託及びその嘱託の取消し又は変更の審判事件（別表第一の十二の二の項の事項についての審判事件をいう。）
九　成年後見の事務の監督の審判事件（別表第一の十四の項の事項についての審判事件をいう。）
十　第三者が成年被後見人に与えた財産の管理に関する処分の審判事件（別表第一の十五の項の事項についての審判事件をいう。第百二十五条第一項及び第二項において同じ。）

第六節　婚姻等に関する審判事件

第一五〇条（**管轄**）次の各号に掲げる審判事件は、当該各号に定める地を管轄する家庭裁判所の管轄に属する。

一　夫婦間の協力扶助に関する処分の審判事件（別表第二の一の項の事項についての審判事件をいう。次条第一号において同じ。）　夫又は妻の住所地

二　夫婦財産契約による財産の管理者の変更等の審判事件（別表第一の五十八の項の事項についての審判事件をいう。）　夫又は妻の住所地

三　婚姻費用の分担に関する処分の審判事件（別表第二の二の項の事項についての審判事件をいう。）　夫又は妻の住所地

四　子の監護に関する処分の審判事件　子（父又は母を同じくする数人の子についての申立てに係るものにあっては、そのうちの一人）の住所地

五　財産の分与に関する処分の審判事件　夫又は妻であった者の住所地

六　離婚等の場合における祭具等の所有権の承継者の指定の審判事件（別表第二の五の項の事項についての審判事件をいう。）　所有者の住所地

第三編　家事調停に関する手続

第一章　総則

第一節　通則

第二四四条（**調停事項等**）家庭裁判所は、人事に関する訴訟事件その他家庭に関する事件（別表第一に掲げる事項についての事件を除く。）について調停を行うほか、この編の定めるところにより審判をする。

第二節　家事調停の申立て等

第二五七条（**調停前置主義**）第二百四十四条の規定により調停を行うことができる事件について訴えを提起しようとする者は、まず家庭裁判所に家事調停の申立てをしなければならない。［2項以下略］

○民事調停法〔抄〕

〔昭和二六・六・九　法律二二二〕

最終改正　令和五・五法二八

〈注〉　令和五年六月一四日法律第五三号の改正は、施行までに期間がありますので、改正を加えてありません。

第一章　総則

第一節　通則

第一条（**この法律の目的**）この法律は、民事に関する紛争につき、当事者の互譲により、条理にかない実情に即した解決を図ることを目的とする。

第二条（**調停事件**）民事に関して紛争を生じたときは、当事者は、裁判所に調停の申立てをすることができる。

第三条（**管轄**）調停事件は、特別の定めがある場合を除いて、相手方の住所、居所、営業所若しくは事務所の所在地を管轄する簡易裁判所若しくは当事者が合意で定める地方裁判所若しくは簡易裁判所の管轄とする。［2項以下略］

第四条（**移送等**）裁判所は、調停事件の全部又は一部がその管轄に属しないと認めるとき（次項本文に規定するときを除く。）は、申立てにより又は職権で、これを管轄権のある

地方裁判所又は簡易裁判所に移送しなければならない。ただし、事件を処理するために特に必要があると認めるときは、職権で、土地管轄の規定にかかわらず、事件の全部又は一部を他の管轄裁判所に移送し、又は自ら処理することができる。

2　裁判所は、調停事件の全部又は一部がその管轄に属しないと認める場合であって、その事件が家事事件手続法（平成二十三年法律第五十二号）第二百四十四条の規定により家庭裁判所が調停を行うことができる事件であるときは、職権で、これを管轄権のある家庭裁判所に移送しなければならない。ただし、事件を処理するために特に必要があると認めるときは、土地管轄の規定にかかわらず、事件の全部又は一部を他の家庭裁判所に移送することができる。

3　裁判所は、調停事件がその管轄に属する場合においても、事件を処理するために適当であると認めるときは、職権で、土地管轄の規定にかかわらず、事件の全部又は一部を他の管轄裁判所に移送することができる。

第四条の二（**調停の申立て**）調停の申立ては、申立書を裁判所に提出してしなければならない。

2　前項の申立書には、次に掲げる事項を記載しなければならない。

一　当事者及び法定代理人

二　申立ての趣旨及び紛争の要点

第五条（**調停機関**）裁判所は、調停委員会で調停を行う。ただし、裁判所が相当であると認めるときは、裁判官だけでこれを行うことができる。

2　裁判所は、当事者の申立てがあるときは、前項ただし書の規定にかかわらず、調停委員会で調停を行わなければならない。

第六条（**調停委員会の組織**）調停委員会は、調停主任一人及び民事調停委員二人以上で組織する。

第七条（**調停主任等の指定**）調停主任は、裁判官の中から、地方裁判所が指定する。

2　調停委員会を組織する民事調停委員は、裁判所が各事件について指定する。

第一四条（**調停の不成立**）調停委員会は、当事者間に合意が成立する見込みがない場合又は成立した合意が相当でないと認める場合において、裁判所が第十七条の決定をしないときは、調停が成立しないものとして、事件を終了させることができる。

第一六条（**調停の成立・効力**）調停において当事者間に合意が成立し、これを調書に記載したときは、調停が成立したものとし、その記載は、裁判上の和解と同一の効力を有する。

第一七条（**調停に代わる決定**）裁判所は、調停委員会の調停が成立する見込みがない場合において相当であると認めるときは、当該調停委員会を組織する民事調停委員の意見を聴き、当事者双方のために衡平に考慮し、一切の事情を見て、職権で、当事者双方の申立ての趣旨に反しない限度で、事件の解決のために必要な決定をすることができる。この決定においては、金銭の支払、物の引渡しその他の財産上の給付を命ずることができる。

第一八条（**異議の申立て**）前条の決定に対しては、当事者又は利害関係人は、異議の申立てをすることができる。その期間は、当事者が決定の告知を受けた日から二週間とする。

2　裁判所は、前項の規定による異議の申立てが不適法であると認めるときは、これを却下しなければならない。

3　前項の規定により異議の申立てを却下する裁判に対する即時抗告は、執行停止の効力を有する。

4　適法な異議の申立てがあったときは、前条の決定は、その効力を失う。

5　第一項の期間内に異議の申立てがないときは、前条の決定は、裁判上の和解と同一の効力を有する。

○民事調停規則〔抄〕

〔昭和二六・九・一五　最高裁判所規則八〕

最終改正　令和四・一一最高裁規一七

第一章　総則

第一節　通則

第一条（**規則の趣旨**）民事調停法による調停に関しては、法に定めるもののほか、この規則の定めるところによる。

第七条（**期日の呼出状**）調停手続の期日の呼出状には、不出頭に対する法律上の制裁を記載しなければならない。

第八条（**本人の出頭義務**）調停委員会の呼出しを受けた当事者は、自ら出頭しなければならない。ただし、やむを得ない事由があるときは、代理人を出頭させることができる。

2 次に掲げる者以外の者を前項の代理人とするには、調停委員会の許可を受けなければならない。

一 弁護士

二 司法書士法（昭和二十五年法律第百九十七号）第三条第二項に規定する司法書士（同条第一項第六号ニに掲げる手続に係る事件に限る。）

3 調停委員会は、いつでも、前項の許可を取り消すことができる。

○仲裁法〔抄〕

〔平成一五・八・一
法律一三八〕

最終改正 令和五・四法一五

〈注〉令和五年六月一四日法律第五三号の改正は、施行までに期間がありますので、改正を加えてありません。

第一章 総則

第一条（**趣旨**）仲裁地が日本国内にある仲裁手続及び仲裁手続に関して裁判所が行う手続については、他の法令に定めるもののほか、この法律の定めるところによる。

第二条（**定義**）この法律において「仲裁合意」とは、既に生じた民事上の紛争又は将来において生ずる一定の法律関係に関する民事上の紛争の全部又は一部の解決を一人又は二人以上の仲裁人にゆだね、かつ、その判断（以下「仲裁判断」という。）に服する旨の合意をいう。

2 この法律において「仲裁廷」とは、仲裁合意に基づき、その対象となる民事上の紛争について審理し、仲裁判断を行う一人の仲裁人又は二人以上の仲裁人の合議体をいう。

3 この法律において「主張書面」とは、仲裁手続において当事者が作成して仲裁廷に提出する書面であって、当該当事者の主張が記載されているものをいう。

第二章 仲裁合意

第一四条（**仲裁合意と本案訴訟**）仲裁合意の対象となる民事上の紛争について訴えが提起されたときは、受訴裁判所は、被告の申立てにより、訴えを却下しなければならない。ただし、次に掲げる場合は、この限りでない。

一 仲裁合意が無効、取消しその他の事由により効力を有しないとき。

二 仲裁合意に基づく仲裁手続を行うことができないとき。

三 当該申立てが、本案について、被告が弁論をし、又は弁論準備手続において申述をした後にされたものであるとき。

2 仲裁廷は、前項の訴えに係る訴訟が裁判所に係属する間においても、仲裁手続を開始し、又は続行し、かつ、仲裁判断をすることができる。

第三章 仲裁人

第一七条（**仲裁人の選任**）仲裁人の選任手続は、当事者が合意により定めるところによる。ただし、第五項又は第六項に規定するものについては、この限りでない。

2 当事者の数が二人であり、仲裁人の数が三人である場合において、前項の合意がないときは、当事者がそれぞれ一人の仲裁人を、当事者により選任された二人の仲裁人がその余の仲裁人を、選任する。この場合において、一方の当事者が仲裁人を選任した他方の当事者から仲裁人を選任すべき旨の催告を受けた日から三十日以内にその選任をしないときは当該当事者の申立てにより、当事者により選任された二人の仲裁人がその選任後三十日以内にその余の仲裁人を選任しないときは一方の当事者の申立てにより、裁判所が仲裁人を選任する。

3　当事者の数が二人であり、仲裁人の数が一人である場合において、第一項の合意がなく、かつ、当事者間に仲裁人の選任についての合意が成立しないときは、一方の当事者の申立てにより、裁判所が仲裁人を選任する。

4　当事者の数が三人以上である場合において、第一項の合意がないときは、当事者の申立てにより、裁判所が仲裁人を選任する。

5　第一項の合意により仲裁人の選任手続が定められた場合であっても、当該選任手続において定められた行為がされないことその他の理由によって当該選任手続による仲裁人の選任ができなくなったときは、一方の当事者は、裁判所に対し、仲裁人の選任の申立てをすることができる。〔6項略〕

第八章　仲裁判断の承認及び執行決定等

第四五条（**仲裁判断の承認**）仲裁判断（仲裁地が日本国内にあるかどうかを問わない。以下この章において同じ。）は、確定判決と同一の効力を有する。ただし、当該仲裁判断に基づく民事執行をするには、次条の規定による執行決定がなければならない。〔2項以下略〕

○民事執行法〔抄〕

〔昭和五四・三・三〇　法律四〕

最終改正　令和五・四法一七

〈注〉 **令和五年六月一四日法律第五三号の改正は、施行までに期間がありますので、改正を加えてありません。**

第一章　総則

第一条（**趣旨**）強制執行、担保権の実行としての競売及び民法、商法その他の法律の規定による換価のための競売並びに債務者の財産状況の調査（以下「民事執行」と総称する。）については、他の法令に定めるもののほか、この法律の定めるところによる。

第二条（**執行機関**）民事執行は、申立てにより、裁判所又は執行官が行う。

第三条（**執行裁判所**）裁判所が行う民事執行に関してはこの法律の規定により執行処分を行うべき裁判所をもつて、執行官が行う執行処分に関してはその執行官の所属する地方裁判所をもつて執行裁判所とする。

第二章　強制執行

第一節　総則

第二二条（**債務名義**）強制執行は、次に掲げるもの（以下「債務名義」という。）により行う。

一　確定判決

二　仮執行の宣言を付した判決

三　抗告によらなければ不服を申し立てることができない裁判

三の二　仮執行の宣言を付した損害賠償命令

三の三　仮執行の宣言を付した届出債権支払命令

四　仮執行の宣言を付した支払督促

四の二　訴訟費用、和解の費用若しくは非訟事件、家事事件若しくは国際的な子の奪取の民事上の側面に関する条約の実施に関する法律（平成二十五年法律第四十八号）第二十九条に規定する子の返還に関する事件の手続の費用の負担の額を定める裁判所書記官の処分又は第四十二条第四項に規定する執行費用及び返還すべき金銭の額を定める裁判所書記官の処分

五　金銭の一定の額の支払又はその他の代替物若しくは有価証券の一定の数量の給付を目的とする請求について公証人が作成した公正証書で、債務者が直ちに強制執行に服する旨の陳述が記載されているもの

六　確定した執行判決のある外国裁判所の判決（家事事件における裁判を含む。第二十四条において同じ。）

六の二　確定した執行決定のある仲裁判断

六の三　確定した執行等認可決定のある仲裁法（平成十五年法律第百三十八号）第四十八条に規定する暫定保全措置命令

六の四　確定した執行決定のある国際和解合意

六の五　確定した執行決定のある特定和解
七　確定判決と同一の効力を有するもの

第二節　金銭の支払を目的とする債権についての強制執行

第一款　不動産に対する強制執行

第三目　強制管理

第九三条（**開始決定等**）執行裁判所は、強制管理の手続を開始するには、強制管理の開始決定をし、その開始決定において、債権者のために不動産を差し押さえる旨を宣言し、かつ、債務者に対し収益の処分を禁止し、及び債務者が賃貸料の請求権その他の当該不動産の収益に係る給付を求める権利（以下「給付請求権」という。）を有するときは、債務者に対して当該給付をする義務を負う者（以下「給付義務者」という。）に対しその給付の目的物を管理人に交付すべき旨を命じなければならない。

2　前項の収益は、後に収穫すべき天然果実及び既に弁済期が到来し、又は後に弁済期が到来すべき法定果実とする。

3　第一項の開始決定は、債務者及び給付義務者に送達しなければならない。

4　給付義務者に対する第一項の開始決定の効力は、開始決定が当該給付義務者に送達された時に生ずる。

5　強制管理の申立てについての裁判に対しては、執行抗告をすることができる。

第九三条の二（**二重開始決定**）既に強制管理の開始決定がされ、又は第百八十条第二号に規定する担保不動産収益執行の開始決定がされた不動産について強制管理の申立てがあつたときは、執行裁判所は、更に強制管理の開始決定をするものとする。

第九三条の三（**給付義務者に対する競合する債権差押命令等の陳述の催告**）裁判所書記官は、給付義務者に強制管理の開始決定を送達するに際し、当該給付義務者に対し、開始決定の送達の日から二週間以内に給付請求権に対する差押命令又は差押処分の存否その他の最高裁判所規則で定める事項について陳述すべき旨を催告しなければならない。この場合においては、第百四十七条第二項の規定を準用する。

第九三条の四（**給付請求権に対する競合する債権差押命令等の効力の停止等**）第九十三条第四項の規定により強制管理の開始決定の効力が給付義務者に対して生じたときは、給付請求権に対する差押命令又は差押処分であつて既に効力が生じていたものは、その効力を停止する。ただし、強制管理の開始決定の給付義務者に対する効力の発生が第百六十五条各号（第百六十七条の十四第一項において第百六十五条各号（第三号及び第四号を除く。）の規定を準用する場合及び第百九十三条第二項において準用する場合を含む。）に掲げる時後であるときは、この限りでない。

2　第九十三条第四項の規定により強制管理の開始決定の効力が給付義務者に対して生じたときは、給付請求権に対する仮差押命令であつて既に効力が生じていたものは、その効力を停止する。

3　第一項の差押命令又は差押処分の債権者、同項の差押命令又は差押処分が効力を停止する時までに当該債権執行（第百四十三条に規定する債権執行をいう。）又は少額訴訟債権執行（第百六十七条の二第二項に規定する少額訴訟債権執行をいう。）の手続において配当要求をした債権者及び前項の仮差押命令の債権者は、第百七条第四項の規定にかかわらず、前二項の強制管理の手続において配当等を受けることができる。

第九四条（**管理人の選任**）執行裁判所は、強制管理の開始決定と同時に、管理人を選任しなければならない。

2　信託会社（信託業法（平成十六年法律第百五十四号）第三条又は第五十三条第一項の免許を受けた者をいう。）、銀行その他の法人は、管理人となることができる。

第九五条（**管理人の権限**）管理人は、強制管理の開始決定がされた不動産について、管理並びに収益の収取及び換価をすることができる。

2　管理人は、民法第六百二条に定める期間を超えて不動産を賃貸するには、債務者の同意を得なければならない。

3　管理人が数人あるときは、共同してその職務を行う。ただし、執行裁判所の許可を受けて、職務を分掌することができる。

4　管理人が数人あるときは、第三者の意思表示は、その一人に対してすれば足りる。

第九六条（**強制管理のための不動産の占有等**）管理人は、不動産について、債務者の占有を解いて自らこれを占有することができる。

2　管理人は、前項の場合において、閉鎖した戸を開く必要があると認めるときは、執行官に対し援助を求めることができる。

3　第五十七条第三項の規定は、前項の規定により援助を求められた執行官について準用する。

第九七条（建物使用の許可） 債務者の居住する建物について強制管理の開始決定がされた場合において、債務者が他に居住すべき場所を得ることができないときは、執行裁判所は、申立てにより、債務者及びその者と生計を一にする同居の親族（婚姻又は縁組の届出をしていないが債務者と事実上夫婦又は養親子と同様の関係にある者を含む。以下「債務者等」という。）の居住に必要な限度において、期間を定めて、その建物の使用を許可することができる。

2　債務者が管理人の管理を妨げたとき、又は事情の変更があつたときは、執行裁判所は、申立てにより、前項の規定による決定を取り消し、又は変更することができる。

3　前二項の申立てについての決定に対しては、執行抗告をすることができる。

第九八条（収益等の分与） 強制管理により債務者の生活が著しく困窮することとなるときは、執行裁判所は、申立てにより、管理人に対し、収益又はその換価代金からその困窮の程度に応じ必要な金銭又は収益を債務者に分与すべき旨を命ずることができる。

2　前条第二項の規定は前項の規定による決定について、同条第三項の規定は前項の申立て又はこの項において準用する前条第二項の申立てについての決定について準用する。

第九九条（管理人の監督） 管理人は、執行裁判所が監督する。

第一〇〇条（管理人の注意義務） 管理人は、善良な管理者の注意をもつてその職務を行わなければならない。

2　管理人が前項の注意を怠つたときは、その管理人は、利害関係を有する者に対し、連帯して損害を賠償する責めに任ずる。

第一〇一条（管理人の報酬等） 管理人は、強制管理のため必要な費用の前払及び執行裁判所の定める報酬を受けることができる。

2　前項の規定による決定に対しては、執行抗告をすることができる。

第一〇二条（管理人の解任） 重要な事由があるときは、執行裁判所は、利害関係を有する者の申立てにより、又は職権で、管理人を解任することができる。この場合においては、その管理人を審尋しなければならない。

第一〇三条（計算の報告義務） 管理人の任務が終了した場合においては、管理人又はその承継人は、遅滞なく、執行裁判所に計算の報告をしなければならない。

第一〇四条（強制管理の停止） 第三十九条第一項第七号又は第八号に掲げる文書の提出があつた場合においては、強制管理は、配当等の手続を除き、その時の態様で継続することができる。この場合においては、管理人は、配当等に充てるべき金銭を供託し、その事情を執行裁判所に届け出なければならない。

2　前項の規定により供託された金銭の額で各債権者の債権及び執行費用の全部を弁済することができるときは、執行裁判所は、配当等の手続を除き、強制管理の手続を取り消さなければならない。

第一〇五条（配当要求） 執行力のある債務名義の正本を有する債権者及び第百八十一条第一項各号に掲げる文書により一般の先取特権を有することを証明した債権者は、執行裁判所に対し、配当要求をすることができる。

2　配当要求を却下する裁判に対しては、執行抗告をすることができる。

第一〇六条（配当等に充てるべき金銭等） 配当等に充てるべき金銭は、第九十八条第一項の規定による分与をした後の収益又はその換価代金から、不動産に対して課される租税その他の公課及び管理人の報酬その他の必要な費用を控除したものとする。

2　配当等に充てるべき金銭を生ずる見込みがないときは、執行裁判所は、強制管理の手続を取り消さなければならない。

第一〇七条（管理人による配当等の実施） 管理人は、前条第一項に規定する費用を支払い、執行裁判所の定める期間ごとに、配当等に充てるべき金銭の額を計算して、配当等を実施しなければならない。

2　債権者が一人である場合又は債権者が二人以上であつて配当等に充てるべき金銭で各債権者の債権及び執行費用の全部を弁済することができる場合には、管理人は、債権者に弁済金を交付し、剰余金を債務者に交付する。

3　前項に規定する場合を除き、配当等に充てるべき金銭の配当について債権者間に協議が調つたときは、管理人は、その協議に従い配当を実施する。

4 配当等を受けるべき債権者は、次に掲げる者とする。
一 差押債権者のうち次のイからハまでのいずれかに該当するもの
イ 第一項の期間の満了までに強制管理の申立てをしたもの
ロ 第一項の期間の満了までに一般の先取特権の実行として第百八十条第二号に規定する担保不動産収益執行の申立てをしたもの
ハ 第一項の期間の満了までに第百八十条第二号に規定する担保不動産収益執行の申立てをしたもの（ロに掲げるものを除く。）であつて、当該申立てが最初の強制管理の開始決定に係る差押えの登記前に登記（民事保全法第五十三条第二項に規定する保全仮登記を含む。）がされた担保権に基づくもの
二 仮差押債権者（第一項の期間の満了までに、強制管理の方法による仮差押えの執行の申立てをしたものに限る。）
三 第一項の期間の満了までに配当要求をした債権者
5 第三項の協議が調わないときは、管理人は、その事情を執行裁判所に届け出なければならない。

第一〇八条（管理人による配当等の額の供託） 配当等を受けるべき債権者の債権について第九十一条第一項各号（第七号を除く。）に掲げる事由があるときは、管理人は、その配当等の額に相当する金銭を供託し、その事情を執行裁判所に届け出なければならない。債権者が配当等の受領のために出頭しなかつたときも、同様とする。

第一〇九条（執行裁判所による配当等の実施） 執行裁判所は、第百七条第五項の規定による届出があつた場合には直ちに、第百四条第一項又は前条の規定による届出があつた場合には供託の事由が消滅したときに、配当等の手続を実施しなければならない。

第一一〇条（弁済による強制管理の手続の取消し） 各債権者が配当等によりその債権及び執行費用の全部の弁済を受けたときは、執行裁判所は、強制管理の手続を取り消さなければならない。

第一一一条（強制競売の規定の準用） 第四十六条第一項、第四十七条第二項、第六項本文及び第七項、第四十八条、第五十三条、第五十四条、第八十四条第三項及び第四項、第八十七条第二項及び第三項並びに第八十八条の規定は強制管理について、第八十四条第一項及び第二項、第八十五条並びに第八十九条から第九十二条までの規定は第百九条の規定により執行裁判所が実施する配当等の手続について準用する。この場合において、第八十四条第三項及び第四項中「代金の納付後」とあるのは、「第百七条第一項の期間の経過後」と読み替えるものとする。

第三節 金銭の支払を目的としない請求権についての強制執行

第一六八条（不動産の引渡し等の強制執行） 不動産等（不動産又は人の居住する船舶等をいう。以下この条及び次条において同じ。）の引渡し又は明渡しの強制執行は、執行官が債務者の不動産等に対する占有を解いて債権者にその占有を取得させる方法により行う。
2 執行官は、前項の強制執行をするため同項の不動産等の占有者を特定する必要があるときは、当該不動産等に在る者に対し、当該不動産等又はこれに近接する場所において、質問をし、又は文書の提示を求めることができる。
3 第一項の強制執行は、債権者又はその代理人が執行の場所に出頭したときに限り、することができる。
4 執行官は、第一項の強制執行をするに際し、債務者の占有する不動産等に立ち入り、必要があるときは、閉鎖した戸を開くため必要な処分をすることができる。
5 執行官は、第一項の強制執行においては、その目的物でない動産を取り除いて、債務者、その代理人又は同居の親族若しくは使用人その他の従業者で相当のわきまえのあるものに引き渡さなければならない。この場合において、その動産をこれらの者に引き渡すことができないときは、執行官は、最高裁判所規則で定めるところにより、これを売却することができる。
6 執行官は、前項の動産のうちに同項の規定による引渡し又は売却をしなかつたものがあるときは、これを保管しなければならない。この場合においては、前項後段の規定を準用する。
7 前項の規定による保管の費用は、執行費用

とする。

8　第五項（第六項後段において準用する場合を含む。）の規定により動産を売却したときは、執行官は、その売得金から売却及び保管に要した費用を控除し、その残余を供託しなければならない。

9　第五十七条第五項の規定は、第一項の強制執行について準用する。

第一六九条（動産の引渡しの強制執行） 第百六十八条第一項に規定する動産以外の動産（有価証券を含む。）の引渡しの強制執行は、執行官が債務者からこれを取り上げて債権者に引き渡す方法により行う。

2　第百二十二条第二項、第百二十三条第二項及び第百六十八条第五項から第八項までの規定は、前項の強制執行について準用する。

第一七〇条（目的物を第三者が占有する場合の引渡しの強制執行） 第三者が強制執行の目的物を占有している場合においてその物を債務者に引き渡すべき義務を負つているときは、物の引渡しの強制執行は、執行裁判所が、債務者の第三者に対する引渡請求権を差し押さえ、請求権の行使を債権者に許す旨の命令を発する方法により行う。

2　第百四十四条、第百四十五条（第四項を除く。）、第百四十七条、第百四十八条、第百五十五条第一項及び第三項並びに第百五十八条の規定は、前項の強制執行について準用する。

第一七一条（代替執行） 次の各号に掲げる強制執行は、執行裁判所がそれぞれ当該各号に定める旨を命ずる方法により行う。

一　作為を目的とする債務についての強制執行　債務者の費用で第三者に当該作為をさせること。

二　不作為を目的とする債務についての強制執行　債務者の費用で、債務者がした行為の結果を除去し、又は将来のため適当な処分をすべきこと。

2　前項の執行裁判所は、第三十三条第二項第一号又は第六号に掲げる債務名義の区分に応じ、それぞれ当該各号に定める裁判所とする。

3　執行裁判所は、第一項の規定による決定をする場合には、債務者を審尋しなければならない。

4　執行裁判所は、第一項の規定による決定をする場合には、申立てにより、債務者に対し、その決定に掲げる行為をするために必要な費用をあらかじめ債権者に支払うべき旨を命ずることができる。

5　第一項の強制執行の申立て又は前項の申立てについての裁判に対しては、執行抗告をすることができる。

6　第六条第二項の規定は、第一項の規定による決定を執行する場合について準用する。

第一七二条（間接強制） 作為又は不作為を目的とする債務で前条第一項の強制執行ができないものについての強制執行は、執行裁判所が、債務者に対し、遅延の期間に応じ、又は相当と認める一定の期間内に履行しないときは直ちに、債務の履行を確保するために相当と認める一定の額の金銭を債権者に支払うべき旨を命ずる方法により行う。

2　事情の変更があつたときは、執行裁判所は、申立てにより、前項の規定による決定を変更することができる。

3　執行裁判所は、前二項の規定による決定をする場合には、申立ての相手方を審尋しなければならない。

4　第一項の規定により命じられた金銭の支払があつた場合において、債務不履行により生じた損害の額が支払額を超えるときは、債権者は、その超える額について損害賠償の請求をすることを妨げられない。

5　第一項の強制執行の申立て又は第二項の申立てについての裁判に対しては、執行抗告をすることができる。

6　前条第二項の規定は、第一項の執行裁判所について準用する。

第一七三条　第百六十八条第一項、第百六十九条第一項、第百七十条第一項及び第百七十一条第一項に規定する強制執行は、それぞれ第百六十八条から第百七十一条までの規定により行うほか、債権者の申立てがあるときは、執行裁判所が前条第一項に規定する方法により行う。この場合においては、同条第二項から第五項までの規定を準用する。

2　前項の執行裁判所は、第三十三条第二項各号（第一号の二、第一号の三及び第四号を除く。）に掲げる債務名義の区分に応じ、それぞれ当該債務名義についての執行文付与の訴えの管轄裁判所とする。

第三章　担保権の実行としての競売等

第一八〇条（不動産担保権の実行の方法） 不動産（登記することができない土地の定着物を

除き、第四十三条第二項の規定により不動産とみなされるものを含む。以下この章において同じ。）を目的とする担保権（以下この章において「不動産担保権」という。）の実行は、次に掲げる方法であつて債権者が選択したものにより行う。〔一号略〕

二　担保不動産収益執行（不動産から生ずる収益を被担保債権の弁済に充てる方法による不動産担保権の実行をいう。以下この章において同じ。）の方法

第一八八条（**不動産執行の規定の準用**）第四十四条の規定は不動産担保権の実行について、前章第二節第一款第二目（第八十一条を除く。）の規定は担保不動産競売について、同款第三目の規定は担保不動産収益執行について準用する。

○破産法〔抄〕

〔平成一六・六・二　法律七五〕

最終改正　令和五・六法五三

第一章　総則

第一条（**目的**）この法律は、支払不能又は債務超過にある債務者の財産等の清算に関する手続を定めること等により、債権者その他の利害関係人の利害及び債務者と債権者との間の権利関係を適正に調整し、もって債務者の財産等の適正かつ公平な清算を図るとともに、債務者について経済生活の再生の機会の確保を図ることを目的とする。

第九章　破産手続の終了

第二一六条（**破産手続開始の決定と同時にする破産手続廃止の決定**）裁判所は、破産財団をもって破産手続の費用を支弁するのに不足すると認めるときは、破産手続開始の決定と同時に、破産手続廃止の決定をしなければならない。〔2項以下略〕

○民事再生法〔抄〕

〔平成一一・一二・二二　法律二二五〕

最終改正　令和五・六法五三

第一章　総則

第一条（**目的**）この法律は、経済的に窮境にある債務者について、その債権者の多数の同意を得、かつ、裁判所の認可を受けた再生計画を定めること等により、当該債務者とその債権者との間の民事上の権利関係を適切に調整し、もって当該債務者の事業又は経済生活の再生を図ることを目的とする。

第二章　再生手続の開始

第一節　再生手続開始の申立て

第二一条（**再生手続開始の申立て**）債務者に破産手続開始の原因となる事実の生ずるおそれがあるときは、債務者は、裁判所に対し、再生手続開始の申立てをすることができる。債務者が事業の継続に著しい支障を来すことなく弁済期にある債務を弁済することができないときも、同様とする。〔2項略〕

○会社更生法〔抄〕

〔平成一四・一二・一三
法律一五四〕

最終改正　令和五・六法五三

第一章　総則

第一条（**目的**）この法律は、窮境にある株式会社について、更生計画の策定及びその遂行に関する手続を定めること等により、債権者、株主その他の利害関係人の利害を適切に調整し、もって当該株式会社の事業の維持更生を図ることを目的とする。

第二条（**定義**）この法律において「更生手続」とは、株式会社について、この法律の定めるところにより、更生計画を定め、更生計画が定められた場合にこれを遂行する手続をいう。

2　この法律において「更生計画」とは、更生債権者等又は株主の権利の全部又は一部を変更する条項その他の第百六十七条に規定する条項を定めた計画をいう。

3　この法律において「更生事件」とは、更生手続に係る事件をいう。

4　この法律において「更生裁判所」とは、更生事件が係属している地方裁判所をいう。

5　この法律において「裁判所」とは、更生事件を取り扱う一人の裁判官又は裁判官の合議体をいう。

6　この法律において「開始前会社」とは、更生裁判所に更生事件が係属している株式会社であって、更生手続開始の決定がされていないものをいう。

7　この法律において「更生会社」とは、更生裁判所に更生事件が係属している株式会社であって、更生手続開始の決定がされたものをいう。〔8項以下略〕

第三章　更生手続開始の決定及びこれに伴う効果等

第三節　管財人

第一款　管財人の選任及び監督

第六七条（**管財人の選任**）管財人は、裁判所が選任する。

2　法人は、管財人となることができる。

3　裁判所は、第百条第一項に規定する役員等責任査定決定を受けるおそれがあると認められる者は、管財人に選任することができない。

第二款　管財人の権限等

第七二条（**管財人の権限**）更生手続開始の決定があった場合には、更生会社の事業の経営並びに財産（日本国内にあるかどうかを問わない。第四項において同じ。）の管理及び処分をする権利は、裁判所が選任した管財人に専属する。〔2項以下略〕

第八二条（**任務終了の場合の報告義務等**）管財人の任務が終了した場合には、管財人は、遅滞なく、裁判所に計算の報告をしなければならない。

2　前項の場合において、管財人が欠けたときは、同項の計算の報告は、同項の規定にかかわらず、後任の管財人がしなければならない。

3　管財人の任務が終了した場合において、急迫の事情があるときは、管財人又はその承継人は、後任の管財人又は更生会社が財産を管理することができるに至るまで必要な処分をしなければならない。

○法の適用に関する通則法〔抄〕〔平成一八・六・二一 法律七八〕

第一章　総則

第一条（**趣旨**）この法律は、法の適用に関する通則について定めるものとする。

第二章　法律に関する通則

第三条（**法律と同一の効力を有する慣習**）公の秩序又は善良の風俗に反しない慣習は、法令の規定により認められたもの又は法令に規定されていない事項に関するものに限り、法律と同一の効力を有する。

刑法編

○刑法〔抄〕

〔明治四〇・四・二四
法律四五〕

最終改正　令和五・六法六六

〈注〉令和四年六月一七日法律第六七号の改正の一部は、施行までに期間がありますので、改正を加えてありません。

第一編　総則

第一章　通則

第一条（**国内犯**）この法律は、日本国内において罪を犯したすべての者に適用する。

2　日本国外にある日本船舶又は日本航空機内において罪を犯した者についても、前項と同様とする。

第七章　犯罪の不成立及び刑の減免

第三八条（**故意**）罪を犯す意思がない行為は、罰しない。ただし、法律に特別の規定がある場合は、この限りでない。〔2項以下略〕

第二編　罪

第三十二章　脅迫の罪

第二二二条（**脅迫**）生命、身体、自由、名誉又は財産に対し害を加える旨を告知して人を脅迫した者は、二年以下の懲役又は三十万円以下の罰金に処する。

2　親族の生命、身体、自由、名誉又は財産に対し害を加える旨を告知して人を脅迫した者も、前項と同様とする。

第三十六章　窃盗及び強盗の罪

第二三五条（**窃盗**）他人の財物を窃取した者は、窃盗の罪とし、十年以下の懲役又は五十万円以下の罰金に処する。

第二四五条（**電気**）この章の罪については、電気は、財物とみなす。

第三十七章　詐欺及び恐喝の罪

第二四六条（**詐欺**）人を欺いて財物を交付させた者は、十年以下の懲役に処する。〔2項略〕

第二四九条（**恐喝**）人を恐喝して財物を交付させた者は、十年以下の懲役に処する。

2　前項の方法により、財産上不法の利益を得、又は他人にこれを得させた者も、同項と同様とする。

第三十八章　横領の罪

第二五二条（**横領**）自己の占有する他人の物を横領した者は、五年以下の懲役に処する。〔2項略〕

第四十章　毀棄及び隠匿の罪

第二六一条（**器物損壊等**）前三条に規定するもののほか、他人の物を損壊し、又は傷害した者は、三年以下の懲役又は三十万円以下の罰金若しくは科料に処する。

○不正アクセス行為の禁止等に関する法律〔抄〕

〔平成一一・八・一三 法律一二八〕

最終改正　平成二五・五法二八

〈**注**〉**令和四年六月一七日法律第六八号の改正は、施行までに期間がありますので、改正を加えてありません。**

第一条（**目的**）この法律は、不正アクセス行為を禁止するとともに、これについての罰則及びその再発防止のための都道府県公安委員会による援助措置等を定めることにより、電気通信回線を通じて行われる電子計算機に係る犯罪の防止及びアクセス制御機能により実現される電気通信に関する秩序の維持を図り、もって高度情報通信社会の健全な発展に寄与することを目的とする。

第二条（**定義**）この法律において「アクセス管理者」とは、電気通信回線に接続している電子計算機（以下「特定電子計算機」という。）の利用（当該電気通信回線を通じて行うものに限る。以下「特定利用」という。）につき当該特定電子計算機の動作を管理する者をいう。

2　この法律において「識別符号」とは、特定電子計算機の特定利用をすることについて当該特定利用に係るアクセス管理者の許諾を得た者（以下「利用権者」という。）及び当該アクセス管理者（以下この項において「利用権者等」という。）に、当該アクセス管理者において当該利用権者等を他の利用権者等と区別して識別することができるように付される符号であって、次のいずれかに該当するもの又は次のいずれかに該当する符号とその他の符号を組み合わせたものをいう。

一　当該アクセス管理者によってその内容をみだりに第三者に知らせてはならないものとされている符号

二　当該利用権者等の身体の全部若しくは一部の影像又は音声を用いて当該アクセス管理者が定める方法により作成される符号

三　当該利用権者等の署名を用いて当該アクセス管理者が定める方法により作成される符号

3　この法律において「アクセス制御機能」とは、特定電子計算機の特定利用を自動的に制御するために当該特定利用に係るアクセス管理者によって当該特定電子計算機又は当該特定電子計算機に電気通信回線を介して接続された他の特定電子計算機に付加されている機能であって、当該特定利用をしようとする者により当該機能を有する特定電子計算機に入力された符号が当該特定利用に係る識別符号（識別符号を用いて当該アクセス管理者の定める方法により作成される符号と当該識別符号の一部を組み合わせた符号を含む。次項第一号及び第二号において同じ。）であることを確認して、当該特定利用の制限の全部又は

刑法

一部を解除するものをいう。

4　この法律において「不正アクセス行為」とは、次の各号のいずれかに該当する行為をいう。

一　アクセス制御機能を有する特定電子計算機に電気通信回線を通じて当該アクセス制御機能に係る他人の識別符号を入力して当該特定電子計算機を作動させ、当該アクセス制御機能により制限されている特定利用をし得る状態にさせる行為（当該アクセス制御機能を付加したアクセス管理者がするもの及び当該アクセス管理者又は当該識別符号に係る利用権者の承諾を得てするものを除く。）

二　アクセス制御機能を有する特定電子計算機に電気通信回線を通じて当該アクセス制御機能による特定利用の制限を免れることができる情報（識別符号であるものを除く。）又は指令を入力して当該特定電子計算機を作動させ、その制限されている特定利用をし得る状態にさせる行為（当該アクセス制御機能を付加したアクセス管理者がするもの及び当該アクセス管理者の承諾を得てするものを除く。次号において同じ。）

三　電気通信回線を介して接続された他の特定電子計算機が有するアクセス制御機能によりその特定利用を制限されている特定電子計算機に電気通信回線を通じてその制限を免れることができる情報又は指令を入力して当該特定電子計算機を作動させ、その制限されている特定利用をし得る状態にさせる行為

第三条（不正アクセス行為の禁止）　何人も、不正アクセス行為をしてはならない。

第四条（他人の識別符号を不正に取得する行為の禁止）　何人も、不正アクセス行為（第二条第四項第一号に該当するものに限る。第六条及び第十二条第二号において同じ。）の用に供する目的で、アクセス制御機能に係る他人の識別符号を取得してはならない。

第五条（不正アクセス行為を助長する行為の禁止）　何人も、業務その他正当な理由による場合を除いては、アクセス制御機能に係る他人の識別符号を、当該アクセス制御機能に係るアクセス管理者及び当該識別符号に係る利用権者以外の者に提供してはならない。

第六条（他人の識別符号を不正に保管する行為の禁止）　何人も、不正アクセス行為の用に供する目的で、不正に取得されたアクセス制御機能に係る他人の識別符号を保管してはならない。

第七条（識別符号の入力を不正に要求する行為の禁止）　何人も、アクセス制御機能を特定電子計算機に付加したアクセス管理者になりすまし、その他当該アクセス管理者であると誤認させて、次に掲げる行為をしてはならない。ただし、当該アクセス管理者の承諾を得てする場合は、この限りでない。

一　当該アクセス管理者が当該アクセス制御機能に係る識別符号を付された利用権者に対し当該識別符号を特定電子計算機に入力することを求める旨の情報を、電気通信回線に接続して行う自動公衆送信（公衆によって直接受信されることを目的として公衆からの求めに応じ自動的に送信を行うことをいい、放送又は有線放送に該当するものを除く。）を利用して公衆が閲覧することができる状態に置く行為

二　当該アクセス管理者が当該アクセス制御機能に係る識別符号を付された利用権者に対し当該識別符号を特定電子計算機に入力することを求める旨の情報を、電子メール（特定電子メールの送信の適正化等に関する法律（平成十四年法律第二十六号）第二条第一号に規定する電子メールをいう。）により当該利用権者に送信する行為

第十一条（**罰則**）第三条の規定に違反した者は、三年以下の懲役又は百万円以下の罰金に処する。

第十二条　次の各号のいずれかに該当する者は、一年以下の懲役又は五十万円以下の罰金に処する。

一　第四条の規定に違反した者

二　第五条の規定に違反して、相手方に不正アクセス行為の用に供する目的があることの情を知ってアクセス制御機能に係る他人の識別符号を提供した者

三　第六条の規定に違反した者

四　第七条の規定に違反した者

五　第九条第三項の規定に違反した者

第十三条　第五条の規定に違反した者（前条第二号に該当する者を除く。）は、三十万円以下の罰金に処する。

○刑事訴訟法〔抄〕

〔昭和二三・七・一〇　法律一三一〕

最終改正　令和五・六法六七

第一編　総則

第一条〔**この法律の目的**〕この法律は、刑事事件につき、公共の福祉の維持と個人の基本的人権の保障とを全うしつつ、事案の真相を明らかにし、刑罰法令を適正且つ迅速に適用実現することを目的とする。

第三編　上訴

第三章　上告

第四〇五条〔**上告のできる判決・上告申立理由**〕高等裁判所がした第一審又は第二審の判決に対しては、左の事由があることを理由として上告の申立をすることができる。

一　憲法の違反があること又は憲法の解釈に誤があること。

二　最高裁判所の判例と相反する判断をしたこと。

三　最高裁判所の判例がない場合に、大審院若しくは上告裁判所たる高等裁判所の判例又はこの法律施行後の控訴裁判所たる高等裁判所の判例と相反する判断をしたこと。

社会法編

○労働契約法〔抄〕

〔平成一九・一二・五
法律一二八〕

最終改正 平成三〇・七法七一

第一章 総則

第一条（**目的**） この法律は、労働者及び使用者の自主的な交渉の下で、労働契約が合意により成立し、又は変更されるという合意の原則その他労働契約に関する基本的事項を定めることにより、合理的な労働条件の決定又は変更が円滑に行われるようにすることを通じて、労働者の保護を図りつつ、個別の労働関係の安定に資することを目的とする。

第三条（**労働契約の原則**） 労働契約は、労働者及び使用者が対等の立場における合意に基づいて締結し、又は変更すべきものとする。

2 労働契約は、労働者及び使用者が、就業の実態に応じて、均衡を考慮しつつ締結し、又は変更すべきものとする。

3 労働契約は、労働者及び使用者が仕事と生活の調和にも配慮しつつ締結し、又は変更すべきものとする。

4 労働者及び使用者は、労働契約を遵守するとともに、信義に従い誠実に、権利を行使し、及び義務を履行しなければならない。

5 労働者及び使用者は、労働契約に基づく権利の行使に当たっては、それを濫用することがあってはならない。

第二章 労働契約の成立及び変更

第六条（**労働契約の成立**） 労働契約は、労働者が使用者に使用されて労働し、使用者がこれに対して賃金を支払うことについて、労働者及び使用者が合意することによって成立する。

第七条 労働者及び使用者が労働契約を締結する場合において、使用者が合理的な労働条件が定められている就業規則を労働者に周知させていた場合には、労働契約の内容は、その就業規則で定める労働条件によるものとする。ただし、労働契約において、労働者及び使用者が就業規則の内容と異なる労働条件を合意していた部分については、第十二条に該当する場合を除き、この限りでない。

第一二条（**就業規則違反の労働契約**） 就業規則で定める基準に達しない労働条件を定める労働契約は、その部分については、無効とする。この場合において、無効となった部分は、就業規則で定める基準による。

第三章 労働契約の継続及び終了

第一六条（**解雇**） 解雇は、客観的に合理的な理由を欠き、社会通念上相当であると認められない場合は、その権利を濫用したものとして、無効とする。

〇労働基準法〔抄〕

〔昭和二二・四・七 法律四九〕

最終改正　令和二・三法一三

〈注〉　令和四年六月一七日法律第六八号の改正は、施行までに期間がありますので、改正を加えてありません。

第一章　総則

第一条（**労働条件の原則**）労働条件は、労働者が人たるに値する生活を営むための必要を充たすべきものでなければならない。

②　この法律で定める労働条件の基準は最低のものであるから、労働関係の当事者は、この基準を理由として労働条件を低下させてはならないことはもとより、その向上を図るように努めなければならない。

第二条（**労働条件の決定**）労働条件は、労働者と使用者が、対等の立場において決定すべきものである。

②　労働者及び使用者は、労働協約、就業規則及び労働契約を遵守し、誠実に各々その義務を履行しなければならない。

第三条（**均等待遇**）使用者は、労働者の国籍、信条又は社会的身分を理由として、賃金、労働時間その他の労働条件について、差別的取扱をしてはならない。

第四条（**男女同一賃金の原則**）使用者は、労働者が女性であることを理由として、賃金について、男性と差別的取扱いをしてはならない。

第五条（**強制労働の禁止**）使用者は、暴行、脅迫、監禁その他精神又は身体の自由を不当に拘束する手段によつて、労働者の意思に反して労働を強制してはならない。

第六条（**中間搾取の排除**）何人も、法律に基いて許される場合の外、業として他人の就業に介入して利益を得てはならない。

第二章　労働契約

第一三条（**この法律違反の契約**）この法律で定める基準に達しない労働条件を定める労働契約は、その部分については無効とする。この場合において、無効となつた部分は、この法律で定める基準による。

第一四条（**契約期間等**）労働契約は、期間の定めのないものを除き、一定の事業の完了に必要な期間を定めるもののほかは、三年（次の各号のいずれかに該当する労働契約にあつては、五年）を超える期間について締結してはならない。

一　専門的な知識、技術又は経験であつて高度のものとして厚生労働大臣が定める基準に該当する専門的知識等を有する労働者との間に締結される労働契約

二　満六十歳以上の労働者との間に締結される労働契約

②　厚生労働大臣は、期間の定めのある労働契約の締結時及び当該労働契約の期間の満了時において労働者と使用者との間に紛争が生ずることを未然に防止するため、使用者が講ずべき労働契約の期間の満了に係る通知に関する事項その他必要な事項についての基準を定めることができる。

③　行政官庁は、前項の基準に関し、期間の定めのある労働契約を締結する使用者に対し、必要な助言及び指導を行うことができる。

第一五条（**労働条件の明示**）使用者は、労働契約の締結に際し、労働者に対して賃金、労働時間その他の労働条件を明示しなければならない。この場合において、賃金及び労働時間に関する事項その他の厚生労働省令で定める事項については、厚生労働省令で定める方法により明示しなければならない。

②　前項の規定によつて明示された労働条件が事実と相違する場合においては、労働者は、即時に労働契約を解除することができる。

③　前項の場合、就業のために住居を変更した労働者が、契約解除の日から十四日以内に帰郷する場合においては、使用者は、必要な旅費を負担しなければならない。

第一七条（**前借金相殺の禁止**）使用者は、前借金その他労働することを条件とする前貸の債権と賃金を相殺してはならない。

第一八条（**強制貯金**）使用者は、労働契約に附随して貯蓄の契約をさせ、又は貯蓄金を管理する契約をしてはならない。

②　使用者は、労働者の貯蓄金をその委託を受けて管理しようとする場合においては、当該事業場に、労働者の過半数で組織する労働組合があるときはその労働組合、労働者の過半数で組織する労働組合がないときは労働者の

過半数を代表する者との書面による協定をし、これを行政官庁に届け出なければならない。

③　使用者は、労働者の貯蓄金をその委託を受けて管理する場合においては、貯蓄金の管理に関する規程を定め、これを労働者に周知させるため作業場に備え付ける等の措置をとらなければならない。

④　使用者は、労働者の貯蓄金をその委託を受けて管理する場合において、貯蓄金の管理が労働者の預金の受入であるときは、利子をつけなければならない。この場合において、その利子が、金融機関の受け入れる預金の利率を考慮して厚生労働省令で定める利率による利子を下るときは、その厚生労働省令で定める利率による利子をつけたものとみなす。

⑤　使用者は、労働者の貯蓄金をその委託を受けて管理する場合において、労働者がその返還を請求したときは、遅滞なく、これを返還しなければならない。

⑥　使用者が前項の規定に違反した場合において、当該貯蓄金の管理を継続することが労働者の利益を著しく害すると認められるときは、行政官庁は、使用者に対して、その必要な限度の範囲内で、当該貯蓄金の管理を中止すべきことを命ずることができる。

⑦　前項の規定により貯蓄金の管理を中止すべきことを命ぜられた使用者は、遅滞なく、その管理に係る貯蓄金を労働者に返還しなければならない。

第一九条（**解雇制限**）使用者は、労働者が業務上負傷し、又は疾病にかかり療養のために休業する期間及びその後三十日間並びに産前産後の女性が第六十五条の規定によつて休業する期間及びその後三十日間は、解雇してはならない。ただし、使用者が、第八十一条の規定によつて打切補償を支払う場合又は天災事変その他やむを得ない事由のために事業の継続が不可能となつた場合においては、この限りでない。

②　前項但書後段の場合においては、その事由について行政官庁の認定を受けなければならない。

第二〇条（**解雇の予告**）使用者は、労働者を解雇しようとする場合においては、少くとも三十日前にその予告をしなければならない。三十日前に予告をしない使用者は、三十日分以上の平均賃金を支払わなければならない。但し、天災事変その他やむを得ない事由のために事業の継続が不可能となつた場合又は労働者の責に帰すべき事由に基いて解雇する場合においては、この限りでない。

②　前項の予告の日数は、一日について平均賃金を支払つた場合においては、その日数を短縮することができる。

③　前条第二項の規定は、第一項但書の場合にこれを準用する。

第三章　賃金

第二四条（**賃金の支払**）賃金は、通貨で、直接労働者に、その全額を支払わなければならない。ただし、法令若しくは労働協約に別段の定めがある場合又は厚生労働省令で定める賃金について確実な支払の方法で厚生労働省令で定めるものによる場合においては、通貨以外のもので支払い、また、法令に別段の定めがある場合又は当該事業場の労働者の過半数で組織する労働組合があるときはその労働組合、労働者の過半数で組織する労働組合がないときは労働者の過半数を代表する者との書面による協定がある場合においては、賃金の一部を控除して支払うことができる。

②　賃金は、毎月一回以上、一定の期日を定めて支払わなければならない。ただし、臨時に支払われる賃金、賞与その他これに準ずるもので厚生労働省令で定める賃金については、この限りでない。

第四章　労働時間、休憩、休日及び年次有給休暇

第三二条（**労働時間**）使用者は、労働者に、休憩時間を除き一週間について四十時間を超えて、労働させてはならない。

②　使用者は、一週間の各日については、労働者に、休憩時間を除き一日について八時間を超えて、労働させてはならない。

第三四条（**休憩**）使用者は、労働時間が六時間を超える場合においては少くとも四十五分、八時間を超える場合においては少くとも一時間の休憩時間を労働時間の途中に与えなければならない。〔②項以下略〕

第三五条（**休日**）使用者は、労働者に対して、毎週少くとも一回の休日を与えなければならない。

②　前項の規定は、四週間を通じ四日以上の休日を与える使用者については適用しない。

第三六条（時間外及び休日の労働）使用者は、当該事業場に、労働者の過半数で組織する労働組合がある場合においてはその労働組合、労働者の過半数で組織する労働組合がない場合においては労働者の過半数を代表する者との書面による協定をし、厚生労働省令で定めるところによりこれを行政官庁に届け出た場合においては、第三十二条から第三十二条の五まで若しくは第四十条の労働時間（以下この条において「労働時間」という。）又は前条の休日（以下この条において「休日」という。）に関する規定にかかわらず、その協定で定めるところによつて労働時間を延長し、又は休日に労働させることができる。

② 前項の協定においては、次に掲げる事項を定めるものとする。

一 この条の規定により労働時間を延長し、又は休日に労働させることができることとされる労働者の範囲

二 対象期間（この条の規定により労働時間を延長し、又は休日に労働させることができる期間をいい、一年間に限るものとする。第四号及び第六項第三号において同じ。）

三 労働時間を延長し、又は休日に労働させることができる場合

四 対象期間における一日、一箇月及び一年のそれぞれの期間について労働時間を延長して労働させることができる時間又は労働させることができる休日の日数

五 労働時間の延長及び休日の労働を適正なものとするために必要な事項として厚生労働省令で定める事項

③ 前項第四号の労働時間を延長して労働させることができる時間は、当該事業場の業務量、時間外労働の動向その他の事情を考慮して通常予見される時間外労働の範囲内において、限度時間を超えない時間に限る。

④ 前項の限度時間は、一箇月について四十五時間及び一年について三百六十時間（第三十二条の四第一項第二号の対象期間として三箇月を超える期間を定めて同条の規定により労働させる場合にあつては、一箇月について四十二時間及び一年について三百二十時間）とする。

⑤ 第一項の協定においては、第二項各号に掲げるもののほか、当該事業場における通常予見することのできない業務量の大幅な増加等に伴い臨時的に第三項の限度時間を超えて労働させる必要がある場合において、一箇月について労働時間を延長して労働させ、及び休日において労働させることができる時間（第二項第四号に関して協定した時間を含め百時間未満の範囲内に限る。）並びに一年について労働時間を延長して労働させることができる時間（同号に関して協定した時間を含め七百二十時間を超えない範囲内に限る。）を定めることができる。この場合において、第一項の協定に、併せて第二項第二号の対象期間において労働時間を延長して労働させる時間が一箇月について四十五時間（第三十二条の四第一項第二号の対象期間として三箇月を超える期間を定めて同条の規定により労働させる場合にあつては、一箇月について四十二時間）を超えることができる月数（一年について六箇月以内に限る。）を定めなければならない。

⑥ 使用者は、第一項の協定で定めるところによつて労働時間を延長して労働させ、又は休日において労働させる場合であつても、次の各号に掲げる時間について、当該各号に定める要件を満たすものとしなければならない。

一 坑内労働その他厚生労働省令で定める健康上特に有害な業務について、一日について労働時間を延長して労働させた時間　二時間を超えないこと。

二 一箇月について労働時間を延長して労働させ、及び休日において労働させた時間　百時間未満であること。

三 対象期間の初日から一箇月ごとに区分した各期間に当該各期間の直前の一箇月、二箇月、三箇月、四箇月及び五箇月の期間を加えたそれぞれの期間における労働時間を延長して労働させ、及び休日において労働させた時間の一箇月当たりの平均時間　八十時間を超えないこと。

⑦ 厚生労働大臣は、労働時間の延長及び休日の労働を適正なものとするため、第一項の協定で定める労働時間の延長及び休日の労働について留意すべき事項、当該労働時間の延長に係る割増賃金の率その他の必要な事項について、労働者の健康、福祉、時間外労働の動向その他の事情を考慮して指針を定めることができる。

⑧ 第一項の協定をする使用者及び労働組合又は労働者の過半数を代表する者は、当該協定で労働時間の延長及び休日の労働を定めるに

当たり、当該協定の内容が前項の指針に適合したものとなるようにしなければならない。

⑨　行政官庁は、第七項の指針に関し、第一項の協定をする使用者及び労働組合又は労働者の過半数を代表する者に対し、必要な助言及び指導を行うことができる。

⑩　前項の助言及び指導を行うに当たつては、労働者の健康が確保されるよう特に配慮しなければならない。

⑪　第三項から第五項まで及び第六項（第二号及び第三号に係る部分に限る。）の規定は、新たな技術、商品又は役務の研究開発に係る業務については適用しない。

第三七条（**時間外、休日及び深夜の割増賃金**）使用者が、第三十三条又は前条第一項の規定により労働時間を延長し、又は休日に労働させた場合においては、その時間又はその日の労働については、通常の労働時間又は労働日の賃金の計算額の二割五分以上五割以下の範囲内でそれぞれ政令で定める率以上の率で計算した割増賃金を支払わなければならない。ただし、当該延長して労働させた時間が一箇月について六十時間を超えた場合においては、その超えた時間の労働については、通常の労働時間の賃金の計算額の五割以上の率で計算した割増賃金を支払わなければならない。

②　前項の政令は、労働者の福祉、時間外又は休日の労働の動向その他の事情を考慮して定めるものとする。

③　使用者が、当該事業場に、労働者の過半数で組織する労働組合があるときはその労働組合、労働者の過半数で組織する労働組合がないときは労働者の過半数を代表する者との書面による協定により、第一項ただし書の規定により割増賃金を支払うべき労働者に対して、当該割増賃金の支払に代えて、通常の労働時間の賃金が支払われる休暇（第三十九条の規定による有給休暇を除く。）を厚生労働省令で定めるところにより与えることを定めた場合において、当該労働者が当該休暇を取得したときは、当該労働者の同項ただし書に規定する時間を超えた時間の労働のうち当該取得した休暇に対応するものとして厚生労働省令で定める時間の労働については、同項ただし書の規定による割増賃金を支払うことを要しない。

④　使用者が、午後十時から午前五時まで（厚生労働大臣が必要であると認める場合においては、その定める地域又は期間については午後十一時から午前六時まで）の間において労働させた場合においては、その時間の労働については、通常の労働時間の賃金の計算額の二割五分以上の率で計算した割増賃金を支払わなければならない。

⑤　第一項及び前項の割増賃金の基礎となる賃金には、家族手当、通勤手当その他厚生労働省令で定める賃金は算入しない。

第三八条の二〔**時間計算**〕労働者が労働時間の全部又は一部について事業場外で業務に従事した場合において、労働時間を算定し難いときは、所定労働時間労働したものとみなす。ただし、当該業務を遂行するためには通常所定労働時間を超えて労働することが必要となる場合においては、当該業務に関しては、厚生労働省令で定めるところにより、当該業務の遂行に通常必要とされる時間労働したものとみなす。

②　前項ただし書の場合において、当該業務に関し、当該事業場に、労働者の過半数で組織する労働組合があるときはその労働組合、労働者の過半数で組織する労働組合がないときは労働者の過半数を代表する者との書面による協定があるときは、その協定で定める時間を同項ただし書の当該業務の遂行に通常必要とされる時間とする。

③　使用者は、厚生労働省令で定めるところにより、前項の協定を行政官庁に届け出なければならない。

第三八条の三　使用者が、当該事業場に、労働者の過半数で組織する労働組合があるときはその労働組合、労働者の過半数で組織する労働組合がないときは労働者の過半数を代表する者との書面による協定により、次に掲げる事項を定めた場合において、労働者を第一号に掲げる業務に就かせたときは、当該労働者は、厚生労働省令で定めるところにより、第二号に掲げる時間労働したものとみなす。

一　業務の性質上その遂行の方法を大幅に当該業務に従事する労働者の裁量にゆだねる必要があるため、当該業務の遂行の手段及び時間配分の決定等に関し使用者が具体的な指示をすることが困難なものとして厚生労働省令で定める業務のうち、労働者に就かせることとする業務（以下この条において「対象業務」という。）

二　対象業務に従事する労働者の労働時間として算定される時間

三　対象業務の遂行の手段及び時間配分の決定等に関し、当該対象業務に従事する労働者に対し使用者が具体的な指示をしないこと。

四　対象業務に従事する労働者の労働時間の状況に応じた当該労働者の健康及び福祉を確保するための措置を当該協定で定めるところにより使用者が講ずること。

五　対象業務に従事する労働者からの苦情の処理に関する措置を当該協定で定めるところにより使用者が講ずること。

六　前各号に掲げるもののほか、厚生労働省令で定める事項

②　前条第三項の規定は、前項の協定について準用する。

第三八条の四　賃金、労働時間その他の当該事業場における労働条件に関する事項を調査審議し、事業主に対し当該事項について意見を述べることを目的とする委員会（使用者及び当該事業場の労働者を代表する者を構成員とするものに限る。）が設置された事業場において、当該委員会がその委員の五分の四以上の多数による議決により次に掲げる事項に関する決議をし、かつ、使用者が、厚生労働省令で定めるところにより当該決議を行政官庁に届け出た場合において、第二号に掲げる労働者の範囲に属する労働者を当該事業場における第一号に掲げる業務に就かせたときは、当該労働者は、厚生労働省令で定めるところにより、第三号に掲げる時間労働したものとみなす。

一　事業の運営に関する事項についての企画、立案、調査及び分析の業務であつて、当該業務の性質上これを適切に遂行するにはその遂行の方法を大幅に労働者の裁量に委ねる必要があるため、当該業務の遂行の手段及び時間配分の決定等に関し使用者が具体的な指示をしないこととする業務

二　対象業務を適切に遂行するための知識、経験等を有する労働者であつて、当該対象業務に就かせたときは当該決議で定める時間労働したものとみなされることとなるものの範囲

三　対象業務に従事する前号に掲げる労働者の範囲に属する労働者の労働時間として算定される時間

四　対象業務に従事する第二号に掲げる労働者の範囲に属する労働者の労働時間の状況に応じた当該労働者の健康及び福祉を確保するための措置を当該決議で定めるところにより使用者が講ずること。

五　対象業務に従事する第二号に掲げる労働者の範囲に属する労働者からの苦情の処理に関する措置を当該決議で定めるところにより使用者が講ずること。

六　使用者は、この項の規定により第二号に掲げる労働者の範囲に属する労働者を対象業務に就かせたときは第三号に掲げる時間労働したものとみなすことについて当該労働者の同意を得なければならないこと及び当該同意をしなかつた当該労働者に対して解雇その他不利益な取扱いをしてはならないこと。

七　前各号に掲げるもののほか、厚生労働省令で定める事項

②　前項の委員会は、次の各号に適合するものでなければならない。

一　当該委員会の委員の半数については、当該事業場に、労働者の過半数で組織する労働組合がある場合においてはその労働組合、労働者の過半数で組織する労働組合がない場合においては労働者の過半数を代表する者に厚生労働省令で定めるところにより任期を定めて指名されていること。

二　当該委員会の議事について、厚生労働省令で定めるところにより、議事録が作成され、かつ、保存されるとともに、当該事業場の労働者に対する周知が図られていること。

三　前二号に掲げるもののほか、厚生労働省令で定める要件

③　厚生労働大臣は、対象業務に従事する労働者の適正な労働条件の確保を図るために、労働政策審議会の意見を聴いて、第一項各号に掲げる事項その他同項の委員会が決議する事項について指針を定め、これを公表するものとする。

④　第一項の規定による届出をした使用者は、厚生労働省令で定めるところにより、定期的に、同項第四号に規定する措置の実施状況を行政官庁に報告しなければならない。

⑤　第一項の委員会においてその委員の五分の四以上の多数による議決により第三十二条の二第一項、第三十二条の三第一項、第三十二

条の四第一項及び第二項、第三十二条の五第一項、第三十四条第二項ただし書、第三十六条第一項、第二項及び第五項、第三十七条第三項、第三十八条の二第二項、前条第一項並びに次条第四項、第六項及び第九項ただし書に規定する事項について決議が行われた場合における第三十二条の二第一項、第三十二条の三第一項、第三十二条の四第一項から第三項まで、第三十二条の五第一項、第三十四条第二項ただし書、第三十六条、第三十七条第三項、第三十八条の二第二項、前条第一項並びに次条第四項、第六項及び第九項ただし書の規定の適用については、第三十二条の二第一項中「協定」とあるのは「協定若しくは第三十八条の四第一項に規定する委員会の決議（第百六条第一項を除き、以下「決議」という。）」と、第三十二条の三第一項、第三十二条の四第一項から第三項まで、第三十二条の五第一項、第三十四条第二項ただし書、第三十六条第二項及び第五項から第七項まで、第三十七条第三項、第三十八条の二第二項、前条第一項並びに次条第四項、第六項及び第九項ただし書中「協定」とあるのは「協定又は決議」と、第三十二条の四第二項中「同意を得て」とあるのは「同意を得て、又は決議に基づき」と、第三十六条第一項中「届け出た場合」とあるのは「届け出た場合又は決議を行政官庁に届け出た場合」と、「その協定」とあるのは「その協定又は決議」と、同条第八項中「又は労働者の過半数を代表する者」とあるのは「若しくは労働者の過半数を代表する者又は同項の決議をする委員」と、「当該協定」とあるのは「当該協定又は当該決議」と、同条第九項中「又は労働者の過半数を代表する者」とあるのは「若しくは労働者の過半数を代表する者又は同項の決議をする委員」とする。

第三九条（**年次有給休暇**）使用者は、その雇入れの日から起算して六箇月間継続勤務し全労働日の八割以上出勤した労働者に対して、継続し、又は分割した十労働日の有給休暇を与えなければならない。

② 使用者は、一年六箇月以上継続勤務した労働者に対しては、雇入れの日から起算して六箇月を超えて継続勤務する日から起算した継続勤務年数一年ごとに、前項の日数に、次の表の上欄に掲げる六箇月経過日から起算した継続勤務年数の区分に応じ同表の下欄に掲げる労働日を加算した有給休暇を与えなければならない。ただし、継続勤務した期間を六箇月経過日から一年ごとに区分した各期間の初日の前日の属する期間において出勤した日数が全労働日の八割未満である者に対しては、当該初日以後の一年間においては有給休暇を与えることを要しない。

六箇月経過日から起算した継続勤務年数	労働日
一年	一労働日
二年	二労働日
三年	四労働日
四年	六労働日
五年	八労働日
六年以上	十労働日

③ 次に掲げる労働者（一週間の所定労働時間が厚生労働省令で定める時間以上の者を除く。）の有給休暇の日数については、前二項の規定にかかわらず、これらの規定による有給休暇の日数を基準とし、通常の労働者の一週間の所定労働日数として厚生労働省令で定める日数（第一号において「通常の労働者の週所定労働日数」という。）と当該労働者の一週間の所定労働日数又は一週間当たりの平均所定労働日数との比率を考慮して厚生労働省令で定める日数とする。

一 一週間の所定労働日数が通常の労働者の週所定労働日数に比し相当程度少ないものとして厚生労働省令で定める日数以下の労働者

二 週以外の期間によつて所定労働日数が定められている労働者については、一年間の所定労働日数が、前号の厚生労働省令で定める日数に一日を加えた日数を一週間の所定労働日数とする労働者の一年間の所定労働日数その他の事情を考慮して厚生労働省令で定める日数以下の労働者

④ 使用者は、当該事業場に、労働者の過半数で組織する労働組合があるときはその労働組合、労働者の過半数で組織する労働組合がないときは労働者の過半数を代表する者との書面による協定により、次に掲げる事項を定めた場合において、第一号に掲げる労働者の範囲に属する労働者が有給休暇を時間を単位として請求したときは、前三項の規定による有給休暇の日数のうち第二号に掲げる日数については、これらの規定にかかわらず、当該協

定で定めるところにより時間を単位として有給休暇を与えることができる。

一　時間を単位として有給休暇を与えることができることとされる労働者の範囲

二　時間を単位として与えることができることとされる有給休暇の日数（五日以内に限る。）

三　その他厚生労働省令で定める事項

⑤　使用者は、前各項の規定による有給休暇を労働者の請求する時季に与えなければならない。ただし、請求された時季に有給休暇を与えることが事業の正常な運営を妨げる場合においては、他の時季にこれを与えることができる。

⑥　使用者は、当該事業場に、労働者の過半数で組織する労働組合がある場合においてはその労働組合、労働者の過半数で組織する労働組合がない場合においては労働者の過半数を代表する者との書面による協定により、第一項から第三項までの規定による有給休暇を与える時季に関する定めをしたときは、これらの規定による有給休暇の日数のうち五日を超える部分については、前項の規定にかかわらず、その定めにより有給休暇を与えることができる。

⑦　使用者は、第一項から第三項までの規定による有給休暇（これらの規定により使用者が与えなければならない有給休暇の日数が十労働日以上である労働者に係るものに限る。以下この項及び次項において同じ。）の日数のうち五日については、基準日（継続勤務した期間を六箇月経過日から一年ごとに区分した各期間（最後に一年未満の期間を生じたときは、当該期間）の初日をいう。以下この項において同じ。）から一年以内の期間に、労働者ごとにその時季を定めることにより与えなければならない。ただし、第一項から第三項までの規定による有給休暇を当該有給休暇に係る基準日より前の日から与えることとしたときは、厚生労働省令で定めるところにより、労働者ごとにその時季を定めることにより与えなければならない。

⑧　前項の規定にかかわらず、第五項又は第六項の規定により第一項から第三項までの規定による有給休暇を与えた場合においては、当該与えた有給休暇の日数（当該日数が五日を超える場合には、五日とする。）分については、時季を定めることにより与えることを要しない。

⑨　使用者は、第一項から第三項までの規定による有給休暇の期間又は第四項の規定による有給休暇の時間については、就業規則その他これに準ずるもので定めるところにより、それぞれ、平均賃金若しくは所定労働時間労働した場合に支払われる通常の賃金又はこれらの額を基準として厚生労働省令で定めるところにより算出した額の賃金を支払わなければならない。ただし、当該事業場に、労働者の過半数で組織する労働組合がある場合においてはその労働組合、労働者の過半数で組織する労働組合がない場合においては労働者の過半数を代表する者との書面による協定により、その期間又はその時間について、それぞれ、健康保険法第四十条第一項に規定する標準報酬月額の三十分の一に相当する金額（その金額に、五円未満の端数があるときは、これを切り捨て、五円以上十円未満の端数があるときは、これを十円に切り上げるものとする。）又は当該金額を基準として厚生労働省令で定めるところにより算定した金額を支払う旨を定めたときは、これによらなければならない。

⑩　労働者が業務上負傷し、又は疾病にかかり療養のために休業した期間及び育児休業、介護休業等育児又は家族介護を行う労働者の福祉に関する法律第二条第一号に規定する育児休業又は同条第二号に規定する介護休業をした期間並びに産前産後の女性が第六十五条の規定によつて休業した期間は、第一項及び第二項の規定の適用については、これを出勤したものとみなす。

第四一条（労働時間等に関する規定の適用除外） この章、第六章及び第六章の二で定める労働時間、休憩及び休日に関する規定は、次の各号の一に該当する労働者については適用しない。〔一号略〕

二　事業の種類にかかわらず監督若しくは管理の地位にある者又は機密の事務を取り扱う者〔三号略〕

第六章の二　妊産婦等

第六五条（産前産後） 使用者は、六週間（多胎妊娠の場合にあつては、十四週間）以内に出産する予定の女性が休業を請求した場合においては、その者を就業させてはならない。

②　使用者は、産後八週間を経過しない女性を

就業させてはならない。ただし、産後六週間を経過した女性が請求した場合において、その者について医師が支障がないと認めた業務に就かせることは、差し支えない。〔③項略〕

第八章　災害補償

第七五条（**療養補償**）労働者が業務上負傷し、又は疾病にかかつた場合においては、使用者は、その費用で必要な療養を行い、又は必要な療養の費用を負担しなければならない。

② 前項に規定する業務上の疾病及び療養の範囲は、厚生労働省令で定める。

第九章　就業規則

第八九条（**作成及び届出の義務**）常時十人以上の労働者を使用する使用者は、次に掲げる事項について就業規則を作成し、行政官庁に届け出なければならない。次に掲げる事項を変更した場合においても、同様とする。

一　始業及び終業の時刻、休憩時間、休日、休暇並びに労働者を二組以上に分けて交替に就業させる場合においては就業時転換に関する事項

二　賃金（臨時の賃金等を除く。以下この号において同じ。）の決定、計算及び支払の方法、賃金の締切り及び支払の時期並びに昇給に関する事項

三　退職に関する事項（解雇の事由を含む。）

三の二　退職手当の定めをする場合においては、適用される労働者の範囲、退職手当の決定、計算及び支払の方法並びに退職手当の支払の時期に関する事項

四　臨時の賃金等（退職手当を除く。）及び最低賃金額の定めをする場合においては、これに関する事項

五　労働者に食費、作業用品その他の負担をさせる定めをする場合においては、これに関する事項

六　安全及び衛生に関する定めをする場合においては、これに関する事項

七　職業訓練に関する定めをする場合においては、これに関する事項

八　災害補償及び業務外の傷病扶助に関する定めをする場合においては、これに関する事項

九　表彰及び制裁の定めをする場合においては、その種類及び程度に関する事項

十　前各号に掲げるもののほか、当該事業場の労働者のすべてに適用される定めをする場合においては、これに関する事項

第十一章　監督機関

第九七条（**監督機関の職員等**）労働基準主管局、都道府県労働局及び労働基準監督署に労働基準監督官を置くほか、厚生労働省令で定める必要な職員を置くことができる。〔②項以下略〕

第一〇四条（**監督機関に対する申告**）事業場に、この法律又はこの法律に基いて発する命令に違反する事実がある場合においては、労働者は、その事実を行政官庁又は労働基準監督官に申告することができる。

② 使用者は、前項の申告をしたことを理由として、労働者に対して解雇その他不利益な取扱をしてはならない。

第十二章　雑則

第一〇六条（**法令等の周知義務**）使用者は、この法律及びこれに基づく命令の要旨、就業規則、第十八条第二項、第二十四条第一項ただし書、第三十二条の二第一項、第三十二条の三第一項、第三十二条の四第一項、第三十二条の五第一項、第三十四条第二項ただし書、第三十六条第一項、第三十七条第三項、第三十八条の二第二項、第三十八条の三第一項並びに第三十九条第四項、第六項及び第九項ただし書に規定する協定並びに第三十八条の四第一項及び同条第五項（第四十一条の二第三項において準用する場合を含む。）並びに第四十一条の二第一項に規定する決議を、常時各作業場の見やすい場所へ掲示し、又は備え付けること、書面を交付することその他の厚生労働省令で定める方法によつて、労働者に周知させなければならない。

② 使用者は、この法律及びこの法律に基いて発する命令のうち、寄宿舎に関する規定及び寄宿舎規則を、寄宿舎の見易い場所に掲示し、又は備え付ける等の方法によつて、寄宿舎に寄宿する労働者に周知させなければならない。

第一一六条（**適用除外**）〔①項略〕

② この法律は、同居の親族のみを使用する事業及び家事使用人については、適用しない。

第十三章　罰則

第一一七条　第五条の規定に違反した者は、これを一年以上十年以下の懲役又は二十万円以上三百万円以下の罰金に処する。

第一一八条　第六条、第五十六条、第六十三条又は第六十四条の二の規定に違反した者は、これを一年以下の懲役又は五十万円以下の罰金に処する。

② 第七十条の規定に基づいて発する厚生労働省令（第六十三条又は第六十四条の二の規定に係る部分に限る。）に違反した者についても前項の例による。

第一一九条　次の各号のいずれかに該当する者は、六箇月以下の懲役又は三十万円以下の罰金に処する。

一　第三条、第四条、第七条、第十六条、第十七条、第十八条第一項、第十九条、第二十条、第二十二条第四項、第三十二条、第三十四条、第三十五条、第三十六条第六項、第三十七条、第三十九条（第七項を除く。）、第六十一条、第六十二条、第六十四条の三から第六十七条まで、第七十二条、第七十五条から第七十七条まで、第七十九条、第八十条、第九十四条第二項、第九十六条又は第百四条第二項の規定に違反した者

二　第三十三条第二項、第九十六条の二第二項又は第九十六条の三第一項の規定による命令に違反した者

三　第四十条の規定に基づいて発する厚生労働省令に違反した者

四　第七十条の規定に基づいて発する厚生労働省令（第六十二条又は第六十四条の三の規定に係る部分に限る。）に違反した者

第一二〇条　次の各号のいずれかに該当する者は、三十万円以下の罰金に処する。

一　第十四条、第十五条第一項若しくは第三項、第十八条第七項、第二十二条第一項から第三項まで、第二十三条から第二十七条まで、第三十二条の二第二項（第三十二条の三第四項、第三十二条の四第四項及び第三十二条の五第三項において準用する場合を含む。）、第三十二条の五第二項、第三十三条第一項ただし書、第三十八条の二第三項（第三十八条の三第二項において準用する場合を含む。）、第三十九条第七項、第五十七条から第五十九条まで、第六十四条、第六十八条、第八十九条、第九十条第一項、第九十一条、第九十五条第一項若しくは第二項、第九十六条の二第一項、第百五条（第百条第三項において準用する場合を含む。）又は第百六条から第百九条までの規定に違反した者〔二号以下略〕

第一二一条　この法律の違反行為をした者が、当該事業の労働者に関する事項について、事業主のために行為した代理人、使用人その他の従業者である場合においては、事業主に対しても各本条の罰金刑を科する。ただし、事業主（事業主が法人である場合においてはその代表者、事業主が営業に関し成年者と同一の行為能力を有しない未成年者又は成年被後見人である場合においてはその法定代理人（法定代理人が法人であるときは、その代表者）を事業主とする。次項において同じ。）が違反の防止に必要な措置をした場合においては、この限りでない。

② 事業主が違反の計画を知りその防止に必要な措置を講じなかつた場合、違反行為を知り、その是正に必要な措置を講じなかつた場合又は違反を教唆した場合においては、事業主も行為者として罰する。

○雇用の分野における男女の均等な機会及び待遇の確保等に関する法律〔抄〕

〔昭和四七・七・一 法律一一三〕

最終改正 令和四・六法六八

第一章 総則

第一条（目的） この法律は、法の下の平等を保障する日本国憲法の理念にのつとり雇用の分野における男女の均等な機会及び待遇の確保を図るとともに、女性労働者の就業に関して妊娠中及び出産後の健康の確保を図る等の措置を推進することを目的とする。

第二条（基本的理念） この法律においては、労働者が性別により差別されることなく、また、女性労働者にあつては母性を尊重されつつ、充実した職業生活を営むことができるようにすることをその基本的理念とする。〔2項略〕

第二章 雇用の分野における男女の均等な機会及び待遇の確保等

第一節 性別を理由とする差別の禁止等

第五条（性別を理由とする差別の禁止） 事業主は、労働者の募集及び採用について、その性別にかかわりなく均等な機会を与えなければならない。

第六条 事業主は、次に掲げる事項について、労働者の性別を理由として、差別的取扱いをしてはならない。

一 労働者の配置（業務の配分及び権限の付与を含む。）、昇進、降格及び教育訓練

二 住宅資金の貸付けその他これに準ずる福利厚生の措置であつて厚生労働省令で定めるもの

三 労働者の職種及び雇用形態の変更

四 退職の勧奨、定年及び解雇並びに労働契約の更新

第九条（婚姻、妊娠、出産等を理由とする不利益取扱いの禁止等） 事業主は、女性労働者が婚姻し、妊娠し、又は出産したことを退職理由として予定する定めをしてはならない。

2 事業主は、女性労働者が婚姻したことを理由として、解雇してはならない。

3 事業主は、その雇用する女性労働者が妊娠したこと、出産したこと、労働基準法第六十五条第一項の規定による休業を請求し、又は同項若しくは同条第二項の規定による休業をしたことその他の妊娠又は出産に関する事由であつて厚生労働省令で定めるものを理由として、当該女性労働者に対して解雇その他不利益な取扱いをしてはならない。

4 妊娠中の女性労働者及び出産後一年を経過しない女性労働者に対してなされた解雇は、無効とする。ただし、事業主が当該解雇が前項に規定する事由を理由とする解雇でないことを証明したときは、この限りでない。

第二節 事業主の講ずべき措置等

第一一条（職場における性的な言動に起因する問題に関する雇用管理上の措置等） 事業主は、職場において行われる性的な言動に対するその雇用する労働者の対応により当該労働者がその労働条件につき不利益を受け、又は当該性的な言動により当該労働者の就業環境が害されることのないよう、当該労働者からの相談に応じ、適切に対応するために必要な体制の整備その他の雇用管理上必要な措置を講じなければならない。〔2項以下略〕

第一一条の三（職場における妊娠、出産等に関する言動に起因する問題に関する雇用管理上の措置等） 事業主は、職場において行われるその雇用する女性労働者に対する当該女性労働者が妊娠したこと、出産したこと、労働基準法第六十五条第一項の規定による休業を請求し、又は同項若しくは同条第二項の規定による休業をしたことその他の妊娠又は出産に関する事由であつて厚生労働省令で定めるものに関する言動により当該女性労働者の就業環境が害されることのないよう、当該女性労働者からの相談に応じ、適切に対応するために必要な体制の整備その他の雇用管理上必要な措置を講じなければならない。〔2項以下略〕

○育児休業、介護休業等育児又は家族介護を行う労働者の福祉に関する法律〔抄〕

〔平成三・五・一五 法律七六〕

最終改正 令和四・六法六八

第一章 総則

第一条（**目的**） この法律は、育児休業及び介護休業に関する制度並びに子の看護休暇及び介護休暇に関する制度を設けるとともに、子の養育及び家族の介護を容易にするため所定労働時間等に関し事業主が講ずべき措置を定めるほか、子の養育又は家族の介護を行う労働者等に対する支援措置を講ずること等により、子の養育又は家族の介護を行う労働者等の雇用の継続及び再就職の促進を図り、もってこれらの者の職業生活と家庭生活との両立に寄与することを通じて、これらの者の福祉の増進を図り、あわせて経済及び社会の発展に資することを目的とする。

第二章 育児休業

第五条（**育児休業の申出**） 労働者は、その養育する一歳に満たない子について、その事業主に申し出ることにより、育児休業（第九条の二第一項に規定する出生時育児休業を除く。以下この条から第九条までにおいて同じ。）をすることができる。ただし、期間を定めて雇用される者にあっては、その養育する子が一歳六か月に達する日までに、その労働契約（労働契約が更新される場合にあっては、更新後のもの。第三項、第九条の二第一項及び第十一条第一項において同じ。）が満了することが明らかでない者に限り、当該申出をすることができる。

2 前項の規定にかかわらず、労働者は、その養育する子が一歳に達する日（以下「一歳到達日」という。）までの期間（当該子を養育していない期間を除く。）内に二回の育児休業（第七項に規定する育児休業申出によりする育児休業を除く。）をした場合には、当該子については、厚生労働省令で定める特別の事情がある場合を除き、前項の規定による申出をすることができない。

3 労働者は、その養育する一歳から一歳六か月に達するまでの子について、次の各号のいずれにも該当する場合（厚生労働省令で定める特別の事情がある場合には、第二号に該当する場合）に限り、その事業主に申し出ることにより、育児休業をすることができる。ただし、期間を定めて雇用される者（当該子の一歳到達日において育児休業をしている者であって、その翌日を第六項に規定する育児休業開始予定日とする申出をするものを除く。）にあっては、当該子が一歳六か月に達する日までに、その労働契約が満了することが明らかでない者に限り、当該申出をすることができる。

一 当該申出に係る子について、当該労働者又はその配偶者が、当該子の一歳到達日において育児休業をしている場合

二 当該子の一歳到達日後の期間について休業することが雇用の継続のために特に必要と認められる場合として厚生労働省令で定める場合に該当する場合

三 当該子の一歳到達日後の期間において、この項の規定による申出により育児休業をしたことがない場合

4 労働者は、その養育する一歳六か月から二歳に達するまでの子について、次の各号のいずれにも該当する場合（前項の厚生労働省令で定める特別の事情がある場合には、第二号に該当する場合）に限り、その事業主に申し出ることにより、育児休業をすることができる。

一 当該申出に係る子について、当該労働者又はその配偶者が、当該子の一歳六か月に達する日（以下「一歳六か月到達日」という。）において育児休業をしている場合

二 当該子の一歳六か月到達日後の期間について休業することが雇用の継続のために特に必要と認められる場合として厚生労働省令で定める場合に該当する場合

三 当該子の一歳六か月到達日後の期間において、この項の規定による申出により育児休業をしたことがない場合

5 第一項ただし書の規定は、前項の規定によ

る申出について準用する。この場合において、第一項ただし書中「一歳六か月」とあるのは、「二歳」と読み替えるものとする。

6　第一項、第三項及び第四項の規定による申出（以下「育児休業申出」という。）は、厚生労働省令で定めるところにより、その期間中は育児休業をすることとする一の期間について、その初日（以下「育児休業開始予定日」という。）及び末日（以下「育児休業終了予定日」という。）とする日を明らかにして、しなければならない。この場合において、次の各号に掲げる申出にあっては、第三項の厚生労働省令で定める特別の事情がある場合を除き、当該各号に定める日を育児休業開始予定日としなければならない。

一　第三項の規定による申出　当該申出に係る子の一歳到達日の翌日（当該申出をする労働者の配偶者が同項の規定による申出により育児休業をする場合には、当該育児休業に係る育児休業終了予定日の翌日以前の日）

二　第四項の規定による申出　当該申出に係る子の一歳六か月到達日の翌日（当該申出をする労働者の配偶者が同項の規定による申出により育児休業をする場合には、当該育児休業に係る育児休業終了予定日の翌日以前の日）

7　第一項ただし書、第二項、第三項（第一号及び第二号を除く。）、第四項（第一号及び第二号を除く。）、第五項及び前項後段の規定は、期間を定めて雇用される者であって、その締結する労働契約の期間の末日を育児休業終了予定日（第七条第三項の規定により当該育児休業終了予定日が変更された場合にあっては、その変更後の育児休業終了予定日とされた日）とする育児休業をしているものが、当該育児休業に係る子について、当該労働契約の更新に伴い、当該更新後の労働契約の期間の初日を育児休業開始予定日とする育児休業申出をする場合には、これを適用しない。

第六条（育児休業申出があった場合における事業主の義務等）　事業主は、労働者からの育児休業申出があったときは、当該育児休業申出を拒むことができない。ただし、当該事業主と当該労働者が雇用される事業所の労働者の過半数で組織する労働組合があるときはその労働組合、その事業所の労働者の過半数で組織する労働組合がないときはその労働者の過半数を代表する者との書面による協定で、次に掲げる労働者のうち育児休業をすることができないものとして定められた労働者に該当する労働者からの育児休業申出があった場合は、この限りでない。

一　当該事業主に引き続き雇用された期間が一年に満たない労働者〔以下略〕

第一〇条（不利益取扱いの禁止）　事業主は、労働者が育児休業申出等（育児休業申出及び出生時育児休業申出をいう。以下同じ。）をし、若しくは育児休業をしたこと又は第九条の五第二項の規定による申出若しくは同条第四項の同意をしなかったことその他の同条第二項から第五項までの規定に関する事由であって厚生労働省令で定めるものを理由として、当該労働者に対して解雇その他不利益な取扱いをしてはならない。

第三章　介護休業

第一一条（介護休業の申出）　労働者は、その事業主に申し出ることにより、介護休業をすることができる。ただし、期間を定めて雇用される者にあっては、第三項に規定する介護休業開始予定日から起算して九十三日を経過する日から六月を経過する日までに、その労働契約が満了することが明らかでない者に限り、当該申出をすることができる。

2　前項の規定にかかわらず、介護休業をしたことがある労働者は、当該介護休業に係る対象家族が次の各号のいずれかに該当する場合には、当該対象家族については、同項の規定による申出をすることができない。

一　当該対象家族について三回の介護休業をした場合

二　当該対象家族について介護休業をした日数（介護休業を開始した日から介護休業を終了した日までの日数とし、二回以上の介護休業をした場合にあっては、介護休業ごとに、当該介護休業を開始した日から当該介護休業を終了した日までの日数を合算して得た日数とする。第十五条第一項において「介護休業日数」という。）が九十三日に達している場合

3　第一項の規定による申出（以下「介護休業申出」という。）は、厚生労働省令で定めるところにより、介護休業申出に係る対象家族が要介護状態にあることを明らかにし、かつ、その期間中は当該対象家族に係る介護休業を

することとする一の期間について、その初日（以下「介護休業開始予定日」という。）及び末日(以下「介護休業終了予定日」という。)とする日を明らかにして、しなければならない。

4　第一項ただし書及び第二項（第二号を除く。）の規定は、期間を定めて雇用される者であって、その締結する労働契約の期間の末日を介護休業終了予定日（第十三条において準用する第七条第三項の規定により当該介護休業終了予定日が変更された場合にあっては、その変更後の介護休業終了予定日とされた日）とする介護休業をしているものが、当該介護休業に係る対象家族について、当該労働契約の更新に伴い、当該更新後の労働契約の期間の初日を介護休業開始予定日とする介護休業申出をする場合には、これを適用しない。

第一六条（不利益取扱いの禁止） 事業主は、労働者が介護休業申出をし、又は介護休業をしたことを理由として、当該労働者に対して解雇その他不利益な取扱いをしてはならない。

○短時間労働者及び有期雇用労働者の雇用管理の改善等に関する法律〔抄〕

〔平成五・六・一八　法律七六〕

最終改正　令和元・六法二四

第一章　総則

第一条（目的） この法律は、我が国における少子高齢化の進展、就業構造の変化等の社会経済情勢の変化に伴い、短時間・有期雇用労働者の果たす役割の重要性が増大していることに鑑み、短時間・有期雇用労働者について、その適正な労働条件の確保、雇用管理の改善、通常の労働者への転換の推進、職業能力の開発及び向上等に関する措置等を講ずることにより、通常の労働者との均衡のとれた待遇の確保等を図ることを通じて短時間・有期雇用労働者がその有する能力を有効に発揮することができるようにし、もってその福祉の増進を図り、あわせて経済及び社会の発展に寄与することを目的とする。

第二条（定義） この法律において「短時間労働者」とは、一週間の所定労働時間が同一の事業主に雇用される通常の労働者（当該事業主に雇用される通常の労働者と同種の業務に従事する当該事業主に雇用される労働者にあっては、厚生労働省令で定める場合を除き、当該労働者と同種の業務に従事する当該通常の労働者）の一週間の所定労働時間に比し短い労働者をいう。〔2項以下略〕

第三条（事業主等の責務） 事業主は、その雇用する短時間・有期雇用労働者について、その就業の実態等を考慮して、適正な労働条件の確保、教育訓練の実施、福利厚生の充実その他の雇用管理の改善及び通常の労働者への転換（短時間・有期雇用労働者が雇用される事業所において通常の労働者として雇い入れられることをいう。以下同じ。）の推進(以下「雇用管理の改善等」という。）に関する措置等を講ずることにより、通常の労働者との均衡のとれた待遇の確保等を図り、当該短時間・有期雇用労働者がその有する能力を有効に発揮することができるように努めるものとする。〔2項略〕

○最低賃金法〔抄〕

〔昭和三四・四・一五 法律一三七〕

最終改正　令和四・六法六八

第一章　総則

第一条（**目的**）この法律は、賃金の低廉な労働者について、賃金の最低額を保障することにより、労働条件の改善を図り、もつて、労働者の生活の安定、労働力の質的向上及び事業の公正な競争の確保に資するとともに、国民経済の健全な発展に寄与することを目的とする。

第二章　最低賃金

第一節　総則

第四条（**最低賃金の効力**）使用者は、最低賃金の適用を受ける労働者に対し、その最低賃金額以上の賃金を支払わなければならない。〔2項以下略〕

○労働者災害補償保険法〔抄〕

〔昭和二二・四・七 法律五〇〕

最終改正　令和四・六法六八

第一章　総則

第一条〔**目的**〕労働者災害補償保険は、業務上の事由、事業主が同一人でない二以上の事業に使用される労働者（以下「複数事業労働者」という。）の二以上の事業の業務を要因とする事由又は通勤による労働者の負傷、疾病、障害、死亡等に対して迅速かつ公正な保護をするため、必要な保険給付を行い、あわせて、業務上の事由、複数事業労働者の二以上の事業の業務を要因とする事由又は通勤により負傷し、又は疾病にかかつた労働者の社会復帰の促進、当該労働者及びその遺族の援護、労働者の安全及び衛生の確保等を図り、もつて労働者の福祉の増進に寄与することを目的とする。

第三章　保険給付

第一節　通則

第七条〔**保険給付の範囲**〕この法律による保険給付は、次に掲げる保険給付とする。

一　労働者の業務上の負傷、疾病、障害又は死亡（以下「業務災害」という。）に関する保険給付

二　複数事業労働者（これに類する者として厚生労働省令で定めるものを含む。以下同じ。）の二以上の事業の業務を要因とする負傷、疾病、障害又は死亡（以下「複数業務要因災害」という。）に関する保険給付（前号に掲げるものを除く。以下同じ。）

三　労働者の通勤による負傷、疾病、障害又は死亡（以下「通勤災害」という。）に関する保険給付

四　二次健康診断等給付

②　前項第三号の通勤とは、労働者が、就業に関し、次に掲げる移動を、合理的な経路及び方法により行うことをいい、業務の性質を有するものを除くものとする。

一　住居と就業の場所との間の往復

二　厚生労働省令で定める就業の場所から他の就業の場所への移動

三　第一号に掲げる往復に先行し、又は後続する住居間の移動（厚生労働省令で定める要件に該当するものに限る。）

③　労働者が、前項各号に掲げる移動の経路を逸脱し、又は同項各号に掲げる移動を中断した場合においては、当該逸脱又は中断の間及びその後の同項各号に掲げる移動は、第一項第三号の通勤としない。ただし、当該逸脱又は中断が、日常生活上必要な行為であつて厚生労働省令で定めるものをやむを得ない事由により行うための最小限度のものである場合は、当該逸脱又は中断の間を除き、この限りでない。

○労働組合法〔抄〕

〔昭和二四・六・一
法律一七四〕

最終改正 令和五・六法五三

第一章 総則

第一条（**目的**）この法律は、労働者が使用者との交渉において対等の立場に立つことを促進することにより労働者の地位を向上させること、労働者がその労働条件について交渉するために自ら代表者を選出することその他の団体行動を行うために自主的に労働組合を組織し、団結することを擁護すること並びに使用者と労働者との関係を規制する労働協約を締結するための団体交渉をすること及びその手続を助成することを目的とする。

2 刑法第三十五条の規定は、労働組合の団体交渉その他の行為であつて前項に掲げる目的を達成するためにした正当なものについて適用があるものとする。但し、いかなる場合においても、暴力の行使は、労働組合の正当な行為と解釈されてはならない。

第二条（**労働組合**）この法律で「労働組合」とは、労働者が主体となつて自主的に労働条件の維持改善その他経済的地位の向上を図ることを主たる目的として組織する団体又はその連合団体をいう。但し、左の各号の一に該当するものは、この限りでない。

一 役員、雇入解雇昇進又は異動に関して直接の権限を持つ監督的地位にある労働者、使用者の労働関係についての計画と方針とに関する機密の事項に接し、そのためにその職務上の義務と責任とが当該労働組合の組合員としての誠意と責任とに直接にてい触する監督的地位にある労働者その他使用者の利益を代表する者の参加を許すもの

二 団体の運営のための経費の支出につき使用者の経理上の援助を受けるもの。但し、労働者が労働時間中に時間又は賃金を失うことなく使用者と協議し、又は交渉することを使用者が許すことを妨げるものではなく、且つ、厚生資金又は経済上の不幸若しくは災厄を防止し、若しくは救済するための支出に実際に用いられる福利その他の基金に対する使用者の寄附及び最小限の広さの事務所の供与を除くものとする。

三 共済事業その他福利事業のみを目的とするもの

四 主として政治運動又は社会運動を目的とするもの

第二章 労働組合

第五条（**労働組合として設立されたものの取扱**）労働組合は、労働委員会に証拠を提出して第二条及び第二項の規定に適合することを立証しなければ、この法律に規定する手続に参与する資格を有せず、且つ、この法律に規定する救済を与えられない。但し、第七条第一号の規定に基く個々の労働者に対する保護を否定する趣旨に解釈されるべきではない。

2 労働組合の規約には、左の各号に掲げる規定を含まなければならない。

一 名称

二 主たる事務所の所在地

三 連合団体である労働組合以外の労働組合の組合員は、その労働組合のすべての問題に参与する権利及び均等の取扱を受ける権利を有すること。

四 何人も、いかなる場合においても、人種、宗教、性別、門地又は身分によつて組合員たる資格を奪われないこと。

五 単位労働組合にあつては、その役員は、組合員の直接無記名投票により選挙されること、及び連合団体である労働組合又は全国的規模をもつ労働組合にあつては、その役員は、単位労働組合の組合員又はその組合員の直接無記名投票により選挙された代議員の直接無記名投票により選挙されること。

六 総会は、少くとも毎年一回開催すること。

七 すべての財源及び使途、主要な寄附者の氏名並びに現在の経理状況を示す会計報告は、組合員によつて委嘱された職業的に資格がある会計監査人による正確であることの証明書とともに、少くとも毎年一回組合員に公表されること。

八 同盟罷業は、組合員又は組合員の直接無記名投票により選挙された代議員の直接無記名投票の過半数による決定を経なければ開始しないこと。

九 単位労働組合にあつては、その規約は、組合員の直接無記名投票による過半数の支

持を得なければ改正しないこと、及び連合団体である労働組合又は全国的規模をもつ労働組合にあつては、その規約は、単位労働組合の組合員又はその組合員の直接無記名投票により選挙された代議員の直接無記名投票による過半数の支持を得なければ改正しないこと。

第七条（**不当労働行為**）使用者は、次の各号に掲げる行為をしてはならない。

一 労働者が労働組合の組合員であること、労働組合に加入し、若しくはこれを結成しようとしたこと若しくは労働組合の正当な行為をしたことの故をもつて、その労働者を解雇し、その他これに対して不利益な取扱いをすること又は労働者が労働組合に加入せず、若しくは労働組合から脱退することを雇用条件とすること。ただし、労働組合が特定の工場事業場に雇用される労働者の過半数を代表する場合において、その労働者がその労働組合の組合員であることを雇用条件とする労働協約を締結することを妨げるものではない。

二 使用者が雇用する労働者の代表者と団体交渉をすることを正当な理由がなくて拒むこと。

三 労働者が労働組合を結成し、若しくは運営することを支配し、若しくはこれに介入すること、又は労働組合の運営のための経費の支払につき経理上の援助を与えること。ただし、労働者が労働時間中に時間又は賃金を失うことなく使用者と協議し、又は交渉することを使用者が許すことを妨げるものではなく、かつ、厚生資金又は経済上の不幸若しくは災厄を防止し、若しくは救済するための支出に実際に用いられる福利その他の基金に対する使用者の寄附及び最小限の広さの事務所の供与を除くものとする。

四 労働者が労働委員会に対し使用者がこの条の規定に違反した旨の申立てをしたこと若しくは中央労働委員会に対し第二十七条の十二第一項の規定による命令に対する再審査の申立てをしたこと又は労働委員会がこれらの申立てに係る調査若しくは審問をし、若しくは当事者に和解を勧め、若しくは労働関係調整法による労働争議の調整をする場合に労働者が証拠を提示し、若しくは発言をしたことを理由として、その労働者を解雇し、その他これに対して不利益な取扱いをすること。

第八条（**損害賠償**）使用者は、同盟罷業その他の争議行為であつて正当なものによつて損害を受けたことの故をもつて、労働組合又はその組合員に対し賠償を請求することができない。

第三章 労働協約

第一四条（**労働協約の効力の発生**）労働組合と使用者又はその団体との間の労働条件その他に関する労働協約は、書面に作成し、両当事者が署名し、又は記名押印することによつてその効力を生ずる。

○労働関係調整法〔抄〕

〔昭和二一・九・二七 法律二五〕

最終改正 平成二六・六法六九

第一章 総則

第一条〔**法の目的**〕この法律は、労働組合法と相俟つて、労働関係の公正な調整を図り、労働争議を予防し、又は解決して、産業の平和を維持し、もつて経済の興隆に寄与することを目的とする。

第二条〔**当事者の態度**〕労働関係の当事者は、互に労働関係を適正化するやうに、労働協約中に、常に労働関係の調整を図るための正規の機関の設置及びその運営に関する事項を定めるやうに、且つ労働争議が発生したときは、誠意をもつて自主的にこれを解決するやうに、特に努力しなければならない。

第三条〔**政府の態度**〕政府は、労働関係に関する主張が一致しない場合に、労働関係の当事者が、これを自主的に調整することに対し助力を与へ、これによつて争議行為をできるだけ防止することに努めなければならない。

第四条〔**自主的解決の努力**〕この法律は、労働関係の当事者が、直接の協議又は団体交渉によつて、労働条件その他労働関係に関する事項を定め、又は労働関係に関する主張の不一致を調整することを妨げるものでないとともに、又、労働関係の当事者が、かかる努力をする責務を免除するものではない。

第五条〔**迅速な処理**〕この法律によつて労働関係の調整をなす場合には、当事者及び労働委員会その他の関係機関は、できるだけ適宜の方法を講じて、事件の迅速な処理を図らなければならない。

第六条〔**労働争議**〕この法律において労働争議とは、労働関係の当事者間において、労働関係に関する主張が一致しないで、そのために争議行為が発生してゐる状態又は発生する虞がある状態をいふ。

第七条〔**争議行為**〕この法律において争議行為とは、同盟罷業、怠業、作業所閉鎖その他労働関係の当事者が、その主張を貫徹することを目的として行ふ行為及びこれに対抗する行為であつて、業務の正常な運営を阻害するものをいふ。

第四章の二　緊急調整

第三五条の二〔**決定の条件、中労委の意見聴取、公表**〕内閣総理大臣は、事件が公益事業に関するものであるため、又はその規模が大きいため若しくは特別の性質の事業に関するものであるために、争議行為により当該業務が停止されるときは国民経済の運行を著しく阻害し、又は国民の日常生活を著しく危くする虞があると認める事件について、その虞が現実に存するときに限り、緊急調整の決定をすることができる。

② 内閣総理大臣は、前項の決定をしようとするときは、あらかじめ中央労働委員会の意見を聴かなければならない。

③ 内閣総理大臣は、緊急調整の決定をしたときは、直ちに、理由を附してその旨を公表するとともに、中央労働委員会及び関係当事者に通知しなければならない。

第三五条の三〔**中労委の任務**〕中央労働委員会は、前条第三項の通知を受けたときは、その事件を解決するため、最大限の努力を尽さなければならない。

② 中央労働委員会は、前項の任務を遂行するため、その事件について、左の各号に掲げる措置を講ずることができる。

一　斡旋を行ふこと。

二　調停を行ふこと。

三　仲裁を行ふこと。

四　事件の実情を調査し、及び公表すること。

五　解決のため必要と認める措置をとるべきことを勧告すること。

③ 前項第二号の調停は、第十八条各号に該当しない場合であつても、これを行ふことができる。

第三五条の四〔**優先処理**〕中央労働委員会は、緊急調整の決定に係る事件については、他のすべての事件に優先してこれを処理しなければならない。

第三五条の五〔**審査請求の制限**〕第三十五条の二の規定により内閣総理大臣がした決定については、審査請求をすることができない。

第五章　争議行為の制限禁止等

第三六条〔**安全保持**〕工場事業場における安全保持の施設の正常な維持又は運行を停廃し、又はこれを妨げる行為は、争議行為としてでもこれをなすことはできない。

第三七条〔**予告期間**〕公益事業に関する事件につき関係当事者が争議行為をするには、その争議行為をしようとする日の少なくとも十日前までに、労働委員会及び厚生労働大臣又は都道府県知事にその旨を通知しなければならない。

② 緊急調整の決定があつた公益事業に関する事件については、前項の規定による通知は、第三十八条に規定する期間を経過した後でなければこれをすることができない。

第三八条〔**緊急調整中の争議行為の禁止**〕緊急調整の決定をなした旨の公表があつたときは、関係当事者は、公表の日から五十日間は、争議行為をなすことができない。

社会法

○労働者派遣事業の適正な運営の確保及び派遣労働者の保護等に関する法律〔抄〕

〔昭和六〇・七・五 法律八八〕

最終改正　令和四・六法六八

第一章　総則

第一条（**目的**）　この法律は、職業安定法と相まつて労働力の需給の適正な調整を図るため労働者派遣事業の適正な運営の確保に関する措置を講ずるとともに、派遣労働者の保護等を図り、もつて派遣労働者の雇用の安定その他福祉の増進に資することを目的とする。

第二条（**用語の意義**）　この法律において、次の各号に掲げる用語の意義は、当該各号に定めるところによる。

一　労働者派遣　自己の雇用する労働者を、当該雇用関係の下に、かつ、他人の指揮命令を受けて、当該他人のために労働に従事させることをいい、当該他人に対し当該労働者を当該他人に雇用させることを約してするものを含まないものとする。

二　派遣労働者　事業主が雇用する労働者であつて、労働者派遣の対象となるものをいう。

三　労働者派遣事業　労働者派遣を業として行うことをいう。〔四号略〕

第三章　派遣労働者の保護等に関する措置

第一節　労働者派遣契約

第二六条（**契約の内容等**）　労働者派遣契約（当事者の一方が相手方に対し労働者派遣をすることを約する契約をいう。以下同じ。）の当事者は、厚生労働省令で定めるところにより、当該労働者派遣契約の締結に際し、次に掲げる事項を定めるとともに、その内容の差異に応じて派遣労働者の人数を定めなければならない。

一　派遣労働者が従事する業務の内容

二　派遣労働者が労働者派遣に係る労働に従事する事業所の名称及び所在地その他派遣就業の場所並びに組織単位（労働者の配置の区分であつて、配置された労働者の業務の遂行を指揮命令する職務上の地位にある者が当該労働者の業務の配分に関して直接の権限を有するものとして厚生労働省令で定めるものをいう。以下同じ。）

三　労働者派遣の役務の提供を受ける者のために、就業中の派遣労働者を直接指揮命令する者に関する事項

四　労働者派遣の期間及び派遣就業をする日

五　派遣就業の開始及び終了の時刻並びに休憩時間

六　安全及び衛生に関する事項

七　派遣労働者から苦情の申出を受けた場合における当該申出を受けた苦情の処理に関する事項

八　派遣労働者の新たな就業の機会の確保、派遣労働者に対する休業手当（労働基準法（昭和二十二年法律第四十九号）第二十六条の規定により使用者が支払うべき手当をいう。第二十九条の二において同じ。）等の支払に要する費用を確保するための当該費用の負担に関する措置その他の労働者派遣契約の解除に当たつて講ずる派遣労働者の雇用の安定を図るために必要な措置に関する事項

九　労働者派遣契約が紹介予定派遣に係るものである場合にあつては、当該職業紹介により従事すべき業務の内容及び労働条件その他の当該紹介予定派遣に関する事項

十　前各号に掲げるもののほか、厚生労働省令で定める事項〔2項以下略〕

第二節　派遣元事業主の講ずべき措置等

第三一条の二（**待遇に関する事項等の説明**）　派遣元事業主は、派遣労働者として雇用しようとする労働者に対し、厚生労働省令で定めるところにより、当該労働者を派遣労働者として雇用した場合における当該労働者の賃金の額の見込みその他の当該労働者の待遇に関する事項その他の厚生労働省令で定める事項を説明しなければならない。〔2項以下略〕

第三四条（**就業条件等の明示**）　派遣元事業主は、

社会法

労働者派遣をしようとするときは、あらかじめ、当該労働者派遣に係る派遣労働者に対し、厚生労働省令で定めるところにより、次に掲げる事項（当該労働者派遣が第四十条の二第一項各号のいずれかに該当する場合にあつては、第三号及び第四号に掲げる事項を除く。）を明示しなければならない。

一　当該労働者派遣をしようとする旨

二　第二十六条第一項各号に掲げる事項その他厚生労働省令で定める事項であつて当該派遣労働者に係るもの

三　当該派遣労働者が労働者派遣に係る労働に従事する事業所その他派遣就業の場所における組織単位の業務について派遣元事業主が第三十五条の三の規定に抵触することとなる最初の日

四　当該派遣労働者が労働者派遣に係る労働に従事する事業所その他派遣就業の場所の業務について派遣先が第四十条の二第一項の規定に抵触することとなる最初の日

2　派遣元事業主は、派遣先から第四十条の二第七項の規定による通知を受けたときは、遅滞なく、当該通知に係る事業所その他派遣就業の場所の業務に従事する派遣労働者に対し、厚生労働省令で定めるところにより、当該事業所その他派遣就業の場所の業務について派遣先が同条第一項の規定に抵触することとなる最初の日を明示しなければならない。

3　派遣元事業主は、前二項の規定による明示をするに当たつては、派遣先が第四十条の六第一項第三号又は第四号に該当する行為を行つた場合には同項の規定により労働契約の申込みをしたものとみなされることとなる旨を併せて明示しなければならない。

第三五条の三〔**労働者派遣の期間**〕派遣元事業主は、派遣先の事業所その他派遣就業の場所における組織単位ごとの業務について、三年を超える期間継続して同一の派遣労働者に係る労働者派遣（第四十条の二第一項各号のいずれかに該当するものを除く。）を行つてはならない。

第三節　派遣先の講ずべき措置等

第四〇条の二〔**労働者派遣の役務の提供を受ける期間**〕派遣先は、当該派遣先の事業所その他派遣就業の場所ごとの業務について、派遣元事業主から派遣可能期間を超える期間継続して労働者派遣の役務の提供を受けてはならない。ただし、当該労働者派遣が次の各号のいずれかに該当するものであるときは、この限りでない。

一　無期雇用派遣労働者に係る労働者派遣

二　雇用の機会の確保が特に困難である派遣労働者であつてその雇用の継続等を図る必要があると認められるものとして厚生労働省令で定める者に係る労働者派遣

三　次のイ又はロに該当する業務に係る労働者派遣

イ　事業の開始、転換、拡大、縮小又は廃止のための業務であつて一定の期間内に完了することが予定されているもの

ロ　その業務が一箇月間に行われる日数が、当該派遣就業に係る派遣先に雇用される通常の労働者の一箇月間の所定労働日数に比し相当程度少なく、かつ、厚生労働大臣の定める日数以下である業務

四　当該派遣先に雇用される労働者が労働基準法第六十五条第一項及び第二項の規定により休業し、並びに育児休業、介護休業等育児又は家族介護を行う労働者の福祉に関する法律（平成三年法律第七十六号）第二条第一号に規定する育児休業をする場合における当該労働者の業務その他これに準ずる場合として厚生労働省令で定める場合における当該労働者の業務に係る労働者派遣

五　当該派遣先に雇用される労働者が育児休業、介護休業等育児又は家族介護を行う労働者の福祉に関する法律第二条第二号に規定する介護休業をし、及びこれに準ずる休業として厚生労働省令で定める休業をする場合における当該労働者の業務に係る労働者派遣

2　前項の派遣可能期間（以下「派遣可能期間」という。）は、三年とする。〔3項以下略〕

第四節　労働基準法等の適用に関する特例等

第四四条〔**労働基準法の適用に関する特例**〕労働基準法第九条に規定する事業（以下この節において単に「事業」という。）の事業主（以下この条において単に「事業主」という。）に雇用され、他の事業主の事業における派遣就業のために当該事業に派遣されている同条に規定する労働者（同居の親族のみを使用する事業に使用される者及び家事使用人を除

社会法

く。）であつて、当該他の事業主（以下この条において「派遣先の事業主」という。）に雇用されていないもの（以下この節において「派遣中の労働者」という。）の派遣就業に関しては、当該派遣中の労働者が派遣されている事業（以下この節において「派遣先の事業」という。）もまた、派遣中の労働者を使用する事業とみなして、同法第三条、第五条及び第六十九条の規定（これらの規定に係る罰則の規定を含む。）を適用する。［2項以下略］

○労働者派遣事業の適正な運営の確保及び派遣労働者の保護等に関する法律施行規則〔抄〕

［昭和六一・四・一七
労働省令二〇］

最終改正　令和五・三厚労令四五

第一章　労働者派遣事業の適正な運営の確保に関する措置

第一節　業務の範囲

第一条（令第二条第一項の厚生労働省令で定める場所等）　労働者派遣事業の適正な運営の確保及び派遣労働者の保護等に関する法律施行令（昭和六十一年政令第九十五号。以下「令」という。）第二条第一項の厚生労働省令で定める場所は、次に掲げる場所とする。

一　都道府県が医療法（昭和二十三年法律第二百五号）第三十条の二十三第一項に規定する医療計画において定める医師の確保に関する事項の実施に必要な事項として地域における医療の確保のためには令第二条第一項第一号に掲げる業務に業として行う労働者派遣により派遣労働者を従事させる必要があると認めた病院等（同号に規定する病院等をいう。次号において同じ。）であつて厚生労働大臣が定めるもの

二　前号に掲げる病院等に係る患者の居宅

2　令第二条第一項第一号の厚生労働省令で定めるものは、次のとおりとする。

一　障害者の日常生活及び社会生活を総合的に支援するための法律（平成十七年法律第百二十三号）第五条第十一項に規定する障害者支援施設の中に設けられた診療所

二　生活保護法（昭和二十五年法律第百四十四号）第三十八条第一項第一号（中国残留邦人等の円滑な帰国の促進並びに永住帰国した中国残留邦人等及び特定配偶者の自立の支援に関する法律（平成六年法律第三十号。次号において「中国残留邦人等支援法」という。）第十四条第四項（中国残留邦人等の円滑な帰国の促進及び永住帰国後の自立の支援に関する法律の一部を改正する法律（平成十九年法律第百二十七号）附則第四条第二項において準用する場合を含む。次号において同じ。）においてその例による場合を含む。）に規定する救護施設の中に設けられた診療所

三　生活保護法第三十八条第一項第二号（中国残留邦人等支援法第十四条第四項においてその例による場合を含む。）に規定する更生施設の中に設けられた診療所

四　削除

五　老人福祉法（昭和三十八年法律第百三十三号）第二十条の四に規定する養護老人

ホームの中に設けられた診療所
六　老人福祉法第二十条の五に規定する特別養護老人ホームの中に設けられた診療所
七　原子爆弾被爆者に対する援護に関する法律（平成六年法律第百十七号）第三十九条に規定する養護事業を行う施設の中に設けられた診療所

第二章　派遣労働者の保護等に関する措置

第二節　派遣元事業主の講ずべき措置等

第二五条の一四（待遇に関する事項等の説明）　法第三十一条の二第一項の規定による説明は、書面の交付等その他の適切な方法により行わなければならない。ただし、次項第一号に規定する労働者の賃金の額の見込みに関する事項の説明は、書面の交付等の方法により行わなければならない。

2　法第三十一条の二第一項の厚生労働省令で定める事項は、次のとおりとする。
一　労働者を派遣労働者として雇用した場合における当該労働者の賃金の額の見込み、健康保険法（大正十一年法律第七十号）に規定する被保険者の資格の取得、厚生年金保険法（昭和二十九年法律第百十五号）に規定する被保険者の資格の取得及び雇用保険法（昭和四十九年法律第百十六号）に規定する被保険者となることに関する事項その他の当該労働者の待遇に関する事項
二　事業運営に関する事項
三　労働者派遣に関する制度の概要
四　法第三十条の二第一項の規定による教育訓練及び同条第二項の規定による援助の内容

第二六条（就業条件の明示の方法等）　法第三十四条第一項及び第二項の規定による明示は、当該規定により明示すべき事項を次のいずれかの方法により明示することにより行わなければならない。ただし、同条第一項の規定による明示にあつては、労働者派遣の実施について緊急の必要があるためあらかじめこれらの方法によることができない場合において、当該明示すべき事項をあらかじめこれらの方法以外の方法により明示したときは、この限りでない。
一　書面の交付の方法
二　次のいずれかの方法によることを当該派遣労働者が希望した場合における当該方法
イ　ファクシミリを利用してする送信の方法
ロ　電子メール等の送信の方法

2　前項ただし書の場合であつて、次の各号のいずれかに該当するときは、当該労働者派遣の開始の後遅滞なく、当該事項を前項各号に掲げるいずれかの方法により当該派遣労働者に明示しなければならない。
一　当該派遣労働者から請求があつたとき
二　前号以外の場合であつて、当該労働者派遣の期間が一週間を超えるとき

3　前二項の規定は、法第三十四条第三項の規定による明示について準用する。

第三節　派遣先の講ずべき措置等

第三三条の四（法第四十条の二第一項第二号の厚生労働省令で定める者）　法第四十条の二第一項第二号の厚生労働省令で定める者は、六十歳以上の者とする。

社会法

産業法編

○私的独占の禁止及び公正取引の確保に関する法律〔抄〕

〔昭和二二・四・一四
法律五四〕

最終改正　令和五・六法六三

第一章　総則

第一条〔**目的**〕この法律は、私的独占、不当な取引制限及び不公正な取引方法を禁止し、事業支配力の過度の集中を防止して、結合、協定等の方法による生産、販売、価格、技術等の不当な制限その他一切の事業活動の不当な拘束を排除することにより、公正且つ自由な競争を促進し、事業者の創意を発揮させ、事業活動を盛んにし、雇傭及び国民実所得の水準を高め、以て、一般消費者の利益を確保するとともに、国民経済の民主的で健全な発達を促進することを目的とする。

第二条〔**定義**〕〔①—④項略〕

⑤　この法律において「私的独占」とは、事業者が、単独に、又は他の事業者と結合し、若しくは通謀し、その他いかなる方法をもつてするかを問わず、他の事業者の事業活動を排除し、又は支配することにより、公共の利益に反して、一定の取引分野における競争を実質的に制限することをいう。

⑥　この法律において「不当な取引制限」とは、事業者が、契約、協定その他何らの名義をもつてするかを問わず、他の事業者と共同して対価を決定し、維持し、若しくは引き上げ、又は数量、技術、製品、設備若しくは取引の相手方を制限する等相互にその事業活動を拘束し、又は遂行することにより、公共の利益に反して、一定の取引分野における競争を実質的に制限することをいう。〔⑦・⑧項略〕

⑨　この法律において「不公正な取引方法」とは、次の各号のいずれかに該当する行為をいう。

一　正当な理由がないのに、競争者と共同して、次のいずれかに該当する行為をすること。

イ　ある事業者に対し、供給を拒絶し、又は供給に係る商品若しくは役務の数量若しくは内容を制限すること。

ロ　他の事業者に、ある事業者に対する供給を拒絶させ、又は供給に係る商品若しくは役務の数量若しくは内容を制限させること。

二　不当に、地域又は相手方により差別的な対価をもつて、商品又は役務を継続して供給することであつて、他の事業者の事業活動を困難にさせるおそれがあるもの

三　正当な理由がないのに、商品又は役務をその供給に要する費用を著しく下回る対価で継続して供給することであつて、他の事業者の事業活動を困難にさせるおそれがあるもの

四　自己の供給する商品を購入する相手方に、正当な理由がないのに、次のいずれかに掲げる拘束の条件を付けて、当該商品を供給すること。

イ　相手方に対しその販売する当該商品の販売価格を定めてこれを維持させることその他相手方の当該商品の販売価格の自由な決定を拘束すること。

ロ　相手方の販売する当該商品を購入する事業者の当該商品の販売価格を定めて相手方をして当該事業者にこれを維持させることその他相手方をして当該事業者の当該商品の販売価格の自由な決定を拘束させること。

五　自己の取引上の地位が相手方に優越していることを利用して、正常な商慣習に照らして不当に、次のいずれかに該当する行為をすること。

イ　継続して取引する相手方に対して、当該取引に係る商品又は役務以外の商品又は役務を購入させること。

ロ　継続して取引する相手方に対して、自己のために金銭、役務その他の経済上の利益を提供させること。

ハ　取引の相手方からの取引に係る商品の受領を拒み、取引の相手方から取引に係る商品を受領した後当該商品を当該取引の相手方に引き取らせ、取引の相手方に対して取引の対価の支払を遅らせ、若しくはその額を減じ、その他取引の相手方に不利益となるように取引の条件を設定し、若しくは変更し、又は取引を実施すること。

六　前各号に掲げるもののほか、次のいずれかに該当する行為であつて、公正な競争を阻害するおそれがあるもののうち、公正取引委員会が指定するもの

イ　不当に他の事業者を差別的に取り扱うこと。

ロ　不当な対価をもつて取引すること。

ハ　不当に競争者の顧客を自己と取引するように誘引し、又は強制すること。

ニ　相手方の事業活動を不当に拘束する条件をもつて取引すること。

ホ　自己の取引上の地位を不当に利用して相手方と取引すること。

ヘ　自己又は自己が株主若しくは役員である会社と国内において競争関係にある他の事業者とその取引の相手方との取引を不当に妨害し、又は当該事業者が会社である場合において、その会社の株主若しくは役員をその会社の不利益となる行為をするように、不当に誘引し、唆し、若しくは強制すること。

第二章　私的独占及び不当な取引制限

第三条〔**私的独占又は不当な取引制限の禁止**〕事業者は、私的独占又は不当な取引制限をしてはならない。

第七条〔**排除措置**〕第三条又は前条の規定に違反する行為があるときは、公正取引委員会は、第八章第二節に規定する手続に従い、事業者に対し、当該行為の差止め、事業の一部の譲渡その他これらの規定に違反する行為を排除するために必要な措置を命ずることができる。〔②項略〕

第七条の二〔**課徴金納付命令**〕事業者が、不当な取引制限又は不当な取引制限に該当する事項を内容とする国際的協定若しくは国際的契約であつて、商品若しくは役務の対価に係るもの又は商品若しくは役務の供給量若しくは購入量、市場占有率若しくは取引の相手方を実質的に制限することによりその対価に影響することとなるものをしたときは、公正取引委員会は、第八章第二節に規定する手続に従い、当該事業者に対し、第一号から第三号までに掲げる額の合計額に百分の十を乗じて得た額及び第四号に掲げる額の合算額に相当する額の課徴金を国庫に納付することを命じなければならない。ただし、その額が百万円未満であるときは、その納付を命ずることができない。

一　当該違反行為（商品又は役務を供給することに係るものに限る。以下この号において同じ。）に係る一定の取引分野において当該事業者及びその特定非違反供給子会社等が供給した当該商品又は役務（当該事業者に当該特定非違反供給子会社等が供給したもの及び当該特定非違反供給子会社等が当該事業者の供給子会社等に供給したものを除く。）並びに当該一定の取引分野において当該事業者及び当該特定非違反供給子会社等が当該事業者の供給子会社等に供給した当該商品又は役務（当該供給子会社等（違反供給子会社等又は特定非違反供給子会社等である場合に限る。）が他の者に当該商品又は役務を供給するために当該事業者又は当該特定非違反供給子

会社等から供給を受けたものを除く。）の政令で定める方法により算定した、当該違反行為に係る実行期間における売上額

二　当該違反行為（商品又は役務の供給を受けることに係るものに限る。以下この号において同じ。）に係る一定の取引分野において当該事業者及びその特定非違反購入子会社等が供給を受けた当該商品又は役務（当該事業者から当該特定非違反購入子会社等が供給を受けたもの及び当該事業者又は当該特定非違反購入子会社等が当該事業者の購入子会社等から供給を受けたものを除く。）並びに当該一定の取引分野において当該事業者及び当該特定非違反購入子会社等が当該事業者の購入子会社等から供給を受けた当該商品又は役務（当該購入子会社等（違反購入子会社等又は特定非違反購入子会社等である場合に限る。）が他の者から供給を受けて当該事業者又は当該特定非違反購入子会社等に供給したものを除く。）の政令で定める方法により算定した、当該違反行為に係る実行期間における購入額

三　当該違反行為に係る商品又は役務の全部又は一部の製造、販売、管理その他の当該商品又は役務に密接に関連する業務として政令で定めるものであつて、当該事業者及びその完全子会社等（当該違反行為をしていないものに限る。次号において同じ。）が行つたものの対価の額に相当する額として政令で定める方法により算定した額

四　当該違反行為に係る商品若しくは役務を他の者（当該事業者の供給子会社等並びに当該違反行為をした他の事業者及びその供給子会社等を除く。）に供給しないこと又は他の者（当該事業者の購入子会社等並びに当該違反行為をした他の事業者及びその購入子会社等を除く。）から当該商品若しくは役務の供給を受けないことに関し、手数料、報酬その他名目のいかんを問わず、当該事業者及びその完全子会社等が得た金銭その他の財産上の利益に相当する額として政令で定める方法により算定した額

② 前項の場合において、当該事業者が次の各号のいずれかに該当する者（その者の一又は二以上の子会社等が当該各号のいずれにも該当しない場合を除く。）であるときは、同項中「百分の十」とあるのは、「百分の四」とする。

一　資本金の額又は出資の総額が三億円以下の会社並びに常時使用する従業員の数が三百人以下の会社及び個人であつて、製造業、建設業、運輸業その他の業種（次号から第四号までに掲げる業種及び第五号の政令で定める業種を除く。）に属する事業を主たる事業として営むもの

二　資本金の額又は出資の総額が一億円以下の会社並びに常時使用する従業員の数が百人以下の会社及び個人であつて、卸売業（第五号の政令で定める業種を除く。）に属する事業を主たる事業として営むもの

三　資本金の額又は出資の総額が五千万円以下の会社並びに常時使用する従業員の数が百人以下の会社及び個人であつて、サービス業（第五号の政令で定める業種を除く。）に属する事業を主たる事業として営むもの

四　資本金の額又は出資の総額が五千万円以下の会社並びに常時使用する従業員の数が五十人以下の会社及び個人であつて、小売業（次号の政令で定める業種を除く。）に属する事業を主たる事業として営むもの

五　資本金の額又は出資の総額がその業種ごとに政令で定める金額以下の会社並びに常時使用する従業員の数がその業種ごとに政令で定める数以下の会社及び個人であつて、その政令で定める業種に属する事業を主たる事業として営むもの

六　協業組合その他の特別の法律により協同して事業を行うことを主たる目的として設立された組合（組合の連合会を含む。）のうち、政令で定めるところにより、前各号に定める業種ごとに当該各号に定める規模に相当する規模のもの

③ 第一項の規定により課徴金の納付を命ずる場合において、当該事業者が公正取引委員会又は当該違反行為に係る事件について第四十七条第二項の規定により指定された審査官その他の当該事件の調査に関する事務に従事する職員による当該違反行為に係る課徴金の計算の基礎となるべき事実に係る事実の報告又は資料の提出の求めに応じなかつたときは、公正取引委員会は、当該事業者に係る実行期間のうち当該事実の報告又は資料の提出が行われず課徴金の計算の基礎となるべき事実を把握することができない期間における第一項各号に掲げる額を、当該事業者、その特定非違反供給子会社等若しくは特定非違反購入子会社等又は当該違反行為に係る商品若しくは役務を供給する他の事業者若しくは当該商品若しくは役務の供給を受ける他の事業者から

入手した資料その他の資料を用いて、公正取引委員会規則で定める合理的な方法により推計して、課徴金の納付を命ずることができる。

第四章　株式の保有、役員の兼任、合併、分割、株式移転及び事業の譲受け

第九条〔**持株会社の禁止**〕〔①―③項略〕

④ 次に掲げる会社は、当該会社及びその子会社の総資産の額（公正取引委員会規則で定める方法による資産の合計金額をいう。以下この項において同じ。）で国内の会社に係るものを公正取引委員会規則で定める方法により合計した額が、それぞれ当該各号に掲げる金額を下回らない範囲内において政令で定める金額を超える場合には、毎事業年度終了の日から三月以内に、公正取引委員会規則で定めるところにより、当該会社及びその子会社の事業に関する報告書を公正取引委員会に提出しなければならない。ただし、当該会社が他の会社の子会社である場合は、この限りでない。

一　子会社の株式の取得価額（最終の貸借対照表において別に付した価額があるときは、その価額）の合計額の当該会社の総資産の額に対する割合が百分の五十を超える会社（次号において「持株会社」という。）
　六千億円〔二号以下略〕

第五章　不公正な取引方法

第一九条〔**不公正な取引方法の禁止**〕事業者は、不公正な取引方法を用いてはならない。

第二〇条〔**不公正な取引方法の差止**〕前条の規定に違反する行為があるときは、公正取引委員会は、第八章第二節に規定する手続に従い、事業者に対し、当該行為の差止め、契約条項の削除その他当該行為を排除するために必要な措置を命ずることができる。〔②項略〕

○消費者基本法〔抄〕

〔昭和四三・五・三〇
法律七八〕

最終改正　令和三・五法三六

第一章　総則

第一条（**目的**）この法律は、消費者と事業者との間の情報の質及び量並びに交渉力等の格差にかんがみ、消費者の利益の擁護及び増進に関し、消費者の権利の尊重及びその自立の支援その他の基本理念を定め、国、地方公共団体及び事業者の責務等を明らかにするとともに、その施策の基本となる事項を定めることにより、消費者の利益の擁護及び増進に関する総合的な施策の推進を図り、もつて国民の消費生活の安定及び向上を確保することを目的とする。

第二条（**基本理念**）消費者の利益の擁護及び増進に関する総合的な施策の推進は、国民の消費生活における基本的な需要が満たされ、その健全な生活環境が確保される中で、消費者の安全が確保され、商品及び役務について消費者の自主的かつ合理的な選択の機会が確保され、消費者に対し必要な情報及び教育の機会が提供され、消費者の意見が消費者政策に反映され、並びに消費者に被害が生じた場合には適切かつ迅速に救済されることが消費者

の権利であることを尊重するとともに、消費者が自らの利益の擁護及び増進のため自主的かつ合理的に行動することができるよう消費者の自立を支援することを基本として行われなければならない。

２　消費者の自立の支援に当たつては、消費者の安全の確保等に関して事業者による適正な事業活動の確保が図られるとともに、消費者の年齢その他の特性に配慮されなければならない。［3項以下略］

第三条（国の責務） 国は、経済社会の発展に即応して、前条の消費者の権利の尊重及びその自立の支援その他の基本理念にのつとり、消費者政策を推進する責務を有する。

第四条（地方公共団体の責務） 地方公共団体は、第二条の消費者の権利の尊重及びその自立の支援その他の基本理念にのつとり、国の施策に準じて施策を講ずるとともに、当該地域の社会的、経済的状況に応じた消費者政策を推進する責務を有する。

第五条（事業者の責務等） 事業者は、第二条の消費者の権利の尊重及びその自立の支援その他の基本理念にかんがみ、その供給する商品及び役務について、次に掲げる責務を有する。

一　消費者の安全及び消費者との取引における公正を確保すること。

二　消費者に対し必要な情報を明確かつ平易に提供すること。

三　消費者との取引に際して、消費者の知識、経験及び財産の状況等に配慮すること。

四　消費者との間に生じた苦情を適切かつ迅速に処理するために必要な体制の整備等に努め、当該苦情を適切に処理すること。

五　国又は地方公共団体が実施する消費者政策に協力すること。

２　事業者は、その供給する商品及び役務に関し環境の保全に配慮するとともに、当該商品及び役務について品質等を向上させ、その事業活動に関し自らが遵守すべき基準を作成すること等により消費者の信頼を確保するよう努めなければならない。

第六条　事業者団体は、事業者の自主的な取組を尊重しつつ、事業者と消費者との間に生じた苦情の処理の体制の整備、事業者自らがその事業活動に関し遵守すべき基準の作成の支援その他の消費者の信頼を確保するための自主的な活動に努めるものとする。

第七条　消費者は、自ら進んで、その消費生活に関して、必要な知識を修得し、及び必要な情報を収集する等自主的かつ合理的に行動するよう努めなければならない。

２　消費者は、消費生活に関し、環境の保全及び知的財産権等の適正な保護に配慮するよう努めなければならない。

第八条　消費者団体は、消費生活に関する情報の収集及び提供並びに意見の表明、消費者に対する啓発及び教育、消費者の被害の防止及び救済のための活動その他の消費者の消費生活の安定及び向上を図るための健全かつ自主的な活動に努めるものとする。

第九条（消費者基本計画） 政府は、消費者政策の計画的な推進を図るため、消費者政策の推進に関する基本的な計画（以下「消費者基本計画」という。）を定めなければならない。

２　消費者基本計画は、次に掲げる事項について定めるものとする。

一　長期的に講ずべき消費者政策の大綱

二　前号に掲げるもののほか、消費者政策の計画的な推進を図るために必要な事項

３　内閣総理大臣は、消費者基本計画の案につき閣議の決定を求めなければならない。

４　内閣総理大臣は、前項の規定による閣議の決定があつたときは、遅滞なく、消費者基本計画を公表しなければならない。

５　前二項の規定は、消費者基本計画の変更について準用する。

第二章　基本的施策

第一一条（安全の確保） 国は、国民の消費生活における安全を確保するため、商品及び役務についての必要な基準の整備及び確保、安全を害するおそれがある商品の事業者による回収の促進、安全を害するおそれがある商品及び役務に関する情報の収集及び提供等必要な施策を講ずるものとする。

第一二条（消費者契約の適正化等） 国は、消費者と事業者との間の適正な取引を確保するため、消費者との間の契約の締結に際しての事業者による情報提供及び勧誘の適正化、公正な契約条項の確保等必要な施策を講ずるものとする。

第一七条（啓発活動及び教育の推進） 国は、消費者の自立を支援するため、消費生活に関する知識の普及及び情報の提供等消費者に対する啓発活動を推進するとともに、消費者が生涯にわたつて消費生活について学習する機会があまねく求められている状況にかんがみ、学校、地域、家庭、職域その他の様々な場を通じて消費生活に関する教育を充実する等必

要な施策を講ずるものとする。

2 地方公共団体は、前項の国の施策に準じて、当該地域の社会的、経済的状況に応じた施策を講ずるよう努めなければならない。

第一八条（**意見の反映及び透明性の確保**）国は、適正な消費者政策の推進に資するため、消費生活に関する消費者等の意見を施策に反映し、当該施策の策定の過程の透明性を確保するための制度を整備する等必要な施策を講ずるものとする。

第一九条（**苦情処理及び紛争解決の促進**）地方公共団体は、商品及び役務に関し事業者と消費者との間に生じた苦情が専門的知見に基づいて適切かつ迅速に処理されるようにするため、苦情の処理のあつせん等に努めなければならない。この場合において、都道府県は、市町村（特別区を含む。）との連携を図りつつ、主として高度の専門性又は広域の見地への配慮を必要とする苦情の処理のあつせん等を行うものとするとともに、多様な苦情に柔軟かつ弾力的に対応するよう努めなければならない。

2 国及び都道府県は、商品及び役務に関し事業者と消費者との間に生じた苦情が専門的知見に基づいて適切かつ迅速に処理されるようにするため、人材の確保及び資質の向上その他の必要な施策（都道府県にあつては、前項に規定するものを除く。）を講ずるよう努めなければならない。

3 国及び都道府県は、商品及び役務に関し事業者と消費者との間に生じた紛争が専門的知見に基づいて適切かつ迅速に解決されるようにするために必要な施策を講ずるよう努めなければならない。

第三章 行政機関等

第二四条（**行政組織の整備及び行政運営の改善**）国及び地方公共団体は、消費者政策の推進につき、総合的見地に立つた行政組織の整備及び行政運営の改善に努めなければならない。

第二五条（**国民生活センターの役割**）独立行政法人国民生活センターは、国及び地方公共団体の関係機関、消費者団体等と連携し、国民の消費生活に関する情報の収集及び提供、事業者と消費者との間に生じた苦情の処理のあつせん及び当該苦情に係る相談、事業者と消費者との間に生じた紛争の合意による解決、消費者からの苦情等に関する商品についての試験、検査等及び役務についての調査研究等、消費者に対する啓発及び教育等における中核的な機関として積極的な役割を果たすものとする。

第二六条（**消費者団体の自主的な活動の促進**）国は、国民の消費生活の安定及び向上を図るため、消費者団体の健全かつ自主的な活動が促進されるよう必要な施策を講ずるものとする。

第四章 消費者政策会議等

第二七条（**消費者政策会議**）内閣府に、消費者政策会議（以下「会議」という。）を置く。

2 会議は、次に掲げる事務をつかさどる。

一 消費者基本計画の案を作成すること。

二 前号に掲げるもののほか、消費者政策の推進に関する基本的事項の企画に関して審議するとともに、消費者政策の実施を推進し、並びにその実施の状況を検証し、評価し、及び監視すること。

3 会議は、次に掲げる場合には、消費者委員会の意見を聴かなければならない。

一 消費者基本計画の案を作成しようとするとき。

二 前項第二号の検証、評価及び監視について、それらの結果の取りまとめを行おうとするとき。

○消費者契約法〔抄〕

〔平成一二・五・一二 法律六一〕

最終改正 令和五・六法六三

第一章 総則

第一条（目的） この法律は、消費者と事業者との間の情報の質及び量並びに交渉力の格差に鑑み、事業者の一定の行為により消費者が誤認し、又は困惑した場合等について契約の申込み又はその承諾の意思表示を取り消すことができることとするとともに、事業者の損害賠償の責任を免除する条項その他の消費者の利益を不当に害することとなる条項の全部又は一部を無効とするほか、消費者の被害の発生又は拡大を防止するため適格消費者団体が事業者等に対し差止請求をすることができることとすることにより、消費者の利益の擁護を図り、もって国民生活の安定向上と国民経済の健全な発展に寄与することを目的とする。

第二条（定義） この法律において「消費者」とは、個人（事業として又は事業のために契約の当事者となる場合におけるものを除く。）をいう。

2 この法律において「事業者」とは、法人その他の団体及び事業として又は事業のために契約の当事者となる場合における個人をいう。

3 この法律において「消費者契約」とは、消費者と事業者との間で締結される契約をいう。

4 この法律において「適格消費者団体」とは、不特定かつ多数の消費者の利益のためにこの法律の規定による差止請求権を行使するのに必要な適格性を有する法人である消費者団体として第十三条の定めるところにより内閣総理大臣の認定を受けた者をいう。

第三条（事業者及び消費者の努力） 事業者は、次に掲げる措置を講ずるよう努めなければならない。

一 消費者契約の条項を定めるに当たっては、消費者の権利義務その他の消費者契約の内容が、その解釈について疑義が生じない明確なもので、かつ、消費者にとって平易なものになるよう配慮すること。

二 消費者契約の締結について勧誘をするに際しては、消費者の理解を深めるために、物品、権利、役務その他の消費者契約の目的となるものの性質に応じ、事業者が知ることができた個々の消費者の年齢、心身の状態、知識及び経験を総合的に考慮した上で、消費者の権利義務その他の消費者契約の内容についての必要な情報を提供すること。

三 民法（明治二十九年法律第八十九号）第五百四十八条の二第一項に規定する定型取引合意に該当する消費者契約の締結について勧誘をするに際しては、消費者が同項に規定する定型約款の内容を容易に知り得る状態に置く措置を講じているときを除き、消費者が同法第五百四十八条の三第一項に規定する請求を行うために必要な情報を提供すること。

四 消費者の求めに応じて、消費者契約により定められた当該消費者が有する解除権の行使に関して必要な情報を提供すること。

〔2項略〕

第二章 消費者契約

第一節 消費者契約の申込み又はその承諾の意思表示の取消し

第四条（消費者契約の申込み又はその承諾の意思表示の取消し） 消費者は、事業者が消費者契約の締結について勧誘をするに際し、当該消費者に対して次の各号に掲げる行為をしたことにより当該各号に定める誤認をし、それによって当該消費者契約の申込み又はその承諾の意思表示をしたときは、これを取り消すことができる。

一 重要事項について事実と異なることを告げること。 当該告げられた内容が事実であるとの誤認

二 物品、権利、役務その他の当該消費者契約の目的となるものに関し、将来におけるその価額、将来において当該消費者が受け取るべき金額その他の将来における変動が不確実な事項につき断定的判断を提供すること。 当該提供された断定的判断の内容が確実であるとの誤認

2 消費者は、事業者が消費者契約の締結について勧誘をするに際し、当該消費者に対してある重要事項又は当該重要事項に関連する事項について当該消費者の利益となる旨を告

げ、かつ、当該重要事項について当該消費者の不利益となる事実（当該告知により当該事実が存在しないと消費者が通常考えるべきものに限る。）を故意又は重大な過失によって告げなかったことにより、当該事実が存在しないとの誤認をし、それによって当該消費者契約の申込み又はその承諾の意思表示をしたときは、これを取り消すことができる。ただし、当該事業者が当該消費者に対し当該事実を告げようとしたにもかかわらず、当該消費者がこれを拒んだときは、この限りでない。

3　消費者は、事業者が消費者契約の締結について勧誘をするに際し、当該消費者に対して次に掲げる行為をしたことにより困惑し、それによって当該消費者契約の申込み又はその承諾の意思表示をしたときは、これを取り消すことができる。

一　当該事業者に対し、当該消費者が、その住居又はその業務を行っている場所から退去すべき旨の意思を示したにもかかわらず、それらの場所から退去しないこと。

二　当該事業者が当該消費者契約の締結について勧誘をしている場所から当該消費者が退去する旨の意思を示したにもかかわらず、その場所から当該消費者を退去させないこと。

三　当該消費者に対し、当該消費者契約の締結について勧誘をすることを告げずに、当該消費者が任意に退去することが困難な場所であることを知りながら、当該消費者をその場所に同行し、その場所において当該消費者契約の締結について勧誘をすること。

四　当該消費者が当該消費者契約の締結について勧誘を受けている場所において、当該消費者が当該消費者契約を締結するか否かについて相談を行うために電話その他の内閣府令で定める方法によって当該事業者以外の者と連絡する旨の意思を示したにもかかわらず、威迫する言動を交えて、当該消費者が当該方法によって連絡することを妨げること。

五　当該消費者が、社会生活上の経験が乏しいことから、次に掲げる事項に対する願望の実現に過大な不安を抱いていることを知りながら、その不安をあおり、裏付けとなる合理的な根拠がある場合その他の正当な理由がある場合でないのに、物品、権利、役務その他の当該消費者契約の目的となるものが当該願望を実現するために必要である旨を告げること。

イ　進学、就職、結婚、生計その他の社会生活上の重要な事項

ロ　容姿、体型その他の身体の特徴又は状況に関する重要な事項

六　当該消費者が、社会生活上の経験が乏しいことから、当該消費者契約の締結について勧誘を行う者に対して恋愛感情その他の好意の感情を抱き、かつ、当該勧誘を行う者も当該消費者に対して同様の感情を抱いているものと誤信していることを知りながら、これに乗じ、当該消費者契約を締結しなければ当該勧誘を行う者との関係が破綻することになる旨を告げること。

七　当該消費者が、加齢又は心身の故障によりその判断力が著しく低下していることから、生計、健康その他の事項に関しその現在の生活の維持に過大な不安を抱いていることを知りながら、その不安をあおり、裏付けとなる合理的な根拠がある場合その他の正当な理由がある場合でないのに、当該消費者契約を締結しなければその現在の生活の維持が困難となる旨を告げること。

八　当該消費者に対し、霊感その他の合理的に実証することが困難な特別な能力による知見として、当該消費者又はその親族の生命、身体、財産その他の重要な事項について、そのままでは現在生じ、若しくは将来生じ得る重大な不利益を回避することができないとの不安をあおり、又はそのような不安を抱いていることに乗じて、その重大な不利益を回避するためには、当該消費者契約を締結することが必要不可欠である旨を告げること。

九　当該消費者が当該消費者契約の申込み又はその承諾の意思表示をする前に、当該消費者契約を締結したならば負うこととなる義務の内容の全部若しくは一部を実施し、又は当該消費者契約の目的物の現状を変更し、その実施又は変更前の原状の回復を著しく困難にすること。

十　前号に掲げるもののほか、当該消費者が当該消費者契約の申込み又はその承諾の意思表示をする前に、当該事業者が調査、情報の提供、物品の調達その他の当該消費者契約の締結を目指した事業活動を実施した場合において、当該事業活動が当該消費者からの特別の求めに応じたものであったことその他の取引上の社会通念に照らして正当な理由がある場合でないのに、当該事業

活動が当該消費者のために特に実施したものである旨及び当該事業活動の実施により生じた損失の補償を請求する旨を告げること。

4　消費者は、事業者が消費者契約の締結について勧誘をするに際し、物品、権利、役務その他の当該消費者契約の目的となるものの分量、回数又は期間（以下この項において「分量等」という。）が当該消費者にとっての通常の分量等（消費者契約の目的となるものの内容及び取引条件並びに事業者がその締結について勧誘をする際の消費者の生活の状況及びこれについての当該消費者の認識に照らして当該消費者契約の目的となるものの分量等として通常想定される分量等をいう。以下この項において同じ。）を著しく超えるものであることを知っていた場合において、その勧誘により当該消費者契約の申込み又はその承諾の意思表示をしたときは、これを取り消すことができる。事業者が消費者契約の締結について勧誘をするに際し、消費者が既に当該消費者契約の目的となるものと同種のものを目的とする消費者契約（以下この項において「同種契約」という。）を締結し、当該同種契約の目的となるものの分量等と当該消費者契約の目的となるものの分量等とを合算した分量等が当該消費者にとっての通常の分量等を著しく超えるものであることを知っていた場合において、その勧誘により当該消費者契約の申込み又はその承諾の意思表示をしたときも、同様とする。

5　第一項第一号及び第二項の「重要事項」とは、消費者契約に係る次に掲げる事項（同項の場合にあっては、第三号に掲げるものを除く。）をいう。

一　物品、権利、役務その他の当該消費者契約の目的となるものの質、用途その他の内容であって、消費者の当該消費者契約を締結するか否かについての判断に通常影響を及ぼすべきもの

二　物品、権利、役務その他の当該消費者契約の目的となるものの対価その他の取引条件であって、消費者の当該消費者契約を締結するか否かについての判断に通常影響を及ぼすべきもの

三　前二号に掲げるもののほか、物品、権利、役務その他の当該消費者契約の目的となるものが当該消費者の生命、身体、財産その他の重要な利益についての損害又は危険を回避するために通常必要であると判断される事情

6　第一項から第四項までの規定による消費者契約の申込み又はその承諾の意思表示の取消しは、これをもって善意でかつ過失がない第三者に対抗することができない。

第六条の二（取消権を行使した消費者の返還義務）民法第百二十一条の二第一項の規定にかかわらず、消費者契約に基づく債務の履行として給付を受けた消費者は、第四条第一項から第四項までの規定により当該消費者契約の申込み又はその承諾の意思表示を取り消した場合において、給付を受けた当時その意思表示が取り消すことができるものであることを知らなかったときは、当該消費者契約によって現に利益を受けている限度において、返還の義務を負う。

第七条（取消権の行使期間等）第四条第一項から第四項までの規定による取消権は、追認をすることができる時から一年間（同条第三項第八号に係る取消権については、三年間）行わないときは、時効によって消滅する。当該消費者契約の締結の時から五年（同号に係る取消権については、十年）を経過したときも、同様とする。

2　会社法その他の法律により詐欺又は強迫を理由として取消しをすることができないものとされている株式若しくは出資の引受け又は基金の拠出が消費者契約としてされた場合には、当該株式若しくは出資の引受け又は基金の拠出に係る意思表示については、第四条第一項から第四項までの規定によりその取消しをすることができない。

第二節　消費者契約の条項の無効

第八条（事業者の損害賠償の責任を免除する条項等の無効）次に掲げる消費者契約の条項は、無効とする。

一　事業者の債務不履行により消費者に生じた損害を賠償する責任の全部を免除し、又は当該事業者にその責任の有無を決定する権限を付与する条項

二　事業者の債務不履行（当該事業者、その代表者又はその使用する者の故意又は重大な過失によるものに限る。）により消費者に生じた損害を賠償する責任の一部を免除し、又は当該事業者にその責任の限度を決定する権限を付与する条項

三　消費者契約における事業者の債務の履行に際してされた当該事業者の不法行為によ

り消費者に生じた損害を賠償する責任の全部を免除し、又は当該事業者にその責任の有無を決定する権限を付与する条項

四　消費者契約における事業者の債務の履行に際してされた当該事業者の不法行為（当該事業者、その代表者又はその使用する者の故意又は重大な過失によるものに限る。）により消費者に生じた損害を賠償する責任の一部を免除し、又は当該事業者にその責任の限度を決定する権限を付与する条項

2　前項第一号又は第二号に掲げる条項のうち、消費者契約が有償契約である場合において、引き渡された目的物が種類又は品質に関して契約の内容に適合しないとき（当該消費者契約が請負契約である場合には、請負人が種類又は品質に関して契約の内容に適合しない仕事の目的物を注文者に引き渡したとき（その引渡しを要しない場合には、仕事が終了した時に仕事の目的物が種類又は品質に関して契約の内容に適合しないとき。）。以下この項において同じ。）に、これにより消費者に生じた損害を賠償する事業者の責任を免除し、又は当該事業者にその責任の有無若しくは限度を決定する権限を付与するものについては、次に掲げる場合に該当するときは、前項の規定は、適用しない。

一　当該消費者契約において、引き渡された目的物が種類又は品質に関して契約の内容に適合しないときに、当該事業者が履行の追完をする責任又は不適合の程度に応じた代金若しくは報酬の減額をする責任を負うこととされている場合

二　当該消費者と当該事業者の委託を受けた他の事業者との間の契約又は当該事業者と他の事業者との間の当該消費者のためにする契約で、当該消費者契約の締結に先立って又はこれと同時に締結されたものにおいて、引き渡された目的物が種類又は品質に関して契約の内容に適合しないときに、当該他の事業者が、その目的物が種類又は品質に関して契約の内容に適合しないことにより当該消費者に生じた損害を賠償する責任の全部若しくは一部を負い、又は履行の追完をする責任を負うこととされている場合

3　事業者の債務不履行（当該事業者、その代表者又はその使用する者の故意又は重大な過失によるものを除く。）又は消費者契約における事業者の債務の履行に際してされた当該事業者の不法行為（当該事業者、その代表者又はその使用する者の故意又は重大な過失によるものを除く。）により消費者に生じた損害を賠償する責任の一部を免除する消費者契約の条項であって、当該条項において事業者、その代表者又はその使用する者の重大な過失を除く過失による行為にのみ適用されることを明らかにしていないものは、無効とする。

第八条の二（**消費者の解除権を放棄させる条項等の無効**）事業者の債務不履行により生じた消費者の解除権を放棄させ、又は当該事業者にその解除権の有無を決定する権限を付与する消費者契約の条項は、無効とする。

第八条の三（**事業者に対し後見開始の審判等による解除権を付与する条項の無効**）事業者に対し、消費者が後見開始、保佐開始又は補助開始の審判を受けたことのみを理由とする解除権を付与する消費者契約（消費者が事業者に対し物品、権利、役務その他の消費者契約の目的となるものを提供することとされているものを除く。）の条項は、無効とする。

第九条（**消費者が支払う損害賠償の額を予定する条項等の無効等**）次の各号に掲げる消費者契約の条項は、当該各号に定める部分について、無効とする。

一　当該消費者契約の解除に伴う損害賠償の額を予定し、又は違約金を定める条項であって、これらを合算した額が、当該条項において設定された解除の事由、時期等の区分に応じ、当該消費者契約と同種の消費者契約の解除に伴い当該事業者に生ずべき平均的な損害の額を超えるもの　当該超える部分

二　当該消費者契約に基づき支払うべき金銭の全部又は一部を消費者が支払期日（支払回数が二以上である場合には、それぞれの支払期日。以下この号において同じ。）までに支払わない場合における損害賠償の額を予定し、又は違約金を定める条項であって、これらを合算した額が、支払期日の翌日からその支払をする日までの期間について、その日数に応じ、当該支払期日に支払うべき額から当該支払期日に支払うべき額のうち既に支払われた額を控除した額に年十四・六パーセントの割合を乗じて計算した額を超えるもの　当該超える部分

2　事業者は、消費者に対し、消費者契約の解除に伴う損害賠償の額を予定し、又は違約金を定める条項に基づき損害賠償又は違約金の支払を請求する場合において、当該消費者か

ら説明を求められたときは、損害賠償の額の予定又は違約金の算定の根拠（第十二条の四において「算定根拠」という。）の概要を説明するよう努めなければならない。

第一〇条（**消費者の利益を一方的に害する条項の無効**）消費者の不作為をもって当該消費者が新たな消費者契約の申込み又はその承諾の意思表示をしたものとみなす条項その他の法令中の公の秩序に関しない規定の適用による場合に比して消費者の権利を制限し又は消費者の義務を加重する消費者契約の条項であって、民法第一条第二項に規定する基本原則に反して消費者の利益を一方的に害するものは、無効とする。

第四章　雑則

第四八条（**適用除外**）この法律の規定は、労働契約については、適用しない。

○割賦販売法〔抄〕

〔昭和三六・七・一
法律一五九〕

最終改正　令和四・六法六八

第一章　総則

第一条（**目的及び運用上の配慮**）この法律は、割賦販売等に係る取引の公正の確保、購入者等が受けることのある損害の防止及びクレジットカード番号等の適切な管理等に必要な措置を講ずることにより、割賦販売等に係る取引の健全な発達を図るとともに、購入者等の利益を保護し、あわせて商品等の流通及び役務の提供を円滑にし、もつて国民経済の発展に寄与することを目的とする。

2　この法律の運用にあたつては、割賦販売等を行なう中小商業者の事業の安定及び振興に留意しなければならない。

第二条（**定義**）この法律において「割賦販売」とは、次に掲げるものをいう。

一　購入者から商品若しくは権利の代金を、又は役務の提供を受ける者から役務の対価を二月以上の期間にわたり、かつ、三回以上に分割して受領すること（購入者又は役務の提供を受ける者をして販売業者又は役務の提供の事業を営む者〔中略〕の指定する銀行その他預金の受入れを業とする者に対し、二月以上の期間にわたり三回以上預金させた後、その預金のうちから商品若しくは権利の代金又は役務の対価を受領することを含む。）を条件として指定商品若しくは指定権利を販売し、又は指定役務を提供すること。

二　それを提示し若しくは通知して、又はそれと引換えに、商品若しくは権利を購入し、又は有償で役務の提供を受けることができるカードその他の物又は番号、記号その他の符号〔中略〕をこれにより商品若しくは権利を購入しようとする者又は役務の提供を受けようとする者〔中略〕に交付し又は付与し、あらかじめ定められた時期ごとに、そのカード等の提示若しくは通知を受けて、又はそれと引換えに当該利用者に販売した商品若しくは権利の代金又は当該利用者に提供する役務の対価の合計額を基礎としてあらかじめ定められた方法により算定して得た金額を当該利用者から受領することを条件として、指定商品若しくは指定権利を販売し又は指定役務を提供すること。

2　この法律において「ローン提携販売」とは、次に掲げるものをいう。

一　カード等を利用者に交付し又は付与し、当該利用者がそのカード等を提示し若しくは通知して、又はそれと引換えに購入した商品若しくは権利の代金又は提供を受ける役務の対価に充てるためにする金銭の借入れで、二月以上の期間にわたり、かつ、三回以上に分割して返還することを条件とするものに係る購入者又は役務の提供を受ける者の債務の保証〔中略〕をして、指定商品若しくは指定権利を販売し、又は指定役務を提供すること。

二　カード等を利用者に交付し又は付与し、当該利用者がそのカード等を提示し若しくは通知して、又はそれと引換えに購入した商品若しくは権利の代金又は提供を受ける役務の対価に充てるためにする金銭の借入れで、あらかじめ定められた時期ごとに、その借入金の合計額を基礎としてあらかじめ定められた方法により算定して得た金額を返済することを条件とするものに係る当該利用者の債務の保証〔中略〕をして、そのカード等の提示若しくは通知を受けて、又はそれと引換えに指定商品若しくは指定権利を販売し又は指定役務を提供すること。

3　この法律において「包括信用購入あっせん」とは、次に掲げるものをいう。

一　それを提示し若しくは通知して、又はそれと引換えに、特定の販売業者から商品若しくは権利を購入し、又は特定の役務提供事業者から有償で役務の提供を受けることができるカードその他の物又は番号、記号その他の符号〔中略〕をこれにより商品若しくは権利を購入しようとする者又は役務の提供を受けようとする者〔中略〕に交付し又は付与し、当該利用者がそのカード等を提示し若しくは通知して、又はそれと引換えに特定の販売業者から商品若しくは権利を購入し、又は特定の役務提供事業者から役務の提供を受けるときは、当該販売業者又は当該役務提供事業者に当該商品若しくは当該権利の代金又は当該役務の対価に相当する額の交付〔中略〕をするとともに、当該利用者から当該代金又は当該対価に相当する額をあらかじめ定められた時期までに受領すること〔以下略〕

二　カード等を利用者に交付し又は付与し、当該利用者がそのカード等を提示し若しくは通知して、又はそれと引換えに特定の販売業者から商品若しくは権利を購入し、又は特定の役務提供事業者から役務の提供を受けるときは、当該販売業者又は当該役務提供事業者に当該商品若しくは当該権利の代金又は当該役務の対価に相当する額の交付〔中略〕をするとともに、当該利用者からあらかじめ定められた時期ごとに当該商品若しくは当該権利の代金又は当該役務の対価の合計額を基礎としてあらかじめ定められた方法により算定して得た金額を受領すること。

4　この法律において「個別信用購入あっせん」とは、カード等を利用することなく、特定の販売業者が行う購入者への商品若しくは指定権利の販売又は特定の役務提供事業者が行う役務の提供を受ける者への役務の提供を条件として、当該商品若しくは当該指定権利の代金又は当該役務の対価の全部又は一部に相当する金額の当該販売業者又は当該役務提供事業者への交付〔中略〕をするとともに、当該購入者又は当該役務の提供を受ける者からあらかじめ定められた時期までに当該金額を受領すること〔中略〕をいう。

5　この法律において「指定商品」とは、定型的な条件で販売するのに適する商品であつて政令で定めるものをいい、「指定権利」とは、施設を利用し又は役務の提供を受ける権利のうち国民の日常生活に係る取引において販売されるものであつて政令で定めるものをいい、「指定役務」とは、次項、第三十五条の三の六十一、第三十五条の三の六十二、第四十一条及び第四十一条の二を除き、国民の日常生活に係る取引において有償で提供される役務であつて政令で定めるものをいう。

6　この法律において「前払式特定取引」とは、次の各号に掲げる取引で、当該各号に定める者に対する商品の引渡し又は政令で定める役務〔中略〕の提供に先立つてその者から当該商品の代金又は当該指定役務の対価の全部又は一部を二月以上の期間にわたり、かつ、三回以上に分割して受領するものをいう。

一　商品の売買の取次ぎ　購入者

二　指定役務の提供又は指定役務の提供をすること若しくは指定役務の提供を受けることの取次ぎ　当該指定役務の提供を受ける者

第二章　割賦販売

第一節　総則

第三条（**割賦販売条件の表示**）割賦販売を業とする者〔中略〕は、前条第一項第一号に規定する割賦販売〔中略〕の方法により、指定商品若しくは指定権利を販売しようとするとき又は指定役務を提供しようとするときは、その相手方に対して、経済産業省令・内閣府令で定めるところにより、当該指定商品、当該指定権利又は当該指定役務に関する次の事項を示さなければならない。

一　商品若しくは権利の現金販売価格〔中略〕又は役務の現金提供価格〔以下略〕

二　商品若しくは権利の割賦販売価格〔中略〕

又は役務の割賦提供価格［以下略］

三　割賦販売に係る商品若しくは権利の代金又は役務の対価の支払［中略］の期間及び回数

四　第十一条に規定する前払式割賦販売以外の割賦販売の場合には、経済産業省令・内閣府令で定める方法により算定した割賦販売の手数料の料率

五　第十一条に規定する前払式割賦販売の場合には、商品の引渡時期［2項以下略］

第四条（**書面の交付**）割賦販売業者は、第二条第一項第一号に規定する割賦販売の方法により指定商品若しくは指定権利を販売する契約又は指定役務を提供する契約を締結したときは、遅滞なく、経済産業省令・内閣府令で定めるところにより、次の事項について当該契約の内容を明らかにする書面を購入者又は役務の提供を受ける者に交付しなければならない。

一　商品若しくは権利の割賦販売価格又は役務の割賦提供価格

二　賦払金［中略］の額

三　賦払金の支払の時期及び方法

四　商品の引渡時期若しくは権利の移転時期又は役務の提供時期

五　契約の解除に関する事項

六　所有権の移転に関する定めがあるときは、その内容

七　前各号に掲げるもののほか、経済産業省令・内閣府令で定める事項［2項以下略］

第四条の二（**情報通信の技術を利用する方法**）割賦販売業者は、第三条第二項若しくは第三項又は前条各項の規定による書面の交付に代えて、政令で定めるところにより、当該利用者又は購入者若しくは役務の提供を受ける者の承諾を得て、当該書面に記載すべき事項を電子情報処理組織を使用する方法その他の情報通信の技術を利用する方法であつて経済産業省令・内閣府令で定めるもの［中略］により提供することができる。この場合において、当該割賦販売業者は、当該書面を交付したものとみなす。

第五条（**契約の解除等の制限**）割賦販売業者は、割賦販売の方法により指定商品若しくは指定権利を販売する契約又は指定役務を提供する契約について賦払金（第二条第一項第二号に規定する割賦販売の方法により指定商品若しくは指定権利を販売する契約又は指定役務を提供する契約にあつては、弁済金。以下この項において同じ。）の支払の義務が履行されない場合において、二十日以上の相当な期間を定めてその支払を書面で催告し、その期間内にその義務が履行されないときでなければ、賦払金の支払の遅滞を理由として、契約を解除し、又は支払時期の到来していない賦払金の支払を請求することができない。

2　前項の規定に反する特約は、無効とする。

第六条（**契約の解除等に伴う損害賠償等の額の制限**）割賦販売業者は、第二条第一項第一号に規定する割賦販売の方法により指定商品若しくは指定権利を販売する契約又は指定役務を提供する契約が解除された場合（第三項及び第四項に規定する場合を除く。）には、損害賠償額の予定又は違約金の定めがあるときにおいても、次の各号に掲げる場合に応じ当該各号に定める額にこれに対する法定利率による遅延損害金の額を加算した金額を超える額の金銭の支払を購入者又は役務の提供を受ける者に対して請求することができない。

一　当該商品又は当該権利が返還された場合　当該商品の通常の使用料の額又は当該権利の行使により通常得られる利益に相当する額

二　当該商品又は当該権利が返還されない場合　当該商品又は当該権利の割賦販売価格に相当する額

三　当該商品又は当該権利を販売する契約又は当該役務を提供する契約の解除が当該商品の引渡し若しくは当該権利の移転又は当該役務の提供の開始前である場合（次号に掲げる場合を除く。）　契約の締結及び履行のために通常要する費用の額

四　当該役務が特定商取引に関する法律第四十一条第二項に規定する特定継続的役務に該当する場合であつて、当該役務を提供する契約の同法第四十九条第一項の規定に基づく解除が当該役務の提供の開始前である場合　契約の締結及び履行のために通常要する費用の額として当該役務ごとに同条第二項第二号の政令で定める額［五号以下略］

2　割賦販売業者は、前項の契約について賦払金の支払の義務が履行されない場合（契約が解除された場合を除く。）には、損害賠償額の予定又は違約金の定めがあるときにおいても、当該商品若しくは当該権利の割賦販売価格又は当該役務の割賦提供価格に相当する額から既に支払われた賦払金の額を控除した額にこれに対する法定利率による遅延損害金の額を加算した金額を超える額の金銭の支払を購入者又は役務の提供を受ける者に対して請

求することができない。

3　割賦販売業者は、第二条第一項第一号に規定する割賦販売の方法により指定商品若しくは指定権利を販売する契約又は指定役務を提供する契約が特定商取引に関する法律第三十七条第二項に規定する連鎖販売契約に該当する場合であつて、当該契約が同法第四十条の二第一項の規定により解除された場合には、損害賠償額の予定又は違約金の定めがあるときにおいても、契約の締結及び履行のために通常要する費用の額にこれに対する法定利率による遅延損害金の額を加算した金額を超える額の金銭の支払を購入者又は役務の提供を受ける者に対して請求することができない。

〔一号以下略〕

4　割賦販売業者は、第二条第一項第一号に規定する割賦販売の方法により指定商品又は指定権利を販売する契約が特定商取引に関する法律第四十条の二第二項に規定する商品販売契約に該当する場合であつて、当該契約が同項の規定により解除された場合には、損害賠償額の予定又は違約金の定めがあるときにおいても、次の各号に掲げる場合に応じ当該各号に定める額にこれに対する法定利率による遅延損害金の額を加算した金額を超える額の金銭の支払を購入者に対して請求することができない。

一　当該商品若しくは当該権利が返還された場合又は当該商品販売契約の解除が当該商品の引渡し若しくは当該権利の移転前である場合　当該商品又は当該権利の現金販売価格の十分の一に相当する額に、当該商品又は当該権利の割賦販売価格に相当する額から当該商品又は当該権利の現金販売価格に相当する額を控除した額を加算した額

二　当該商品又は当該権利が返還されない場合　当該商品又は当該権利の割賦販売価格に相当する額

第七条（**所有権に関する推定**）第二条第一項第一号に規定する割賦販売の方法により販売された指定商品（耐久性を有するものとして政令で定めるものに限る。）の所有権は、賦払金の全部の支払の義務が履行される時までは、割賦販売業者に留保されたものと推定する。

第二章の二　ローン提携販売

第二九条の二（**ローン提携販売条件の表示**）ローン提携販売を業とする者〔中略〕は、第二条第二項第一号に規定するローン提携販売の方法により指定商品若しくは指定権利を販売するため又は指定役務を提供するためカード等を利用者に交付し又は付与するときは、経済産業省令・内閣府令で定めるところにより、当該ローン提携販売をする場合における商品若しくは権利の販売条件又は役務の提供条件に関する次の事項を記載した書面を当該利用者に交付しなければならない。

一　ローン提携販売に係る借入金の返還（利息の支払を含む。）の期間及び回数

二　経済産業省令・内閣府令で定める方法により算定したローン提携販売に係る借入金の利息その他の手数料の料率

三　前二号に掲げるもののほか、経済産業省令・内閣府令で定める事項

2　ローン提携販売業者は、第二条第二項第二号に規定するローン提携販売の方法により、指定商品若しくは指定権利を販売するため又は指定役務を提供するため、カード等を利用者に交付し又は付与するときは、経済産業省令・内閣府令で定めるところにより、当該ローン提携販売をする場合における商品若しくは権利の販売条件又は役務の提供条件に関する次の事項を記載した書面を当該利用者に交付しなければならない。

一　利用者が弁済をすべき時期及び当該時期ごとの弁済金の額の算定方法

二　経済産業省令・内閣府令で定める方法により算定したローン提携販売に係る借入金の利息その他の手数料の料率

三　前二号に掲げるもののほか、経済産業省令・内閣府令で定める事項

3　ローン提携販売業者は、第一項又は前項のローン提携販売の方法により指定商品若しくは指定権利を販売する場合の販売条件又は指定役務を提供する場合の提供条件について広告をするときは、経済産業省令・内閣府令で定めるところにより、当該広告に、それぞれ第一項各号又は前項各号の事項を表示しなければならない。

第二九条の三（**書面の交付**）ローン提携販売業者は、第二条第二項第一号に規定するローン提携販売の方法により指定商品若しくは指定権利を販売する契約又は指定役務を提供する契約を締結したときは、遅滞なく、経済産業省令・内閣府令で定めるところにより、次の事項について契約の内容を明らかにする書面を購入者又は役務の提供を受ける者に交付しなければならない。

一　購入者又は役務の提供を受ける者の支払

総額〔以下略〕
二　分割返済金〔中略〕の額
三　分割返済金の返済の時期及び方法
四　商品の引渡時期若しくは権利の移転時期又は役務の提供時期
五　契約の解除に関する事項
六　所有権の移転に関する定めがあるときは、その内容
七　前各号に掲げるもののほか、経済産業省令・内閣府令で定める事項

2　ローン提携販売業者は、第二条第二項第二号に規定するローン提携販売の方法により指定商品若しくは指定権利を販売する契約又は指定役務を提供する契約を締結したときは、遅滞なく、経済産業省令・内閣府令で定めるところにより、次の事項について契約の内容を明らかにする書面を購入者又は役務の提供を受ける者に交付しなければならない。
一　購入者又は役務の提供を受ける者の当該ローン提携販売の契約に係る借入金の額
二　弁済金の返済の方法
三　商品の引渡時期若しくは権利の移転時期又は役務の提供時期
四　契約の解除に関する事項
五　所有権の移転に関する定めがあるときは、その内容
六　前各号に掲げるもののほか、経済産業省令・内閣府令で定める事項

第三章　信用購入あっせん

第一節　包括信用購入あっせん

第一款　業務

第三〇条（包括信用購入あっせんの取引条件に関する情報の提供等）　包括信用購入あっせんを業とする者（以下「包括信用購入あっせん業者」という。）は、第二条第三項第一号に規定する包括信用購入あっせんをするためカード等を利用者に交付し又は付与するときは、経済産業省令・内閣府令で定めるところにより、当該包括信用購入あっせんをする場合における取引条件に関する次の事項に係る情報を当該利用者に提供しなければならない。
一　包括信用購入あっせんに係る商品若しくは権利の代金又は役務の対価（包括信用購入あっせんの手数料を含む。）の支払の期間及び回数
二　経済産業省令・内閣府令で定める方法により算定した包括信用購入あっせんの手数料の料率
三　前二号に掲げるもののほか、経済産業省令・内閣府令で定める事項

2　包括信用購入あっせん業者は、第二条第三項第二号に規定する包括信用購入あっせんをするためカード等を利用者に交付し又は付与するときは、経済産業省令・内閣府令で定めるところにより、当該包括信用購入あっせんをする場合における取引条件に関する次の事項に係る情報を当該利用者に提供しなければならない。
一　利用者が弁済をすべき時期及び当該時期ごとの弁済金の額の算定方法
二　経済産業省令・内閣府令で定める方法により算定した包括信用購入あっせんの手数料の料率
三　前二号に掲げるもののほか、経済産業省令・内閣府令で定める事項

3　包括信用購入あっせん業者は、前二項に規定するカード等の交付時又は付与時において利用者から第一項各号又は前項各号の事項を記載した書面の交付を求められたときは、遅滞なく、経済産業省令・内閣府令で定めるところにより、当該書面を交付しなければならない。ただし、当該利用者の保護に支障を生ずることがない場合として経済産業省令・内閣府令で定める場合は、この限りでない。

4　包括信用購入あっせん業者は、第一項又は第二項に規定する包括信用購入あっせんをする場合の取引条件について広告をするときは、経済産業省令・内閣府令で定めるところにより、当該広告に、それぞれ第一項各号又は第二項各号の事項を表示しなければならない。

第三〇条の二（包括支払可能見込額の調査）　包括信用購入あっせん業者は、包括信用購入あっせんをするためカード等を利用者〔中略〕に交付し若しくは付与しようとする場合又は利用者に交付し若しくは付与したカード等についてそれに係る極度額〔中略〕を増額しようとする場合には、その交付若しくは付与又はその増額に先立つて、経済産業省令・内閣府令で定めるところにより、年収、預貯金、信用購入あっせん〔中略〕に係る債務の支払の状況、借入れの状況その他の当該利用者の包括支払可能見込額を算定するために必要な事項として経済産業省令・内閣府令で定めるものを調査しなければならない。ただし、当該利用者の保護に支障を生ずることがない場合として経済産業省令・内閣府令で定める場

合は、この限りでない。

2　この節において「包括支払可能見込額」とは、主として自己の居住の用に供する住宅その他の経済産業省令・内閣府令で定める資産を譲渡し、又は担保に供することなく、かつ、生活維持費（最低限度の生活を維持するために必要な一年分の費用として経済産業省令・内閣府令で定める額をいう。第三十五条の三の三において同じ。）に充てるべき金銭を使用することなく、利用者が包括信用購入あっせんに係る購入又は受領の方法により購入しようとする商品若しくは指定権利の代金又は受領しようとする役務の対価に相当する額の支払に充てることができると見込まれる一年間当たりの額をいう。

3　包括信用購入あっせん業者は、第一項本文の規定による調査を行うときは、第三十五条の三の三十六第一項の規定による指定を受けた者（以下「指定信用情報機関」という。）が保有する特定信用情報（利用者又は購入者（個人である購入者に限る。以下この項、第三十五条の三の三、第三十五条の三の四及び第三節において同じ。）若しくは役務の提供を受ける者（個人である役務の提供を受ける者に限る。以下この項、第三十五条の三の三、第三十五条の三の四及び同節において同じ。）の包括支払可能見込額、第三十条の五の四第一項に規定する利用者支払可能見込額又は第三十五条の三の三第二項に規定する個別支払可能見込額に関する情報（当該利用者又は購入者若しくは役務の提供を受ける者を識別することができる情報を含む。）のうち、信用購入あっせんに係る債務の支払の状況その他経済産業省令・内閣府令で定めるものをいう。以下同じ。）を使用しなければならない。

4　包括信用購入あっせん業者は、包括信用購入あっせんをするためカード等を利用者に交付し若しくは付与した場合又は利用者に交付したカード等についてそれに係る極度額を増額した場合には、経済産業省令・内閣府令で定めるところにより、第一項本文の規定による調査に関する記録を作成し、これを保存しなければならない。

第三〇条の二の二（包括支払可能見込額を超える場合のカード等の交付等の禁止）　包括信用購入あっせん業者は、包括信用購入あっせんをするためカード等を利用者に交付し若しくは付与しようとする場合又は利用者に交付し若しくは付与したカード等についてそれに係る極度額を増額しようとする場合において、当該利用者に交付し若しくは付与しようとするカード等に係る極度額又は当該増額された後の極度額が、前条第一項本文の規定による調査により得られた事項を基礎として算定した包括支払可能見込額に包括信用購入あっせんに係る購入又は受領の方法により購入される商品若しくは指定権利の代金又は受領される役務の対価に相当する額の受領に係る平均的な期間を勘案して経済産業大臣及び内閣総理大臣が定める割合を乗じて得た額を超えるときは、当該カード等を交付し若しくは付与し、又は極度額を増額してはならない。ただし、当該利用者の保護に支障を生ずることがない場合として経済産業省令・内閣府令で定める場合は、この限りでない。

第三〇条の二の三（包括信用購入あっせん関係受領契約に関する情報の提供等）　包括信用購入あっせん業者は、包括信用購入あっせんに係る購入又は受領の方法により購入される商品若しくは指定権利の代金又は受領される役務の対価に相当する額の受領に係る契約（以下「包括信用購入あっせん関係受領契約」という。）であつて第二条第三項第一号に規定する包括信用購入あっせんに係るものを締結したときは、遅滞なく、経済産業省令・内閣府令で定めるところにより、当該契約に関する次の事項に係る情報を購入者又は役務の提供を受ける者に提供しなければならない。

一　購入者又は役務の提供を受ける者の支払総額〔以下略〕

二　包括信用購入あっせんに係る各回ごとの商品若しくは権利の代金又は役務の対価（包括信用購入あっせんの手数料を含む。）の支払分の額並びにその支払の時期及び方法

三　前二号に掲げるもののほか、経済産業省令・内閣府令で定める事項〔2項以下略〕

第三〇条の二の四（契約の解除等の制限）　包括信用購入あっせん業者は、包括信用購入あっせん関係受領契約であつて次の各号に掲げる包括信用購入あっせんに係るものについて当該各号に定める支払分又は弁済金の支払の義務が履行されない場合において、二十日以上の相当な期間を定めてその支払を書面（購入者又は役務の提供を受ける者の保護に支障を生ずることがない場合として経済産業省令・内閣府令で定める場合にあつては、電磁的方法）により催告し、その期間内にその義務が履行されないときでなければ、支払分又は弁

済金の支払の遅滞を理由として、契約を解除し、又は支払時期の到来していない支払分若しくは弁済金の支払を請求することができない。

一　第二条第三項第一号に規定する包括信用購入あつせん　前条第一項第二号の支払分

二　第二条第三項第二号に規定する包括信用購入あつせん　前条第三項第二号の弁済金

2　前項の規定に反する特約は、無効とする。

第三〇条の三（**契約の解除等に伴う損害賠償等の額の制限**）包括信用購入あつせん業者は、第二条第三項第一号に規定する包括信用購入あつせん関係受領契約であつて包括信用購入あつせんに係るものが解除された場合には、損害賠償額の予定又は違約金の定めがあるときにおいても、当該契約に係る支払総額に相当する額にこれに対する法定利率による遅延損害金の額を加算した金額を超える額の金銭の支払を購入者又は役務の提供を受ける者に対して請求することができない。

2　包括信用購入あつせん業者は、前項の契約について第三十条の二の三第一項第二号の支払分の支払の義務が履行されない場合（契約が解除された場合を除く。）には、損害賠償額の予定又は違約金の定めがあるときにおいても、当該契約に係る支払総額に相当する額から既に支払われた同号の支払分の額を控除した額にこれに対する法定利率による遅延損害金の額を加算した金額を超える額の金銭の支払を購入者又は役務の提供を受ける者に対して請求することができない。

第三〇条の四（**包括信用購入あつせん業者に対する抗弁**）購入者又は役務の提供を受ける者は、第二条第三項第一号に規定する包括信用購入あつせんに係る購入又は受領の方法により購入した商品若しくは指定権利又は受領する役務に係る第三十条の二の三第一項第二号の支払分の支払の請求を受けたときは、当該商品若しくは当該指定権利の販売につきそれを販売した包括信用購入あつせん関係販売業者又は当該役務の提供につきそれを提供する包括信用購入あつせん関係役務提供事業者に対して生じている事由をもつて、当該支払の請求をする包括信用購入あつせん業者に対抗することができる。〔2項以下略〕

第二節　個別信用購入あつせん

第一款　業務

第三五条の三の二（**個別信用購入あつせんの取引条件の表示**）個別信用購入あつせんを業とする者〔中略〕と個別信用購入あつせんに係る契約を締結した販売業者〔中略〕又は役務提供事業者〔中略〕は、個別信用購入あつせんに係る販売又は提供の方法により商品若しくは指定権利を販売しようとするとき又は役務を提供しようとするときは、その相手方に対して、経済産業省令・内閣府令で定めるところにより、当該商品、当該指定権利又は当該役務に関する次の事項を示さなければならない。

一　商品若しくは権利の現金販売価格又は役務の現金提供価格

二　購入者又は役務の提供を受ける者の支払総額〔以下略〕

三　個別信用購入あつせんに係る商品若しくは権利の代金又は役務の対価の全部又は一部〔中略〕の支払の期間及び回数

四　経済産業省令・内閣府令で定める方法により算定した個別信用購入あつせんの手数料の料率

五　前各号に掲げるもののほか、経済産業省令・内閣府令で定める事項

2　個別信用購入あつせん関係販売業者又は個別信用購入あつせん関係役務提供事業者は、個別信用購入あつせんに係る販売又は提供の方法により商品若しくは指定権利を販売する場合の販売条件又は役務を提供する場合の提供条件について広告をするときは、経済産業省令・内閣府令で定めるところにより、当該広告に前項各号の事項を表示しなければならない。

第三五条の三の三（**個別支払可能見込額の調査**）個別信用購入あつせん業者は、個別信用購入あつせんに係る購入又は受領の方法により購入される商品若しくは指定権利の代金又は受領される役務の対価に相当する額の受領に係る契約〔中略〕を締結しようとする場合には、その契約の締結に先立つて、経済産業省令・内閣府令で定めるところにより、年収、預貯金、信用購入あつせんに係る債務の支払の状況、借入れの状況その他の当該購入者又は当該役務の提供を受ける者の個別支払可能見込額を算定するために必要な事項として経済産業省令・内閣府令で定めるものを調査しなければならない。〔2項略〕

3　個別信用購入あつせん業者は、第一項本文の規定による調査を行うときは、指定信用情報機関が保有する特定信用情報を使用しなければならない。

4　個別信用購入あつせん業者は、個別信用購

入あつせん関係受領契約を締結した場合には、経済産業省令・内閣府令で定めるところにより、第一項本文の規定による調査に関する記録を作成し、これを保存しなければならない。

第三五条の三の四（**個別支払可能見込額を超える場合の個別信用購入あつせん関係受領契約の締結の禁止**）個別信用購入あつせん業者は、個別信用購入あつせん関係受領契約を締結しようとする場合において、購入者又は役務の提供を受ける者の支払総額のうち一年間に支払うこととなる額が、前条第一項本文の規定による調査により得られた事項を基礎として算定した個別支払可能見込額を超えるときは、当該個別信用購入あつせん関係受領契約を締結してはならない。〔ただし書き略〕

第三五条の三の五（**個別信用購入あつせん関係販売契約等の勧誘に係る調査**）個別信用購入あつせん業者は、次の各号のいずれかに該当する契約であつて、個別信用購入あつせんに係る販売の方法により商品若しくは指定権利を販売する契約又は個別信用購入あつせんに係る提供の方法により役務を提供する契約に該当するものに係る個別信用購入あつせん関係受領契約を締結しようとする場合には、その契約の締結に先立つて、経済産業省令・内閣府令で定めるところにより、個別信用購入あつせん関係販売業者又は個別信用購入あつせん関係役務提供事業者による同条各号のいずれかに該当する行為の有無に関する事項であつて経済産業省令・内閣府令で定める事項を調査しなければならない。〔以下略〕

第三五条の三の六（**調査の協力**）個別信用購入あつせん関係販売業者及び個別信用購入あつせん関係役務提供事業者は、前条第一項の規定による調査に協力するよう努めなければならない。

第三五条の三の七（**個別信用購入あつせん関係受領契約の申込みの承諾等の禁止**）個別信用購入あつせん業者は、第三十五条の三の五第一項の規定による調査その他の方法により知つた事項からみて、個別信用購入あつせん関係販売業者又は個別信用購入あつせん関係役務提供事業者が特定契約に係る個別信用購入あつせん関係販売契約又は個別信用購入あつせん関係役務提供契約の申込み又は締結の勧誘をするに際し、次の各号のいずれかに該当する行為をしたと認めるときは、当該勧誘の相手方に対し当該個別信用購入あつせん関係販売契約若しくは当該個別信用購入あつせん関係役務提供契約に係る個別信用購入あつせん関係受領契約の申込みをし、又は当該勧誘の相手方から受けた当該個別信用購入あつせん関係販売契約若しくは当該個別信用購入あつせん関係役務提供契約に係る個別信用購入あつせん関係受領契約の申込みを承諾してはならない。〔ただし書き略〕

一 特定商取引に関する法律第六条第一項から第三項まで、第二十一条各項、第三十四条第一項から第三項まで、第四十四条各項又は第五十二条第一項若しくは第二項の規定に違反する行為

二 消費者契約法（平成十二年法律第六十一号）第四条第一項から第三項までに規定する行為（同条第二項に規定する行為にあつては、同項ただし書の場合に該当するものを除く。）

第三五条の三の八（**個別信用購入あつせん関係販売業者等による書面の交付**）個別信用購入あつせん関係販売業者又は個別信用購入あつせん関係役務提供事業者は、個別信用購入あつせん関係販売契約又は個別信用購入あつせん関係役務提供契約を締結したときは、遅滞なく、経済産業省令・内閣府令で定めるところにより、当該契約に関する次の事項を記載した書面を購入者又は役務の提供を受ける者に交付しなければならない。〔以下略〕

第三五条の三の九（**個別信用購入あつせん業者による書面の交付**）個別信用購入あつせん業者は、次に掲げる個別信用購入あつせん関係販売契約又は個別信用購入あつせん関係役務提供契約に係る個別信用購入あつせん関係受領契約の申込みを受けたときは、遅滞なく、経済産業省令・内閣府令で定めるところにより、当該契約に関する次項各号の事項を記載した書面を当該申込みをした者に交付しなければならない。

一 個別信用購入あつせん関係販売業者又は個別信用購入あつせん関係役務提供事業者が特定商取引に関する法律第二条第一項第一号に規定する営業所等（以下「営業所等」という。）以外の場所においてその申込みを受けた個別信用購入あつせん関係販売契約又は個別信用購入あつせん関係役務提供契約

二 個別信用購入あつせん関係販売業者又は個別信用購入あつせん関係役務提供事業者が営業所等において、営業所等以外の場所において呼び止めて営業所等に同行させた

者その他特定商取引に関する法律第二条第一項第二号に規定する政令で定める方法により誘引した者（以下「個別信用購入あつせん関係特定顧客」という。）からその申込みを受けた個別信用購入あつせん関係販売契約又は個別信用購入あつせん関係役務提供契約

三　個別信用購入あつせん関係販売業者又は個別信用購入あつせん関係役務提供事業者が、電話をかけ又は特定商取引に関する法律第二条第三項に規定する政令で定める方法により電話をかけさせ、その電話において行う個別信用購入あつせん関係販売契約又は個別信用購入あつせん関係役務提供契約の締結についての勧誘により、その相手方（以下「個別信用購入あつせん関係電話勧誘顧客」という。）からその申込みを同条第二項に規定する郵便等（以下「郵便等」という。）により受けた当該個別信用購入あつせん関係販売契約又は当該個別信用購入あつせん関係役務提供契約〔以下略〕

第三五条の三の一〇（個別信用購入あつせん関係受領契約の申込みの撤回等）　次の各号に掲げる場合において、当該各号に定める者（以下この条において「申込者等」という。）は、書面により、申込みの撤回等を行うことができる。ただし、前条第三項の書面を受領した日から起算して八日を経過したときは、この限りでない。

一　個別信用購入あつせん関係販売業者又は個別信用購入あつせん関係役務提供事業者が営業所等以外の場所において個別信用購入あつせん関係販売契約又は個別信用購入あつせん関係役務提供契約の申込みを受けた場合　当該申込みをした者

二　個別信用購入あつせん関係販売業者又は個別信用購入あつせん関係役務提供事業者が営業所等において個別信用購入あつせん関係特定顧客から個別信用購入あつせん関係販売契約又は個別信用購入あつせん関係役務提供契約の申込みを受けた場合　当該申込みをした者

三　個別信用購入あつせん関係販売業者又は個別信用購入あつせん関係役務提供事業者が個別信用購入あつせん関係電話勧誘顧客から当該個別信用購入あつせん関係販売契約又は当該個別信用購入あつせん関係役務提供契約の申込みを郵便等により受けた場合　当該申込みをした者

四　個別信用購入あつせん関係販売業者又は個別信用購入あつせん関係役務提供事業者が営業所等以外の場所において個別信用購入あつせん関係販売契約又は個別信用購入あつせん関係役務提供契約を締結した場合　当該契約の相手方

五　個別信用購入あつせん関係販売業者又は個別信用購入あつせん関係役務提供事業者が営業所等において個別信用購入あつせん関係特定顧客と個別信用購入あつせん関係販売契約又は個別信用購入あつせん関係役務提供契約を締結した場合　当該契約の相手方

六　個別信用購入あつせん関係販売業者又は個別信用購入あつせん関係役務提供事業者が個別信用購入あつせん関係電話勧誘顧客と当該個別信用購入あつせん関係販売契約又は当該個別信用購入あつせん関係役務提供契約を郵便等により締結した場合　当該契約の相手方

2　申込みの撤回等は、前項本文の書面を発した時に、その効力を生ずる。

3　個別信用購入あつせん業者は、申込みの撤回等があつた場合においては、当該申込みの撤回等に伴う損害賠償又は違約金の支払を請求することができない。

4　個別信用購入あつせん業者は、第一項本文の書面を受領した時には、直ちに、個別信用購入あつせん関係販売業者又は個別信用購入あつせん関係役務提供事業者にその旨を通知しなければならない。

5　申込者等が申込みの撤回等を行つた場合には、当該申込みの撤回等に係る第一項本文の書面を発する時において現に効力を有する個別信用購入あつせん関係販売契約若しくは個別信用購入あつせん関係役務提供契約の申込み又は個別信用購入あつせん関係販売契約若しくは個別信用購入あつせん関係役務提供契約は、当該申込者等が当該書面を発した時に、撤回されたものとみなし、又は解除されたものとみなす。ただし、当該申込者等が当該書面において反対の意思を表示しているときは、この限りでない。

6　前項本文の規定により個別信用購入あつせん関係販売契約若しくは個別信用購入あつせん関係役務提供契約の申込みが撤回され、又は個別信用購入あつせん関係販売契約若しくは個別信用購入あつせん関係役務提供契約が解除されたものとみなされた場合においては、個別信用購入あつせん関係販売業者又は

個別信用購入あつせん関係役務提供事業者は、当該契約の申込みの撤回又は当該契約の解除に伴う損害賠償又は違約金の支払を請求することができない。〔7項以下略〕

第三五条の三の一一　個別信用購入あつせん関係販売業者又は個別信用購入あつせん関係役務提供事業者が特定連鎖販売個人契約等であつて個別信用購入あつせん関係販売契約若しくは個別信用購入あつせん関係役務提供契約に該当するものの申込みを受けた場合における当該申込みをした者又は特定連鎖販売個人契約等であつて個別信用購入あつせん関係販売契約若しくは個別信用購入あつせん関係役務提供契約に該当するものを締結した場合における当該契約の相手方は、次に掲げる場合を除き、書面により、その特定連鎖販売個人契約等であつて個別信用購入あつせん関係販売契約若しくは個別信用購入あつせん関係役務提供契約に該当するものに係る個別信用購入あつせん関係受領契約の申込みの撤回又はその特定連鎖販売個人契約等であつて個別信用購入あつせん関係販売契約若しくは個別信用購入あつせん関係役務提供契約に該当するものに係る個別信用購入あつせん関係受領契約の解除を行うことができる。

一　特定連鎖販売個人契約であつて個別信用購入あつせん関係販売契約又は個別信用購入あつせん関係役務提供契約に該当するものの申込者等が第三十五条の三の九第三項の書面を受領した日から起算して二十日を経過したとき。ただし、申込者等が、個別信用購入あつせん関係販売業者若しくは個別信用購入あつせん関係役務提供事業者若しくは個別信用購入あつせん業者若しくは特定商取引に関する法律第三十三条第二項に規定する統括者、同法第三十三条の二に規定する勧誘者若しくは同条に規定する一般連鎖販売業者がその統括者の統括する一連の連鎖販売業に係る特定連鎖販売個人契約であつて個別信用購入あつせん関係販売契約若しくは個別信用購入あつせん関係役務提供契約に該当するものに係る個別信用購入あつせん関係受領契約の締結について勧誘をするに際し、若しくは申込みの撤回等を妨げるため、申込みの撤回等に関する事項につき不実のことを告げる行為をしたことにより当該告げられた内容が事実であるとの誤認をし、又は個別信用購入あつせん関係販売業者若しくは個別信用購入あつせん関係役務提供事業者若しくは個別信用購入あつせん業者若しくは統括者、勧誘者若しくは一般連鎖販売業者がその統括者の統括する一連の連鎖販売業に係る特定連鎖販売個人契約であつて個別信用購入あつせん関係販売契約若しくは個別信用購入あつせん関係役務提供契約に該当するものに係る個別信用購入あつせん関係受領契約を締結させ、若しくは申込みの撤回等を妨げるため、威迫したことにより困惑し、これらによつて当該期間を経過するまでに申込みの撤回等を行わなかつた場合には、当該申込者等が、当該個別信用購入あつせん関係販売業者若しくは当該個別信用購入あつせん関係役務提供事業者若しくは当該個別信用購入あつせん業者又は当該統括者、当該勧誘者若しくは当該一般連鎖販売業者が経済産業省令・内閣府令で定めるところにより申込みの撤回等を行うことができる旨を記載して交付した書面を受領した日から起算して二十日を経過したとき。〔以下略〕

第三五条の三の一二（通常必要とされる分量を著しく超える商品の販売契約等に係る個別信用購入あつせん関係受領契約の申込みの撤回等）　第三十五条の三の十第一項各号に掲げる場合において、当該各号に定める者は、当該各号の個別信用購入あつせん関係販売契約又は個別信用購入あつせん関係役務提供契約であつて特定商取引に関する法律第九条の二第一項各号又は第二十四条の二第一項各号に掲げる契約に該当するものに係る個別信用購入あつせん関係受領契約の申込みの撤回又は特定契約に係る個別信用購入あつせん関係受領契約の解除を行うことができる。ただし、申込者等に当該特定契約の締結を必要とする特別の事情があつたときは、この限りでない。

2　前項の規定による権利は、当該個別信用購入あつせん関係受領契約の締結の時から一年以内に行使しなければならない。

3　申込みの撤回等があつた場合においては、個別信用購入あつせん業者は、当該申込みの撤回等に伴う損害賠償又は違約金の支払を請求することができない。

4　個別信用購入あつせん業者は、申込みの撤回等があつた場合には、既に商品若しくは権利の代金又は役務の対価の全部又は一部に相当する金額の個別信用購入あつせん関係販売業者又は個別信用購入あつせん関係役務提供事業者への交付をしたときにおいても、申込者等に対し、当該個別信用購入あつせん関係販売業者又は当該個別信用購入あつせん関係役務提供事業者に対して交付をした当該商品若しくは権利の代金又は役務の対価の全部又は一部に相当する金額その他当該個別信用購入あつせんにより得られた利益に相当する金銭の支払を請求することができない。〔ただし書き略〕

5　個別信用購入あつせん関係販売業者又は個別信用購入あつせん関係役務提供事業者は、申込みの撤回等があつた場合において、個別信用購入あつせん業者から既に商品若しくは権利の代金又は役務の対価の全部又は一部に相当する金額の交付を受けたときは、当該個別信用購入あつせん業者に対し、当該交付を受けた商品若しくは権利の代金又は役務の対価の全部又は一部に相当する金額を返還しなければならない。〔ただし書き略〕

6　個別信用購入あつせん業者は、申込みの撤回等があつた場合において、申込者等から当該個別信用購入あつせん関係受領契約に関連して金銭を受領しているときは、当該申込者等に対し、速やかに、これを返還しなければならない。〔7項略〕

8　第一項から第四項まで及び第六項の規定に反する特約であつて申込者等に不利なものは、無効とする。

第三五条の三の一三（**個別信用購入あつせん関係受領契約の申込み又はその承諾の意思表示の取消し**）　購入者又は役務の提供を受ける者は、個別信用購入あつせん関係販売業者又は個別信用購入あつせん関係役務提供事業者が訪問販売に係る個別信用購入あつせん関係販売契約若しくは個別信用購入あつせん関係役務提供契約に係る個別信用購入あつせん関係受領契約又は電話勧誘販売に係る個別信用購入あつせん関係販売契約若しくは個別信用購入あつせん関係役務提供契約に係る個別信用購入あつせん関係受領契約の締結について勧誘をするに際し、次に掲げる事項につき不実のことを告げる行為をしたことにより当該告げられた内容が事実であるとの誤認をし、又は第一号から第五号までに掲げる事項につき故意に事実を告げない行為をしたことにより当該事実が存在しないとの誤認をし、これらによつて当該契約の申込み又はその承諾の意思表示をしたときは、これを取り消すことができる。

一　購入者又は役務の提供を受ける者の支払総額

二　個別信用購入あつせんに係る各回ごとの商品若しくは権利の代金又は役務の対価の全部又は一部の支払分の額並びにその支払の時期及び方法

三　商品の種類及びその性能若しくは品質又は権利若しくは役務の種類及びこれらの内容その他これらに類するものとして特定商取引に関する法律第六条第一項第一号又は第二十一条第一項第一号に規定する主務省令で定める事項のうち、購入者又は役務の提供を受ける者の判断に影響を及ぼすこととなる重要なもの

四　商品の引渡時期若しくは権利の移転時期又は役務の提供時期

五　個別信用購入あつせん関係受領契約若しくは個別信用購入あつせん関係販売契約若しくは個別信用購入あつせん関係役務提供契約の申込みの撤回又は個別信用購入あつせん関係受領契約若しくは個別信用購入あつせん関係販売契約若しくは個別信用購入あつせん関係役務提供契約の解除に関する事項（第三十五条の三の十第一項から第三項まで、第五項から第七項まで及び第九項から第十四項までの規定に関する事項を含む。）

六　前各号に掲げるもののほか、当該個別信用購入あつせん関係受領契約又は当該個別信用購入あつせん関係販売契約若しくは当該個別信用購入あつせん関係役務提供契約に関する事項であつて、購入者又は役務の提供を受ける者の判断に影響を及ぼすこととなる重要なもの

2　購入者又は役務の提供を受ける者が前項の規定により個別信用購入あつせん関係販売契約又は個別信用購入あつせん関係役務提供契約に係る個別信用購入あつせん関係受領契約の申込み又はその承諾の意思表示を取り消し、かつ、当該個別信用購入あつせん関係販売契約又は当該個別信用購入あつせん関係役務提供契約が取消しその他の事由により初めから無効である場合には、当該個別信用購入あつせん業者は、当該購入者又は当該役務の提供を受ける者に対し、個別信用購入あつせん関係販売業者又は個別信用購入あつせん関係役務提供事業者に対して交付をした商品若しくは指定権利の代金又は役務の対価の全部又は一部に相当する金額の支払を請求することができない。

3　前項の場合において、個別信用購入あつせん関係販売業者又は個別信用購入あつせん関

係役務提供事業者は、個別信用購入あつせん業者に対し、当該交付を受けた商品若しくは指定権利の代金又は役務の対価の全部又は一部に相当する金額を返還しなければならない。

4　第二項の場合において、購入者又は役務の提供を受ける者は、個別信用購入あつせん関係受領契約に関連して個別信用購入あつせん業者に対して金銭を支払つているときは、その返還を請求することができる。〔5項以下略〕

第三五条の三の一四　購入者又は役務の提供を受ける者は、統括者、勧誘者若しくは一般連鎖販売業者が特定連鎖販売個人契約であつて個別信用購入あつせん関係販売契約若しくは個別信用購入あつせん関係役務提供契約に該当するものに係る個別信用購入あつせん関係受領契約の締結について勧誘をするに際し、次に掲げる事項につき不実のことを告げる行為をしたことにより当該告げられた内容が事実であるとの誤認をし、又は統括者若しくは勧誘者が当該契約の締結について勧誘をするに際し、第一号から第六号までに掲げる事項につき故意に事実を告げない行為をしたことにより当該事実が存在しないとの誤認をし、これらによつて当該契約の申込み又はその承諾の意思表示をしたときは、これを取り消すことができる。

一　購入者又は役務の提供を受ける者の支払総額

二　個別信用購入あつせんに係る各回ごとの商品若しくは権利の代金又は役務の対価の全部又は一部の支払分の額並びにその支払の時期及び方法

三　商品の種類及びその性能若しくは品質又は施設を利用し若しくは役務の提供を受ける権利若しくは役務の種類及びこれらの内容その他これらに類するものとして特定商取引に関する法律第三十四条第一項第一号に規定する主務省令で定める事項のうち、購入者又は役務の提供を受ける者の判断に影響を及ぼすこととなる重要なもの

四　当該連鎖販売取引に伴う特定負担に関する事項

五　個別信用購入あつせん関係受領契約若しくは個別信用購入あつせん関係販売契約若しくは個別信用購入あつせん関係役務提供契約の申込みの撤回又は個別信用購入あつせん関係受領契約若しくは個別信用購入あつせん関係販売契約若しくは個別信用購入あつせん関係役務提供契約の解除に関する事項（第三十五条の三の十一第一項から第五項まで、第七項から第九項まで及び第十一項から第十四項までの規定に関する事項を含む。）

六　特定利益に関する事項

七　前各号に掲げるもののほか、当該個別信用購入あつせん関係受領契約又は当該個別信用購入あつせん関係販売契約若しくは当該個別信用購入あつせん関係役務提供契約に関する事項であつて、購入者又は役務の提供を受ける者の判断に影響を及ぼすこととなる重要なもの〔2項以下略〕

第三五条の三の一五　役務の提供を受ける者又は購入者は、個別信用購入あつせん関係役務提供事業者又は個別信用購入あつせん関係販売業者が特定継続的役務提供等契約であつて個別信用購入あつせん関係役務提供契約又は個別信用購入あつせん関係販売契約に該当するものに係る個別信用購入あつせん関係受領契約の締結について勧誘をするに際し、次に掲げる事項につき不実のことを告げる行為をしたことにより当該告げられた内容が事実であるとの誤認をし、又は第一号から第六号までに掲げる事項につき故意に事実を告げないことにより当該事実が存在しないとの誤認をし、これらによつて当該契約の申込み又はその承諾の意思表示をしたときは、これを取り消すことができる。

一　役務の提供を受ける者又は購入者の支払総額

二　個別信用購入あつせんに係る各回ごとの役務の対価又は権利の代金の全部又は一部の支払分の額並びにその支払の時期及び方法

三　役務又は役務の提供を受ける権利の種類及びこれらの内容又は効果（権利の場合にあつては、当該権利に係る役務の効果）その他これらに類するものとして特定商取引に関する法律第四十四条第一項第一号に規定する主務省令で定める事項のうち、役務の提供を受ける者又は購入者の判断に影響を及ぼすこととなる重要なもの

四　役務の提供又は権利の行使による役務の提供に際し当該役務の提供を受ける者又は当該権利の購入者が購入する必要のある商品がある場合には、その商品の種類及びその性能又は品質その他これらに類するものとして特定商取引に関する法律第四十四条第一項第二号に規定する主務省令で定める事項のうち、役務の提供を受ける者又は購

入者の判断に影響を及ぼすこととなる重要なもの

五　役務の提供期間又は権利の行使により受けることができる役務の提供期間

六　個別信用購入あつせん関係受領契約若しくは個別信用購入あつせん関係役務提供契約若しくは個別信用購入あつせん関係販売契約の申込みの撤回又は個別信用購入あつせん関係受領契約若しくは個別信用購入あつせん関係役務提供契約若しくは個別信用購入あつせん関係販売契約の解除に関する事項（第三十五条の三の十一第一項から第五項まで、第七項から第九項まで及び第十一項から第十四項までの規定に関する事項を含む。）

七　前各号に掲げるもののほか、当該個別信用購入あつせん関係受領契約又は当該個別信用購入あつせん関係役務提供契約若しくは当該個別信用購入あつせん関係販売契約に関する事項であつて、役務の提供を受ける者又は購入者の判断に影響を及ぼすこととなる重要なもの〔2項以下略〕

第三五条の三の一六　購入者又は役務の提供を受ける者は、個別信用購入あつせん関係販売業者又は個別信用購入あつせん関係役務提供事業者が業務提供誘引販売個人契約であつて個別信用購入あつせん関係販売契約又は個別信用購入あつせん関係役務提供契約に該当するものに係る個別信用購入あつせん関係受領契約の締結について勧誘をするに際し、次に掲げる事項につき不実のことを告げる行為をしたことにより当該告げられた内容が事実であるとの誤認をし、又は第一号から第六号までに掲げる事項につき故意に事実を告げない行為をしたことにより当該事実が存在しないとの誤認をし、これらによつて当該契約の申込み又はその承諾の意思表示をしたときは、これを取り消すことができる。

一　購入者又は役務の提供を受ける者の支払総額

二　個別信用購入あつせんに係る各回ごとの商品若しくは権利の代金又は役務の対価の全部又は一部の支払分の額並びにその支払の時期及び方法

三　商品の種類及びその性能若しくは品質又は施設を利用し若しくは役務の提供を受ける権利若しくは役務の種類及びこれらの内容その他これらに類するものとして特定商取引に関する法律第五十二条第一項第一号に規定する主務省令で定める事項のうち、購入者又は役務の提供を受ける者の判断に影響を及ぼすこととなる重要なもの〔以下略〕

第三五条の三の一七（**契約の解除等の制限**）　個別信用購入あつせん業者は、個別信用購入あつせん関係受領契約について第三十五条の三の八第三号に定める支払分の支払の義務が履行されない場合において、二十日以上の相当な期間を定めてその支払を書面で催告し、その期間内にその義務が履行されないときでなければ、支払分の支払の遅滞を理由として、契約を解除し、又は支払時期の到来していない支払分の支払を請求することができない。

2　前項の規定に反する特約は、無効とする。

第三五条の三の一八（**契約の解除等に伴う損害賠償等の額の制限**）　個別信用購入あつせん業者は、個別信用購入あつせん関係受領契約が解除された場合には、損害賠償額の予定又は違約金の定めがあるときにおいても、当該契約に係る支払総額に相当する額にこれに対する法定利率による遅延損害金の額を加算した金額を超える額の金銭の支払を購入者又は役務の提供を受ける者に対して請求することができない。

2　個別信用購入あつせん業者は、前項の契約について第三十五条の三の八第三号の支払分の支払の義務が履行されない場合（契約が解除された場合を除く。）には、損害賠償額の予定又は違約金の定めがあるときにおいても、当該契約に係る支払総額に相当する額から既に支払われた同号の支払分の額を控除した額にこれに対する法定利率による遅延損害金の額を加算した金額を超える額の金銭の支払を購入者又は役務の提供を受ける者に対して請求することができない。

第三五条の三の一九（**個別信用購入あつせん業者に対する抗弁**）　購入者又は役務の提供を受ける者は、個別信用購入あつせん関係販売契約又は個別信用購入あつせん関係役務提供契約に係る第三十五条の三の八第三号の支払分の支払の請求を受けたときは、当該契約に係る個別信用購入あつせん関係販売業者又は個別信用購入あつせん関係役務提供事業者に対して生じている事由をもつて、当該支払の請求をする個別信用購入あつせん業者に対抗することができる。

2　前項の規定に反する特約であつて購入者又は役務の提供を受ける者に不利なものは、無効とする。〔3項以下略〕

○割賦販売法施行令〔抄〕

〔昭和三六・一二・一／政令三四一〕

最終改正　令和二・一二政三五一

第一条（**指定商品等**）割賦販売法（以下「法」という。）第二条第五項の指定商品は、別表第一に掲げる商品とする。

2　法第二条第五項の指定権利は、別表第二に掲げる権利とする。〔3項以下略〕

別表第一（第一条関係）

一　動物及び植物の加工品（一般の飲食の用に供されないものに限る。）であつて、人が摂取するもの（医薬品（医薬品、医療機器等の品質、有効性及び安全性の確保等に関する法律（昭和三十五年法律第百四十五号）第二条第一項の医薬品をいう。）を除く。）

二　真珠並びに貴石及び半貴石

三　幅が十三センチメートル以上の織物

四　衣服（履物及び身の回り品を除く。）

五　ネクタイ、マフラー、ハンドバック、かばん、傘、つえその他の身の回り品及び指輪、ネックレス、カフスボタンその他の装身具

六　履物

七　床敷物、カーテン、寝具、テーブル掛け及びタオルその他の繊維製家庭用品

八　家具及びついたて、びょうぶ、傘立て、金庫、ロッカーその他の装備品並びに家庭用洗濯用具、屋内装飾品その他の家庭用装置品（他の号に掲げるものを除く。）

九　なべ、かま、湯沸かしその他の台所用具及び食卓用ナイフ、食器、魔法瓶その他の食卓用具

十　書籍

十一　ビラ、パンフレット、カタログその他これらに類する印刷物

十二　シャープペンシル、万年筆、ボールペン、インクスタンド、定規その他これらに類する事務用品

十三　印章

十四　太陽光発電装置その他の発電装置

十五　電気ドリル、空気ハンマその他の動力付き手持ち工具

十六　ミシン及び手編み機械

十七　農業用機械器具（農業用トラクターを除く。）及び林業用機械器具

十八　農業用トラクター及び運搬用トラクター

十九　ひよう量二トン以下の台手動はかり、ひよう量百五十キログラム以下の指示はかり及び皿手動はかり

二十　時計（船舶用時計、塔時計その他の特殊用途用の時計を除く。）

二十一　光学機械器具（写真機械器具、映画機械器具及び電子応用機械器具を除く。）

二十二　写真機械器具

二十三　映画機械器具（八ミリ用又は十六ミリ用のものに限る。）

二十四　事務用機械器具（電子応用機械器具を除く。）

二十五　物品の自動販売機

二十六　医療用機械器具

二十七　はさみ、ナイフ、包丁その他の利器、のみ、かんな、のこぎりその他の工匠具及びつるはし、ショベル、スコップその他の手道具

二十八　浴槽、台所流し、便器その他の衛生器具（家庭用井戸ポンプを含む。）

二十九　浄水器

三十　レンジ、天火、こんろその他の料理用具及び火鉢、こたつ、ストーブその他の暖房用具（電気式のものを除く。）

三十一　はん用電動機

三十二　家庭用電気機械器具

三十三　電球類及び照明器具

三十四　電話機及びファクシミリ

三十五　インターホーン、ラジオ受信機、テレビジョン受信機及び録音機械器具、レコードプレーヤーその他の音声周波機械器具

三十六　レコードプレーヤー用レコード及び磁気的方法又は光学的方法により音、影像又はプログラムを記録した物

三十七　自動車及び自動二輪車（原動機付き自転車を含む。）

三十八　自転車

三十九　運搬車（主として構内又は作業場において走行するものに限る。）、人力けん引車及び畜力車

四十　ボート、モーターボート及びヨット（運動用のものに限る。）

四十一　パーソナルコンピュータ

四十二　網漁具、釣漁具及び漁網
四十三　眼鏡及び補聴器
四十四　家庭用の電気治療器、磁気治療器及び医療用物質生成器
四十五　コンドーム
四十六　化粧品
四十七　囲碁用具、将棋用具その他の室内娯楽用具
四十八　おもちゃ及び人形
四十九　運動用具（他の号に掲げるものを除く。）
五十　滑り台、ぶらんこ及び子供用車両
五十一　化粧用ブラシ及び化粧用セット
五十二　かつら
五十三　喫煙具
五十四　楽器

別表第一の二（第一条関係）
一　人の皮膚を清潔にし若しくは美化し、体型を整え、又は体重を減ずるための施術を受ける権利（次号に掲げるものを除く。）
二　人の皮膚を清潔にし若しくは美化し、体型を整え、体重を減じ、又は歯牙を漂白するための医学的処置、手術及びその他の治療（美容を目的とするものであつて、経済産業省令・内閣府令で定める方法によるものに限る。別表第一の三第二号において同じ。）を受ける権利
三　保養のための施設又はスポーツ施設を利用する権利
四　語学の教授（学校教育法（昭和二十二年法律第二十六号）第一条に規定する学校、同法第百二十四条に規定する専修学校若しくは同法第百三十四条第一項に規定する各種学校の入学者を選抜するための学力試験に備えるため又は同法第一条に規定する学校（大学を除く。）における教育の補習のための学力の教授に該当するものを除く。）を受ける権利
五　学校教育法第一条に規定する学校（幼稚園及び小学校を除く。）、同法第百二十四条に規定する専修学校若しくは同法第百三十四条第一項に規定する各種学校の入学者を選抜するための学力試験（義務教育学校にあつては、後期課程に係るものに限る。次号及び別表第一の三において「入学試験」という。）に備えるため又は学校教育（同法第一条に規定する学校（幼稚園及び大学を除く。）における教育をいう。次号及び別表第一の三において同じ。）の補習のための学力の教授（次号に規定する場所以外の場所において提供されるものに限る。）を受ける権利
六　入学試験に備えるため又は学校教育の補習のための学校教育法第一条に規定する学校（幼稚園及び大学を除く。）の児童、生徒又は学生を対象とした学力の教授（役務提供事業者の事業所その他の役務提供事業者が当該役務提供のために用意する場所において提供されるものに限る。）を受ける権利
七　電子計算機又はワードプロセッサーの操作に関する知識又は技術の教授を受ける権利
八　結婚を希望する者を対象とした異性の紹介を受ける権利

○特定商取引に関する法律〔抄〕

〔昭和五一・六・四　法律五七〕

最終改正　令和五・六法六三

〈注〉　**令和四年六月一七日法律第六八号の改正は、施行までに期間がありますので、改正を加えてありません。**

第一章　総則

第一条（目的）この法律は、特定商取引（訪問販売、通信販売及び電話勧誘販売に係る取引、連鎖販売取引、特定継続的役務提供に係る取引、業務提供誘引販売取引並びに訪問購入に係る取引をいう。以下同じ。）を公正にし、及び購入者等が受けることのある損害の防止を図ることにより、購入者等の利益を保護し、あわせて商品等の流通及び役務の提供を適正かつ円滑にし、もつて国民経済の健全な発展に寄与することを目的とする。

第二章　訪問販売、通信販売及び電話勧誘販売

第一節　定義

第二条　この章及び第五十八条の十八第一項において「訪問販売」とは、次に掲げるものをいう。
一　販売業者又は役務の提供の事業を営む者

が営業所、代理店その他の主務省令で定める場所以外の場所において、売買契約の申込みを受け、若しくは売買契約を締結して行う商品若しくは特定権利の販売又は役務を有償で提供する契約の申込みを受け、若しくは役務提供契約を締結して行う役務の提供

二　販売業者又は役務提供事業者が、営業所等において、営業所等以外の場所において呼び止めて営業所等に同行させた者その他政令で定める方法により誘引した者（以下「特定顧客」という。）から売買契約の申込みを受け、若しくは特定顧客と売買契約を締結して行う商品若しくは特定権利の販売又は特定顧客から役務提供契約の申込みを受け、若しくは特定顧客と役務提供契約を締結して行う役務の提供［2・3項略］

4　この章並びに第五十八条の十九第一号及び第六十七条第一項において「特定権利」とは、次に掲げる権利をいう。

一　施設を利用し又は役務の提供を受ける権利のうち国民の日常生活に係る取引において販売されるものであつて政令で定めるもの

二　社債その他の金銭債権

三　株式会社の株式、合同会社、合名会社若しくは合資会社の社員の持分若しくはその他の社団法人の社員権又は外国法人の社員権でこれらの権利の性質を有するもの

第二節　訪問販売

第三条（**訪問販売における氏名等の明示**）　販売業者又は役務提供事業者は、訪問販売をしようとするときは、その勧誘に先立つて、その相手方に対し、販売業者又は役務提供事業者の氏名又は名称、売買契約又は役務提供契約の締結について勧誘をする目的である旨及び当該勧誘に係る商品若しくは権利又は役務の種類を明らかにしなければならない。

第三条の二（**契約を締結しない旨の意思を表示した者に対する勧誘の禁止等**）　販売業者又は役務提供事業者は、訪問販売をしようとするときは、その相手方に対し、勧誘を受ける意思があることを確認するよう努めなければならない。

2　販売業者又は役務提供事業者は、訪問販売に係る売買契約又は役務提供契約を締結しない旨の意思を表示した者に対し、当該売買契約又は当該役務提供契約の締結について勧誘をしてはならない。

第四条（**訪問販売における書面の交付**）　販売業者又は役務提供事業者は、営業所等以外の場所において商品若しくは特定権利につき売買契約の申込みを受け、若しくは役務につき役務提供契約の申込みを受けたとき又は営業所等において特定顧客から商品若しくは特定権利につき売買契約の申込みを受け、若しくは役務につき役務提供契約の申込みを受けたときは、直ちに、主務省令で定めるところにより、次の事項についてその申込みの内容を記載した書面をその申込みをした者に交付しなければならない。ただし、その申込みを受けた際その売買契約又は役務提供契約を締結した場合においては、この限りでない。

一　商品若しくは権利又は役務の種類

二　商品若しくは権利の販売価格又は役務の対価

三　商品若しくは権利の代金又は役務の対価の支払の時期及び方法

四　商品の引渡時期若しくは権利の移転時期又は役務の提供時期

五　第九条第一項の規定による売買契約若しくは役務提供契約の申込みの撤回又は売買契約若しくは役務提供契約の解除に関する事項

六　前各号に掲げるもののほか、主務省令で定める事項

2　販売業者又は役務提供事業者は、前項の規定による書面の交付に代えて、政令で定めるところにより、当該申込みをした者の承諾を得て、当該書面に記載すべき事項を電磁的方法（電子情報処理組織を使用する方法その他の情報通信の技術を利用する方法であつて主務省令で定めるものをいう。以下同じ。）により提供することができる。この場合において、当該販売業者又は当該役務提供事業者は、当該書面を交付したものとみなす。

3　前項前段の規定による書面に記載すべき事項の電磁的方法（主務省令で定める方法を除く。）による提供は、当該申込みをした者の使用に係る電子計算機に備えられたファイルへの記録がされた時に当該申込みをした者に到達したものとみなす。

第五条　販売業者又は役務提供事業者は、次の各号のいずれかに該当するときは、次項に規定する場合を除き、遅滞なく（前条第一項ただし書に規定する場合に該当するときは、直ちに）、主務省令で定めるところにより、同条第一項各号の事項（同項第五号の事項につい

ては、売買契約又は役務提供契約の解除に関する事項に限る。）についてその売買契約又は役務提供契約の内容を明らかにする書面を購入者又は役務の提供を受ける者に交付しなければならない。

一　営業所等以外の場所において、商品若しくは特定権利につき売買契約を締結したとき又は役務につき役務提供契約を締結したとき（営業所等において特定顧客から申込みを受け、営業所等以外の場所において売買契約又は役務提供契約を締結したときを除く。）。

二　営業所等以外の場所において商品若しくは特定権利又は役務につき売買契約又は役務提供契約の申込みを受け、営業所等においてその売買契約又は役務提供契約を締結したとき。

三　営業所等において、特定顧客と商品若しくは特定権利につき売買契約を締結したとき又は役務につき役務提供契約を締結したとき。

2　販売業者又は役務提供事業者は、前項各号のいずれかに該当する場合において、その売買契約又は役務提供契約を締結した際に、商品を引き渡し、若しくは特定権利を移転し、又は役務を提供し、かつ、商品若しくは特定権利の代金又は役務の対価の全部を受領したときは、直ちに、主務省令で定めるところにより、前条第一項第一号及び第二号の事項並びに同項第五号の事項のうち売買契約又は役務提供契約の解除に関する事項その他主務省令で定める事項を記載した書面を購入者又は役務の提供を受ける者に交付しなければならない。

3　前条第二項及び第三項の規定は、前二項の規定による書面の交付について準用する。この場合において、同条第二項及び第三項中「申込みをした者」とあるのは、「購入者又は役務の提供を受ける者」と読み替えるものとする。

第六条（**禁止行為**）販売業者又は役務提供事業者は、訪問販売に係る売買契約若しくは役務提供契約の締結について勧誘をするに際し、又は訪問販売に係る売買契約若しくは役務提供契約の申込みの撤回若しくは解除を妨げるため、次の事項につき、不実のことを告げる行為をしてはならない。

一　商品の種類及びその性能若しくは品質又は権利若しくは役務の種類及びこれらの内容その他これらに類するものとして主務省令で定める事項

二　商品若しくは権利の販売価格又は役務の対価

三　商品若しくは権利の代金又は役務の対価の支払の時期及び方法

四　商品の引渡時期若しくは権利の移転時期又は役務の提供時期

五　当該売買契約若しくは当該役務提供契約の申込みの撤回又は当該売買契約若しくは当該役務提供契約の解除に関する事項（第九条第一項から第七項までの規定に関する事項

六　顧客が当該売買契約又は当該役務提供契約の締結を必要とする事情に関する事項

七　前各号に掲げるもののほか、当該売買契約又は当該役務提供契約に関する事項であつて、顧客又は購入者若しくは役務の提供を受ける者の判断に影響を及ぼすこととなる重要なもの

2　販売業者又は役務提供事業者は、訪問販売に係る売買契約又は役務提供契約の締結について勧誘をするに際し、前項第一号から第五号までに掲げる事項につき、故意に事実を告げない行為をしてはならない。

3　販売業者又は役務提供事業者は、訪問販売に係る売買契約若しくは役務提供契約を締結させ、又は訪問販売に係る売買契約若しくは役務提供契約の申込みの撤回若しくは解除を妨げるため、人を威迫して困惑させてはならない。

4　販売業者又は役務提供事業者は、訪問販売に係る売買契約又は役務提供契約の締結について勧誘をするためのものであることを告げずに営業所等以外の場所において呼び止めて同行させることその他政令で定める方法により誘引した者に対し、公衆の出入りする場所以外の場所において、当該売買契約又は当該役務提供契約の締結について勧誘をしてはならない。

第九条（**訪問販売における契約の申込みの撤回等**）販売業者若しくは役務提供事業者が営業所等以外の場所において商品若しくは特定権利若しくは役務につき売買契約若しくは役務提供契約の申込みを受けた場合若しくは販売業者若しくは役務提供事業者が営業所等において特定顧客から商品若しくは特定権利若しくは役務につき売買契約若しくは役務提供契約の申込みを受けた場合におけるその申込みをした者又は販売業者若しくは役務提供事業

者が営業所等以外の場所において商品若しくは特定権利若しくは役務につき売買契約若しくは役務提供契約を締結した場合（営業所等において申込みを受け、営業所等以外の場所において売買契約又は役務提供契約を締結した場合を除く。）若しくは販売業者若しくは役務提供事業者が営業所等において特定顧客と商品若しくは特定権利若しくは役務につき売買契約若しくは役務提供契約を締結した場合におけるその購入者若しくは役務の提供を受ける者（以下この条から第九条の三までにおいて「申込者等」という。）は、書面又は電磁的記録（電子的方式、磁気的方式その他人の知覚によつては認識することができない方式で作られる記録であつて、電子計算機による情報処理の用に供されるものをいう。以下同じ。）によりその売買契約若しくは役務提供契約の申込みの撤回又はその売買契約若しくは役務提供契約の解除（以下この条において「申込みの撤回等」という。）を行うことができる。ただし、申込者等が第五条第一項又は第二項の書面を受領した日（その日前に第四条第一項の書面を受領した場合にあつては、その書面を受領した日）から起算して八日を経過した場合（申込者等が、販売業者若しくは役務提供事業者が第六条第一項の規定に違反して申込みの撤回等に関する事項につき不実のことを告げる行為をしたことにより当該告げられた内容が事実であるとの誤認をし、又は販売業者若しくは役務提供事業者が同条第三項の規定に違反して威迫したことにより困惑し、これらによつて当該期間を経過するまでに申込みの撤回等を行わなかつた場合には、当該申込者等が、当該販売業者又は当該役務提供事業者が主務省令で定めるところにより当該売買契約又は当該役務提供契約の申込みの撤回等を行うことができる旨を記載して交付した書面を受領した日から起算して八日を経過した場合）においては、この限りでない。

2　申込みの撤回等は、当該申込みの撤回等に係る書面又は電磁的記録による通知を発した時に、その効力を生ずる。

3　申込みの撤回等があつた場合においては、販売業者又は役務提供事業者は、その申込みの撤回等に伴う損害賠償又は違約金の支払を請求することができない。

4　申込みの撤回等があつた場合において、その売買契約に係る商品の引渡し又は権利の移転が既にされているときは、その引取り又は返還に要する費用は、販売業者の負担とする。

5　販売業者又は役務提供事業者は、商品若しくは特定権利の売買契約又は役務提供契約につき申込みの撤回等があつた場合には、既に当該売買契約に基づき引き渡された商品が使用され若しくは当該権利が行使され又は当該役務提供契約に基づき役務が提供されたときにおいても、申込者等に対し、当該商品の使用により得られた利益若しくは当該権利の行使により得られた利益に相当する金銭又は当該役務提供契約に係る役務の対価その他の金銭の支払を請求することができない。

6　役務提供事業者は、役務提供契約につき申込みの撤回等があつた場合において、当該役務提供契約に関連して金銭を受領しているときは、申込者等に対し、速やかに、これを返還しなければならない。

7　役務提供契約又は特定権利の売買契約の申込者等は、その役務提供契約又は売買契約につき申込みの撤回等を行つた場合において、当該役務提供契約又は当該特定権利に係る役務の提供に伴い申込者等の土地又は建物その他の工作物の現状が変更されたときは、当該役務提供事業者又は当該特定権利の販売業者に対し、その原状回復に必要な措置を無償で講ずることを請求することができる。

8　前各項の規定に反する特約で申込者等に不利なものは、無効とする。

第九条の三（訪問販売における契約の申込み又はその承諾の意思表示の取消し）申込者等は、販売業者又は役務提供事業者が訪問販売に係る売買契約又は役務提供契約の締結について勧誘をするに際し次の各号に掲げる行為をしたことにより、当該各号に定める誤認をし、それによつて当該売買契約若しくは当該役務提供契約の申込み又はその承諾の意思表示をしたときは、これを取り消すことができる。

一　第六条第一項の規定に違反して不実のことを告げる行為　当該告げられた内容が事実であるとの誤認

二　第六条第二項の規定に違反して故意に事実を告げない行為　当該事実が存在しないとの誤認

［2・3項略］

4　第一項の規定による取消権は、追認をすることができる時から一年間行わないときは、時効によつて消滅する。当該売買契約又は当該役務提供契約の締結の時から五年を経過したときも、同様とする。［5項略］

第三節　通信販売

第十一条（**通信販売についての広告**）販売業者又は役務提供事業者は、通信販売をする場合の商品若しくは特定権利の販売条件又は役務の提供条件について広告をするときは、主務省令で定めるところにより、当該広告に、当該商品若しくは当該権利又は当該役務に関する次の事項を表示しなければならない。ただし、当該広告に、請求により、これらの事項を記載した書面を遅滞なく交付し、又はこれらの事項を記録した電磁的記録を遅滞なく提供する旨の表示をする場合には、販売業者又は役務提供事業者は、主務省令で定めるところにより、これらの事項の一部を表示しないことができる。

一　商品若しくは権利の販売価格又は役務の対価（販売価格に商品の送料が含まれない場合には、販売価格及び商品の送料）

二　商品若しくは権利の代金又は役務の対価の支払の時期及び方法

三　商品の引渡時期若しくは権利の移転時期又は役務の提供時期

四　商品若しくは特定権利の売買契約又は役務提供契約に係る申込みの期間に関する定めがあるときは、その旨及びその内容

五　商品若しくは特定権利の売買契約又は役務提供契約の申込みの撤回又は解除に関する事項（第十五条の三第一項ただし書に規定する特約がある場合にはその内容を、第二十六条第二項の規定の適用がある場合には同項の規定に関する事項を含む。）

六　前各号に掲げるもののほか、主務省令で定める事項

第十二条（**誇大広告等の禁止**）販売業者又は役務提供事業者は、通信販売をする場合の商品若しくは特定権利の販売条件又は役務の提供条件について広告をするときは、当該商品の性能又は当該権利若しくは当該役務の内容、当該商品若しくは当該権利の売買契約又は当該役務の役務提供契約の申込みの撤回又は解除に関する事項（第十五条の三第一項ただし書に規定する特約がある場合には、その内容を含む。）その他の主務省令で定める事項について、著しく事実に相違する表示をし、又は実際のものよりも著しく優良であり、若しくは有利であると人を誤認させるような表示をしてはならない。

第十二条の三（**承諾をしていない者に対する電子メール広告の提供の禁止等**）販売業者又は役務提供事業者は、次に掲げる場合を除き、通信販売をする場合の商品若しくは特定権利の販売条件又は役務の提供条件について、その相手方となる者の承諾を得ないで電子メール広告をしてはならない。

一　相手方となる者の請求に基づき、通信販売をする場合の商品若しくは特定権利の販売条件又は役務の提供条件に係る電子メール広告をするとき。

二　当該販売業者の販売する商品若しくは特定権利若しくは当該役務提供事業者の提供する役務につき売買契約若しくは役務提供契約の申込みをした者又はこれらにつき売買契約若しくは役務提供契約を締結した者に対し、主務省令で定める方法により当該申込み若しくは当該契約の内容又は当該契約の履行に関する事項を通知する場合において、主務省令で定めるところにより通信販売電子メール広告をするとき。

三　前二号に掲げるもののほか、通常通信販売電子メール広告の提供を受ける者の利益を損なうおそれがないと認められる場合として主務省令で定める場合において、通信販売電子メール広告をするとき。

2　前項に規定する承諾を得、又は同項第一号に規定する請求を受けた販売業者又は役務提供事業者は、当該通信販売電子メール広告の相手方から通信販売電子メール広告の提供を受けない旨の意思の表示を受けたときは、当該相手方に対し、通信販売電子メール広告をしてはならない。ただし、当該意思の表示を受けた後に再び通信販売電子メール広告をすることにつき当該相手方から請求を受け、又は当該相手方の承諾を得た場合には、この限りでない。

3　販売業者又は役務提供事業者は、通信販売電子メール広告をするときは、第一項第二号又は第三号に掲げる場合を除き、当該通信販売電子メール広告をすることにつきその相手方の承諾を得、又はその相手方から請求を受けたことの記録として主務省令で定めるものを作成し、主務省令で定めるところによりこれを保存しなければならない。

4　販売業者又は役務提供事業者は、通信販売電子メール広告をするときは、第一項第二号又は第三号に掲げる場合を除き、当該通信販売電子メール広告に、第十一条各号に掲げる事項のほか、主務省令で定めるところにより、その相手方が通信販売電子メール広告の提供

を受けない旨の意思の表示をするために必要な事項として主務省令で定めるものを表示しなければならない。

5　前二項の規定は、販売業者又は役務提供事業者が他の者に次に掲げる業務の全てにつき一括して委託しているときは、その委託に係る通信販売電子メール広告については、適用しない。

一　通信販売電子メール広告をすることにつきその相手方の承諾を得、又はその相手方から請求を受ける業務

二　第三項に規定する記録を作成し、及び保存する業務

三　前項に規定する通信販売電子メール広告の提供を受けない旨の意思の表示をするために必要な事項を表示する業務

第一二条の四　販売業者又は役務提供事業者から前条第五項各号に掲げる業務の全てにつき一括して委託を受けた者（以下この節並びに第六十六条第六項及び第六十七条第一項第四号において「通信販売電子メール広告受託事業者」という。）は、次に掲げる場合を除き、当該業務を委託した販売業者又は役務提供事業者（以下この節において「通信販売電子メール広告委託者」という。）が通信販売をする場合の商品若しくは特定権利の販売条件又は役務の提供条件について、その相手方となる者の承諾を得ないで通信販売電子メール広告をしてはならない。

一　相手方となる者の請求に基づき、通信販売電子メール広告委託者に係る通信販売電子メール広告をするとき。

二　前号に掲げるもののほか、通常通信販売電子メール広告委託者に係る通信販売電子メール広告の提供を受ける者の利益を損なうおそれがないと認められる場合として主務省令で定める場合において、通信販売電子メール広告委託者に係る通信販売電子メール広告をするとき。

2　前条第二項から第四項までの規定は、通信販売電子メール広告受託事業者による通信販売電子メール広告委託者に係る通信販売電子メール広告について準用する。この場合において、同条第三項及び第四項中「第一項第二号又は第三号」とあるのは、「次条第一項第二号」と読み替えるものとする。

第一二条の五（承諾をしていない者に対するファクシミリ広告の提供の禁止等）　販売業者又は役務提供事業者は、次に掲げる場合を除き、通信販売をする場合の商品若しくは特定権利の販売条件又は役務の提供条件について、その相手方となる者の承諾を得ないでファクシミリ広告（当該広告に係る通信文その他の情報をファクシミリ装置を用いて送信する方法により行う広告をいう。）をしてはならない。

一　相手方となる者の請求に基づき、通信販売をする場合の商品若しくは特定権利の販売条件又は役務の提供条件に係るファクシミリ広告（以下この条において「通信販売ファクシミリ広告」という。）をするとき。

二　当該販売業者の販売する商品若しくは特定権利若しくは当該役務提供事業者の提供する役務につき売買契約若しくは役務提供契約の申込みをした者又はこれらにつき売買契約若しくは役務提供契約を締結した者に対し、主務省令で定める方法により当該契約の申込み若しくは当該契約の内容又は当該契約の履行に関する事項を通知する場合において、主務省令で定めるところにより通信販売ファクシミリ広告をするとき。

三　前二号に掲げるもののほか、通常通信販売ファクシミリ広告の提供を受ける者の利益を損なうおそれがないと認められる場合として主務省令で定める場合において、通信販売ファクシミリ広告をするとき。

2　前項に規定する承諾を得、又は同項第一号に規定する請求を受けた販売業者又は役務提供事業者は、当該通信販売ファクシミリ広告の相手方から通信販売ファクシミリ広告の提供を受けない旨の意思の表示を受けたときは、当該相手方に対し、通信販売ファクシミリ広告をしてはならない。ただし、当該意思の表示を受けた後に再び通信販売ファクシミリ広告をすることにつき当該相手方から請求を受け、又は当該相手方の承諾を得た場合には、この限りでない。

3　販売業者又は役務提供事業者は、通信販売ファクシミリ広告をするときは、第一項第二号又は第三号に掲げる場合を除き、当該通信販売ファクシミリ広告をすることにつきその相手方の承諾を得、又はその相手方から請求を受けたことの記録として主務省令で定めるものを作成し、主務省令で定めるところによりこれを保存しなければならない。

4　販売業者又は役務提供事業者は、通信販売ファクシミリ広告をするときは、第一項第二号又は第三号に掲げる場合を除き、当該通信販売ファクシミリ広告に、第十一条各号に掲

げる事項のほか、主務省令で定めるところにより、その相手方が通信販売ファクシミリ広告の提供を受けない旨の意思の表示をするために必要な事項として主務省令で定めるものを表示しなければならない。

第一五条の三（**通信販売における契約の解除等**）通信販売をする場合の商品又は特定権利の販売条件について広告をした販売業者が当該商品若しくは当該特定権利の売買契約の申込みを受けた場合におけるその申込みをした者又は売買契約を締結した場合におけるその購入者は、その売買契約に係る商品の引渡し又は特定権利の移転を受けた日から起算して八日を経過するまでの間は、その売買契約の申込みの撤回又はその売買契約の解除を行うことができる。［ただし書き略］

2　申込みの撤回等があつた場合において、その売買契約に係る商品の引渡し又は特定権利の移転が既にされているときは、その引取り又は返還に要する費用は、購入者の負担とする。

第一五条の四（**通信販売における契約の申込みの意思表示の取消し**）特定申込みをした者は、販売業者又は役務提供事業者が当該特定申込みを受けるに際し次の各号に掲げる行為をしたことにより、当該各号に定める誤認をし、それによつて当該特定申込みの意思表示をしたときは、これを取り消すことができる。

一　第十二条の六第一項の規定に違反して不実の表示をする行為　当該表示が事実であるとの誤認

二　第十二条の六第一項の規定に違反して表示をしない行為　当該表示がされていない事項が存在しないとの誤認

三　第十二条の六第二項第一号に掲げる表示をする行為　同号に規定する書面の送付又は手続に従つた情報の送信が通信販売に係る売買契約又は役務提供契約の申込みとならないとの誤認

四　第十二条の六第二項第二号に掲げる表示をする行為　同条第一項各号に掲げる事項についての誤認［2項略］

第四節　電話勧誘販売

第一六条（**電話勧誘販売における氏名等の明示**）販売業者又は役務提供事業者は、電話勧誘販売をしようとするときは、その勧誘に先立つて、その相手方に対し、販売業者又は役務提供事業者の氏名又は名称及びその勧誘を行う者の氏名並びに商品若しくは権利又は役務の種類並びにその電話が売買契約又は役務提供契約の締結について勧誘をするためのものであることを告げなければならない。

第一七条（**契約を締結しない旨の意思を表示した者に対する勧誘の禁止**）販売業者又は役務提供事業者は、電話勧誘販売に係る売買契約又は役務提供契約を締結しない旨の意思を表示した者に対し、当該売買契約又は当該役務提供契約の締結について勧誘をしてはならない。

第一八条（**電話勧誘販売における書面の交付**）販売業者又は役務提供事業者は、電話勧誘行為により、電話勧誘顧客から商品若しくは特定権利につき当該売買契約の申込みを郵便等により受け、又は役務につき当該役務提供契約の申込みを郵便等により受けたときは、遅滞なく、主務省令で定めるところにより、次の事項についてその申込みの内容を記載した書面をその申込みをした者に交付しなければならない。ただし、その申込みを受けた際その売買契約又は役務提供契約を締結した場合においては、この限りでない。

一　商品若しくは権利又は役務の種類

二　商品若しくは権利の販売価格又は役務の対価

三　商品若しくは権利の代金又は役務の対価の支払の時期及び方法

四　商品の引渡時期若しくは権利の移転時期又は役務の提供時期

五　第二十四条第一項の規定による売買契約若しくは役務提供契約の申込みの撤回又は売買契約若しくは役務提供契約の解除に関する事項

六　前各号に掲げるもののほか、主務省令で定める事項

2　販売業者又は役務提供事業者は、前項の規定による書面の交付に代えて、政令で定めるところにより、当該申込みをした者の承諾を得て、当該書面に記載すべき事項を電磁的方法により提供することができる。この場合において、当該販売業者又は当該役務提供事業者は、当該書面を交付したものとみなす。

3　前項前段の規定による書面に記載すべき事項の電磁的方法（主務省令で定める方法を除く。）による提供は、当該申込みをした者の使用に係る電子計算機に備えられたファイルへの記録がされた時に当該申込みをした者に到達したものとみなす。

第二四条（**電話勧誘販売における契約の申込みの撤回等**）販売業者若しくは役務提供事業者

が電話勧誘行為により電話勧誘顧客から商品若しくは特定権利若しくは役務につき当該売買契約若しくは当該役務提供契約の申込みを郵便等により受けた場合におけるその申込みをした者又は販売業者若しくは役務提供事業者が電話勧誘行為により電話勧誘顧客と商品若しくは特定権利若しくは役務につき当該売買契約若しくは当該役務提供契約を郵便等により締結した場合におけるその購入者若しくは役務の提供を受ける者は、書面又は電磁的記録によりその売買契約若しくは役務提供契約の申込みの撤回又はその売買契約若しくは役務提供契約の解除を行うことができる。ただし、申込者等が第十九条第一項又は第二項の書面を受領した日（その日前に第十八条第一項の書面を受領した場合にあつては、その書面を受領した日）から起算して八日を経過した場合（申込者等が、販売業者若しくは役務提供事業者が第二十一条第一項の規定に違反して申込みの撤回等に関する事項につき不実のことを告げる行為をしたことにより当該告げられた内容が事実であるとの誤認をし、又は販売業者若しくは役務提供事業者が同条第三項の規定に違反して威迫したことにより困惑し、これらによつて当該期間を経過するまでに申込みの撤回等を行わなかつた場合には、当該申込者等が、当該販売業者又は当該役務提供事業者が主務省令で定めるところにより当該売買契約又は当該役務提供契約の申込みの撤回等を行うことができる旨を記載して交付した書面を受領した日から起算して八日を経過した場合）においては、この限りでない。

2　申込みの撤回等は、当該申込みの撤回等に係る書面又は電磁的記録による通知を発した時に、その効力を生ずる。

3　申込みの撤回等があつた場合においては、販売業者又は役務提供事業者は、その申込みの撤回等に伴う損害賠償又は違約金の支払を請求することができない。

4　申込みの撤回等があつた場合において、その売買契約に係る商品の引渡し又は権利の移転が既にされているときは、その引取り又は返還に要する費用は、販売業者の負担とする。

5　販売業者又は役務提供事業者は、商品若しくは特定権利の売買契約又は役務提供契約につき申込みの撤回等があつた場合には、既に当該売買契約に基づき引き渡された商品が使用され若しくは当該権利が行使され又は当該役務提供契約に基づき役務が提供されたときにおいても、申込者等に対し、当該商品の使用により得られた利益若しくは当該権利の行使により得られた利益に相当する金銭又は当該役務提供契約に係る役務の対価その他の金銭の支払を請求することができない。〔6項以下略〕

第二四条の三（**電話勧誘販売における契約の申込み又はその承諾の意思表示の取消し**）申込者等は、販売業者又は役務提供事業者が電話勧誘販売に係る売買契約又は役務提供契約の締結について勧誘をするに際し次の各号に掲げる行為をしたことにより、当該各号に定める誤認をし、それによつて当該売買契約若しくは当該役務提供契約の申込み又はその承諾の意思表示をしたときは、これを取り消すことができる。

一　第二十一条第一項の規定に違反して不実のことを告げる行為　当該告げられた内容が事実であるとの誤認

二　第二十一条第二項の規定に違反して故意に事実を告げない行為　当該事実が存在しないとの誤認

2　第九条の三第二項から第五項までの規定は、前項の規定による電話勧誘販売に係る売買契約若しくは役務提供契約の申込み又はその承諾の意思表示の取消しについて準用する。

第五節　雑則

第二六条（**適用除外**）〔1—3項略〕

4　第九条及び第二十四条の規定は、次の販売又は役務の提供で訪問販売又は電話勧誘販売に該当するものについては、適用しない。

一　その販売条件又は役務の提供条件についての交渉が、販売業者又は役務提供事業者と購入者又は役務の提供を受ける者との間で相当の期間にわたり行われることが通常の取引の態様である商品又は役務として政令で定めるものの販売又は提供〔二号略〕

5　第九条及び第二十四条の規定は、訪問販売又は電話勧誘販売に該当する販売又は役務の提供が次に掲げる場合に該当する場合における当該販売又は役務の提供については、適用しない。

一　第九条第一項に規定する申込者等又は第二十四条第一項に規定する申込者等が第四条第一項若しくは第五条第一項若しくは第二項又は第十八条第一項若しくは第十九条第二項の書面を受領した場合において、その使用若しくは一部の消費

産業法

により価額が著しく減少するおそれがある商品として政令で定めるものを使用し又はその全部若しくは一部を消費したとき（当該販売業者が当該申込者等に当該商品を使用させ、又はその全部若しくは一部を消費させた場合を除く。）。〔二号略〕

三　第五条第二項又は第十九条第二項に規定する場合において、当該売買契約に係る商品若しくは特定権利の代金又は当該役務提供契約に係る役務の対価の総額が政令で定める金額に満たないとき。〔6項以下略〕

第三章　連鎖販売取引

第三四条（禁止行為）　統括者又は勧誘者は、その統括者の統括する一連の連鎖販売業に係る連鎖販売取引についての契約の締結について勧誘をするに際し、又はその連鎖販売業に係る連鎖販売取引についての契約の解除を妨げるため、次の事項につき、故意に事実を告げず、又は不実のことを告げる行為をしてはならない。

一　商品（施設を利用し及び役務の提供を受ける権利を除く。）の種類及びその性能若しくは品質又は施設を利用し若しくは役務の提供を受ける権利若しくは役務の種類及びこれらの内容その他これらに類するものとして主務省令で定める事項

二　当該連鎖販売取引に伴う特定負担に関する事項

三　当該契約の解除に関する事項

四　その連鎖販売業に係る特定利益に関する事項

五　前各号に掲げるもののほか、その連鎖販売業に関する事項であつて、連鎖販売取引の相手方の判断に影響を及ぼすこととなる重要なもの

2　一般連鎖販売業者は、その統括者の統括する一連の連鎖販売業に係る連鎖販売取引についての契約の締結について勧誘をするに際し、又はその連鎖販売業に係る連鎖販売取引についての契約の解除を妨げるため、前項各号の事項につき、不実のことを告げる行為をしてはならない。

3　統括者、勧誘者又は一般連鎖販売業者は、その統括者の統括する一連の連鎖販売業に係る連鎖販売取引についての契約を締結させ、又はその連鎖販売業に係る連鎖販売取引についての契約の解除を妨げるため、人を威迫して困惑させてはならない。

4　統括者、勧誘者又は一般連鎖販売業者は、特定負担を伴う取引についての契約の締結について勧誘をするためのものであることを告げずに営業所、代理店その他の主務省令で定める場所以外の場所において呼び止めて同行させることその他政令で定める方法により誘引した者に対し、公衆の出入りする場所以外の場所において、当該契約の締結について勧誘をしてはならない。

第三四条の二（合理的な根拠を示す資料の提出）　主務大臣は、前条第一項第一号又は第四号に掲げる事項につき不実のことを告げる行為をしたか否かを判断するため必要があると認めるときは、当該統括者、当該勧誘者又は当該一般連鎖販売業者に対し、期間を定めて、当該告げた事項の裏付けとなる合理的な根拠を示す資料の提出を求めることができる。この場合において、当該統括者、当該勧誘者又は当該一般連鎖販売業者が当該資料を提出しないときは、第三十八条第一項から第三項まで及び第三十九条第一項の規定の適用については、当該統括者、当該勧誘者又は当該一般連鎖販売業者は、前条第一項第一号又は第四号に掲げる事項につき不実のことを告げる行為をしたものとみなす。

第三五条（連鎖販売取引についての広告）　統括者、勧誘者又は一般連鎖販売業者は、その統括者の統括する一連の連鎖販売業に係る連鎖販売取引について広告をするときは、主務省令で定めるところにより、当該広告に、その連鎖販売業に関する次の事項を表示しなければならない。

一　商品又は役務の種類

二　当該連鎖販売取引に伴う特定負担に関する事項

三　その連鎖販売業に係る特定利益について広告をするときは、その計算の方法

四　前三号に掲げるもののほか、主務省令で定める事項

第三六条（誇大広告等の禁止）　統括者、勧誘者又は一般連鎖販売業者は、その統括者の統括する一連の連鎖販売業に係る連鎖販売取引について広告をするときは、その連鎖販売業に係る商品（施設を利用し及び役務の提供を受ける権利を除く。）の性能若しくは品質又は施設を利用し若しくは役務の提供を受ける権利若しくは役務の内容、当該連鎖販売取引に伴う特定負担、当該連鎖販売業に係る特定利益その他の主務省令で定める事項について、著しく事実に相違する表示をし、又は実際の

ものよりも著しく優良であり、若しくは有利であると人を誤認させるような表示をしてはならない。

第四〇条（**連鎖販売契約の解除等**）連鎖販売業を行う者がその連鎖販売業に係る連鎖販売契約を締結した場合におけるその連鎖販売契約の相手方は、第三十七条第二項の書面を受領した日から起算して二十日を経過したときを除き、書面又は電磁的記録によりその連鎖販売契約の解除を行うことができる。この場合において、その連鎖販売業を行う者は、その連鎖販売契約の解除に伴う損害賠償又は違約金の支払を請求することができない。

2　前項の連鎖販売契約の解除は、その連鎖販売契約の解除を行う旨の書面又は電磁的記録による通知を発した時に、その効力を生ずる。

3　第一項の連鎖販売契約の解除があつた場合において、その連鎖販売契約に係る商品の引渡しが既にされているときは、その引取りに要する費用は、その連鎖販売業を行う者の負担とする。

4　前三項の規定に反する特約でその連鎖販売加入者に不利なものは、無効とする。

第四〇条の二　連鎖販売加入者は、第三十七条第二項の書面を受領した日から起算して二十日を経過した後（連鎖販売加入者が、統括者若しくは勧誘者が第三十四条第一項の規定に違反し若しくは一般連鎖販売業者が同条第二項の規定に違反して前条第一項の規定による連鎖販売契約の解除に関する事項につき不実のことを告げる行為をしたことにより当該告げられた内容が事実であるとの誤認をし、又は統括者、勧誘者若しくは一般連鎖販売業者が第三十四条第三項の規定に違反して威迫したことにより困惑し、これらによつて当該期間を経過するまでに前条第一項の規定による連鎖販売契約の解除を行わなかつた場合には、当該連鎖販売加入者が、その連鎖販売業に係る統括者、勧誘者又は一般連鎖販売業者が同項の主務省令で定めるところにより同項の規定による当該連鎖販売契約の解除を行うことができる旨を記載して交付した書面を受領した日から起算して二十日を経過した後）においては、将来に向かつてその連鎖販売契約の解除を行うことができる。

2　前項の規定により連鎖販売契約が解除された場合において、その解除がされる前に、連鎖販売業を行う者が連鎖販売加入者（当該連鎖販売契約（取引条件の変更に係る連鎖販売契約を除く。）を締結した日から一年を経過していない者に限る。以下この条において同じ。）に対し、既に、連鎖販売業に係る商品の販売（そのあつせんを含む。）を行つているときは、連鎖販売加入者は、次に掲げる場合を除き、当該商品の販売に係る契約（当該連鎖販売契約のうち当該連鎖販売取引に伴う特定負担に係る商品の販売に係る部分を含む。以下この条において「商品販売契約」という。）の解除を行うことができる。

一　当該商品の引渡し（当該商品が施設を利用し又は役務の提供を受ける権利である場合にあつては、その移転。以下この条において同じ。）を受けた日から起算して九十日を経過したとき。

二　当該商品を再販売したとき。

三　当該商品を使用し又はその全部若しくは一部を消費したとき（当該連鎖販売業に係る商品の販売を行つた者が当該連鎖販売加入者に当該商品を使用させ、又はその全部若しくは一部を消費させた場合を除く。）。

四　その他政令で定めるとき。

3　連鎖販売業を行う者は、第一項の規定により連鎖販売契約が解除されたときは、損害賠償額の予定又は違約金の定めがあるときにおいても、契約の締結及び履行のために通常要する費用の額（次の各号のいずれかに該当する場合にあつては、当該額に当該各号に掲げる場合に応じ当該各号に定める額を加算した額）にこれに対する法定利率による遅延損害金の額を加算した金額を超える額の金銭の支払を連鎖販売加入者に対して請求することができない。

一　当該連鎖販売契約の解除が当該連鎖販売取引に伴う特定負担に係る商品の引渡し後である場合　次の額を合算した額

イ　引渡しがされた当該商品（当該連鎖販売契約に基づき販売が行われたものに限り、前項の規定により当該商品に係る商品販売契約が解除されたものを除く。）の販売価格に相当する額

ロ　提供された特定利益その他の金品（前項の規定により解除された商品販売契約に係る商品に係るものに限る。）に相当する額

二　当該連鎖販売契約の解除が当該連鎖販売取引に伴う特定負担に係る役務の提供開始後である場合　提供された当該役務（当該連鎖販売契約に基づき提供されたものに限る。）の対価に相当する額

4　連鎖販売業に係る商品の販売を行つた者は、第二項の規定により商品販売契約が解除されたときは、損害賠償額の予定又は違約金の定めがあるときにおいても、次の各号に掲げる場合に応じ当該各号に定める額にこれに対する法定利率による遅延損害金の額を加算した金額を超える額の金銭の支払を当該連鎖販売加入者に対して請求することができない。
一　当該商品が返還された場合又は当該商品販売契約の解除が当該商品の引渡し前である場合　当該商品の販売価格の十分の一に相当する額
二　当該商品が返還されない場合　当該商品の販売価格に相当する額
5　第二項の規定により商品販売契約が解除されたときは、当該商品に係る一連の連鎖販売業の統括者は、連帯して、その解除によつて生ずる当該商品の販売を行つた者の債務の弁済の責めに任ずる。
6　前各項の規定に反する特約で連鎖販売加入者に不利なものは、無効とする。
7　第三項及び第四項の規定は、連鎖販売業に係る商品又は役務を割賦販売により販売し又は提供するものについては、適用しない。

第四〇条の三（**連鎖販売契約の申込み又はその承諾の意思表示の取消し**）連鎖販売加入者は、統括者若しくは勧誘者がその統括者の統括する一連の連鎖販売業に係る連鎖販売契約の締結について勧誘をするに際し第一号若しくは第二号に掲げる行為をしたことにより当該各号に定める誤認をし、又は一般連鎖販売業者がその連鎖販売業に係る連鎖販売契約の締結について勧誘をするに際し第三号に掲げる行為をしたことにより同号に定める誤認をし、これらによつて当該連鎖販売契約の申込み又はその承諾の意思表示をしたときは、これを取り消すことができる。ただし、当該連鎖販売契約の相手方が、当該連鎖販売契約の締結の当時、当該統括者、当該勧誘者又は当該一般連鎖販売業者がこれらの行為をした事実を知らなかつたときは、この限りでない。
一　第三十四条第一項の規定に違反して不実のことを告げる行為　当該告げられた内容が事実であるとの誤認
二　第三十四条第一項の規定に違反して故意に事実を告げない行為　当該事実が存在しないとの誤認
三　第三十四条第二項の規定に違反して不実のことを告げる行為　当該告げられた内容が事実であるとの誤認
2　第九条の三第二項から第五項までの規定は、前項の規定による連鎖販売契約の申込み又はその承諾の意思表示の取消しについて準用する。

第四章　特定継続的役務提供

第四二条（**特定継続的役務提供における書面の交付**）役務提供事業者又は販売業者は、特定継続的役務の提供を受けようとする者又は特定継続的役務の提供を受ける権利を購入しようとする者と特定継続的役務提供契約又は特定権利販売契約を締結しようとするときは、当該特定継続的役務提供等契約を締結するまでに、主務省令で定めるところにより、当該特定継続的役務提供等契約の概要について記載した書面をその者に交付しなければならない。
2　役務提供事業者は、特定継続的役務提供契約を締結したときは、遅滞なく、主務省令で定めるところにより、次の事項について当該特定継続的役務提供契約の内容を明らかにする書面を当該特定継続的役務の提供を受ける者に交付しなければならない。
一　役務の内容であつて主務省令で定める事項及び当該役務の提供に際し当該役務の提供を受ける者が購入する必要のある商品がある場合にはその商品名
二　役務の対価その他の役務の提供を受ける者が支払わなければならない金銭の額
三　前号に掲げる金銭の支払の時期及び方法
四　役務の提供期間
五　第四十八条第一項の規定による特定継続的役務提供契約の解除に関する事項
六　第四十九条第一項の規定による特定継続的役務提供契約の解除に関する事項
七　前各号に掲げるもののほか、主務省令で定める事項
3　販売業者は、特定権利販売契約を締結したときは、遅滞なく、主務省令で定めるところにより、次の事項について当該特定権利販売契約の内容を明らかにする書面を当該特定継続的役務の提供を受ける権利の購入者に交付しなければならない。
一　権利の内容であつて主務省令で定める事項及び当該権利の行使による役務の提供に際し当該権利の購入者が購入する必要のある商品がある場合にはその商品名
二　権利の販売価格その他の当該特定継続的

役務の提供を受ける権利の購入者が支払わなければならない金銭の額

三　前号に掲げる金銭の支払の時期及び方法

四　権利の行使により受けることができる役務の提供期間

五　第四十八条第一項の規定による特定権利販売契約の解除に関する事項

六　第四十九条第三項の規定による特定権利販売契約の解除に関する事項

七　前各号に掲げるもののほか、主務省令で定める事項

4　役務提供事業者又は販売業者は、前三項の規定による書面の交付に代えて、政令で定めるところにより、当該特定継続的役務の提供を受けようとする者若しくは当該特定継続的役務の提供を受ける権利を購入しようとする者、当該特定継続的役務の提供を受ける者又は当該特定継続的役務の提供を受ける権利の購入者の承諾を得て、当該書面に記載すべき事項を電磁的方法により提供することができる。この場合において、当該役務提供事業者又は当該販売業者は、当該書面を交付したものとみなす。

5　前項前段の規定による第二項又は第三項の書面に記載すべき事項の電磁的方法（主務省令で定める方法を除く。）による提供は、当該特定継続的役務の提供を受ける者又は当該特定継続的役務の提供を受ける権利の購入者の使用に係る電子計算機に備えられたファイルへの記録がされた時に当該特定継続的役務の提供を受ける者又は当該特定継続的役務の提供を受ける権利の購入者に到達したものとみなす。

第四八条（特定継続的役務提供等契約の解除等）　役務提供事業者又は販売業者が特定継続的役務提供等契約を締結した場合におけるその特定継続的役務提供受領者等は、第四十二条第二項又は第三項の書面を受領した日から起算して八日を経過したときを除き、書面又は電磁的記録によりその特定継続的役務提供等契約の解除を行うことができる。

2　前項の規定による特定継続的役務提供等契約の解除があつた場合において、役務提供事業者又は販売業者が特定継続的役務の提供に際し特定継続的役務提供受領者等が購入する必要のある商品として政令で定める商品（以下この章並びに第五十八条の二十二第二項、第五十八条の二十六第一項及び第六十六条第二項において「関連商品」という。）の販売又はその代理若しくは媒介を行つている場合には、当該商品の販売に係る契約（以下この条、次条及び第五十八条の二十二第二項において「関連商品販売契約」という。）についても、前項と同様とする。ただし、特定継続的役務提供受領者等が第四十二条第二項又は第三項の書面を受領した場合において、関連商品であつてその使用若しくは一部の消費により価額が著しく減少するおそれがある商品として政令で定めるものを使用し又はその全部若しくは一部を消費したとき（当該役務提供事業者又は当該販売業者が当該特定継続的役務提供受領者等に当該商品を使用させ、又はその全部若しくは一部を消費させた場合を除く。）は、この限りでない。

3　前二項の規定による特定継続的役務提供等契約の解除及び関連商品販売契約の解除は、それぞれ当該解除を行う旨の書面又は電磁的記録による通知を発した時に、その効力を生ずる。

4　第一項の規定による特定継続的役務提供等契約の解除又は第二項の規定による関連商品販売契約の解除があつた場合においては、役務提供事業者若しくは販売業者又は関連商品の販売を行つた者は、当該解除に伴う損害賠償若しくは違約金の支払を請求することができない。

5　第一項の規定による特定権利販売契約の解除又は第二項の規定による関連商品販売契約の解除があつた場合において、その特定権利販売契約又は関連商品販売契約に係る権利の移転又は関連商品の引渡しが既にされているときは、その返還又は引取りに要する費用は、販売業者又は関連商品の販売を行つた者の負担とする。

6　役務提供事業者又は販売業者は、第一項の規定による特定継続的役務提供等契約の解除があつた場合には、既に当該特定継続的役務提供等契約に基づき特定継続的役務提供が行われたときにおいても、特定継続的役務提供受領者等に対し、当該特定継続的役務提供等契約に係る特定継続的役務の対価その他の金銭の支払を請求することができない。

7　役務提供事業者は、第一項の規定による特定継続的役務提供契約の解除があつた場合において、当該特定継続的役務提供契約に関連して金銭を受領しているときは、特定継続的役務の提供を受ける者に対し、速やかに、これを返還しなければならない。

8　前各項の規定に反する特約で特定継続的役

産業法

務提供受領者等に不利なものは、無効とする。

第四九条　役務提供事業者が特定継続的役務提供契約を締結した場合におけるその特定継続的役務の提供を受ける者は、第四十二条第二項の書面を受領した日から起算して八日を経過した後においては、将来に向かつてその特定継続的役務提供契約の解除を行うことができる。

2　役務提供事業者は、前項の規定により特定継続的役務提供契約が解除されたときは、損害賠償額の予定又は違約金の定めがあるときにおいても、次の各号に掲げる場合に応じ当該各号に定める額にこれに対する法定利率による遅延損害金の額を加算した金額を超える額の金銭の支払を特定継続的役務の提供を受ける者に対して請求することができない。

一　当該特定継続的役務提供契約の解除が特定継続的役務の提供開始後である場合　次の額を合算した額

イ　提供された特定継続的役務の対価に相当する額

ロ　当該特定継続的役務提供契約の解除によつて通常生ずる損害の額として第四十一条第二項の政令で定める役務ごとに政令で定める額

二　当該特定継続的役務提供契約の解除が特定継続的役務の提供開始前である場合　契約の締結及び履行のために通常要する費用の額として第四十一条第二項の政令で定める役務ごとに政令で定める額

3　販売業者が特定権利販売契約を締結した場合におけるその特定継続的役務の提供を受ける権利の購入者は、第四十二条第三項の書面を受領した日から起算して八日を経過した後（その特定継続的役務の提供を受ける権利の購入者が、販売業者が第四十四条第一項の規定に違反して前条第一項の規定による特定権利販売契約の解除に関する事項につき不実のことを告げる行為をしたことにより当該告げられた内容が事実であるとの誤認をし、又は販売業者が第四十四条第三項の規定に違反して威迫したことにより困惑し、これらによつて当該期間を経過するまでに前条第一項の規定による特定権利販売契約の解除を行わなかつた場合には、当該特定継続的役務の提供を受ける権利の購入者が、当該販売業者が同項の主務省令で定めるところにより同項の規定による当該特定権利販売契約の解除を行うことができる旨を記載して交付した書面を受領した日から起算して八日を経過した後）においては、その特定権利販売契約の解除を行うことができる。

4　販売業者は、前項の規定により特定権利販売契約が解除されたときは、損害賠償額の予定又は違約金の定めがあるときにおいても、次の各号に掲げる場合に応じ当該各号に定める額にこれに対する法定利率による遅延損害金の額を加算した金額を超える額の金銭の支払を特定継続的役務の提供を受ける権利の購入者に対して請求することができない。

一　当該権利が返還された場合　当該権利の行使により通常得られる利益に相当する額（当該権利の販売価格に相当する額から当該権利の返還されたときにおける価額を控除した額が当該権利の行使により通常得られる利益に相当する額を超えるときは、その額）

二　当該権利が返還されない場合　当該権利の販売価格に相当する額

三　当該契約の解除が当該権利の移転前である場合　契約の締結及び履行のために通常要する費用の額

5　第一項又は第三項の規定により特定継続的役務提供等契約が解除された場合であつて、役務提供事業者又は販売業者が特定継続的役務提供受領者等に対し、関連商品の販売又はその代理若しくは媒介を行つている場合には、特定継続的役務提供受領者等は当該関連商品販売契約の解除を行うことができる。

6　関連商品の販売を行つた者は、前項の規定により関連商品販売契約が解除されたときは、損害賠償額の予定又は違約金の定めがあるときにおいても、次の各号に掲げる場合に応じ当該各号に定める額にこれに対する法定利率による遅延損害金の額を加算した金額を超える額の金銭の支払を特定継続的役務提供受領者等に対して請求することができない。

一　当該関連商品が返還された場合　当該関連商品の通常の使用料に相当する額（当該関連商品の販売価格に相当する額から当該関連商品の返還されたときにおける価額を控除した額が通常の使用料に相当する額を超えるときは、その額）

二　当該関連商品が返還されない場合　当該関連商品の販売価格に相当する額

三　当該契約の解除が当該関連商品の引渡し前である場合　契約の締結及び履行のために通常要する費用の額

7　前各項の規定に反する特約で特定継続的役

務提供受領者等に不利なものは、無効とする。

第四九条の二（**特定継続的役務提供等契約の申込み又はその承諾の意思表示の取消し**）特定継続的役務提供受領者等は、役務提供事業者又は販売業者が特定継続的役務提供等契約の締結について勧誘をするに際し次の各号に掲げる行為をしたことにより、当該各号に定める誤認をし、それによつて当該特定継続的役務提供等契約の申込み又はその承諾の意思表示をしたときは、これを取り消すことができる。

一　第四十四条第一項の規定に違反して不実のことを告げる行為　当該告げられた内容が事実であるとの誤認

二　第四十四条第二項の規定に違反して故意に事実を告げない行為　当該事実が存在しないとの誤認

2　第九条の三第二項から第五項までの規定は、前項の規定による特定継続的役務提供等契約の申込み又はその承諾の意思表示の取消しについて準用する。

3　前条第五項から第七項までの規定は、第一項の規定により特定継続的役務提供等契約の申込み又はその承諾の意思表示が取り消された場合について準用する。

第五章　業務提供誘引販売取引

第五一条（**定義**）この章並びに第五十八条の二十三、第五十八条の二十六第一項、第六十六条第一項及び第六十七条第一項において「業務提供誘引販売業」とは、物品の販売（そのあつせんを含む。）又は有償で行う役務の提供（そのあつせんを含む。）の事業であつて、その販売の目的物たる物品又はその提供される役務を利用する業務（その商品の販売若しくはそのあつせん又はその役務の提供若しくはそのあつせんを行う者が自ら提供を行い、又はあつせんを行うものに限る。）に従事することにより得られる利益を収受し得ることをもつて相手方を誘引し、その者と特定負担を伴うその商品の販売若しくはそのあつせん又はその役務の提供若しくはそのあつせんに係る取引をするものをいう。

2　この章において「取引料」とは、取引料、登録料、保証金その他いかなる名義をもつてするかを問わず、取引をするに際し、又は取引条件を変更するに際し提供される金品をいう。

第五二条（**禁止行為**）業務提供誘引販売業を行う者は、その業務提供誘引販売業に係る業務提供誘引販売取引についての契約の締結について勧誘をするに際し、又はその業務提供誘引販売業に係る業務提供誘引販売取引についての契約の解除を妨げるため、次の事項につき、故意に事実を告げず、又は不実のことを告げる行為をしてはならない。

一　商品（施設を利用し及び役務の提供を受ける権利を除く。）の種類及びその性能若しくは品質又は施設を利用し若しくは役務の提供を受ける権利若しくは役務の種類及びこれらの内容その他これらに類するものとして主務省令で定める事項

二　当該業務提供誘引販売取引に伴う特定負担に関する事項

三　当該契約の解除に関する事項（第五十八条第一項から第三項までの規定に関する事項を含む。）

四　その業務提供誘引販売業に係る業務提供利益に関する事項

五　前各号に掲げるもののほか、その業務提供誘引販売業に関する事項であつて、業務提供誘引販売取引の相手方の判断に影響を及ぼすこととなる重要なもの

2　業務提供誘引販売業を行う者は、その業務提供誘引販売業に係る業務提供誘引販売取引についての契約を締結させ、又はその業務提供誘引販売業に係る業務提供誘引販売取引についての契約の解除を妨げるため、人を威迫して困惑させてはならない。

3　業務提供誘引販売業を行う者は、特定負担を伴う取引についての契約の締結について勧誘をするためのものであることを告げずに営業所、代理店その他の主務省令で定める場所以外の場所において呼び止めて同行させることその他政令で定める方法により誘引した者に対し、公衆の出入りする場所以外の場所において、当該業務提供誘引販売業に係る業務提供誘引販売取引についての契約の締結について勧誘をしてはならない。

第五二条の二（**合理的な根拠を示す資料の提出**）主務大臣は、前条第一項第一号又は第四号に掲げる事項につき不実のことを告げる行為をしたか否かを判断するため必要があると認めるときは、当該業務提供誘引販売業を行う者に対し、期間を定めて、当該告げた事項の裏付けとなる合理的な根拠を示す資料の提出を求めることができる。この場合において、当該業務提供誘引販売業を行う者が当該資料を提出しないときは、第五十六条第一項及び第

五十七条第一項の規定の適用については、当該業務提供誘引販売業を行う者は、前条第一項第一号又は第四号に掲げる事項につき不実のことを告げる行為をしたものとみなす。

第五三条（業務提供誘引販売取引についての広告） 業務提供誘引販売業を行う者は、その業務提供誘引販売業に係る業務提供誘引販売取引について広告をするときは、主務省令で定めるところにより、当該広告に、その業務提供誘引販売業に関する次の事項を表示しなければならない。

一 商品又は役務の種類

二 当該業務提供誘引販売取引に伴う特定負担に関する事項

三 その業務提供誘引販売業に関して提供し、又はあつせんする業務について広告をするときは、その業務の提供条件

四 前三号に掲げるもののほか、主務省令で定める事項

第五四条（誇大広告等の禁止） 業務提供誘引販売業を行う者は、その業務提供誘引販売業に係る業務提供誘引販売取引について広告をするときは、当該業務提供誘引販売取引に伴う特定負担、当該業務提供誘引販売業に係る業務提供利益その他の主務省令で定める事項について、著しく事実に相違する表示をし、又は実際のものよりも著しく優良であり、若しくは有利であると人を誤認させるような表示をしてはならない。

第五八条（業務提供誘引販売契約の解除） 業務提供誘引販売業を行う者がその業務提供誘引販売業に係る業務提供誘引販売契約を締結した場合におけるその業務提供誘引販売契約の相手方は、第五十五条第二項の書面を受領した日から起算して二十日を経過したときを除き、書面又は電磁的記録によりその業務提供誘引販売契約の解除を行うことができる。この場合において、その業務提供誘引販売業を行う者は、その業務提供誘引販売契約の解除に伴う損害賠償又は違約金の支払を請求することができない。

2 前項の業務提供誘引販売契約の解除は、その業務提供誘引販売契約の解除を行う旨の書面又は電磁的記録による通知を発した時に、その効力を生ずる。

3 第一項の業務提供誘引販売契約の解除があつた場合において、その業務提供誘引販売契約に係る商品の引渡しが既にされているときは、その引取りに要する費用は、その業務提供誘引販売業を行う者の負担とする。

4 前三項の規定に反する特約でその相手方に不利なものは、無効とする。

第五八条の二（業務提供誘引販売契約の申込み又はその承諾の意思表示の取消し） 相手方は、業務提供誘引販売業を行う者がその業務提供誘引販売業に係る業務提供誘引販売契約の締結について勧誘をするに際し次の各号に掲げる行為をしたことにより、当該各号に定める誤認をし、それによつて当該業務提供誘引販売契約の申込み又はその承諾の意思表示をしたときは、これを取り消すことができる。

一 第五十二条第一項の規定に違反して不実のことを告げる行為 当該告げられた内容が事実であるとの誤認

二 第五十二条第一項の規定に違反して故意に事実を告げない行為 当該事実が存在しないとの誤認

2 第九条の三第二項から第四項までの規定は、前項の規定による業務提供誘引販売契約の申込み又はその承諾の意思表示の取消しについて準用する。

第六章 雑則

第五九条（売買契約に基づかないで送付された商品） 販売業者は、売買契約の申込みを受けた場合におけるその申込みをした者及び売買契約を締結した場合におけるその購入者以外の者に対して売買契約の申込みをし、かつ、その申込みに係る商品を送付した場合又は申込者等に対してその売買契約に係る商品以外の商品につき売買契約の申込みをし、かつ、その申込みに係る商品を送付した場合には、その送付した商品の返還を請求することができない。

2 前項の規定は、その商品の送付を受けた者が営業のために又は営業として締結することとなる売買契約の申込みについては、適用しない。

第五九条の二 販売業者は、売買契約の成立を偽つてその売買契約に係る商品を送付した場合には、その送付した商品の返還を請求することができない。

第七章 罰則

第七〇条 次の各号のいずれかに該当する場合には、当該違反行為をした者は、三年以下の懲役又は三百万円以下の罰金に処し、又はこれを併科する。

一 第六条、第十三条の二、第二十一条、第

三十四条、第四十四条、第五十二条又は第五十八条の十の規定に違反したとき。〔二号以下略〕

○特定商取引に関する法律施行令〔抄〕

〔昭和五一・一一・二四 政令二九五〕

最終改正 令和五・七政二四六

第一章 訪問販売、通信販売及び電話勧誘販売

第一節 定義

第一条（**特定顧客の誘引方法**） 特定商取引に関する法律（以下「法」という。）第二条第一項第二号の政令で定める方法は、次のいずれかに該当する方法とする。

一 電話、郵便、民間事業者による信書の送達に関する法律（平成十四年法律第九十九号）第二条第六項に規定する一般信書便事業者若しくは同条第九項に規定する特定信書便事業者による同条第二項に規定する信書便（以下「信書便」という。）、電報、ファクシミリ装置を用いて送信する方法若しくは法第四条第二項に規定する電磁的方法（以下「電磁的方法」という。）により、若しくはビラ若しくはパンフレットを配布し若しくは拡声器で住居の外から呼び掛けることにより、又は住居を訪問して、当該売買契約又は役務提供契約の締結について勧誘をするためのものであることを告げずに営業所その他特定の場所への来訪を要請すること。

二 電話、郵便、信書便、電報、ファクシミリ装置を用いて送信する方法若しくは電磁的方法により、又は住居を訪問して、他の者に比して著しく有利な条件で当該売買契約又は役務提供契約を締結することができる旨を告げ、営業所その他特定の場所への来訪を要請すること（当該要請の日前に当該販売又は役務の提供の事業に関して取引のあつた者に対して要請する場合を除く。）。

第三条（**法第二条第四項第一号の政令で定める権利**） 法第二条第四項第一号の政令で定める権利は、別表第一に掲げる権利とする。

第五節 雑則

第一四条 法第二十六条第四項第一号の政令で定める商品は、自動車（二輪のものを除く。以下この条及び第三十四条第一号において同じ。）とし、同項第一号の政令で定める役務は、自動車の貸与（当該貸与を受ける者が道路運送法（昭和二十六年法律第百八十三号）第八十条第一項ただし書の自家用自動車の使用者として当該自動車を使用する場合に限る。）とする。

第一六条 法第二十六条第五項第一号の政令で定める商品は、別表第三に掲げる商品とする。

第一七条（**申込みの撤回等ができない売買契約等に係る商品の代金等の金額**） 法第二十六条第五項第三号の政令で定める金額は、三千円とする。

産業法

別表第一（第三条関係）

一　保養のための施設又はスポーツ施設を利用する権利

二　映画、演劇、音楽、スポーツ、写真又は絵画、彫刻その他の美術工芸品を鑑賞し、又は観覧する権利

三　語学の教授を受ける権利

別表第三（第十六条関係）

一　動物及び植物の加工品（一般の飲食の用に供されないものに限る。別表第五第一号イ及び第二号イにおいて同じ。）であつて、人が摂取するもの（医薬品（医薬品、医療機器等の品質、有効性及び安全性の確保等に関する法律（昭和三十五年法律第百四十五号）第二条第一項の医薬品をいう。以下同じ。）を除く。）

二　不織布及び幅が十三センチメートル以上の織物

三　コンドーム及び生理用品

四　防虫剤、殺虫剤、防臭剤及び脱臭剤（医薬品を除く。）

五　化粧品、毛髪用剤及び石けん（医薬品を除く。）、浴用剤、合成洗剤、洗浄剤、つや出し剤、ワックス、靴クリーム並びに歯ブラシ

六　履物

七　壁紙

八　医薬品、医療機器等の品質、有効性及び安全性の確保等に関する法律第三十一条に規定する配置販売業者が配置した医薬品（薬事法の一部を改正する法律（平成十八年法律第六十九号）附則第十条に規定する既存配置販売業者が配置したものを含む。）

○不当景品類及び不当表示防止法〔抄〕

〔昭和三七・五・一五　法律一三四〕

最終改正　令和五・五法二九

第一章　総則

第一条（**目的**）この法律は、商品及び役務の取引に関連する不当な景品類及び表示による顧客の誘引を防止するため、一般消費者による自主的かつ合理的な選択を阻害するおそれのある行為の制限及び禁止について定めることにより、一般消費者の利益を保護することを目的とする。

第二条（**定義**）〔1・2項略〕

3　この法律で「景品類」とは、顧客を誘引するための手段として、その方法が直接的であるか間接的であるかを問わず、くじの方法によるかどうかを問わず、事業者が自己の供給する商品又は役務の取引（不動産に関する取引を含む。以下同じ。）に付随して相手方に提供する物品、金銭その他の経済上の利益であつて、内閣総理大臣が指定するものをいう。

〔4項略〕

第二章　景品類及び表示に関する規制

第一節　景品類の制限及び禁止並びに不当な表示の禁止

第四条（**景品類の制限及び禁止**）内閣総理大臣は、不当な顧客の誘引を防止し、一般消費者による自主的かつ合理的な選択を確保するため必要があると認めるときは、景品類の価額の最高額若しくは総額、種類若しくは提供の方法その他景品類の提供に関する事項を制限し、又は景品類の提供を禁止することができる。

第五条（**不当な表示の禁止**）事業者は、自己の供給する商品又は役務の取引について、次の各号のいずれかに該当する表示をしてはならない。

一　商品又は役務の品質、規格その他の内容について、一般消費者に対し、実際のものよりも著しく優良であると示し、又は事実に相違して当該事業者と同種若しくは類似の商品若しくは役務を供給している他の事業者に係るものよりも著しく優良であると示す表示であつて、不当に顧客を誘引し、一般消費者による自主的かつ合理的な選択を阻害するおそれがあると認められるもの

二　商品又は役務の価格その他の取引条件について、実際のもの又は当該事業者と同種若しくは類似の商品若しくは役務を供給している他の事業者に係るものよりも取引の相手方に著しく有利であると一般消費者に

誤認される表示であつて、不当に顧客を誘引し、一般消費者による自主的かつ合理的な選択を阻害するおそれがあると認められるもの

三　前二号に掲げるもののほか、商品又は役務の取引に関する事項について一般消費者に誤認されるおそれがある表示であつて、不当に顧客を誘引し、一般消費者による自主的かつ合理的な選択を阻害するおそれがあると認めて内閣総理大臣が指定するもの

第二節　措置命令

第七条　内閣総理大臣は、第四条の規定による制限若しくは禁止又は第五条の規定に違反する行為があるときは、当該事業者に対し、その行為の差止め若しくはその行為が再び行われることを防止するために必要な事項又はこれらの実施に関連する公示その他必要な事項を命ずることができる。その命令は、当該違反行為が既になくなつている場合においても、次に掲げる者に対し、することができる。

一　当該違反行為をした事業者

二　当該違反行為をした事業者が法人である場合において、当該法人が合併により消滅したときにおける合併後存続し、又は合併により設立された法人

三　当該違反行為をした事業者が法人である場合において、当該法人から分割により当該違反行為に係る事業の全部又は一部を承継した法人

四　当該違反行為をした事業者から当該違反行為に係る事業の全部又は一部を譲り受けた事業者

2　内閣総理大臣は、前項の規定による命令（以下「措置命令」という。）に関し、事業者がした表示が第五条第一号に該当するか否かを判断するため必要があると認めるときは、当該表示をした事業者に対し、期間を定めて、当該表示の裏付けとなる合理的な根拠を示す資料の提出を求めることができる。この場合において、当該事業者が当該資料を提出しないときは、同項の規定の適用については、当該表示は同号に該当する表示とみなす〔3項略〕

第三節　課徴金

第八条（課徴金納付命令）　事業者が、第五条の規定に違反する行為（同条第三号に該当する表示に係るものを除く。以下「課徴金対象行為」という。）をしたときは、内閣総理大臣は、当該事業者に対し、当該課徴金対象行為に係る課徴金対象期間に取引をした当該課徴金対象行為に係る商品又は役務の政令で定める方法により算定した売上額に百分の三を乗じて得た額に相当する額の課徴金を国庫に納付することを命じなければならない。ただし、当該事業者が当該課徴金対象行為をした期間を通じて当該課徴金対象行為に係る表示が次の各号のいずれかに該当することを知らず、かつ、知らないことにつき相当の注意を怠つた者でないと認められるとき、又はその額が百五十万円未満であるときは、その納付を命ずることができない。

一　商品又は役務の品質、規格その他の内容について、実際のものよりも著しく優良であること又は事実に相違して当該事業者と同種若しくは類似の商品若しくは役務を供給している他の事業者に係るものよりも著しく優良であることを示す表示

二　商品又は役務の価格その他の取引条件について、実際のものよりも取引の相手方に著しく有利であること又は事実に相違して当該事業者と同種若しくは類似の商品若しくは役務を供給している他の事業者に係るものよりも取引の相手方に著しく有利であることを示す表示

2　前項に規定する「課徴金対象期間」とは、課徴金対象行為をした期間（課徴金対象行為をやめた後そのやめた日から六月を経過する日（同日前に、当該事業者が当該課徴金対象行為に係る表示が不当に顧客を誘引し、一般消費者による自主的かつ合理的な選択を阻害するおそれを解消するための措置として内閣府令で定める措置をとつたときは、その日）までの間に当該事業者が当該課徴金対象行為に係る商品又は役務の取引をしたときは、当該課徴金対象行為をやめてから最後に当該取引をした日までの期間を加えた期間とし、当該期間が三年を超えるときは、当該期間の末日から遡つて三年間とする。）をいう。

3　内閣総理大臣は、第一項の規定による命令（以下「課徴金納付命令」という。）に関し、事業者がした表示が第五条第一号に該当するか否かを判断するため必要があると認めるときは、当該表示をした事業者に対し、期間を定めて、当該表示の裏付けとなる合理的な根拠を示す資料の提出を求めることができる。この場合において、当該事業者が当該資料を提出しないときは、同項の規定の適用については、当該表示は同号に該当する表示と推定する。

4　第一項の規定により課徴金の納付を命ずる場合において、当該事業者が当該課徴金対象行為に係る課徴金の計算の基礎となるべき事実について第二十五条第一項の規定による報告を求められたにもかかわらずその報告をしないときは、内閣総理大臣は、当該事業者に係る課徴金対象期間のうち当該事実の報告がされず課徴金の計算の基礎となるべき事実を把握することができない期間における第一項に定める売上額を、当該事業者又は当該課徴金対象行為に係る商品若しくは役務を供給する他の事業者若しくは当該商品若しくは役務の供給を受ける他の事業者から入手した資料その他の資料を用いて、内閣府令で定める合理的な方法により推計して、課徴金の納付を命ずることができる。

5　事業者が、基準日から遡り十年以内に、課徴金納付命令（当該課徴金納付命令が確定している場合に限る。）を受けたことがあり、かつ、当該課徴金納付命令の日以後において課徴金対象行為をしていた者であるときにおける第一項の規定の適用については、同項中「百分の三」とあるのは、「百分の四・五」とする。

6　前項に規定する「基準日」とは、同項に規定する課徴金対象行為に係る事案について、次に掲げる行為が行われた日のうち最も早い日をいう。

一　報告徴収等（第二十五条第一項の規定による報告の徴収、帳簿書類その他の物件の提出の命令、立入検査又は質問をいう。第十二条第四項において同じ。）

二　第三項の規定による資料の提出の求め

三　第十五条第一項の規定による通知

○食品表示法〔抄〕

〔平成二五・六・二八 法律七〇〕

最終改正　令和四・六法六八

第一章　総則

第一条（目的）　この法律は、食品に関する表示が食品を摂取する際の安全性の確保及び自主的かつ合理的な食品の選択の機会の確保に関し重要な役割を果たしていることに鑑み、販売（不特定又は多数の者に対する販売以外の譲渡を含む。以下同じ。）の用に供する食品に関する表示について、基準の策定その他の必要な事項を定めることにより、その適正を確保し、もって一般消費者の利益の増進を図るとともに、食品衛生法（昭和二十二年法律第二百三十三号）、健康増進法（平成十四年法律第百三号）及び日本農林規格等に関する法律（昭和二十五年法律第百七十五号）による措置と相まって、国民の健康の保護及び増進並びに食品の生産及び流通の円滑化並びに消費者の需要に即した食品の生産の振興に寄与することを目的とする。

第二章　食品表示基準

第四条（食品表示基準の策定等）　内閣総理大臣は、内閣府令で、食品及び食品関連事業者等の区分ごとに、次に掲げる事項のうち当該区分に属する食品を消費者が安全に摂取し、及び自主的かつ合理的に選択するために必要と認められる事項を内容とする販売の用に供する食品に関する表示の基準を定めなければならない。

一　名称、アレルゲン（食物アレルギーの原因となる物質をいう。第六条第八項及び第十一条において同じ。）、保存の方法、消費期限（食品を摂取する際の安全性の判断に資する期限をいう。第六条第八項及び第十一条において同じ。）、原材料、添加物、栄養成分の量及び熱量、原産地その他食品関連事業者等が食品の販売をする際に表示されるべき事項

二　表示の方法その他前号に掲げる事項を表示する際に食品関連事業者等が遵守すべき事項

2　内閣総理大臣は、前項の規定により販売の用に供する食品に関する表示の基準を定めようとするときは、あらかじめ、厚生労働大臣、農林水産大臣及び財務大臣に協議するとともに、消費者委員会の意見を聴かなければならない。

3　厚生労働大臣は、第一項の規定により販売の用に供する食品に関する表示の基準が定められることにより、国民の健康の保護又は増進が図られると認めるときは、内閣総理大臣に対し、当該基準の案を添えて、その策定を要請することができる。

4　農林水産大臣は、第一項の規定により販売の用に供する食品に関する表示の基準が定められることにより、当該基準に係る食品（酒

類を除く。）の生産若しくは流通の円滑化又は消費者の需要に即した当該食品の生産の振興が図られると認めるときは、内閣総理大臣に対し、当該基準の案を添えて、その策定を要請することができる。

5　財務大臣は、第一項の規定により販売の用に供する食品に関する表示の基準が定められることにより、当該基準に係る酒類の生産若しくは流通の円滑化又は消費者の需要に即した当該酒類の生産の振興が図られると認めるときは、内閣総理大臣に対し、当該基準の案を添えて、その策定を要請することができる。

6　第二項から前項までの規定は、第一項の規定により定められた販売の用に供する食品に関する表示の基準（以下「食品表示基準」という。）の変更について準用する。

第五条（**食品表示基準の遵守**）食品関連事業者等は、食品表示基準に従った表示がされていない食品の販売をしてはならない。

○預金保険法〔抄〕

〔昭和四六・四・一　法律三四〕

最終改正　令和五・六法五三

第一章　総則

第一条（**目的**）この法律は、預金者等の保護及び破綻金融機関に係る資金決済の確保を図るため、金融機関が預金等の払戻しを停止した場合に必要な保険金等の支払と預金等債権の買取りを行うほか、破綻金融機関に係る合併等に対する適切な資金援助、金融整理管財人による管理及び破綻金融機関の業務承継その他の金融機関の破綻の処理に関する措置、特定回収困難債権の買取りの措置、金融危機への対応の措置並びに金融機関等の資産及び負債の秩序ある処理に関する措置等の制度を確立し、もつて信用秩序の維持に資することを目的とする。

第三章　預金保険

第三節　保険金等の支払

第五四条（**一般預金等に係る保険金の額等**）一般預金等（他人の名義をもつて有するものその他の政令で定める一般預金等を除く。以下「支払対象一般預金等」という。）に係る保険金の額は、一の保険事故が発生した金融機関の各預金者等につき、その発生した日において現にその者が当該金融機関に対して有する支払対象一般預金等に係る債権（その者が前条第一項の請求をした時において現に有するものに限るものとし、同条第四項の仮払金（支払対象一般預金等に係るものに限る。以下この条において同じ。）の支払又は第百二十七条第一項において準用する第六十九条の三第一項の貸付けに係る支払対象一般預金等の払戻しにより現に有しないこととなつたものを含む。次項において同じ。）のうち元本の額（支払対象一般預金等のうち第二条第二項第五号に掲げるものにあつては、当該金銭の額。以下同じ。）及び利息等（当該元本以外の部分であつて利息その他の政令で定めるものをいう。以下同じ。）の額の合算額（その合算額が同一人について二以上ある場合には、その合計額）に相当する金額とする。

2　支払対象一般預金等に係る保険金の額は、前項の元本の額（その額が同一人について二以上あるときは、その合計額）が政令で定める金額（以下「保険基準額」という。）を超えるときは、保険基準額及び保険基準額に対応する元本に係る利息等の額を合算した額とする。この場合において、元本の額が同一人について二以上あるときは、保険基準額に対応する元本は、次の各号に定めるところにより保険基準額に達するまで当該各号に規定する元本の額を合計した場合の当該元本とする。

一　支払対象一般預金等に係る債権のうちに担保権の目的となつているものと担保権の目的となつていないものがあるときは、担保権の目的となつていないものに係る元本を先とする。

二　支払対象一般預金等に係る債権で担保権の目的となつていないものが同一人について二以上あるときは、その弁済期の早いものに係る元本を先とする。

三　前号の場合において、支払対象一般預金等に係る債権で弁済期の同じものが同一人について二以上あるときは、その金利（利率その他これに準ずるもので政令で定めるものをいう。次号において同じ。）の低いものに係る元本を先とする。

四　前号の場合において、支払対象一般預金等に係る債権で金利の同じものが同一人について二以上あるときは、機構が指定するものに係る元本を先とする。

五　支払対象一般預金等に係る債権で担保権の目的となつているものが同一人について二以上あるときは、機構が指定するものに係る元本を先とする。

3　保険事故に係る預金者等が当該保険事故について前条第四項の仮払金の支払を受けている場合又は第百二十七条第一項において準用する第六十九条の三第一項の貸付けに係る支払対象一般預金等の払戻しを受けている場合におけるその者の支払対象一般預金等に係る保険金の額は、前二項の規定にかかわらず、これらの規定による金額につき政令で定めるところにより当該仮払金の支払及び第百二十七条第一項において準用する第六十九条の三第一項の貸付けに係る支払対象一般預金等の払戻しを受けた額（次項の規定により機構に払い戻されるべき額を除く。）を控除した金額に相当する金額とする。

4　保険事故に係る預金者等について支払われた前条第四項の仮払金の額が、第一項及び第二項の規定による保険金の額のうち政令で定めるところにより計算した額を超えるときは、その者は、その超える金額を機構に払い戻さなければならない。

○預金保険法施行令〔抄〕

〔昭和四六・四・一　政令一一一〕

最終改正　令和五・五政一八六

第一条（**定義**）この政令において「金融機関」、「預金等」、「長期信用銀行債等」、「預金者等」、「銀行持株会社等」、「銀行等」、「優先株式等」、「優先株式」、「劣後特約付社債」、「優先出資」、「株式等」、「優先株式等の引受け等」又は「株式等の引受け等」とは、預金保険法（以下「法」という。）第二条に規定する金融機関、預金等、長期信用銀行債等、預金者等、銀行持株会社等、銀行等、優先株式等、優先株式、劣後特約付社債、優先出資、株式等、優先株式等の引受け等又は株式等の引受け等をいう。

第六条の三（**保険基準額**）法第五十四条第二項に規定する政令で定める金額は、千万円とする。

○保険業法〔抄〕

〔平成七・六・七 法律一〇五〕

最終改正 令和五・六法六三

第一編　総則

第一条（**目的**）この法律は、保険業の公共性にかんがみ、保険業を行う者の業務の健全かつ適切な運営及び保険募集の公正を確保することにより、保険契約者等の保護を図り、もって国民生活の安定及び国民経済の健全な発展に資することを目的とする。

第二編　保険会社等

第十章　保険契約者等の保護のための特別の措置等

第二節　業務及び財産の管理等に関する内閣総理大臣の処分等

第一款　業務の停止、合併等の協議の命令並びに業務及び財産の管理

第二四一条（**業務の停止、合併等の協議の命令並びに業務及び財産の管理**）内閣総理大臣は、保険会社等若しくは外国保険会社等の業務若しくは財産の状況に照らしてその保険業の継続が困難であると認めるとき、又はその業務（外国保険会社等にあっては、日本における業務。以下この条から第二百五十五条の二までにおいて同じ。）の運営が著しく不適切でありその保険業の継続が保険契約者等の保護に欠ける事態を招くおそれがあると認めるときは、当該保険会社等又は外国保険会社等に対し、業務の全部若しくは一部の停止、合併、保険契約の移転（外国保険会社等にあっては、日本における保険契約の移転）若しくは当該保険会社等若しくは外国保険会社等の株式の他の保険会社等、外国保険会社等若しくは保険持株会社等による取得（第二百四十七条第一項、第二百五十六条から第二百五十八条まで、第二百七十条の三の二第四項及び第五項並びに第二百七十条の四第四項及び第五項において「合併等」という。）の協議その他必要な措置を命じ、又は保険管理人による業務及び財産（外国保険会社等にあっては、日本に所在する財産。以下この条、次条及び第二百四十六条の二から第二百四十七条の二までにおいて同じ。）の管理を命ずる処分をすることができる。ただし、保険会社又は外国保険会社等が預金保険法（昭和四十六年法律第三十四号）第百二十六条の五第一項（特定管理を命ずる処分）に規定する特定管理を命ずる処分を受けている場合においては、当該保険会社又は外国保険会社等に対し、保険管理人による業務及び財産の管理を命ずる処分をすることはできない。

2　この章において「保険持株会社等」とは、次に掲げる者をいう。

一　保険持株会社

二　第二百七十二条の三十七第二項に規定する少額短期保険持株会社

三　株式を取得することにより保険会社を子会社とする持株会社となることについて第二百七十一条の十八第一項の認可を受けた会社

四　株式を取得することにより少額短期保険業者を子会社とする持株会社となることについて第二百七十二条の三十五第一項の承認を受けた会社

五　前各号に掲げる会社以外の会社（保険会社等及び外国保険会社等を除く。）で保険会社等又は外国保険会社等を子会社とするもの又は子会社としようとするもの

3　保険会社等又は外国保険会社等は、その業務又は財産の状況に照らしてその保険業の継続が困難であるときは、その旨及びその理由を、文書をもって、内閣総理大臣に申し出なければならない。

第四節　保険契約者保護機構の行う資金援助等

第一款　保険契約者保護機構

第一目　通則

第二五九条（**目的**）保険契約者保護機構（以下この節、次節、第五編及び第六編において「機構」という。）は、破綻保険会社に係る保険契約の移転等における資金援助、承継保険会社の経営管理、保険契約の引受け、補償対象

保険金の支払に係る資金援助及び保険金請求権等の買取りを行う等により、保険契約者等の保護を図り、もって保険業に対する信頼性を維持することを目的とする。

第二六二条（機構の種類） 機構は、保険業に係る免許の種類ごとに、その免許の種類に属する免許を受けた保険会社をその会員とする。

2 前項の免許の種類は、次に掲げる二種類とする。

一 生命保険業免許、外国生命保険業免許及び特定生命保険業免許

二 損害保険業免許、外国損害保険業免許及び特定損害保険業免許

第六目 業務

第二六五条の二八（業務） 機構は、第二百五十九条に規定する目的を達成するため、次に掲げる業務を行うものとする。

一 第二百四十三条第三項の規定による保険管理人又は保険管理人代理の業務

二 次目の規定による負担金の収納及び管理

三 次款の規定による保険契約の移転等、保険契約の承継、保険契約の再承継及び保険契約の再移転における資金援助

四 次款の規定による承継保険会社の経営管理その他保険契約の承継に係る業務

五 次款の規定による破綻保険会社に係る保険契約の引受け並びに当該保険契約の引受けに係る保険契約の管理及び処分

六 次款の規定による補償対象保険金の支払に係る資金援助

七 第三款の規定による保険金請求権等の買取り

八 金融機関等の更生手続の特例等に関する法律（平成八年法律第九十五号）第四章第六節（保険契約者保護機構の権限等）及び第六章第四節（保険契約者保護機構の権限）の規定による保険契約者表の提出その他これらの規定による業務

九 破産法（平成十六年法律第七十五号）の規定により選任される破産管財人、保全管理人、破産管財人代理若しくは保全管理人代理、会社更生法の規定により選任される管財人、管財人代理、保全管理人、保全管理人代理若しくは監督委員、金融機関等の更生手続の特例等に関する法律の規定により選任される管財人、管財人代理、保全管理人、保全管理人代理若しくは監督委員又は外国倒産処理手続の承認援助に関する法律（平成十二年法律第百二十九号）の規定により選任される承認管財人、保全管理人、承認管財人代理若しくは保全管理人代理の業務

十 預金保険法第百二十六条の四第三項（特別監視代行者）に規定する特別監視代行者の業務

十一 預金保険法第百二十六条の六第一項（機構代理）に規定する機構代理の業務

十二 前各号に掲げる業務に附帯する業務

2 機構は、前項各号に掲げる業務のほか、同項第三号から第七号までに掲げる業務の遂行を妨げない限度において、次に掲げる業務を行うことができる。

一 その会員に対する資金の貸付け

二 破綻保険会社の保険契約者等に対する資金の貸付け

三 第四款の規定による清算保険会社（清算に係る保険会社をいう。第二百七十条の八の二及び第二百七十条の八の三において同じ。）の資産の買取り

四 前三号に掲げる業務に附帯する業務

第二款 資金援助等

第一目 資金援助の申込み等

第二六七条（保険契約の承継等の申込み） 破綻保険会社は、救済保険会社又は救済保険持株会社等が現れる見込みがないことその他の理由により保険契約の移転等を行うことが困難な場合として内閣府令・財務省令で定める場合には、加入機構に対して、保険契約の承継又は保険契約の引受け（以下「保険契約の承継等」という。）を申し込むことができる。

2 破綻保険会社は、前項の申込みを行う場合においては、保険契約の移転等に関する他の保険会社又は保険持株会社等との交渉の内容を示す資料その他の内閣府令・財務省令で定める資料を加入機構に提出しなければならない。

3 破綻保険会社は、第一項の規定による保険契約の承継の申込みを行うときは、加入機構が当該保険契約の承継について資金援助（金銭の贈与又は資産の買取りに限る。）を行うことを、併せて当該加入機構に申し込むことができる。

4 前条第二項及び第三項の規定は、前項の資金援助について準用する。この場合において、同条第二項中「救済保険会社又は救済保険持株会社等及び破綻保険会社」とあるのは、「破綻保険会社」と読み替えるものとする。

○金融商品取引法〔抄〕

〔昭和二三・四・一三 法律二五〕

最終改正　令和五・六法五三

〈注〉 **令和四年六月一七日法律第六八号の改正は、施行までに期間がありますので、改正を加えてありません。**

第一章　総則

第一条（**目的**）この法律は、企業内容等の開示の制度を整備するとともに、金融商品取引業を行う者に関し必要な事項を定め、金融商品取引所の適切な運営を確保すること等により、有価証券の発行及び金融商品等の取引等を公正にし、有価証券の流通を円滑にするほか、資本市場の機能の十全な発揮による金融商品等の公正な価格形成等を図り、もつて国民経済の健全な発展及び投資者の保護に資することを目的とする。

第二条（**定義**）〔1項略〕

2　前項第一号から第十五号までに掲げる有価証券、同項第十七号に掲げる有価証券（同項第十六号に掲げる有価証券の性質を有するものを除く。）及び同項第十八号に掲げる有価証券に表示されるべき権利（同項第十四号に掲げる有価証券及び同項第十七号に掲げる有価証券（同項第十四号に掲げる有価証券の性質を有するものに限る。）に表示されるべき権利にあつては、資金決済に関する法律（平成二十一年法律第五十九号）第二条第五項第三号又は第四号に掲げるものに該当するもので有価証券とみなさなくても公益又は投資者の保護のため支障を生ずることがないと認められるものとして政令で定めるものを除く。）並びに前項第十六号に掲げる有価証券、同項第十七号に掲げる有価証券（同項第十六号に掲げる有価証券の性質を有するものに限る。）及び同項第十九号から第二十一号までに掲げる有価証券であつて内閣府令で定めるものに表示されるべき権利（以下この項及び次項において「有価証券表示権利」と総称する。）は、有価証券表示権利について当該権利を表示する当該有価証券が発行されていない場合においても、当該権利を当該有価証券とみなし、電子記録債権（電子記録債権法（平成十九年法律第百二号）第二条第一項に規定する電子記録債権をいう。以下この項において同じ。）のうち、流通性その他の事情を勘案し、社債券その他の前項各号に掲げる有価証券とみなすことが必要と認められるものとして政令で定めるもの（第七号及び次項において「特定電子記録債権」という。）は、当該電子記録債権を当該有価証券とみなし、次に掲げる権利は、証券又は証書に表示されるべき権利以外の権利であつても有価証券とみなして、この法律の規定を適用する。〔一～四号略〕

五　民法（明治二十九年法律第八十九号）第六百六十七条第一項に規定する組合契約、商法（明治三十二年法律第四十八号）第五百三十五条に規定する匿名組合契約、投資事業有限責任組合契約に関する法律（平成十年法律第九十号）第三条第一項に規定する投資事業有限責任組合契約又は有限責任事業組合契約に関する法律（平成十七年法律第四十号）第三条第一項に規定する有限責任事業組合契約に基づく権利、社団法人の社員権その他の権利（外国の法令に基づくものを除く。）のうち、当該権利を有する者（以下この号において「出資者」という。）が出資又は拠出をした金銭（これに類するものとして政令で定めるものを含む。）を充てて行う事業（以下この号において「出資対象事業」という。）から生ずる収益の配当又は当該出資対象事業に係る財産の分配を受けることができる権利であつて、次のいずれにも該当しないもの（前項各号に掲げる有価証券に表示される権利及びこの項（この号を除く。）の規定により有価証券とみなされる権利を除く。）

イ　出資者の全員が出資対象事業に関与する場合として政令で定める場合における当該出資者の権利

ロ　出資者がその出資又は拠出の額を超えて収益の配当又は出資対象事業に係る財産の分配を受けることがないことを内容とする当該出資者の権利（イに掲げる権利を除く。）

ハ　保険業法（平成七年法律第百五号）第二条第一項に規定する保険業を行う者が保険者となる保険契約、農業協同組合法（昭和二十二年法律第百三十二号）第十条第一項第十号に規定する事業を行う同法第四条に規定する組合と締結した共済契約、消費生活協同組合法（昭和二十三年法律第二百号）第十条第二項に規定する共済事業を行う同法第四条に規定する組合と締結した共済契約、水産業協同組合法（昭和二十三年法律第二百四十二号）第十一条第一項第十二号、第九十三条第一項第六号の二若しくは第百条の二第一項第一号に規定する事業を行う同法第二条に規定する組合と締結した共済契約、中小企業等協同組合法（昭和二十四年法律第百八十一号）第九条の二第七項に規定する共済事業を行う同法第三条に規定する組合と締結した共済契約又は不動産特定共同事業法（平成六年法律第七十七号）第二条第三項に規定する不動産特定共同事業契約（同条第九項に規定する特例事業者と締結したものを除く。）に基づく権利（イ及びロに掲げる権利を除く。）

ニ　イからハまでに掲げるもののほか、当該権利を有価証券とみなさなくても公益又は出資者の保護のため支障を生ずることがないと認められるものとして政令で定める権利

六　外国の法令に基づく権利であつて、前号に掲げる権利に類するもの〔七号以下19項まで略〕

20　この法律において「デリバティブ取引」とは、市場デリバティブ取引、店頭デリバティブ取引又は外国市場デリバティブ取引をいう。

21　この法律において「市場デリバティブ取引」とは、金融商品市場において、金融商品市場を開設する者の定める基準及び方法に従い行う次に掲げる取引をいう。

一　売買の当事者が将来の一定の時期において金融商品及びその対価の授受を約する売買であつて、当該売買の目的となつている金融商品の転売又は買戻しをしたときは差金の授受によつて決済することができる取引

二　当事者があらかじめ金融指標として約定する数値（以下「約定数値」という。）と将来の一定の時期における現実の当該金融指標の数値（以下「現実数値」という。）の差に基づいて算出される金銭の授受を約する取引

三　当事者の一方の意思表示により当事者間において次に掲げる取引を成立させることができる権利を相手方が当事者の一方に付与し、当事者の一方がこれに対して対価を支払うことを約する取引

イ　金融商品の売買（第一号に掲げる取引を除く。）

ロ　前二号及び次号から第六号までに掲げる取引（前号又は第四号の二に掲げる取引に準ずる取引で金融商品取引所の定めるものを含む。）

四　当事者が元本として定めた金額について当事者の一方が相手方と取り決めた金融商品（第二十四項第三号及び第三号の三に掲げるものを除く。）の利率等（利率その他これに準ずるものとして内閣府令で定めるものをいう。以下同じ。）又は金融指標（金融商品（これらの号に掲げるものを除く。）の利率等及びこれに基づいて算出した数値を除く。以下この号及び次項第五号において同じ。）の約定した期間における変化率に基づいて金銭を支払い、相手方が当事者の一方と取り決めた金融商品（第二十四項第三号及び第三号の三に掲げるものを除く。）の利率等又は金融指標の約定した期間における変化率に基づいて金銭を支払うことを相互に約する取引（これらの金銭の支払とあわせて当該元本として定めた金額に相当する金銭又は金融商品を授受することを約するものを含む。）

四の二　当事者が数量を定めた金融商品（第二十四項第三号の三に掲げるものに限る。以下この号において同じ。）について当事者の一方が相手方と取り決めた当該金融商品に係る金融指標の約定した期間における変化率に基づいて金銭を支払い、相手方が当事者の一方と取り決めた当該金融指標の約定した期間における変化率に基づいて金銭を支払うことを相互に約する取引

五　当事者の一方が金銭を支払い、これに対して当事者があらかじめ定めた次に掲げるいずれかの事由が発生した場合において相手方が金銭を支払うことを約する取引（当該事由が発生した場合において、当事者の一方が金融商品、金融商品に係る権利又は金銭債権（金融商品であるもの及び金融商品に係る権利であるものを除く。）を移転することを約するものを含み、第二号から前号までに掲げるものを除く。）

イ　法人の信用状態に係る事由その他これに類似するものとして政令で定めるもの

ロ　当事者がその発生に影響を及ぼすことが不可能又は著しく困難な事由であつて、当該当事者その他の事業者の事業活

動に重大な影響を与えるものとして政令で定めるもの（イに掲げるものを除く。）

六　前各号に掲げる取引に類似する取引であつて、政令で定めるもの

22　この法律において「店頭デリバティブ取引」とは、金融商品市場及び外国金融商品市場によらないで行う次に掲げる取引（その内容等を勘案し、公益又は投資者の保護のため支障を生ずることがないと認められるものとして政令で定めるものを除く。）をいう。

一　売買の当事者が将来の一定の時期において金融商品（第二十四項第三号の三及び第五号に掲げるものを除く。第三号及び第六号において同じ。）及びその対価の授受を約する売買であつて、当該売買の目的となつている金融商品の売戻し又は買戻しその他政令で定める行為をしたときは差金の授受によつて決済することができる取引

二　約定数値（第二十四項第三号の三又は第五号に掲げる金融商品に係る金融指標の数値を除く。）と現実数値（これらの号に掲げる金融商品に係る金融指標の数値を除く。）の差に基づいて算出される金銭の授受を約する取引又はこれに類似する取引

三　当事者の一方の意思表示により当事者間において次に掲げる取引を成立させることができる権利を相手方が当事者の一方に付与し、当事者の一方がこれに対して対価を支払うことを約する取引又はこれに類似する取引

イ　金融商品の売買（第一号に掲げる取引を除く。）

ロ　前二号及び第五号から第七号までに掲げる取引

四　当事者の一方の意思表示により当事者間において当該意思表示を行う場合の金融指標（第二十四項第三号の三又は第五号に掲げる金融商品に係るものを除く。）としてあらかじめ約定する数値と現に当該意思表示を行つた時期における現実の当該金融指標の数値の差に基づいて算出される金銭を授受することとなる取引を成立させることができる権利を相手方が当事者の一方に付与し、当事者の一方がこれに対して対価を支払うことを約する取引又はこれに類似する取引

五　当事者が元本として定めた金額について当事者の一方が相手方と取り決めた金融商品（第二十四項第三号、第三号の三及び第五号に掲げるものを除く。）の利率等若しくは金融指標の約定した期間における変化率に基づいて金銭を支払い、相手方が当事者の一方と取り決めた金融商品（これらの号に掲げるものを除く。）の利率等若しくは金融指標の約定した期間における変化率に基づいて金銭を支払うことを相互に約する取引（これらの金銭の支払とあわせて当該元本として定めた金額に相当する金銭又は金融商品（同項第三号の三及び第五号に掲げるものを除く。）を授受することを約するものを含む。）又はこれに類似する取引

六　当事者の一方が金銭を支払い、これに対して当事者があらかじめ定めた次に掲げるいずれかの事由が発生した場合において相手方が金銭を支払うことを約する取引（当該事由が発生した場合において、当事者の一方が金融商品、金融商品に係る権利又は金銭債権（金融商品であるもの及び金融商品に係る権利であるものを除く。）を移転することを約するものを含み、第二号から前号までに掲げるものを除く。）又はこれに類似する取引

イ　法人の信用状態に係る事由その他これに類似するものとして政令で定めるもの

ロ　当事者がその発生に影響を及ぼすことが不可能又は著しく困難な事由であつて、当該当事者その他の事業者の事業活動に重大な影響を与えるものとして政令で定めるもの（イに掲げるものを除く。）

七　前各号に掲げるもののほか、これらと同様の経済的性質を有する取引であつて、公益又は投資者の保護を確保することが必要と認められるものとして政令で定める取引

23　この法律において「外国市場デリバティブ取引」とは、外国金融商品市場において行う取引であつて、市場デリバティブ取引と類似の取引（金融商品（次項第三号の三に掲げるものに限る。）又は金融指標（当該金融商品の価格及びこれに基づいて算出した数値に限る。）に係るものを除く。）をいう。〔24項以下略〕

第二章　企業内容等の開示

第二四条（有価証券報告書の提出） 有価証券の発行者である会社は、その会社が発行者である有価証券（特定有価証券を除く。次の各号を除き、以下この条において同じ。）が次に掲げる有価証券のいずれかに該当する場合に

は、内閣府令で定めるところにより、事業年度ごとに、当該会社の商号、当該会社の属する企業集団及び当該会社の経理の状況その他事業の内容に関する重要な事項その他の公益又は投資者保護のため必要かつ適当なものとして内閣府令で定める事項を記載した報告書（以下「有価証券報告書」という。）を、内国会社にあつては当該事業年度経過後三月以内（やむを得ない理由により当該期間内に提出できないと認められる場合には、内閣府令で定めるところにより、あらかじめ内閣総理大臣の承認を受けた期間内）、外国会社にあつては公益又は投資者保護のため必要かつ適当なものとして政令で定める期間内に、内閣総理大臣に提出しなければならない。［以下略］

第二四条の四の二（**有価証券報告書の記載内容に係る確認書の提出**）第二十四条第一項の規定による有価証券報告書を提出しなければならない会社（第二十三条の三第四項の規定により当該有価証券報告書を提出した会社を含む。次項において同じ。）のうち、第二十四条第一項第一号に掲げる有価証券の発行者である会社その他の政令で定めるものは、内閣府令で定めるところにより、当該有価証券報告書の記載内容が金融商品取引法令に基づき適正であることを確認した旨を記載した確認書（以下この条及び次条において「確認書」という。）を当該有価証券報告書（第二十四条第八項の規定により同項に規定する有価証券報告書等に代えて外国会社報告書を提出する場合にあつては、当該外国会社報告書）と併せて内閣総理大臣に提出しなければならない。［2項以下略］

第二四条の四の七（**四半期報告書の提出**）第二十四条第一項の規定による有価証券報告書を提出しなければならない会社（第二十三条の三第四項の規定により当該有価証券報告書を提出した会社を含む。次項において同じ。）のうち、第二十四条第一項第一号に掲げる有価証券の発行者である会社その他の政令で定めるもの（以下この項及び次項において「上場会社等」という。）は、その事業年度が三月を超える場合は、内閣府令で定めるところにより、当該事業年度の期間を三月ごとに区分した各期間（政令で定める期間を除く。以下同じ。）ごとに、当該会社の属する企業集団の経理の状況その他の公益又は投資者保護のため必要かつ適当なものとして内閣府令で定める事項（以下この項において「四半期報告書記載事項」という。）を記載した報告書（以下「四半期報告書」という。）を、当該各期間経過後四十五日以内の政令で定める期間内（やむを得ない理由により当該期間内に提出できないと認められる場合には、内閣府令で定めるところにより、あらかじめ内閣総理大臣の承認を受けた期間内）に、内閣総理大臣に提出しなければならない。［以下略］

第二五条（**有価証券届出書等の公衆縦覧**）内閣総理大臣は、内閣府令で定めるところにより、次の各号に掲げる書類（以下この条及び次条第一項において「縦覧書類」という。）を、当該縦覧書類を受理した日から当該各号に定める期間を経過する日（当該各号に掲げる訂正届出書、訂正発行登録書、訂正報告書又は訂正確認書にあつては、当該訂正の対象となつた当該各号に掲げる第五条第一項及び第十三項の規定による届出書及びその添付書類、同条第四項の規定の適用を受ける届出書及びその添付書類、発行登録書及びその添付書類、有価証券報告書及びその添付書類、確認書、内部統制報告書及びその添付書類、四半期報告書、半期報告書、臨時報告書、自己株券買付状況報告書又は親会社等状況報告書に係る当該経過する日、第五号及び第九号に掲げる確認書（当該確認書の対象が有価証券報告書及びその添付書類の訂正報告書、四半期報告書の訂正報告書又は半期報告書の訂正報告書である場合に限る。）にあつては、当該訂正の対象となつた有価証券報告書及びその添付書類、四半期報告書又は半期報告書に係る当該経過する日）までの間、公衆の縦覧に供しなければならない。［一号以下略］

第二章の二　公開買付けに関する開示

第一節　発行者以外の者による株券等の公開買付け

第二七条の二（**発行者以外の者による株券等の公開買付け**）その株券、新株予約権付社債券その他の有価証券で政令で定めるもの［中略］について有価証券報告書を提出しなければならない発行者又は特定上場有価証券（流通状況がこれに準ずるものとして政令で定めるものを含み、株券等に限る。）の発行者の株券等につき、当該発行者以外の者が行う買付け等［中略］であつて次のいずれかに該当するものは、公開買付けによらなければならない。

［後段略］

産業法

一　取引所金融商品市場外における株券等の買付け等〔中略〕の後におけるその者の所有〔中略〕に係る株券等の株券等所有割合〔中略〕が百分の五を超える場合における当該株券等の買付け等〔二号以下略〕

2　前項本文に規定する公開買付けによる株券等の買付け等は、政令で定める期間の範囲内で買付け等の期間を定めて、行わなければならない。

3　第一項本文に規定する公開買付けによる株券等の買付け等を行う場合には、買付け等の価格〔中略〕については、政令で定めるところにより、均一の条件によらなければならない。

4　第一項本文に規定する公開買付けによる株券等の買付け等を行う場合には、株券等の管理、買付け等の代金の支払その他の政令で定める事務については、金融商品取引業者〔中略〕又は銀行等〔中略〕に行わせなければならない。

5　第一項本文に規定する公開買付けによる株券等の買付け等を行う場合には、前三項の規定その他この節に定めるところによるほか、政令で定める条件及び方法によらなければならない。

6　この条において「公開買付け」とは、不特定かつ多数の者に対し、公告により株券等の買付け等の申込み又は売付け等〔中略〕の申込みの勧誘を行い、取引所金融商品市場外で株券等の買付け等を行うことをいう。

7　第一項の「特別関係者」とは、次に掲げる者をいう。

一　株券等の買付け等を行う者と、株式の所有関係、親族関係その他の政令で定める特別の関係にある者

二　株券等の買付け等を行う者との間で、共同して当該株券等を取得し、若しくは譲渡し、若しくは当該株券等の発行者の株主としての議決権その他の権利を行使すること又は当該株券等の買付け等の後に相互に当該株券等を譲渡し、若しくは譲り受けることを合意している者

8　第一項の「株券等所有割合」とは、次に掲げる割合をいう。

一　株券等の買付け等を行う者にあつては、内閣府令で定めるところにより、その者の所有に係る当該株券等〔中略〕に係る議決権の数〔中略〕の合計を、当該発行者の総議決権の数にその者及びその者の特別関係者の所有に係る当該発行者の発行する新株予約権付社債券その他の政令で定める有価証券に係る議決権の数を加算した数で除して得た割合

二　前項の特別関係者〔中略〕にあつては、内閣府令で定めるところにより、その者の所有に係る当該株券等に係る議決権の数の合計を、当該発行者の総議決権の数にその者及び前号に掲げる株券等の買付け等を行う者の所有に係る当該発行者の発行する新株予約権付社債券その他の政令で定める有価証券に係る議決権の数を加算した数で除して得た割合

第三章　金融商品取引業者等

第二節　業務

第一款　通則

第三七条（**広告等の規制**）金融商品取引業者等は、その行う金融商品取引業の内容について広告その他これに類似するものとして内閣府令で定める行為をするときは、内閣府令で定めるところにより、次に掲げる事項を表示しなければならない。

一　当該金融商品取引業者等の商号、名称又は氏名

二　金融商品取引業者等である旨及び当該金融商品取引業者等の登録番号

三　当該金融商品取引業者等の行う金融商品取引業の内容に関する事項であつて、顧客の判断に影響を及ぼすこととなる重要なものとして政令で定めるもの

2　金融商品取引業者等は、その行う金融商品取引業に関して広告その他これに類似するものとして内閣府令で定める行為をするときは、金融商品取引行為を行うことによる利益の見込みその他内閣府令で定める事項について、著しく事実に相違する表示をし、又は著しく人を誤認させるような表示をしてはならない。

第三七条の三（**契約締結前の書面の交付**）金融商品取引業者等は、金融商品取引契約を締結しようとするときは、内閣府令で定めるところにより、あらかじめ、顧客に対し、次に掲げる事項を記載した書面を交付しなければならない。ただし、投資者の保護に支障を生ずることがない場合として内閣府令で定める場合は、この限りでない。

一　当該金融商品取引業者等の商号、名称又は氏名及び住所

産業法

二　金融商品取引業者等である旨及び当該金融商品取引業者等の登録番号
三　当該金融商品取引契約の概要〔四号以下略〕

第三八条（**禁止行為**）金融商品取引業者等又はその役員若しくは使用人は、次に掲げる行為をしてはならない。〔後段略〕
一　金融商品取引契約の締結又はその勧誘に関して、顧客に対し虚偽のことを告げる行為
二　顧客に対し、不確実な事項について断定的判断を提供し、又は確実であると誤解させるおそれのあることを告げて金融商品取引契約の締結の勧誘をする行為
三　顧客に対し、信用格付業者以外の信用格付業を行う者の付与した信用格付（投資者の保護に欠けるおそれが少ないと認められるものとして内閣府令で定めるものを除く。）について、当該信用格付を付与した者が第六十六条の二十七の登録を受けていない者である旨及び当該登録の意義その他の事項として内閣府令で定める事項を告げることなく提供して、金融商品取引契約の締結の勧誘をする行為
四　金融商品取引契約〔中略〕の締結の勧誘の要請をしていない顧客に対し、訪問し又は電話をかけて、金融商品取引契約の締結の勧誘をする行為
五　金融商品取引契約〔中略〕の締結につき、その勧誘に先立つて、顧客に対し、その勧誘を受ける意思の有無を確認することをしないで勧誘をする行為
六　金融商品取引契約〔中略〕の締結の勧誘を受けた顧客が当該金融商品取引契約を締結しない旨の意思（当該勧誘を引き続き受けることを希望しない旨の意思を含む。）を表示したにもかかわらず、当該勧誘を継続する行為
七　自己又は第三者の利益を図る目的をもつて、特定金融指標算出者（第百五十六条の八十五第一項に規定する特定金融指標算出者をいう。以下この号において同じ。）に対し、特定金融指標の算出に関し、正当な根拠を有しない算出基礎情報（特定金融指標の算出の基礎として特定金融指標算出者に対して提供される価格、指標、数値その他の情報をいう。）を提供する行為
八　高速取引行為者（金融商品取引業者等及び取引所取引許可業者（金融商品取引業者若しくは登録金融機関業務又は取引所取引業務として高速取引行為を行う者として政令で定める者に限る。）を含む。）以外の者が行う高速取引行為に係る有価証券の売買又は市場デリバティブ取引の委託を受ける行為その他これに準ずるものとして内閣府令で定める行為
九　前各号に掲げるもののほか、投資者の保護に欠け、若しくは取引の公正を害し、又は金融商品取引業の信用を失墜させるものとして内閣府令で定める行為

第三九条（**損失補塡等の禁止**）金融商品取引業者等は、次に掲げる行為をしてはならない。
一　有価証券の売買その他の取引（買戻価格があらかじめ定められている買戻条件付売買その他の政令で定める取引を除く。）又はデリバティブ取引（以下この条において「有価証券売買取引等」という。）につき、当該有価証券又はデリバティブ取引（以下この条において「有価証券等」という。）について顧客（信託会社等（信託会社又は金融機関の信託業務の兼営等に関する法律第一条第一項の認可を受けた金融機関をいう。以下同じ。）が、信託契約に基づいて信託をする者の計算において、有価証券の売買又はデリバティブ取引を行う場合にあつては、当該信託をする者を含む。以下この条において同じ。）に損失が生ずることとなり、又はあらかじめ定めた額の利益が生じないこととなつた場合には自己又は第三者がその全部又は一部を補塡し、又は補足するため当該顧客又は第三者に財産上の利益を提供する旨を、当該顧客又はその指定した者に対し、申し込み、若しくは約束し、又は第三者に申し込ませ、若しくは約束させる行為
二　有価証券売買取引等につき、自己又は第三者が当該有価証券等について生じた顧客の損失の全部若しくは一部を補塡し、又はこれらについて生じた顧客の利益に追加するため当該顧客又は第三者に財産上の利益を提供する旨を、当該顧客又はその指定した者に対し、申し込み、若しくは約束し、又は第三者に申し込ませ、若しくは約束させる行為
三　有価証券売買取引等につき、当該有価証券等について生じた顧客の損失の全部若しくは一部を補塡し、又はこれらについて生じた顧客の利益に追加するため、当該顧客又は第三者に対し、財産上の利益を提供し、

又は第三者に提供させる行為

2　金融商品取引業者等の顧客は、次に掲げる行為をしてはならない。

一　有価証券売買取引等につき、金融商品取引業者等又は第三者との間で、前項第一号の約束をし、又は第三者に当該約束をさせる行為（当該約束が自己がし、又は第三者にさせた要求による場合に限る。）

二　有価証券売買取引等につき、金融商品取引業者等又は第三者との間で、前項第二号の約束をし、又は第三者に当該約束をさせる行為（当該約束が自己がし、又は第三者にさせた要求による場合に限る。）

三　有価証券売買取引等につき、金融商品取引業者等又は第三者から、前項第三号の提供に係る財産上の利益を受け、又は第三者に当該財産上の利益を受けさせる行為（前二号の約束による場合であつて当該約束が自己がし、又は第三者にさせた要求によるとき及び当該財産上の利益の提供が自己がし、又は第三者にさせた要求による場合に限る。）

3　第一項の規定は、同項各号の申込み、約束又は提供が事故（金融商品取引業者等又はその役員若しくは使用人の違法又は不当な行為であつて当該金融商品取引業者等とその顧客との間において争いの原因となるものとして内閣府令で定めるものをいう。以下この節及び次節において同じ。）による損失の全部又は一部を補塡するために行うものである場合には、適用しない。ただし、同項第二号の申込み又は約束及び同項第三号の提供にあつては、その補塡に係る損失が事故に起因するものであることにつき、当該金融商品取引業者等があらかじめ内閣総理大臣の確認を受けている場合その他内閣府令で定める場合に限る。

4　第一項（第三号に係る部分に限る。）の規定は、同号の財産上の利益が、顧客と金融商品取引業者等との間で行われる有価証券の売買その他の取引に係る金銭の授受の用に供することを目的としてその受益権が取得され、又は保有されるものとして内閣府令で定める投資信託〔中略〕の元本に生じた損失の全部又は一部を補塡するため金融商品取引業者等（第二条第八項第九号に掲げる行為を業として行う者に限る。第六項において同じ。）により提供されたものである場合には、適用しない。

5　第二項の規定は、同項第一号又は第二号の約束が事故による損失の全部又は一部を補塡する旨のものである場合及び同項第三号の財産上の利益が事故による損失の全部又は一部を補塡するため提供されたものである場合には、適用しない。

6　第二項（第三号に係る部分に限る。）の規定は、同号の財産上の利益が、第四項の投資信託の元本に生じた損失の全部又は一部を補塡するため金融商品取引業者等により提供されたものである場合には、適用しない。

7　第三項ただし書の確認を受けようとする者は、内閣府令で定めるところにより、その確認を受けようとする事実その他の内閣府令で定める事項を記載した申請書に当該事実を証するために必要な書類として内閣府令で定めるものを添えて内閣総理大臣に提出しなければならない。

第四〇条（**適合性の原則等**）金融商品取引業者等は、業務の運営の状況が次の各号のいずれかに該当することのないように、その業務を行わなければならない。

一　金融商品取引行為について、顧客の知識、経験、財産の状況及び金融商品取引契約を締結する目的に照らして不適当と認められる勧誘を行つて投資者の保護に欠けることとなつており、又は欠けることとなるおそれがあること。

二　前号に掲げるもののほか、業務に関して取得した顧客に関する情報の適正な取扱いを確保するための措置を講じていないと認められる状況、その他業務の運営の状況が公益に反し、又は投資者の保護に支障を生ずるおそれがあるものとして内閣府令で定める状況にあること。

第四〇条の三（**分別管理が確保されていない場合の売買等の禁止**）金融商品取引業者等は、第二条第二項第五号若しくは第六号に掲げる権利又は同条第一項第二十一号に掲げる有価証券（政令で定めるものに限る。）若しくは同条第二項第七号に掲げる権利（政令で定めるものに限る。）については、当該権利又は有価証券に関し出資され、又は拠出された金銭（これに類するものとして政令で定めるものを含む。以下この条において同じ。）が、当該金銭を充てて行われる事業を行う者の固有財産その他当該者の行う他の事業に係る財産と分別して管理することが当該権利又は有価証券に係る契約その他の法律行為において確保されているものとして内閣府令で定めるものでなければ、第二条第八項第一号、第二号又は第七号から第九号までに掲げる行為を行つてはならない。

第三款　投資運用業に関する特則

第四二条の四（分別管理）　金融商品取引業者等は、その行う投資運用業（第二条第八項第十五号に掲げる行為を行う業務に限る。）に関して、内閣府令で定めるところにより、運用財産と自己の固有財産及び他の運用財産とを分別して管理しなければならない。

第四款　有価証券等管理業務に関する特則

第四三条の二（分別管理）　金融商品取引業者等は、次に掲げる有価証券（次項の規定により管理する有価証券を除く。）を、確実にかつ整然と管理する方法として内閣府令で定める方法により、自己の固有財産と分別して管理しなければならない。

一　第百十九条の規定により金融商品取引業者等が顧客から預託を受けた有価証券（有価証券関連デリバティブ取引に関して預託を受けたものに限る。）又は第百六十一条の二の規定により金融商品取引業者が顧客から預託を受けた有価証券

二　有価証券関連業又は有価証券関連業に付随する業務として内閣府令で定めるものに係る取引（店頭デリバティブ取引に該当するもの（有価証券関連業を行う金融商品取引業者であつて第一種金融商品取引業を行うことにつき第二十九条の登録を受けた者を相手方として行う取引その他の取引の相手方の特性を勘案して内閣府令で定めるものに限る。）その他政令で定める取引を除く。次項第二号、第七十九条の二十及び第七十九条の四十九において「対象有価証券関連取引」という。）に関し、顧客の計算において金融商品取引業者等が占有する有価証券又は金融商品取引業者等が顧客から預託を受けた有価証券（前号に掲げる有価証券、契約により金融商品取引業者等が消費できる有価証券その他政令で定める有価証券を除く。）

2　金融商品取引業者等は、次に掲げる金銭又は有価証券について、当該金融商品取引業者等が金融商品取引業（登録金融機関業務を含む。以下この項において同じ。）を廃止した場合その他金融商品取引業を行わないこととなつた場合に顧客に返還すべき額として内閣府令で定めるところにより算定したものに相当する金銭を、自己の固有財産と分別して管理し、内閣府令で定めるところにより、当該金融商品取引業者等が金融商品取引業を廃止した場合その他金融商品取引業を行わないこととなつた場合に顧客に返還すべき額に相当する金銭を管理することを目的として、国内において、信託会社等に信託をしなければならない。

一　第百十九条の規定により金融商品取引業者等が顧客から預託を受けた金銭（有価証券関連デリバティブ取引に関して預託を受けたものに限る。）又は第百六十一条の二の規定により金融商品取引業者が顧客から預託を受けた金銭

二　対象有価証券関連取引に関し、顧客の計算に属する金銭又は金融商品取引業者等が顧客から預託を受けた金銭（前号に掲げる金銭を除く。）

三　前項各号に掲げる有価証券のうち、第四十三条の四第一項の規定により担保に供されたもの

3　金融商品取引業者は、前二項の規定による管理の状況について、内閣府令で定めるところにより、定期に、公認会計士（公認会計士法（昭和二十三年法律第百三号）第十六条の二第五項に規定する外国公認会計士を含む。第百九十三条の二及び第百九十三条の三において同じ。）又は監査法人の監査を受けなければならない。

第八款　雑則

第四五条　次の各号に掲げる規定は、当該各号に定める者が特定投資家である場合には、適用しない。ただし、公益又は特定投資家の保護のため支障を生ずるおそれがあるものとして内閣府令で定める場合は、この限りでない。

一　第三十七条、第三十八条第四号から第六号まで及び第四十条第一号　金融商品取引業者等が行う金融商品取引契約の締結の勧誘の相手方

二　第三十七条の二から第三十七条の六まで、第四十条の二第四項及び第四十三条の四　金融商品取引業者等が申込みを受け、又は締結した金融商品取引契約の相手方

三　第四十一条の四及び第四十一条の五　金融商品取引業者等が締結した投資顧問契約の相手方

四　第四十二条の五から第四十二条の七まで　金融商品取引業者等が締結した投資一任契約の相手方

第四章の二　投資者保護基金

第二節　会員

第七九条の二七（**加入義務等**）金融商品取引業者（政令で定める金融商品取引業者を除く。）は、いずれか一の基金にその会員として加入しなければならない。〔2項以下略〕

第五節　業務

第七九条の五六（**補償対象債権の支払**）基金は、認定金融商品取引業者の一般顧客の請求に基づいて、前条第一項の規定により公告した日において現に当該一般顧客が当該認定金融商品取引業者に対して有する債権（当該一般顧客の顧客資産に係るものに限る。）であつて基金が政令で定めるところにより当該認定金融商品取引業者による円滑な弁済が困難であると認めるもの（以下「補償対象債権」という。）につき、内閣府令・財務省令で定めるところにより算出した金額の支払を行うものとする。〔2項以下略〕

第六章　有価証券の取引等に関する規制

第一六六条（**会社関係者の禁止行為**）次の各号に掲げる者（以下この条において「会社関係者」という。）であつて、上場会社等に係る業務等に関する重要事実（当該上場会社等の子会社に係る会社関係者（当該上場会社等に係る会社関係者に該当する者を除く。）については、当該子会社の業務等に関する重要事実であつて、次項第五号から第八号までに規定するものに限る。以下同じ。）を当該各号に定めるところにより知つたものは、当該業務等に関する重要事実の公表がされた後でなければ、当該上場会社等の特定有価証券等に係る売買その他の有償の譲渡若しくは譲受け、合併若しくは分割による承継（合併又は分割により承継させ、又は承継することをいう。）又はデリバティブ取引（以下この条、第百六十七条の二第一項、第百七十五条の二第一項及び第百九十七条の二第十四号において「売買等」という。）をしてはならない。当該上場会社等に係る業務等に関する重要事実を次の各号に定めるところにより知つた会社関係者であつて、当該各号に掲げる会社関係者でなくなつた後一年以内のものについても、同様とする。

一　当該上場会社等（当該上場会社等の親会社及び子会社並びに当該上場会社等が上場投資法人等である場合における当該上場会社等の資産運用会社及びその特定関係法人を含む。以下この項において同じ。）の役員（会計参与が法人であるときは、その社員）、代理人、使用人その他の従業者（以下この条及び次条において「役員等」という。）　その者の職務に関し知つたとき。

二　当該上場会社等の会社法第四百三十三条第一項に定める権利を有する株主若しくは優先出資法に規定する普通出資者のうちこれに類する権利を有するものとして内閣府令で定める者又は同条第三項に定める権利を有する社員（これらの株主、普通出資者又は社員が法人（法人でない団体で代表者又は管理人の定めのあるものを含む。以下この条及び次条において同じ。）であるときはその役員等を、これらの株主、普通出資者又は社員が法人以外の者であるときはその代理人又は使用人を含む。）　当該権利の行使に関し知つたとき。

二の二　当該上場会社等の投資主（投資信託及び投資法人に関する法律第二条第十六項に規定する投資主をいう。以下この号において同じ。）又は同法第百二十八条の三第二項において準用する会社法第四百三十三条第三項に定める権利を有する投資主（これらの投資主が法人であるときはその役員等を、これらの投資主が法人以外の者であるときはその代理人又は使用人を含む。）　投資信託及び投資法人に関する法律第百二十八条の三第一項に定める権利又は同条第二項において準用する会社法第四百三十三条第三項に定める権利の行使に関し知つたとき。

三　当該上場会社等に対する法令に基づく権限を有する者　当該権限の行使に関し知つたとき。

四　当該上場会社等と契約を締結している者又は締結の交渉をしている者（その者が法人であるときはその役員等を、その者が法人以外の者であるときはその代理人又は使用人を含む。）であつて、当該上場会社等の役員等以外のもの　当該契約の締結若しくはその交渉又は履行に関し知つたとき。

五　第二号、第二号の二又は前号に掲げる者であつて法人であるものの役員等（その者が役員等である当該法人の他の役員等が、それぞれ第二号、第二号の二又は前号に定めるところにより当該上場会社等に係る業務等に関する重要事実を知つた場合におけるその者に限る。）その者の職務に関し知つたとき。

2　前項に規定する業務等に関する重要事実とは、次に掲げる事実（第一号、第二号、第五号、第六号、第九号、第十号、第十二号及び第十三号に掲げる事実にあつては、投資者の投資判断に及ぼす影響が軽微なものとして内閣府令で定める基準に該当するものを除く。）をいう。

一　当該上場会社等（上場投資法人等を除く。以下この号から第八号までにおいて同じ。）の業務執行を決定する機関が次に掲げる事項を行うことについての決定をしたこと又は当該機関が当該決定（公表がされたものに限る。）に係る事項を行わないことを決定したこと。

イ　会社法第百九十九条第一項に規定する株式会社の発行する株式若しくはその処分する自己株式を引き受ける者（協同組織金融機関が発行する優先出資を引き受ける者を含む。）の募集（処分する自己株式を引き受ける者の募集をする場合にあつては、これに相当する外国の法令の規定（当該上場会社等が外国会社である場合に限る。以下この条において同じ。）によるものを含む。）又は同法第二百三十八条第一項に規定する募集新株予約権を引き受ける者の募集

ロ　資本金の額の減少

ハ　資本準備金又は利益準備金の額の減少

ニ　会社法第百五十六条第一項（同法第百六十三条及び第百六十五条第三項の規定により読み替えて適用する場合を含む。）の規定又はこれらに相当する外国の法令の規定（当該上場会社等が外国会社である場合に限る。以下この条において同じ。）による自己の株式の取得

ホ　株式無償割当て又は新株予約権無償割当て

ヘ　株式（優先出資法に規定する優先出資を含む。）の分割

ト　剰余金の配当

チ　株式交換

リ　株式移転

ヌ　株式交付

ル　合併

ヲ　会社の分割

ワ　事業の全部又は一部の譲渡又は譲受け

カ　解散（合併による解散を除く。）

ヨ　新製品又は新技術の企業化

タ　業務上の提携その他のイからヨまでに掲げる事項に準ずる事項として政令で定める事項

二　当該上場会社等に次に掲げる事実が発生したこと。

イ　災害に起因する損害又は業務遂行の過程で生じた損害

ロ　主要株主の異動

ハ　特定有価証券又は特定有価証券に係るオプションの上場の廃止又は登録の取消しの原因となる事実

ニ　イからハまでに掲げる事実に準ずる事実として政令で定める事実

三　当該上場会社等の売上高、経常利益若しくは純利益（以下この条において「売上高等」という。）若しくは第一号トに規定する配当又は当該上場会社等の属する企業集団の売上高等について、公表がされた直近の予想値（当該予想値がない場合は、公表がされた前事業年度の実績値）に比較して当該上場会社等が新たに算出した予想値又は当事業年度の決算において差異（投資者の投資判断に及ぼす影響が重要なものとして内閣府令で定める基準に該当するものに限る。）が生じたこと。

四　前三号に掲げる事実を除き、当該上場会社等の運営、業務又は財産に関する重要な事実であつて投資者の投資判断に著しい影響を及ぼすもの

五　当該上場会社等の子会社の業務執行を決定する機関が当該子会社について次に掲げる事項を行うことについての決定をしたこと又は当該機関が当該決定（公表がされたものに限る。）に係る事項を行わないことを決定したこと。

イ　株式交換

ロ　株式移転

ハ　株式交付

ニ　合併

ホ　会社の分割

ヘ　事業の全部又は一部の譲渡又は譲受け

ト　解散（合併による解散を除く。）

チ　新製品又は新技術の企業化

リ　業務上の提携その他のイからチまでに掲げる事項に準ずる事項として政令で定める事項

六　当該上場会社等の子会社に次に掲げる事

実が発生したこと。

イ　災害に起因する損害又は業務遂行の過程で生じた損害

ロ　イに掲げる事実に準ずる事実として政令で定める事実

七　当該上場会社等の子会社（第二条第一項第五号、第七号又は第九号に掲げる有価証券で金融商品取引所に上場されているものの発行者その他の内閣府令で定めるものに限る。）の売上高等について、公表がされた直近の予想値（当該予想値がない場合は、公表がされた前事業年度の実績値）に比較して当該子会社が新たに算出した予想値又は当事業年度の決算において差異（投資者の投資判断に及ぼす影響が重要なものとして内閣府令で定める基準に該当するものに限る。）が生じたこと。

八　前三号に掲げる事実を除き、当該上場会社等の子会社の運営、業務又は財産に関する重要な事実であつて投資者の投資判断に著しい影響を及ぼすもの

九　当該上場会社等（上場投資法人等に限る。次号から第十四号までにおいて同じ。）の業務執行を決定する機関が次に掲げる事項を行うことについての決定をしたこと又は当該機関が当該決定（公表がされたものに限る。）に係る事項を行わないことを決定したこと。

イ　資産の運用に係る委託契約の締結又はその解約

ロ　投資信託及び投資法人に関する法律第八十二条第一項に規定する投資法人の発行する投資口を引き受ける者の募集

ハ　投資信託及び投資法人に関する法律第八十条の二第一項（同法第八十条の五第二項の規定により読み替えて適用する場合を含む。）の規定による自己の投資口の取得

ニ　投資信託及び投資法人に関する法律第八十八条の十三に規定する新投資口予約権無償割当て

ホ　投資口の分割

ヘ　金銭の分配

ト　合併

チ　解散（合併による解散を除く。）

リ　イからチまでに掲げる事項に準ずる事項として政令で定める事項

十　当該上場会社等に次に掲げる事実が発生したこと。

イ　災害に起因する損害又は業務遂行の過程で生じた損害

ロ　特定有価証券又は特定有価証券に係るオプションの上場の廃止又は登録の取消しの原因となる事実

ハ　イ又はロに掲げる事実に準ずる事実として政令で定める事実

十一　当該上場会社等の営業収益、経常利益若しくは純利益（第四項第二号において「営業収益等」という。）又は第九号へに規定する分配について、公表がされた直近の予想値（当該予想値がない場合は、公表がされた前営業期間（投資信託及び投資法人に関する法律第百二十九条第二項に規定する営業期間をいう。以下この号において同じ。）の実績値）に比較して当該上場会社等が新たに算出した予想値又は当営業期間の決算において差異（投資者の投資判断に及ぼす影響が重要なものとして内閣府令で定める基準に該当するものに限る。）が生じたこと。

十二　当該上場会社等の資産運用会社の業務執行を決定する機関が当該資産運用会社について次に掲げる事項を行うことについての決定をしたこと又は当該機関が当該決定（公表がされたものに限る。）に係る事項を行わないことを決定したこと。

イ　当該上場会社等から委託を受けて行う資産の運用であつて、当該上場会社等による特定資産（投資信託及び投資法人に関する法律第二条第一項に規定する特定資産をいう。第五項第二号において同じ。）の取得若しくは譲渡又は貸借が行われることとなるもの

ロ　当該上場会社等と締結した資産の運用に係る委託契約の解約

ハ　株式交換

ニ　株式移転

ホ　株式交付

ヘ　合併

ト　解散（合併による解散を除く。）

チ　イからトまでに掲げる事項に準ずる事項として政令で定める事項

十三　当該上場会社等の資産運用会社に次に掲げる事実が発生したこと。

イ　第五十二条第一項の規定による第二十九条の登録の取消し、同項の規定による当該上場会社等の委託を受けて行う資産の運用に係る業務の停止の処分その他これらに準ずる行政庁による法令に基づく

処分
ロ　特定関係法人の異動
ハ　主要株主の異動
ニ　イからハまでに掲げる事実に準ずる事実として政令で定める事実
十四　第九号から前号までに掲げる事実を除き、当該上場会社等の運営、業務又は財産に関する重要な事実であつて投資者の投資判断に著しい影響を及ぼすもの

3　会社関係者（第一項後段に規定する者を含む。以下この項において同じ。）から当該会社関係者が第一項各号に定めるところにより知つた同項に規定する業務等に関する重要事実の伝達を受けた者（同項各号に掲げる者であつて、当該各号に定めるところにより当該業務等に関する重要事実を知つたものを除く。）又は職務上当該伝達を受けた者が所属する法人の他の役員等であつて、その者の職務に関し当該業務等に関する重要事実を知つたものは、当該業務等に関する重要事実の公表がされた後でなければ、当該上場会社等の特定有価証券等に係る売買等をしてはならない。

4　第一項、第二項第一号、第三号、第五号、第七号、第九号、第十一号及び第十二号並びに前項の公表がされたとは、次の各号に定める事項について、それぞれ当該各号に定める者により多数の者の知り得る状態に置く措置として政令で定める措置がとられたこと又は当該各号に定める者が提出した第二十五条第一項（第二十七条において準用する場合を含む。）に規定する書類（同項第十一号に掲げる書類を除く。）にこれらの事項が記載されている場合において、当該書類が同項の規定により公衆の縦覧に供されたことをいう。
一　上場会社等に係る第一項に規定する業務等に関する重要事実であつて第二項第一号から第八号までに規定するもの、上場会社等（上場投資法人等を除く。以下この号において同じ。）の業務執行を決定する機関の決定、上場会社等の売上高等若しくは同項第一号トに規定する配当、上場会社等の属する企業集団の売上高等、上場会社等の子会社の業務執行を決定する機関の決定又は上場会社等の子会社の売上高等　当該上場会社等又は当該上場会社等の子会社（子会社については、当該子会社の第一項に規定する業務等に関する重要事実、当該子会社の業務執行を決定する機関の決定又は当該子会社の売上高等に限る。）
二　上場投資法人等に係る第一項に規定する業務等に関する重要事実であつて第二項第九号若しくは第十一号に規定するもの、上場投資法人等の業務執行を決定する機関の決定又は上場投資法人等の営業収益等若しくは同項第九号へに規定する分配　当該上場投資法人等
三　上場投資法人等に係る第一項に規定する業務等に関する重要事実であつて第二項第十二号に規定するもの又は上場投資法人等の資産運用会社の業務執行を決定する機関の決定　当該上場投資法人等の資産運用会社
四　上場投資法人等に係る第一項に規定する業務等に関する重要事実であつて第二項第十号、第十三号又は第十四号に規定するもの　当該上場投資法人等又は当該上場投資法人等の資産運用会社

5　第一項及び次条において「親会社」とは、他の会社（協同組織金融機関を含む。以下この項において同じ。）を支配する会社として政令で定めるものをいい、この条において「子会社」とは、他の会社が提出した第五条第一項の規定による届出書、第二十四条第一項の規定による有価証券報告書、第二十四条の四の七第一項若しくは第二項の規定による四半期報告書若しくは第二十四条の五第一項の規定による半期報告書で第二十五条第一項の規定により公衆の縦覧に供されたもの、第二十七条の三十一第二項の規定により公表した特定証券情報又は第二十七条の三十二第一項若しくは第二項の規定により公表した発行者情報のうち、直近のものにおいて、当該他の会社の属する企業集団に属する会社として記載され、又は記録されたものをいい、第一項及び第二項において「特定関係法人」とは、次の各号のいずれかに該当する者をいう。
一　上場投資法人等の資産運用会社を支配する会社として政令で定めるもの
二　上場投資法人等の資産運用会社の利害関係人等（投資信託及び投資法人に関する法律第二百一条第一項に規定する利害関係人等をいう。）のうち、当該資産運用会社が当該上場投資法人等の委託を受けて行う運用の対象となる特定資産の価値に重大な影響を及ぼす取引を行い、又は行つた法人として政令で定めるもの

6　第一項及び第三項の規定は、次に掲げる場合には、適用しない。

一　会社法第二百二条第一項第一号に規定する権利（優先出資法に規定する優先出資の割当てを受ける権利を含む。）を有する者が当該権利を行使することにより株券（優先出資法に規定する優先出資証券を含む。）を取得する場合

二　新株予約権等（新株予約権又は投資信託及び投資法人に関する法律第二条第十七項に規定する新投資口予約権をいう。）を有する者が当該新株予約権等を行使することにより株券又は第二条第一項第十一号に規定する投資証券を取得する場合

二の二　特定有価証券等に係るオプションを取得している者が当該オプションを行使することにより特定有価証券等に係る売買等をする場合

三　会社法第百十六条第一項、第百八十二条の四第一項、第四百六十九条第一項、第七百八十五条第一項、第七百九十七条第一項、第八百六条第一項若しくは第八百十六条の六第一項の規定による株式の買取りの請求若しくは投資信託及び投資法人に関する法律第百四十一条第一項、第百四十九条の三第一項、第百四十九条の八第一項若しくは第百四十九条の十三第一項の規定による投資口の買取りの請求又は法令上の義務に基づき売買等をする場合

四　当該上場会社等の株券等（第二十七条の二第一項に規定する株券等をいう。）に係る同項に規定する公開買付け（同項本文の規定の適用を受ける場合に限る。）又はこれに準ずる行為として政令で定めるものに対抗するため当該上場会社等の取締役会（これに相当するものとして政令で定める機関を含む。次条第五項第五号において同じ。）が決定した要請（監査等委員会設置会社にあつては会社法第三百九十九条の十三第五項の規定による取締役会の決議による委任又は同条第六項の規定による定款の定めに基づく取締役会の決議による委任に基づいて取締役の決定した要請を含み、指名委員会等設置会社にあつては同法第四百十六条第四項の規定による取締役会の決議による委任に基づいて執行役の決定した要請を含む。）に基づいて、当該上場会社等の特定有価証券等又は特定有価証券等の売買に係るオプション（当該オプションの行使により当該行使をした者が当該オプションに係る特定有価証券等の売買において買主としての地位を取得するものに限る。）の買付け（オプションにあつては、取得をいう。次号において同じ。）その他の有償の譲受けをする場合

四の二　会社法第百五十六条第一項（同法第百六十三条及び第百六十五条第三項の規定により読み替えて適用する場合を含む。以下この号において同じ。）の規定若しくは投資信託及び投資法人に関する法律第八十条の二第一項（同法第八十条の五第二項の規定により読み替えて適用する場合を含む。以下この号において同じ。）の規定又はこれらに相当する外国の法令の規定による自己の株式等（株式又は投資口をいう。以下この号において同じ。）の取得についての当該上場会社等の会社法第百五十六条第一項の規定による株主総会若しくは取締役会の決議（監査等委員会設置会社にあつては同法第三百九十九条の十三第五項の規定による取締役会の決議による委任又は同条第六項の規定による定款の定めに基づく取締役会の決議による委任に基づく取締役の決定を含み、指名委員会等設置会社にあつては同法第四百十六条第四項の規定による取締役会の決議による委任に基づく執行役の決定を含む。）（同法第百五十六条第一項各号に掲げる事項に係るものに限る。）若しくは投資信託及び投資法人に関する法律第八十条の二第三項の規定による役員会の決議（同条第一項各号に掲げる事項に係るものに限る。）又はこれらに相当する外国の法令の規定に基づいて行う決議等（以下この号において「株主総会決議等」という。）について第一項に規定する公表（当該株主総会決議等の内容が当該上場会社等の業務執行を決定する機関の決定と同一の内容であり、かつ、当該株主総会決議等の前に当該決定について同項に規定する公表がされている場合の当該公表を含む。）がされた後、当該株主総会決議等に基づいて当該自己の株式等に係る株券若しくは株券に係る権利を表示する第二条第一項第二十号に掲げる有価証券その他の政令で定める有価証券（以下この号において「株券等」という。）又は株券等の売買に係るオプション（当該オプションの行使により当該行使をした者が当該オプションに係る株券等の売買において買主としての地位を取得するものに限る。以下この号において同じ。）の買付けをする場合（当該自己の株式等の

取得についての当該上場会社等の業務執行を決定する機関の決定以外の第一項に規定する業務等に関する重要事実について、同項に規定する公表がされていない場合（当該自己の株式等の取得以外の会社法第百五十六条第一項の規定若しくは投資信託及び投資法人に関する法律第八十条の二第一項の規定又はこれらに相当する外国の法令の規定による自己の株式等の取得について、この号の規定に基づいて当該自己の株式等に係る株券等又は株券等の売買に係るオプションの買付けをする場合を除く。）を除く。）

五　第百五十九条第三項の政令で定めるところにより売買等をする場合

六　社債券（新株予約権付社債券を除く。）、第二条第一項第十一号に規定する投資法人債券その他の政令で定める有価証券に係る売買等をする場合（内閣府令で定める場合を除く。）

七　第一項に規定する業務等に関する重要事実を知つた者が当該業務等に関する重要事実を知つている者との間において、売買等を取引所金融商品市場又は店頭売買有価証券市場によらないでする場合（当該売買等をする者の双方において、当該売買等に係る特定有価証券等について、更に同項又は第三項の規定に違反して売買等が行われることとなることを知つている場合を除く。）

八　合併、分割又は事業の全部若しくは一部の譲渡若しくは譲受け（以下この項及び次条第五項において「合併等」という。）により特定有価証券等を承継させ、又は承継する場合であつて、当該特定有価証券等の帳簿価額の当該合併等により承継される資産の帳簿価額の合計額に占める割合が特に低い割合として内閣府令で定める割合未満であるとき。

九　合併等の契約（新設分割にあつては、新設分割計画）の内容の決定についての取締役会の決議が上場会社等に係る第一項に規定する業務等に関する重要事実を知る前にされた場合において、当該決議に基づいて当該合併等により当該上場会社等の特定有価証券等を承継させ、又は承継するとき。

十　新設分割（他の会社と共同してするものを除く。）により新設分割設立会社（会社法第七百六十三条第一項に規定する新設分割設立会社をいう。次条第五項第十二号において同じ。）に特定有価証券等を承継させる場合

十一　合併等、株式交換又は株式交付に際して当該合併等、株式交換又は株式交付の当事者である上場会社等が有する当該上場会社等の特定有価証券等を交付し、又は当該特定有価証券等の交付を受ける場合

十二　上場会社等に係る第一項に規定する業務等に関する重要事実を知る前に締結された当該上場会社等の特定有価証券等に係る売買等に関する契約の履行又は上場会社等に係る同項に規定する業務等に関する重要事実を知る前に決定された当該上場会社等の特定有価証券等に係る売買等の計画の実行として売買等をする場合その他これに準ずる特別の事情に基づく売買等であることが明らかな売買等をする場合（内閣府令で定める場合に限る。）

第一六七条（**公開買付者等関係者の禁止行為**）

次の各号に掲げる者（以下この条において「公開買付者等関係者」という。）であつて、第二十七条の二第一項に規定する株券等で金融商品取引所に上場されているもの、店頭売買有価証券若しくは取扱有価証券に該当するもの（以下この条において「上場等株券等」という。）の同項に規定する公開買付け（同項本文の規定の適用を受ける場合に限る。）若しくはこれに準ずる行為として政令で定めるもの又は上場株券等の第二十七条の二十二の二第一項に規定する公開買付け（以下この条において「公開買付け等」という。）をする者（以下この条及び次条第二項において「公開買付者等」という。）の公開買付け等の実施に関する事実又は公開買付け等の中止に関する事実を当該各号に定めるところにより知つたものは、当該公開買付け等の実施に関する事実又は公開買付け等の中止に関する事実の公表がされた後でなければ、公開買付け等の実施に関する事実に係る場合にあつては当該公開買付け等に係る上場等株券等又は上場株券等の発行者である会社の発行する株券若しくは新株予約権付社債券その他の政令で定める有価証券（以下この条において「特定株券等」という。）又は当該特定株券等に係るオプションを表示する第二条第一項第十九号に掲げる有価証券その他の政令で定める有価証券（以下この項において「関連株券等」という。）に係る買付け等（特定株券等又は関連株券等（以下この条、次条第二項、第百七十五条の二及び第百九十七条の二第十五号に

おいて「株券等」という。）の買付けその他の取引で政令で定めるものをいう。以下この条、次条第二項、第百七十五条の二第二項及び第百九十七条の二第十五号において同じ。）をしてはならず、公開買付け等の中止に関する事実に係る場合にあつては当該公開買付け等に係る株券等に係る売付け等（株券等の売付けその他の取引で政令で定めるものをいう。以下この条、次条第二項、第百七十五条の二第二項及び第百九十七条の二第十五号において同じ。）をしてはならない。当該公開買付け等の実施に関する事実又は公開買付け等の中止に関する事実を次の各号に定めるところにより知つた公開買付者等関係者であつて、当該各号に掲げる公開買付者等関係者でなくなつた後六月以内のものについても、同様とする。

一　当該公開買付者等（その者が法人であるときは、その親会社を含む。以下この項において同じ。）の役員等（当該公開買付者等が法人以外の者であるときは、その代理人又は使用人）　その者の職務に関し知つたとき。

二　当該公開買付者等の会社法第四百三十三条第一項に定める権利を有する株主又は同条第三項に定める権利を有する社員（当該株主又は社員が法人であるときはその役員等を、当該株主又は社員が法人以外の者であるときはその代理人又は使用人を含む。）　当該権利の行使に関し知つたとき。

三　当該公開買付者等に対する法令に基づく権限を有する者　当該権限の行使に関し知つたとき。

四　当該公開買付者等と契約を締結している者又は締結の交渉をしている者（その者が法人であるときはその役員等を、その者が法人以外の者であるときはその代理人又は使用人を含む。）であつて、当該公開買付者等が法人であるときはその役員等以外のもの、その者が法人以外の者であるときはその代理人又は使用人以外のもの　当該契約の締結若しくはその交渉又は履行に関し知つたとき。

五　当該公開買付け等（上場株券等の第二十七条の二十二の二第一項に規定する公開買付けを除く。）に係る上場等株券等の発行者（その役員等を含む。）　当該公開買付者等からの伝達により知つたとき（当該役員等にあつては、その者の職務に関し当該公開買付者等からの伝達により知つたとき。）。

六　第二号、第四号又は前号に掲げる者であつて法人であるものの役員等（その者が役員等である当該法人の他の役員等が、それぞれ第二号、第四号又は前号に定めるところにより当該公開買付者等の公開買付け等の実施に関する事実又は公開買付け等の中止に関する事実を知つた場合におけるその者に限る。）　その者の職務に関し知つたとき。

2　前項に規定する公開買付け等の実施に関する事実又は公開買付け等の中止に関する事実とは、公開買付者等（当該公開買付者等が法人であるときは、その業務執行を決定する機関をいう。以下この項において同じ。）が、それぞれ公開買付け等を行うことについての決定をしたこと又は公開買付者等が当該決定（公表がされたものに限る。）に係る公開買付け等を行わないことを決定したことをいう。ただし、投資者の投資判断に及ぼす影響が軽微なものとして内閣府令で定める基準に該当するものを除く。

3　公開買付者等関係者（第一項後段に規定する者を含む。以下この項及び第五項において同じ。）から当該公開買付者等関係者が第一項各号に定めるところにより知つた同項に規定する公開買付け等の実施に関する事実又は公開買付け等の中止に関する事実（以下この条、次条第二項、第百七十五条の二第二項及び第百九十七条の二第十五号において「公開買付け等事実」という。）の伝達を受けた者（第一項各号に掲げる者であつて、当該各号に定めるところにより当該公開買付け等事実を知つたものを除く。）又は職務上当該伝達を受けた者が所属する法人の他の役員等であつて、その者の職務に関し当該公開買付け等事実を知つたものは、当該公開買付け等事実の公表がされた後でなければ、同項に規定する公開買付け等の実施に関する事実に係る場合にあつては当該公開買付け等に係る株券等に係る買付け等をしてはならず、同項に規定する公開買付け等の中止に関する事実に係る場合にあつては当該公開買付け等に係る株券等に係る売付け等をしてはならない。

4　第一項から前項までにおける公表がされたとは、公開買付け等事実について、当該公開買付者等により多数の者の知り得る状態に置く措置として政令で定める措置がとられたこと、第二十七条の三第一項（第二十七条の二十二の二第二項において準用する場合を含む。次項第八号において同じ。）の規定による公告若しくは第二十七条の十一第二項（第二十七条の二十二の二第二項において準用する場合を含む。）の規定による公告若しくは公表がされたこと又は第二十七条の十四第一項（第二十七条の二十二の二第二項において準用する場合を含む。同号において同じ。）の規定により第二十七条の三第二項（第二十七条の二十二の二第二項において準用する場合を含む。同号において同じ。）の公開買付届出書若しくは第二十七条の十一第三項（第二十七条の二十二の二第二項において準用する場合を含む。）の公開買付撤回届出書が公衆の縦覧に供されたことをいう。

5　第一項及び第三項の規定は、次に掲げる場合には、適用しない。

一　会社法第二百二条第一項第一号に規定する権利を有する者が当該権利を行使することにより株券を取得する場合

二　新株予約権（これに準ずるものとして政令で定める権利を含む。）を有する者が当該新株予約権を行使することにより株券（これに準ずるものとして政令で定める有価証券を含む。）を取得する場合

二の二　株券等に係るオプションを取得している者が当該オプションを行使することにより株券等に係る買付け等又は売付け等をする場合

三　会社法第百十六条第一項、第百八十二条の四第一項、第四百六十九条第一項、第七百八十五条第一項、第七百九十七条第一項、第八百六条第一項若しくは第八百十六条の六第一項の規定による株式の買取りの請求（これらに相当する他の法令の規定による請求として政令で定めるものを含む。）又は法令上の義務に基づき株券等に係る買付け等又は売付け等をする場合

四　公開買付者等の要請（当該公開買付者等が会社である場合には、その取締役会が決定したもの（監査等委員会設置会社にあつては会社法第三百九十九条の十三第五項の規定による取締役会の決議による委任又は同条第六項の規定による定款の定めに基づく取締役会の決議による委任に基づいて取締役の決定したものを含み、指名委員会等設置会社にあつては同法第四百十六条第四項の規定による取締役会の決議による委任に基づいて執行役の決定したものを含む。）に限る。）に基づいて当該公開買付け等に係る上場等株券等（上場等株券等の売買に係るオプションを含む。以下この号において同じ。）の買付け等をする場合（当該公開買付者等に当該上場等株券等の売付け等をする目的をもつて当該上場等株券等の買付け等をする場合に限る。）

五　公開買付け等に対抗するため当該公開買付け等に係る上場等株券等の発行者の取締役会が決定した要請（監査等委員会設置会社にあつては会社法第三百九十九条の十三第五項の規定による取締役会の決議による委任又は同条第六項の規定による定款の定めに基づく取締役会の決議による委任に基づいて取締役の決定した要請を含み、指名委員会等設置会社にあつては同法第四百十六条第四項の規定による取締役会の決議による委任に基づいて執行役の決定した要請を含む。）に基づいて当該上場等株券等（上場等株券等の売買に係るオプションを含む。）の買付け等をする場合

六　第百五十九条第三項の政令で定めるところにより株券等に係る買付け等又は売付け等をする場合

七　第一項に規定する公開買付け等の実施に関する事実を知つた者が当該公開買付け等の実施に関する事実を知つている者から買付け等を取引所金融商品市場若しくは店頭売買有価証券市場によらないでする場合又は同項に規定する公開買付け等の中止に関する事実を知つた者が当該公開買付け等の中止に関する事実を知つている者に売付け等を取引所金融商品市場若しくは店頭売買有価証券市場によらないでする場合（当該売付け等に係る者の双方において、当該売付け等に係る株券等について、更に同項又は第三項の規定に違反して売付け等が行われることとなることを知つている場合を除く。）

八　特定公開買付者等関係者（公開買付者等関係者であつて第一項各号に定めるところにより同項に規定する公開買付け等の実施に関する事実を知つたものをいう。次号において同じ。）から当該公開買付け等の実施に関する事実の伝達を受けた者（その者が法人であるときはその役員等を、その者が法人以外の者であるときはその代理人又は使用人を含む。）が株券等に係る買付け等をする場合（当該伝達を受けた者が第二十七条の三第一項の規定により行う公告において次に掲げる事項が明示され、かつ、

これらの事項が記載された当該伝達を受けた者の提出した同条第二項の公開買付届出書が第二十七条の十四第一項の規定により公衆の縦覧に供された場合に限る。）

イ　当該伝達を行つた者の氏名又は名称

ロ　当該伝達を受けた時期

ハ　当該伝達を受けた公開買付け等の実施に関する事実の内容として内閣府令で定める事項

九　特定公開買付者等関係者であつて第一項第一号に掲げる者以外のもの又は特定公開買付者等関係者から同項に規定する公開買付け等の実施に関する事実の伝達を受けた者（特定公開買付者等関係者を除き、その者が法人であるときはその役員等を、その者が法人以外の者であるときはその代理人又は使用人を含む。）が株券等に係る買付け等をする場合（特定公開買付者等関係者にあつては同項各号に定めるところにより同項に規定する公開買付け等の実施に関する事実を知つた日から、当該伝達を受けた者にあつては当該伝達を受けた日から六月が経過している場合に限る。）

十　合併等により株券等を承継し、又は承継させる場合であつて、当該株券等の帳簿価額の当該合併等により承継される資産の帳簿価額の合計額に占める割合が特に低い割合として内閣府令で定める割合未満であるとき。

十一　合併等の契約（新設分割にあつては、新設分割計画）の内容の決定についての取締役会の決議が公開買付者等の公開買付け等事実を知る前にされた場合において、当該決議に基づいて当該合併等により当該公開買付け等に係る株券等を承継し、又は承継させるとき。

十二　新設分割（他の会社と共同してするものを除く。）により新設分割設立会社に株券等を承継させる場合

十三　合併等、株式交換又は株式交付に際して当該合併等、株式交換又は株式交付の当事者であつて公開買付け等に係る上場等株券等又は上場株券等の発行者である会社が有する当該会社の株券等の交付を受け、又は当該株券等を交付する場合

十四　公開買付者等の公開買付け等事実を知る前に締結された当該公開買付け等に係る株券等に係る買付け等若しくは売付け等に関する契約の履行又は公開買付者等の公開買付け等事実を知る前に決定された当該公開買付け等に係る株券等に係る買付け等若しくは売付け等の計画の実行として買付け等又は売付け等をする場合その他これに準ずる特別の事情に基づく買付け等又は売付け等であることが明らかな買付け等又は売付け等をする場合（内閣府令で定める場合に限る。）

第一六七条の二（未公表の重要事実の伝達等の禁止）上場会社等に係る第百六十六条第一項に規定する会社関係者（同項後段に規定する者を含む。）であつて、当該上場会社等に係る同項に規定する業務等に関する重要事実を同項各号に定めるところにより知つたものは、他人に対し、当該業務等に関する重要事実について同項の公表がされたこととなる前に当該上場会社等の特定有価証券等に係る売買等をさせることにより当該他人に利益を得させ、又は当該他人の損失の発生を回避させる目的をもつて、当該業務等に関する重要事実を伝達し、又は当該売買等をすることを勧めてはならない。

2　公開買付者等に係る前条第一項に規定する公開買付者等関係者（同項後段に規定する者を含む。）であつて、当該公開買付者等の公開買付け等事実を同項各号に定めるところにより知つたものは、他人に対し、当該公開買付け等事実について同項の公表がされたこととなる前に、同項に規定する公開買付け等の実施に関する事実に係る場合にあつては当該公開買付け等に係る株券等に係る買付け等をさせ、又は同項に規定する公開買付け等の中止に関する事実に係る場合にあつては当該公開買付け等に係る株券等に係る売付け等をさせることにより当該他人に利益を得させ、又は当該他人の損失の発生を回避させる目的をもつて、当該公開買付け等事実を伝達し、又は当該買付け等若しくは当該売付け等をすることを勧めてはならない。

第七章　雑則

第一九四条（議決権の代理行使の勧誘の禁止）何人も、政令で定めるところに違反して、金融商品取引所に上場されている株式の発行会社の株式につき、自己又は第三者に議決権の行使を代理させることを勧誘してはならない。

第八章　罰則

第一九七条　次の各号のいずれかに該当する者は、十年以下の懲役若しくは千万円以下の罰

金に処し、又はこれを併科する。

一　第五条（第二十七条において準用する場合を含む。）の規定による届出書類（第五条第四項の規定の適用を受ける届出書の場合には、当該届出書に係る参照書類を含む。）、第七条第一項、第九条第一項若しくは第十条第一項（これらの規定を第二十七条において準用する場合を含む。）の規定による訂正届出書（当該訂正届出書に係る参照書類を含む。）、第二十三条の三第一項及び第二項（これらの規定を第二十七条において準用する場合を含む。）の規定による発行登録書（当該発行登録書に係る参照書類を含む。）及びその添付書類、第二十三条の四、第二十三条の九第一項若しくは第二十三条の十第一項の規定若しくは同条第五項において準用する同条第一項（これらの規定を第二十七条において準用する場合を含む。）の規定による訂正発行登録書（当該訂正発行登録書に係る参照書類を含む。）、第二十三条の八第一項及び第五項（これらの規定を第二十七条において準用する場合を含む。）の規定による発行登録追補書類（当該発行登録追補書類に係る参照書類を含む。）及びその添付書類又は第二十四条第一項若しくは第三項（これらの規定を同条第五項（第二十七条において準用する場合を含む。）及び第二十七条において準用する場合を含む。）若しくは第二十四条の二第一項（第二十七条において準用する場合を含む。）の規定による有価証券報告書若しくはその訂正報告書であつて、重要な事項につき虚偽の記載のあるものを提出した者

二　第二十七条の三第一項（第二十七条の二十二の二第二項において準用する場合を含む。）、第二十七条の六第二項若しくは第三項（これらの規定を第二十七条の二十二の二第二項において準用する場合を含む。）、第二十七条の七第一項若しくは第二項（これらの規定を第二十七条の八第十二項並びに第二十七条の二十二の二第二項及び第六項において準用する場合を含む。）、第二十七条の八第八項（第二十七条の二十二の二第二項及び第二十七条の二十二の三第四項において準用する場合を含む。）、第二十七条の八第十一項（第二十七条の二十二の二第二項において準用する場合を含む。）、第二十七条の十第四項から第六項まで、第二十七条の十一第二項（第二十七条の二十二の二第二項において準用する場合を含む。）又は第二十七条の十三第一項（第二十七条の二十二の二第二項において準用する場合を含む。）の規定による公告又は公表に当たり、重要な事項につき虚偽の表示をした者

三　第二十七条の三第二項（第二十七条の二十二の二第二項において準用する場合を含む。）の規定による公開買付届出書、第二十七条の八第一項から第四項まで（これらの規定を第二十七条の二十二の二第二項において準用する場合を含む。）の規定による訂正届出書、第二十七条の十一第三項（第二十七条の二十二の二第二項において準用する場合を含む。）の規定による公開買付撤回届出書、第二十七条の十三第二項（第二十七条の二十二の二第二項において準用する場合を含む。）の規定による公開買付報告書又は第二十七条の十三第三項及び第二十七条の二十二の二第七項において準用する第二十七条の八第一項から第四項までの規定による訂正報告書であつて、重要な事項につき虚偽の記載のあるものを提出した者

四　第二十七条の二十二の三第一項又は第二項の規定による公表を行わず、又は虚偽の公表を行つた者

四の二　第二十七条の三十一第二項の規定による特定証券情報（同条第三項の規定の適用を受ける特定証券情報の場合には、当該特定証券情報に係る参照情報を含む。）、同条第四項の規定による訂正特定証券情報（当該訂正特定証券情報に係る参照情報を含む。）、第二十七条の三十二第一項若しくは第二項の規定による発行者情報又は同条第三項の規定による訂正発行者情報であつて、重要な事項につき虚偽のあるものの提供又は公表をした者

五　第百五十七条、第百五十八条又は第百五十九条の規定に違反した者（当該違反が商品関連市場デリバティブ取引のみに係るものである場合を除く。）

六　第百八十五条の二十二第一項、第百八十五条の二十三第一項又は第百八十五条の二十四第一項若しくは第二項の規定に違反した者

2　次の各号のいずれかに該当する者は、十年以下の懲役及び三千万円以下の罰金に処する。

一　財産上の利益を得る目的で、前項第五号

の罪を犯して有価証券等の相場を変動させ、又はくぎ付けし、固定し、若しくは安定させ、当該変動させ、又はくぎ付けし、固定し、若しくは安定させた相場により当該有価証券等に係る有価証券の売買その他の取引又はデリバティブ取引等を行つた者（当該罪が商品関連市場デリバティブ取引のみに係るものである場合を除く。）

二　財産上の利益を得る目的で、前項第六号の罪を犯して暗号等資産等の相場を変動させ、当該変動させた相場により当該暗号等資産等に係る暗号等資産の売買その他の取引又は暗号等資産関連デリバティブ取引等を行つた者

第一九七条の二　次の各号のいずれかに該当する者は、五年以下の懲役若しくは五百万円以下の罰金に処し、又はこれを併科する。

一　第四条第一項の規定による届出を必要とする有価証券の募集若しくは売出し、同条第二項の規定による届出を必要とする適格機関投資家取得有価証券一般勧誘又は同条第三項の規定による届出を必要とする特定投資家等取得有価証券一般勧誘について、これらの届出が受理されていないのに当該募集、売出し、適格機関投資家取得有価証券一般勧誘若しくは特定投資家等取得有価証券一般勧誘又はこれらの取扱いをした者

二　第六条（第十二条、第二十三条の十二第一項、第二十四条第七項、第二十四条の二第三項、第二十四条の四の四第五項、第二十四条の四の五第二項、第二十四条の四の七第五項、第二十四条の五第六項及び第二十四条の六第三項において準用し、並びにこれらの規定（第二十四条の六第三項を除く。）を第二十七条において準用する場合を含む。）、第二十四条の七第四項（同条第六項（第二十七条において準用する場合を含む。）及び第二十七条において準用する場合を含む。）、第二十七条の三第四項（第二十七条の八第六項（第二十七条の十三第三項において準用する場合を含む。）、第二十七条の十一第四項、第二十七条の十三第三項並びに第二十七条の二十二の二第二項及び第三項において準用する場合を含む。）又は第二十七条の二十二の二第四項（同条第八項において準用する場合を含む。）の規定による書類の写しの提出又は送付に当たり、重要な事項につき虚偽があり、かつ、写しの基となつた書類と異なる内容の記載をした書類をその写しとして提出し、又は送付した者

三　第十五条第一項（第二十七条において準用する場合を含む。）、第二十三条の八第一項（第二十七条において準用する場合を含む。）、第二十七条の三第三項（第二十七条の二十二の二第二項において準用する場合を含む。）、第二十七条の八第七項（第二十七条の二十二の二第二項において準用する場合を含む。）又は第二十七条の八第九項（第二十七条の二十二の二第二項及び第二十七条の二十二の三第四項において準用する場合を含む。）の規定に違反した者

四　第二十七条の三第一項（第二十七条の二十二の二第二項において準用する場合を含む。）又は第二十七条の十第四項の規定による公告を行わない者

五　第二十四条第一項若しくは第三項（これらの規定を同条第五項（第二十七条において準用する場合を含む。）及び第二十七条において準用する場合を含む。）若しくは第二十四条第六項（第二十七条において準用する場合を含む。）の規定による有価証券報告書若しくはその添付書類、第二十四条の二第一項（第二十七条において準用する場合を含む。）において準用する第十条第一項の規定による訂正報告書、第二十四条の四の四第一項（同条第三項（第二十七条において準用する場合を含む。）及び第二十七条において準用する場合を含む。）若しくは第四項（第二十七条において準用する場合を含む。）の規定による内部統制報告書若しくはその添付書類、第二十四条の四の五第一項（第二十七条において準用する場合を含む。）において準用する第十条第一項の規定による訂正報告書、第二十七条の三第二項（第二十七条の二十二の二第二項において準用する場合を含む。）の規定による公開買付届出書、第二十七条の十一第三項（第二十七条の二十二の二第二項において準用する場合を含む。）の規定による公開買付撤回届出書、第二十七条の十三第二項（第二十七条の二十二の二第二項において準用する場合を含む。）の規定による公開買付報告書、第二十七条の二十三第一項若しくは第二十七条の二十六第一項の規定による大量保有報告書又は第二十七条の二十五第一項若しくは第二十七条の二十六第二項の規定による変更報告書を提出しない者

六　第二十四条第六項若しくは第二十四条の二第一項（これらの規定を第二十七条において準用する場合を含む。）、第二十四条の四の四第一項（同条第三項（第二十七条において準用する場合を含む。）及び第二十七条において準用する場合を含む。）若しくは第四項（第二十七条において準用する場合を含む。）、第二十四条の四の五第一項（第二十七条において準用する場合を含む。）、第二十四条の四の七第一項若しくは第二項（同条第三項（第二十七条において準用する場合を含む。）及び第二十七条において準用する場合を含む。）、第二十四条の四の七第四項（第二十七条において準用する場合を含む。）、第二十四条の五第一項（同条第三項（第二十七条において準用する場合を含む。）及び第二十七条において準用する場合を含む。）若しくは第二十四条の五第四項若しくは第五項（これらの規定を第二十七条において準用する場合を含む。）の規定による添付書類、内部統制報告書若しくはその添付書類、四半期報告書、半期報告書、臨時報告書若しくはこれらの訂正報告書、第二十四条の六第一項若しくは第二項の規定による自己株券買付状況報告書若しくはその訂正報告書、第二十四条の七第一項若しくは第二項（これらの規定を同条第六項（第二十七条において準用する場合を含む。）及び第二十七条において準用する場合を含む。）若しくは第二十四条の七第三項（同条第六項（第二十七条において準用する場合を含む。）及び第二十七条において準用する場合を含む。）において準用する第七条第一項、第九条第一項若しくは第十条第一項の規定による親会社等状況報告書若しくはその訂正報告書、第二十七条の十第一項の規定による意見表明報告書、同条第八項において準用する第二十七条の八第一項から第四項までの規定による訂正報告書、第二十七条の十第十一項の規定による対質問回答報告書、同条第十二項において準用する第二十七条の八第一項から第四項までの規定による訂正報告書、第二十七条の二十三第一項若しくは第二十七条の二十六第一項の規定による大量保有報告書、第二十七条の二十五第一項若しくは第二十七条の二十六第二項の規定による変更報告書又は第二十七条の二十五第三項（第二十七条の二十六第六項において準用する場合を含む。）若しくは第二十七条の二十九第一項において準用する第九条第一項若しくは第十条第一項の規定による訂正報告書であつて、重要な事項につき虚偽の記載のあるものを提出した者

七　第二十五条第二項（第二十七条において準用する場合を含む。）の規定による書類（第二十五条第一項第五号及び第九号に掲げる書類を除く。）の写しの公衆縦覧に当たり、重要な事項につき虚偽があり、かつ、写しの基となつた書類と異なる内容の記載をした書類をその写しとして公衆の縦覧に供した者

八　第二十七条の九第一項（第二十七条の二十二の二第二項において準用する場合を含む。）の規定による公開買付説明書又は第二十七条の九第三項（第二十七条の二十二の二第二項において準用する場合を含む。）の規定により訂正した公開買付説明書であつて、重要な事項につき虚偽の記載のあるものを交付した者

九　第二十七条の六第一項の規定に違反して公開買付けの買付条件等の変更を行う旨の公告を行つた者又は第二十七条の十一第一項ただし書（第二十七条の二十二の二第二項において準用する場合を含む。）の規定に該当しないにもかかわらず、第二十七条の十一第一項本文（第二十七条の二十二の二第二項において準用する場合を含む。）に規定する公開買付けの撤回等を行う旨の公告を行つた者

十　第二十七条の二十二の三第二項の規定による通知を行わず、又は虚偽の通知を行つた者

十の二　特定勧誘等について、当該特定勧誘等に係る特定証券情報が提供され、又は公表されていないのに当該特定勧誘等又はその取扱いをした者

十の三　第二十七条の三十二第一項若しくは第二項の規定による発行者情報の提供若しくは公表をしない者又は同条第四項の規定（発行者情報に係る部分に限る。）に違反した者

十の四　第二十九条の規定に違反して内閣総理大臣の登録を受けないで金融商品取引業を行つた者

十の五　不正の手段により第二十九条の登録を受けた者

十の六　第三十六条の三の規定に違反して他人に金融商品取引業を行わせた者

十の七　第四十条の四又は第六十六条の十四の二の規定に違反した者

十の八　第六十三条第二項若しくは第六十三条の三第一項の規定による届出をせず、若しくは虚偽の届出をし、又は第六十三条第三項若しくは第四項の規定により同条第二項の届出に添付すべき書類若しくは電磁的記録に虚偽の記載若しくは記録をしてこれを提出した者

十の九　第六十三条の五第三項（第六十三条の三第二項において準用する場合を含む。）又は第六十三条の十三第三項（第六十三条の十一第二項において準用する場合を含む。）の規定による業務の廃止の処分に違反した者

十の十　第六十三条の九第一項若しくは第六十三条の十一第一項の規定による届出をする場合において虚偽の届出をし、又は第六十三条の九第二項若しくは第三項の規定により同条第一項の規定による届出に添付すべき書類若しくは電磁的記録に虚偽の記載若しくは記録をしてこれを提出した者

十一　第百一条の九の規定により発行する株式を引き受ける者の募集（私募を含む。以下この号において同じ。）をするに当たり、重要な事項について虚偽の記載のある目論見書、当該募集の広告その他の当該募集に関する文書を行使した会員金融商品取引所の役員（仮理事及び仮監事を含む。次号において同じ。）又は事業に関するある種類若しくは特定の事項の委任を受けた使用人

十二　第百一条の九の規定により発行する株式の払込みを仮装するため預合いを行つた会員金融商品取引所の役員若しくは事業に関するある種類若しくは特定の事項の委任を受けた使用人又は当該預合いに応じた者

十三　第百五十七条、第百五十八条若しくは第百五十九条の規定に違反した者（当該違反が商品関連市場デリバティブ取引のみに係るものである場合に限る。）又は第百六十六条第一項若しくは第三項若しくは第百六十七条第一項若しくは第三項の規定に違反した者

十四　第百六十七条の二第一項の規定に違反した者（当該違反により同項の伝達を受けた者又は同項の売買等をすることを勧められた者が当該違反に係る第百六十六条第一項に規定する業務等に関する重要事実について同項の公表がされたこととなる前に当該違反に係る特定有価証券等に係る売買等をした場合（同条第六項各号に掲げる場合に該当するときを除く。）に限る。）

十五　第百六十七条の二第二項の規定に違反した者（当該違反により同項の伝達を受けた者又は同項の買付け等若しくは売付け等をすることを勧められた者が当該違反に係る公開買付け等事実について第百六十七条第一項の公表がされたこととなる前に当該違反に係る株券等に係る買付け等又は売付け等をした場合（同条第五項各号に掲げる場合に該当するときを除く。）に限る。）

○金融商品取引法施行令〔抄〕

〔昭和四〇・九・三〇 政令三二一〕

最終改正　令和五・六政令二三一

第一章　総則

第一条（**有価証券となる証券又は証書**）金融商品取引法（以下「法」という。）第二条第一項第二十一号に規定する政令で定める証券又は証書は、次に掲げるものとする。

一　譲渡性預金（払戻しについて期限の定めがある預金であつて、民法（明治二十九年法律第八十九号）第三編第一章第七節第一款に規定する指図証券、同節第二款に規定する記名式所持人払証券、同節第三款に規定するその他の記名証券又は同節第四款に規定する無記名証券に係る債権であるものをいう。）の預金証書のうち、外国法人が発行するもの

二　学校法人等（私立学校法（昭和二十四年法律第二百七十号）第三条に規定する学校法人又は同法第六十四条第四項に規定する法人をいう。以下同じ。）が行う割当てにより発生する当該学校法人等を債務者とする金銭債権（前号に規定する債権であるものに限る。）を表示する証券又は証書であつて、当該学校法人等の名称その他の内閣府令で定める事項を表示するもの

第四章の六　投資者保護基金

第一八条の一二（**基金による支払の最高限度額**）　法第七十九条の五十七第三項に規定する政令で定める金額は、千万円とする。

○金融サービスの提供に関する法律〔抄〕

〔平成一二・五・三一 法律一〇一〕

最終改正　令和五・六法六三

第一章　総則

第一条（**目的**）　この法律は、金融商品販売業者等が金融商品の販売等に際し顧客に対して説明をすべき事項、金融商品販売業者等が顧客に対して当該事項について説明をしなかったこと等により当該顧客に損害が生じた場合における金融商品販売業者等の損害賠償の責任その他の金融商品の販売等に関する事項を定めるとともに、金融サービス仲介業を行う者について登録制度を実施し、その業務の健全かつ適切な運営を確保することにより、金融サービスの提供を受ける顧客の保護を図り、もって国民経済の健全な発展に資することを目的とする。

第二条（**定義**）　この法律において「預金等」とは、預金、貯金、定期積金又は銀行法（昭和五十六年法律第五十九号）第二条第四項に規定する掛金をいう。

2　この法律において「保険契約」とは、保険業法（平成七年法律第百五号）第二条第一項に規定する保険業を行う者が保険者となる保険契約をいう。

3　この法律において「有価証券」とは、金融商品取引法（昭和二十三年法律第二十五号）第二条第一項に規定する有価証券又は同条第二項の規定により有価証券とみなされる権利をいう。

4　この法律において「市場デリバティブ取引」とは、金融商品取引法第二条第二十一項に規定する市場デリバティブ取引をいう。

5　この法律において「外国市場デリバティブ取引」とは、金融商品取引法第二条第二十三項に規定する外国市場デリバティブ取引をいう。

第二章　金融商品の販売等

第三条（**定義**）　この章において「金融商品の販売」とは、次に掲げる行為をいう。

一　預金等の受入れを内容とする契約の預金者、貯金者、定期積金の積金者又は銀行法第二条第四項に規定する掛金の掛金者との締結

二　無尽業法（昭和六年法律第四十二号）第一条に規定する無尽に係る契約に基づく掛金（以下この号において「無尽掛金」という。）の受入れを内容とする契約の無尽掛金の掛金者との締結

三　信託財産の運用方法が特定されていないことその他の政令で定める要件に該当する金銭の信託に係る信託契約（当該信託契約に係る受益権が金融商品取引法第二条第二項第一号又は第二号に掲げる権利であるものに限る。）の委託者との締結

四　保険契約又は保険若しくは共済に係る契約で保険契約に類するものとして政令で定めるものの保険契約者又はこれに類する者との締結

五　有価証券（金融商品取引法第二条第二項の規定により有価証券とみなされる同項第一号及び第二号に掲げる権利を除く。）を取得させる行為（代理又は媒介に該当するもの並びに第八号及び第九号に掲げるものに該当するものを除く。）

六　次に掲げるものを取得させる行為（代理又は媒介に該当するもの並びに第八号及び第九号に掲げるものに該当するものを除く。）

イ　金融商品取引法第二条第二項第一号又は第二号に掲げる権利

ロ　譲渡性預金証書をもって表示される金銭債権（有価証券（金融商品取引法第二条第一項に規定する有価証券にあっては、当該有価証券に表示される権利をいう。）であるものを除く。）

ハ　資金決済に関する法律（平成二十一年法律第五十九号）第二条第十四項に規定する暗号資産

七　不動産特定共同事業法（平成六年法律第七十七号）第二条第三項に規定する不動産特定共同事業契約（金銭をもって出資の目的とし、かつ、契約の終了の場合における残余財産の分割若しくは出資の返還が金銭により行われることを内容とするもの又はこれらに類する事項として政令で定めるものを内容とするものに限る。）の締結

八　市場デリバティブ取引若しくは外国市場デリバティブ取引又はこれらの取引の取次ぎ

九　金融商品取引法第二条第二十二項に規定する店頭デリバティブ取引又はその取次ぎ

十　金利、通貨の価格その他の指標の数値としてあらかじめ当事者間で約定された数値と将来の一定の時期における現実の当該指標の数値の差に基づいて算出される金銭の授受を約する取引（前二号に掲げるものに該当するものを除く。）であって政令で定めるもの又は当該取引の取次ぎ

十一　前各号に掲げるものに類するものとして政令で定める行為

2　この章において「金融商品の販売等」とは、金融商品の販売又はその代理若しくは媒介（顧客のために行われるものを含む。）をいう。

3　この章及び第四章において「金融商品販売業者等」とは、金融商品の販売等を業として行う者をいう。

第四条（金融商品販売業者等の説明義務） 金融商品販売業者等は、金融商品の販売等を業として行うときは、当該金融商品の販売等に係る金融商品の販売が行われるまでの間に、顧客に対し、次に掲げる事項（以下この章において「重要事項」という。）について説明をしなければならない。

一　当該金融商品の販売について金利、通貨の価格、金融商品市場（金融商品取引法第二条第十四項に規定する金融商品市場をいう。以下この条において同じ。）における相場その他の指標に係る変動を直接の原因として元本欠損が生ずるおそれがあるときは、次に掲げる事項

イ　元本欠損が生ずるおそれがある旨

ロ　当該指標

ハ　ロの指標に係る変動を直接の原因として元本欠損が生ずるおそれを生じさせる当該金融商品の販売に係る取引の仕組みのうちの重要な部分

二　当該金融商品の販売について金利、通貨の価格、金融商品市場における相場その他の指標に係る変動を直接の原因として当初元本を上回る損失が生ずるおそれがあるときは、次に掲げる事項

イ　当初元本を上回る損失が生ずるおそれがある旨

ロ　当該指標

ハ　ロの指標に係る変動を直接の原因として当初元本を上回る損失が生ずるおそれを生じさせる当該金融商品の販売に係る取引の仕組みのうちの重要な部分

三　当該金融商品の販売について当該金融商品の販売を行う者その他の者の業務又は財産の状況の変化を直接の原因として元本欠損が生ずるおそれがあるときは、次に掲げる事項

イ　元本欠損が生ずるおそれがある旨

ロ　当該者

ハ　ロの者の業務又は財産の状況の変化を直接の原因として元本欠損が生ずるおそれを生じさせる当該金融商品の販売に係る取引の仕組みのうちの重要な部分

四　当該金融商品の販売について当該金融商品の販売を行う者その他の者の業務又は財産の状況の変化を直接の原因として当初元本を上回る損失が生ずるおそれがあるとき

は、次に掲げる事項
イ　当初元本を上回る損失が生ずるおそれがある旨
ロ　当該者
ハ　ロの者の業務又は財産の状況の変化を直接の原因として当初元本を上回る損失が生ずるおそれを生じさせる当該金融商品の販売に係る取引の仕組みのうちの重要な部分

五　第一号及び第三号に掲げるもののほか、当該金融商品の販売について顧客の判断に影響を及ぼすこととなる重要なものとして政令で定める事由を直接の原因として元本欠損が生ずるおそれがあるときは、次に掲げる事項
イ　元本欠損が生ずるおそれがある旨
ロ　当該事由
ハ　ロの事由を直接の原因として元本欠損が生ずるおそれを生じさせる当該金融商品の販売に係る取引の仕組みのうちの重要な部分

六　第二号及び第四号に掲げるもののほか、当該金融商品の販売について顧客の判断に影響を及ぼすこととなる重要なものとして政令で定める事由を直接の原因として当初元本を上回る損失が生ずるおそれがあるときは、次に掲げる事項
イ　当初元本を上回る損失が生ずるおそれがある旨
ロ　当該事由
ハ　ロの事由を直接の原因として当初元本を上回る損失が生ずるおそれを生じさせる当該金融商品の販売に係る取引の仕組みのうちの重要な部分

七　当該金融商品の販売の対象である権利を行使することができる期間の制限又は当該金融商品の販売に係る契約の解除をすることができる期間の制限があるときは、その旨

2　前項の説明は、顧客の知識、経験、財産の状況及び当該金融商品の販売に係る契約を締結する目的に照らして、当該顧客に理解されるために必要な方法及び程度によるものでなければならない。

3　第一項第一号、第三号及び第五号の「元本欠損が生ずるおそれ」とは、当該金融商品の販売が行われることにより顧客の支払うこととなる金銭の合計額（当該金融商品の販売が行われることにより当該顧客の譲渡することとなる金銭以外の財産であって政令で定めるもの（以下この項及び第七条第二項において「金銭相当物」という。）がある場合にあっては、当該合計額に当該金銭相当物の市場価額（市場価額がないときは、処分推定価額）の合計額を加えた額）が、当該金融商品の販売により当該顧客（当該金融商品の販売により当該顧客の定めるところにより金銭又は金銭以外の財産を取得することとなる者がある場合にあっては、当該者を含む。以下この項において「顧客等」という。）の取得することとなる金銭の合計額（当該金融商品の販売により当該顧客等の取得することとなる金銭以外の財産がある場合にあっては、当該合計額に当該金銭以外の財産の市場価額（市場価額がないときは、処分推定価額）の合計額を加えた額）を上回ることとなるおそれをいう。

4　第一項第二号、第四号及び第六号の「当初元本を上回る損失が生ずるおそれ」とは、次に掲げるものをいう。

一　当該金融商品の販売（前条第一項第八号から第十号までに掲げる行為及び同項第十一号に掲げる行為であって政令で定めるものに限る。以下この項において同じ。）について金利、通貨の価格、金融商品市場における相場その他の指標に係る変動により損失が生ずることとなるおそれがある場合における当該損失の額が当該金融商品の販売が行われることにより顧客が支払うべき委託証拠金その他の保証金の金銭の額（当該金融商品の販売が行われることにより当該顧客の預託すべき金銭以外の財産であって政令で定めるもの（以下この号において「保証金相当物」という。）がある場合にあっては、当該額に当該保証金相当物の市場価額（市場価額がないときは、処分推定価額）の合計額を加えた額。次号及び第三号において同じ。）を上回ることとなるおそれ

二　当該金融商品の販売について当該金融商品の販売を行う者その他の者の業務又は財産の状況の変化により損失が生ずることとなるおそれがある場合における当該損失の額が当該金融商品の販売が行われることにより顧客が支払うべき委託証拠金その他の保証金の金銭の額を上回ることとなるおそれ

三　当該金融商品の販売について第一項第六号の事由により損失が生ずることとなるおそれがある場合における当該損失の額が当該金融商品の販売が行われることにより顧

客が支払うべき委託証拠金その他の保証金の金銭の額を上回ることとなるおそれ

四　前三号に準ずるものとして政令で定めるもの

5　第一項第一号ハ、第二号ハ、第三号ハ、第四号ハ、第五号ハ及び第六号ハに規定する「金融商品の販売に係る取引の仕組み」とは、次に掲げるものをいう。

一　前条第一項第一号から第四号まで及び第七号に掲げる行為にあっては、これらの規定に規定する契約の内容

二　前条第一項第五号に掲げる行為にあっては、当該規定に規定する有価証券（金融商品取引法第二条第一項に規定する有価証券にあっては、当該有価証券に表示される権利をいい、同条第二項の規定により有価証券とみなされる同項第一号及び第二号に掲げる権利を除く。）の内容及び当該行為が行われることにより顧客が負うこととなる義務の内容

三　前条第一項第六号に掲げる行為（同号イに係るものに限る。）にあっては、当該規定に規定する権利の内容及び当該行為が行われることにより顧客が負うこととなる義務の内容

四　前条第一項第六号に掲げる行為（同号ロに係るものに限る。）にあっては、当該規定に規定する債権の内容及び当該行為が行われることにより顧客が負担することとなる債務の内容

五　前条第一項第六号に掲げる行為（同号ハに係るものに限る。）にあっては、当該規定に規定する暗号資産に表示される権利の内容（当該権利が存在しないときは、その旨）及び当該行為が行われることにより顧客が負うこととなる義務の内容

六　前条第一項第八号から第十号までに掲げる行為にあっては、これらの規定に規定する取引の仕組み

七　前条第一項第十一号の政令で定める行為にあっては、政令で定める事項

6　一の金融商品の販売について二以上の金融商品販売業者等が第一項の規定により顧客に対し重要事項について説明をしなければならない場合において、いずれか一の金融商品販売業者等が当該重要事項について説明をしたときは、他の金融商品販売業者等は、同項の規定にかかわらず、当該重要事項について説明をすることを要しない。ただし、当該他の金融商品販売業者等が政令で定める者である場合は、この限りでない。

7　第一項の規定は、次に掲げる場合には、適用しない。

一　顧客が、金融商品の販売等に関する専門的知識及び経験を有する者として政令で定める者（第十条第一項において「特定顧客」という。）である場合

二　第一項に規定する金融商品の販売が金融商品取引法第二条第八項第一号に規定する商品関連市場デリバティブ取引及びその取次ぎのいずれでもない場合において、重要事項について説明を要しない旨の顧客の意思の表明があったとき。

第五条（**金融商品販売業者等の断定的判断の提供等の禁止**）金融商品販売業者等は、金融商品の販売等を業として行うときは、当該金融商品の販売等に係る金融商品の販売が行われるまでの間に、顧客に対し、当該金融商品の販売に係る事項について、不確実な事項について断定的判断を提供し、又は確実であると誤認させるおそれのあることを告げる行為（以下この章において「断定的判断の提供等」という。）を行ってはならない。

第六条（**金融商品販売業者等の損害賠償責任**）金融商品販売業者等は、顧客に対し第四条の規定により重要事項について説明をしなければならない場合において当該重要事項について説明をしなかったとき、又は前条の規定に違反して断定的判断の提供等を行ったときは、これによって生じた当該顧客の損害を賠償する責めに任ずる。

第七条（**損害の額の推定**）顧客が前条の規定により損害の賠償を請求する場合には、元本欠損額は、金融商品販売業者等が重要事項について説明をしなかったこと又は断定的判断の提供等を行ったことによって当該顧客に生じた損害の額と推定する。［2項略］

○鉱業法〔抄〕

〔昭和二五・一二・二〇
法律二八九〕

最終改正 令和五・六法六三

第一章　総則

第一条（**目的**）この法律は、鉱物資源を合理的に開発することによつて公共の福祉の増進に寄与するため、鉱業に関する基本的制度を定めることを目的とする。

第六章　鉱害の賠償

第一節　賠償義務

第一〇九条（**賠償義務**）鉱物の掘採のための土地の掘さく、坑水若しくは廃水の放流、捨石若しくは鉱さいのたい積又は鉱煙の排出によつて他人に損害を与えたときは、損害の発生の時における当該鉱区の鉱業権者（当該鉱区に租鉱権が設定されているときは、その租鉱区については、当該租鉱権者）が、損害の発生の時既に鉱業権が消滅しているときは、鉱業権の消滅の時における当該鉱区の鉱業権者（鉱業権の消滅の時に当該鉱業権に租鉱権が設定されていたときは、その租鉱区については、当該租鉱権者）が、その損害を賠償する責に任ずる。

2　前項の場合において、損害が二以上の鉱区又は租鉱区の鉱業権者又は租鉱権者の作業によつて生じたときは、各鉱業権者又は租鉱権者は、連帯して損害を賠償する義務を負う。損害が二以上の鉱区又は租鉱区の鉱業権者又は租鉱権者の作業のいずれによつて生じたかを知ることができないときも、同様とする。

3　前二項の場合において、損害の発生の後に鉱業権の譲渡があつたときは、損害の発生の時の鉱業権者及びその後の鉱業権者が、損害の発生の後に租鉱権の設定があつたときは、損害の発生の時の鉱業権者及び損害の発生の後に租鉱権者となつた者が、連帯して損害を賠償する義務を負う。

4　第一項又は第二項の規定により租鉱権者が損害を賠償すべき場合においては、損害の発生の時当該租鉱権が設定されている鉱区の鉱業権者及びその後の鉱業権者が、損害の発生の時既に鉱業権が消滅しているときは鉱業権の消滅の時における鉱業権者が、租鉱権者と連帯して損害を賠償する義務を負う。

5　前四項の規定による賠償については、共同鉱業権者又は共同租鉱権者（租鉱権を共有する者をいう。）の義務は、連帯とする。

○原子力損害の賠償に関する法律〔抄〕

〔昭和三六・六・一七
法律一四七〕

最終改正 令和四・六法六八

第一章　総則

第一条（**目的**）この法律は、原子炉の運転等により原子力損害が生じた場合における損害賠償に関する基本的制度を定め、もつて被害者の保護を図り、及び原子力事業の健全な発達に資することを目的とする。

第二章　原子力損害賠償責任

第三条（**無過失責任、責任の集中等**）原子炉の運転等の際、当該原子炉の運転等により原子力損害を与えたときは、当該原子炉の運転等に係る原子力事業者がその損害を賠償する責めに任ずる。ただし、その損害が異常に巨大な天災地変又は社会的動乱によつて生じたものであるときは、この限りでない。

2　前項の場合において、その損害が原子力事業者間の核燃料物質等の運搬により生じたものであるときは、当該原子力事業者間に書面による特約がない限り、当該核燃料物質等の発送人である原子力事業者がその損害を賠償する責めに任ずる。

○旅行業法〔抄〕

〔昭和二七・七・一八 法律二三九〕

最終改正　令和四・六法六八

第一章　総則

第一条（**目的**）　この法律は、旅行業等を営む者について登録制度を実施し、あわせて旅行業等を営む者の業務の適正な運営を確保するとともに、その組織する団体の適正な活動を促進することにより、旅行業務に関する取引の公正の維持、旅行の安全の確保及び旅行者の利便の増進を図ることを目的とする。

第二章　旅行業等

第一節　旅行業及び旅行業者代理業

第十二条の五（**書面の交付**）　旅行業者等は、旅行者と企画旅行契約、手配旅行契約その他旅行業務に関し契約を締結したときは、国土交通省令・内閣府令で定める場合を除き、遅滞なく、旅行者に対し、当該提供すべき旅行に関するサービスの内容、旅行者が旅行業者等に支払うべき対価に関する事項、旅行業務取扱管理者の氏名、全国通訳案内士若しくは地域通訳案内士の同行の有無その他の国土交通省令・内閣府令で定める事項を記載した書面又は当該旅行に関するサービスの提供を受ける権利を表示した書面を交付しなければならない。

2　旅行業者等は、前項の規定により書面を交付する措置に代えて、政令で定めるところにより、旅行者の承諾を得て、同項の国土交通省令・内閣府令で定める事項を通知する措置又は当該旅行に関するサービスの提供を受ける権利を取得させる措置であつて国土交通省令・内閣府令で定めるものを電子情報処理組織を使用する方法その他の情報通信の技術を利用する方法であつて国土交通省令・内閣府令で定めるものにより講ずることができる。この場合において、当該旅行業者等は、当該書面を交付したものとみなす。

3　旅行業者等は、旅行業務に関し取引をする者（旅行者を除く。以下この条において同じ。）と旅行業務に関し契約を締結したときは、国土交通省令で定める場合を除き、遅滞なく、当該取引をする者に対し、旅行者に提供すべき旅行に関するサービスの内容その他の国土交通省令で定める事項を記載した書面を交付しなければならない。

4　旅行業者等は、前項の規定により書面を交付する措置に代えて、政令で定めるところにより、旅行業務に関し取引をする者の承諾を得て、同項の国土交通省令で定める事項を通知する措置であつて国土交通省令で定めるものを電子情報処理組織を使用する方法その他の情報通信の技術を利用する方法であつて国土交通省令で定めるものにより講ずることができる。この場合において、当該旅行業者等は、当該書面を交付したものとみなす。

○知的財産基本法〔抄〕

〔平成一四・一二・四 法律一二二〕

最終改正　令和三・五法三六

第一章　総則

第一条（**目的**）　この法律は、内外の社会経済情勢の変化に伴い、我が国産業の国際競争力の強化を図ることの必要性が増大している状況にかんがみ、新たな知的財産の創造及びその効果的な活用による付加価値の創出を基軸とする活力ある経済社会を実現するため、知的財産の創造、保護及び活用に関し、基本理念及びその実現を図るために基本となる事項を定め、国、地方公共団体、大学等及び事業者の責務を明らかにし、並びに知的財産の創造、保護及び活用に関する推進計画の作成について定めるとともに、知的財産戦略本部を設置することにより、知的財産の創造、保護及び活用に関する施策を集中的かつ計画的に推進することを目的とする。

第二条（**定義**）　この法律で「知的財産」とは、発明、考案、植物の新品種、意匠、著作物その他の人間の創造的活動により生み出されるもの（発見又は解明がされた自然の法則又は現象であつて、産業上の利用可能性があるものを含む。）、商標、商号その他事業活動に用

いられる商品又は役務を表示するもの及び営業秘密その他の事業活動に有用な技術上又は営業上の情報をいう。〔2項以下略〕

○特許法〔抄〕

〔昭和三四・四・一三 法律一二一〕

最終改正 令和五・六法五一

〈注〉令和四年六月一七日法律第六八号の改正は、施行までに期間がありますので、改正を加えてありません。

第一章 総則

第一条（**目的**）この法律は、発明の保護及び利用を図ることにより、発明を奨励し、もつて産業の発達に寄与することを目的とする。

第二条（**定義**）この法律で「発明」とは、自然法則を利用した技術的思想の創作のうち高度のものをいう。〔2項以下略〕

第四章 特許権

第一節 特許権

第六七条（**存続期間**）特許権の存続期間は、特許出願の日から二十年をもつて終了する。

2 前項に規定する存続期間は、特許権の設定の登録が特許出願の日から起算して五年を経過した日又は出願審査の請求があつた日から起算して三年を経過した日のいずれか遅い日（以下「基準日」という。）以後にされたときは、延長登録の出願により延長することができる。

3 前項の規定により延長することができる期間は、基準日から特許権の設定の登録の日までの期間に相当する期間から、次の各号に掲げる期間を合算した期間（これらの期間のうち重複する期間がある場合には、当該重複する期間を合算した期間を除いた期間）に相当する期間を控除した期間（以下「延長可能期間」という。）を超えない範囲内の期間とする。

一 その特許出願に係るこの法律（第三十九条第六項及び第五十条を除く。）、実用新案法若しくは工業所有権に関する手続等の特例に関する法律（平成二年法律第三十号）又はこれらの法律に基づく命令の規定による通知又は命令（特許庁長官又は審査官が行うものに限る。）があつた場合において当該通知又は命令を受けた場合に執るべき手続が執られたときにおける当該通知又は命令があつた日から当該執るべき手続が執られた日までの期間

二 その特許出願に係るこの法律又はこの法律に基づく命令（次号、第五号及び第十号において「特許法令」という。）の規定による手続を執るべき期間の延長があつた場合における当該手続を執るべき期間が経過した日から当該手続をした日までの期間

三 その特許出願に係る特許法令の規定による手続であつて当該手続を執るべき期間の定めがあるものについて特許法令の規定により出願人が当該手続を執るべき期間の経過後であつても当該手続を執ることができる場合において当該手続をしたときにおける当該手続を執るべき期間が経過した日か

ら当該手続をした日までの期間

四　その特許出願に係るこの法律若しくは工業所有権に関する手続等の特例に関する法律又はこれらの法律に基づく命令（第八号及び第九号において「特許法関係法令」という。）の規定による処分又は通知について出願人の申出その他の行為により当該処分又は通知を保留した場合における当該申出その他の行為があつた日から当該処分又は通知を保留する理由がなくなつた日までの期間

五　その特許出願に係る特許法令の規定による特許料又は手数料の納付について当該特許料又は手数料の軽減若しくは免除又は納付の猶予の決定があつた場合における当該軽減若しくは免除又は納付の猶予に係る申請があつた日から当該決定があつた日までの期間

六　その特許出願に係る第三十八条の四第七項の規定による明細書等補完書の取下げがあつた場合における当該明細書等補完書が同条第三項の規定により提出された日から同条第七項の規定により当該明細書等補完書が取り下げられた日までの期間

七　その特許出願に係る拒絶査定不服審判の請求があつた場合における次のイからハまでに掲げる区分に応じて当該イからハまでに定める期間

イ　第百五十九条第三項（第百七十四条第二項において準用する場合を含む。）において準用する第五十一条の規定による特許をすべき旨の審決があつた場合　拒絶をすべき旨の査定の謄本の送達があつた日から当該審決の謄本の送達があつた日までの期間

ロ　第百六十条第一項（第百七十四条第二項において準用する場合を含む。）の規定による更に審査に付すべき旨の審決があつた場合　拒絶をすべき旨の査定の謄本の送達があつた日から当該審決の謄本の送達があつた日までの期間

ハ　第百六十三条第三項において準用する第五十一条の規定による特許をすべき旨の査定があつた場合　拒絶をすべき旨の査定の謄本の送達があつた日から当該特許をすべき旨の査定の謄本の送達があつた日までの期間

八　その特許出願に係る特許法関係法令の規定による処分について行政不服審査法（平成二十六年法律第六十八号）の規定による審査請求に対する裁決が確定した場合における当該審査請求の日から当該裁決の謄本の送達があつた日までの期間

九　その特許出願に係る特許法関係法令の規定による処分について行政事件訴訟法（昭和三十七年法律第百三十九号）の規定による訴えの判決が確定した場合における当該訴えの提起の日から当該訴えの判決が確定した日までの期間

十　その特許出願に係る特許法令の規定による手続が中断し、又は中止した場合における当該手続が中断し、又は中止した期間

4　第一項に規定する存続期間（第二項の規定により延長されたときは、その延長の期間を加えたもの。第六十七条の五第三項ただし書、第六十八条の二及び第百七条第一項において同じ。）は、その特許発明の実施について安全性の確保等を目的とする法律の規定による許可その他の処分であつて当該処分の目的、手続等からみて当該処分を的確に行うには相当の期間を要するものとして政令で定めるものを受けることが必要であるために、その特許発明の実施をすることができない期間があつたときは、五年を限度として、延長登録の出願により延長することができる。

第六八条（**特許権の効力**）特許権者は、業として特許発明の実施をする権利を専有する。ただし、その特許権について専用実施権を設定したときは、専用実施権者がその特許発明の実施をする権利を専有する範囲については、この限りでない。

第二節　権利侵害

第一〇〇条（**差止請求権**）特許権者又は専用実施権者は、自己の特許権又は専用実施権を侵害する者又は侵害するおそれがある者に対し、その侵害の停止又は予防を請求することができる。

2　特許権者又は専用実施権者は、前項の規定による請求をするに際し、侵害の行為を組成した物の廃棄、侵害の行為に供した設備の除却その他の侵害の予防に必要な行為を請求することができる。

第一〇二条（**損害の額の推定等**）特許権者又は専用実施権者が故意又は過失により自己の特許権又は専用実施権を侵害した者に対しその侵害により自己が受けた損害の賠償を請求する場合において、その者がその侵害の行為を組成した物を譲渡したときは、次の各号に掲

げる額の合計額を、特許権者又は専用実施権者が受けた損害の額とすることができる。

一　特許権者又は専用実施権者がその侵害の行為がなければ販売することができた物の単位数量当たりの利益の額に、自己の特許権又は専用実施権を侵害した者が譲渡した物の数量（次号において「譲渡数量」という。）のうち当該特許権者又は専用実施権者の実施の能力に応じた数量（同号において「実施相応数量」という。）を超えない部分（その全部又は一部に相当する数量を当該特許権者又は専用実施権者が販売することができないとする事情があるときは、当該事情に相当する数量（同号において「特定数量」という。）を控除した数量）を乗じて得た額

二　譲渡数量のうち実施相応数量を超える数量又は特定数量がある場合（特許権者又は専用実施権者が、当該特許権者の特許権についての専用実施権の設定若しくは通常実施権の許諾又は当該専用実施権者の専用実施権についての通常実施権の許諾をし得たと認められない場合を除く。）におけるこれらの数量に応じた当該特許権又は専用実施権に係る特許発明の実施に対し受けるべき金銭の額に相当する額

2　特許権者又は専用実施権者が故意又は過失により自己の特許権又は専用実施権を侵害した者に対しその侵害により自己が受けた損害の賠償を請求する場合において、その者がその侵害の行為により利益を受けているときは、その利益の額は、特許権者又は専用実施権者が受けた損害の額と推定する。

3　特許権者又は専用実施権者は、故意又は過失により自己の特許権又は専用実施権を侵害した者に対し、その特許発明の実施に対し受けるべき金銭の額に相当する額の金銭を、自己が受けた損害の額としてその賠償を請求することができる。

4　裁判所は、第一項第二号及び前項に規定する特許発明の実施に対し受けるべき金銭の額に相当する額を認定するに当たつては、特許権者又は専用実施権者が、自己の特許権又は専用実施権に係る特許発明の実施の対価について、当該特許権又は専用実施権の侵害があつたことを前提として当該特許権又は専用実施権を侵害した者との間で合意をするとしたならば、当該特許権者又は専用実施権者が得ることとなるその対価を考慮することができる。

5　第三項の規定は、同項に規定する金額を超える損害の賠償の請求を妨げない。この場合において、特許権又は専用実施権を侵害した者に故意又は重大な過失がなかつたときは、裁判所は、損害の賠償の額を定めるについて、これを参酌することができる。

第一〇三条（**過失の推定**）他人の特許権又は専用実施権を侵害した者は、その侵害の行為について過失があつたものと推定する。

第一〇六条（**信用回復の措置**）故意又は過失により特許権又は専用実施権を侵害したことにより特許権者又は専用実施権者の業務上の信用を害した者に対しては、裁判所は、特許権者又は専用実施権者の請求により、損害の賠償に代え、又は損害の賠償とともに、特許権者又は専用実施権者の業務上の信用を回復するのに必要な措置を命ずることができる。

第十一章　罰則

第一九六条（**侵害の罪**）特許権又は専用実施権を侵害した者は、十年以下の懲役若しくは千万円以下の罰金に処し、又はこれを併科する。

○実用新案法〔抄〕

〔昭和三四・四・一三 法律一二三〕

最終改正 令和五・六法五一

〈注〉 **令和四年六月一七日法律第六八号の改正は、施行までに期間がありますので、改正を加えてありません。**

第一章 総則

第一条（目的） この法律は、物品の形状、構造又は組合せに係る考案の保護及び利用を図ることにより、その考案を奨励し、もつて産業の発達に寄与することを目的とする。

第二条（定義） この法律で「考案」とは、自然法則を利用した技術的思想の創作をいう。

2 この法律で「登録実用新案」とは、実用新案登録を受けている考案をいう。

3 この法律で考案について「実施」とは、考案に係る物品を製造し、使用し、譲渡し、貸し渡し、輸出し、若しくは輸入し、又はその譲渡若しくは貸渡しの申出（譲渡又は貸渡しのための展示を含む。以下同じ。）をする行為をいう。

第四章 実用新案権

第一節 実用新案権

第一五条（存続期間） 実用新案権の存続期間は、実用新案登録出願の日から十年をもつて終了する。

第二節 権利侵害

第二七条（差止請求権） 実用新案権者又は専用実施権者は、自己の実用新案権又は専用実施権を侵害する者又は侵害するおそれがある者（以下「侵害者等」という。）に対し、その侵害の停止又は予防を請求することができる。

2 実用新案権者又は専用実施権者は、前項の規定による請求をするに際し、侵害の行為を組成した物の廃棄、侵害の行為に供した設備の除却その他の侵害の予防に必要な行為を請求することができる。

第二九条（損害の額の推定等） 実用新案権者又は専用実施権者が故意又は過失により自己の実用新案権又は専用実施権を侵害した者に対しその侵害により自己が受けた損害の賠償を請求する場合において、その者がその侵害の行為を組成した物品を譲渡したときは、次の各号に掲げる額の合計額を、実用新案権者又は専用実施権者が受けた損害の額とすることができる。

一 実用新案権者又は専用実施権者がその侵害の行為がなければ販売することができた物品の単位数量当たりの利益の額に、自己の実用新案権又は専用実施権を侵害した者が譲渡した物品の数量（次号において「譲渡数量」という。）のうち当該実用新案権者又は専用実施権者の実施の能力に応じた数量（同号において「実施相応数量」という。）を超えない部分（その全部又は一部に相当する数量を当該実用新案権者又は専用実施権者が販売することができないとする事情があるときは、当該事情に相当する数量（同号において「特定数量」という。）を控除した数量）を乗じて得た額

二 譲渡数量のうち実施相応数量を超える数量又は特定数量がある場合（実用新案権者又は専用実施権者が、当該実用新案権者の実用新案権についての専用実施権の設定若しくは通常実施権の許諾又は当該専用実施権者の専用実施権についての通常実施権の許諾をし得たと認められない場合を除く。）におけるこれらの数量に応じた当該実用新案権又は専用実施権に係る登録実用新案の実施に対し受けるべき金銭の額に相当する額

2 実用新案権者又は専用実施権者が故意又は過失により自己の実用新案権又は専用実施権を侵害した者に対しその侵害により自己が受けた損害の賠償を請求する場合において、その者がその侵害の行為により利益を受けているときは、その利益の額は、実用新案権者又は専用実施権者が受けた損害の額と推定する。

3 実用新案権者又は専用実施権者は、故意又は過失により自己の実用新案権又は専用実施権を侵害した者に対し、その登録実用新案の実施に対し受けるべき金銭の額に相当する額の金銭を、自己が受けた損害の額としてその賠償を請求することができる。

4 裁判所は、第一項第二号及び前項に規定する登録実用新案の実施に対し受けるべき金銭の額に相当する額を認定するに当たつては、実用新案権者又は専用実施権者が、自己の実

用新案権又は専用実施権に係る登録実用新案の実施の対価について、当該実用新案権又は専用実施権の侵害があつたことを前提として当該実用新案権又は専用実施権を侵害した者との間で合意をするとしたならば、当該実用新案権者又は専用実施権者が得ることとなるその対価を考慮することができる。

5　第三項の規定は、同項に規定する金額を超える損害の賠償の請求を妨げない。この場合において、実用新案権又は専用実施権を侵害した者に故意又は重大な過失がなかつたときは、裁判所は、損害の賠償の額を定めるについて、これを参酌することができる。

第三〇条（特許法の準用） 特許法第百四条の二から第百五条まで（具体的態様の明示義務、特許権者等の権利行使の制限、主張の制限及び書類の提出等）及び第百五条の二の十一から第百六条まで（第三者の意見、損害計算のための鑑定、相当な損害額の認定、秘密保持命令、秘密保持命令の取消し、訴訟記録の閲覧等の請求の通知等、当事者尋問等の公開停止及び信用回復の措置）の規定は、実用新案権又は専用実施権の侵害に準用する。この場合において、同法第百四条の四中「次に掲げる決定又は審決が確定した」とあるのは「第一号に掲げる審決が確定した又は第三号に掲げる訂正があつた」と、「当該決定又は審決が確定した」とあるのは「当該審決が確定した又は訂正があつた」と、同条第三号中「訂正をすべき旨の決定又は審決」とあるのは「実用新案法第十四条の二第一項又は第七項の訂正」と読み替えるものとする。

第九章　罰則

第五六条（侵害の罪） 実用新案権又は専用実施権を侵害した者は、五年以下の懲役若しくは五百万円以下の罰金に処し、又はこれを併科する。

○意匠法〔抄〕

〔昭和三四・四・一三　法律一二五〕

最終改正　令和五・六法五一

〈注〉**令和四年六月一七日法律第六八号の改正は、施行までに期間がありますので、改正を加えてありません。**

第一章　総則

第一条（目的） この法律は、意匠の保護及び利用を図ることにより、意匠の創作を奨励し、もつて産業の発達に寄与することを目的とする。

第二条（定義等） この法律で「意匠」とは、物品（物品の部分を含む。以下同じ。）の形状、模様若しくは色彩若しくはこれらの結合（以下「形状等」という。）、建築物（建築物の部分を含む。以下同じ。）の形状等又は画像（機器の操作の用に供されるもの又は機器がその機能を発揮した結果として表示されるものに限り、画像の部分を含む。次条第二項、第三十七条第二項、第三十八条第七号及び第八号、第四十四条の三第二項第六号並びに第五十五条第二項第六号を除き、以下同じ。）であつて、視覚を通じて美感を起こさせるものをいう。

〔2項以下略〕

第四章　意匠権

第一節　意匠権

第二一条（存続期間） 意匠権（関連意匠の意匠権を除く。）の存続期間は、意匠登録出願の日から二十五年をもつて終了する。

2　関連意匠の意匠権の存続期間は、その基礎意匠の意匠登録出願の日から二十五年をもつて終了する。

第二三条（意匠権の効力） 意匠権者は、業として登録意匠及びこれに類似する意匠の実施をする権利を専有する。ただし、その意匠権について専用実施権を設定したときは、専用実施権者がその登録意匠及びこれに類似する意匠の実施をする権利を専有する範囲については、この限りでない。

第二節　権利侵害

第三七条（差止請求権） 意匠権者又は専用実施権者は、自己の意匠権又は専用実施権を侵害する者又は侵害するおそれがある者に対し、その侵害の停止又は予防を請求することができる。

2　意匠権者又は専用実施権者は、前項の規定による請求をするに際し、侵害の行為を組成した物品、建築物若しくは画像若しくは画像を記録した記録媒体若しくは内蔵する機器又はプログラム等若しくはプログラム等を記録した記録媒体若しくは記憶した機器の廃棄、侵害の行為に供した設備の除却その他の侵害の予防に必要な行為を請求することができる。

3　第十四条第一項の規定により秘密にすることを請求した意匠に係る意匠権者又は専用実施権者は、その意匠に関し第二十条第三項各号に掲げる事項を記載した書面であつて特許庁長官の証明を受けたものを提示して警告した後でなければ、第一項の規定による請求をすることができない。

第三九条（**損害の額の推定等**）意匠権者又は専用実施権者が故意又は過失により自己の意匠権又は専用実施権を侵害した者に対しその侵害により自己が受けた損害の賠償を請求する場合において、その者がその侵害の行為を組成した物品を譲渡したときは、次の各号に掲げる額の合計額を、意匠権者又は専用実施権者が受けた損害の額とすることができる。

一　意匠権者又は専用実施権者がその侵害の行為がなければ販売することができた物品の単位数量当たりの利益の額に、自己の意匠権又は専用実施権を侵害した者が譲渡した物品の数量（次号において「譲渡数量」という。）のうち当該意匠権者又は専用実施権者の実施の能力に応じた数量（同号において「実施相応数量」という。）を超えない部分（その全部又は一部に相当する数量を当該意匠権者又は専用実施権者が販売することができないとする事情があるときは、当該事情に相当する数量（同号において「特定数量」という。）を控除した数量）を乗じて得た額

二　譲渡数量のうち実施相応数量を超える数量又は特定数量がある場合（意匠権者又は専用実施権者が、当該意匠権者の意匠権についての専用実施権の設定若しくは通常実施権の許諾又は当該専用実施権者の専用実施権についての通常実施権の許諾をし得たと認められない場合を除く。）におけるこれらの数量に応じた当該意匠権又は専用実施権に係る登録意匠の実施に対し受けるべき金銭の額に相当する額

2　意匠権者又は専用実施権者が故意又は過失により自己の意匠権又は専用実施権を侵害した者に対しその侵害により自己が受けた損害の賠償を請求する場合において、その者がその侵害の行為により利益を受けているときは、その利益の額は、意匠権者又は専用実施権者が受けた損害の額と推定する。

3　意匠権者又は専用実施権者は、故意又は過失により自己の意匠権又は専用実施権を侵害した者に対し、その登録意匠又はこれに類似する意匠の実施に対し受けるべき金銭の額に相当する額の金銭を、自己が受けた損害の額としてその賠償を請求することができる。

4　裁判所は、第一項第二号及び前項に規定する登録意匠の実施に対し受けるべき金銭の額に相当する額を認定するに当たつては、意匠権者又は専用実施権者が、自己の意匠権又は専用実施権に係る登録意匠の実施の対価について、当該意匠権又は専用実施権の侵害があつたことを前提として当該意匠権又は専用実施権を侵害した者との間で合意をするとしたならば、当該意匠権者又は専用実施権者が得ることとなるその対価を考慮することができる。

5　第三項の規定は、同項に規定する金額を超える損害の賠償の請求を妨げない。この場合において、意匠権又は専用実施権を侵害した者に故意又は重大な過失がなかつたときは、裁判所は、損害の賠償の額を定めるについて、これを参酌することができる。

第四一条（**特許法の準用**）特許法第百四条の二から第百五条まで（具体的態様の明示義務、特許権者等の権利行使の制限、主張の制限及び書類の提出等）、第百五条の二の十二から第百五条の六まで（損害計算のための鑑定、相当な損害額の認定、秘密保持命令、秘密保持命令の取消し及び訴訟記録の閲覧等の請求の通知等）及び第百六条（信用回復の措置）の規定は、意匠権又は専用実施権の侵害に準用する。

第八章　罰則

第六九条（**侵害の罪**）意匠権又は専用実施権を侵害した者は、十年以下の懲役若しくは千万円以下の罰金に処し、又はこれを併科する。

○商標法〔抄〕

〔昭和三四・四・一三
法律一二七〕

最終改正 令和五・六法五一

〈注〉 **令和四年六月一七日法律第六八号の改正は、施行までに期間がありますので、改正を加えてありません。**

第一章 総則

第一条（**目的**）この法律は、商標を保護することにより、商標の使用をする者の業務上の信用の維持を図り、もつて産業の発達に寄与し、あわせて需要者の利益を保護することを目的とする。

第二条（**定義等**）この法律で「商標」とは、人の知覚によつて認識することができるもののうち、文字、図形、記号、立体的形状若しくは色彩又はこれらの結合、音その他政令で定めるもの（以下「標章」という。）であつて、次に掲げるものをいう。

一 業として商品を生産し、証明し、又は譲渡する者がその商品について使用をするもの

二 業として役務を提供し、又は証明する者がその役務について使用をするもの（前号に掲げるものを除く。）〔2項以下略〕

第四章 商標権

第一節 商標権

第一九条（**存続期間**）商標権の存続期間は、設定の登録の日から十年をもつて終了する。〔2項以下略〕

第二五条（**商標権の効力**）商標権者は、指定商品又は指定役務について登録商標の使用をする権利を専有する。ただし、その商標権について専用使用権を設定したときは、専用使用権者がその登録商標の使用をする権利を専有する範囲については、この限りでない。

第九章 罰則

第七八条（**侵害の罪**）商標権又は専用使用権を侵害した者（第三十七条又は第六十七条の規定により商標権又は専用使用権を侵害する行為とみなされる行為を行つた者を除く。）は、十年以下の懲役若しくは千万円以下の罰金に処し、又はこれを併科する。

○不正競争防止法〔抄〕

〔平成五・五・一九
法律四七〕

最終改正 令和五・六法五一

〈注〉 **令和四年六月一七日法律第六八号の改正は、施行までに期間がありますので、改正を加えてありません。**

第一章 総則

第一条（**目的**）この法律は、事業者間の公正な競争及びこれに関する国際約束の的確な実施を確保するため、不正競争の防止及び不正競争に係る損害賠償に関する措置等を講じ、もって国民経済の健全な発展に寄与することを目的とする。

第二条（**定義**）この法律において「不正競争」とは、次に掲げるものをいう。

一 他人の商品等表示（人の業務に係る氏名、商号、商標、標章、商品の容器若しくは包装その他の商品又は営業を表示するものをいう。以下同じ。）として需要者の間に広く認識されているものと同一若しくは類似の商品等表示を使用し、又はその商品等表示を使用した商品を譲渡し、引き渡し、譲渡若しくは引渡しのために展示し、輸出し、輸入し、若しくは電気通信回線を通じて提

供して、他人の商品又は営業と混同を生じさせる行為

二　自己の商品等表示として他人の著名な商品等表示と同一若しくは類似のものを使用し、又はその商品等表示を使用した商品を譲渡し、引き渡し、譲渡若しくは引渡しのために展示し、輸出し、輸入し、若しくは電気通信回線を通じて提供する行為

三　他人の商品の形態（当該商品の機能を確保するために不可欠な形態を除く。）を模倣した商品を譲渡し、貸し渡し、譲渡若しくは貸渡しのために展示し、輸出し、輸入し、又は電気通信回線を通じて提供する行為

四　窃取、詐欺、強迫その他の不正の手段により営業秘密を取得する行為（以下「営業秘密不正取得行為」という。）又は営業秘密不正取得行為により取得した営業秘密を使用し、若しくは開示する行為（秘密を保持しつつ特定の者に示すことを含む。次号から第九号まで、第十九条第一項第七号、第二十一条及び附則第四条第一号において同じ。）

五　その営業秘密について営業秘密不正取得行為が介在したことを知って、若しくは重大な過失により知らないで営業秘密を取得し、又はその取得した営業秘密を使用し、若しくは開示する行為

六　その取得した後にその営業秘密について営業秘密不正取得行為が介在したことを知って、又は重大な過失により知らないでその取得した営業秘密を使用し、又は開示する行為

七　営業秘密を保有する事業者（以下「営業秘密保有者」という。）からその営業秘密を示された場合において、不正の利益を得る目的で、又はその営業秘密保有者に損害を加える目的で、その営業秘密を使用し、又は開示する行為

八　その営業秘密について営業秘密不正開示行為（前号に規定する場合において同号に規定する目的でその営業秘密を開示する行為又は秘密を守る法律上の義務に違反してその営業秘密を開示する行為をいう。以下同じ。）であること若しくはその営業秘密について営業秘密不正開示行為が介在したことを知って、若しくは重大な過失により知らないで営業秘密を取得し、又はその取得した営業秘密を使用し、若しくは開示する行為

九　その取得した後にその営業秘密について営業秘密不正開示行為があったこと若しくはその営業秘密について営業秘密不正開示行為が介在したことを知って、又は重大な過失により知らないでその取得した営業秘密を使用し、又は開示する行為

十　第四号から前号までに掲げる行為（技術上の秘密（営業秘密のうち、技術上の情報であるものをいう。以下同じ。）を使用する行為に限る。以下この号において「不正使用行為」という。）により生じた物を譲渡し、引き渡し、譲渡若しくは引渡しのために展示し、輸出し、輸入し、又は電気通信回線を通じて提供する行為（当該物を譲り受けた者（その譲り受けた時に当該物が不正使用行為により生じた物であることを知らず、かつ、知らないことにつき重大な過失がない者に限る。）が当該物を譲渡し、引き渡し、譲渡若しくは引渡しのために展示し、輸出し、輸入し、又は電気通信回線を通じて提供する行為を除く。）

十一　窃取、詐欺、強迫その他の不正の手段により限定提供データを取得する行為（以下「限定提供データ不正取得行為」という。）又は限定提供データ不正取得行為により取得した限定提供データを使用し、若しくは開示する行為

十二　その限定提供データについて限定提供データ不正取得行為が介在したことを知って限定提供データを取得し、又はその取得した限定提供データを使用し、若しくは開示する行為

十三　その取得した後にその限定提供データについて限定提供データ不正取得行為が介在したことを知ってその取得した限定提供データを開示する行為

十四　限定提供データを保有する事業者（以下「限定提供データ保有者」という。）からその限定提供データを示された場合において、不正の利益を得る目的で、又はその限定提供データ保有者に損害を加える目的で、その限定提供データを使用する行為（その限定提供データの管理に係る任務に違反して行うものに限る。）又は開示する行為

十五　その限定提供データについて限定提供データ不正開示行為（前号に規定する場合において同号に規定する目的でその限定提供データを開示する行為をいう。以下同じ。）であること若しくはその限定提供デー

タについて限定提供データ不正開示行為が介在したことを知って限定提供データを取得し、又はその取得した限定提供データを使用し、若しくは開示する行為

十六　その取得した後にその限定提供データについて限定提供データ不正開示行為があったこと又はその限定提供データについて限定提供データ不正開示行為が介在したことを知ってその取得した限定提供データを開示する行為

十七　営業上用いられている技術的制限手段（他人が特定の者以外の者に影像若しくは音の視聴、プログラムの実行若しくは情報（電磁的記録（電子的方式、磁気的方式その他人の知覚によっては認識することができない方式で作られる記録であって、電子計算機による情報処理の用に供されるものをいう。以下同じ。）に記録されたものに限る。以下この号、次号及び第八項において同じ。）の処理又は影像、音、プログラムその他の情報の記録をさせないために用いているものを除く。）により制限されている影像若しくは音の視聴、プログラムの実行若しくは情報の処理又は影像、音、プログラムその他の情報の記録（以下この号において「影像の視聴等」という。）を当該技術的制限手段の効果を妨げることにより可能とする機能を有する装置（当該装置を組み込んだ機器及び当該装置の部品一式であって容易に組み立てることができるものを含む。）、当該機能を有するプログラム（当該プログラムが他のプログラムと組み合わされたものを含む。）若しくは指令符号（電子計算機に対する指令であって、当該指令のみによって一の結果を得ることができるものをいう。次号において同じ。）を記録した記録媒体若しくは記憶した機器を譲渡し、引き渡し、譲渡若しくは引渡しのために展示し、輸出し、若しくは輸入し、若しくは当該機能を有するプログラム若しくは指令符号を電気通信回線を通じて提供する行為（当該装置又は当該プログラムが当該機能以外の機能を併せて有する場合にあっては、影像の視聴等を当該技術的制限手段の効果を妨げることにより可能とする用途に供するために行うものに限る。）又は影像の視聴等を当該技術的制限手段の効果を妨げることにより可能とする役務を提供する行為

十八　他人が特定の者以外の者に影像若しくは音の視聴、プログラムの実行若しくは情報の処理又は影像、音、プログラムその他の情報の記録をさせないために営業上用いている技術的制限手段により制限されている影像若しくは音の視聴、プログラムの実行若しくは情報の処理又は影像、音、プログラムその他の情報の記録（以下この号において「影像の視聴等」という。）を当該技術的制限手段の効果を妨げることにより可能とする機能を有する装置（当該装置を組み込んだ機器及び当該装置の部品一式であって容易に組み立てることができるものを含む。）、当該機能を有するプログラム（当該プログラムが他のプログラムと組み合わされたものを含む。）若しくは指令符号を記録した記録媒体若しくは記憶した機器を当該特定の者以外の者に譲渡し、引き渡し、譲渡若しくは引渡しのために展示し、輸出し、若しくは輸入し、若しくは当該機能を有するプログラム若しくは指令符号を電気通信回線を通じて提供する行為（当該装置又は当該プログラムが当該機能以外の機能を併せて有する場合にあっては、影像の視聴等を当該技術的制限手段の効果を妨げることにより可能とする用途に供するために行うものに限る。）又は影像の視聴等を当該技術的制限手段の効果を妨げることにより可能とする役務を提供する行為

十九　不正の利益を得る目的で、又は他人に損害を加える目的で、他人の特定商品等表示（人の業務に係る氏名、商号、商標、標章その他の商品又は役務を表示するものをいう。）と同一若しくは類似のドメイン名を使用する権利を取得し、若しくは保有し、又はそのドメイン名を使用する行為

二十　商品若しくは役務若しくはその広告若しくは取引に用いる書類若しくは通信にその商品の原産地、品質、内容、製造方法、用途若しくは数量若しくはその役務の質、内容、用途若しくは数量について誤認させるような表示をし、又はその表示をした商品を譲渡し、引き渡し、譲渡若しくは引渡しのために展示し、輸出し、輸入し、若しくは電気通信回線を通じて提供し、若しくはその表示をして役務を提供する行為

二十一　競争関係にある他人の営業上の信用を害する虚偽の事実を告知し、又は流布する行為

二十二　パリ条約（商標法（昭和三十四年法

律第百二十七号）第四条第一項第二号に規定するパリ条約をいう。）の同盟国、世界貿易機関の加盟国又は商標法条約の締約国において商標に関する権利（商標権に相当する権利に限る。以下この号において単に「権利」という。）を有する者の代理人若しくは代表者又はその行為の日前一年以内に代理人若しくは代表者であった者が、正当な理由がないのに、その権利を有する者の承諾を得ないでその権利に係る商標と同一若しくは類似の商標をその権利に係る商品若しくは役務と同一若しくは類似の商品若しくは役務に使用し、又は当該商標を使用したその権利に係る商品と同一若しくは類似の商品を譲渡し、引き渡し、譲渡若しくは引渡しのために展示し、輸出し、輸入し、若しくは電気通信回線を通じて提供し、若しくは当該商標を使用してその権利に係る役務と同一若しくは類似の役務を提供する行為〔2―5項略〕

6　この法律において「営業秘密」とは、秘密として管理されている生産方法、販売方法その他の事業活動に有用な技術上又は営業上の情報であって、公然と知られていないものをいう。〔7項略〕

8　この法律において「技術的制限手段」とは、電磁的方法により影像若しくは音の視聴、プログラムの実行若しくは情報の処理又は影像、音、プログラムその他の情報の記録を制限する手段であって、視聴等機器（影像若しくは音の視聴、プログラムの実行若しくは情報の処理又は影像、音、プログラムその他の情報の記録のために用いられる機器をいう。以下この項において同じ。）が特定の反応をする信号を記録媒体に記録し、若しくは送信する方式又は視聴等機器が特定の変換を必要とするよう影像、音、プログラムその他の情報を変換して記録媒体に記録し、若しくは送信する方式によるものをいう。〔9項以下略〕

第二章　差止請求、損害賠償等

第三条（**差止請求権**）不正競争によって営業上の利益を侵害され、又は侵害されるおそれがある者は、その営業上の利益を侵害する者又は侵害するおそれがある者に対し、その侵害の停止又は予防を請求することができる。

2　不正競争によって営業上の利益を侵害され、又は侵害されるおそれがある者は、前項の規定による請求をするに際し、侵害の行為を組成した物（侵害の行為により生じた物を含む。）の廃棄、侵害の行為に供した設備の除却その他の侵害の停止又は予防に必要な行為を請求することができる。

第四条（**損害賠償**）故意又は過失により不正競争を行って他人の営業上の利益を侵害した者は、これによって生じた損害を賠償する責めに任ずる。ただし、第十五条の規定により同条に規定する権利が消滅した後にその営業秘密又は限定提供データを使用する行為によって生じた損害については、この限りでない。

第五条（**損害の額の推定等**）第二条第一項第一号から第十六号まで又は第二十二号に掲げる不正競争によって営業上の利益を侵害された者（以下この項において「被侵害者」という。）が故意又は過失により自己の営業上の利益を侵害した者（以下この項において「侵害者」という。）に対しその侵害により自己が受けた損害の賠償を請求する場合において、侵害者がその侵害の行為を組成した物（電磁的記録を含む。以下この項において同じ。）を譲渡したとき（侵害の行為により生じた物を譲渡したときを含む。）、又はその侵害の行為により生じた役務を提供したときは、次に掲げる額の合計額を、被侵害者が受けた損害の額とすることができる。

一　被侵害者がその侵害の行為がなければ販売することができた物又は提供することができた役務の単位数量当たりの利益の額に、侵害者が譲渡した当該物又は提供した当該役務の数量（次号において「譲渡等数量」という。）のうち被侵害者の販売又は提供の能力に応じた数量（同号において「販売等能力相応数量」という。）を超えない部分（その全部又は一部に相当する数量を被侵害者が販売又は提供をすることができないとする事情があるときは、当該事情に相当する数量（同号において「特定数量」という。）を控除した数量）を乗じて得た額

二　譲渡等数量のうち販売等能力相応数量を超える数量又は特定数量がある場合におけるこれらの数量に応じた次のイからホまでに掲げる不正競争の区分に応じて当該イからホまでに定める行為に対し受けるべき金銭の額に相当する額（被侵害者が、次のイからホまでに掲げる不正競争の区分に応じて当該イからホまでに定める行為の許諾をし得たと認められない場合を除く。）

イ　第二条第一項第一号又は第二号に掲げる不正競争　当該侵害に係る商品等表示の使用

ロ　第二条第一項第三号に掲げる不正競争　当該侵害に係る商品の形態の使用

ハ　第二条第一項第四号から第九号までに掲げる不正競争　当該侵害に係る営業秘密の使用

ニ　第二条第一項第十一号から第十六号までに掲げる不正競争　当該侵害に係る限定提供データの使用

ホ　第二条第一項第二十二号に掲げる不正競争　当該侵害に係る商標の使用

2　不正競争によって営業上の利益を侵害された者が故意又は過失により自己の営業上の利益を侵害した者に対しその侵害により自己が受けた損害の賠償を請求する場合において、その者がその侵害の行為により利益を受けているときは、その利益の額は、その営業上の利益を侵害された者が受けた損害の額と推定する。

3　第二条第一項第一号から第九号まで、第十一号から第十六号まで、第十九号又は第二十二号に掲げる不正競争によって営業上の利益を侵害された者は、故意又は過失により自己の営業上の利益を侵害した者に対し、次の各号に掲げる不正競争の区分に応じて当該各号に定める行為に対し受けるべき金銭の額に相当する額の金銭を、自己が受けた損害の額としてその賠償を請求することができる。

一　第二条第一項第一号又は第二号に掲げる不正競争　当該侵害に係る商品等表示の使用

二　第二条第一項第三号に掲げる不正競争　当該侵害に係る商品の形態の使用

三　第二条第一項第四号から第九号までに掲げる不正競争　当該侵害に係る営業秘密の使用

四　第二条第一項第十一号から第十六号までに掲げる不正競争　当該侵害に係る限定提供データの使用

五　第二条第一項第十九号に掲げる不正競争　当該侵害に係るドメイン名の使用

六　第二条第一項第二十二号に掲げる不正競争　当該侵害に係る商標の使用

4　裁判所は、第一項第二号イからホまで及び前項各号に定める行為に対し受けるべき金銭の額を認定するに当たっては、営業上の利益を侵害された者が、当該行為の対価について、不正競争があったことを前提として当該不正競争をした者との間で合意をするとしたならば、当該営業上の利益を侵害された者が得ることとなるその対価を考慮することができる。

5　第三項の規定は、同項に規定する金額を超える損害の賠償の請求を妨げない。この場合において、その営業上の利益を侵害した者に故意又は重大な過失がなかったときは、裁判所は、損害の賠償の額を定めるについて、これを参酌することができる。

第一四条（**信用回復の措置**）故意又は過失により不正競争を行って他人の営業上の信用を害した者に対しては、裁判所は、その営業上の信用を害された者の請求により、損害の賠償に代え、又は損害の賠償とともに、その者の営業上の信用を回復するのに必要な措置を命ずることができる。

第四章　雑則

第一九条（**適用除外等**）第三条から第十五条まで、第二十一条及び第二十二条の規定は、次の各号に掲げる不正競争の区分に応じて当該各号に定める行為については、適用しない。

［一―五号略］

六　第二条第一項第三号に掲げる不正競争　次のいずれかに掲げる行為

イ　日本国内において最初に販売された日から起算して三年を経過した商品について、その商品の形態を模倣した商品を譲渡し、貸し渡し、譲渡若しくは貸渡しのために展示し、輸出し、輸入し、又は電気通信回線を通じて提供する行為

ロ　他人の商品の形態を模倣した商品を譲り受けた者（その譲り受けた時にその商品が他人の商品の形態を模倣した商品であることを知らず、かつ、知らないことにつき重大な過失がない者に限る。）がその商品を譲渡し、貸し渡し、譲渡若しくは貸渡しのために展示し、輸出し、輸入し、又は電気通信回線を通じて提供する行為

［七号以下略］

第五章　罰則

第二一条（**罰則**）次の各号のいずれかに該当する場合には、当該違反行為をした者は、十年以下の懲役若しくは二千万円以下の罰金に処し、又はこれを併科する。

一　不正の利益を得る目的で、又はその営業秘密保有者に損害を加える目的で、詐欺等行為（人を欺き、人に暴行を加え、又は人

を脅迫する行為をいう。次号において同じ。）又は管理侵害行為（財物の窃取、施設への侵入、不正アクセス行為（不正アクセス行為の禁止等に関する法律（平成十一年法律第百二十八号）第二条第四項に規定する不正アクセス行為をいう。）その他の営業秘密保有者の管理を害する行為をいう。次号において同じ。）により、営業秘密を取得したとき。

二　詐欺等行為又は管理侵害行為により取得した営業秘密を、不正の利益を得る目的で、又はその営業秘密保有者に損害を加える目的で、使用し、又は開示したとき。

三　不正の利益を得る目的で、又はその営業秘密保有者に損害を加える目的で、前号若しくは次項第二号から第四号までの罪、第四項第二号の罪（前号の罪に当たる開示に係る部分に限る。）又は第五項第二号の罪に当たる開示によって営業秘密を取得して、その営業秘密を使用し、又は開示したとき。

四　不正の利益を得る目的で、又はその営業秘密保有者に損害を加える目的で、前二号若しくは次項第二号から第四号までの罪、第四項第二号の罪（前二号の罪に当たる開示に係る部分に限る。）又は第五項第二号の罪に当たる開示が介在したことを知って営業秘密を取得して、その営業秘密を使用し、又は開示したとき。

五　不正の利益を得る目的で、又はその営業秘密保有者に損害を加える目的で、自己又は他人の第二号から前号まで又は第四項第三号の罪に当たる行為（技術上の秘密を使用する行為に限る。以下この号において「違法使用行為」という。）により生じた物を譲渡し、引き渡し、譲渡若しくは引渡しのために展示し、輸出し、輸入し、又は電気通信回線を通じて提供したとき（当該物が違法使用行為により生じた物であることの情を知らないで譲り受け、当該物を譲渡し、引き渡し、譲渡若しくは引渡しのために展示し、輸出し、輸入し、又は電気通信回線を通じて提供した場合を除く。）。

2　次の各号のいずれかに該当する者は、十年以下の拘禁刑若しくは二千万円以下の罰金に処し、又はこれを併科する。

一　営業秘密を営業秘密保有者から示された者であって、不正の利益を得る目的で、又はその営業秘密保有者に損害を加える目的で、その営業秘密の管理に係る任務に背き、次のいずれかに掲げる方法でその営業秘密を領得したもの

イ　営業秘密記録媒体等（営業秘密が記載され、又は記録された文書、図画又は記録媒体をいう。以下この号において同じ。）又は営業秘密が化体された物件を横領すること。

ロ　営業秘密記録媒体等の記載若しくは記録について、又は営業秘密が化体された物件について、その複製を作成すること。

ハ　営業秘密記録媒体等の記載又は記録であって、消去すべきものを消去せず、かつ、当該記載又は記録を消去したように仮装すること。

二　営業秘密を営業秘密保有者から示された者であって、その営業秘密の管理に係る任務に背いて前号イからハまでに掲げる方法により領得した営業秘密を、不正の利益を得る目的で、又はその営業秘密保有者に損害を加える目的で、その営業秘密の管理に係る任務に背き、使用し、又は開示したもの

三　営業秘密を営業秘密保有者から示されたその役員（理事、取締役、執行役、業務を執行する社員、監事若しくは監査役又はこれらに準ずる者をいう。次号において同じ。）又は従業者であって、不正の利益を得る目的で、又はその営業秘密保有者に損害を加える目的で、その営業秘密の管理に係る任務に背き、その営業秘密を使用し、又は開示したもの（前号に掲げる者を除く。）

四　営業秘密を営業秘密保有者から示されたその役員又は従業者であった者であって、不正の利益を得る目的で、又はその営業秘密保有者に損害を加える目的で、その在職中に、その営業秘密の管理に係る任務に背いてその営業秘密の開示の申込みをし、又はその営業秘密の使用若しくは開示について請託を受けて、その営業秘密をその職を退いた後に使用し、又は開示したもの（第二号に掲げる者を除く。）

五　不正の利益を得る目的で、又はその営業秘密保有者に損害を加える目的で、自己又は他人の第二号から前号まで又は第五項第三号の罪に当たる行為（技術上の秘密を使用する行為に限る。以下この号において「従業者等違法使用行為」という。）により生じた物を譲渡し、引き渡し、譲渡若しくは引渡しのために展示し、輸出し、輸入し、

又は電気通信回線を通じて提供した者（当該物が従業者等違法使用行為により生じた物であることの情を知らないで譲り受け、当該物を譲渡し、引き渡し、譲渡若しくは引渡しのために展示し、輸出し、輸入し、又は電気通信回線を通じて提供した者を除く。）

3　次の各号のいずれかに該当する場合には、当該違反行為をした者は、五年以下の懲役若しくは五百万円以下の罰金に処し、又はこれを併科する。

一　不正の目的をもって第二条第一項第一号又は第二十号に掲げる不正競争を行ったとき。

二　他人の著名な商品等表示に係る信用若しくは名声を利用して不正の利益を得る目的で、又は当該信用若しくは名声を害する目的で第二条第一項第二号に掲げる不正競争を行ったとき。

三　不正の利益を得る目的で第二条第一項第三号に掲げる不正競争を行ったとき。

四　不正の利益を得る目的で、又は営業上技術的制限手段を用いている者に損害を加える目的で、第二条第一項第十七号又は第十八号に掲げる不正競争を行ったとき。

五　商品若しくは役務若しくはその広告若しくは取引に用いる書類若しくは通信にその商品の原産地、品質、内容、製造方法、用途若しくは数量又はその役務の質、内容、用途若しくは数量について誤認させるような虚偽の表示をしたとき（第一号に掲げる場合を除く。）。

六　秘密保持命令に違反したとき。

七　第十六条又は第十七条の規定に違反したとき。

4　次の各号のいずれかに該当する場合には、当該違反行為をした者は、十年以下の懲役若しくは三千万円以下の罰金に処し、又はこれを併科する。

一　日本国外において使用する目的で、第一項第一号の罪を犯したとき。

二　相手方に日本国外において第一項第二号から第四号までの罪に当たる使用をする目的があることの情を知って、これらの罪に当たる開示をしたとき。

三　日本国内において事業を行う営業秘密保有者の営業秘密について、日本国外において第一項第二号から第四号までの罪に当たる使用をしたとき。

四　第十八条第一項の規定に違反したとき。

5　次の各号のいずれかに該当する者は、十年以下の拘禁刑若しくは三千万円以下の罰金に処し、又はこれを併科する。

一　日本国外において使用する目的で、第二項第一号の罪を犯した者

二　相手方に日本国外において第二項第二号から第四号までの罪に当たる使用をする目的があることの情を知って、これらの罪に当たる開示をした者

三　日本国内において事業を行う営業秘密保有者の営業秘密について、日本国外において第二項第二号から第四号までの罪に当たる使用をした者

6　第一項、第二項（第一号を除く。）、第四項（第四号を除く。）及び前項（第一号を除く。）の罪の未遂は、罰する。

7　第三項第六号の罪は、告訴がなければ公訴を提起することができない。

8　第一項各号（第五号を除く。）、第二項各号（第五号を除く。）、第四項第一号若しくは第二号又は第六項（第一項第五号又は第二項第五号に係る部分を除く。）の罪は、日本国内において事業を行う営業秘密保有者の営業秘密について、日本国外においてこれらの罪を犯した者にも適用する。

9　第三項第六号の罪は、日本国外において同号の罪を犯した者にも適用する。

10　第四項第四号の罪は、刑法（明治四十年法律第四十五号）第三条の例に従う。

11　第四項第四号の罪は、日本国内に主たる事務所を有する法人の代表者、代理人、使用人その他の従業者であって、その法人の業務に関し、日本国外において同号の罪を犯した日本国民以外の者にも適用する。

12　第一項から第六項までの規定は、刑法その他の罰則の適用を妨げない。

13　次に掲げる財産は、これを没収することができる。

一　第一項、第二項、第四項（第四号を除く。）、第五項及び第六項の罪の犯罪行為により生じ、若しくは当該犯罪行為により得た財産又は当該犯罪行為の報酬として得た財産

二　前号に掲げる財産の果実として得た財産、同号に掲げる財産の対価として得た財産、これらの財産の対価として得た財産その他同号に掲げる財産の保有又は処分に基づき得た財産

14　組織的な犯罪の処罰及び犯罪収益の規制等

に関する法律（平成十一年法律第百三十六号。以下「組織的犯罪処罰法」という。）第十四条及び第十五条の規定は、前項の規定による没収について準用する。この場合において、組織的犯罪処罰法第十四条中「前条第一項各号又は第四項各号」とあるのは、「不正競争防止法第二十一条第十三項各号」と読み替えるものとする。

15　第十三項各号に掲げる財産を没収することができないとき、又は当該財産の性質、その使用の状況、当該財産に関する犯人以外の者の権利の有無その他の事情からこれを没収することが相当でないと認められるときは、その価額を犯人から追徴することができる。

第二二条　法人の代表者又は法人若しくは人の代理人、使用人その他の従業者が、その法人又は人の業務に関し、次の各号に掲げる規定の違反行為をしたときは、行為者を罰するほか、その法人に対して当該各号に定める罰金刑を、その人に対して各本条の罰金刑を科する。

一　前条第四項又は第六項（同条第四項に係る部分に限る。）　十億円以下の罰金刑

二　前条第一項又は第六項（同条第一項に係る部分に限る。）　五億円以下の罰金刑

三　前条第三項　三億円以下の罰金刑

2　前項の場合において、当該行為者に対してした前条第三項第六号の罪に係る同条第七項の告訴は、その法人又は人に対しても効力を生じ、その法人又は人に対してした告訴は、当該行為者に対しても効力を生ずるものとする。

3　第一項の規定により前条第一項、第三項、第四項又は第六項（同条第一項又は第四項に係る部分に限る。）の違反行為につき法人又は人に罰金刑を科する場合における時効の期間は、これらの規定の罪についての時効の期間による。

○著作権法〔抄〕

〔昭和四五・五・六　法律四八〕

最終改正　令和五・六法五三

〈注1〉令和四年五月二五日法律第四八号の改正は、施行までに期間がありますので、改正を加えてありません。

〈注2〉令和四年六月一七日法律第六八号の改正は、施行までに期間がありますので、改正を加えてありません。

〈注3〉令和五年五月二六日法律第三三号の改正の一部は、施行までに期間がありますので、改正を加えてありません。

第一章　総則

第一節　通則

第一条（目的）　この法律は、著作物並びに実演、レコード、放送及び有線放送に関し著作者の権利及びこれに隣接する権利を定め、これらの文化的所産の公正な利用に留意しつつ、著作者等の権利の保護を図り、もつて文化の発展に寄与することを目的とする。

第二条（定義）　この法律において、次の各号に掲げる用語の意義は、当該各号に定めるところによる。

一　著作物　思想又は感情を創作的に表現し

産業法

たものであつて、文芸、学術、美術又は音楽の範囲に属するものをいう。〔二号以下略〕

第二章　著作者の権利

第一節　著作物

第一〇条（著作物の例示） この法律にいう著作物を例示すると、おおむね次のとおりである。
一　小説、脚本、論文、講演その他の言語の著作物
二　音楽の著作物
三　舞踊又は無言劇の著作物
四　絵画、版画、彫刻その他の美術の著作物
五　建築の著作物
六　地図又は学術的な性質を有する図面、図表、模型その他の図形の著作物
七　映画の著作物
八　写真の著作物
九　プログラムの著作物

2　事実の伝達にすぎない雑報及び時事の報道は、前項第一号に掲げる著作物に該当しない。

3　第一項第九号に掲げる著作物に対するこの法律による保護は、その著作物を作成するために用いるプログラム言語、規約及び解法に及ばない。この場合において、これらの用語の意義は、次の各号に定めるところによる。
一　プログラム言語　プログラムを表現する手段としての文字その他の記号及びその体系をいう。
二　規約　特定のプログラムにおける前号のプログラム言語の用法についての特別の約束をいう。
三　解法　プログラムにおける電子計算機に対する指令の組合せの方法をいう。

第一一条（二次的著作物） 二次的著作物に対するこの法律による保護は、その原著作物の著作者の権利に影響を及ぼさない。

第一二条（編集著作物） 編集物（データベースに該当するものを除く。以下同じ。）でその素材の選択又は配列によつて創作性を有するものは、著作物として保護する。

2　前項の規定は、同項の編集物の部分を構成する著作物の著作者の権利に影響を及ぼさない。

第一二条の二（データベースの著作物） データベースでその情報の選択又は体系的な構成によつて創作性を有するものは、著作物として保護する。

2　前項の規定は、同項のデータベースの部分を構成する著作物の著作者の権利に影響を及ぼさない。

第一三条（権利の目的とならない著作物） 次の各号のいずれかに該当する著作物は、この章の規定による権利の目的となることができない。
一　憲法その他の法令
二　国若しくは地方公共団体の機関、独立行政法人又は地方独立行政法人が発する告示、訓令、通達その他これらに類するもの
三　裁判所の判決、決定、命令及び審判並びに行政庁の裁決及び決定で裁判に準ずる手続により行われるもの
四　前三号に掲げるものの翻訳物及び編集物で、国若しくは地方公共団体の機関、独立行政法人又は地方独立行政法人が作成するもの

第三節　権利の内容

第二款　著作者人格権

第一八条（公表権） 著作者は、その著作物でまだ公表されていないもの（その同意を得ないで公表された著作物を含む。以下この条において同じ。）を公衆に提供し、又は提示する権利を有する。当該著作物を原著作物とする二次的著作物についても、同様とする。

2　著作者は、次の各号に掲げる場合には、当該各号に掲げる行為について同意したものと推定する。
一　その著作物でまだ公表されていないものの著作権を譲渡した場合　当該著作物をその著作権の行使により公衆に提供し、又は提示すること。
二　その美術の著作物又は写真の著作物でまだ公表されていないものの原作品を譲渡した場合　これらの著作物をその原作品による展示の方法で公衆に提示すること。
三　第二十九条の規定によりその映画の著作物の著作権が映画製作者に帰属した場合　当該著作物をその著作権の行使により公衆に提供し、又は提示すること。〔3項以下略〕

第一九条（氏名表示権） 著作者は、その著作物の原作品に、又はその著作物の公衆への提供若しくは提示に際し、その実名若しくは変名を著作者名として表示し、又は著作者名を表示しないこととする権利を有する。その著作物を原著作物とする二次的著作物の公衆への提供又は提示に際しての原著作物の著作者名の表示についても、同様とする。

2　著作物を利用する者は、その著作者の別段

の意思表示がない限り、その著作物につきすでに著作者が表示しているところに従つて著作者名を表示することができる。

3　著作者名の表示は、著作物の利用の目的及び態様に照らし著作者が創作者であることを主張する利益を害するおそれがないと認められるときは、公正な慣行に反しない限り、省略することができる。

4　第一項の規定は、次の各号のいずれかに該当するときは、適用しない。

一　行政機関情報公開法、独立行政法人等情報公開法又は情報公開条例の規定により行政機関の長、独立行政法人等又は地方公共団体の機関若しくは地方独立行政法人が著作物を公衆に提供し、又は提示する場合において、当該著作物につき既にその著作者が表示しているところに従つて著作者名を表示するとき。

二　行政機関情報公開法第六条第二項の規定、独立行政法人等情報公開法第六条第二項の規定又は情報公開条例の規定で行政機関情報公開法第六条第二項の規定に相当するものにより行政機関の長、独立行政法人等又は地方公共団体の機関若しくは地方独立行政法人が著作物を公衆に提供し、又は提示する場合において、当該著作物の著作者名の表示を省略することとなるとき。

三　公文書管理法第十六条第一項の規定又は公文書管理条例の規定（同項の規定に相当する規定に限る。）により国立公文書館等の長又は地方公文書館等の長が著作物を公衆に提供し、又は提示する場合において、当該著作物につき既にその著作者が表示しているところに従つて著作者名を表示するとき。

第二〇条（**同一性保持権**）著作者は、その著作物及びその題号の同一性を保持する権利を有し、その意に反してこれらの変更、切除その他の改変を受けないものとする。

2　前項の規定は、次の各号のいずれかに該当する改変については、適用しない。

一　第三十三条第一項（同条第四項において準用する場合を含む。）、第三十三条の二第一項、第三十三条の三第一項又は第三十四条第一項の規定により著作物を利用する場合における用字又は用語の変更その他の改変で、学校教育の目的上やむを得ないと認められるもの

二　建築物の増築、改築、修繕又は模様替えによる改変

三　特定の電子計算機においては実行し得ないプログラムの著作物を当該電子計算機において実行し得るようにするため、又はプログラムの著作物を電子計算機においてより効果的に実行し得るようにするために必要な改変

四　前三号に掲げるもののほか、著作物の性質並びにその利用の目的及び態様に照らしやむを得ないと認められる改変

第五款　著作権の制限

第三〇条（**私的使用のための複製**）著作権の目的となつている著作物は、個人的に又は家庭内その他これに準ずる限られた範囲内において使用することを目的とするときは、次に掲げる場合を除き、その使用する者が複製することができる。

一　公衆の使用に供することを目的として設置されている自動複製機器を用いて複製する場合

二　技術的保護手段の回避により可能となり、又はその結果に障害が生じないようになつた複製を、その事実を知りながら行う場合

三　著作権を侵害する自動公衆送信（国外で行われる自動公衆送信であつて、国内で行われたとしたならば著作権の侵害となるべきものを含む。）を受信して行うデジタル方式の録音又は録画（以下この号及び次項において「特定侵害録音録画」という。）を、特定侵害録音録画であることを知りながら行う場合

四　著作権（第二十八条に規定する権利（翻訳以外の方法により創作された二次的著作物に係るものに限る。）を除く。以下この号において同じ。）を侵害する自動公衆送信（国外で行われる自動公衆送信であつて、国内で行われたとしたならば著作権の侵害となるべきものを含む。）を受信して行うデジタル方式の複製（録音及び録画を除く。以下この号において同じ。）（当該著作権に係る著作物のうち当該複製がされる部分の占める割合、当該部分が自動公衆送信される際の表示の精度その他の要素に照らし軽微なものを除く。以下この号及び次項において「特定侵害複製」という。）を、特定侵害複製であることを知りながら行う場合（当該著作物の種類及び用途並びに当該特定侵害複製の態様に照らし著作権者の利益を不当に害しないと認められる特別な事情

がある場合を除く。）〔2項以下略〕

第四九条（**複製物の目的外使用等**）次に掲げる者は、第二十一条の複製を行つたものとみなす。

一　第三十条第一項、第三十条の三、第三十一条第一項第一号、第二項第一号、第四項、第七項第一号若しくは第九項第一号、第三十三条の二第一項、第三十三条の三第一項若しくは第四項、第三十五条第一項、第三十七条第三項、第三十七条の二本文（同条第二号に係る場合にあつては、同号。次項第一号において同じ。）、第四十一条、第四十一条の二第一項、第四十二条、第四十二条の二第一項、第四十二条の三、第四十二条の四、第四十三条第二項、第四十四条第一項から第三項まで、第四十七条第一項若しくは第三項、第四十七条の二又は第四十七条の五第一項に定める目的以外の目的のために、これらの規定の適用を受けて作成された著作物の複製物（次項第一号又は第二号の複製物に該当するものを除く。）を頒布し、又は当該複製物によつて当該著作物の公衆への提示（送信可能化を含む。以下同じ。）を行つた者〔二号以下略〕

第四節　保護期間

第五一条（**保護期間の原則**）著作権の存続期間は、著作物の創作の時に始まる。

2　著作権は、この節に別段の定めがある場合を除き、著作者の死後（共同著作物にあつては、最終に死亡した著作者の死後。次条第一項において同じ。）七十年を経過するまでの間、存続する。

第五四条（**映画の著作物の保護期間**）映画の著作物の著作権は、その著作物の公表後七十年（その著作物がその創作後七十年以内に公表されなかつたときは、その創作後七十年）を経過するまでの間、存続する。〔2項略〕

第四章　著作隣接権

第一節　総則

第八九条（**著作隣接権**）実演家は、第九十条の二第一項及び第九十条の三第一項に規定する権利（以下「実演家人格権」という。）並びに第九十一条第一項、第九十二条第一項、第九十二条の二第一項、第九十五条の二第一項及び第九十五条の三第一項に規定する権利並びに第九十四条の二及び第九十五条の三第三項に規定する報酬並びに第九十五条第一項に規定する二次使用料を受ける権利を享有する。

2　レコード製作者は、第九十六条、第九十六条の二、第九十七条の二第一項及び第九十七条の三第一項に規定する権利並びに第九十七条第一項に規定する二次使用料及び第九十七条の三第三項に規定する報酬を受ける権利を享有する。

3　放送事業者は、第九十八条から第百条までに規定する権利を享有する。

4　有線放送事業者は、第百条の二から第百条の五までに規定する権利を享有する。

5　前各項の権利の享有には、いかなる方式の履行をも要しない。

6　第一項から第四項までの権利（実演家人格権並びに第一項及び第二項の報酬及び二次使用料を受ける権利を除く。）は、著作隣接権という。

第九〇条（**著作者の権利と著作隣接権との関係**）この章の規定は、著作者の権利に影響を及ぼすものと解釈してはならない。

第二節　実演家の権利

第九〇条の二（**氏名表示権**）実演家は、その実演の公衆への提供又は提示に際し、その氏名若しくはその芸名その他氏名に代えて用いられるものを実演家名として表示し、又は実演家名を表示しないこととする権利を有する。

2　実演を利用する者は、その実演家の別段の意思表示がない限り、その実演につき既に実演家が表示しているところに従つて実演家名を表示することができる。

3　実演家名の表示は、実演の利用の目的及び態様に照らし実演家がその実演の実演家であることを主張する利益を害するおそれがないと認められるとき又は公正な慣行に反しないと認められるときは、省略することができる。

4　第一項の規定は、次の各号のいずれかに該当するときは、適用しない。

一　行政機関情報公開法、独立行政法人等情報公開法又は情報公開条例の規定により行政機関の長、独立行政法人等又は地方公共団体の機関若しくは地方独立行政法人が実演を公衆に提供し、又は提示する場合において、当該実演につき既にその実演家が表示しているところに従つて実演家名を表示するとき。

二　行政機関情報公開法第六条第二項の規定、独立行政法人等情報公開法第六条第二項の規定又は情報公開条例の規定で行政機

関情報公開法第六条第二項の規定に相当するものにより行政機関の長、独立行政法人等又は地方公共団体の機関若しくは地方独立行政法人が実演を公衆に提供し、又は提示する場合において、当該実演の実演家名の表示を省略することとなるとき。

三　公文書管理法第十六条第一項の規定又は公文書管理条例の規定（同項の規定に相当する規定に限る。）により国立公文書館等の長又は地方公文書館等の長が実演を公衆に提供し、又は提示する場合において、当該実演につき既にその実演家が表示しているところに従つて実演家名を表示するとき。

第九〇条の三（**同一性保持権**）実演家は、その実演の同一性を保持する権利を有し、自己の名誉又は声望を害するその実演の変更、切除その他の改変を受けないものとする。

2　前項の規定は、実演の性質並びにその利用の目的及び態様に照らしやむを得ないと認められる改変又は公正な慣行に反しないと認められる改変については、適用しない。

第九一条（**録音権及び録画権**）実演家は、その実演を録音し、又は録画する権利を専有する。

2　前項の規定は、同項に規定する権利を有する者の許諾を得て映画の著作物において録音され、又は録画された実演については、これを録音物（音を専ら影像とともに再生することを目的とするものを除く。）に録音する場合を除き、適用しない。

第九二条（**放送権及び有線放送権**）実演家は、その実演を放送し、又は有線放送する権利を専有する。

2　前項の規定は、次に掲げる場合には、適用しない。

一　放送される実演を有線放送する場合

二　次に掲げる実演を放送し、又は有線放送する場合

イ　前条第一項に規定する権利を有する者の許諾を得て録音され、又は録画されている実演

ロ　前条第二項の実演で同項の録音物以外の物に録音され、又は録画されているもの

第九二条の二（**送信可能化権**）実演家は、その実演を送信可能化する権利を専有する。

2　前項の規定は、次に掲げる実演については、適用しない。

一　第九十一条第一項に規定する権利を有する者の許諾を得て録画されている実演

二　第九十一条第二項の実演で同項の録音物以外の物に録音され、又は録画されているもの

第九三条（**放送等のための固定**）実演の放送について第九十二条第一項に規定する権利を有する者の許諾を得た放送事業者は、その実演を放送及び放送同時配信等のために録音し、又は録画することができる。ただし、契約に別段の定めがある場合及び当該許諾に係る放送番組と異なる内容の放送番組に使用する目的で録音し、又は録画する場合は、この限りでない。

2　次に掲げる者は、第九十一条第一項の録音又は録画を行つたものとみなす。

一　前項の規定により作成された録音物又は録画物を放送若しくは放送同時配信等の目的以外の目的又は同項ただし書に規定する目的のために使用し、又は提供した者

二　前項の規定により作成された録音物又は録画物の提供を受けた放送事業者又は放送同時配信等事業者で、これらを更に他の放送事業者又は放送同時配信等事業者の放送又は放送同時配信等のために提供したもの

第九三条の二（**放送のための固定物等による放送**）第九十二条第一項に規定する権利を有する者がその実演の放送を許諾したときは、契約に別段の定めがない限り、当該実演は、当該許諾に係る放送のほか、次に掲げる放送において放送することができる。

一　当該許諾を得た放送事業者が前条第一項の規定により作成した録音物又は録画物を用いてする放送

二　当該許諾を得た放送事業者からその者が前条第一項の規定により作成した録音物又は録画物の提供を受けてする放送

三　当該許諾を得た放送事業者から当該許諾に係る放送番組の供給を受けてする放送（前号の放送を除く。）

2　前項の場合において、同項各号に掲げる放送において実演が放送されたときは、当該各号に規定する放送事業者は、相当な額の報酬を当該実演に係る第九十二条第一項に規定する権利を有する者に支払わなければならない。

第九四条（**特定実演家と連絡することができない場合の放送同時配信等**）第九十三条の二第一項の規定により同項第一号に掲げる放送において実演が放送される場合において、当該放送を行う放送事業者又は当該放送事業者と密接な関係を有する放送同時配信等事業者は、次に掲げる措置の全てを講じてもなお当

該実演に係る特定実演家と連絡することができないときは、契約に別段の定めがない限り、その事情につき、著作権等管理事業者であつて全国を通じて一個に限りその同意を得て文化庁長官が指定したもの（以下この条において「指定補償金管理事業者」という。）の確認を受け、かつ、通常の使用料の額に相当する額の補償金であつて特定実演家に支払うべきものを指定補償金管理事業者に支払うことにより、放送事業者にあつては当該放送に用いる録音物又は録画物を用いて、放送同時配信等事業者にあつては当該放送に係る放送番組の供給を受けて、当該実演の放送同時配信等を行うことができる。

一　当該特定実演家の連絡先を保有している場合には、当該連絡先に宛てて連絡を行うこと。

二　著作権等管理事業者であつて実演について管理を行つているものに対し照会すること。

三　前条第一項に規定する公表がされているかどうかを確認すること。

四　放送同時配信等することを予定している放送番組の名称、当該特定実演家の氏名その他の文化庁長官が定める情報を文化庁長官が定める方法により公表すること。

2　前項の確認を受けようとする放送事業者又は放送同時配信等事業者は、同項各号に掲げる措置の全てを適切に講じてもなお放送同時配信等しようとする実演に係る特定実演家と連絡することができないことを疎明する資料を指定補償金管理事業者に提出しなければならない。

3　第一項の規定により補償金を受領した指定補償金管理事業者は、同項の規定により放送同時配信等された実演に係る特定実演家から請求があつた場合には、当該特定実演家に当該補償金を支払わなければならない。

4　前条第四項の規定は第一項の規定による指定について、同条第五項から第十三項までの規定は第一項の補償金及び指定補償金管理事業者について、それぞれ準用する。この場合において、同条第四項第四号中「第二項の報酬を受ける権利を有する者（次項及び第七項において「権利者」という。）のためにその権利を行使する」とあるのは「次条第一項の確認及び同項の補償金に係る」と、同条第五項中「権利者」とあるのは「特定実演家」と、同条第六項中「第二項の報酬」とあるのは「次条第一項の確認及び同項の補償金」と、同条第七項中「第三項の規定により権利者のために請求することができる報酬」とあるのは「次条第一項の規定により受領する補償金」と読み替えるものとする。

第九四条の二（**放送される実演の有線放送**）有線放送事業者は、放送される実演を有線放送した場合（営利を目的とせず、かつ、聴衆又は観衆から料金（いずれの名義をもつてするかを問わず、実演の提示につき受ける対価をいう。第九十五条第一項において同じ。）を受けない場合を除く。）には、当該実演（著作隣接権の存続期間内のものに限り、第九十二条第二項第二号に掲げるものを除く。）に係る実演家に相当な額の報酬を支払わなければならない。

第九五条（**商業用レコードの二次使用**）放送事業者及び有線放送事業者（以下この条及び第九十七条第一項において「放送事業者等」という。）は、第九十一条第一項に規定する権利を有する者の許諾を得て実演が録音されている商業用レコードを用いた放送又は有線放送を行つた場合（営利を目的とせず、かつ、聴衆又は観衆から料金を受けずに、当該放送を受信して同時に有線放送を行つた場合を除く。）には、当該実演（第七条第一号から第六号までに掲げる実演で著作隣接権の存続期間内のものに限る。次項から第四項までにおいて同じ。）に係る実演家に二次使用料を支払わなければならない。

2　前項の規定は、実演家等保護条約の締約国については、当該締約国であつて、実演家等保護条約第十六条1(a)(i)の規定に基づき実演家等保護条約第十二条の規定を適用しないこととしている国以外の国の国民をレコード製作者とするレコードに固定されている実演に係る実演家について適用する。

3　第八条第一号に掲げるレコードについて実演家等保護条約の締約国により与えられる実演家等保護条約第十二条の規定による保護の期間が第一項の規定により実演家が保護を受ける期間より短いときは、当該締約国の国民をレコード製作者とするレコードに固定されている実演に係る実演家が同項の規定により保護を受ける期間は、第八条第一号に掲げるレコードについて当該締約国により与えられる実演家等保護条約第十二条の規定による保護の期間による。

4　第一項の規定は、実演・レコード条約の締約国（実演家等保護条約の締約国を除く。）の締であつて、実演・レコード条約第十五条(3)の規定により留保を付している国の国民をレコード製作者とするレコードに固定されている実演に係る実演家については、当該留保の範囲に制限して適用する。

5 第一項の二次使用料を受ける権利は、国内において実演を業とする者の相当数を構成員とする団体（その連合体を含む。）でその同意を得て文化庁長官が指定するものがあるときは、当該団体によつてのみ行使することができる。

6 文化庁長官は、次に掲げる要件を備える団体でなければ、前項の指定をしてはならない。

一 営利を目的としないこと。

二 その構成員が任意に加入し、又は脱退することができること。

三 その構成員の議決権及び選挙権が平等であること。

四 第一項の二次使用料を受ける権利を有する者（以下この条において「権利者」という。）のためにその権利を行使する義務をみずから的確に遂行するに足りる能力を有すること。

7 第五項の団体は、権利者から申込みがあつたときは、その者のためにその権利を行使することを拒んではならない。

8 第五項の団体は、前項の申込みがあつたときは、権利者のために自己の名をもつてその権利に関する裁判上又は裁判外の行為を行う権限を有する。

9 文化庁長官は、第五項の団体に対し、政令で定めるところにより、第一項の二次使用料に係る業務に関して報告をさせ、若しくは帳簿、書類その他の資料の提出を求め、又はその業務の執行方法の改善のため必要な勧告をすることができる。

10 第五項の団体が同項の規定により権利者のために請求することができる二次使用料の額は、毎年、当該団体と放送事業者等又はその団体との間において協議して定めるものとする。

11 前項の協議が成立しないときは、その当事者は、政令で定めるところにより、同項の二次使用料の額について文化庁長官の裁定を求めることができる。

12 第七十条第三項、第六項及び第八項、第七十一条（第二号に係る部分に限る。）並びに第七十二条から第七十四条までの規定は、前項の裁定及び二次使用料について準用する。この場合において、第七十条第三項中「著作権者」とあるのは「当事者」と、第七十二条第二項中「著作物を利用する者」とあるのは「第九十五条第一項の放送事業者等」と、「著作権者」とあるのは「同条第五項の団体」と、第七十四条中「著作権者」とあるのは「第九十五条第五項の団体」と読み替えるものとする。

13 私的独占の禁止及び公正取引の確保に関する法律の規定は、第十項の協議による定め及びこれに基づいてする行為については、適用しない。ただし、不公正な取引方法を用いる場合及び関連事業者の利益を不当に害することとなる場合は、この限りでない。

14 第五項から前項までに定めるもののほか、第一項の二次使用料の支払及び第五項の団体に関し必要な事項は、政令で定める。

第九五条の二（**譲渡権**） 実演家は、その実演をその録音物又は録画物の譲渡により公衆に提供する権利を専有する。

2 前項の規定は、次に掲げる実演については、適用しない。

一 第九十一条第一項に規定する権利を有する者の許諾を得て録画されている実演

二 第九十一条第二項の実演で同項の録音物以外の物に録音され、又は録画されているもの

3 第一項の規定は、実演（前項各号に掲げるものを除く。以下この条において同じ。）の録音物又は録画物で次の各号のいずれかに該当するものの譲渡による場合には、適用しない。

一 第一項に規定する権利を有する者又はその許諾を得た者により公衆に譲渡された実演の録音物又は録画物

二 第百三条において準用する第六十七条第一項の規定による裁定を受けて公衆に譲渡された実演の録音物又は録画物

三 第百三条において準用する第六十七条の二第一項の規定の適用を受けて公衆に譲渡された実演の録音物又は録画物

四 第一項に規定する権利を有する者又はその承諾を得た者により特定かつ少数の者に譲渡された実演の録音物又は録画物

五 国外において、第一項に規定する権利に相当する権利を害することなく、又は同項に規定する権利に相当する権利を有する者若しくはその承諾を得た者により譲渡された実演の録音物又は録画物

第九五条の三（**貸与権等**） 実演家は、その実演をそれが録音されている商業用レコードの貸与により公衆に提供する権利を専有する。

2　前項の規定は、最初に販売された日から起算して一月以上十二月を超えない範囲内において政令で定める期間を経過した商業用レコード（複製されているレコードのすべてが当該商業用レコードと同一であるものを含む。以下「期間経過商業用レコード」という。）の貸与による場合には、適用しない。

3　商業用レコードの公衆への貸与を営業として行う者（以下「貸レコード業者」という。）は、期間経過商業用レコードの貸与により実演を公衆に提供した場合には、当該実演（著作隣接権の存続期間内のものに限る。）に係る実演家に相当な額の報酬を支払わなければならない。

4　第九十五条第五項から第十四項までの規定は、前項の報酬を受ける権利について準用する。この場合において、同条第十項中「放送事業者等」とあり、及び同条第十二項中「第九十五条第一項の放送事業者等」とあるのは、「第九十五条の三第三項の貸レコード業者」と読み替えるものとする。

5　第一項に規定する権利を有する者の許諾に係る使用料を受ける権利は、前項において準用する第九十五条第五項の団体によつて行使することができる。

6　第九十五条第七項から第十四項までの規定は、前項の場合について準用する。この場合においては、第四項後段の規定を準用する。

第三節　レコード製作者の権利

第九六条（**複製権**）レコード製作者は、そのレコードを複製する権利を専有する。

第九六条の二（**送信可能化権**）レコード製作者は、そのレコードを送信可能化する権利を専有する。

第九七条（**商業用レコードの二次使用**）放送事業者等は、商業用レコードを用いた放送又は有線放送を行つた場合には、そのレコードに係るレコード製作者に二次使用料を支払わなければならない。

2　第九十五条第二項及び第四項の規定は、前項に規定するレコード製作者について準用し、同条第三項の規定は、前項の規定により保護を受ける期間について準用する。この場合において、同条第二項から第四項までの規定中「国民をレコード製作者とするレコードに固定されている実演に係る実演家」とあるのは「国民であるレコード製作者」と、同条第三項中「実演家が保護を受ける期間」とあるのは「レコード製作者が保護を受ける期間」と読み替えるものとする。

3　第一項の二次使用料を受ける権利は、国内において商業用レコードの製作を業とする者の相当数を構成員とする団体（その連合体を含む。）でその同意を得て文化庁長官が指定するものがあるときは、当該団体によつてのみ行使することができる。

4　第九十五条第六項から第十四項までの規定は、第一項の二次使用料及び前項の団体について準用する。

第九七条の二（**譲渡権**）レコード製作者は、そのレコードをその複製物の譲渡により公衆に提供する権利を専有する。

2　前項の規定は、レコードの複製物で次の各号のいずれかに該当するものの譲渡による場合には、適用しない。

一　前項に規定する権利を有する者又はその許諾を得た者により公衆に譲渡されたレコードの複製物

二　第百三条において準用する第六十七条第一項の規定による裁定を受けて公衆に譲渡されたレコードの複製物

三　第百三条において準用する第六十七条の二第一項の規定の適用を受けて公衆に譲渡されたレコードの複製物

四　前項に規定する権利を有する者又はその承諾を得た者により特定かつ少数の者に譲渡されたレコードの複製物

五　国外において、前項に規定する権利に相当する権利を害することなく、又は同項に規定する権利に相当する権利を有する者若しくはその承諾を得た者により譲渡されたレコードの複製物

第九七条の三（**貸与権等**）レコード製作者は、そのレコードをそれが複製されている商業用レコードの貸与により公衆に提供する権利を専有する。

2　前項の規定は、期間経過商業用レコードの貸与による場合には、適用しない。

3　貸レコード業者は、期間経過商業用レコードの貸与によりレコードを公衆に提供した場合には、当該レコード（著作隣接権の存続期間内のものに限る。）に係るレコード製作者に相当な額の報酬を支払わなければならない。

4　第九十七条第三項の規定は、前項の報酬を受ける権利の行使について準用する。

5　第九十五条第六項から第十四項までの規定は、第三項の報酬及び前項において準用する第九十七条第三項に規定する団体について準

用する。この場合においては、第九十五条の三第四項後段の規定を準用する。

6　第一項に規定する権利を有する者の許諾に係る使用料を受ける権利は、第四項において準用する第九十七条第三項の団体によつて行使することができる。

7　第五項の規定は、前項の場合について準用する。この場合において、第五項中「第九十五条第六項」とあるのは、「第九十五条第七項」と読み替えるものとする。

第四節　放送事業者の権利

第九八条（**複製権**）放送事業者は、その放送又はこれを受信して行なう有線放送を受信して、その放送に係る音又は影像を録音し、録画し、又は写真その他これに類似する方法により複製する権利を専有する。

第九九条（**再放送権及び有線放送権**）放送事業者は、その放送を受信してこれを再放送し、又は有線放送する権利を専有する。〔2項略〕

第一〇〇条（**テレビジョン放送の伝達権**）放送事業者は、そのテレビジョン放送又はこれを受信して行なう有線放送を受信して、影像を拡大する特別の装置を用いてその放送を公に伝達する権利を専有する。

第六節　保護期間

第一〇一条（**実演、レコード、放送又は有線放送の保護期間**）著作隣接権の存続期間は、次に掲げる時に始まる。

一　実演に関しては、その実演を行つた時

二　レコードに関しては、その音を最初に固定した時

三　放送に関しては、その放送を行つた時

四　有線放送に関しては、その有線放送を行つた時

2　著作隣接権の存続期間は、次に掲げる時をもつて満了する。

一　実演に関しては、その実演が行われた日の属する年の翌年から起算して七十年を経過した時

二　レコードに関しては、その発行が行われた日の属する年の翌年から起算して七十年を経過した時

三　放送に関しては、その放送が行われた日の属する年の翌年から起算して五十年を経過した時

四　有線放送に関しては、その有線放送が行われた日の属する年の翌年から起算して五十年を経過した時

第七節　実演家人格権の一身専属性等

第一〇一条の二（**実演家人格権の一身専属性**）実演家人格権は、実演家の一身に専属し、譲渡することができない。

第一〇一条の三（**実演家の死後における人格的利益の保護**）実演を公衆に提供し、又は提示する者は、その実演の実演家の死後においても、実演家が生存しているとしたならばその実演家人格権の侵害となるべき行為をしてはならない。ただし、その行為の性質及び程度、社会的事情の変動その他によりその行為が当該実演家の意を害しないと認められる場合は、この限りでない。

第八節　権利の制限、譲渡及び行使等並びに登録

第一〇二条（**著作隣接権の制限**）第三十条第一項（第四号を除く。第九項第一号において同じ。）、第三十条の二から第三十二条まで、第三十五条、第三十六条、第三十七条第三項、第三十七条の二（第一号を除く。次項において同じ。）、第三十八条第二項及び第四項、第四十一条から第四十三条まで、第四十四条（第二項を除く。）、第四十六条から第四十七条の五の規定は、著作隣接権の目的となつている実演、レコード、放送又は有線放送の利用について準用し、第三十条第三項及び第四十七条の七の規定は、著作隣接権の目的となつている実演又はレコードの利用について準用し、第三十三条から第三十三条の三までの規定は、著作隣接権の目的となつている放送又は有線放送の利用について準用し、第四十四条第二項の規定は、著作隣接権の目的となつている実演、レコード又は有線放送の利用について準用する。この場合において、第三十条第一項第三号中「自動公衆送信（国外で行われる自動公衆送信」とあるのは「送信可能化（国外で行われる送信可能化」と、「含む。）」とあるのは「含む。）に係る自動公衆送信」と、第四十四条第一項中「第二十三条第一項」とあるのは「第九十二条第一項、第九十二条の二第一項、第九十六条の二、第九十九条第一項又は第百条の三」と、同条第二項中「第二十三条第一項」とあるのは「第九十二条第一項又は第百条の三」と、同条第三項中「第二

十三条第一項」とあるのは「第九十二条の二第一項又は第九十六条の二」と読み替えるものとする。

2　前項において準用する第三十二条、第三十三条第一項（同条第四項において準用する場合を含む。）、第三十三条の二第一項、第三十三条の三第一項、第三十七条第三項、第三十七条の二、第四十一条の二第一項、第四十二条、第四十二条の二第一項若しくは第四十七条の規定又は次項若しくは第四項の規定により実演若しくはレコード又は放送若しくは有線放送に係る音若しくは影像（以下「実演等」と総称する。）を複製する場合において、その出所を明示する慣行があるときは、これらの複製の態様に応じ合理的と認められる方法及び程度により、その出所を明示しなければならない。

3　第三十三条の三第一項の規定により教科用図書に掲載された著作物を複製することができる場合には、同項の規定の適用を受けて作成された録音物において録音されている実演又は当該録音物に係るレコードを複製し、又は同項に定める目的のためにその複製物の譲渡により公衆に提供することができる。

4　視覚障害者等の福祉に関する事業を行う者で第三十七条第三項の政令で定めるものは、同項の規定により視覚著作物を複製することができる場合には、同項の規定の適用を受けて作成された録音物において録音されている実演又は当該録音物に係るレコードについて、複製し、又は同項に定める目的のために、送信可能化を行い、若しくはその複製物の譲渡により公衆に提供することができる。

5　著作隣接権の目的となつている実演であつて放送されるものは、地域限定特定入力型自動公衆送信を行うことができる。ただし、当該放送に係る第九十九条の二第一項に規定する権利を有する者の権利を害することとなる場合は、この限りでない。

6　前項の規定により実演の送信可能化を行う者は、第一項において準用する第三十八条第二項の規定の適用がある場合を除き、当該実演に係る第九十二条の二第一項に規定する権利を有する者に相当な額の補償金を支払わなければならない。

7　前二項の規定は、著作隣接権の目的となつているレコードの利用について準用する。この場合において、前項中「第九十二条の二第一項」とあるのは、「第九十六条の二」と読み替えるものとする。

8　第三十九条第一項又は第四十条第一項若しくは第二項の規定により著作物を放送し、又は有線放送することができる場合には、その著作物の放送若しくは有線放送について、これを受信して有線放送し、若しくは影像を拡大する特別の装置を用いて公に伝達し、又はその著作物の放送について、地域限定特定入力型自動公衆送信を行うことができる。

9　次に掲げる者は、第九十一条第一項、第九十六条、第九十八条又は第百条の二の録音、録画又は複製を行つたものとみなす。

一　第一項において準用する第三十条第一項、第三十条の三、第三十一条第一項第一号、第二項第一号、第四項、第七項第一号若しくは第九項第一号、第三十三条の二第一項、第三十三条の三第一項若しくは第四項、第三十五条第一項、第三十七条第三項、第三十七条の二第二号、第四十一条、第四十一条の二第一項、第四十二条、第四十二条の二第一項、第四十二条の三、第四十二条の四、第四十三条第二項、第四十四条第一項から第三項まで、第四十七条第一項若しくは第三項、第四十七条の二又は第四十七条の五第一項に定める目的以外の目的のために、これらの規定の適用を受けて作成された実演等の複製物を頒布し、又は当該複製物によつて当該実演、当該レコードに係る音若しくは当該放送若しくは有線放送に係る音若しくは影像の公衆への提示を行つた者

二　第一項において準用する第三十条の四の規定の適用を受けて作成された実演等の複製物を用いて、当該実演等を自ら享受し又は他人に享受させる目的のために、いずれの方法によるかを問わず、当該実演等を利用した者

三　第一項において準用する第四十四条第四項の規定に違反して同項の録音物又は録画物を保存した放送事業者、有線放送事業者又は放送同時配信等事業者

四　第一項において準用する第四十七条の四又は第四十七条の五第二項に定める目的以外の目的のために、これらの規定の適用を受けて作成された実演等の複製物を用いて、いずれの方法によるかを問わず、当該実演等を利用した者

五　第三十三条の三第一項又は第三十七条第三項に定める目的以外の目的のために、第三項若しくは第四項の規定の適用を受けて

作成された実演若しくはレコードの複製物を頒布し、又は当該複製物によつて当該実演若しくは当該レコードに係る音の公衆への提示を行つた者

第一〇二条の二（**実演家人格権との関係**）前条の著作隣接権の制限に関する規定（同条第七項及び第八項の規定を除く。）は、実演家人格権に影響を及ぼすものと解釈してはならない。

第一〇三条（**著作隣接権の譲渡、行使等**）第六十一条第一項の規定は著作隣接権の譲渡について、第六十二条第一項の規定は著作隣接権の消滅について、第六十三条及び第六十三条の二の規定は実演、レコード、放送又は有線放送の利用の許諾について、第六十五条の規定は著作隣接権が共有に係る場合について、第六十六条の規定は著作隣接権を目的として質権が設定されている場合について、第六十七条、第六十七条の二（第一項ただし書を除く。）、第七十条（第三項から第五項までを除く。）、第七十一条（第二号に係る部分に限る。）、第七十二条、第七十三条並びに第七十四条第三項及び第四項の規定は著作隣接権者と連絡することができない場合における実演、レコード、放送又は有線放送の利用について、第六十八条、第七十条（第四項第一号及び第七項を除く。）、第七十一条（第二号に係る部分に限る。）、第七十二条、第七十三条本文及び第七十四条の規定は著作隣接権者に協議を求めたがその協議が成立せず、又はその協議をすることができない場合における実演、レコード、放送又は有線放送の利用について、第七十一条（第一号に係る部分に限る。）及び第七十四条の規定は第百二条第一項において準用する第三十三条から第三十三条の三までの規定による放送又は有線放送の利用について、それぞれ準用する。この場合において、第六十三条第六項中「第二十三条第一項」とあるのは「第九十二条の二第一項、第九十六条の二、第九十九条の二第一項又は第百条の四」と、第六十八条第二項中「第三十八条第二項及び第三項」とあるのは「第百二条第一項において準用する第三十八条第二項」と読み替えるものとする。

第一〇四条（**著作隣接権の登録**）第七十七条及び第七十八条（第三項を除く。）の規定は、著作隣接権に関する登録について準用する。この場合において、同条第一項、第二項、第四項、第八項及び第九項中「著作権登録原簿」とあるのは、「著作隣接権登録原簿」と読み替えるものとする。

第七章　権利侵害

第一一二条（**差止請求権**）著作者、著作権者、出版権者、実演家又は著作隣接権者は、その著作者人格権、著作権、出版権、実演家人格権又は著作隣接権を侵害する者又は侵害するおそれがある者に対し、その侵害の停止又は予防を請求することができる。

2　著作者、著作権者、出版権者、実演家又は著作隣接権者は、前項の規定による請求をするに際し、侵害の行為を組成した物、侵害の行為によつて作成された物又は専ら侵害の行為に供された機械若しくは器具の廃棄その他の侵害の停止又は予防に必要な措置を請求することができる。

第一一四条（**損害の額の推定等**）著作権者等が故意又は過失により自己の著作権、出版権又は著作隣接権を侵害した者（以下この項において「侵害者」という。）に対しその侵害により自己が受けた損害の賠償を請求する場合において、侵害者がその侵害の行為によつて作成された物（第一号において「侵害作成物」という。）を譲渡し、又はその侵害の行為を組成する公衆送信（自動公衆送信の場合にあつては、送信可能化を含む。同号において「侵害組成公衆送信」という。）を行つたときは、次の各号に掲げる額の合計額を、著作権者等が受けた損害の額とすることができる。

一　譲渡等数量（侵害者が譲渡した侵害作成物及び侵害者が行つた侵害組成公衆送信を公衆が受信して作成した著作物又は実演等の複製物（以下この号において「侵害受信複製物」という。）の数量をいう。次号において同じ。）のうち販売等相応数量（当該著作権者等が当該侵害作成物又は当該侵害受信複製物を販売するとした場合にその販売のために必要な行為を行う能力に応じた数量をいう。同号において同じ。）を超えない部分（その全部又は一部に相当する数量を当該著作権者等が販売することができないとする事情があるときは、当該事情に相当する数量（同号において「特定数量」という。）を控除した数量）に、著作権者等がその侵害の行為がなければ販売することができた物の単位数量当たりの利益の額を乗じて得た額

二　譲渡等数量のうち販売等相応数量を超える数量又は特定数量がある場合（著作権者等が、その著作権、出版権又は著作隣接権

の行使をし得たと認められない場合を除く。）におけるこれらの数量に応じた当該著作権、出版権又は著作隣接権の行使につき受けるべき金銭の額に相当する額

2　著作権者、出版権者又は著作隣接権者が故意又は過失によりその著作権、出版権又は著作隣接権を侵害した者に対しその侵害により自己が受けた損害の賠償を請求する場合において、その者がその侵害の行為により利益を受けているときは、その利益の額は、当該著作権者、出版権者又は著作隣接権者が受けた損害の額と推定する。

3　著作権者又は著作隣接権者は、故意又は過失によりその著作権又は著作隣接権を侵害した者に対し、その著作権又は著作隣接権の行使につき受けるべき金銭の額に相当する額を自己が受けた損害の額として、その賠償を請求することができる。

4　著作権者又は著作隣接権者は、前項の規定によりその著作権又は著作隣接権を侵害した者に対し損害の賠償を請求する場合において、その著作権又は著作隣接権が著作権等管理事業法第二条第一項に規定する管理委託契約に基づき著作権等管理事業者が管理するものであるときは、当該著作権等管理事業者が定める同法第十三条第一項に規定する使用料規程のうちその侵害の行為に係る著作物等の利用の態様について適用されるべき規定により算出したその著作権又は著作隣接権に係る著作物等の使用料の額（当該額の算出方法が複数あるときは、当該複数の算出方法によりそれぞれ算出した額のうち最も高い額）をもつて、前項に規定する金銭の額とすることができる。

5　裁判所は、第一項第二号及び第三項に規定する著作権、出版権又は著作隣接権の行使につき受けるべき金銭の額に相当する額を認定するに当たつては、著作権者等が、自己の著作権、出版権又は著作隣接権の侵害があつたことを前提として当該著作権、出版権又は著作隣接権を侵害した者との間でこれらの権利の行使の対価について合意をするとしたならば、当該著作権者等が得ることとなるその対価を考慮することができる。

6　第三項の規定は、同項に規定する金額を超える損害の賠償の請求を妨げない。この場合において、著作権又は著作隣接権を侵害した者に故意又は重大な過失がなかつたときは、裁判所は、損害の賠償の額を定めるについて、これを参酌することができる。

第一一五条（**名誉回復等の措置**）　著作者又は実演家は、故意又は過失によりその著作者人格権又は実演家人格権を侵害した者に対し、損害の賠償に代えて、又は損害の賠償とともに、著作者又は実演家であることを確保し、又は訂正その他著作者若しくは実演家の名誉若しくは声望を回復するために適当な措置を請求することができる。

第八章　罰則

第一一九条　著作権、出版権又は著作隣接権を侵害した者は、十年以下の懲役若しくは千万円以下の罰金に処し、又はこれを併科する。

2　次の各号のいずれかに該当する者は、五年以下の懲役若しくは五百万円以下の罰金に処し、又はこれを併科する。

一　著作者人格権又は実演家人格権を侵害した者

二　営利を目的として、第三十条第一項第一号に規定する自動複製機器を著作権、出版権又は著作隣接権の侵害となる著作物又は実演等の複製に使用させた者

三　第百十三条第一項の規定により著作権、出版権又は著作隣接権を侵害する行為とみなされる行為を行つた者

四　侵害著作物等利用容易化ウェブサイト等の公衆への提示を行つた者（当該侵害著作物等利用容易化ウェブサイト等と侵害著作物等利用容易化ウェブサイト等以外の相当数のウェブサイト等（第百十三条第四項に規定するウェブサイト等をいう。以下この号及び次号において同じ。）とを包括しているウェブサイト等において、単に当該公衆への提示の機会を提供したに過ぎない者（著作権者等からの当該侵害著作物等利用容易化ウェブサイト等において提供されている侵害送信元識別符号等の削除に関する請求に正当な理由なく応じない状態が相当期間にわたり継続していたことその他の著作権者等の利益を不当に害すると認められる特別な事情がある場合を除く。）を除く。）

五　侵害著作物等利用容易化プログラムの公衆への提供等を行つた者（当該公衆への提供等のために用いられているウェブサイト等とそれ以外の相当数のウェブサイト等とを包括しているウェブサイト等又は当該侵害著作物等利用容易化プログラム及び侵害著作物等利用容易化プログラム以外の相当数のプログラムの公衆への提供等のために

用いられているウェブサイト等において、単に当該侵害著作物等利用容易化プログラムの公衆への提供等の機会を提供したに過ぎない者（著作権者等からの当該侵害著作物等利用容易化プログラムにより提供されている侵害送信元識別符号等の削除に関する請求に正当な理由なく応じない状態が相当期間にわたり継続していたことその他の著作権者等の利益を不当に害すると認められる特別な事情がある場合を除く。）を除く。）

六　第百十三条第五項の規定により著作権を侵害する行為とみなされる行為を行つた者

3　次の各号のいずれかに該当する者は、二年以下の懲役若しくは二百万円以下の罰金に処し、又はこれを併科する。

一　第三十条第一項に定める私的使用の目的をもつて、録音録画有償著作物等（録音され、又は録画された著作物又は実演等（著作権又は著作隣接権の目的となつているものに限る。）であつて、有償で公衆に提供され、又は提示されているもの（その提供又は提示が著作権又は著作隣接権を侵害しないものに限る。）をいう。）の著作権を侵害する自動公衆送信（国外で行われる自動公衆送信であつて、国内で行われたとしたならば著作権の侵害となるべきものを含む。）又は著作隣接権を侵害する送信可能化（国外で行われる送信可能化であつて、国内で行われたとしたならば著作隣接権の侵害となるべきものを含む。）に係る自動公衆送信を受信して行うデジタル方式の録音又は録画（以下この号及び次項において「有償著作物等特定侵害録音録画」という。）を、自ら有償著作物等特定侵害録音録画であることを知りながら行つて著作権又は著作隣接権を侵害した者

二　第三十条第一項に定める私的使用の目的をもつて、著作物（著作権の目的となつているものに限る。以下この号において同じ。）であつて有償で公衆に提供され、又は提示されているもの（その提供又は提示が著作権を侵害しないものに限る。）の著作権（第二十八条に規定する権利（翻訳以外の方法により創作された二次的著作物に係るものに限る。）を除く。以下この号及び第五項において同じ。）を侵害する自動公衆送信（国外で行われる自動公衆送信であつて、国内で行われたとしたならば著作権の侵害となるべきものを含む。）を受信して行うデジタル方式の複製（録音及び録画を除く。以下この号において同じ。）（当該著作物のうち当該複製がされる部分の占める割合、当該部分が自動公衆送信される際の表示の精度その他の要素に照らし軽微なものを除く。以下この号及び第五項において「有償著作物特定侵害複製」という。）を、自ら有償著作物特定侵害複製であることを知りながら行つて著作権を侵害する行為（当該著作物の種類及び用途並びに当該有償著作物特定侵害複製の態様に照らし著作権者の利益を不当に害しないと認められる特別な事情がある場合を除く。）を継続的に又は反復して行つた者

4　前項第一号に掲げる者には、有償著作物等特定侵害録音録画を、自ら有償著作物等特定侵害録音録画であることを重大な過失により知らないで行つて著作権又は著作隣接権を侵害した者を含むものと解釈してはならない。

5　第三項第二号に掲げる者には、有償著作物特定侵害複製を、自ら有償著作物特定侵害複製であることを重大な過失により知らないで行つて著作権を侵害する行為を継続的に又は反復して行つた者を含むものと解釈してはならない。

税 法 編

国税の税目

分　類	名　　称	内　　　　　容
所得課税	所得税	個人の年間を通じて得た所得（収入金額から必要経費を引いたもの）に課される税
	法人税	会社等の法人の所得に課される税
	地方法人税	会社等の法人が事業を行うことによって得た所得に課される税
	特別法人事業税	税源の偏在を是正するため、法人事業税の申告納付義務のある会社等の法人に課される税
	復興特別所得税	東日本大震災からの復興のため、個人の所得税に付加される税
消費課税	消費税	商品の販売やサービスの提供などの取引（消費）に対して課される税。消費者が担税者となる。
	酒税	酒類が出荷される際に課される税。製造業者等が納税者となり、消費者が実質的に担税者となる間接税である。
	たばこ税	製造たばこの製造業者や輸入業者が小売業者に売り渡したたばこに課す税。消費者が実質的に担税者となる。
	揮発油税	ガソリンなどの揮発油に課される税。製造業者や輸入業者が納税者となり、消費者が実質的に担税者となる。この揮発油税と地方揮発油税をあわせて、俗にガソリン税と呼ぶこともある。
	石油ガス税	主に消費した自動車用石油ガスの重量に課される税。ガソリンスタンドの事業者等が納税する。
	航空機燃料税	航空機に積み込まれた航空機燃料に対して課される税。航空機の所有者等が納税者になる。
	石油石炭税	原油や石油ガス、石炭などに課される税。採取者等が納税する。
	電源開発促進税	一般送配電事業者が供給した電気や使用した電気に課される税。一般送配電事業者は送配電網を管理し、発電所から使用者まで電力を送配電するサービスを提供している。
	自動車重量税	車両の重量等に応じて課される税。自動車検査証の交付等または車両番号の指定を受ける者等が納税者になる。
	国際観光旅客税	船舶または航空機によって日本を出国する旅客に課される税
	関税	外国から輸入される貨物に課される税
	とん税	外国貿易に従事する船舶が開港場に入ったときに、純とん数に応じて納める税
	特別とん税	とん税とともに徴収され、その全額が徴収地の市町村に譲与される。
資産課税等	相続税	相続または遺贈により財産を取得した場合において、その取得した者に課される税
	贈与税	贈与により財産を取得した場合において、その取得した者に課される税
	登録免許税	法定の登記、登録、特許、免許、許可、認可、指定および技能証明につき課される税
	印紙税	契約書、手形、受取書等の課税文書に課される税

地方税の税目

分 類	名 称	内 容
所得課税	住民税	都道府県の住民（個人、法人とも）に対し、その所得等によって課される税
	事業税	事業を営む個人または法人を納税義務者とする税
消費課税	地方消費税	消費税の一定割合を財源とし、人口、従業者数等に応じ都道府県に配分される。
	地方たばこ税	卸売販売業者等が、売上げのあった道府県に納入する税
	ゴルフ場利用税	ゴルフ場を利用する者が納める税
	軽油引取税	道路整備費用の財源として、軽油の特約業者、元売業者から軽油を引き取る者に対し、その容量により課される税
	自動車税（環境性能割・種別割）	乗用車、トラック、バスなど自動車の所有者が、その種類に応じ主たる定置場所在の都道府県に納める税
	軽自動車税（環境性能割・種別割）	軽自動車等の所有者がその定置場所在の市区町村に納める税
	鉱区税	鉱業権者が、鉱区の面積に応じ鉱区所在の都道府県に納める税
	狩猟税	鳥獣保護及び狩猟行政の費用の財源として、課される税
	鉱産税	鉱業者が、採掘した鉱物の価格に応じ、その作業場所在の市町村に納める税
	入湯税	観光施設等の整備に要する費用に充てるため、鉱泉浴場における入湯客に対し課される税
資産課税等	不動産取得税	土地、家屋を取得した者が土地、家屋の所在する道府県に納付する税
	固定資産税	毎年１月１日現在に固定資産の所有者が市町村に納付する税
	特別土地保有税	土地又は土地の取得に対し、土地の所有者又は取得者が市町村に納める税
	法定外普通税	地方自治体ごとに､使い道を自由に決めることができるもので、総務大臣の許可を受けて課する税
	事業所税	指定都市等における都市環境の整備に要する費用に充てるため、事業所等において事業を行う者又は事業所用家屋の建築主に対し、床面積及び従業者給与総額に応じ課される税
	都市計画税	都市計画事業に要する費用に充てるため、都市計画事業などを行う指定区域内における土地、家屋の所有者に対し、その価格に応じ課される税
	水利地益税	水利、林道等に関する事業の実施に要する費用に充てるため、その事業により利益をうける土地または家屋に対し価格または面積に応じ課される税
	共同施設税	共同の作業場、倉庫、集荷場、汚物処理施設などに要する費用に充てるため、これらの施設により特に利益をうける者に課される税
	宅地開発税	宅地開発に伴い必要となる公共施設の整備に要する費用に充てるため、宅地開発を行う者に対し宅地の面積に応じ課される税
	国民健康保険税	国民健康保険に要する費用に充てるため、その被保険者に対し課される税
	法定外目的税	地方自治体ごとに使い道が決まっているもので、総務大臣の許可を受けて課する税

○国税通則法〔抄〕

〔昭和三七・四・二
法律六六〕

最終改正　令和五・六法五三

第一章　総則

第一節　通則

第一条（目的） この法律は、国税についての基本的な事項及び共通的な事項を定め、税法の体系的な構成を整備し、かつ、国税に関する法律関係を明確にするとともに、税務行政の公正な運営を図り、もつて国民の納税義務の適正かつ円滑な履行に資することを目的とする。

第三章　国税の納付及び徴収

第一節　国税の納付

第三五条（申告納税方式による国税等の納付） 期限内申告書を提出した者は、国税に関する法律に定めるところにより、当該申告書の提出により納付すべきものとしてこれに記載した税額に相当する国税をその法定納期限（延納に係る国税については、その延納に係る納期限）までに国に納付しなければならない。

2　次の各号に掲げる金額に相当する国税の納税者は、その国税を当該各号に定める日（延納に係る国税その他国税に関する法律に別段の納期限の定めがある国税については、当該法律に定める納期限）までに国に納付しなければならない。

一　期限後申告書の提出により納付すべきものとしてこれに記載した税額又は修正申告書に記載した第十九条第四項第二号（修正申告）に掲げる金額（その修正申告書の提出により納付すべき税額が新たにあることとなつた場合には、当該納付すべき税額）

その期限後申告書又は修正申告書を提出した日

二　更正通知書に記載された第二十八条第二項第三号イからハまで（更正又は決定の手続）に掲げる金額（その更正により納付すべき税額が新たにあることとなつた場合には、当該納付すべき税額）又は決定通知書に記載された納付すべき税額　その更正通知書又は決定通知書が発せられた日の翌日から起算して一月を経過する日

3　過少申告加算税、無申告加算税又は重加算税（第六十八条第一項、第二項又は第四項（同条第一項又は第二項の重加算税に係る部分に限る。）（重加算税）の重加算税に限る。以下この項において同じ。）に係る賦課決定通知書を受けた者は、当該通知書に記載された金額の過少申告加算税、無申告加算税又は重加算税を当該通知書が発せられた日の翌日から起算して一月を経過する日までに納付しなければならない。

○所得税法〔抄〕

〔昭和四〇・三・三一
法律三三〕

最終改正　令和五・六法四七

第一編　総則

第一章　通則

第一条（趣旨） この法律は、所得税について、納税義務者、課税所得の範囲、税額の計算の方法、申告、納付及び還付の手続、源泉徴収に関する事項並びにその納税義務の適正な履行を確保するため必要な事項を定めるものとする。

第二編　居住者の納税義務

第二章　課税標準及びその計算並びに所得控除

第二節　各種所得の金額の計算

第一款　所得の種類及び各種所得の金額

第三三条（譲渡所得） 譲渡所得とは、資産の譲

税法

渡（建物又は構築物の所有を目的とする地上権又は賃借権の設定その他契約により他人に土地を長期間使用させる行為で政令で定めるものを含む。以下この条において同じ。）による所得をいう。

2　次に掲げる所得は、譲渡所得に含まれないものとする。

一　たな卸資産（これに準ずる資産として政令で定めるものを含む。）の譲渡その他営利を目的として継続的に行なわれる資産の譲渡による所得

二　前号に該当するもののほか、山林の伐採又は譲渡による所得

3　譲渡所得の金額は、次の各号に掲げる所得につき、それぞれその年中の当該所得に係る総収入金額から当該所得の基因となつた資産の取得費及びその資産の譲渡に要した費用の額の合計額を控除し、その残額の合計額（当該各号のうちいずれかの号に掲げる所得に係る総収入金額が当該所得の基因となつた資産の取得費及びその資産の譲渡に要した費用の額の合計額に満たない場合には、その不足額に相当する金額を他の号に掲げる所得に係る残額から控除した金額。以下この条において「譲渡益」という。）から譲渡所得の特別控除額を控除した金額とする。

一　資産の譲渡（前項の規定に該当するものを除く。次号において同じ。）でその資産の取得の日以後五年以内にされたものによる所得（政令で定めるものを除く。）

二　資産の譲渡による所得で前号に掲げる所得以外のもの

4　前項に規定する譲渡所得の特別控除額は、五十万円（譲渡益が五十万円に満たない場合には、当該譲渡益）とする。

5　第三項の規定により譲渡益から同項に規定する譲渡所得の特別控除額を控除する場合には、まず、当該譲渡益のうち同項第一号に掲げる所得に係る部分の金額から控除するものとする。

第三章　税額の計算

第一節　税率

第八九条（税率） 居住者に対して課する所得税の額は、その年分の課税総所得金額又は課税退職所得金額をそれぞれ次の表の上欄に掲げる金額に区分してそれぞれの金額に同表の下欄に掲げる税率を乗じて計算した金額を合計した金額と、その年分の課税山林所得金額の五分の一に相当する金額を同表の上欄に掲げる金額に区分してそれぞれの金額に同表の下欄に掲げる税率を乗じて計算した金額を合計した金額に五を乗じて計算した金額との合計額とする。

百九十五万円以下の金額	百分の五
百九十五万円を超え三百三十万円以下の金額	百分の十
三百三十万円を超え六百九十五万円以下の金額	百分の二十
六百九十五万円を超え九百万円以下の金額	百分の二十三
九百万円を超え千八百万円以下の金額	百分の三十三
千八百万円を超え四千万円以下の金額	百分の四十
四千万円を超える金額	百分の四十五

【2項略】

税法

○法人税法〔抄〕

〔昭和四〇・三・三一 法律三四〕

最終改正 令和五・六法四七

第一編 総則

第一章 通則

第一条（**趣旨**）この法律は、法人税について、納税義務者、課税所得等の範囲、税額の計算の方法、申告、納付及び還付の手続並びにその納税義務の適正な履行を確保するため必要な事項を定めるものとする。

第二条（**定義**）この法律において、次の各号に掲げる用語の意義は、当該各号に定めるところによる。〔一・二号略〕

三 内国法人 国内に本店又は主たる事務所を有する法人をいう。

四 外国法人 内国法人以外の法人をいう。

〔五号以下略〕

第二章 課税所得等の範囲等

第一節 課税所得等の範囲

第五条（**内国法人の課税所得の範囲**）内国法人に対しては、各事業年度の所得について、各事業年度の所得に対する法人税を課する。

第八条（**外国法人の課税所得の範囲**）外国法人に対しては、第百四十一条各号（課税標準）に掲げる外国法人の区分に応じ当該各号に定める国内源泉所得に係る所得について、各事業年度の所得に対する法人税を課する。

2 外国法人（人格のない社団等に限る。）の前項に規定する国内源泉所得に係る所得のうち収益事業から生じた所得以外の所得については、同項の規定にかかわらず、各事業年度の所得に対する法人税を課さない。

第二編 内国法人の法人税

第一章 各事業年度の所得に対する法人税

第一節 課税標準及びその計算

第二款 各事業年度の所得の金額の計算の通則

第二十二条 〔1項略〕

2 内国法人の各事業年度の所得の金額の計算上当該事業年度の益金の額に算入すべき金額は、別段の定めがあるものを除き、資産の販売、有償又は無償による資産の譲渡又は役務の提供、無償による資産の譲受けその他の取引で資本等取引以外のものに係る当該事業年度の収益の額とする。

3 内国法人の各事業年度の所得の金額の計算上当該事業年度の損金の額に算入すべき金額は、別段の定めがあるものを除き、次に掲げる額とする。

一 当該事業年度の収益に係る売上原価、完成工事原価その他これらに準ずる原価の額

二 前号に掲げるもののほか、当該事業年度の販売費、一般管理費その他の費用（償却費以外の費用で当該事業年度終了の日までに債務の確定しないものを除く。）の額

三 当該事業年度の損失の額で資本等取引以外の取引に係るもの〔4項以下略〕

第二節 税額の計算

第一款 税率

第六十六条（**各事業年度の所得に対する法人税の税率**）内国法人である普通法人、一般社団法人等（別表第二に掲げる一般社団法人、一般財団法人及び労働者協同組合並びに公益社団法人及び公益財団法人をいう。次項及び第三項において同じ。）又は人格のない社団等に対して課する各事業年度の所得に対する法人税の額は、各事業年度の所得の金額に百分の二十三・二の税率を乗じて計算した金額とする。

2 前項の場合において、普通法人（通算法人を除く。）若しくは一般社団法人等のうち、各事業年度終了の時において資本金の額若しくは出資金の額が一億円以下であるもの若しくは資本若しくは出資を有しないもの又は人格のない社団等の各事業年度の所得の金額のうち年八百万円以下の金額については、同項の規定にかかわらず、百分の十九の税率による。

3　公益法人等（一般社団法人等を除く。）又は協同組合等に対して課する各事業年度の所得に対する法人税の額は、各事業年度の所得の金額に百分の十九の税率を乗じて計算した金額とする。

4　事業年度が一年に満たない法人に対する第二項の規定の適用については、同項中「年八百万円」とあるのは、「八百万円を十二で除し、これに当該事業年度の月数を乗じて計算した金額」とする。

5　内国法人である普通法人のうち各事業年度終了の時において次に掲げる法人に該当するものについては、第二項の規定は、適用しない。

一　保険業法に規定する相互会社（次号ロにおいて「相互会社」という。）

二　大法人（次に掲げる法人をいう。以下この号及び次号において同じ。）との間に当該大法人による完全支配関係がある普通法人

イ　資本金の額又は出資金の額が五億円以上である法人

ロ　相互会社（これに準ずるものとして政令で定めるものを含む。）

ハ　第四条の三（受託法人等に関するこの法律の適用）に規定する受託法人（第六号において「受託法人」という。）

三　普通法人との間に完全支配関係がある全ての大法人が有する株式及び出資の全部を当該全ての大法人のうちいずれか一の法人が有するものとみなした場合において当該いずれか一の法人と当該普通法人との間に当該いずれか一の法人による完全支配関係があることとなるときの当該普通法人（前号に掲げる法人を除く。）

四　投資法人

五　特定目的会社

六　受託法人

6　第一項の場合において、中小通算法人（大通算法人（通算法人である普通法人又は当該普通法人の各事業年度終了の日において当該普通法人との間に通算完全支配関係がある他の通算法人のうち、いずれかの法人が次に掲げる法人に該当する場合における当該普通法人をいう。以下この条において同じ。）の当該各事業年度の所得の金額のうち軽減対象所得金額以下の金額については、同項の規定にかかわらず、百分の十九の税率による。

一　当該各事業年度終了の時における資本金の額又は出資金の額が一億円を超える法人

二　当該各事業年度終了の時において前項第一号から第三号まで又は第六号に掲げる法人に該当する法人

7　前項に規定する軽減対象所得金額とは、八百万円に第一号に掲げる金額が第二号に掲げる金額のうちに占める割合を乗じて計算した金額（同項の中小通算法人が通算子法人である場合において、同項の各事業年度終了の日が当該中小通算法人に係る通算親法人の事業年度終了の日でないときは、八百万円を十二で除し、これに当該中小通算法人の事業年度の月数を乗じて計算した金額）をいう。

一　当該中小通算法人の当該各事業年度の所得の金額

二　当該中小通算法人の当該各事業年度及び当該中小通算法人との間に通算完全支配関係がある他の中小通算法人の同日に終了する事業年度の所得の金額の合計額

8　前二項の規定を適用する場合において、前項各号の所得の金額が同項の中小通算法人の同項第一号の各事業年度又は同項第二号の他の中小通算法人の同号に規定する日に終了する事業年度（以下この条において「通算事業年度」という。）の第七十四条第一項（確定申告）の規定による申告書に当該通算事業年度の所得の金額として記載された金額（以下この項及び第十項において「当初申告所得金額」という。）と異なるときは、当初申告所得金額を当該各号の所得の金額とみなす。

9　通算事業年度のいずれかについて修正申告書の提出又は更正がされる場合において、次に掲げる場合のいずれかに該当するときは、第七項の中小通算法人の同項第一号の各事業年度については、前項の規定は、適用しない。

一　前項の規定を適用しないものとした場合における第七項第二号に掲げる金額が八百万円以下である場合

二　第六十四条の五第六項（損益通算）の規定の適用がある場合

三　第六十四条の五第八項の規定の適用がある場合

10　通算事業年度について前項（第三号に係る部分を除く。）の規定を適用して修正申告書の提出又は更正がされた後における第八項の

規定の適用については、当該修正申告書又は当該更正に係る国税通則法第二十八条第二項（更正又は決定の手続）に規定する更正通知書に当該通算事業年度の所得の金額として記載された金額を当初申告所得金額とみなす。

11　通算親法人の事業年度が一年に満たない場合における当該通算親法人及び他の通算法人に対する第七項及び第九項の規定の適用については、第七項中「八百万円に」とあるのは「八百万円を十二で除し、これに同項の中小通算法人に係る通算親法人の事業年度の月数を乗じて計算した金額に」と、第九項第一号中「八百万円」とあるのは「八百万円を十二で除し、これに当該中小通算法人に係る通算親法人の事業年度の月数を乗じて計算した金額」とする。

12　第四項、第七項及び前項の月数は、暦に従つて計算し、一月に満たない端数を生じたときは、これを一月とする。

第三節　申告、納付及び還付等

第二款　確定申告

第七四条（**確定申告**）内国法人は、各事業年度終了の日の翌日から二月以内に、税務署長に対し、確定した決算に基づき次に掲げる事項を記載した申告書を提出しなければならない。

一　当該事業年度の課税標準である所得の金額又は欠損金額

二　前号に掲げる所得の金額につき前節（税額の計算）の規定を適用して計算した法人税の額

三　第六十八条（所得税額の控除）及び第六十九条（外国税額の控除）の規定による控除をされるべき金額で前号に掲げる法人税の額の計算上控除しきれなかつたものがある場合には、その控除しきれなかつた金額

四　その内国法人が当該事業年度につき中間申告書を提出した法人である場合には、第二号に掲げる法人税の額から当該申告書に係る中間納付額を控除した金額

五　前号に規定する中間納付額で同号に掲げる金額の計算上控除しきれなかつたものがある場合には、その控除しきれなかつた金額

六　前各号に掲げる金額の計算の基礎その他財務省令で定める事項〔2項以下略〕

第三編　外国法人の法人税

第二章　各事業年度の所得に対する法人税

第二節　税額の計算

第一四三条（**外国法人に係る各事業年度の所得に対する法人税の税率**）外国法人に対して課する各事業年度の所得に対する法人税の額は、次に掲げる国内源泉所得の区分ごとに、これらの国内源泉所得に係る所得の金額に百分の二十三・二の税率を乗じて計算した金額とする。

一　第百四十一条第一号イ（課税標準）に掲げる国内源泉所得

二　第百四十一条第一号ロに掲げる国内源泉所得

三　第百四十一条第二号に定める国内源泉所得

2　前項の場合において、普通法人のうち各事業年度終了の時において資本金の額若しくは出資金の額が一億円以下であるもの若しくは資本若しくは出資を有しないもの又は人格のない社団等の同項各号に掲げる国内源泉所得の区分ごとに、これらの国内源泉所得に係る所得の金額のうち年八百万円以下の金額については、同項の規定にかかわらず、百分の十九の税率による。

3　事業年度が一年に満たない外国法人に対する前項の規定の適用については、同項中「年八百万円」とあるのは、「八百万円を十二で除し、これに当該事業年度の月数を乗じて計算した金額」とする。

4　前項の月数は、暦に従つて計算し、一月に満たない端数を生じたときは、これを一月とする。

5　外国法人である普通法人のうち各事業年度終了の時において次に掲げる法人に該当するものについては、第二項の規定は、適用しない。

一　保険業法に規定する相互会社に準ずるものとして政令で定めるもの

二　大法人（次に掲げる法人をいう。以下この号及び次号において同じ。）との間に当該大法人による完全支配関係がある外国法人

イ　資本金の額又は出資金の額が五億円以上である法人

ロ　保険業法に規定する相互会社（前号に掲げる法人を含む。）

ハ　第四条の三（受託法人等に関するこの法律の適用）に規定する受託法人（第四号において「受託法人」という。）

三　普通法人との間に完全支配関係がある全ての大法人が有する株式及び出資の全部を当該全ての大法人のうちいずれか一の法人が有するものとみなした場合において当該いずれか一の法人と当該普通法人との間に当該いずれか一の法人による完全支配関係があることとなるときの当該普通法人（前号に掲げる法人を除く。）

四　受託法人

○消費税法〔抄〕

〔昭和六三・一二・三〇 法律一〇八〕

最終改正　令和五・六法四七

第一章　総則

第一条（**趣旨等**）この法律は、消費税について、課税の対象、納税義務者、税額の計算の方法、申告、納付及び還付の手続並びにその納税義務の適正な履行を確保するため必要な事項を定めるものとする。

2　消費税の収入については、地方交付税法（昭和二十五年法律第二百十一号）に定めるところによるほか、毎年度、制度として確立された年金、医療及び介護の社会保障給付並びに少子化に対処するための施策に要する経費に充てるものとする。

第二条（**定義**）この法律において、次の各号に掲げる用語の意義は、当該各号に定めるところによる。〔一―十三号略〕

十四　基準期間　個人事業者についてはその年の前々年をいい、法人についてはその事業年度の前々事業年度（当該前々事業年度が一年未満である法人については、その事業年度開始の日の二年前の日の前日から同日以後一年を経過する日までの間に開始した各事業年度を合わせた期間）をいう。〔十五号以下略〕

第四条（**課税の対象**）国内において事業者が行つた資産の譲渡等（特定資産の譲渡等に該当するものを除く。第三項において同じ。）及び特定仕入れ（事業として他の者から受けた特定資産の譲渡等をいう。以下この章において同じ。）には、この法律により、消費税を課する。

2　保税地域から引き取られる外国貨物には、この法律により、消費税を課する。

3　資産の譲渡等が国内において行われたかどうかの判定は、次の各号に掲げる場合の区分に応じ当該各号に定める場所が国内にあるかどうかにより行うものとする。ただし、第三号に掲げる場合において、同号に定める場所がないときは、当該資産の譲渡等は国内以外の地域で行われたものとする。

一　資産の譲渡又は貸付けである場合　当該譲渡又は貸付けが行われる時において当該資産が所在していた場所（当該資産が船舶、航空機、鉱業権、特許権、著作権、国債証券、株券その他の資産でその所在していた場所が明らかでないものとして政令で定めるものである場合には、政令で定める場所）

二　役務の提供である場合（次号に掲げる場合を除く。）　当該役務の提供が行われた場所（当該役務の提供が国際運輸、国際通信その他の役務の提供で当該役務の提供が行われた場所が明らかでないものとして政令で定めるものである場合には、政令で定める場所）

三　電気通信利用役務の提供である場合　当該電気通信利用役務の提供を受ける者の住所若しくは居所（現在まで引き続いて一年以上居住する場所をいう。）又は本店若しくは主たる事務所の所在地

4　特定仕入れが国内において行われたかどうかの判定は、当該特定仕入れを行つた事業者が、当該特定仕入れとして他の者から受けた役務の提供につき、前項第二号又は第三号に定める場所が国内にあるかどうかにより行うものとする。ただし、国外事業者が恒久的施設（所得税法第二条第一項第八号の四（定義）又は法人税法第二条第十二号の十九（定義）に規定する恒久的施設をいう。）で行う特定仕入れ（他の者から受けた事業者向け電気通信利用役務の提供に該当するものに限る。以下この項において同じ。）のうち、国内において行う資産の譲渡等に要するものは、国内で行われたものとし、事業者（国外事業者を除く。）が国外事業所等（所得税法第九十五条第四項第一号（外国税額控除）又は法人税法第六十九条第四項第一号（外国税額の控除）に規定する国外事業所等をいう。）で行う特定仕入れのうち、国内以外の地域において行う資産の譲渡等にのみ要するものは、国内以外の地域で行われたものとする。

5　次に掲げる行為は、事業として対価を得て行われた資産の譲渡とみなす。

一　個人事業者が棚卸資産又は棚卸資産以外の資産で事業の用に供していたものを家事のために消費し、又は使用した場合における当該消費又は使用

二　法人が資産をその役員（法人税法第二条第十五号に規定する役員をいう。）に対して贈与した場合における当該贈与

6　保税地域において外国貨物が消費され、又は使用された場合には、その消費又は使用をした者がその消費又は使用の時に当該外国貨物をその保税地域から引き取るものとみなす。ただし、当該外国貨物が課税貨物の原料又は材料として消費され、又は使用された場合その他政令で定める場合は、この限りでない。

7　第三項から前項までに定めるもののほか、課税の対象の細目に関し必要な事項は、政令で定める。

第五条（**納税義務者**）事業者は、国内において行つた課税資産の譲渡等（特定資産の譲渡等に該当するものを除く。第三十条第二項及び第三十二条を除き、以下同じ。）及び特定課税仕入れ（課税仕入れのうち特定仕入れに該当するものをいう。以下同じ。）につき、この法律により、消費税を納める義務がある。

2　外国貨物を保税地域から引き取る者は、課税貨物につき、この法律により、消費税を納める義務がある。

第六条（**非課税**）国内において行われる資産の譲渡等のうち、別表第二に掲げるものには、消費税を課さない。［2項略］

第九条（**小規模事業者に係る納税義務の免除**）事業者のうち、その課税期間に係る基準期間における課税売上高が千万円以下である者（適格請求書発行事業者を除く。）については、第五条第一項の規定にかかわらず、その課税期間中に国内において行つた課税資産の譲渡等及び特定課税仕入れにつき、消費税を納める義務を免除する。ただし、この法律に別段の定めがある場合は、この限りでない。

2　前項に規定する基準期間における課税売上高とは、次の各号に掲げる事業者の区分に応じ当該各号に定める金額をいう。

一　個人事業者及び基準期間が一年である法人　基準期間中に国内において行つた課税資産の譲渡等の対価の額（第二十八条第一項に規定する対価の額をいう。以下この項、次条第二項、第十一条第四項及び第十二条の三第一項において同じ。）の合計額から、イに掲げる金額からロに掲げる金額を控除した金額の合計額（以下この項及び第十一条第四項において「売上げに係る税抜対価の返還等の金額の合計額」という。）を控除した残額

イ　基準期間中に行つた第三十八条第一項に規定する売上げに係る対価の返還等の金額

ロ　基準期間中に行つた第三十八条第一項に規定する売上げに係る対価の返還等の金額に係る消費税額に七十八分の百を乗じて算出した金額

二　基準期間が一年でない法人　基準期間中に国内において行つた課税資産の譲渡等の対価の額の合計額から当該基準期間における売上げに係る税抜対価の返還等の金額の合計額を控除した残額を当該法人の当該基準期間に含まれる事業年度の月数の合計数で除し、これに十二を乗じて計算した金額

3　前項第二号の月数は、暦に従つて計算し、一月に満たない端数を生じたときは、これを一月とする。

4　第一項本文の規定により消費税を納める義務が免除されることとなる事業者が、その基準期間における課税売上高（同項に規定する基準期間における課税売上高をいう。第十一条第四項及び第十二条第三項を除き、以下この章において同じ。）が千万円以下である課税期間につき、第一項本文の規定の適用を受けない旨を記載した届出書をその納税地を所轄する税務署長に提出した場合には、当該提出をした事業者が当該提出をした日の属する課税期間の翌課税期間（当該提出をした日の属する課税期間が事業を開始した日の属する課税期間その他の政令で定める課税期間である場合には、当該課税期間）以後の課税期間（その基準期間における課税売上高が千万円を超える課税期間を除く。）中に国内において行う課税資産の譲渡等及び特定課税仕入れについては、同項本文の規定は、適用しない。

5　前項の規定による届出書を提出した事業者は、同項の規定の適用を受けることをやめようとするとき、又は事業を廃止したときは、その旨を記載した届出書をその納税地を所轄する税務署長に提出しなければならない。

6　前項の場合において、第四項の規定による届出書を提出した事業者は、事業を廃止した場合を除き、同項に規定する翌課税期間の初日から二年を経過する日の属する課税期間の初日以後でなければ、同項の規定の適用を受けることをやめようとする旨を記載した届出書を提出することができない。

7　第五項の場合において、第四項の規定による届出書を提出した事業者は、同項に規定する翌課税期間の初日から同日以後二年を経過する日までの間に開始した各課税期間（第三十七条第一項の規定の適用を受ける課税期間を除く。）中に国内における調整対象固定資産の課税仕入れ又は調整対象固定資産に該当する課税貨物（他の法律又は条約の規定により消費税が免除されるものを除く。第九項、第十二条の二第三項及び第十二条の四において同じ。）の保税地域からの引取り（以下この項、第十二条の二第二項及び第十二条の三第三項において「調整対象固定資産の仕入れ等」という。）を行つた場合（第四項に規定する政令で定める課税期間において当該届出書の提出前に当該調整対象固定資産の仕入れ等を行つた場合を含む。）には、前項の規定にかかわらず、事業を廃止した場合を除き、当該調整対象固定資産の仕入れ等の日（当該調整対象固定資産の仕入れ等に係る第三十条第一項各号に掲げる場合の区分に応じ当該各号に定める日をいう。以下この項及び第十二条の二第二項において同じ。）の属する課税期間の初日から三年を経過する日の属する課税期間の初日以後でなければ、第四項の規定の適用を受けることをやめようとする旨を記載した届出書を提出することができない。この場合において、当該調整対象固定資産の仕入れ等の日の属する課税期間の初日から当該調整対象固定資産の仕入れ等の日までの間に同項の規定の適用を受けることをやめようとする旨を記載した届出書をその納税地を所轄する税務署長に提出しているときは、次項の規定の適用については、その届出書の提出は、なかつたものとみなす。

8　第五項の規定による届出書の提出があつたときは、その提出があつた日の属する課税期間の末日の翌日以後は、第四項の規定による届出は、その効力を失う。

9　やむを得ない事情があるため第四項又は第五項の規定による届出書を第四項の規定の適用を受けようとし、又は受けることをやめようとする課税期間の初日の前日までに提出できなかつた場合における同項又は前項の規定の適用の特例及び第七項に規定する調整対象固定資産の仕入れ等が特例申告書の提出に係る課税貨物の保税地域からの引取りである場合その他の場合における同項の規定の適用に関し必要な事項は、政令で定める。

第一九条（課税期間）　この法律において「課税期間」とは、次の各号に掲げる事業者の区分に応じ当該各号に定める期間とする。

一　個人事業者（第三号又は第三号の二に掲げる個人事業者を除く。）　一月一日から十二月三十一日までの期間

二　法人（第四号又は第四号の二に掲げる法人を除く。）　事業年度

三　第一号に定める期間を三月ごとの期間に短縮すること又は次号に定める各期間を三月ごとの期間に変更することについてその納税地を所轄する税務署長に届出書を提出した個人事業者　一月一日から三月三十一日まで、四月一日から六月三十日まで、七

月一日から九月三十日まで及び十月一日から十二月三十一日までの各期間

三の二　第一号に定める期間を一月ごとの期間に短縮すること又は前号に定める各期間を一月ごとの期間に変更することについてその納税地を所轄する税務署長に届出書を提出した個人事業者　一月一日以後一月ごとに区分した各期間

四　その事業年度が三月を超える法人で第二号に定める期間を三月ごとの期間に短縮すること又は次号に定める各期間を三月ごとの期間に変更することについてその納税地を所轄する税務署長に届出書を提出したもの　その事業年度をその開始の日以後三月ごとに区分した各期間（最後に三月未満の期間を生じたときは、その三月未満の期間）

四の二　その事業年度が一月を超える法人で第二号に定める期間を一月ごとの期間に短縮すること又は前号に定める各期間を一月ごとの期間に変更することについてその納税地を所轄する税務署長に届出書を提出したもの　その事業年度をその開始の日以後一月ごとに区分した各期間（最後に一月未満の期間を生じたときは、その一月未満の期間）

2　前項第三号から第四号の二までの規定による届出の効力は、これらの規定による届出書の提出があつた日（以下この項において「提出日」という。）の属するこれらの規定に定める期間の翌期間（当該提出日の属する期間が事業を開始した日の属する期間その他の政令で定める期間である場合には、当該期間）の初日以後に生ずるものとする。この場合において、次の各号に掲げる場合の区分に応じ当該各号に定める期間をそれぞれ一の課税期間とみなす。

一　前項第三号又は第三号の二の規定の適用を受けていない個人事業者が、これらの規定による届出書を提出した場合　提出日の属する年の一月一日から届出の効力の生じた日の前日までの期間

二　前項第四号又は第四号の二の規定の適用を受けていない法人が、これらの規定による届出書を提出した場合　提出日の属する事業年度開始の日から届出の効力の生じた日の前日までの期間

三　前項第三号の規定の適用を受けている個人事業者が、同項第三号の二の規定による届出書を提出した場合　提出日の属する同項第三号に定める期間開始の日から届出の効力の生じた日の前日までの期間

四　前項第四号の規定の適用を受けている法人が、同項第四号の二の規定による届出書を提出した場合　提出日の属する同項第四号に定める期間開始の日から届出の効力の生じた日の前日までの期間

3　第一項第三号から第四号の二までの規定による届出書を提出した事業者は、これらの規定の適用を受けることをやめようとするとき又は事業を廃止したときは、その旨を記載した届出書をその納税地を所轄する税務署長に提出しなければならない。

4　前項の規定による届出書の提出があつたときは、その提出があつた日の属する課税期間の末日の翌日以後は、第一項第三号から第四号の二までの規定による届出は、その効力を失う。この場合において、次の各号に掲げる場合の区分に応じ当該各号に定める期間をそれぞれ一の課税期間とみなす。

一　第一項第三号の規定による届出書の提出をしている個人事業者がその年の一月一日から九月三十日までの間に前項の規定による届出書の提出をした場合又は第一項第三号の二の規定による届出書の提出をしている個人事業者がその年の一月一日から十一月三十日までの間に前項の規定による届出書の提出をした場合　当該翌日から当該提出があつた日の属する年の十二月三十一日までの期間

二　第一項第四号の規定による届出書の提出をしている法人がその事業年度開始の日からその事業年度の三月ごとに区分された期間のうち最後の期間の直前の期間の末日までの間に前項の規定による届出書の提出をした場合又は第一項第四号の二の規定による届出書の提出をしている法人がその事業年度開始の日からその事業年度の一月ごとに区分された期間のうち最後の期間の直前の期間の末日までの間に前項の規定による届出書の提出をした場合　当該翌日から当該提出があつた日の属する事業年度終了の日までの期間

5　第一項第三号から第四号の二までの規定による届出書を提出した事業者は、事業を廃止した場合を除き、これらの規定による届出の効力が生ずる日から二年を経過する日の属す

るこれらの規定に定める期間の初日（同項第三号又は第四号の規定による届出書を提出した事業者が同項第三号の二又は第四号の二の規定の適用を受けようとする場合その他の政令で定める場合には、政令で定める日）以後でなければ、同項第三号から第四号の二までの規定による届出書（変更に係るものに限る。）又は第三項の届出書を提出することができない。

第三章　税額控除等

第三〇条（**仕入れに係る消費税額の控除**）　事業者（第九条第一項本文の規定により消費税を納める義務が免除される事業者を除く。）が、国内において行う課税仕入れ（特定課税仕入れに該当するものを除く。以下この条及び第三十二条から第三十六条までにおいて同じ。）若しくは特定課税仕入れ又は保税地域から引き取る課税貨物については、次の各号に掲げる場合の区分に応じ当該各号に定める日の属する課税期間の第四十五条第一項第二号に掲げる課税標準額に対する消費税額（以下この章において「課税標準額に対する消費税額」という。）から、当該課税期間中に国内において行つた課税仕入れに係る消費税額（当該課税仕入れに係る適格請求書（第五十七条の四第一項に規定する適格請求書をいう。第九項において同じ。）又は適格簡易請求書（第五十七条の四第二項に規定する適格簡易請求書をいう。第九項において同じ。）の記載事項を基礎として計算した金額その他の政令で定めるところにより計算した金額をいう。以下この章において同じ。）、当該課税期間中に国内において行つた特定課税仕入れに係る消費税額（当該特定課税仕入れに係る支払対価の額に百分の七・八を乗じて算出した金額をいう。以下この章において同じ。）及び当該課税期間における保税地域からの引取りに係る課税貨物（他の法律又は条約の規定により消費税が免除されるものを除く。以下この章において同じ。）につき課された又は課されるべき消費税額（附帯税の額に相当する額を除く。次項において同じ。）の合計額を控除する。

一　国内において課税仕入れを行つた場合　当該課税仕入れを行つた日

二　国内において特定課税仕入れを行つた場合　当該特定課税仕入れを行つた日

三　保税地域から引き取る課税貨物につき第四十七条第一項の規定による申告書（同条第三項の場合を除く。）又は同条第二項の規定による申告書を提出した場合　当該申告に係る課税貨物（第六項において「一般申告課税貨物」という。）を引き取つた日

四　保税地域から引き取る課税貨物につき特例申告書を提出した場合（当該特例申告書に記載すべき第四十七条第一項第一号又は第二号に掲げる金額につき決定（国税通則法第二十五条（決定）の規定による決定をいう。以下この号において同じ。）があつた場合を含む。以下同じ。）　当該特例申告書を提出した日又は当該申告に係る決定（以下「特例申告に関する決定」という。）の通知を受けた日

2　前項の場合において、同項に規定する課税期間における課税売上高が五億円を超えるとき、又は当該課税期間における課税売上割合が百分の九十五に満たないときは、同項の規定により控除する課税仕入れに係る消費税額、特定課税仕入れに係る消費税額及び同項に規定する保税地域からの引取りに係る課税貨物につき課された又は課されるべき消費税額（以下この章において「課税仕入れ等の税額」という。）の合計額は、同項の規定にかかわらず、次の各号に掲げる場合の区分に応じ当該各号に定める方法により計算した金額とする。

一　当該課税期間中に国内において行つた課税仕入れ及び特定課税仕入れ並びに当該課税期間における保税地域からの引取りに係る課税貨物につき、課税資産の譲渡等にのみ要するもの、課税資産の譲渡等以外の資産の譲渡等（以下この号において「その他の資産の譲渡等」という。）にのみ要するもの及び課税資産の譲渡等とその他の資産の譲渡等に共通して要するものにその区分が明らかにされている場合　イに掲げる金額にロに掲げる金額を加算する方法

イ　課税資産の譲渡等にのみ要する課税仕入れ、特定課税仕入れ及び課税貨物に係る課税仕入れ等の税額の合計額

ロ　課税資産の譲渡等とその他の資産の譲渡等に共通して要する課税仕入れ、特定課税仕入れ及び課税貨物に係る課税仕入れ等の税額の合計額に課税売上割合を乗じて計算した金額

二　前号に掲げる場合以外の場合　当該課税期間における課税仕入れ等の税額の合計額に課税売上割合を乗じて計算する方法

3　前項第一号に掲げる場合において、同号ロに掲げる金額の計算の基礎となる同号ロに規定する課税売上割合に準ずる割合（当該割合が当該事業者の営む事業の種類の異なるごと又は当該事業に係る販売費、一般管理費その他の費用の種類の異なるごとに区分して算出したものである場合には、当該区分して算出したそれぞれの割合。以下この項において同じ。）で次に掲げる要件の全てに該当するものがあるときは、当該事業者の第二号に規定する承認を受けた日の属する課税期間以後の課税期間については、前項第一号の規定にかかわらず、同号ロに掲げる金額は、当該課税売上割合に代えて、当該割合を用いて計算した金額とする。ただし、当該割合を用いて計算することをやめようとする旨を記載した届出書を提出した日の属する課税期間以後の課税期間については、この限りでない。

一　当該割合が当該事業者の営む事業の種類又は当該事業に係る販売費、一般管理費その他の費用の種類に応じ合理的に算定されるものであること。

二　当該割合を用いて前項第一号ロに掲げる金額を計算することにつき、その納税地を所轄する税務署長の承認を受けたものであること。

4　第二項第一号に掲げる場合に該当する事業者は、同項の規定にかかわらず、当該課税期間中に国内において行つた課税仕入れ及び特定課税仕入れ並びに当該課税期間における第一項に規定する保税地域からの引取りに係る課税貨物につき、同号に定める方法に代え、第二項第二号に定める方法により第一項の規定により控除される課税仕入れ等の税額の合計額を計算することができる。

5　第二項又は前項の場合において、第二項第二号に定める方法により計算することとした事業者は、当該方法により計算することとした課税期間の初日から同日以後二年を経過する日までの間に開始する各課税期間において当該方法を継続して適用した後の課税期間でなければ、同項第一号に定める方法により計算することは、できないものとする。

6　第一項に規定する特定課税仕入れに係る支払対価の額とは、特定課税仕入れの対価の額（対価として支払い、又は支払うべき一切の金銭又は金銭以外の物若しくは権利その他経済的な利益の額をいう。）をいい、同項に規定する保税地域からの引取りに係る課税貨物とは、保税地域から引き取つた一般申告課税貨物又は特例申告書の提出若しくは特例申告に関する決定に係る課税貨物をいい、第二項に規定する課税期間における課税売上高とは、当該事業者が当該課税期間中に国内において行つた課税資産の譲渡等の対価の額（第二十八条第一項に規定する対価の額をいう。以下この項において同じ。）の合計額から当該課税期間における売上げに係る税抜対価の返還等の金額（当該課税期間中に行つた第三十八条第一項に規定する売上げに係る対価の返還等の金額から同項に規定する売上げに係る対価の返還等の金額に係る消費税額に七十八分の百を乗じて算出した金額を控除した金額をいう。）の合計額を控除した残額（当該課税期間が一年に満たない場合には、当該残額を当該課税期間の月数（当該月数は、暦に従つて計算し、一月に満たない端数を生じたときは、これを一月とする。）で除し、これに十二を乗じて計算した金額）をいい、第二項に規定する課税売上割合とは、当該事業者が当該課税期間中に国内において行つた資産の譲渡等（特定資産の譲渡等に該当するものを除く。）の対価の額の合計額のうちに当該事業者が当該課税期間中に国内において行つた課税資産の譲渡等の対価の額の合計額の占める割合として政令で定めるところにより計算した割合をいう。

7　第一項の規定は、事業者が当該課税期間の課税仕入れ等の税額の控除に係る帳簿及び請求書等（請求書等の交付を受けることが困難である場合、特定課税仕入れに係るものである場合その他の政令で定める場合における当該課税仕入れ等の税額については、帳簿）を保存しない場合には、当該保存がない課税仕入れ、特定課税仕入れ又は課税貨物に係る課税仕入れ等の税額については、適用しない。ただし、災害その他やむを得ない事情により、当該保存をすることができなかつたことを当該事業者において証明した場合は、この限りでない。

8　前項に規定する帳簿とは、次に掲げる帳簿をいう。

一　課税仕入れ等の税額が課税仕入れに係る

ものである場合には、次に掲げる事項が記載されているもの
イ　課税仕入れの相手方の氏名又は名称
ロ　課税仕入れを行つた年月日
ハ　課税仕入れに係る資産又は役務の内容（当該課税仕入れが他の者から受けた軽減対象課税資産の譲渡等に係るものである場合には、資産の内容及び軽減対象課税資産の譲渡等に係るものである旨）
ニ　課税仕入れに係る支払対価の額（当該課税仕入れの対価として支払い、又は支払うべき一切の金銭又は金銭以外の物若しくは権利その他経済的な利益の額とし、当該課税仕入れに係る資産を譲り渡し、若しくは貸し付け、又は当該課税仕入れに係る役務を提供する事業者に課されるべき消費税額及び当該消費税額を課税標準として課されるべき地方消費税額（これらの税額に係る附帯税の額に相当する額を除く。）に相当する額がある場合には、当該相当する額を含む。第三十二条第一項において同じ。）

二　課税仕入れ等の税額が特定課税仕入れに係るものである場合には、次に掲げる事項が記載されているもの
イ　特定課税仕入れの相手方の氏名又は名称
ロ　特定課税仕入れを行つた年月日
ハ　特定課税仕入れの内容
ニ　第一項に規定する特定課税仕入れに係る支払対価の額
ホ　特定課税仕入れに係るものである旨

三　課税仕入れ等の税額が第一項に規定する保税地域からの引取りに係る課税貨物に係るものである場合には、次に掲げる事項が記載されているもの
イ　課税貨物を保税地域から引き取つた年月日（課税貨物につき特例申告書を提出した場合には、保税地域から引き取つた年月日及び特例申告書を提出した日又は特例申告に関する決定の通知を受けた日）
ロ　課税貨物の内容
ハ　課税貨物の引取りに係る消費税額及び地方消費税額（これらの税額に係る附帯税の額に相当する額を除く。次項第五号において同じ。）又はその合計額

9　第七項に規定する請求書等とは、次に掲げる書類及び電磁的記録（電子計算機を使用して作成する国税関係帳簿書類の保存方法等の特例に関する法律第二条第三号（定義）に規定する電磁的記録をいう。第二号において同じ。）をいう。

一　事業者に対し課税資産の譲渡等（第七条第一項、第八条第一項その他の法律又は条約の規定により消費税が免除されるものを除く。次号及び第三号において同じ。）を行う他の事業者（適格請求書発行事業者に限る。次号及び第三号において同じ。）が、当該課税資産の譲渡等につき当該事業者に交付する適格請求書又は適格簡易請求書

二　事業者に対し課税資産の譲渡等を行う他の事業者が、第五十七条の四第五項の規定により当該課税資産の譲渡等につき当該事業者に交付すべき適格請求書又は適格簡易請求書に代えて提供する電磁的記録

三　事業者がその行つた課税仕入れ（他の事業者が行う課税資産の譲渡等に該当するものに限るものとし、当該課税資産の譲渡等のうち、第五十七条の四第一項ただし書又は第五十七条の六第一項本文の規定の適用を受けるものを除く。）につき作成する仕入明細書、仕入計算書その他これらに類する書類で課税仕入れの相手方の氏名又は名称その他の政令で定める事項が記載されているもの（当該書類に記載されている事項につき、当該課税仕入れの相手方の確認を受けたものに限る。）

四　事業者がその行つた課税仕入れ（卸売市場においてせり売又は入札の方法により行われるものその他の媒介又は取次ぎに係る業務を行う者を介して行われる課税仕入れとして政令で定めるものに限る。）につき当該媒介又は取次ぎに係る業務を行う者から交付を受ける請求書、納品書その他これらに類する書類で政令で定める事項が記載されているもの

五　課税貨物を保税地域から引き取る事業者が税関長から交付を受ける当該課税貨物の輸入の許可（関税法第六十七条（輸出又は輸入の許可）に規定する輸入の許可をいう。）があつたことを証する書類その他の政令で定める書類で次に掲げる事項が記載されているもの
イ　納税地を所轄する税関長
ロ　課税貨物を保税地域から引き取ることができることとなつた年月日（課税貨物

につき特例申告書を提出した場合には、保税地域から引き取ることができることとなつた年月日及び特例申告書を提出した日又は特例申告に関する決定の通知を受けた日）

ハ　課税貨物の内容

ニ　課税貨物に係る消費税の課税標準である金額並びに引取りに係る消費税額及び地方消費税額

ホ　書類の交付を受ける事業者の氏名又は名称

10　第一項の規定は、事業者が国内において行う別表第二第十三号に掲げる住宅の貸付けの用に供しないことが明らかな建物（その附属設備を含む。以下この項において同じ。）以外の建物（第十二条の四第一項に規定する高額特定資産又は同条第二項に規定する調整対象自己建設高額資産に該当するものに限る。第三十五条の二において「居住用賃貸建物」という。）に係る課税仕入れ等の税額については、適用しない。

11　第一項の規定は、事業者が課税仕入れ（当該課税仕入れに係る資産が金又は白金の地金である場合に限る。）の相手方の本人確認書類（住民票の写しその他の財務省令で定めるものをいう。）を保存しない場合には、当該保存がない課税仕入れに係る消費税額については、適用しない。ただし、災害その他やむを得ない事情により、当該保存をすることができなかつたことを当該事業者において証明した場合は、この限りでない。

12　第一項の規定は、その課税仕入れの際に、当該課税仕入れに係る資産が納付すべき消費税を納付しないで保税地域から引き取られた課税貨物に係るものである場合（当該課税仕入れを行う事業者が、当該消費税が納付されていないことを知つていた場合に限る。）には、当該課税仕入れに係る消費税額については、適用しない。

13　第七項に規定する帳簿の記載事項の特例、当該帳簿及び同項に規定する請求書等の保存に関する事項その他前各項の規定の適用に関し必要な事項は、政令で定める。

第三十七条（中小事業者の仕入れに係る消費税額の控除の特例）　事業者（第九条第一項本文の規定により消費税を納める義務が免除される事業者を除く。）が、その納税地を所轄する税務署長にその基準期間における課税売上高（同項に規定する基準期間における課税売上高をいう。以下この項及び次条第一項において同じ。）が五千万円以下である課税期間（第十二条第一項に規定する分割等に係る同項の新設分割親法人又は新設分割子法人の政令で定める課税期間（以下この項及び次条第一項において「分割等に係る課税期間」という。）を除く。）についてこの項の規定の適用を受ける旨を記載した届出書を提出した場合には、当該届出書を提出した日の属する課税期間の翌課税期間（当該届出書を提出した日の属する課税期間が事業を開始した日の属する課税期間その他の政令で定める課税期間である場合には、当該課税期間）以後の課税期間（その基準期間における課税売上高が五千万円を超える課税期間及び分割等に係る課税期間を除く。）については、第三十条から前条までの規定により課税標準額に対する消費税額から控除することができる課税仕入れ等の税額の合計額は、これらの規定にかかわらず、次に掲げる金額の合計額とする。この場合において、当該金額の合計額は、当該課税期間における仕入れに係る消費税額とみなす。

一　当該事業者の当該課税期間の課税資産の譲渡等（第七条第一項、第八条第一項その他の法律又は条約の規定により消費税が免除されるものを除く。）に係る課税標準である金額の合計額に対する消費税額から当該課税期間における第三十八条第一項に規定する売上げに係る対価の返還等の金額に係る消費税額の合計額を控除した残額の百分の六十に相当する金額（卸売業その他の政令で定める事業を営む事業者にあつては、当該残額に、政令で定めるところにより当該事業の種類ごとに当該事業における課税資産の譲渡等に係る消費税額のうちに課税仕入れ等の税額の通常占める割合を勘案して政令で定める率を乗じて計算した金額）

二　当該事業者の当該課税期間の特定課税仕入れに係る課税標準である金額の合計額に対する消費税額から当該課税期間における第三十八条の二第一項に規定する特定課税仕入れに係る対価の返還等を受けた金額に係る消費税額の合計額を控除した残額

2　前項第二号の規定により、当該課税期間の特定課税仕入れに係る課税標準である金額の合計額に対する消費税額から当該課税期間における第三十八条の二第一項に規定する特定課税仕入れに係る対価の返還等を受けた金額に係る消費税額の合計額を控除して控除しきれない金額があり、かつ、当該控除しきれない金額を前項第一号に掲げる金額から控除してなお控除しきれない金額（以下この項において「控除未済金額」という。）があるときは、当該控除未済金額を課税資産の譲渡等に係る消費税額とみなして当該課税期間の課税標準額に対する消費税額に加算する。

3　第一項の規定の適用を受けようとする事業者は、次の各号に掲げる場合に該当するときは、当該各号に定める期間は、同項の規定による届出書を提出することができない。ただし、当該事業者が事業を開始した日の属する課税期間その他の政令で定める課税期間から同項の規定の適用を受けようとする場合に当該届出書を提出するときは、この限りでない。

一　当該事業者が第九条第七項の規定の適用を受ける者である場合　同項に規定する調整対象固定資産の仕入れ等の日の属する課税期間の初日から同日以後三年を経過する日の属する課税期間の初日の前日までの期間

二　当該事業者が第十二条の二第二項の新設法人である場合又は第十二条の三第三項の特定新規設立法人である場合において第十二条の二第二項（第十二条の三第三項において準用する場合を含む。以下この号において同じ。）に規定する場合に該当するとき　第十二条の二第二項に規定する調整対象固定資産の仕入れ等の日の属する課税期間の初日から同日以後三年を経過する日の属する課税期間の初日の前日までの期間

三　当該事業者が第十二条の四第一項に規定する場合に該当するとき（前二号に掲げる場合に該当する場合を除く。）　高額特定資産（同項に規定する高額特定資産をいう。以下この号及び次号において同じ。）に係る同項に規定する高額特定資産の仕入れ等の日の属する課税期間の初日から同日（当該高額特定資産が同項に規定する自己建設高額特定資産である場合にあつては、当該自己建設高額特定資産の建設等（同項に規定する建設等をいう。同号において同じ。）が完了した日の属する課税期間の初日）以後三年を経過する日の属する課税期間の初日の前日までの期間

四　当該事業者が第十二条の四第二項に規定する場合に該当するとき（前三号に掲げる場合に該当する場合を除く。）　高額特定資産である棚卸資産若しくは課税貨物又は同項に規定する調整対象自己建設高額資産について前条第一項又は第三項の規定の適用を受けた課税期間の初日から同日（当該調整対象自己建設高額資産の建設等が調整適用日（これらの規定に規定する場合に該当することとなつた日をいう。）の前日までに完了していない場合にあつては、当該建設等が完了した日の属する課税期間の初日）以後三年を経過する日の属する課税期間の初日の前日までの期間

4　前項各号に規定する事業者が当該各号に掲げる場合に該当することとなつた場合において、同項第一号若しくは第二号に規定する調整対象固定資産の仕入れ等の日、同項第三号に規定する高額特定資産の仕入れ等の日又は同項第四号に規定する調整適用日の属する課税期間の初日から同項各号に掲げる場合に該当することとなつた日までの間に第一項の規定による届出書をその納税地を所轄する税務署長に提出しているときは、同項の規定の適用については、その届出書の提出は、なかつたものとみなす。

5　第一項の規定による届出書を提出した事業者は、同項の規定の適用を受けることをやめようとするとき、又は事業を廃止したときは、その旨を記載した届出書をその納税地を所轄する税務署長に提出しなければならない。

6　前項の場合において、第一項の規定による届出書を提出した事業者は、事業を廃止した場合を除き、同項に規定する翌課税期間の初日から二年を経過する日の属する課税期間の初日以後でなければ、同項の規定の適用を受けることをやめようとする旨の届出書を提出することができない。

7　第五項の規定による届出書の提出があつたときは、その提出があつた日の属する課税期間の末日の翌日以後は、第一項の規定による届出は、その効力を失う。

8　やむを得ない事情があるため第一項又は第五項の規定による届出書を第一項の規定の適用を受けようとし、又は受けることをやめようとする課税期間の初日の前日までに提出できなかつた場合における同項又は前項の規定の適用の特例については、政令で定める。

第四章　申告、納付、還付等

第四十二条（課税資産の譲渡等及び特定課税仕入れについての中間申告）事業者（第九条第一項本文の規定により消費税を納める義務が免除される事業者及び第十九条第一項第三号から第四号の二までの規定による届出書の提出をしている事業者を除く。第四項、第六項及び第八項において同じ。）は、その課税期間（個人事業者にあつては事業を開始した日の属する課税期間、法人にあつては三月を超えない課税期間及び新たに設立された法人のうち合併により設立されたもの以外のものの設立の日の属する課税期間を除く。第四項において同じ。）開始の日以後一月ごとに区分した各期間（最後に一月未満の期間を生じたときはその一月未満の期間とし、当該一月ごとに区分された各期間のうち最後の期間を除く。以下この項及び次項において「一月中間申告対象期間」という。）につき、当該一月中間申告対象期間の末日の翌日（当該一月中間申告対象期間が当該課税期間開始の日以後一月の期間である場合には、当該課税期間開始の日から二月を経過した日）から二月以内に、それぞれ次に掲げる事項を記載した申告書を税務署長に提出しなければならない。ただし、第一号に掲げる金額が四百万円以下である場合における当該一月中間申告対象期間については、この限りでない。

一　当該課税期間の直前の課税期間の確定申告書（第四十五条第一項の規定による申告書をいう。以下この条において同じ。）に記載すべき同項第四号に掲げる消費税額で次に掲げる一月中間申告対象期間の区分に応じそれぞれ次に定める日（次項第一号において「確定日」という。）までに確定したものを当該直前の課税期間の月数で除して計算した金額

イ　当該課税期間開始の日から同日以後二月を経過した日の前日までの間に終了した一月中間申告対象期間　当該課税期間開始の日から二月を経過した日の前日（当該課税期間の直前の課税期間の確定申告書の提出期限につき国税通則法第十条第二項（期間の計算及び期限の特例）の規定の適用がある場合には、同項の規定により当該確定申告書の提出期限とみなされる日）

ロ　イ以外の一月中間申告対象期間　当該一月中間申告対象期間の末日

二　前号に掲げる金額の計算の基礎その他財務省令で定める事項

2　前項の場合において、同項の事業者が合併（合併により法人を設立する場合を除く。以下この項において同じ。）に係る合併法人で次の各号に掲げる期間内にその合併をしたものであるときは、その法人が提出すべき当該課税期間の前項の規定による申告書については、同項第一号に掲げる金額は、同号の規定にかかわらず、同号の規定により計算した金額に相当する金額に当該各号に定める金額を加算した金額とする。

一　当該課税期間の直前の課税期間　被合併法人のその合併の日の前日の属する課税期間（以下この号において「被合併法人特定課税期間」という。）の確定申告書に記載すべき第四十五条第一項第四号に掲げる金額でその合併法人の当該一月中間申告対象期間に係る確定日までに確定したもの（被合併法人特定課税期間の月数が三月に満たない場合又は当該確定したものがない場合には被合併法人特定課税期間の直前の課税期間（その月数が三月に満たないものを除く。）の確定申告書に記載すべき同号に掲げる金額でその合併法人の当該一月中間申告対象期間に係る確定日までに確定したもの。以下この項及び次項において「被合併法人の確定消費税額」という。）をその計算の基礎となつたその被合併法人の課税期間の月数で除し、これにその合併法人の直前の課税期間の月数のうちに当該直前の課税期間開始の日からその合併の日の前日までの期間の月数の占める割合を乗じて計算した金額

二　当該課税期間開始の日から当該一月中間申告対象期間の末日までの期間　被合併法人の確定消費税額をその計算の基礎となつたその被合併法人の課税期間の月数で除して計算した金額

3　第一項の場合において、同項の事業者が合併（合併により法人を設立する場合に限る。）に係る合併法人であるときは、その法人が提出すべきその設立後最初の課税期間の同項の規定による申告書については、同項第一号に掲げる金額は、同号の規定にかかわらず、各被合併法人の確定消費税額をその計算の基礎

となつたその被合併法人の課税期間の月数で除して計算した金額の合計額とする。

4　事業者は、その課税期間開始の日以後三月ごとに区分した各期間（最後に三月未満の期間を生じたときはその三月未満の期間とし、当該三月ごとに区分された各期間のうち最後の期間を除く。以下この項において「三月中間申告対象期間」という。）につき、当該三月中間申告対象期間の末日の翌日から二月以内に、それぞれ次に掲げる事項を記載した申告書を税務署長に提出しなければならない。ただし、第一号に掲げる金額が百万円以下である場合又は当該三月中間申告対象期間が第一項の規定による申告書を提出すべき同項に規定する一月中間申告対象期間を含む期間である場合における当該三月中間申告対象期間については、この限りでない。

一　当該課税期間の直前の課税期間の確定申告書に記載すべき第四十五条第一項第四号に掲げる消費税額で当該三月中間申告対象期間の末日までに確定したものを当該直前の課税期間の月数で除し、これに三を乗じて計算した金額

二　前号に掲げる金額の計算の基礎その他財務省令で定める事項

5　第二項及び第三項の規定は、前項の規定の適用がある場合について準用する。この場合において、第二項中「同項の事業者」とあるのは「第四項の事業者」と、「前項の規定」とあるのは「第四項の規定」と、同項第一号中「一月中間申告対象期間に係る確定日」とあるのは「三月中間申告対象期間の末日」と、「割合」とあるのは「割合に三を乗じた数」と、同項第二号中「一月中間申告対象期間」とあるのは「三月中間申告対象期間」と、「除して」とあるのは「除し、これにその合併の日から当該三月中間申告対象期間の末日までの期間の月数（当該月数が三を超えるときは、三）を乗じて」と、第三項中「同項の事業者」とあるのは「第四項の事業者」と、「除して」とあるのは「除し、これに三を乗じて」と読み替えるものとする。

6　事業者は、その課税期間（個人事業者にあつては事業を開始した日の属する課税期間、法人にあつては六月を超えない課税期間及び新たに設立された法人のうち合併により設立されたもの以外のものの設立の日の属する課税期間を除く。）開始の日以後六月の期間（以下この項、第八項、第十項及び第十一項において「六月中間申告対象期間」という。）につき、当該六月中間申告対象期間の末日の翌日から二月以内に、次に掲げる事項を記載した申告書を税務署長に提出しなければならない。ただし、第一号に掲げる金額が二十四万円以下である場合又は当該六月中間申告対象期間が第一項若しくは第四項の規定による申告書を提出すべきこれらの規定に規定する一月中間申告対象期間若しくは三月中間申告対象期間を含む期間である場合における当該六月中間申告対象期間については、この限りでない。

一　当該課税期間の直前の課税期間の確定申告書に記載すべき第四十五条第一項第四号に掲げる消費税額で当該六月中間申告対象期間の末日までに確定したものを当該直前の課税期間の月数で除し、これに六を乗じて計算した金額

二　前号に掲げる金額の計算の基礎その他財務省令で定める事項

7　第二項及び第三項の規定は、前項の規定の適用がある場合について準用する。この場合において、第二項中「同項の事業者」とあるのは「第六項の事業者」と、「前項の規定」とあるのは「第六項の規定」と、同項第一号中「一月中間申告対象期間に係る確定日」とあるのは「六月中間申告対象期間の末日」と、「三月」とあるのは「六月」と、「割合」とあるのは「割合に六を乗じた数」と、同項第二号中「一月中間申告対象期間」とあるのは「六月中間申告対象期間」と、「除して」とあるのは「除し、これにその合併の日から当該六月中間申告対象期間の末日までの期間の月数を乗じて」と、第三項中「同項の事業者」とあるのは「第六項の事業者」と、「除して」とあるのは「除し、これに六を乗じて」と読み替えるものとする。

8　第六項第一号に掲げる金額が二十四万円以下であることによりその六月中間申告対象期間につき、同項の規定による申告書（以下この項及び第十一項において「六月中間申告書」という。）を提出することを要しない事業者が、当該六月中間申告書を提出する旨を記載した届出書をその納税地を所轄する税務署長に提出した場合には、当該届出書の提出をした事業者の当該提出をした日以後にその末日が最初に到来する六月中間申告対象期間以後

の六月中間申告対象期間（同号に掲げる金額が二十四万円以下であるものに限る。第十一項において同じ。）については、第六項ただし書の規定は、適用しない。

9 前項の規定による届出書を提出した事業者は、同項の規定の適用を受けることをやめようとするとき又は事業を廃止したときは、その旨を記載した届出書をその納税地を所轄する税務署長に提出しなければならない。

10 前項の規定による届出書の提出があつたときは、その提出があつた日以後にその末日が最初に到来する六月中間申告対象期間以後の六月中間申告対象期間については、第八項の規定による届出は、その効力を失う。

11 第八項の規定による届出書の提出をした事業者が、当該提出をした日以後にその末日が最初に到来する六月中間申告対象期間以後の六月中間申告対象期間に係る六月中間申告書をその提出期限までに提出しなかつた場合には、当該事業者は第九項の規定による届出書を当該六月中間申告対象期間の末日にその納税地を所轄する税務署長に提出したものとみなす。

12 第一項から第七項までの月数は、暦に従つて計算し、一月に満たない端数を生じたときは、これを一月とする。

※平成二六・四・一から消費税法（国税）での税率は六・三％に変更された。それに地方税法による地方消費税分一・七％を加えて「消費税等」は八％になった。令和元・一〇・一からは消費税率は七・八％、地方消費税率二・二％となり、「消費税等」は一〇％になった。

●消費税法第六条による非課税取引の主なもの

- ⦿土地の譲渡・貸付け
- ⦿有価証券・支払手段等の譲渡
- ⦿貸付金等の利子・保険料等
- ⦿郵便切手・印紙等の譲渡
- ⦿行政手数料等
- ⦿医療保険各法等に基づく医療等
- ⦿居宅介護・施設介護等サービス費、社会福祉事業、更生保護事業
- ⦿医師、助産師等による助産に係る資産の譲渡
- ⦿埋葬料、火葬料を対価とする役務
- ⦿身体障害者用物品の譲渡、貸付け
- ⦿学校教育法上の学校・専修学校・各種学校等の授業料・入学検定料
- ⦿教科用図書の譲渡
- ⦿住宅の貸付け

○関税法〔抄〕

〔昭和二九・四・二 法律六一〕

最終改正 令和五・六法五一

〈注〉令和四年六月一七日法律第六八号の改正は、施行までに期間がありますので、改正を加えてありません。

第一章 総則

第一節 通則

第一条（趣旨） この法律は、関税の確定、納付、徴収及び還付並びに貨物の輸出及び輸入についての税関手続の適正な処理を図るため必要な事項を定めるものとする。

第六章 通関

第一節 総則

第六七条（輸出又は輸入の許可） 貨物を輸出し、又は輸入しようとする者は、政令で定めるところにより、当該貨物の品名並びに数量及び価格その他必要な事項を税関長に申告し、貨物につき必要な検査を経て、その許可を受けなければならない。

第四節　輸出又は輸入をしてはならない貨物

第一款　輸出してはならない貨物

第六九条の二（**輸出してはならない貨物**）次に掲げる貨物は、輸出してはならない。

一　麻薬及び向精神薬、大麻、あへん及びけしがら並びに覚醒剤。ただし、政府が輸出するもの及び他の法令の規定により輸出することができることとされている者が当該他の法令の定めるところにより輸出するものを除く。

二　児童ポルノ

三　特許権、実用新案権、意匠権、商標権、著作権、著作隣接権又は育成者権を侵害する物品

四　不正競争防止法（平成五年法律第四十七号）第二条第一項第一号から第三号まで、第十号、第十七号又は第十八号（定義）に掲げる行為（これらの号に掲げる不正競争の区分に応じて同法第十九条第一項第一号から第六号まで、第八号又は第十号（適用除外等）に定める行為を除く。）を組成する物品

2　税関長は、前項第一号、第三号又は第四号に掲げる貨物で輸出されようとするものを没収して廃棄することができる。

3　税関長は、この章に定めるところに従い輸出されようとする貨物のうちに第一項第二号に掲げる貨物に該当すると認めるのに相当の理由がある貨物があるときは、当該貨物を輸出しようとする者に対し、その旨を通知しなければならない。

第二款　輸入してはならない貨物

第六九条の一一（**輸入してはならない貨物**）次に掲げる貨物は、輸入してはならない。

一　麻薬及び向精神薬、大麻、あへん及びけしがら並びに覚醒剤並びにあへん吸煙具。ただし、政府が輸入するもの及び他の法令の規定により輸入することができることとされている者が当該他の法令の定めるところにより輸入するものを除く。

一の二　医薬品、医療機器等の品質、有効性及び安全性の確保等に関する法律（昭和三十五年法律第百四十五号）第二条第十五項（定義）に規定する指定薬物（同法第七十六条の四（製造等の禁止）に規定する医療等の用途に供するために輸入するものを除く。）

二　拳銃、小銃、機関銃及び砲並びにこれらの銃砲弾並びに拳銃部品。ただし、他の法令の規定により輸入することができることとされている者が当該他の法令の定めるところにより輸入するものを除く。

三　爆発物。ただし、他の法令の規定により輸入することができることとされている者が当該他の法令の定めるところにより輸入するものを除く。

四　火薬類。ただし、他の法令の規定により輸入することができることとされている者が当該他の法令の定めるところにより輸入するものを除く。

五　化学兵器の禁止及び特定物質の規制等に関する法律第二条第三項（定義等）に規定する特定物質。ただし、条約又は他の法令の規定により輸入することができることとされている者が当該条約又は他の法令の定めるところにより輸入するものを除く。

五の二　感染症の予防及び感染症の患者に対する医療に関する法律第六条第二十二項（定義等）に規定する一種病原体等及び同条第二十三項に規定する二種病原体等。ただし、他の法令の規定により輸入することができることとされている者が当該他の法令の定めるところにより輸入するものを除く。

六　貨幣、紙幣若しくは銀行券、印紙若しくは郵便切手又は有価証券の偽造品、変造品及び模造品並びに不正に作られた代金若しくは料金の支払用又は預貯金の引出用のカードを構成する電磁的記録をその構成部分とするカード

七　公安又は風俗を害すべき書籍、図画、彫刻物その他の物品

八　児童ポルノ

九　特許権、実用新案権、意匠権、商標権、著作権、著作隣接権、回路配置利用権又は育成者権を侵害する物品（意匠権又は商標権のみを侵害する物品にあつては、次号に掲げる貨物に該当するものを除く。）

九の二　意匠権又は商標権を侵害する物品（外国から日本国内にある者（意匠権を侵害する物品にあつては当該物品を業として輸入する者を除くものとし、商標権を侵害する物品にあつては業としてその物品を生産し、証明し、又は譲渡する者を除く。）に宛てて発送した貨物のうち、持込み行為

（意匠法第二条第二項第一号（定義等）又は商標法（昭和三十四年法律第百二十七号）第二条第七項（定義等）に規定する外国にある者が外国から日本国内に他人をして持ち込ませる行為をいう。）に係るものに限る。）

十　不正競争防止法第二条第一項第一号から第三号まで、第十号、第十七号又は第十八号（定義）に掲げる行為（これらの号に掲げる不正競争の区分に応じて同法第十九条第一項第一号から第六号まで、第八号又は第十号（適用除外等）に定める行為を除く。）を組成する物品

2　税関長は、前項第一号から第六号まで又は第九号から第十号までに掲げる貨物で輸入されようとするものを没収して廃棄し、又は当該貨物を輸入しようとする者にその積戻しを命ずることができる。

3　税関長は、この章に定めるところに従い輸入されようとする貨物のうちに第一項第七号又は第八号に掲げる貨物に該当すると認めるのに相当の理由がある貨物があるときは、当該貨物を輸入しようとする者に対し、その旨を通知しなければならない。

第十章　罰則

第百八条の四　第六十九条の二第一項第一号（輸出してはならない貨物）に掲げる貨物を輸出した者（本邦から外国に向けて行う外国貨物（仮に陸揚げされた貨物を除く。）の積戻しは、十年以下の懲役若しくは三千万円以下の罰金に処し、又はこれを併科する。

2　第六十九条の二第一項第二号から第四号までに掲げる貨物を輸出した者の積戻しは、十年以下の懲役若しくは千万円以下の罰金に処し、又はこれを併科する。

3　前二項の犯罪の実行に着手してこれを遂げない者についても、これらの項の例による。

［4項以下略］

第百九条　［1項略］

2　第六十九条の十一第一項第七号から第九号まで及び第十号に掲げる貨物を輸入した者は、十年以下の懲役若しくは千万円以下の罰金に処し、又はこれを併科する。

3　前二項の犯罪の実行に着手してこれを遂げない者についても、これらの項の例による。

［4項以下略］

第百十八条　第百八条の四から第百十一条まで（輸出してはならない貨物を輸出する罪・輸入してはならない貨物を輸入する罪・輸入してはならない貨物を保税地域に置く等の罪・関税を免れる等の罪・許可を受けないで輸出入する等の罪）の犯罪に係る貨物（第百十条又は第百十一条の犯罪に係る貨物にあつては、輸入制限貨物等に限る。）、その犯罪行為の用に供した船舶若しくは航空機又は第百十二条（密輸貨物の運搬等をする罪）の犯罪に係る貨物（第百八条の四又は第百九条の犯罪に係る貨物及び輸入制限貨物等に限る。）は、没収する。ただし、犯罪貨物等が犯人以外の者の所有に係り、かつ、その者が次の各号のいずれかに該当する場合は、この限りでない。

一　第百八条の四から第百十二条までの犯罪が行われることをあらかじめ知らないでその犯罪が行われた時から引き続き犯罪貨物等を所有していると認められるとき。

二　前号に掲げる犯罪が行われた後、その情を知らないで犯罪貨物等を取得したと認められるとき。

2　前項の規定により没収すべき犯罪貨物等を没収することができない場合又は同項第二号の規定により犯罪貨物等を没収しない場合（これらの場合のうち第百十二条（密輸貨物の運搬等をする罪）の犯罪に係る場合にあつては、同条第一項又は第三項の貨物の取得に係る犯罪の場合に限る。）においては、その没収することができないもの又は没収しないものの犯罪が行われた時の価格に相当する金額を犯人から追徴する。［3項以下略］

○関税定率法〔抄〕

〔明治四三・四・一五
法律五四〕

最終改正　令和五・三法六

第一条（**趣旨**）　この法律は、関税の税率、関税を課する場合における課税標準及び関税の減免その他関税制度について定めるものとする。

第三条（**課税標準及び税率**）　関税は、輸入貨物の価格又は数量を課税標準として課するものとし、その税率は、別表による。

○地方税法〔抄〕

〔昭和二五・七・三一
法律二二六〕

最終改正　令和五・六法五三

第一章　総則

第一節　通則

第一条（**用語**）　この法律において、次の各号に掲げる用語の意義は、当該各号に定めるところによる。

一　地方団体　道府県又は市町村をいう。

二　地方団体の長　道府県知事又は市町村長をいう。

三　徴税吏員　道府県知事若しくはその委任を受けた道府県職員又は市町村長若しくはその委任を受けた市町村職員をいう。

四　地方税　道府県税又は市町村税をいう。

五　標準税率　地方団体が課税する場合に通常よるべき税率でその財政上その他の必要があると認める場合においては、これによることを要しない税率をいい、総務大臣が地方交付税の額を定める際に基準財政収入額の算定の基礎として用いる税率とする。

六　納税通知書　納税者が納付すべき地方税について、その賦課の根拠となつた法律及び当該地方団体の条例の規定、納税者の住所及び氏名、課税標準額、税率、税額、納期、各納期における納付額、納付の場所並びに納期限までに税金を納付しなかつた場合において執られるべき措置及び賦課に不服がある場合における救済の方法を記載した文書で当該地方団体が作成するものをいう。

七　普通徴収　徴税吏員が納税通知書を当該納税者に交付することによつて地方税を徴収することをいう。

八　申告納付　納税者がその納付すべき地方税の課税標準額及び税額を申告し、及びその申告した税金を納付することをいう。

九　特別徴収　地方税の徴収について便宜を有する者にこれを徴収させ、且つ、その徴収すべき税金を納入させることをいう。

十　特別徴収義務者　特別徴収によつて地方税を徴収し、且つ、納入する義務を負う者をいう。

十一　申告納入　特別徴収義務者がその徴収すべき地方税の課税標準額及び税額を申告し、及びその申告した税金を納入することをいう。

十二　納入金　特別徴収義務者が徴収し、且つ、納入すべき地方税をいう。

十三　証紙徴収　地方団体が納税通知書を交付しないでその発行する証紙をもつて地方税を払い込ませることをいう。

十四　地方団体の徴収金　地方税並びにその督促手数料、延滞金、過少申告加算金、不申告加算金、重加算金及び滞納処分費をい

税法

う。

2　この法律中道府県に関する規定は都に、市町村に関する規定は特別区に準用する。この場合においては、「道府県」、「道府県税」、「道府県民税」、「道府県たばこ税」、「道府県知事」又は「道府県職員」とあるのは、それぞれ「都」、「都税」、「都民税」、「都たばこ税」、「都知事」又は「都職員」と、「市町村」、「市町村税」、「市町村民税」、「市町村たばこ税」、「市町村長」又は「市町村職員」とあるのは、それぞれ「特別区」、「特別区税」、「特別区民税」、「特別区たばこ税」、「特別区長」又は「特別区職員」と読み替えるものとする。

3　都の市町村及び特別区に対するこの法律の適用については、「道府県知事」とあるのは、「都知事」と読み替えるものとする。

第二章　道府県の普通税

第二節　事業税

第一款　通則

第七十二条の二（**事業税の納税義務者等**）法人の行う事業に対する事業税は、法人の行う事業に対し、次の各号に掲げる事業の区分に応じ、当該各号に定める額により事務所又は事業所所在の道府県において、その法人に課する。

一　次号から第四号までに掲げる事業以外の事業　次に掲げる法人の区分に応じ、それぞれ次に定める額

イ　ロに掲げる法人以外の法人　付加価値割額、資本割額及び所得割額の合算額

ロ　第七十二条の四第一項各号に掲げる法人、第七十二条の五第一項各号に掲げる法人、第七十二条の二十四の七第七項各号に掲げる法人、第四項に規定する人格のない社団等、第五項に規定するみなし課税法人、投資法人（投資信託及び投資法人に関する法律第二条第十二項に規定する投資法人をいう。第七十二条の三十二第二項第三号において同じ。）、特定目的会社（資産の流動化に関する法律第二条第三項に規定する特定目的会社をいう。第七十二条の三十二第二項第四号において同じ。）並びに一般社団法人（非営利型法人（法人税法第二条第九号の二に規定する非営利型法人をいう。以下この号において同じ。）に該当するものを除く。）及び一般財団法人（非営利型法人に該当するものを除く。）並びにこれらの法人以外の法人で資本金の額若しくは出資金の額が一億円以下のもの又は資本若しくは出資を有しないもの　所得割額

二　電気供給業（次号に掲げる事業を除く。）、ガス供給業のうちガス事業法（昭和二十九年法律第五十一号）第二条第五項に規定する一般ガス導管事業及び同条第七項に規定する特定ガス導管事業（以下この節において「導管ガス供給業」という。）、保険業並びに貿易保険業　収入割額

三　電気供給業のうち、電気事業法（昭和三十九年法律第百七十号）第二条第一項第二号に規定する小売電気事業（これに準ずるものとして総務省令で定めるものを含む。以下この節において「小売電気事業等」という。）、同項第十四号に規定する発電事業（これに準ずるものとして総務省令で定めるものを含む。以下この節において「発電事業等」という。）及び同項第十五号の三に規定する特定卸供給事業（以下この節において「特定卸供給事業」という。）　次に掲げる法人の区分に応じ、それぞれ次に定める額

イ　ロに掲げる法人以外の法人　収入割額、付加価値割額及び資本割額の合算額

ロ　第一号ロに掲げる法人　収入割額及び所得割額の合算額

四　ガス供給業のうち、ガス事業法第二条第十項に規定するガス製造事業者（同法第五十四条の二に規定する特別一般ガス導管事業者に係る同法第三十八条第二項第四号の供給区域内においてガス製造事業（同法第二条第九項に規定するガス製造事業をいう。）を行う者に限る。）が行うもの（導管ガス供給業を除く。第七十二条の二十四の二第一項及び第七十二条の二十四の七第四項において「特定ガス供給業」という。）　収入割額、付加価値割額及び資本割額の合算額

2　前項の規定を適用する場合において、資本金の額又は出資金の額が一億円以下の法人であるかどうか及び資本又は出資を有しない法人であるかどうかの判定は、各事業年度終了の日（第七十二条の二十六第一項ただし書の規定により申告納付すべき事業税にあつては同項に規定する六月経過日の前日、第七十二

条の二十九第一項、第三項又は第五項の規定により申告納付すべき事業税にあつてはその解散の日）の現況によるものとする。

3　個人の行う事業に対する事業税は、個人の行う第一種事業、第二種事業及び第三種事業に対し、所得を課税標準として事務所又は事業所所在の道府県において、その個人に課する。

4　法人でない社団又は財団で代表者又は管理人の定めがあり、かつ、収益事業又は法人課税信託（法人税法第二条第二十九号の二に規定する法人課税信託をいう。以下この節において同じ。）の引受けを行うもの（当該社団又は財団で収益事業を廃止したものを含む。以下事業税について「人格のない社団等」という。）は、法人とみなして、この節（第七十二条の三十二を除く。）の規定を適用する。

5　法人課税信託の引受けを行う個人（以下この節において「みなし課税法人」という。）には、第三項の規定により個人の行う事業に対する事業税を課するほか、法人とみなして、法人の行う事業に対する事業税を課する。

6　外国法人又はこの法律の施行地に主たる事務所若しくは事業所を有しない個人の行う事業に対するこの節の規定の適用については、恒久的施設をもつて、その事務所又は事業所とする。

7　事務所又は事業所を設けないで行う第一種事業、第二種事業及び第三種事業については、その事業を行う者の住所又は居所のうちその事業と最も関係の深いものをもつて、その事務所又は事業所とみなして、事業税を課する。

8　第三項の「第一種事業」とは、次に掲げるものをいう。

一　物品販売業（動植物その他通常物品といわないものの販売業を含む。）
一の二　保険業
二　金銭貸付業
三　物品貸付業（動植物その他通常物品といわないものの貸付業を含む。）
四　不動産貸付業
五　製造業（物品の加工修理業を含む。）
六　電気供給業
七　土石採取業
八　電気通信事業（放送事業を含む。）
九　運送業
十　運送取扱業
十一　船舶定係場業
十二　倉庫業（物品の寄託を受け、これを保管する業を含む。）
十三　駐車場業
十四　請負業
十五　印刷業
十六　出版業
十七　写真業
十八　席貸業
十九　旅館業
二十　料理店業
二十一　飲食店業
二十二　周旋業
二十三　代理業
二十四　仲立業
二十五　問屋業
二十六　両替業
二十七　公衆浴場業（第十項第二十号に掲げるものを除く。）
二十八　演劇興行業
二十九　遊技場業
三十　遊覧所業
三十一　前各号に掲げる事業に類する事業で政令で定めるもの

9　第三項の「第二種事業」とは、次に掲げるもので政令で定める主として自家労力を用いて行うもの以外のものをいう。

一　畜産業（農業に付随して行うものを除く。）
二　水産業（小規模な水産動植物の採捕の事業として政令で定めるものを除く。）
三　前二号に掲げる事業に類する事業で政令で定めるもの（農業を除く。）

10　第三項の「第三種事業」とは、次に掲げるものをいう。

一　医業
二　歯科医業
三　薬剤師業
四　削除
五　あん摩、マツサージ又は指圧、はり、きゆう、柔道整復その他の医業に類する事業（両眼の視力を喪失した者その他これに類する政令で定める視力障害のある者が行うものを除く。）
六　獣医業
七　装蹄師業
八　弁護士業
九　司法書士業
十　行政書士業
十一　公証人業

税法

十二　弁理士業
十三　税理士業
十四　公認会計士業
十五　計理士業
十五の二　社会保険労務士業
十五の三　コンサルタント業
十六　設計監督者業
十六の二　不動産鑑定業
十六の三　デザイン業
十七　諸芸師匠業
十八　理容業
十八の二　美容業
十九　クリーニング業
二十　公衆浴場業（政令で定める公衆浴場業を除く。）
二十一　前各号に掲げる事業に類する事業で政令で定めるもの

11　第四項の収益事業の範囲並びに前項第十五号の三に掲げる事業及び同項第十六号の三に掲げる事業の範囲は、政令で定める。

第四節　不動産取得税

第一款　通則

第七三条の二（**不動産取得税の納税義務者等**）　不動産取得税は、不動産の取得に対し、当該不動産所在の道府県において、当該不動産の取得者に課する。

2　家屋が新築された場合には、当該家屋について最初の使用又は譲渡（独立行政法人都市再生機構、地方住宅供給公社又は家屋を新築して譲渡することを業とする者で政令で定めるものが注文者である家屋の新築に係る請負契約に基づく当該注文者に対する請負人からの譲渡が当該家屋の新築後最初に行われた場合には、当該譲渡の後最初に行われた使用又は譲渡。以下この項において同じ。）が行われた日において家屋の取得があつたものとみなし、当該家屋の所有者又は譲受人を取得者とみなして、これに対して不動産取得税を課する。ただし、家屋が新築された日から六月を経過して、なお、当該家屋について最初の使用又は譲渡が行われない場合には、当該家屋が新築された日から六月を経過した日において家屋の取得があつたものとみなし、当該家屋の所有者を取得者とみなして、これに対して不動産取得税を課する。

3　家屋を改築したことにより、当該家屋の価格が増加した場合には、当該改築をもつて家屋の取得とみなして、不動産取得税を課する。

4　建物の区分所有等に関する法律（昭和三十七年法律第六十九号）第二条第三項に規定する専有部分（以下この項から第六項までにおいて「専有部分」という。）の取得があつた場合には、当該専有部分の属する家屋（同法第四条第二項の規定により同法第二条第四項に規定する共用部分（次項及び第六項において「共用部分」という。）とされた附属の建物を含む。）の価格を同法第十四条第一項から第三項までの規定の例により算定した専有部分の床面積の割合（専有部分の天井の高さ、附帯設備の程度その他総務省令で定める事項について著しい差違がある場合には、その差違に応じて総務省令で定めるところにより当該割合を補正した割合。第六項において同じ。）により按分して得た額に相当する価格の家屋の取得があつたものとみなして、不動産取得税を課する。

5　建築基準法（昭和二十五年法律第二百一号）第二十条第一項第一号に規定する建築物であつて、複数の階に人の居住の用に供する専有部分を有し、かつ、当該専有部分の個数が二個以上のもの（以下この項及び次項において「居住用超高層建築物」という。）において、専有部分の取得があつた場合には、前項の規定にかかわらず、当該専有部分の属する居住用超高層建築物（建物の区分所有等に関する法律第四条第二項の規定により共用部分とされた附属の建物を含む。）の価格を、次の各号に掲げる専有部分の区分に応じ、当該各号に定める専有部分の床面積の当該居住用超高層建築物の全ての専有部分の床面積の合計に対する割合（専有部分の天井の高さ、附帯設備の程度その他総務省令で定める事項について著しい差違がある場合には、その差違に応じて総務省令で定めるところにより当該割合を補正した割合。次項において同じ。）により按分して得た額に相当する価格の家屋の取得があつたものとみなして、不動産取得税を課する。

一　人の居住の用に供する専有部分　当該専有部分の床面積（当該専有部分に係る建物の区分所有等に関する法律第二条第二項に規定する区分所有者（次項において「区分所有者」という。）が同法第三条に規定する一部共用部分（附属の建物であるものを除く。）で床面積を有するものを所有する場合には、当該一部共用部分の床面積を同法第十四条第二項及び第三項の規定の例により算入した当該専有部分の床面積。次号において同じ。）を全国における居住用超高層建築物の各階ごとの取引価格の動向を勘案して総務省令で定めるところにより補正した当該専有部分の床面積

二　前号に掲げるもの以外の専有部分　当該専有部分の床面積

6　共用部分のみの建築があつた場合には、当該建築に係る区分所有者が、当該建築に係る共用部分の価格を建物の区分所有等に関する法律第十四条第一項から第三項までの規定の例により算定した専有部分の床面積の割合（居住用超高層建築物に係る共用部分のみの建築があつた場合には、前項各号に定める専有部分の床面積の当該居住用超高層建築物の全ての専有部分の床面積の合計に対する割合）により按分して得た額に相当する価格の家屋を取得したものとみなして、不動産取得税を課する。

7　家屋が建築された場合において、当該家屋のうち造作その他の附帯設備に属する部分でそれらの部分以外の部分（以下この項及び次項において「主体構造部」という。）と一体となつて家屋として効用を果しているものについては、主体構造部の取得者以外の者がこれを取り付けたものであつても、主体構造部の取得者が附帯設備に属する部分をも併せて当該家屋を取得したものとみなして、これに対して不動産取得税を課することができる。この場合においては、主体構造部の取得者が納税通知書の交付を受けた日から三十日以内に、附帯設備に属する部分の取得者と協議の上、当該不動産取得税の課税標準となるべき価額のうち附帯設備に属する部分の取得者の所有に属する部分の価額を申し出たときは、その部分の価額に基づいて附帯設備に属する部分の取得者に不動産取得税を課するものとし、主体構造部の取得者に課した不動産取得税の税額から附帯設備の取得者に課した不動産取得税の税額に相当する額を減額するものとする。

8　道府県は、前項前段の規定により家屋の取得に対して課する不動産取得税に係る地方団体の徴収金を徴収した場合において、同項後段の規定の適用があることとなつたときは、家屋の主体構造部の取得者の申請に基づいて、同項後段の規定により減額すべき額に相当する税額及びこれに係る地方団体の徴収金を還付するものとする。

9　道府県は、前項の規定により、不動産取得税額及びこれに係る地方団体の徴収金を還付する場合において、還付を受ける納税義務者の未納に係る地方団体の徴収金があるときは、当該還付すべき額をこれに充当することができる。

10　第八項又は前項の規定により不動産取得税額及びこれに係る地方団体の徴収金を還付し、又は充当する場合には、第八項の規定による還付の申請があつた日から起算して十日を経過した日を第十七条の四第一項各号に掲げる日とみなして、同項の規定を適用する。

11　土地区画整理法（昭和二十九年法律第百十九号）による土地区画整理事業（農住組合法（昭和五十五年法律第八十六号）第八条第一項の規定により土地区画整理法の規定が適用される農住組合法第七条第一項第一号の事業及び密集市街地における防災街区の整備の促進に関する法律（平成九年法律第四十九号）第四十六条第一項の規定により土地区画整理法の規定が適用される密集市街地における防災街区の整備の促進に関する法律第四十五条第一項第一号の事業並びに大都市地域における住宅及び住宅地の供給の促進に関する特別措置法（昭和五十年法律第六十七号）による住宅街区整備事業を含む。次項及び第七十三条の二十九において同じ。）又は土地改良法（昭和二十四年法律第百九十五号）による土地改良事業の施行に係る土地について法令の定めるところにより仮換地又は一時利用地（以下この項及び第七十三条の二十九において「仮換地等」という。）の指定があつた場合において、当該仮換地等である土地について使用し、又は収益することができることとなつた日以後に当該仮換地等である土地に対応する従前の土地（以下この項において「従前の土地」という。）の取得があつたときは、当該従前の土地の取得をもつて当該仮換地等である土地の取得とみなし、当該従前の土地の取得者を取得者とみなして、不動産取得税を課する。

12　土地区画整理法による土地区画整理事業の施行に係る土地について当該土地区画整理事業の施行者が同法第百条の二（農住組合法第八条第一項及び密集市街地における防災街区

の整備の促進に関する法律第四十六条第一項において適用する場合並びに大都市地域における住宅及び住宅地の供給の促進に関する特別措置法第八十三条において準用する場合を含む。）の規定により管理する土地（以下この項において「保留地予定地等」という。）がある場合において、当該施行者以外の者が、当該土地区画整理事業に係る換地処分の公告がある日までの間当該保留地予定地等である土地について使用し、若しくは収益することができること及び同日の翌日に当該施行者が取得することを目的とする契約が締結されたとき、又は同日の翌日に土地区画整理組合の参加組合員が取得する当該保留地予定地等である土地について当該参加組合員が使用し、若しくは収益することができることを目的とする契約が締結されたときは、それらの契約の効力が発生した日として政令で定める日においてそれらの保留地予定地等である土地の取得があつたものとみなし、それらの保留地予定地等である土地を取得することとされている者を取得者とみなして、不動産取得税を課する。

第三章　市町村の普通税

第一節　市町村民税

第一款　通則

第二九四条（市町村民税の納税義務者等）　市町村民税は、第一号の者に対しては均等割額及び所得割額の合算額により、第三号の者に対しては均等割額及び法人税割額の合算額により、第二号及び第四号の者に対しては均等割額により、第五号の者に対しては法人税割額により課する。〔一・二号略〕

三　市町村内に事務所又は事業所を有する法人〔四号以下略〕

第二節　固定資産税

第二款　賦課及び徴収

第三六四条（固定資産税の徴収の方法等）　固定資産税の徴収については、普通徴収の方法によらなければならない。

2　固定資産税を徴収しようとする場合において納税者に交付する納税通知書に記載すべき課税標準額は、土地、家屋及び償却資産の価額並びにこれらの合計額とする。

3　市町村は、土地又は家屋に対して課する固定資産税を徴収しようとする場合には、総務省令で定めるところにより、次の各号に掲げる事項を記載した文書（以下「課税明細書」という。）を当該納税者に交付しなければならない。

一　土地に対して課する固定資産税　当該土地について土地課税台帳等に登録された所在、地番、地目、地積及び当該年度の固定資産税に係る価格

二　家屋に対して課する固定資産税　当該家屋について家屋課税台帳等に登録された所在、家屋番号、種類、構造、床面積及び当該年度の固定資産税に係る価格

4　市町村は、前項各号に定める事項のほか、第三百四十九条の三又は第三百四十九条の三の二の規定の適用を受ける土地又は家屋については、当該土地の前項第一号の価格又は当該家屋の同項第二号の価格にそれぞれ第三百四十九条の三又は第三百四十九条の三の二の規定に定める率を乗じて得た金額を課税明細書に記載しなければならない。

5　市町村は、第三百八十九条第一項各号に掲げる固定資産（移動性償却資産又は可動性償却資産で総務省令で定めるものを除く。）に対して課する固定資産税については、当該固定資産について第三百九十四条の規定に基づいて申告すべき者が同条に規定する期限までに申告しなかつたことその他やむを得ない理由があることにより第二項の納税通知書の交付期限までに当該固定資産に係る第三百八十九条第一項の規定による通知が行われなかつた場合には、当該通知が行われる日までの間に到来する納期において徴収すべき固定資産税に限り、当該固定資産に係る前年度の固定資産税の課税標準である価格（第三百四十九条の三、第三百四十九条の三の二又は第三百四十九条の三の四の規定の適用を受ける固定資産にあつては、当該固定資産の価格にそれぞれこれらの規定に定める率を乗じて得た額とし、第三百四十九条の四又は第三百四十九条の五の規定の適用を受ける償却資産にあつては、これらの規定により当該市町村が前年度の固定資産税の課税標準とすべき額とする。第八項第一号において同じ。）を課税標準として仮に算定した額（以下この条及び次条第一項において「仮算定税額」という。）

を当該年度の納期の数で除して得た額の範囲内において、当該固定資産に係る固定資産税をそれぞれの納期において徴収することができる。ただし、当該徴収することができる額の総額は、仮算定税額の二分の一に相当する額を超えることができない。

6　市町村は、前項の規定により固定資産税を賦課した後において第三百八十九条第一項の規定による通知が行われ、当該通知に基づいて算定した当該年度分の固定資産税額（以下この項及び第八項第二号において「本算定税額」という。）に既に賦課した固定資産税額が満たない場合には、当該通知が行われた日以後の納期においてその不足税額を徴収し、既に徴収した固定資産税額が本算定税額を超える場合には、第十七条又は第十七条の二の規定の例により、その過納額を還付し、又は当該納税義務者の未納に係る地方団体の徴収金に充当しなければならない。

7　市町村は、第五項の規定により固定資産税を徴収する場合において納税者に交付する納税通知書は、第二項の規定にかかわらず、第五項の固定資産以外の固定資産と区分して、交付しなければならない。この場合においては、同項の固定資産に対して課する固定資産税及び同項の固定資産以外の固定資産に対して課する固定資産税については、それぞれ一の地方税とみなして、第二十条の四の二の規定を適用する。

8　前項の納税通知書には、総務省令の定めるところにより、次の各号に掲げる事項その他必要な事項を記載しなければならない。

一　納税通知書に記載された第五項の固定資産の課税標準額及び税額は、それぞれ当該固定資産に係る前年度の固定資産税の課税標準である価格及びこれを課税標準として仮に算定した税額であること。

二　既に賦課した仮算定税額が本算定税額に満たない場合には、第三百八十九条第一項の規定による通知が行われた日以後の納期において、その不足税額を徴収し、既に徴収した仮算定税額が本算定税額を超える場合には、その過納額を還付し、又は当該納税義務者の未納に係る地方団体の徴収金に充当するものであること。

9　第二項若しくは第七項の納税通知書又は第三項の課税明細書は、遅くとも、納期限前十日までに納税者に交付しなければならない。

10　市町村は、固定資産税を賦課し、及び徴収する場合には、当該納税者に係る都市計画税を併せて賦課し、及び徴収することができる。

15歳

- 義務教育終了（教育基本法５条・学校教育法16条）
- 自分の意思で遺言をしたり，養子になることができる。（民法961条・797条）
- 労働者として雇われることができるが，深夜業や危険な業務につくことはできない。(労働基準法60～63条)

16歳

- 普通二輪免許・小型特殊免許および原付免許を受けることができる。(道路交通法88条)

18歳

- 成人になる。（民法４条）
- 自分だけで法律行為をすることができる。（民法５条）
- 結婚することができる。(民法731条)
- 特別な制限がなくなり全面的に就業能力が認められる。（労働基準法60条ほか）
- 準中型免許・普通免許・大型特殊免許・大型二輪免許およびけん引免許を受けることができる。（道路交通法88条）
- 児童福祉法の適用がなくなる。（児童福祉法４条）
- 選挙権が与えられる。（公職選挙法９条）

20歳

- 飲酒・喫煙の禁止がとかれる。（二十歳未満の者の飲酒・喫煙の禁止に関する法律）
- 少年法の適用がなくなる。（少年法２条）
- 養子を迎えることができる。（民法792条）

25歳

- 衆議院議員，都道府県議会議員，市町村議会議員や市町村長に立候補できる。（公職選挙法10条）

30歳

- 参議院議員や都道府県知事に立候補できる。（公職選挙法10条）

65歳

- 厚生年金保険法による老齢厚生年金が支給される。（厚生年金保険法42条）
- 国民年金法による老齢基礎年金が支給される。（国民年金法26条）
- 老人福祉法の適用が始まり，種々の保護が受けられる。（老人福祉法10条の３）

死亡

- 死亡届が出される。（戸籍法86条）
- 遺産相続が開始される。(民法882条)

凡　例

▶法律の略称

民……………民法　借地借家……借地借家法　金商……金融商品取引法
古物営業……古物営業法　国民年金……国民年金法　会………会社法
質屋営業……質屋営業法　商……………商法　消契……消費者契約法
独禁…………私的独占の禁止及び公正取引の確保に関する法律（独占禁止法）

▶判例の表記

裁判所、判決・決定の区分、年月日、出典の順に表記しています。

（例）最判昭25.12.19民集4.12.660

↓

最高裁判所	判決	昭和25年12月19日	最高裁判所民事判例集４巻12号660頁
裁判所	区分	年月日	出　典

裁判所

最………最高裁判所
大………大審院
知財高…知的財産高等裁判所
東京地…東京地方裁判所

出　典

判タ…判例タイムズ
民集…最高裁判所民事判例集
民録…大審院民事判決録

▶条文の表記

第１条………… 1
第１条の２…… 1の２
第１項…………①
第１号………… Ⅰ
但し書…………但書
（例）民法第12条第４項第３号→民12④Ⅲ

▶…本文の補足説明、具体例、用語の解説など

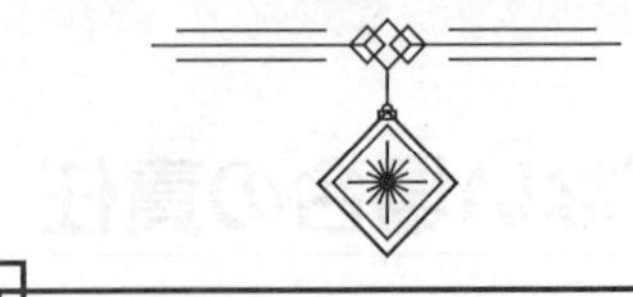

事例でイメージ

ビジネス法規便覧

Business Laws and Regulations Guide

解説編

1 法律に規定がない場合の責任

Aは不動産業者Bから５億3,000万円で高級マンションを買ったが，防火戸の説明を受けず，そのスイッチもわかりにくいところにあったためスイッチを入れずにいたところ，火災が発生してAは死亡した。防火戸が作動していればAは死亡せずに済んだという場合，Bには，説明義務違反による損害賠償責任があるだろうか。

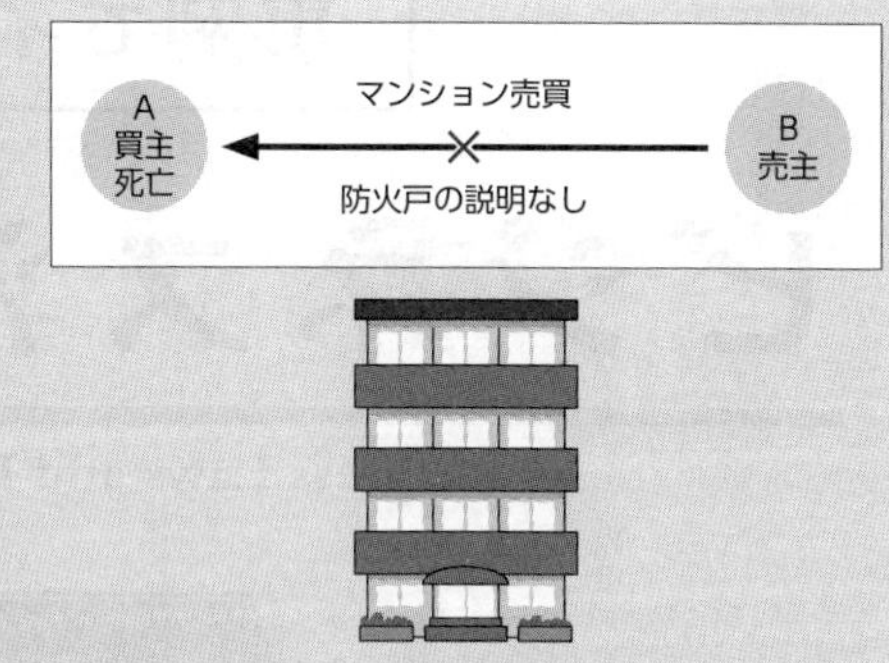

A 信義誠実の原則上Bには説明義務があるので，その違反によりBは不法行為による損害賠償責任を負います（最判平17.9.16判タ1192.256）。

解説

1．法の精神（リーガルマインド）

法律の個々の条文は，社会生活で起こる代表的な出来事をとりあげ，その結論を示していますが，実際に社会生活で起こる出来事は，代表的な出来事とは多かれ少なかれ違っていることがあります。このとき，代表的な出来事との違いを無視して，条文を適用して結論を出すと，正義・公平に反する結果になることがあります。

正義・公平にかなう結果を条文から導き出すためには，それぞれの条文の背後にある立法趣旨や，実際に起こった出来事に適切に条文を適用する判断力，そして妥当な結論に至る論理を構成する力などが必要になります。これらを総称して，**法の精神**または**リーガルマインド**といいます。

法律の学習では，それぞれの条文の文言を理解し，ある程度記憶することは，もちろん大切です。しかし，より重要なことは条文の背後にある法の精神またはリーガルマインドを培っていくことです。

民法３条の２　意思能力

民法では，契約自由の原則が定められており，違法な内容等でなければ自由に契約を締結できます。しかし，自分の行為の意味を判断できない場合に申込みと承諾がなされたと解釈すると，意思無能力者が思わぬ損害をこうむる可能性がでてきます。また，自分自身で意味もわからないのにおこなった意思表示に，法律的な意味を持たせるべきではありません。そこで，民法では意思無能力者は正しい判断ができないため，その法律行為は無効と定められています。

2．法の解釈

条文によっては，原則（本文）を規定したあと，「ただし書き」を設けて例外を明示しているものもありますが，「ただし書き」がなくても，その条文をそのまま適用してよいかどうかを慎重に検討する必要があります。条文の背後にある法の精神をくみとり，その条文の適用範囲を縮小（**縮小解釈**）したり，拡張（**拡張解釈**）したりしなければなりません。ときには，その条文の規定していないケースに適用（**類推適用**）する必要もあります。いずれの場合も，その条文の背後にある，法の精神の理解が決め手になります。

縮小解釈の例
不動産に対する物権の変動の対抗要件

民法177条は，不動産所有権を取得した者は，登記をしなければ「第三者」に対抗できないと規定しています。しかし，不法占拠者など不当な利益を有する者にも対抗できないとしたのでは正義に反してしまいます。そこで判例は，すべての第三者ではなく，「正当な利益を有する第三者」に対抗できないと「第三者」を縮小解釈し，不法占拠者に対しては登記がなくても対抗できるとされています（最判昭25.12.19民集4.12.660）。

3．信義誠実の原則（信義則）・権利の濫用を禁止する原則

法の解釈をおこなっても，その結論が正義・公平に反したり，合理的でなかったりすることがあります。このような場合には，「権利の行使及び義務の履行は，信義に従い誠実に行わなければならない」（民１②）という**信義誠実の原則**（信義則）や「権利の濫用は，これを許さない」（民１③）とする**権利の濫**(らん)**用**(よう)**を禁止する原則**で，調整をしていきます。ただし，信義誠実の原則も権利の濫用を禁止する原則も，最後の手段と考えましょう。

4．説明義務は民法上の義務か？

売買契約の締結前に，売主には売買目的物の説明義務があるかについて，民法には規定がありません。

その一方で宅地建物取引業法や特定商取引法，金融サービス提供法などには，事業者による説明義務が定められています。また，消費者契約法３条１項２号にも「消費者の権利義務その他の消費者契約の内容についての必要な情報を提供すること」に努めなければならないと規定しています。

こうしたそれぞれの法律に定められている説明義務は，商品や金融サービスの勧誘や販売などをおこなう事業者は，保有している情報の量や知識，経験値が消費者よりも多く，顧客が合理的な意思決定ができるように，説明や情報を提供するのが妥当と考えられているからです。

そのため民法やそれ以外の法律に具体的に説明義務について規定されていなくても，信義誠実の原則（信義則）にもとづいて，不法行為あるいは債務不履行として売主の損害賠償責任を認めた判決が，いくつもあります。

2 権利者の保護と取引の安全の保護

Q Aは夫Bから資金援助を受けて建物を購入し飲食店を営んでいたが，夫Bが妻Aの実印や権利証を勝手に持ち出して書類を偽造し，建物の登記名義をBに移してしまった。それを知ったAが怒り，登記名義を戻すことになったが，そのまま放置しているうちに数年経過し，Bは，その土地・建物をCに売却して登記もCに移転してしまった。

Aが所有権を主張してCに登記の抹消を求めた場合，認められるだろうか？

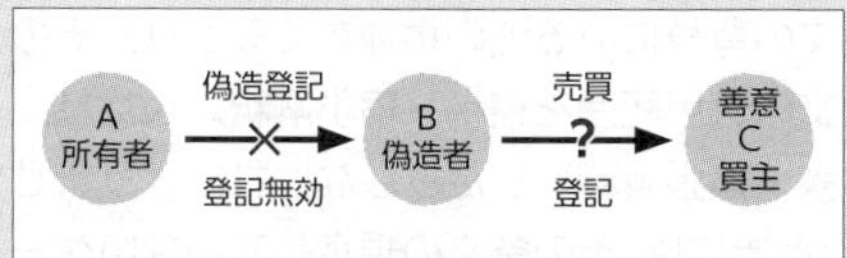

A 登記の抹消請求は認められません。

通謀虚偽表示（つうぼうきょぎひょうじ）ではありませんが，偽造登記を放置していたAにも責任があるので，通謀虚偽表示の規定（民94②）が類推適用されます（最判昭45.9.22民集24.10.1424）。

1．契約の成立要件

法律効果をもたらそうとする意思を効果意思といい，この効果意思（意思）を表示して，契約の申込みや承諾をおこないます。申込みと承諾の意思表示が合致すると契約が成立します。逆にいうと本人の意思とは無関係に偽造された契約書や，意思無能力の状態で作成された契約書には，本人の意思がないので無効になります（民3の2）。また，契約の当事者が通謀して，虚偽の契約を締結した場合も，その契約は無効になります（民94①）。このとき当事者のそれぞれが本当の意思（真意）をもっているためです。こうした当事者同士の話し合いによる虚偽の意思表示を**通謀虚偽表示**といいます。

こうした通謀虚偽表示は無効なので，その無効な契約にもとづく代金の支払いや売買の目的物の引渡しなどもすべて無効になり，受け取った代金や目的物は返還しなければなりません。不動産の売買について通謀虚偽表示をおこない，登記名義を変更していたならば，元に戻すように請求することもできます。通謀虚偽表示では当事者はそれぞれ真意とは異なる意思表示をおこなっていることを承知しているので，相手方の保護をはかる必要性がないためです。

通謀虚偽表示（つうぼうきょぎひょうじ）の例

建物の所有者Aが，建物を売る気はないのに，何らかの事情があって，Bと話し合いのうえ虚偽の建物売買契約を結び，建物の登記名義をBに移したとしても，その売買契約は無効であり，B名義の登記も無効です。

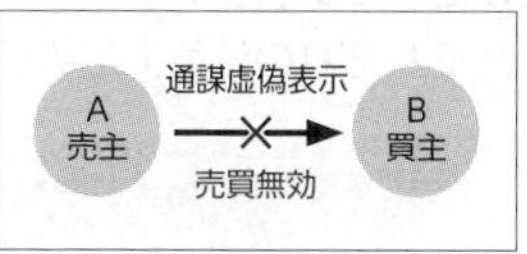

◆泥酔して意思能力のない状態で結ばれた売買契約に基づいてなされた登記や，売買契約書などの書類が偽造されてなされた登記の名義人Bから買い受けた第三者Cがあらわれた場合はどうなるのだろう？

その名義人Bの不動産だと信じて買い受けたCを保護すれば，真実の権利者Aが損害を受けることになります。

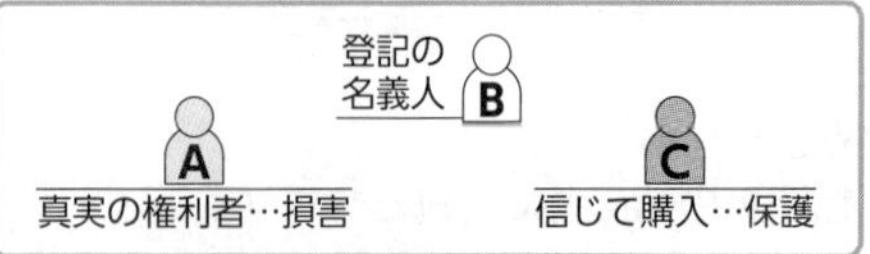

逆に，真実の権利者Aを保護すれば，登記を信じた第三者Cが損害を受けることになります。

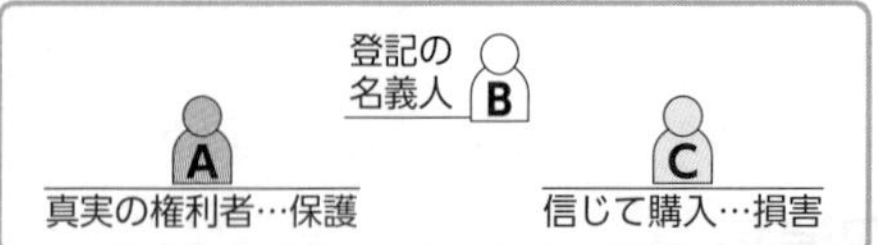

この場合は，無効な売買契約に基づいてなされた登記は無効であるという原則に従って，無効な登記を信じたCは保護されず，真実の権利者Aが保護されます。

地面師（じめんし）とは

地面師とよばれる不動産詐欺師は，身分証明書を偽造して真実の所有者になりすましたり，偽造書類で登記名義を自分のものにしたりして不動産を売却し，代金を受け取って逃走しますが，その詐欺の被害者となるのは，不動産を買った人Cであって，真実の権利者Aではありません。2017年に，積水ハウスも，地面師グループに55億円以上をだまし取られています。

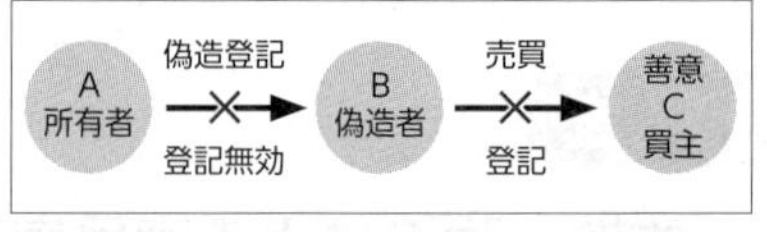

2．契約の無効を第三者に主張できない場合

以上のようにして，契約の無効は，契約の当事者間だけでなく，すべての人に主張できるのが大原則で，第三者Cが犠牲になっても真実の権利者Aが保護されますが，例外があります。

通謀虚偽表示による売買は無効ですが，その売買を有効だと信じて，買主Bから譲り受けた善意の第三者Cに対しては，虚偽表示による売買の無効を主張することができないとされています（民94②）。真実の権利者Aを犠牲にして，第三者Cを保護し，取引の安全が保護されるわけです。

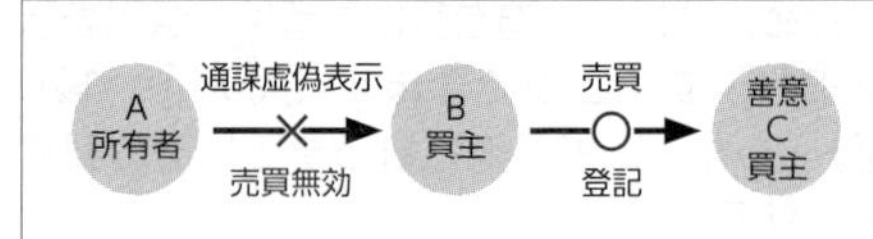

3．民法94条2項の類推適用

通謀虚偽表示については，真実の権利者を犠牲にしても取引の安全を保護するのはなぜでしょうか。このような規定が設けられたのは，真実の権利者が，他人にその**権利があるような外観を作り出しており，真実の権利者に責任があるの**で，真実の権利者を保護する必要はなく，その外観を信頼して取引した第三者（取引の安全）を保護すべきだと考えたからです。このような考え方を，**権利外観法理**といいます。

虚偽表示の規定が，権利外観法理にもとづくものだとすれば，民法94条の規定する虚偽表示に該当しない場合でも，他人に権利があるような外観について真実の権利者に責任があるときは，**民法94条２項を類推適用**して，真実の権利者の無効の主張を認めず，その外観を信じた第三者を保護して取引の安全を保護すべきだということになります。

3 だまされて安く売却してしまった不動産

Q AはBにだまされて不動産を安い値段で売ってしまい，登記名義もBに移転していたが，その後だまされたことに気づき，売買を取り消す旨をBに通知した。Bは，詐欺が見破られて売買を取り消されたことをCに話したところ，Cが「それなら私が少し高い値段で買い取ろう。」と言ったのでCに売却し，登記名義もCに移転してしまった。AはCに不動産の返還を求めることができるだろうか。

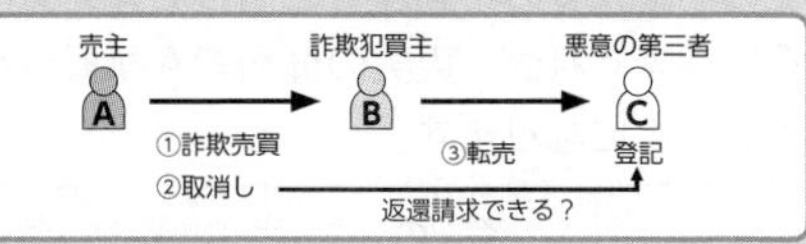

A AはCに不動産の返還を求めることはできません。

詐欺による意思表示の取消しは善意・無過失の第三者に対抗できず（民96③），悪意の第三者には対抗できます。しかし，それは取消し前に現れた第三者との関係についていえることで，取消し後に現れた第三者との関係は登記の有無で決まる（大判昭17.9.30民集21.911）ため，第三者Cが悪意であっても，登記名義を有する以上，返還を求めることはできません。

解説

1．詐欺・強迫による意思表示の取消し

詐欺・強迫による意思表示は，効果意思と表示行為は一致していますが，効果意思を形成する途中で，詐欺や強迫による不当な干渉を受けています。そのため詐欺・強迫による意思表示を**瑕疵（かし）ある意思表示**ということもあります。このとき表意者を保護する必要があるため，詐欺・強迫を受けた者は，意思表示を取り消すことができます（民96①，120②）。しかし，取り消されるまではその契約は有効です。

取消権行使の期間制限

取消しは，相手方に対する意思表示によってします（民123）が，契約が履行され，長期間経過した後に取り消されると，取引の安全を害することになります。そこで，民法は取消権行使に期間制限を設け，**取消しの原因たる状況が消滅し，かつ，取消権を有することを知った時**（民124①）**から５年，行為の時から20年**の，どちらか早く経過したほうによって取消権は消滅するとしています（民126）。

2．当事者間の意思表示取消しの効果

詐欺を理由に取り消された行為は，初めから無効であったものとみなされます（民121）。無効な行為に基づく債務の履行として給付を受けた者は，相手方を原状に復させる義務を負い（民121の２①），売主AからBに移転していた所有権は，BからAに復帰します。

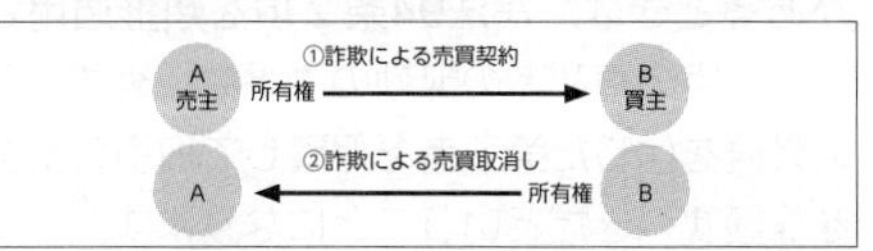

つまり売買契約を取り消した場合には，売主Aは代金を返却し，買主Bは目的物を返却すればよいわけです。しかし，売主Aが買主Bに売り渡した自動車が，交通事故で全壊してしまった場合などには，物理的に買主Bは自動車を返却することができなくなります。そのような場合には，その自動車が持っていた価値をお金に換算して売主に返すことになります。

3．取消し前の第三者との関係

詐欺や強迫による意思表示を取り消すことで，表意者は保護されますが，その意思表示に第三者が関係していた場合にはどうなるでしょうか。詐欺や強迫によって不動産をAがBに売却し，その後BがCにその不動産を転売したような場合です。ここでは先に**売買契約を取り消す前に，BがCに不動産を転売した場合**を考えてみましょう。

詐欺による意思表示の取消しは，善意・無過失の取消し前の第三者には対抗できません（民96③）。ただし，この規定は強迫を理由にした意思表示の取消しには適用されませんので，強迫による意思表示の場合は善意・無過失の取消し前の第三者にも対抗できることになります。これは，詐欺の場合には強迫による意思表示と異なり，表意者であるAにも落ち度があると考えられているためです。

なお，ここでいう第三者とは，法律上の利害関係がある人のことを指します。たとえばBが不動産を購入するさいにDからお金を借りていた場合のDは，「第三者」にはあたらないとされています。

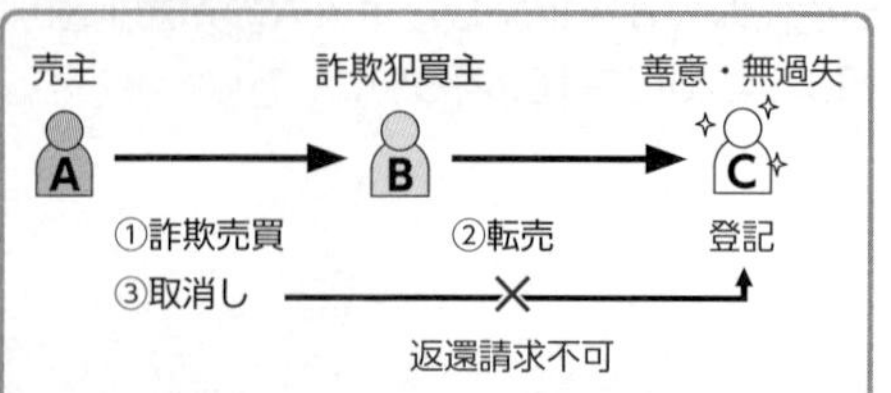

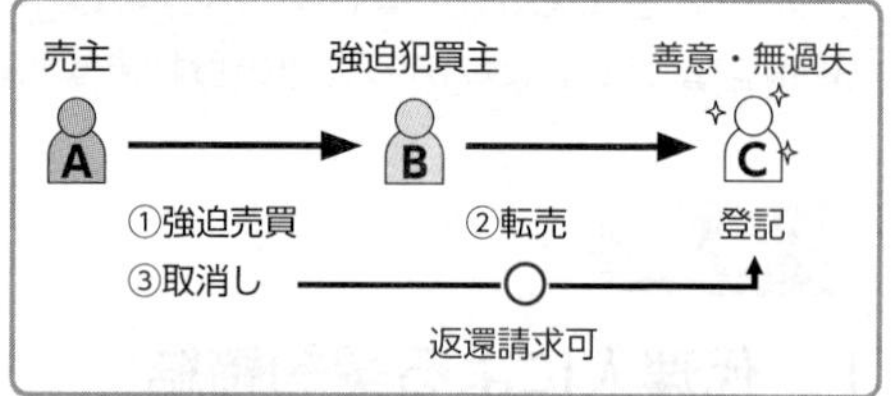

		詐　欺	強　迫
AからC（第三者）への返還請求	Cが善意・無過失	不可能×	可能〇
	Cが悪意	可能〇	可能〇
AとB（当事者間）の効果		取消し可能〇	取消し可能〇

4．取消し後の第三者との関係

AがBに詐欺や強迫によって不動産を売却し，その後その売買契約を取り消して，不動産の返却を求めたとしましょう。**売買契約を取り消した後にBがCにその不動産を転売していた場合**にはどう考えるべきでしょうか。

このときのCは取消し後の第三者となるため民法96条3項が定める「第三者」には該当しません。このとき判例では，先に**登記**をした方がその不動産の所有権を第三者に対抗できるとしています。これは，次の図のようにBがAとCに二重譲渡したのと同じ関係になるためです。

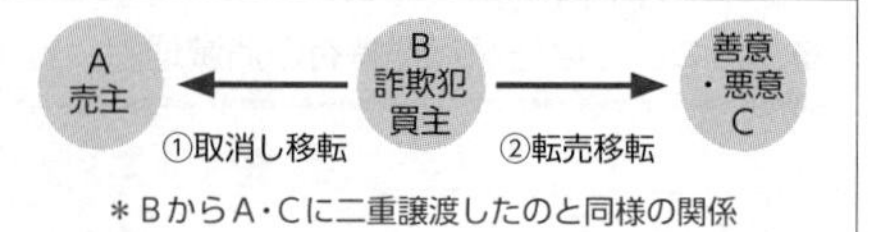

＊BからA・Cに二重譲渡したのと同様の関係

そこでCが詐欺による意思表示について**善意・無過失であっても悪意であっても，Aよりも先にCが登記を済ませてしまえば，Cに所有権が移転します**。

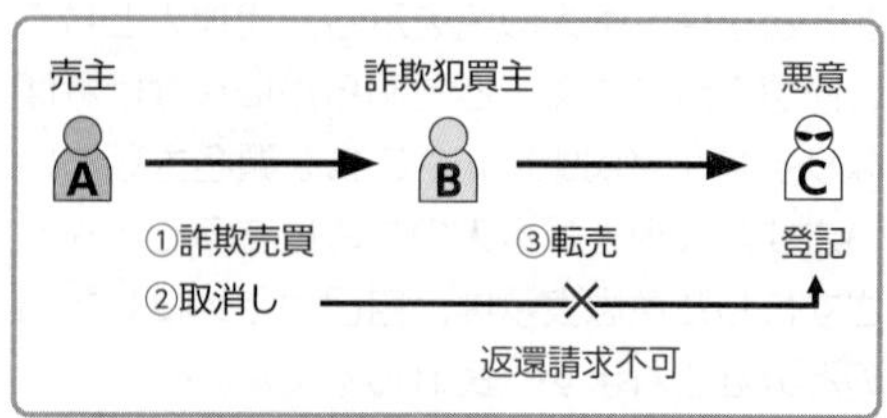

ここでは不動産を例にしていますが，もし売買されたのが動産の場合，Bがその動産を占有していてCが善意・無過失で引渡しを受けていれば，Cは即時取得できることになります（民192）。

4 ウソの代理人が行った契約の効力

Q 息子Bは，父Aに頼まれた代理人だとウソをいってAの不動産をCに売却した。その後，父Aが死亡してBが唯一の相続人となった場合，Bは相続した父Aの**追認拒絶権**（ついにんきょぜつけん）を行使して不動産の引渡しを拒むことができるだろうか。逆に，Bが死亡してAが相続人となった場合は，Aは追認を拒絶できるだろうか。

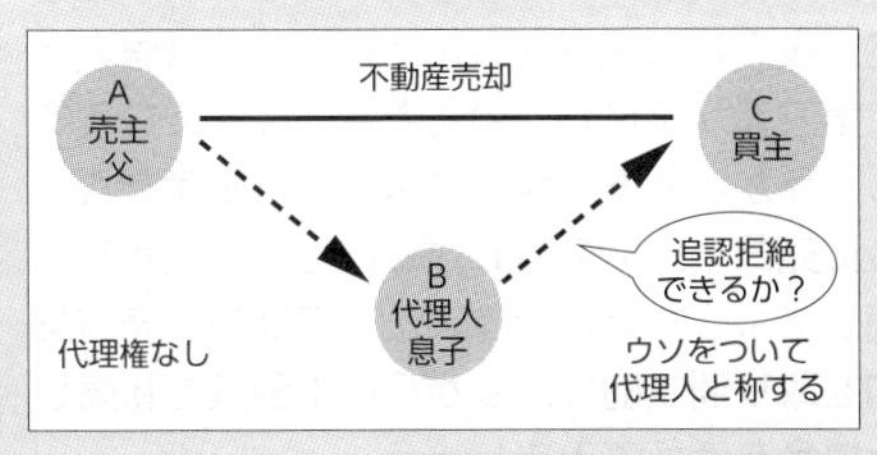

A 本人Aを相続した無権代理人Bの追認拒絶は，信義則に反し認められません（最判昭40.6.18民集19.4.986）。しかし，無権代理人Bを相続した本人Aの追認拒絶は，信義則に反しないので認められます（最判昭37.4.20民集16.4.955）。

解説

1．代理人による契約締結

本人に代わって他の者が意思表示をする，または意思表示を受領することによって，その法律効果を直接本人に帰属させることを**代理**といい（民99），代理権が与えられている者を**代理人**といいます。代理は，社会的活動の範囲を広げるため，本人がその意思に基づいて代理人を選任し，代理権を与えるものです。代理権を与えると，ふつうは委任状を交付することが多いです。

代理人が本人のために第三者と代理行為をするときは，本人の名を示し，代理人としての意思表示であることを明らかにしなければなりません（民99①）。これを**顕名主義**（けんめい）といいます。代理人が本人のためにすることを示さずにした意思表示は，自己のためにしたものとみなされます（民100本文）。

たとえば次の図のように，代理人による意思表示で法律行為がなされ，その効果はBではなく，本人AとCの間で発生するのが代理の基本的なしくみになります。

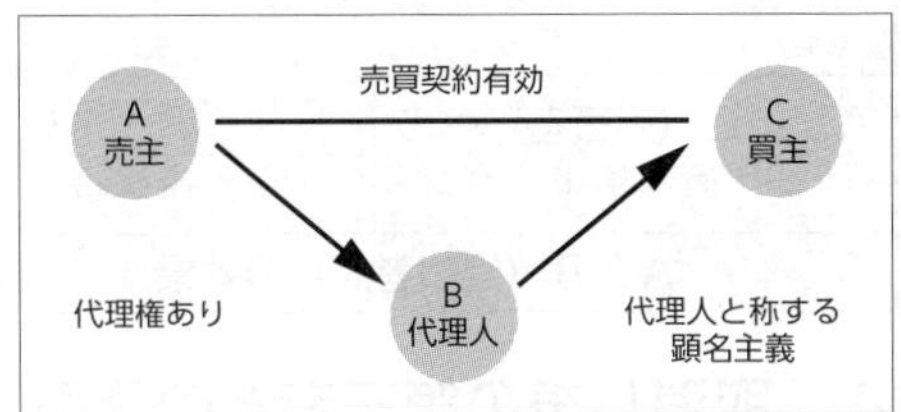

代理人Bは代理権の範囲が決められていなくても，保存行為や一定の利用・改良行為をすることが認められています（民103）。

代理権が消滅するのはいつ？

代理権は，次の３つによって消滅します。
①本人の死亡（民111①Ⅰ）
②代理人の死亡または代理人が破産手続開始の決定もしくは後見開始の審判を受けたこと（民111①Ⅱ）
③委任契約など代理権を授与した原因関係の終了（民111②）
※③については任意代理特有の消滅理由。

2．無権代理行為の追認・拒絶

代理権がないにもかかわらず代理人としてなされた行為を**無権代理**といいます。無権代理は，本人がその**追認**をしなければ，本人に対してその効力を生じません（民113①）。

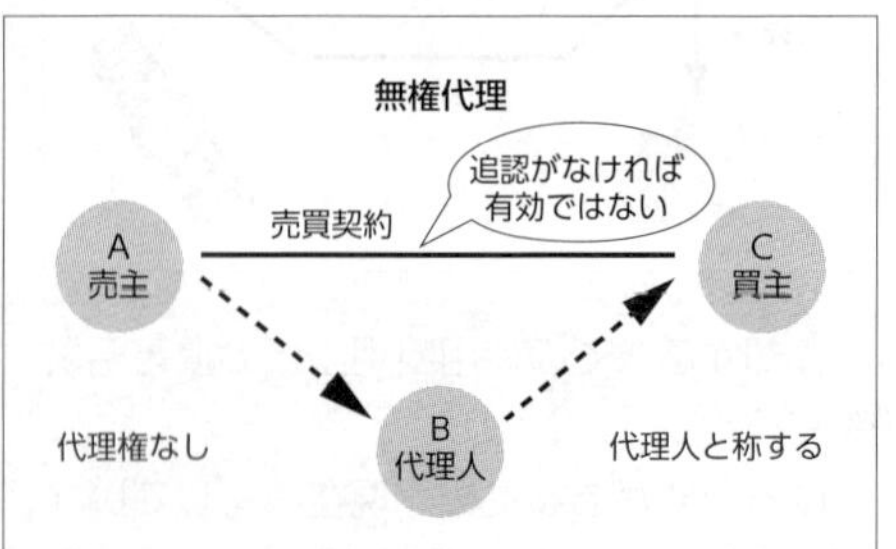

本人が追認すると，契約の時にさかのぼって効力を生じますが，第三者の権利を害することはできません（民116）。本人は**追認を拒絶**することもできます。

こうした無権代理が売買契約でおこなわれた場合，追認されれば買主は売主に代金を支払わなければなりません。逆に追認されなければ，受け取った物を売主に返却したり，他の売主を探したりする必要がでてきます。こうした不安定な状態をなるべく早く安定させるために，無権代理行為の相手方には，期間内に追認するかどうかの返答を本人に求める**催告権**（さいこく）が認められています。もし本人が期間内に返答をしなかった場合には，追認は拒絶されたものとみなされます（民114）。もともと無権代理の効果は本人には帰属しないためです。また，相手方から契約を取り消すことも認められています。これを**取消権**といいます（民115）。

3．無権代理人の責任

他人の代理人として契約をした者が，その代理権を証明することができず，かつ本人の追認も得られないときは，相手方の選択に従って，自ら契約の当事者として履行するか，損害賠償をしなければなりません（民117①）。ただし，無権代理人と取引の相手方との公平を図って，右の場合は責任を免れることができます（民117②）。

①契約時に相手方が無権代理人であることを知っていたとき
②契約時に相手方が過失によって知らなかったとき（無権代理人が自己に代理権がないことを知っていたときを除く）
③無権代理人が行為能力を有しなかったとき

4．無権代理人が本人を相続した場合

判例は，自ら無権代理行為をした無権代理人が，相続した本人の地位を利用して追認拒絶することは**信義則に反する**ので，無権代理人が本人を単独相続した場合は，本人が自ら法律行為をしたのと同様の法律上の地位を生じたものと解釈するのが相当であるとしています（最判昭40.6.18民集19.4.986）。

これとは逆に，本人が無権代理人を相続した場合は，追認を拒絶しても**信義則に反しない**ので，本人は，なお追認拒絶権を有し，当然有効とはならないとされています（最判昭37.4.20民集16.4.955）。ただしその場合には，本人Aは無権代理人Bの地位を承継することになり，無権代理人の責任を負うことになるので，履行するか損害賠償をしなければなりません（民117①）。

5 盗まれた腕時計は取り戻せる？

Q Aの家に遊びに来たBがA所有の腕時計を盗み，事情を知らないCに売却したところ，Cの家に遊びに来たAが自分の腕時計を発見して盗み返し，事情を知らないDに売却した。Aに盗まれたとわかったCがAに返還または損害賠償を請求したが，認められるだろうか。

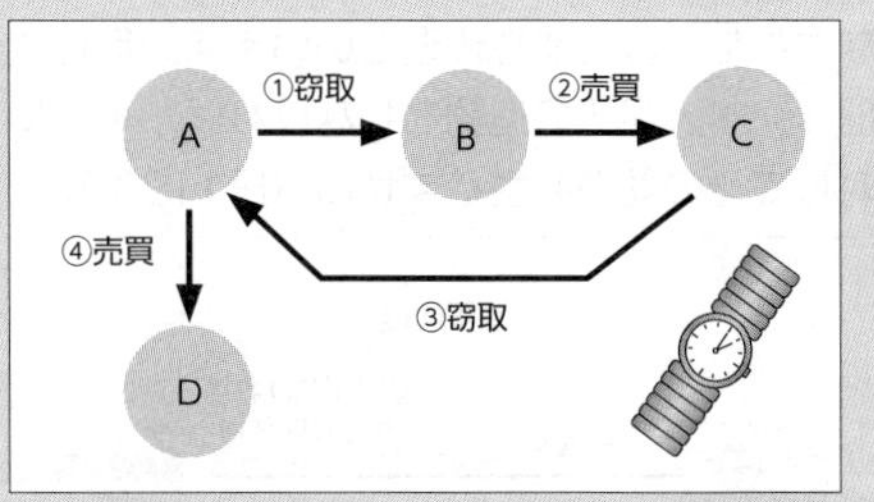

A 返還請求は認められませんが，AがDに売却するまでの使用料相当額の損害賠償請求は認められます（大判大13.5.22民集3.224）。

返還請求をするためには，相手が現に占有している必要があるため，現在占有していないAに返還請求することはできません。民法200条１項により損害賠償請求はできますが，民法193条の盗品の例外規定により，Cは即時取得による所有権取得が認められないので，所有権の価額が損害賠償額になるのではなく，占有権侵害の価額，つまり使用料が損害賠償額になります。

解説

1．占有訴権（占有回収の訴え）

占有権は物を所持する権利で，物を事実上支配しているだけで認められます。所有権や賃借権などの物を事実上支配する権原を有しているかどうかは問題ではないので，窃盗犯人も盗品について占有権を有しています。

占有者がその物の占有を奪われたときは，侵害の時から１年以内に限り，**占有回収の訴え**により，その物の返還および損害賠償を請求することができます（民200①，201③）。占有者であれば占有回収の訴えを起こすことができるので，窃盗犯人が所持していた盗品を奪われたときも，窃盗犯人は占有回収の訴えにより，その物の返還および損害賠償を請求することができます。

このように，窃盗犯人にも占有権が認められ，占有回収の訴えを起こすことが認められているのは，権利者といえども，権利を実力行使することを認めず，法の定める手続（**強制執行手続**）によらなければならないためです。これを，**自力救済の禁止**といいます。

占有回収の訴えは，占有を奪った者から譲り受けたり借りたりしている者（**特定承継人**）に対しては提起することができませんが，特定承継人が侵奪の事実を知っている（悪意）場合には，その者に返還を請求することができます（民200②）。

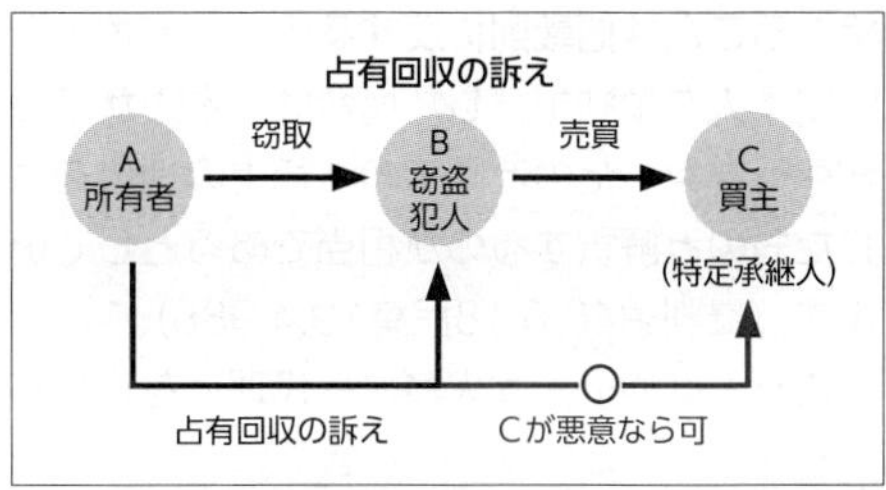

2．即時取得

腕時計を持っていたからといって，その人が正当な所有者だとは限りません。腕時計を他の人から預かっているだけだったり，借りていたりする場合もあるからです。もし正当な所有者でない人から腕時計を購入しても，その腕時計に対する所有権は獲得できないと考えるのが妥当です。しかし，それでは日常生活でさまざまな商品を購入するときに，毎回売主が正当な所有者かどうかを確認しなければならないことになります。それはかなり煩雑であると同時に，不可能なことです。

そこで民法は売買などの取引行為によって，平穏かつ公然に動産の占有を始めた者が善意・無過失のときは，その者は即時にその動産について行使する権利を取得すると定めています（民192）。これを**即時取得**といいます。

即時取得は取引の安全を保護するための仕組みですから，「乱暴に」動産を取得しても保護されませんし，「公然に」つまり「第三者から見てもわかるように」取得しなければ善意取得の規定は適用されません。たとえば現実の引渡し，簡易の引渡し，指図による占有移転は第三者からみてもわかりますが，売主がそのまま目的物を所持するような占有改定では，第三者がみても動産が引き渡されたのかどうかがわかりません。そこで，**占有改定では即時取得は認められない**ものとされています（最判昭35.2.11民集14.2.168）。

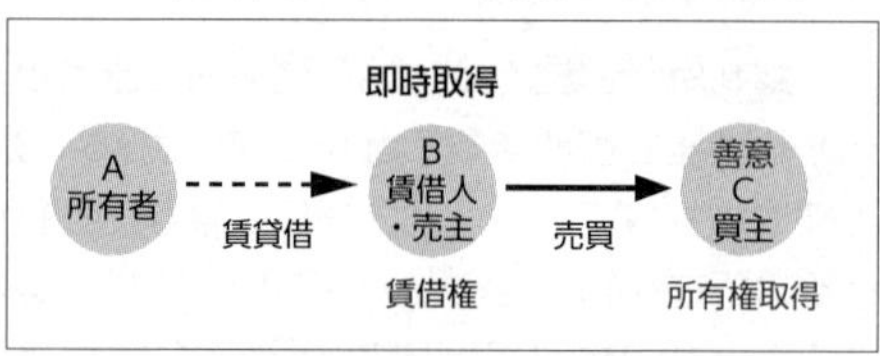

一方，不動産については登記制度がありますから，即時取得の制度は適用されません。正当な所有者かどうかは，登記簿を調べればよいことになります。

3．盗品・遺失物の回復

即時取得は，真実の権利者を犠牲にして取引の安全を保護するものです。権利者がその意思によらずに占有を失った場合にまで即時取得を認めると，あまりにも過酷な結果となってしまいます。そこで，その動産が盗品や遺失物であるときは，被害者または遺失者は，盗難または遺失の時から**２年間は，占有者に対して返還請求することができる**とされています（民193）。所有者だけでなく，賃借人や受寄者（じゅきしゃ）（依頼された物の保管を引き受けた者）も返還請求できます。

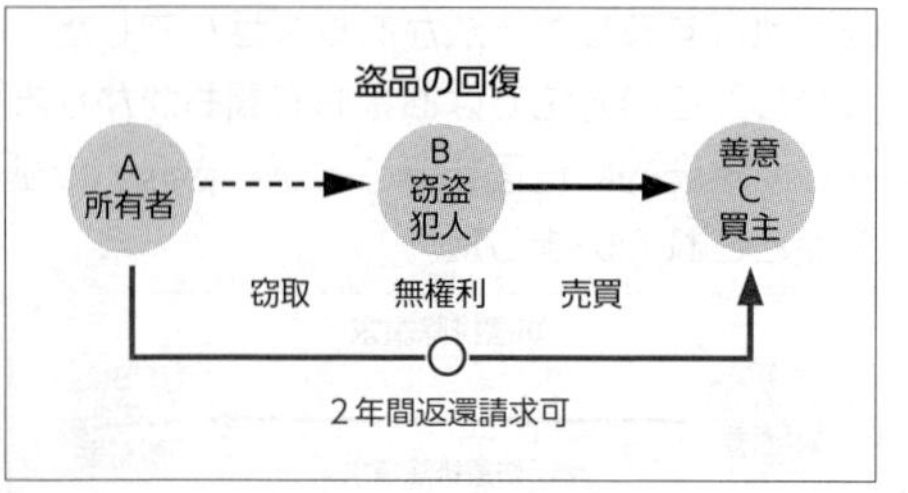

ただし，占有者がその物を競売もしくは公の市場（店舗）で，または同種の物を販売する商人より，善意で買い受けたときは，被害者または遺失者は，占有者が支払った代価を弁償しなければ返還を受けることができません（民194）。

判例は，被害者・遺失者が返還請求可能な２年間を経過したとき，初めて占有者は所有権を取得するとしています（大判大10.7.8民録27.1373）。なお，回復請求を受ける者が古物商・質屋の場合は，１年間は無償で返還請求できます（古物営業20，質屋営業22）。

6 隣のゴミ屋敷の管理

Q Aの隣の家にはだれも住んでおらず長らく放置されているため，雑草が生え，庭木がAの敷地に倒れ込み，大型家電製品や生ゴミが捨てられて，ゴミ屋敷となっている。悪臭が漂い，治安上も問題があるので近隣住民も困っているが，Aはどうしたらよいだろうか。

A Aは，裁判所に管理不全土地・建物管理命令を請求することができます（民264の9①，264の14①）。

裁判所が管理不全土地管理命令を出すと，選任された管理不全土地管理人はその土地にある動産も管理することができ（民264の9①②），ゴミの撤去，害虫の駆除，ひび割れ・破損が生じている擁壁（ようへき）の補修工事などを行います。なお，調査を尽くしても所有者またはその所在を知ることができないときは，裁判所に所有者不明土地・建物管理命令を請求することもでき（民264の2①，264の8①），所有者不明土地・建物管理人に適正な管理を行わせることができます。

解説

1．物権的請求権（妨害排除請求（ぼうがいはいじょせいきゅう））の利用

所有権などの物権は物を直接的に支配する権利です。債権のように，債務者が存在しなくても，自分と物があれば成立する権利ともいえます。そうした物権では，第三者がさまざまな関与をしてこないという状態が，理想的な状態になります。そこで，第三者が正当な理由なく所有権を侵害している場合には，その第三者に対して所有権の完全な支配状態を回復する請求権（**物権的請求権**）が認められています。この物権的請求権は，物権の種類ごとにその具体的な内容は異なってきますが，ここでは主に所有権についてみていきましょう。

もし自分の腕時計を勝手に第三者が持っていった場合には，「返せ」と言えます（**返還請求権**）。また所有権を侵害されている場合には侵害状態の除去を求める**妨害排除請求権**，侵害を予防する**妨害予防請求権**が認められています。隣のゴミ屋敷の庭木が自分の庭に倒れこんでいて，ゴミの悪臭も漂っている状態は，明らかに自分の庭や家屋の円満な利用を侵害しています。したがって侵害状態の除去を求める妨害排除請求権が認められることになります。**管理不全土地・建物管理制度**が導入される前までは，裁判所に妨害排除請求の訴えを提起して，裁判所の判決をもとに強制執行するしか方法がありませんでした。しかし，この方法ではお金も時間もかかりますし，継続的に管理することができないのが欠点とされていました。

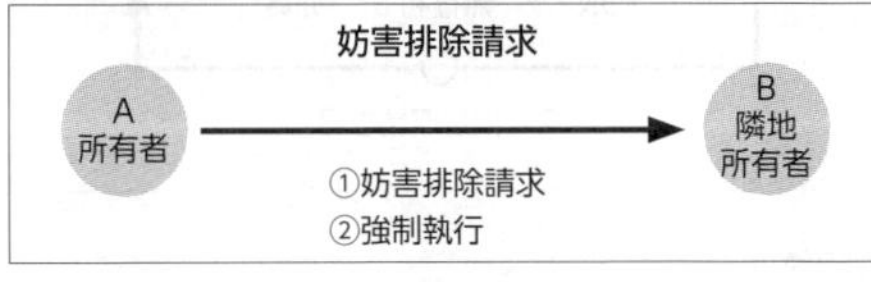

2. 不在者の財産管理制度の利用

隣家がゴミ屋敷となっているのは，隣家の所有者が不在で管理する者がいないことによる場合は，家庭裁判所に請求して財産管理人を選任してもらうことも可能です（民25①）が，その請求をできるのは利害関係人と検察官に限られており，**「利害関係人」とは債権者，親族等に限られる**と解されているため，**隣人や友人であるというだけでは請求できません**。また，不在者の財産管理制度は，不在者の全財産を管理するものなので，土地・建物以外の財産も調査して管理しなければならず，管理期間も長期化しがちで，予納金も高額となって申立人の負担が大きいため，利用がためらわれます。

不在者の財産管理制度

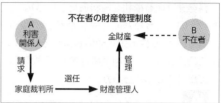

A 利害関係人 —請求→ 家庭裁判所 —選任→ 財産管理人 —管理→ 全財産 ←--- B 不在者

3. 管理不全土地・建物管理制度の利用

2021（令和３）年の民法改正で，所有者による土地又は建物の管理が不適当であるため，他人の権利・法的利益が侵害され，またはそのおそれがあり，土地・建物の管理状況等に照らして管理人による管理の必要性が認められる場合には，利害関係人の申立てにより，裁判所が管理人による管理を命ずることができる管理不全土地・建物管理制度が創設されました（民264の９～264の14）。

申立権を有する利害関係人にあたるか否かは，個別の事案に応じて裁判所が判断し，建物や塀が倒壊するおそれが生じている土地の隣地所有者や，ゴミが不法投棄された土地を所有者が放置しているため，臭気や害虫発生によって健康被害を生じている者も利害関係人として申立てできます。

また，継続的な管理や適正な管理がしやすくなるのも長所です。

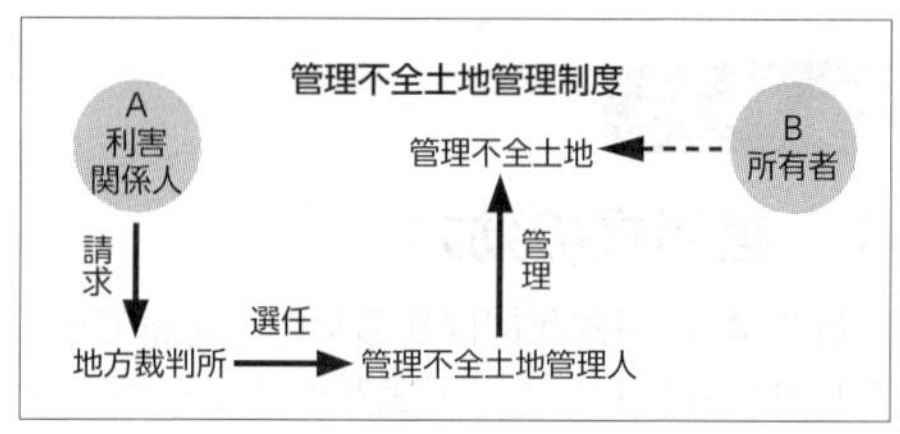

4. 所有者不明土地・建物管理制度の利用

所有者の所在が不明な土地・建物が増加して，公共事業の用地取得や空き家の管理などが社会問題化したため，2021(令和3)年の民法改正で，調査を尽くしても土地・建物の所有者が不明である場合には，特定の土地・建物のみに特化して管理を行う所有者不明土地・建物管理制度が創設されました（民264の２～264の８)。

所有者不明の土地・建物について利害関係人から請求があったとき，裁判所が所有者不明土地・建物管理人を選任し，管理を命じます（民264の２①，264の８①)。公共事業の実施者など，その不動産の利用・取得を希望する者などが，利害関係人にあたります。

7 抵当権を設定した建物の賃料

Q AはBにお金を貸し付け，その担保としてBが所有する建物に抵当権を設定し，登記した。その後，Bは建物を有効に活用するために，Cに賃貸し，毎月賃料を受け取ることにした（こうした賃料を受け取る権利を賃料債権という）。

その後，BがAにお金を返済する期日になったが，Bはお金を返済しようとしない。このときAは，賃料債権を差し押さえることができるのだろうか。

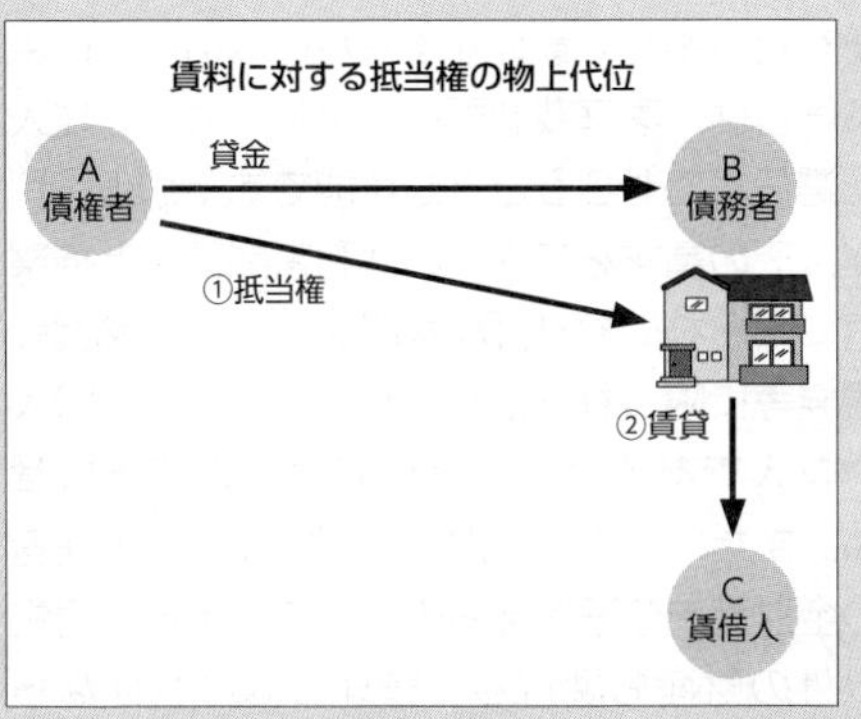

A 債権者Aは，自らその賃料債権を差し押さえて，物上代位権（ぶつじょうだいいけん）を行使することができます。

抵当権は，債務不履行の後には，抵当権が設定された不動産の法定果実にも及びます（民371）。したがって，建物の賃料を差し押さえることもできます。また，賃借権などが設定されていても抵当権の行使はできますから，AはBの建物に設定されている抵当権を行使することもできます。

解説

1．抵当権の効力

抵当権は，債権を担保するための物権です。もしBがAに対して，お金を返すことができなかった場合，Bの建物に抵当権を設定しておくと，その建物を売却して，そのお金をAは優先的に受け取ることができます。もし，抵当権を設定していなければ，債権者平等の原則にもとづいて残余財産を平等に分配するだけです。しかし抵当権を行使すれば，建物を競売などで換金して，その金額から優先的に弁済を受けることができます。

Bにとっても，建物に抵当権を設定しても，そのまま建物を使い続けることができる点で，抵当権は便利です。たとえば不動産に質権を設定すると，その不動産を質権者に移転しなければなりませんが，抵当権を設定した場合，建物を賃貸に出して，賃料を受け取ることもできます。

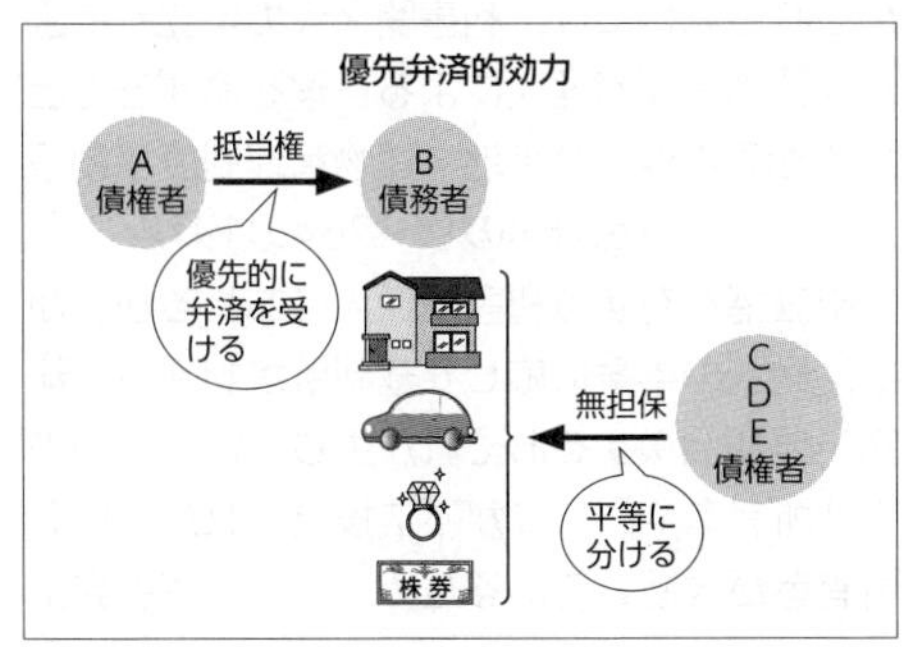

この事例では抵当権が設定された後に，賃貸借契約が締結されていますが，この場合の賃貸借は抵当権に対抗できないので，AはBの建物を競売にかけることができます。しかし，賃借人Cが高い賃料をきちんと払ってくれる場合，むしろ建物が高く売れることがあります。そのため抵当権者による賃貸借の継続についての同意を登記する制度もあります。

ただし，債務不履行前の場合には，抵当権の効力は賃料には及ばず，物上代位できません。

2．抵当権の物上代位

抵当権の優先弁済的効力は，目的物を競売した場合の経済的価値に着目したものであることから，目的物の売却・賃貸・滅失・損傷などにより債務者が受け取る金銭その他の物に対しても，権利を行使することができます（民372，304）。これを抵当権の**物上代位**といいます。

火災保険金請求権のほか，土地収用・土地区画整理等の補償金・清算金・替地（かえち）なども，物上代位権行使の目的となります。

抵当権設定後も，所有者はその不動産を使用・収益する権利を有し，賃貸して賃料を受け取ることができるので，賃料には抵当権の効力が及ばず，したがって物上代位することはできません。しかし，債務不履行があったときは，その後に生じた抵当不動産の果実（賃料など）に対しても抵当権の効力が及ぶ（民371）ので，賃料に対しても物上代位することができます。

物上代位の例

債務者Bが所有する建物に債権者Aが抵当権を有していたところ，その建物が火災により焼失し，抵当目的物が火災保険金請求権等に姿を変えた場合には，その火災保険金請求権等に抵当権が及んでいくということです。

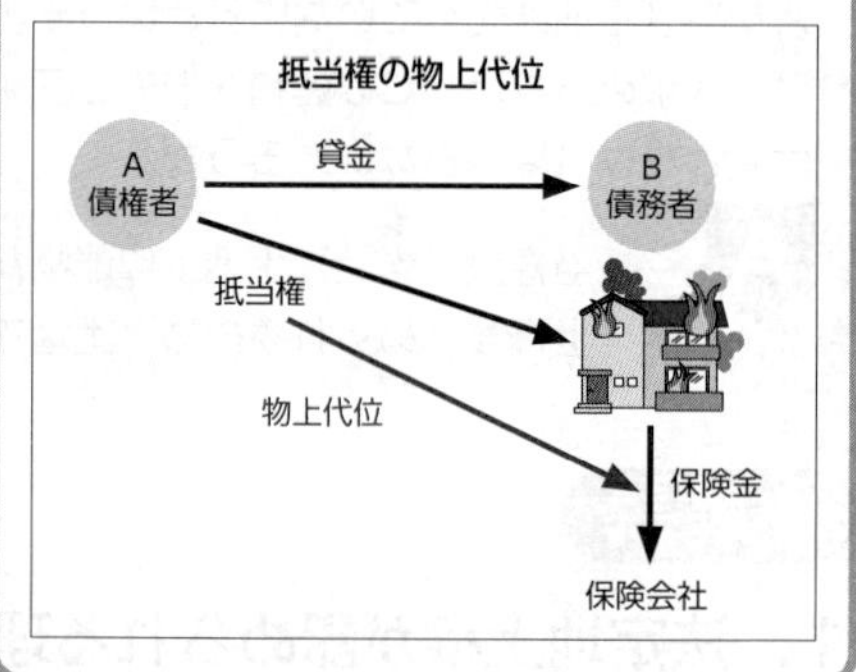

3．物上代位権行使の要件「差押え」

抵当権が行使されずに，BがAに借りたお金を返済し，建物に設定された抵当権が消滅するのが理想的です。しかし，支払期日になってもBがAに借りたお金を返済しない場合，抵当権者が賃料債権に物上代位することになります。

賃料債権に物上代位するためには，具体的には「差押え」をおこないます。差押えとは，民事執行法にもとづいて，債務の履行を強制するために裁判所に申し立てる手続のことをいいます。この差押えによって，AとBに裁判所から差押命令という通知が送達されます。そして，それから一定期間後にAは差し押さえた賃料債権を自ら取り立てることができるようになります。つまりAは賃借人Cから賃料を受け取ることになります。

このとき民法304条１項では，物上代位をおこなう要件として，Bに賃料が払い渡される前に，賃料債権を差し押さえることがあげられています。お金が混ざってしまうと，どの債権のお金かわからなくなってしまうためです。

4．担保不動産収益執行

物上代位によって賃料債権を差し押さえる方法以外に，**担保不動産収益執行**というしくみもあります。物上代位による賃料債権の差押えだと，建物の管理が劣化する可能性があるため導入されたしくみです。

担保不動産収益執行では，裁判所で選任された管理人が建物を管理し，建物から得られた収益から，管理に要した諸費用や手数料を差し引いて，債権者に配当されることになります。

8 土地と建物の所有権

Q Aが B銀行から借り入れをしたとき，担保としてAの所有地上にあるAの建物に，B銀行が抵当権を設定した。その後Aは返済ができなくなり，担保である建物が競売にかけられることになった。その結果Cが建物の所有権を取得したが，Aから「土地は売っていない」といって明渡しを求められた。Cは建物を撤去して明け渡さなければならないだろうか。

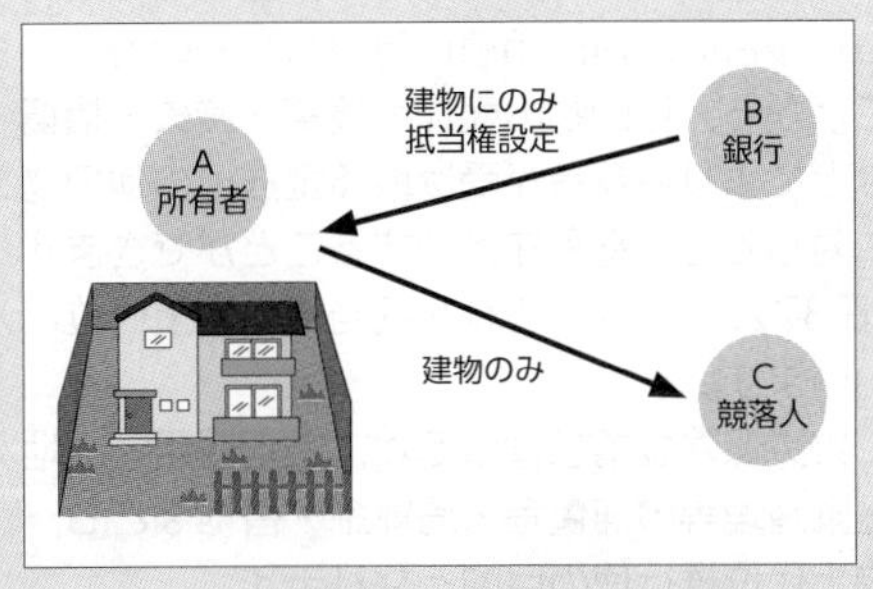

抵当権設定当時，土地上に建物が存在していて，所有者が同じ人だった場合，**法定地上権**が認められるため，土地を明け渡す必要はありません。

解説

1．法定地上権が認められる理由

民法は，土地と建物は，それぞれ別個の独立した不動産として扱っています。そして，自分から自分の物を借りるということは認められないため，自分の土地を借りて（自己借地権）自分の家を建てるということも認められません。その結果，建てた建物に借地権はないので，土地と建物の所有者が別々になった場合は，土地所有者が借地権を設定しない限り，建物を撤去しなければならなくなります。しかし，それでは建物所有者の損失があまりにも大きく，国家経済的にも損失なので，法は，一定の要件のもとに，建物所有者に地上権の成立を認めています。

当事者の契約によってではなく，法の規定によって成立する地上権なので，これを**法定地上権**といいます。

2．法定地上権の成立要件

法定地上権が成立するためには，次の4つの要件を満たす必要があります（民388）。

①抵当権設定当時，土地上に建物が存在すること。
②抵当権設定時に土地と建物が同一人の所有であること。
③土地・建物の一方に抵当権が設定されたこと。
④競売により土地・建物の所有者が異なるに至ったこと。

このうち①～③は抵当権設定時の要件です。④のみ抵当権を行使した時の要件になっています。たとえばB銀行がAの建物に抵当権を設定したときに，土地が別の人の所有物だった場合には法定地上権は認められません。

また，土地と建物の両方に抵当権が設定され，片方だけ抵当権が行使された場合や，両方の抵当権が行使され，土地と建物がそれぞれ別の人の所有になっても法定地上権が認められるので，③の「土地・建物の一方」は必ずしもというわけではありません。

3．法定地上権成立の注意点

①建物に所有権保存登記や移転登記がされていない場合	土地に抵当権が設定された当時，その土地上に抵当権設定所有者の建物が存在していれば成立する（大判昭14.12.19民集18.1583，最判昭48.9.18民集27.8.1066）。
②双方に抵当権が設定された場合	土地と建物が別々の人に競売で落札された場合でも成立する（大判明38.9.22民録11.1197）。
③法定地上権成立前に建物が滅失した場合	抵当権実行前（法定地上権の成立前）に，当時存在していた建物が滅失し，再築された場合でも，その再築建物に対して成立する（大判昭10.8.10民集14.1549）。
④法定地上権成立後に建物が滅失した場合	通常の地上権と異なるところはないので，存続期間内に建物が滅失しても法定地上権は消滅しない。また，滅失した「建物を特定するために必要な事項，その滅失があった日及び建物を新たに築造する旨を土地の上の見やすい場所に掲示」すれば，対抗することもできる（借地借家10②）。
⑤法定地上権の対抗力	不動産物権変動の一般原則により，登記がなければ第三者に対抗できない（民177）。しかし，借地借家法で，建物の登記によっても対抗力を与えられる（借地借家10）ので，その建物の登記を備えていれば，その後にその土地を譲り受けた者に対しても法定地上権を対抗できる。
⑥更地（さらち）に抵当権が設定された場合	土地所有者がその土地上に建物を建てた場合，抵当権者が承諾していても法定地上権は認められない（最判昭36.2.10民集15.2.219）が，抵当権者は，土地とともにその建物を競売することができる（民389①本文）。

4．法定地上権のデメリット

法定地上権は，競売によって建物を取得したCにとってはありがたいしくみですが，土地の所有者であるAにとっては，更地で土地を売却することができないためうれしくないしくみです。

そこで，民法では土地の所有者であるAのために，次のようなしくみを用意しています。

一つ目は**地代**のしくみです。Aは更地で土地を売却することはできませんが，Cから地代を受け取ることができます。この地代については，AとCの間で話し合って決めても良いですし，もし協議がまとまらなければ裁判所の決定にまかせることになります。

二つ目は法定地上権の**存続期間**の定めです。AはCに永久に土地を貸さなければならないわけではありません。この存続期間もAとCの間で話し合って決めるか，特に合意がなければ借地借家法３条の定めで，30年となります。30年よりも長い期間であれば借地借家法の規定にかなうので，たとえば無期限に法定地上権を認めるといった合意も可能になります。

9 担保権を設定した商品とその売買代金

Q Aが輸入業者Bに輸入資金を貸し付け，その担保として輸入商品に譲渡担保権を設定していた場合，Bがこの商品をCに転売したあと破産したときは，Aは転売された商品の売買代金に物上代位権を行使できるだろうか。

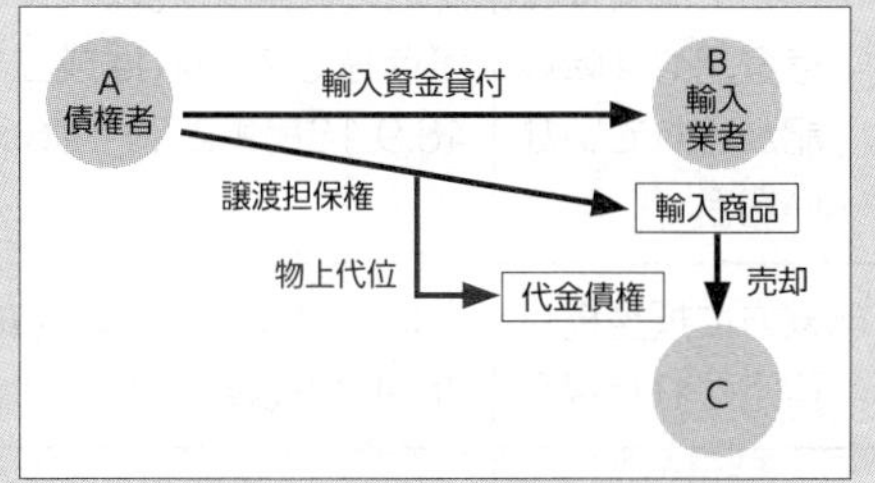

A 譲渡担保権は優先弁済的効力を有するため，物上代位権の行使が認められ，転売された商品の売買代金を差し押さえることができます（最決平11.5.17民集53.5.863）。

解説

1．非典型担保が認められる理由

民法は当事者間の契約によって生じる担保物権として，抵当権と質権（典型担保）を規定していますが，**動産を債権者に引き渡さずに担保化する方法はありません**。また，不動産の場合は，債権者に引き渡さずに担保化する方法として抵当権がありますが，**抵当権の実行には費用がかかり簡易・迅速ではありません**。その上，競売手続による目的物の処分は，適正価格を相当下回りがちです。これらの理由から，物権法定主義にもかかわらず，実務において，民法に定めのない新たな物的担保が生み出されてきました。これを**非典型担保**といいます。民法の定める典型担保は制限物権を設定するものであるのに対して，非典型担保は**所有権移転という形で担保が設定**されます。

物権法定主義とは

物権の種類・内容はすべて法律で定め，個人で勝手に創設することができないこと。

	目的物	引渡し	所有者	占有者
抵当権	不動産もしくは限られた動産（自動車など）	必要としない	債務者	債務者
質権	不動産もしくは動産	必要	債務者	債権者
譲渡担保	不動産もしくは動産（動産は譲渡可能であれば目的物にできる）	所有権の移転（目的物は引き渡されなくともよい）	債権者	債務者

動産の所有権を担保のために移転させ，それを借りる形で使用を続けられるのは譲渡担保だけ！

2．非典型担保の種類

非典型担保は，所有権を帰属させる方法によって，次のように分類されます。

あらかじめ所有権を移転するもの	
譲渡担保	**消費貸借契約**を締結→物の所有権を担保するため債権者に移転→債務者がこれを無償で借り受ける**使用貸借契約**を締結→弁済期に元本と利息を支払う→物の所有権を返還　という形式。消費貸借上の債権が存続する。
売渡担保	消費貸借契約を締結せず，**売買契約**を締結して物の所有権を移転→**買戻しの特約**（民579）または**再売買の予約**（民556）を付けて，**賃貸借契約**を締結→賃料（実質的には利息）を支払ってその物を借り受け→弁済期日に代金を支払って買い戻す　という形式。消費貸借上の債権はない。
債務不履行のときに所有権を移転するもの	
仮担保登記	借金を返済できないときは土地を渡すといった**代物弁済の予約**などをしておき，将来の所有権移転を保全しておくために，その土地に仮登記をしておくもの。
売主に所有権を残すもの	
所有権留保	商品売買をするさい，買主が代金の全額を支払うまで，その商品の所有権を売主に留保しておくことで代金債権を担保する方法。

3．譲渡担保

譲渡担保を設定すると，輸入した商品の所有権はBからAに移転して，Bはそのまま商品を手元に残すことができます。質権は占有改定が認められていませんが（民345），譲渡担保の場合には占有改定が認められています。

譲渡担保の対抗要件は，物が動産か不動産かで異なり，不動産が対象の場合には，登記が必要です（民177）。一方，商品のような動産の場合には，占有改定による引渡しが対抗要件になります（民178）。

弁済期にBがAにお金を返すことができれば，何の問題もなく，物の所有権はBに戻ります。逆に弁済期を過ぎてもお金を返すことができなければ，Aは譲渡担保を実行して，輸入した商品の所有権はAに帰属することが確定します。

ただし，Aに所有権が帰属する物と債権金額に差がある場合には，その差額をBに返さなければなりません。これを**清算**といいます。たとえばAがBに貸したお金が1,000万円で，譲渡担保を設定した輸入商品の時価が3,000万円である場合には，差額の2,000万円を清算しなければなりません。

このとき輸入した商品をすべてAに帰属させて，清算金2,000万円をAがBに支払う帰属清算型と呼ばれる方法と，Aが別の人に売却して，その売買代金と1,000万円の差額をBに支払う処分清算型の２つの方法があります。どちらによるのかは，契約によって決まります。

ただし，この事例のように，すでに商品がBからCに売却されている場合には，Cが善意取得しているので，清算ができません。そこで，商品の売買代金に物上代位権が行使できるとされたわけです。

10 履行前に目的物が滅失した場合の売買契約

Q Aは，所有する山の中の別荘をBに売る契約を結んだが，Bに引き渡す前日にAの不注意で別荘は全焼してしまった。存在しないものを売り渡すことは不可能なので，その別荘の売買契約は成立せず，無効になってしまうのだろうか。

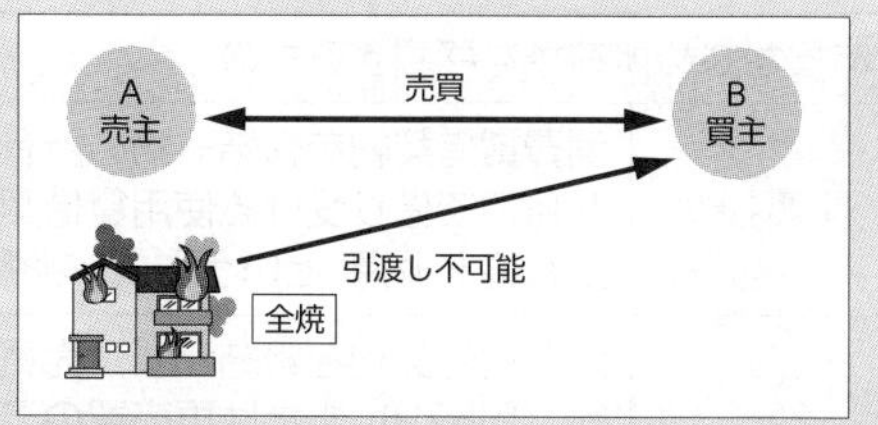

A すでにAとBの売買契約は成立していますが，別荘が全焼してしまったため所有権移転は履行不能（りこうふのう）となります。そのため買主Bは履行を請求できませんが，Aの不注意によるものなので，履行不能によって生じた損害の賠償を請求できます（民412の2）。

解説

1．契約締結前の履行不能（原始的不能）

債務の履行が，契約その他の債務の発生原因及び取引上の社会通念に照らして不能であることを**履行不能**といい，債権者は，その債務の履行を請求することができません（民412の2①）。不能かどうかは，発生原因および社会通念によって判断されます。引き渡すべき目的物が滅失したなどの物理的不能だけでなく，不動産が二重に譲渡されて登記を経由したときなども履行不能となります。

契約成立の時点で履行不能な場合を**原始的不能**といい，契約成立後に履行不能となった場合を**後発的不能**といいます。

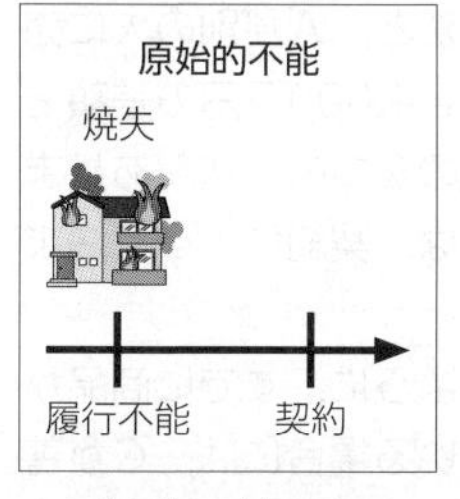

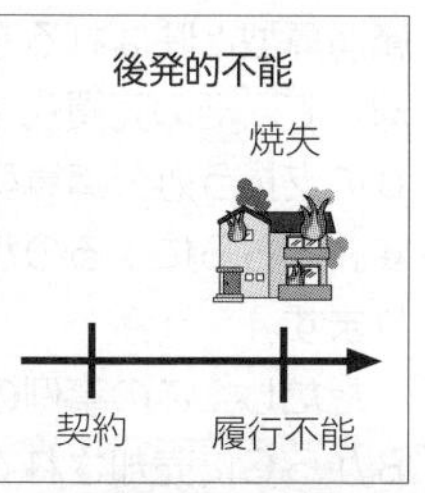

原始的不能の場合，AとBの売買契約が無効と解釈すると，BがAから別荘を引き渡してもらう債権も無効になり，BはAに別荘を引き渡すようにといった請求権を持ちません。そうであれば別荘が引き渡されなくても債務不履行にはならないのですから，債務不履行にもとづく損害賠償請求もできなくなります。

一方，AとBの売買契約が有効と解釈するならば，BのAに対する債権も有効なので，別荘を引き渡せなかったAに対して，Bは債務不履行にもとづく損害賠償請求ができることになります。現在の民法は，後者の考え方を採用し，原始的不能の場合にも債務不履行責任を問える規定があります（民412の２）。

ちなみに，この事例では契約を締結して，引き渡す前日に別荘が全焼していますので，後発的不能です。この場合にも，履行の請求はできませんが，債務不履行にもとづく損害賠償請求が認められます。つまり原始的不能の場合と後発的不能の場合とで，バランスがとれたしくみになっているわけです。

2．契約締結後の履行不能（後発的不能）

①売主の責任による後発的不能

売主Ａの責任による後発的不能については，債務不履行責任を問うことができます。買主Ｂは，買主は催告することなく契約の解除をすることができ（民542①Ⅰ②Ⅰ），あわせて損害賠償の請求をすることもできます（民415①②Ⅰ）。売買契約が解除された場合には，売主Ａと買主Ｂは，それぞれ原状回復義務を負うことになります。

たとえば買主Ｂは別荘を購入して，さらに転売して300万円の利益を得るつもりだったとしましょう。このとき買主Ｂは，契約を解除して代金支払義務を免れるとともに，得られたであろう転売利益300万円の損害賠償請求ができることになります。

②買主の責任による後発的不能

買主Ｂが引き渡される前に別荘を訪れ，料理をしていたところ，不注意で別荘が全焼してしまった場合などのように，買主Ｂの責任による後発的不能の場合には，買主Ｂは契約の解除はできず（民543），代金の支払いも拒むことができません（民536②前段）。買主Ｂが不注意で失火しなければ，売主Ａは売却代金を得られたはずだからです。このとき売主Ａは，別荘の引渡しの義務を免れます。

③不可抗力による後発的不能

売主にも買主にも責任がない不可抗力によって履行不能になった場合，民法では「債権者は，反対給付の履行を拒むことができる」（民536①）と定めています。つまり，買主Ｂは代金の支払いを拒絶することができます。これを**履行拒絶権**といいます。このとき債務者（売主）は，得られたであろう別荘の売却代金を得られなくなるという危険（リスク）を負うことになります。これを**危険負担**における**債務者主義**といいます。

買主Ｂに履行拒絶権が認められていますから，売主Ａが買主Ｂに代金の支払いを請求しても，買主Ｂはそれを拒否することができます。また，決められた期日に代金を支払わなくても履行遅滞になることがありません。その結果，売主Ａは買主Ｂに対して，履行遅滞にもとづく損害賠償請求や契約の解除（民541）もできなくなります。

ただし，このままだと買主Ｂの代金支払義務は残ったままです。そこで，買主Ｂは契約を解除して代金支払義務を消滅させることになります。意外かもしれませんが，不可抗力による後発的不能の場合であっても，解除をしないと代金支払義務は消滅しません。これは，たとえ山火事で別荘が全焼したからといって，本当にそれが不可抗力かどうかは，厳密に検証しないと何ともいえないからです。

つまり現行の民法では，売主に責任があってもなくても，買主は契約を解除することで，問題の解決に向かうことになります。

3．危険負担と解除

先に見たように，不可抗力によって履行不能になった場合，買主（債権者）には履行拒絶権の行使が認められています。ただし，履行拒絶権を行使したからといって，買主の代金支払義務が自動的に消滅するわけではありません。確実に代金支払義務を消滅させるためには，契約を解除する必要があります。これは，危険負担の制度と解除の制度を，それぞれ別個の仕組みとして活用し，相互に矛盾が生じないようにするための工夫です。

11 保証と連帯債務の違い

Q Aは友人BとCに頼まれてお金を貸すことになったが，主たる債務者をB, 保証人をCとしてお金を貸す場合と，BとCの連帯債務としてお金を貸す場合とで，どのような違いがあるだろうか。

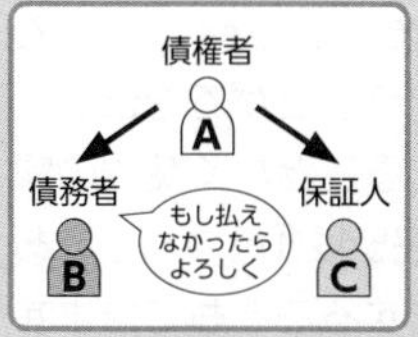

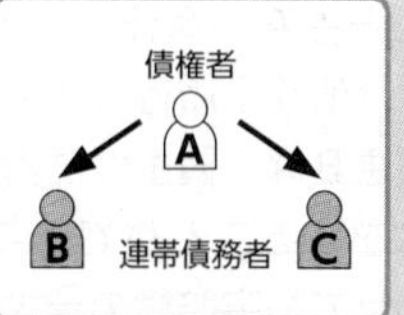

A 保証債務は，主たる債務に対して「主従」の関係にあります。一方，連帯債務の場合には，複数の債務者が連帯して債務を負担しているので「主従」の関係にはありません。したがって，Cが保証人の場合には，Aはまず主たる債務者であるBに履行を請求しなければなりません。一方，連帯債務の場合には，AはBにもCにも全額または一部の請求ができます。つまり，債権者Aの立場からすると，保証債務の場合にはBのみにしか全額を請求できないが，連帯債務の場合にはBにもCにも全額を請求できるので，債権の回収の確実性が増します。一方，Cの立場からすると，催告の抗弁権や検索の抗弁権が認められ，Bの代わりに弁済しても全額をBに求償できるので，保証債務のほうが，負担が軽いといえます。

解説

1．付従性の有無

保証債務は，主たる債務と主従の関係にあるので，主たる債務が履行されないとき，はじめて保証人に履行する責任が発生し（民446①），主たる債務に対する債権が譲渡されれば，保証人に対する債権も移転します（随伴性（ずいはんせい））。

また，主たる債務に生じた事情は，保証債務に影響を与えます（**付従性**（ふじゅうせい））。たとえば，主たる債務者に行為能力がないことや，詐欺・強迫があったことなどで取り消されたときは，保証債務も成立しません。主たる債務が時効で消滅すれば，保証債務も時効で消滅します。逆に，保証人に生じた事情は，主たる債務に影響を与えないので，行為能力がないことや，詐欺・強迫があったことなどで保証債務が取り消されても，主たる債務は存続します。

これに対して，**連帯債務**はそれぞれ独立した債務のため，債務相互間で主従の関係はありません。そのため連帯債務者の一人について生じた事情は，原則として他の連帯債務者に影響を与えません（民441）。これを**相対的効力の原則**といいます。たとえば，連帯債務者の一人について時効が完成して債務が消滅したとしても，他の連帯債務者の債務の時効は消滅しません。

保証債務の場合

債権者 A
時効完成 → 債務者 B
消滅する → C 保証人

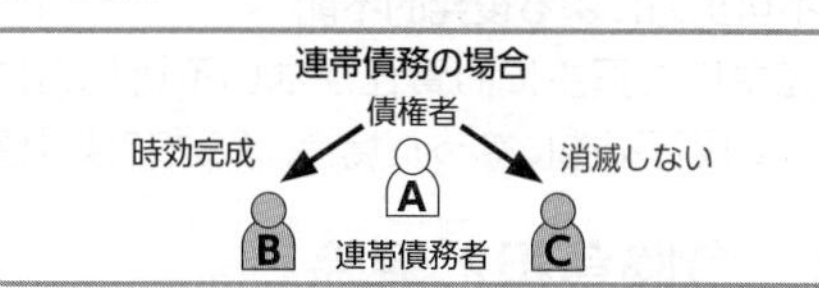

連帯債務の絶対的効力事由

連帯債務者の一人について生じたことが他の連帯債務者に影響を与えるのは，更改・相殺・混同の３つだけで，これを**絶対的効力事由**といいます。すなわち，連帯債務者の一人との更改・相殺・混同は，債務の弁済がなされたのと同様なので，他の連帯債務者の債務も消滅します（民438，439①，440）。

2. 連帯債務の対外的効力

保証債務の場合，主たる債務者Bが借り入れたお金の全額を弁済する債務を負っており，保証人Cは，Bが債務を履行しないときに，その履行をする責任を負います。つまり，支払期日には債権者は全額の弁済を主たる債務者に請求し，主たる債務者が全額を弁済するのが本来の在り方です。もし保証人Cが全額を弁済しても，そのために支出した全額の償還を請求できるため，債務の負担割合はBが100%，Cが0%ととらえることができます。

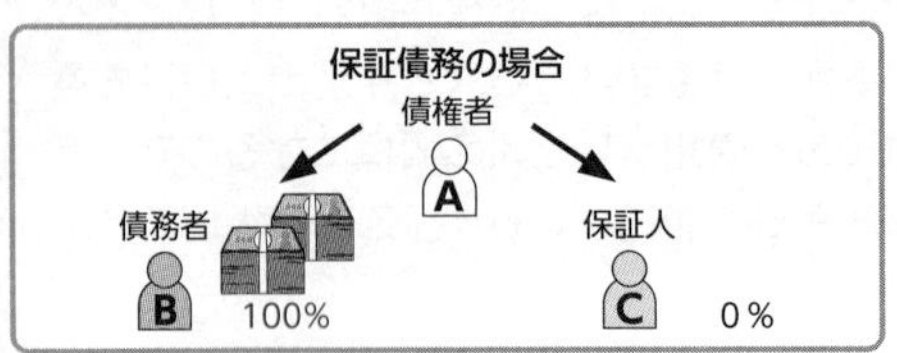

一方，連帯債務の場合には，債権者Aは，連帯債務者であるBとCに，それぞれ全額または一部の履行を請求できます（民436）。

たとえばBに20%，Cに80%の割合で，請求してもいいですし，Cに全額の履行を請求することもできます。内部的な負担割合は連帯債務者間で決めることになりますが，特約や特別の事情がなければ，債務の負担割合は平等となります。この場合，BとCの2人で，50%ずつ負担することになります。

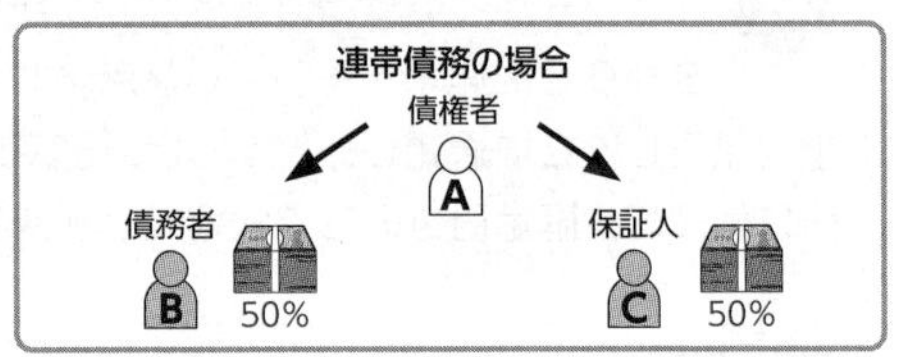

3. 弁済者の求償権（きゅうしょうけん）

連帯債務者の1人が債権者に弁済した場合には，**自己の負担部分を超えるかどうかにかかわらず，負担割合に応じて他の連帯債務者に求償することができます**（民442①）。

たとえばAからBとCが連帯債務者として，100万円を借り入れたとしましょう。このときBとCの間で，負担割合が1：1だったとします。このときCがAに80万円を弁済した場合，BとCの負担割合は1：1ですから，Cは80万円の半分に相当する40万円をBに求償できることになります。

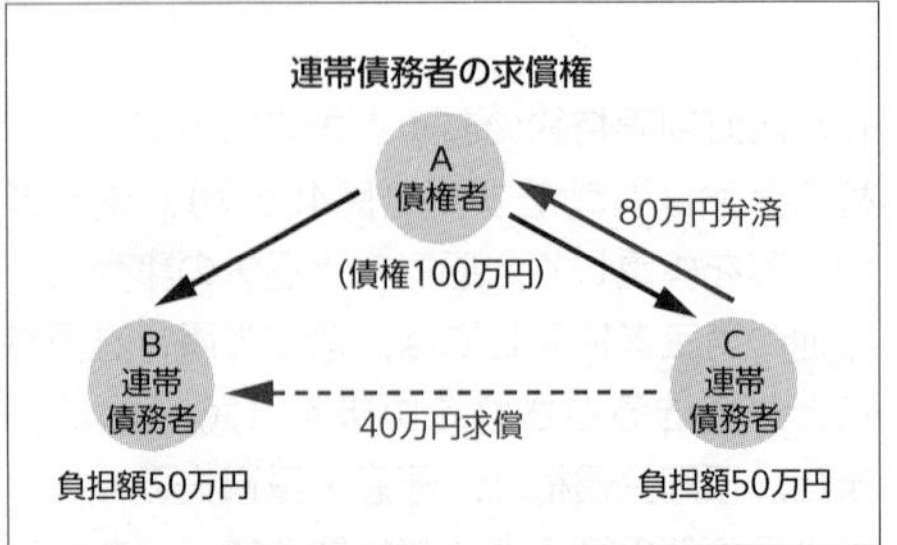

このケースでは，Cの弁済した金額は，自己の負担部分を超えていますが，たとえばCが自己の負担部分に満たない10万円をAに弁済した場合であっても，CはBに対して5万円を求償できます。

一方，主たる債務者がBで保証人がCとDの二人の場合を考えてみましょう。これを**共同保証**といい，それぞれの保証人は，**主たる債務の額を保証人の人数で均等に割った金額のみ保証債務を負担します**。たとえばAからBが100万円を借り入れ，CとDが共同保証人になった場合には，CとDはそれぞれ50万円の保証債務を負います。このときDがAに80万円を弁済すると，DはBに対して80万円，そしてCに対しても30万円を求償できることになります（民465①②）。

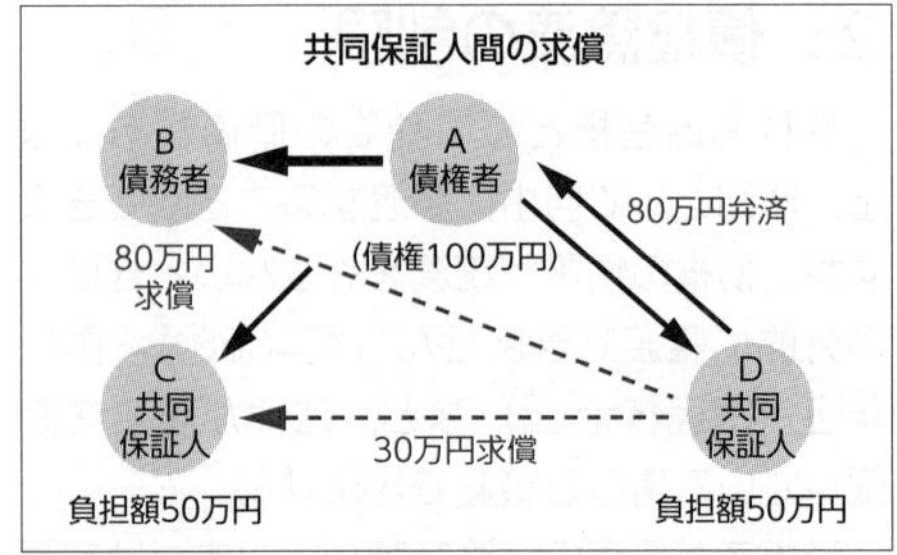

このように共同保証人が保証債務を均等に分担して負担することを**分別（ぶんべつ）の利益**といいます。ただし，連帯保証の場合や主たる債務が分割できない場合などには，分別の利益が認められません。

12 納品代金の支払いとして譲渡された債権

Q 電気部品製造会社Aは，家電製品製造会社Bへ部品を納入したが，その代金を小売店Cへの販売代金債権の譲渡で支払ったことにしてほしいといわれた。信用ある小売店で代金債権の回収も確かなので，債権譲渡を受けることにしたが，どのようにしたらよいのだろうか。

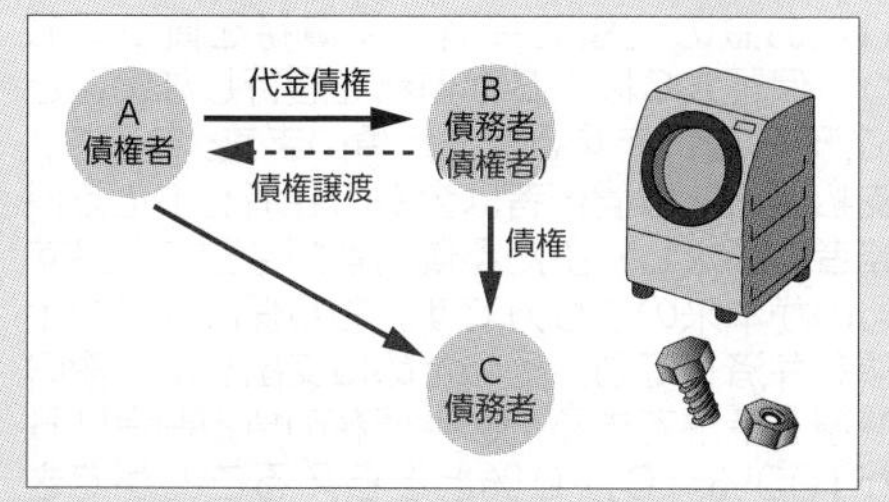

A AがBから債権譲渡を受けてCから弁済を受けるには，債権が譲渡されたことをBからCに通知するか，Cが承諾する必要があります。もし，Bが別の人Dにも債権を譲渡してCに通知したとすると，確定日付のある通知をした人の債権になるので，万一に備えて，確定日付のある内容証明郵便で債務者Cに通知してもらうことが大切です。

解説

1．債権譲渡の利用目的

たとえば，AがBに対して，今月の月末に売買代金10万円を請求できるという債権を有するとき，その債権には10万円相当の財産的価値があります。そこで，月末まで待てずに，今すぐ現金が必要になったとき，その債権を売って現金を手に入れることができます（**売買**）。また，事例のように，その債権を自分の代金支払債務の弁済として利用することもできます（**代物弁済**）。さらに，その債権を人にプレゼントするということもあります（**贈与**）。

いずれの場合も，その債権の債務者に信用がなければなりませんが，信用ある債務者に対する債権を経済的に活用する際におこなわれるのが債権譲渡です。

2．債権譲渡の制限

債権も財産権として独立の価値がある以上，原則として自由に譲渡することができますが，債権の性質が譲渡を許さないときは，例外的に譲渡できません（民466①）。国民年金（国民年金24）など，法律が譲渡を制限している場合も譲渡できません。

当事者が債権の譲渡を禁止し，または制限する旨の意思表示（譲渡制限の意思表示）をした**譲渡制限特約**のあるときであっても，債権の譲渡は有効ですが（民466②），債務者の意思を尊重して，悪意・重過失の譲受人その他の第三者に対しては，債務の履行を拒むことができるとされています（民466③）。また，預貯金債権は，悪意・重過失のある譲受人その他の第三者に対抗することができるとされています（民466の5①）。

3．債権譲渡の方法

債権譲渡は，譲渡人と譲受人の間で契約を締結すれば成立します。このとき譲渡人Bと譲受人Aの間で債権譲渡契約を締結しても，債務者Cがそれを知らないと，本当に新しい債権者であるAに弁済していいのかどうかが不安になります。そこで，民法では単に債権譲渡が成立したというだけでは，CはAから履行の請求をされても拒絶できるようにしています。AがCに履行の請求をするためには，対抗要件が必要になります。

この対抗要件には二つの方法があります。

一つは，譲渡人Bが債務者Cに対して，「債権をAに譲渡したよ」と**通知**することです。債務者に対する対抗要件としてはBがCに直接会って，口頭で通知してもいいですし，電子メールで知らせても通知したことになります。しかし，この方法だと万が一，債権が二重譲渡されていたときに第三者に対抗することが難しくなります。そこで，**公正証書**や**内容証明郵便**といった**確定日付のある証書**によって，債務者Cに通知することになります(民467②)。

もう一つの方法は，債務者の承諾です。債務者に対する対抗要件としては，承諾は口頭でも電子メールでも形式は関係ありません。また，承諾の相手も譲渡人であっても，譲受人であってもどちらでも構いません。通知の場合には，「偽物の譲受人」が登場して，「債権を譲り受けた」と言ってくる可能性があるので，譲渡人による通知に限定されていますが，債務者による承諾については，「偽物の債務者」の登場を考慮する必要がないからです。

ただし，債務者による承諾も第三者に対抗することを考えると，確定日付のある証書によっておこなわなければなりません。

日常生活であれば，口頭や電子メールでの通知や承諾で債権を譲渡することはあるかもしれませんが，ビジネスではトラブルを防止するために確定日付のある証書を用いた通知や承諾がおこなわれることになります。

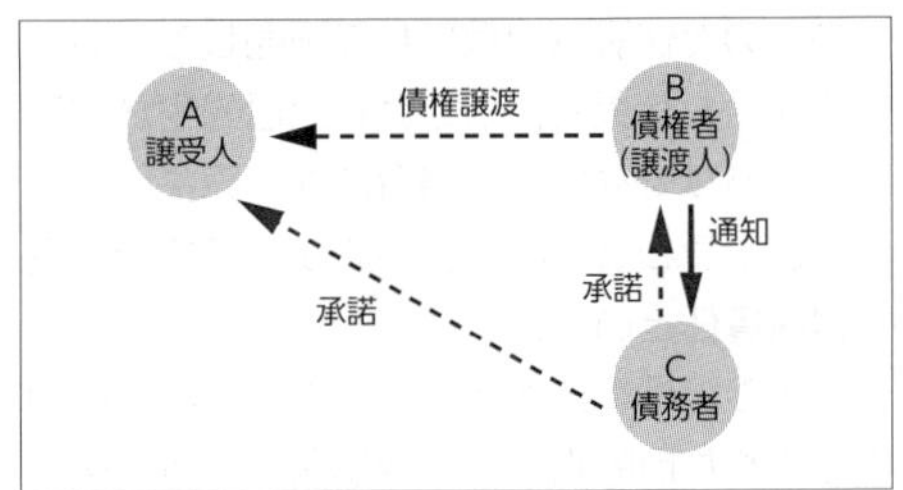

4．譲受人が複数いる場合

もしBがAだけでなく，Dにも債権譲渡していて，かつ，BがCに対して，「Aに債権譲渡した」という通知と「Dに債権譲渡した」という通知の両方をしていたらどうなるでしょうか。

この場合，Bによる債権譲渡の通知が，先に債務者Cに到達したほうが第三者に対する対抗要件を備えると考えます。これを**到達時説**といいます。

万が一，債務者Cの手もとに2通の債権譲渡通知が同時に到達した場合には，CはAかDのいずれかに弁済すればいいとされています（最判昭55.1.11民集34.1.42)。もしCがAに先に弁済してしまえば，その後にDから履行の請求を受けても拒絶することができます。

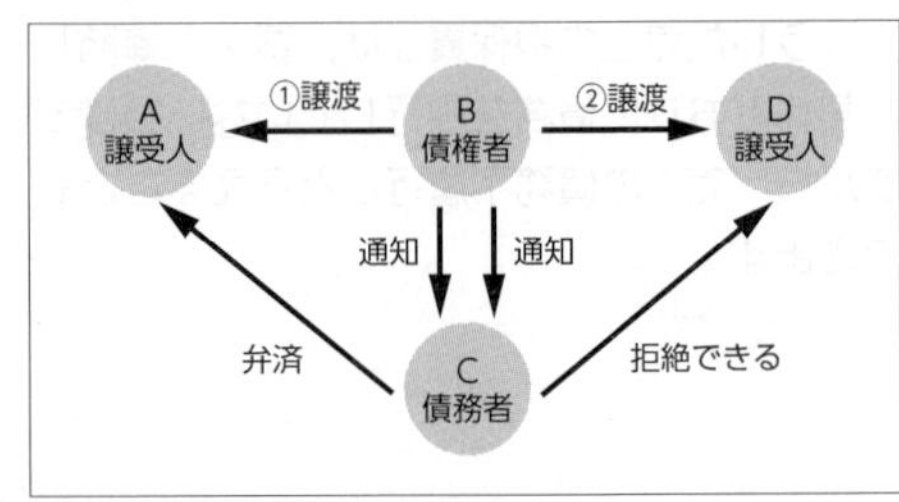

13 購入した車に不具合があった場合の責任

Q Aは中古車販売会社Bから中古自動車を買ったが，エンジンの調子が悪く，よく止まってしまうので困っている。AはBにどのような請求ができるだろうか。

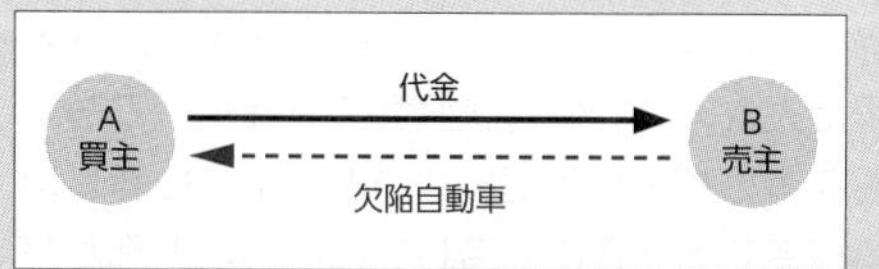

A AはBに修補(しゅうほ)を請求することができます（民562①）。相当の期間を定めて修補の催告をし，その期間内に修補されないときは，その不適合の程度に応じて代金減額請求をすることができます（民563①）。また，Bに帰責事由があれば，債務不履行による損害賠償請求（民415①）や追完(ついかん)の催告後に契約を解除すること（民541①）も可能です。

解説

1．売主の担保責任

新品であれ中古品であれ，売主は目的物の種類や品質，数量などを買主に約束したとおりのものと保証（担保）して販売しているはずです。もし買主に引き渡した目的物が約束したとおりでなかった場合には，売主に一定の責任を負わせるのが公平です。これを**売主の担保責任**といいます。

売主の担保責任が問われるのは，買主に引き渡された目的物の種類や品質，数量が契約の内容に適合していない場合(民562①)や，土地などの売買で土地に地上権などが設定されているといった，移転した権利の契約内容不適合（民565）や，他人の権利を売買の目的としたときにそれができなかった場合などがあります。

こうした売主の担保責任は，買主と締結した契約どおりに債務を履行していないわけですから，売主の**債務不履行**ととらえることもできます。

旧民法では，引き渡された目的物になんらかの問題点があった場合，一定の条件で買主は売主に対して損害賠償請求や契約の解除ができるといった規定がありました。しかし，数量が不足していれば，追加で不足している数量分だけ納品したり，不具合や故障などが発生した場合には，部品の交換などで対応したりするのが実情で，必ずしも損害賠償請求や契約の解除による解決策だけではありません。

そこで，現在の民法では，買主に追完請求権や代金減額請求権などを認めて，買主を救済し，売主に担保責任を負わせています。

2．追完請求権と代金減額請求権

売買された目的物に契約内容との不適合（契約内容不適合）があった場合，買主には追完請求権（民562①本文）が認められています。もし購入した自動車のエンジンに不具合があれば，エンジンの修理を売主に請求するか（**目的物の修補**），他の自動車を引き渡してもらうか（**代替物の引渡し**），買主が選択して売主に履行の追完を請求することができます。追完請求権には，**不足分の引渡し**という方法もありますが，自動車を１台購入した場合には，この方法は最初から選択できないことになります。

ただし，買主が代替物の引渡しを請求しても，エンジンの修理のほうが簡単で，しかも買主に不相当な負担をかけないときには，売主は買主が請求した方法とは違っても，エンジンの修理によって履行の追完をすることができます（民562①但書）。

もし履行の追完が不能な場合や，催告をしても一定期間内に履行の追完がない場合などには，買主は売主に対して代金減額請求ができます（民563②）。

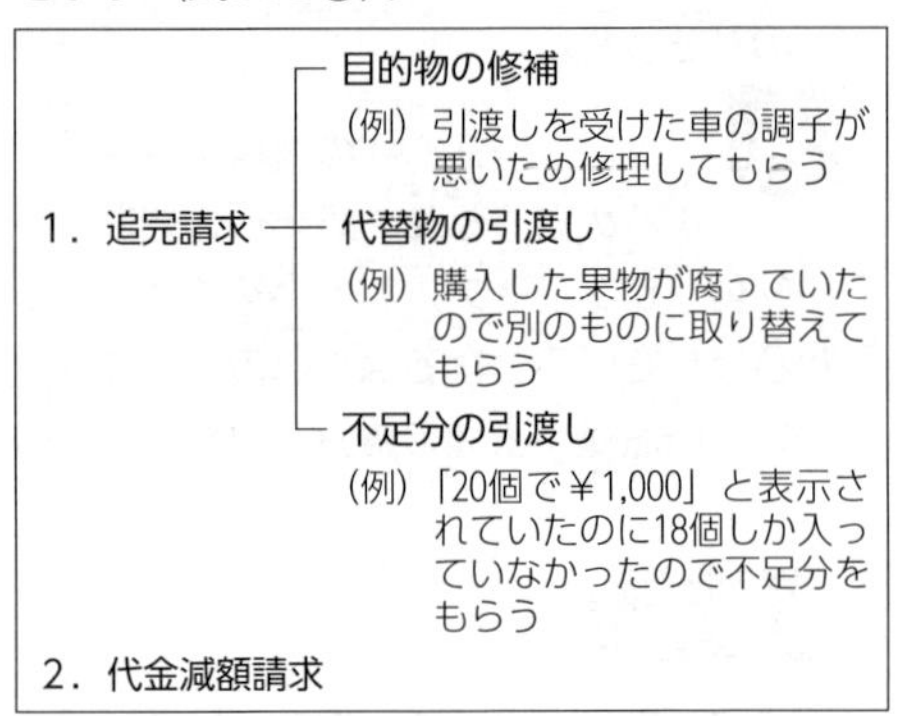

1．追完請求
目的物の修補
（例）引渡しを受けた車の調子が悪いため修理してもらう
代替物の引渡し
（例）購入した果物が腐っていたので別のものに取り替えてもらう
不足分の引渡し
（例）「20個で￥1,000」と表示されていたのに18個しか入っていなかったので不足分をもらう
2．代金減額請求

3．期間制限

売主が種類または品質に関して契約の内容に適合しない目的物を買主に引き渡した場合において，買主がその**不適合を知った時から１年以内にその旨を売主に通知**しなければ，買主は，その不適合を理由として，履行の追完の請求，代金の減額の請求，損害賠償の請求及び契約の解除ができなくなります（民566本文）。ただし，売主が引渡しの時にその不適合を知り，または重大な過失によって知らなかったときは，そのような売主を保護すべき理由はないので，期間制限はありません（民566但書）。

買主は１年以内に契約内容不適合を通知すればよいですが，別途，消滅時効の規定（民166①）を受けるので，通知後に買主の権利が時効消滅することもあります。

4．債務不履行責任との関係

契約内容不適合による追完請求権・代金減額請求権があるからといって，債務不履行による損害賠償請求（民415）や解除権の行使（民541，542）が認められないわけではありません（民564）。売主は，一般的に，種類，品質及び数量に関して，売買契約の内容に適合した目的物を引き渡す義務を負っており，売買の目的物が特定物か不特定物かを問わず，引き渡された目的物が契約の内容に適合しない場合には，債務は未履行となるので，損害賠償請求・解除についても債務不履行の一般的な規律がそのまま適用されます。したがって，売主に帰責事由があれば損害賠償を請求することができ（民415①但書），相当の期間を定めて履行の追完を催告して，その期間内に履行がないときは，契約を解除することができます（民541）。

14 賃貸マンションの契約方法

Q 高校卒業を機に一人暮らしをすることになったので，ワンルームマンションを借りようと考えていたところ，サブリース方式の賃貸マンションがあると聞いた。普通の賃貸マンションと，どこが違うのだろうか。

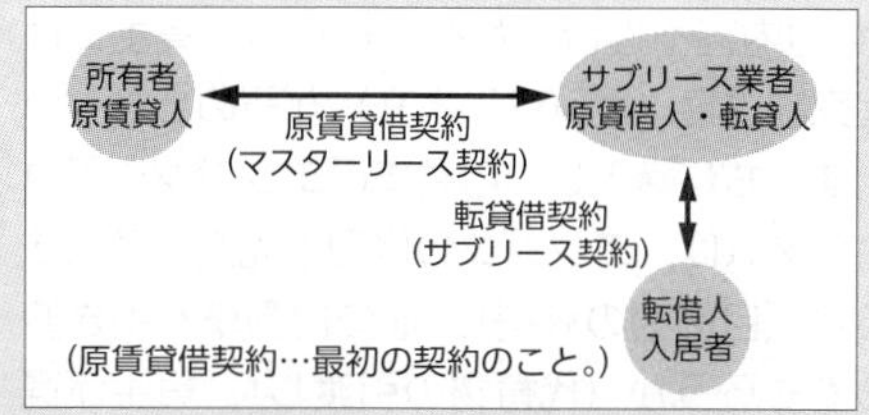

A サブリース方式の賃貸マンションは，サブリース業者が，マンション一棟を全部まとめて，転貸（てんたい）の承諾付きでマンション所有者（大家）から借り，一室ずつ入居者に**転貸（サブリース）**していく賃貸マンションです。入居者はマンション所有者（大家）から借りているわけではないので，マンション所有者に対して賃借（ちんしゃく）人としての権利を主張できない点が，普通の賃貸マンションとの大きな違いです。

解説

1．サブリース方式のメリット

マンション所有者（大家）からサブリース業者がマンション一棟を全部まとめて借り，入居者に転貸するサブリース方式のマンションが増加しています。その理由は，マンション所有者が，物件管理，入居者の使用状況管理，家賃管理等を委託することで管理のわずらわしさから解放され，賃料の保証があるので，空室が生じた場合も安定した収入を得られるという点にあります。

サブリース（転貸借）とは

ある人から借りたものを，また別の第三者に貸すこと。簡単にいうと又貸し。

例えば，Bが所有者Aからものを借り，さらにCに貸した場合，Bは転貸人となり，Cは転借人となる。

なお，この転貸借には所有者の承諾が必要である。

2．サブリース（転貸借）の成立・効力

賃借人が賃借物を転貸する場合には，賃貸人の承諾が必要です（民612①）。もし，無断で転貸した場合は，賃貸借契約の解除原因となります（民612②）。賃貸人の承諾を得て転貸借しても，転貸借が適法となるだけで，所有者と転借人（入居者）との間に賃貸借関係が成立するわけではありません。また，転貸借の成立によって所有者と転貸人（サブリース業者）の関係は影響を受けず，所有者は，従来通り転貸人に対してその権利を行使することができます（民613②）。また，サブリース業者は，所有者に対して賃借人としての義務も果たさなければなりません。

したがって，**転借人（入居者）は所有者に対して賃貸借上の権利をもたず**，所有者に対して目的物の修補請求などをすることはできません。

これに対して転借人（入居者）は，目的物の保管義務や賃料支払義務などを所有者に対して直接履行する義務を負います（民613①前段）。

このようなサブリース(転貸借方式)には，借地借家法が適用されます。したがって，サブリース契約を締結したときには高額な家賃保証の契約を締結していても，転貸人（サブリース業者）が**借賃増減請求権**（借地借家32）を行使して，家賃の減額を請求されることがあります。逆にサブリースの契約締結時にサブリース業者から解約できる規定があれば，契約期間中であっても解約されることもあります。

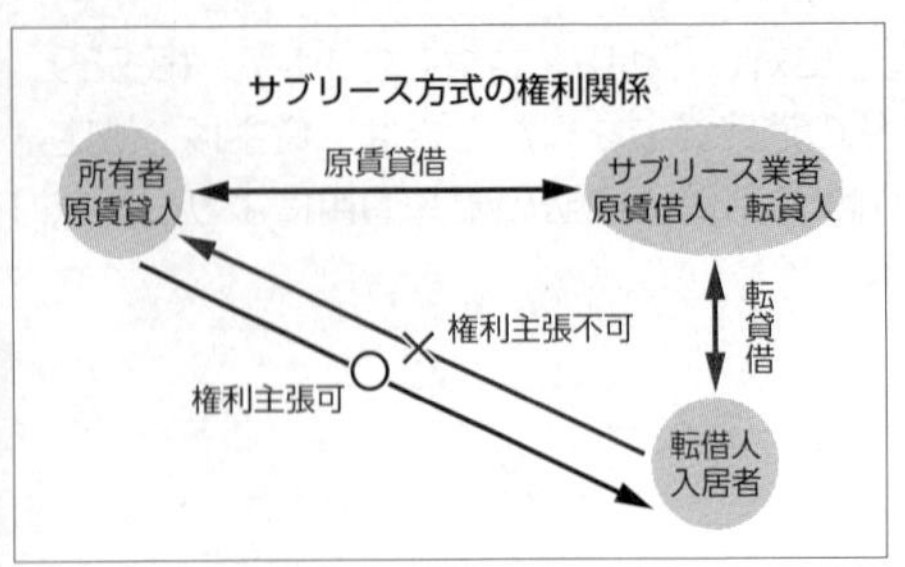

さらに所有者からサブリース(転貸借方式)の更新を拒否しようと思っても，賃貸人の更新拒絶には正当事由が必要です（借地借家28）。この正当事由は，賃貸人と賃借人の建物の使用の必要性や従来からの貸借関係の経過，建物の利用状況や現況などを総合的に考慮して判断されますが，実際のところ賃貸人から更新拒絶するのは，かなり難しいことになります。そのため建物の所有者とサブリース業者の間にトラブルが発生することもあります。

それにより**賃貸住宅の管理業務等の適正化に関する法律**が制定され，サブリース業者の勧誘時や契約締結時に一定の規制を導入するとともに，賃貸住宅管理業者の登録制度が創設されました。

3．転貸借の消滅

建物の所有者とサブリース業者の間では，転貸に関する承諾が得られていますから，原賃貸借が合意解除されても，所有者は転借人に対して,それを主張できません(民613③)。ただし，賃貸人が賃借人の債務不履行による解除権を有していた場合には，所有者は転借人に対して原賃貸借の終了を主張できます(民613③但書)。

たとえばサブリース業者が所有者に対して,賃料を支払っていなかった場合などには，それを理由に原賃貸借が解除され，転借人が所有者から立退きを求められるといったこともありえます。そのためサブリース方式の賃貸住宅に入居する場合には，「原賃貸借契約が終了しても，サブリース業者の地位を所有者が引き継ぐ」といった文言が原賃貸借契約に記載されているかどうか，確認することが必要です。

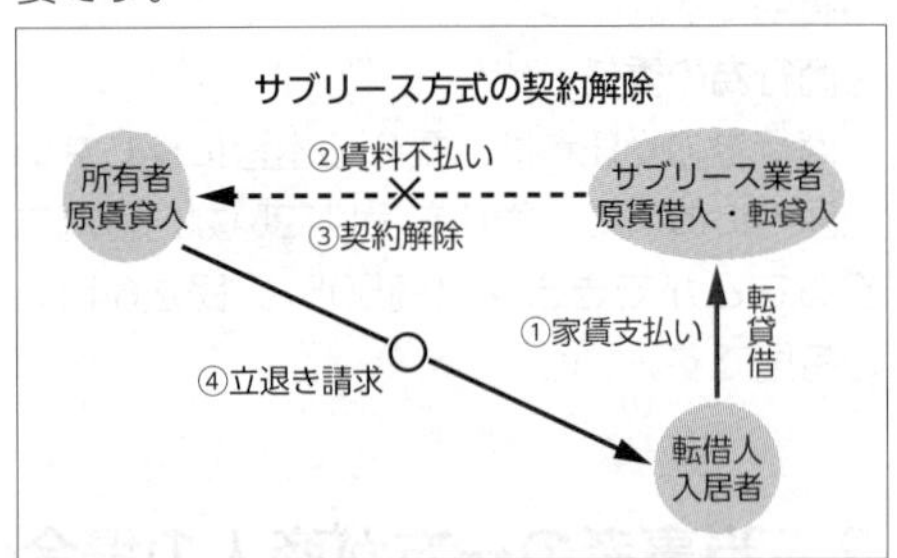

4．賃料の二重払い

転借人は建物の所有者に対して，転貸借にもとづく様々な義務を直接履行する義務を負っています（民613①）。そのため所有者から賃料の支払いを請求されることがありますが，この場合にサブリース業者に賃料を支払っていれば，二重に支払う必要はありません。しかし,「賃料の前払をもって賃貸人に対抗することができない」（民613①後段）という規定がありますから，このときは所有者にも賃料を支払わなくてはならない場合があります。こうしたときはサブリース業者に対して,不当利得返還請求することになります。

15 商人同士の間の金銭消費貸借

Q 商店街で骨董（こっとう）店を営んでいるAは，ある日，客が持ち込んできた骨董品を買い取ろうと思ったが，買取代金の現金が不足していたので，隣の洋品店の店主Bから現金を借りて買い取った。利息の支払いを約束しなかったので，BはAに利息を請求することはできないのだろうか。

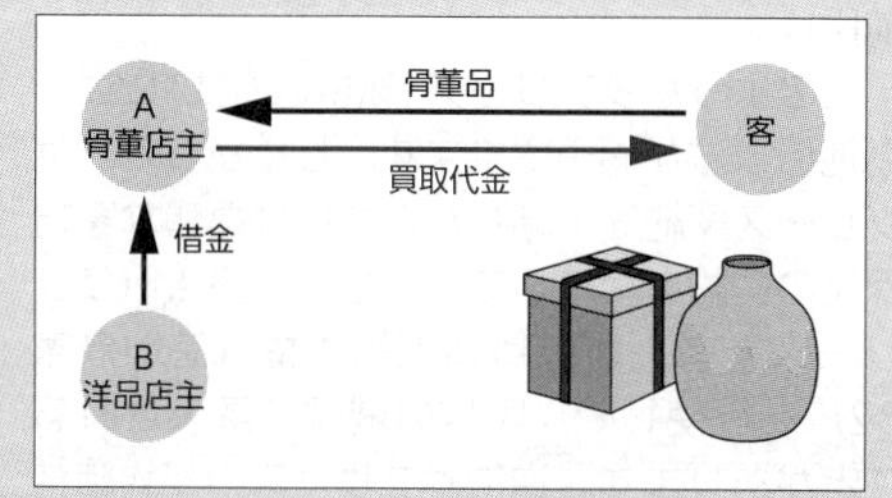

A 民法では，貸主は特約がなければ，借主に対して利息を請求できません（民589①)。しかし商法は，商人同士の間で金銭の消費貸借をしたときは，貸主は，法定利息を請求することができるとしているため（商513①)，商法の優先適用により，利息を請求できます。

解説

1．商行為の特則

①商行為の代理

商行為の代理人が本人のためにすることを示さないでこれをした場合であっても，その行為は，本人に対してその効力を生じます（商504)。民法の代理の顕名（けんめい）主義（民99，100）の特則です。

②商行為の委任

商行為の受任者は，委任の本旨に反しない範囲内において，委任を受けていない行為をすることができます（商505)。民法644条の特則です。

③流質（りゅうしち）契約禁止の適用除外

流質契約を禁止する民法349条の規定は，商行為によって生じた債権を担保するために設定した質権については適用されません（商515)。

④債務の履行の場所

商行為によって生じた特定物の引渡し債務の履行場所が不明のときは，引き渡しをする**行為の時**にその物が存在した場所が履行場所です（商516)。民法では，特定物の引渡しは**債権発生の時**にその物が存在した場所とされていること（民484①）の特則です。

2．当事者の一方が商人の場合の特則

①委任による代理権の消滅事由

民法では，本人の死亡によって代理権は消滅しますが（民111①Ⅰ)，商行為の委任による代理権は本人の死亡によっては消滅しません（商506)。

②契約申込みに対する諾否（だくひ）通知義務

商人が日常的に取引をする者からその営業の部類に属する契約の申込みを受けたときは，遅滞なく，契約の申込みに対する諾否の通知をする必要があります（商509①)。これを怠ったときは，申込みを承諾したものとみなされます（商509②)。承諾があったときに契約が成立するとしている民法522条1項の特則です。

③送付物品保管義務

商人がその営業の部類に属する契約の申込みを受けた場合において，申込みとともに受け取った物品（商品見本等）があるときは，その申込みを拒絶したときであっても，申込者の費用をもってその物品を保管しなければなりません（商510本文）。

民法にはない送付物品保管義務を商人に課すものですが，物品価額が保管費用に満たないときや，保管によって損害を受けるときは，保管義務はありません（商510但書）。

④多数当事者間の債務の連帯

数人の者がその一人または全員のために商行為となる行為によって債務を負担したときは，その債務は，各自が連帯して負担します（商511①）。保証人がある場合に，債務が主たる債務者の商行為によって生じたものであるとき，または保証が商行為であるとき，主たる債務者および保証人が各自の行為によって負担したときであっても，その債務は，各自が連帯して負担します（商511②）。

⑤報酬請求権と立替金の利息請求権

商人がその営業の範囲内において他人のために行為をしたときは，相当の報酬を請求することができます（商512）。また，商人がその営業の範囲内において他人のために金銭の立替えをしたときは，その立替えの日以後の法定利息を請求することができます（商513②）。

⑥受寄者の注意義務

商人がその営業の範囲内において寄託（きたく）を受けたときは，報酬を受けないときでも善管（ぜんかん）注意義務（善良な管理者が払う注意義務）を負います（商595）。

寄託とは

寄託者（物の保管を依頼する人）が受寄者（じゅき）（物の保管を依頼された人）に物を預けて保管してもらう契約のこと。

例えば，銀行にお金を預けることがこれにあたる。この場合は銀行が受寄者となる。

3．当事者双方が商人の場合の特則

①契約の申込み

民法では，隔地（かくち）者間の承諾期間のない申込みは相当な期間経過後に撤回してはじめて効力を失いますが（民525①），商人である隔地者の間で承諾期間を定めない契約の申込みを受けた者が，相当の期間内に承諾の通知を発しなかったときは，その申込みは効力を失います（商508）。

②消費貸借の法定利息請求権

民法上の消費貸借は特約がなければ無利息ですが（民589①），商人同士の間における金銭消費貸借は，貸主は，法定利息を請求できます（商513①）。民法で定められている法定利率は３％ですが，３年ごとに変動が予定されています（民404②～⑤）。

③商人間の留置権

商人同士で双方にとっての商行為により生じた債権が弁済期にあるときは，債務者との間における商行為によって自己の占有に属した債務者の所有する物または有価証券を留置することができます（商521）。民法の留置権のように，留置物と債権の間に関連性があることを要しません（民295）。

消費貸借とは

金銭や米など，借りた物を消費し，後で同じ種類・質・量の物を返す契約。実際によく行われているのは，金銭を消費貸借の対象とする，金銭消費貸借である。

16 会社の代表取締役とは

Q 自動車会社Aの代表取締役Bは，自身の役員報酬額を少なくみせるため，実際の報酬額よりも少ない額を有価証券報告書に記載したり，会社資金で購入・賃借した住宅を私用に使ったりするなど，会社資産を私的に流用している。このような場合，どのような処罰を受けるのだろうか。

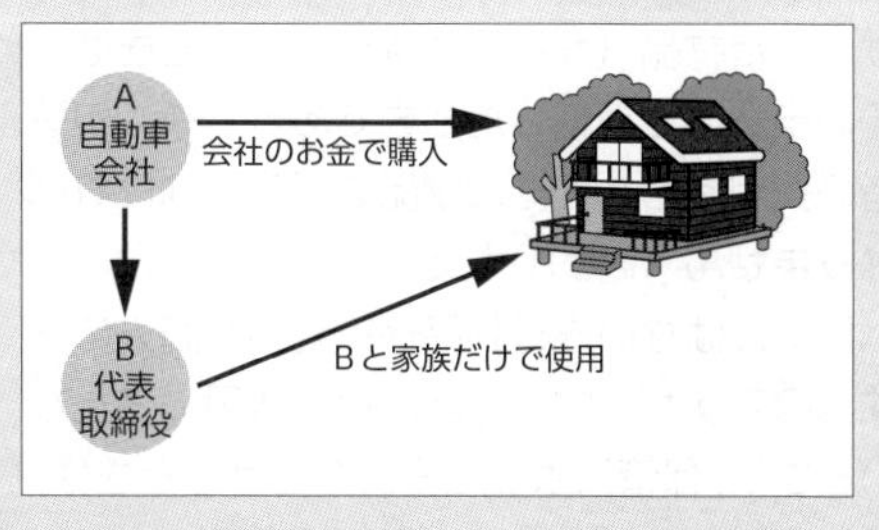

A 有価証券報告書の虚偽記載は金融商品取引法違反となって，10年以下の懲役もしくは1,000万円以下の罰金に処され，またはこれを併科されます（金商197）。また，会社資産の私的流用は，会社法の規定する特別背任罪となり，10年以下の懲役もしくは1,000万円以下の罰金に処され，またはこれを併科されます（会960）。

解説

1．代表取締役の選任

対外的に会社を代表し，かつ業務を執行する**代表取締役**は，取締役会設置会社では必要機関とされ，取締役会が取締役の中から選定します（会362②）。

取締役会を設置していない会社の場合は，①定款，②取締役の互選（取締役が互いに選定を行う），③株主総会の決議のいずれかによって，取締役の中から代表取締役を定めることができます（会349③）。

もちろんすべての業務について，複数の取締役が合議をおこなって意思決定をする方法もあります。しかし，すべての業務について取締役会で合議をしていると，機動的な意思決定ができなくなる可能性もあります。そこで，多くの株式会社では，重要な業務については取締役会で合議し，それ以外の業務については代表取締役が決定し，執行するしくみを採用しています。

2．代表取締役の権限

代表取締役は，対外的に会社を代表するとともに，内部的に会社の業務を執行する権限を有します（会349④）。内部的な業務の執行は代表取締役だけでなく，取締役会の決議で選定された業務執行取締役も担当します（会363①Ⅱ）。代表取締役および業務執行取締役は，３ヶ月に１回以上，自己の職務の執行状況を取締役会に報告しなければなりません（会363②）。

代表取締役は，株主総会または取締役会の専属的決議事項を除いて，会社の業務に関する一切の裁判上または裁判外の行為をする権限を有し（会349④），これについては原則として自ら決定して執行することができます。これを**専決執行権**といいます。定款などで制限を加えても，善意の第三者に対抗することはできません（会349⑤）。

代表取締役は会社の代表者なので，単に会社の営業に関する行為をなしうるだけでなく，会社の権利能力の範囲内に属する一切の行為をすることができます。そのうちの営業に関しない行為について，法律または定款により制限が設けられている場合には，その制限に違反してなされた代表取締役の行為の効力が問題となります。

例えば，取締役会で決議すべき事項とされる重要な財産の売買契約（会362④Ⅰ）が，その決議なしに締結されたときなどに問題となります。判例は，「原則として有効であるが，相手方が決議を経ていないことを知りまたは知ることができたときに限って無効である」としています（最判昭40.9.22民集19.6.1656）。

取締役会で決議すべき事項

・重要な財産の処分および譲受け
・多額の借財
・支配人その他の重要な使用人の選任および解任
・支店その他の重要な組織の設置，変更および廃止
などである。（会362④）

3．取締役の義務と責任

会社と取締役との間の関係は委任に関する規定に従います（会330）。したがって，取締役はいつでも会社に対する意思表示によって辞任することができ（民651①），会社が破産手続開始の決定を受ければ民法653条2号により委任が終了して当然その地位を失います（最判昭43.3.15民集22.3.625）。

また，取締役は，民法644条により，善良なる管理者の注意をもって会社の業務を行わなければなりません（**善管注意義務**（ぜんかん））。会社法は，会社のために忠実に職務を遂行する義務（**忠実義務**）を定めているため（会355），両者の関係が問題となりますが，忠実義務は善管注意義務を明確にしたものにすぎないとするのが判例であり，多数説です（最判昭45.6.24，民集24.6.625）。

このような善管注意義務や忠実義務は，会社と取締役の利害が対立する場合には，特に守られなくなる可能性が高くなります。そこで，会社法は株主による忠実義務違反の差止（会360）や忠実義務違反の損害賠償責任（会423）などを定めています。さらに，とりわけ会社と取締役の利害が対立しやすい**競業取引**に関する規制（会356①Ⅰ）と**利益相反取引**（りえきそうはん）に関する規制（会356①ⅡⅢ）を設けています。

競業取引とは，会社の事業と競合する事業を取締役が行うことで，会社がもつ営業機密や技術などが流出するリスクが高くなります。そこで，取締役が競業取引を行う場合には，事前に取締役会で重要な事実を開示して，承認を得る必要があります。また，事後的にも競業取引に関する重要な事実を取締役会に報告しなければなりません。また，取締役の財産を会社が購入するといった利益相反取引についても，同様の規制がされます。

こうした義務に違反した場合には，特別背任罪に問われる可能性もあります（会960）。

17 独占禁止法で禁止されている行為とは

Q 今年度に実施される市立中学校の修学旅行の入札において，安売り競争で利益が薄くなってしまうことを防止するため，旅行業者が集まり，貸切バスの代金の額，宿泊費の額，企画料金の料率，添乗員費用の額について，話し合いにより基準を設けようと思うが，問題はないだろうか。

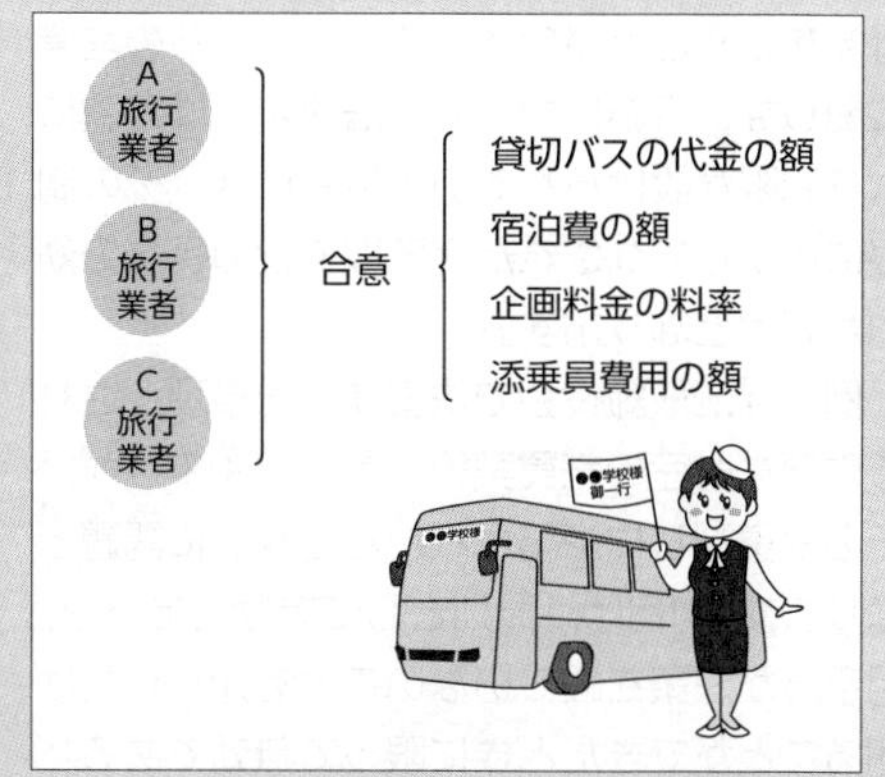

A 業者間でそのような取り決めをすることをカルテルといいますが，カルテルは不当な取引制限として独占禁止法で禁止されています（独禁3）。違反すると，公正取引委員会から排除措置（はいじょそち）命令や高額な課徴金納付（かちょうきんのうふ）命令を受けるほか，刑事罰も科されます。

解説

1．不当な取引制限の禁止

公正で自由な競争秩序を確保し，健全に経済を発展させていくため，独占禁止法は，**不当な取引制限**を禁止しています（独禁3）。不当な取引制限とは，事業者が，他の事業者と共同して，契約・協定などにより，対価の決定・維持・引き上げを行ったり，数量・技術・製品・設備・取引の相手方を制限したりして，相互にその事業活動を拘束・遂行することにより，公共の利益に反して，一定の取引分野における競争を実質的に制限することをいいます（独禁2⑥）。

複数の企業が相互に連絡を取り商品の価格や数量などを共同して取り決める行為を**カルテル**といい，価格カルテル，数量制限カルテル，取引先制限カルテルなどがあります。

また，カルテルと同様に「不当な取引制限」に当たる行為として，国・地方自治体の公共事業などの入札において，事業者が事前に連絡を取り合い，落札業者や落札価格などを決める**談合**（だんごう）があります。

公正取引委員会とは

独占禁止法を運営するために設置された機関。公正な経済活動を行えるよう，企業や店の違反を迅速に取り締まる。調査は以下の流れで行う。

①一般の方からの報告などにより調査開始
②違反の疑いのある企業や店に赴き，立入検査を行う。証拠となる帳簿や資料から事実を解明する。
③企業に対して処分内容の説明を行う。
④排除措置命令・課徴金納付命令を出す。

2. 排除措置命令

不当な取引制限の禁止に違反する行為があるときは，公正取引委員会は，法定の手続に従い，事業者に対し，当該行為の差止め，事業の一部の譲渡その他これらの規定に違反する行為を排除するために必要な措置を命ずることができます（独禁7①）。

排除措置命令の内容としては，現存する違反行為・実行手段の差止め，違法状態除去のための周知徹底，再発予防に向けた違反行為反復の禁止などがあります。

独占禁止法3条（不当な取引制限の禁止）に違反した行為の例

2018（平成30）年2月9日，ハードディスクドライブ製造販売業者向けサスペンション（磁気ヘッドを支える精密板ばね）の製造販売業者5社に対して，それぞれの市場シェア及び利益を確保するため，相互に協調し，販売価格を維持する旨を合意していたとして，排除措置命令と総額10億7,616万円の課徴金納付命令が出されている。

3. 課徴金納付命令

事業者が不当な取引制限をしたときは，公正取引委員会は，法定の手続に従い，当該事業者に対し，実行期間・違反期間における売上高や購入額等を基準として算定した額の課徴金を国庫に納付することを命じなければならないとされています（独禁7の2①）。

独占禁止法違反の高額課徴金の例

2023（令和5）年3月30日，関西電力，中国電力，中部電力，九州電力らによる，お互いの営業エリアには立ち入らないことに合意する市場分割カルテル事件で，排除措置命令が出されるとともに，総額1,010億3,399万円の課徴金納付命令が出されている。

課徴金が科されたのは4社で，中国電力707億円余り，中部電力201億円余り，その関連会社が73億円余り，九州電力が27億円余り。関西電力は最初に自主申告したため，自主的な違反申告を促す「課徴金減免制度」によって課徴金を免除されている。

4. 被害者の損害賠償請求と刑事罰

カルテルなど不当な取引制限の禁止に違反する行為をした事業者・事業者団体は，被害者に対し損害賠償責任があります（独禁25①）。この事業者・事業者団体の損害賠償責任は，故意または過失がなかったことを証明しても責任を免（まぬか）れることができない無過失責任とされています（独禁25②）。

また，不当な取引制限には刑事罰も科され，5年以下の懲役または500万円以下の罰金に処されます（独禁89①）。

カルテルに対する制裁・責任

○公正取引委員会 ｛排除措置命令／課徴金納付命令

○被害者 ―――― 損害賠償請求

○国 ―――― 刑事罰

18 切餅事件

Q A社は，切餅の側面に切り込みを入れると，焼いたとき側面にだけ膨れだして見た目がよく，しかも膨れだす力も小さくなるとして，切餅の側面に切り込みを入れることについて特許を取得した。B社が，側面と表面・裏面に切り込みを入れた切餅を販売したので，A社は特許権の侵害であるとして訴えたが，認められるだろうか。

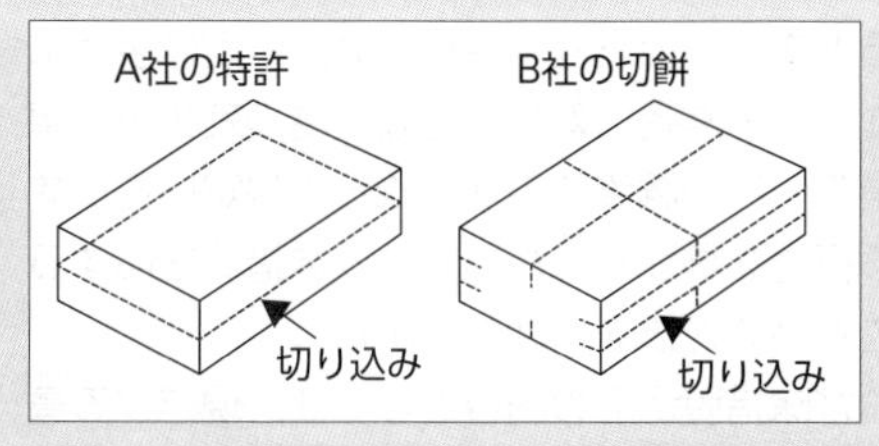

A 知的財産高等裁判所は，B社の製品はA社の特許権を侵害しているので，切餅を製造し，譲渡し，輸出し，または譲渡の申出をしてはならず，切餅を製造する製造装置を廃棄し，Aに対して8億275万9,264円を支払えという判決を言い渡しています（知財高判平24.3.22）。

解説

1．切餅事件

2009（平成21）年に，A社が，B社の製造・販売している切餅は，A社の特許を侵害しているとして，B社の製品の製造，譲渡及び輸出する行為等の差止め，B社製品およびその半製品並びにこれらを製造する製造装置の廃棄を求めるとともに，特許権侵害の不法行為に基づく損害賠償請求を求めて提訴した事件です。

B社は，自社の切餅はA社の発明の技術的範囲に属さず，また，本件特許は特許無効審判により無効にされるべきものであると主張して，これを争いました。一審の東京地方裁判所は，B社製品は原告の特許を侵害していないとする判決を下しました（東京地判平22.11.30）。しかし，二審の知的財産高等裁判所ではA社の主張が認められ，最高裁判所への上告が棄却（ききゃく）されて確定しました。

特許権とは

知的財産権のうちの一つで，新たな器具や機械などの発明を保護するための権利。

特許権を取得するためには特許庁に出願し，登録されれば出願した日から20年間効力が存続する。

裁判の流れ　—三審制（さんしんせい）とは—

日本では，第一審から第三審まで裁判を請求することができる三審制がとられている。これは慎重に公正な裁判を行って裁判の誤りを防ぎ，人権を保護するためである。

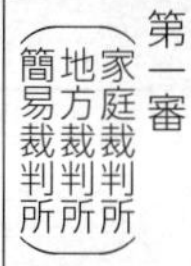

第一審（家庭裁判所・地方裁判所・簡易裁判所）→ 第一審の判決に不服がある場合，控訴（こうそ）を行う。→ 第二審（高等裁判所）→ 第二審の判決に不服がある場合，上告（じょうこく）を行う。→ 第三審（最高裁判所）

2. 特許の内容

事件の対象となった特許は，A社が2002年10月31日に出願した，「餅」と称する発明で，2008年4月18日に特許4111382として登録されています。

この特許は，切餅の側面に切り込みを入れるというもので，餅を焼くと，膨らんで内部の餅が噴出し，焼き網に付着してしまいますが，側面に切り込みを入れると，側面にだけ膨れだして焼き網に付着せず，見た目がよくて膨れだす力も小さくなり，食べやすくなって食欲をそそり，おいしく食べることができるとされています。

特許の権利範囲は，「焼き網に載置(さいち)して焼き上げて食する輪郭形状が方形の小片餅体である切餅の**載置底面又は平坦上面ではなくこの小片餅体の上側表面部の立直側面である側周表面に**，この立直側面に沿う方向を周方向としてこの周方向に長さを有する一若しくは複数の切り込み部又は溝部を設け，この切り込み部又は溝部は，この立直側面に沿う方向を周方向としてこの周方向に一周連続させて角環状とした若しくは前記立直側面である側周表面の対向二側面に形成した切り込み部又は溝部」とされています。

これが特許の登録をされると，出願日にさかのぼって権利を有しますから，出願日以降に特許の権利範囲に含まれる製品を製造・販売した場合は，特許権の侵害となります。

3. 裁判で争われた点

A社は，2003年8月20日に本件発明の内容を備えた製品を販売し，B社が2003年9月1日から販売した製品は，A社の特許出願日2002年10月31日より後に販売されており，A社の特許権を侵害していると主張しました。これに対してB社は，上下の面に切り込みがあるので特許の権利範囲に含まれないと主張して争われました。

問題とされたのは，特許の権利範囲とされる，切餅の「載置底面又は平坦上面ではなくこの小片餅体の上側表面部の立直側面である側周表面に」切り込みがあるという部分で，B社は，底面・上面に切り込みがなく側面にだけ切り込みがある切餅に限る趣旨だと主張し，A社は，底面・上面でなくというのは，側面を説明するための語句で，側面に切り込みがあればすべて含まれると主張しました。

第一審は，B社の主張を認めましたが，知的財産高等裁判所はA社の主張を認めて，B社の敗訴が確定したわけです。

なお，A社は，知的財産高等裁判所の判決後に，前回の訴訟で主張していなかった製品と期間を対象に，再びB社に損害賠償を求める訴えを提起しました。そして2015年4月10日に，東京地方裁判所は，B社に7億8,277万8,332円の支払いを命じる判決を下して確定しています。

4. 特許権者の権利

特許権者は，保有している特許を独占的に実施する権利を有しています。また，特許権者から許諾を得た者も，実施することができます。特許を「侵害」したと裁判で認められた場合には，特許を侵害した製品の製造や販売の差止請求権や損害賠償請求権が認められます。この事件では，A社の損害賠償請求権と差止請求権が認められたわけです。

19 働き方の違い

Q 現在就職活動をしているAは，正規雇用の募集をしている会社に応募するか，非正規雇用の募集をしている会社に応募するかで迷っている。正規雇用と非正規雇用ではなにが違うのだろうか。

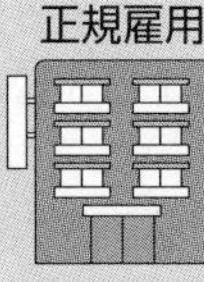

A 正規雇用とは，①直接雇用，②無期雇用，③フルタイム雇用という３つの条件を満たした雇用のことです。直接雇用とは，派遣などではなく，企業に直接雇用されることです。無期雇用とは，契約期間がなく，定年退職まで企業に雇用されることです。フルタイム雇用とは，週に35時間以上働いていることです。

以上の条件のうち，１つでも欠ければ非正規雇用です。非正規雇用はパート，アルバイト，派遣社員，契約社員，嘱託などに分類されます。

解説

1．正規雇用と非正規雇用の現状

「『非正規雇用』の現状と課題」(厚生労働省）によれば，1984（昭和59）年の雇用労働者3,936万人のうち，正規雇用労働者は3,333万人，非正規雇用労働者は**604万人**で，非正規雇用割合は**15.3%**でした。それが1990年代から増加し始め, 2017（平成29）年には，雇用労働者5,460万人のうち，正規雇用労働者は3,423万人，非正規雇用労働者は**2,036万人**となり，正規雇用労働者はわずかしか増加していないにもかかわらず，非正規雇用労働者は大幅に増加しており，非正規雇用割合は**37.3%**に達し，労働者の約4割が非正規雇用となっています。

2017（平成29）年の非正規雇用労働者2,036万人の内訳は，パート997万人（49.0%)，アルバイト417万人（20.5%)，派遣社員134万人（6.6%)，契約社員291万人（14.3%)，嘱託120万人（5.9%)，その他78万人（3.8%）となっています。

なお，近年，非正規雇用に占める65歳以上の高齢者の割合が高まっており, 1992（平成4）年はわずか57万人（5.9%）でしたが, 2017（平成29）年には316万人（15.5%）となっています。

短時有期法

非正規雇用労働者も「労働者」なので，労働契約法や労働基準法，労働組合法などの適用を受ける。ただし，労働条件等が不明確になりがちなので，短時有期法（短時間労働者及び有期雇用労働者の雇用管理の改善等に関する法律）が制定されている。

この法律では，短時間労働者や有期雇用労働者の労働契約を締結する際には，労働基準法が定める事項に加えて昇給や賞与の有無等を文書で明示する旨や，差別的取り扱いの禁止などを定めている。

2. 非正規雇用増加の原因

非正規雇用増加の一因として，1986（昭和61）年に労働者派遣法が施行され，その後も数度にわたって労働者派遣法が改正されたことが考えられます。

また，厚生労働省の「平均給与（実質）の推移（1年を通じて勤務した給与所得者)」によれば，1996（平成8）年をピークに平均所得が下落しており，家計を維持するため既婚女性がパート・アルバイトとして労働市場に参入したことも，非正規雇用の増加の一因と考えられます。

内閣府男女共同参画局の「男女共同参画白書（概要版）平成30年版」によれば，1980（昭和55）年に614万世帯だった共働き世帯が，2017（平成29）年には1,188万世帯となり，約2倍になっています。

3. 非正規雇用のメリット・デメリット

●メリット

①労働時間の調整が可能であること，②転勤・異動がないこと，③副業をしやすいことなどの自由度の高い働き方ができるという点にあります。したがって, 仕事と家事, 育児, 介護等の私生活とのバランスを希望する場合には，適した働き方といえるでしょう。

●デメリット

①雇用が不安定であること，②低賃金であることなどがあげられます。非正規雇用労働者は，不景気になったり経営不振になったりしたとき，真っ先に雇い止めや契約の打ち切りなどが行われ, 雇用調整の対象にされます。

また，さきにあげた「『非正規雇用』の現状と課題」（厚生労働省）によれば，勤続年数が長くても, 年齢を重ねても賃金は上がらず, 2022年6月の55～59歳の一般労働正社員の時給が2,387円であるのに対して，一般労働非正社員の時給は1,338円に過ぎず，正規雇用に比べて，6割程度しかありません。

一般労働者の賃金（時給ベース）
(2022年6月)

年　齢	19歳	25-29	35-39	45-49	55-59
正　規	1,101円	1,542	1,949	2,207	2,387
非正規	1,090円	1,302	1,333	1,322	1,338

4. 働き方改革

2018（平成30）年に「働き方改革関連法」が制定され，**同一労働同一賃金**が施行されました。しかし，非正規雇用は，決まった仕事があり，その仕事に人を割り振って働かせるジョブ型雇用で，仕事内容はルーチン業務やマニュアル業務ばかりです。これに対して，正規雇用は，雇った人に仕事を割り振るメンバーシップ型雇用で，仕事内容は，分析・企画，マネジメントなどの抽象業務です。正規雇用と非正規雇用では仕事内容が異なるため，同一労働同一賃金で賃金格差を縮小できるかは不明です。

同一労働同一賃金とは

同じ企業の中で，正規雇用・非正規雇用にかかわらず，同じ仕事をしていれば同じ賃金を支払うという考え方。不合理な待遇差をなくす目的で施行された。

基本給，昇給，ボーナスなどの賃金だけでなく，食堂・休憩室など福利厚生施設の利用や，慶弔休暇，職務に必要な知識・技能を習得するための教育訓練についても，正規雇用者と同一の待遇をしなければならない。

20 消費者による売買契約の取消し

Q 一般消費者Aは中古車販売業者Bから中古車を購入する際，事故車ではないことを確認したところ，Bから「事故車ではない」といわれたので購入した。しかし，後日整備業者Cに点検整備に出したところ，事故車であることが判明した。この中古車の売買契約を取り消したいが可能だろうか。

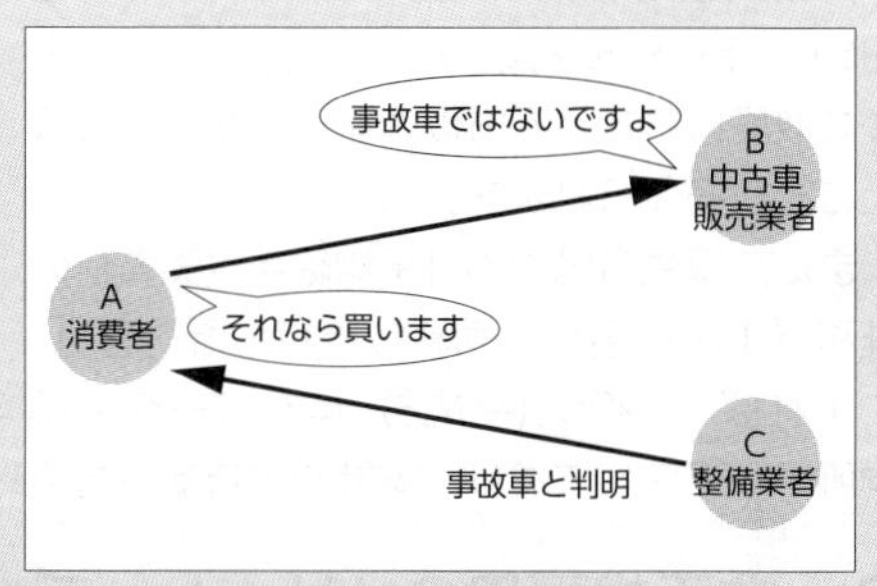

A Bは事業者なので消費者契約法が適用され，取り消すことができます。事故車という重要な事項について，「事故車ではない」と真実と異なることを告げているので，消費者契約法４条１項１号の不実告知の要件に該当します。

解 説

1．消費者契約法の不実告知

事業者である中古車販売業者から中古車を購入した消費者には，消費者契約法が適用されます。消費者契約法４条１項１号は，「消費者は，事業者が消費者契約の締結について勧誘をするに際し，当該消費者に対して，重要事項について事実と異なることを告げ，消費者が告げられた内容が事実であると誤認して当該消費者契約の申込みまたはその承諾の意思表示をしたときは，これを取り消すことができる」としています。

重要事項とは，契約の目的となるものの質，用途その他の内容や，対価その他の取引条件などで，消費者の当該消費者契約を締結するか否かについての判断に通常影響を及ぼすべきもののことです（消契４⑤）。

この重要事項について，事業者が真実と異なることを告げ，消費者に誤認を生じさせ，その誤認にもとづいて消費者が意思表示をしたとき（これを**二重の因果関係**といいます）は，その意思表示を取り消すことができるとされているわけです。

事業者に対して，民法の詐欺の規定にもとづいて，意思表示を取り消す方法も考えられますが，消費者契約法４条１項にもとづいて意思表示を取り消す方が，はるかに楽な方法になります。なぜなら民法の詐欺の規定では，事業者の「だまそうとした」という主観的な意図の存在を立証する必要があるのと，その立証は消費者が行わなければならないからです。

不実告知の例

- 賃貸を考えているアパートが駅から徒歩10分と書いてあったため入居を決めたが，実際は30分近くかかった。
- 業者から耐震性に問題があると言われたので自宅のリフォームを依頼したが，別の業者にみてもらったところ耐震性に問題はなかった。

2．民法の詐欺

事業者ではない友人Dから中古車を購入した場合には，消費者契約法は適用されず，民法の規定によることになります。民法96条1項は，詐欺または強迫による意思表示は，取り消すことができるとしています。

詐欺による意思表示というためには，4つの要件を満たしていなければなりません。

第一に，詐欺者が，相手をだまそうとする意思と，だまされた相手に一定の意思表示をさせようという意思を有することが必要です。これを「二重の故意（こい）」といいます。

第二に，詐欺者が，欺罔（ぎもう）行為（だます行為）をすることが必要です。

第三に，欺罔行為が違法性のあるものであることが必要です。「違法性がある」というためには，取引上要求される信義誠実の原則に反するものでなければならず，一般的なセールストークは欺罔行為とはいえないため，詐欺になりません。

第四に，詐欺による意思表示といえるためには，詐欺者の欺罔行為によって錯誤に陥り，その錯誤によって詐欺者の欲した意思表示がなされたという，二重の因果関係が必要です。欺罔行為があっても，それを見破り，不憫（ふびん）に思って詐欺者の望む意思表示をしてあげたという場合は，欺罔行為と意思表示の間に因果関係がないので，詐欺にはなりません。

欺罔行為とは

故意に（＝わざと）事実を隠したり，虚偽の事実を表示したりすること。沈黙も欺罔行為となる場合がある。

この「二重の故意」については，友人DからAが中古車を購入した場合，Aが立証しなければなりません。これは，情報の質と量，交渉力に格差がある事業者と消費者の間の取引ではなく，民法ではAとDが対等な関係にあることを前提としているためです。

3．民法の詐欺と消費者契約法の不実告知の比較

消費者契約法は，消費者と事業者との間の情報の格差を前提としています。消費者契約における意思表示の取消しは，民法における詐欺の厳格な成立要件を緩和し，抽象的な要件を具体化・明確化しています。これによって，消費者の立証負担が軽くなり，消費者が事業者の不適切な勧誘行為に影響されて締結した契約から，容易に離脱できるようにしているわけです。

また，消費者契約法にもとづいて契約を取り消した場合，消費者は原則として**現に利益を受けている限度の返還義務**しか負いません（消契6の2）。たとえば水のペットボトルを5本購入して，契約を取り消した時点で1本飲んでしまっていたとしても，4本を返還すればよいことになります。一方，民法の場合には**原状回復義務**（民545①）を負いますので，5本全部を返還することになります。

	民法の詐欺（96条）	消費者契約法の不実告知（4条1項）
要件	①二重の故意 ②欺罔行為 ③詐欺の違法性 ④二重の因果関係	①事業者の重要事項の不実告知 ②二重の因果関係
効果	①取消し ②善意・無過失の第三者に対抗できない	①取消し ②善意・無過失の第三者に対抗できない
時効	追認可能時から5年，行為時から20年	追認可能時から1年，契約締結時から5年

法の分類

自 然 法	人間の知性で把握される，人間の本性から発生した人類に共通する普遍的な法で，すべての時代・場所に適用される。
実 定 法	成文法・慣習法・判例法など，人間の行為によってつくり出された法で，一定の時代，社会で実際に行われている法。
成 文 法	文字によって書きあらわされた法で，権限を有する機関によって制定・公布される。
不 文 法	文字によって書きあらわされていない法で，判例法や慣習法がこれにあたる。
国 内 法	特定の国の国内においてのみ効力を有する法で，国民相互間または国家と国民の関係が定められている。
国 際 法	国際社会を規律する法で，成文化された条約，不文の慣習法，法の一般原則によって構成され，国家および国際機構の行動だけでなく，個人や企業も規律する。
実 体 法	権利義務の種類，発生，変更，消滅など，権利義務の実体そのものについて定めた法で，民法・商法・刑法などがこれにあたる。
手 続 法	裁判などによって権利義務を具体的に実現する手続を定めた法で,民事訴訟法・刑事訴訟法などがこれにあたる。
一 般 法（普通法）	事項・人・地域について，特定の制限がなく，一般的に適用される法。
特 別 法	一定の人，地域，または期間についてだけ適用される法で，同じ事柄について一般法と特別法に規定があるときは，特別法が一般法に優先する。
公 法	国・地方公共団体の組織や権限を定めた法で，国・地方公共団体と個人との関係などを規律し，憲法・行政法・刑法・訴訟法などがこれにあたる。
私 法	私人相互の関係を規律する法で，民法・商法などがこれにあたる。
社 会 法	公法と私法の両域にまたがり，社会生活の秩序を規定する法で，労働法や独占禁止法などがこれにあたる。

法の体系的分類

- 法
  - 国内法
    - 公法
      - 実体法
        - 憲法――**日本国憲法**
        - 行政法――内閣法、国家公務員法、地方自治法、環境基本法、教育基本法など
        - 刑事実体法――**刑法**、軽犯罪法、破壊活動防止法など
      - 手続法
        - 民事手続法――**民事訴訟法**、破産法など
        - 行政手続法――行政事件訴訟法など
        - 刑事手続法――**刑事訴訟法**、交通事件即決裁判手続法など
    - 私法
      - 実体法――民事実体法――**民法**、**商法**、手形法、小切手法、会社法など
    - 社会法
      - 労働法――労働基準法、労働組合法、労働関係調整法など
      - 社会保障法――健康保険法、国民健康保険法、国民年金法、生活保護法など
      - 経済法――私的独占の禁止及び公正取引の確保に関する法律、不正競争防止法、中小企業基本法、食料・農業・農村基本法など
  - 国際法――国連憲章、サンフランシスコ条約、日米安全保障条約、日中条約など

(注) 太字は六法を示す。